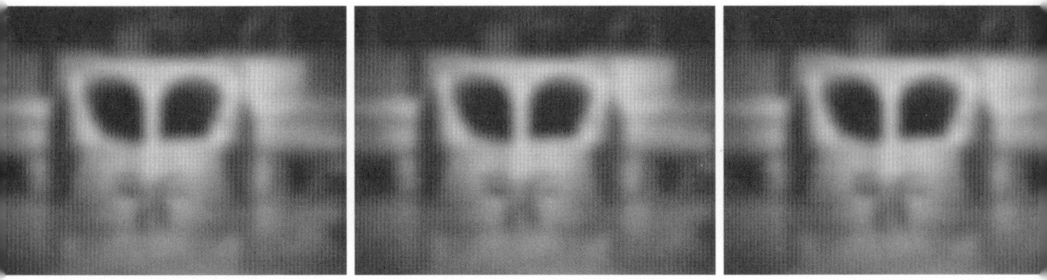

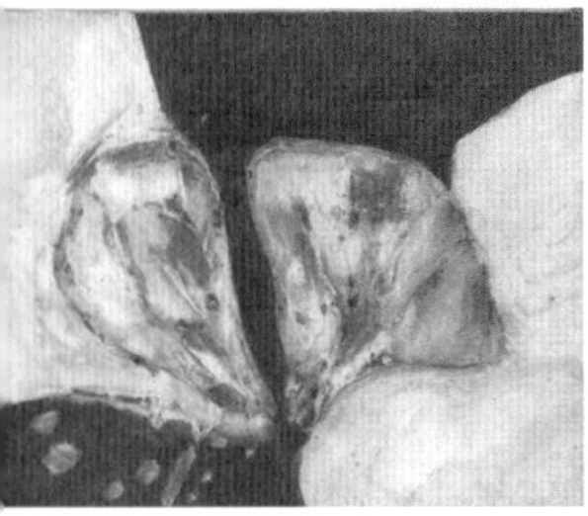
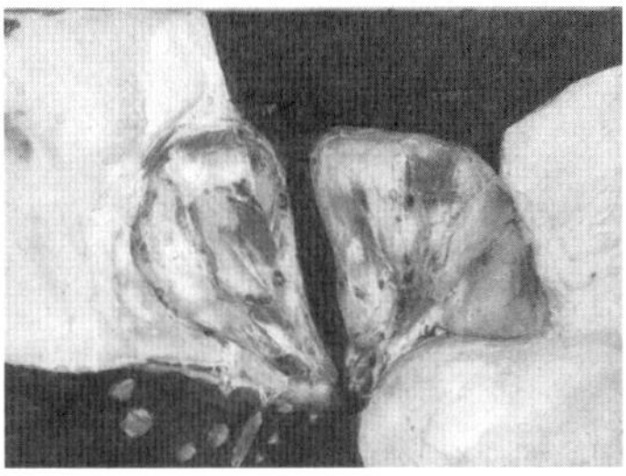
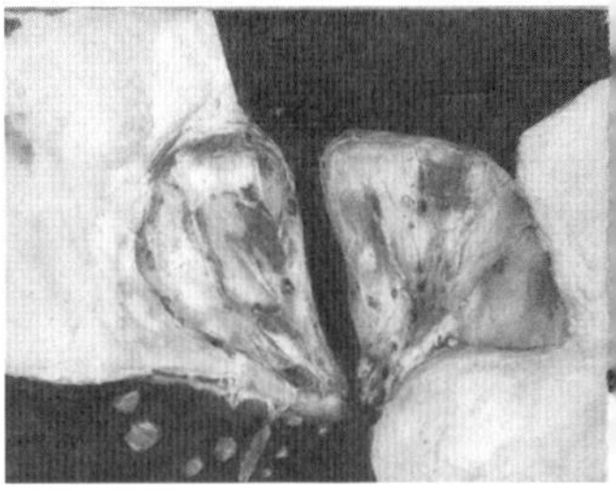

Martina Müller und Franz Wellendorf (Hg.)

Zumutungen

Die unheimliche Wirklichkeit der Übertragung

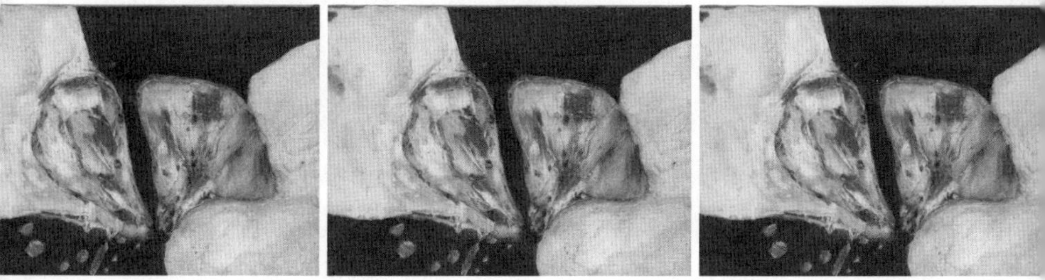

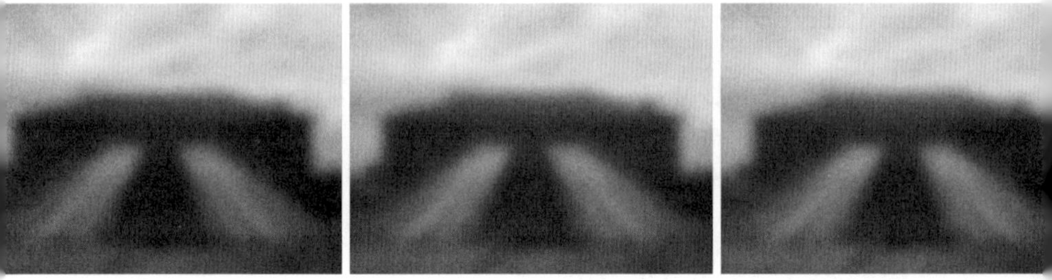

Martina Müller und
Franz Wellendorf (Hg.)

Zumutungen

Die unheimliche Wirklichkeit der Übertragung

Unter Mitwirkung von:

Mercedes Dohrn-van Rossum
Klaus Grabska
Wulf Hübner
Marie Kamp-Kowerk
Walter Marggraf
Torsten Maul
Klaus Poppensieker

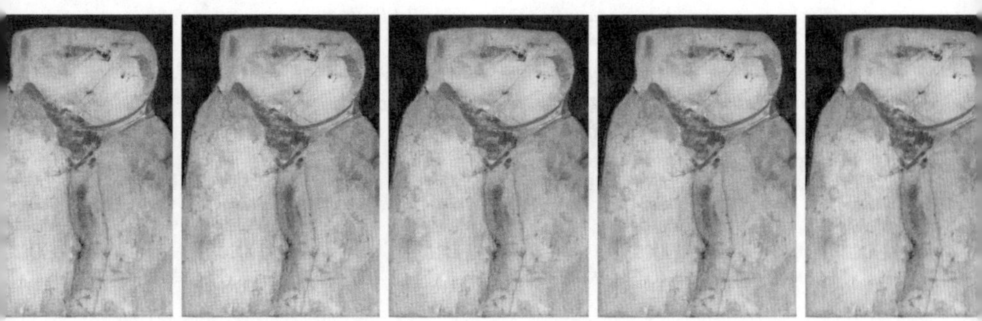

edition diskord

Bibliografische Information der Deutschen Bibliothek

Die Deutsche Bibliothek verzeichnet diese Publikation in der Deutschen Nationalbibliografie; detaillierte bibliografische Daten sind im Internet über http://dnb.ddb.de abrufbar.

Titelbild: Torsten Maul, Hamburg, Bild »o. T.« (2004)
Umschlaggestaltung: Uli Gleis

www.edition-diskord.de
Satz: psb, Berlin
Druck: Stückle, Ettenheim
Gedruckt auf alterungsbeständigem Papier
(holzfrei, chlor- und säurefrei)
ISBN 978-3-89295-781-2

Inhalt

1.2 Praxis: Lösungen durch Deutungsstrategien

1.3 Praxis: Lösungen durch Momente der Begegnung

2 »Trauma« – Der Einbruch des Traumas in die Übertragungsbeziehung

Vorwort

Dieser Sammelband präsentiert eine Zusammenstellung von Beiträgen, die als Vorträge auf der Jahrestagung der Deutschen Psychoanalytischen Gesellschaft (DPG) 2006 in Hamburg gehalten wurden. Für die Veröffentlichung wurden sie überarbeitet, zum Teil ergänzt oder erweitert.

Die Autoren vermitteln einen Überblick über das derzeitige Verständnis von Übertragung und Gegenübertragung. Der Leser erhält Einblick in die aktuelle wissenschaftliche Diskussion zu diesem Thema. In vielen Beiträgen stehen der Analytiker und sein behandlungstechnisches Nachdenken im Mittelpunkt. Den analytischen Prozess aus dieser Perspektive zu sehen und entsprechende Deutungen und Behandlungsstrategien zu formulieren, entspricht der erweiterten Bedeutung, die der Gegenübertragung im Verhältnis von Analysand und Analytiker inzwischen zukommt.

Trotz aller Kontroversen über Übertragung und ihre Handhabung innerhalb der analytischen Beziehung würde heute niemand mehr die zentrale Bedeutung der Achse Übertragung und Gegenübertragung bestreiten. Sie bildet eine der Grundlagen unserer Identität als Analytiker.

Die Übertragung ist mit den Worten Freuds »der mächtigste Hebel des Erfolgs«, aber auch gleichzeitig »das stärkste Mittel des Widerstandes«. Diese Erkenntnis Freuds stammt aus seinen Erfahrungen mit der Hysteriebehandlung (Freud/Breuer 1893–1895; Freud 1912b; Stichwort: Anna O. und Jungs Behandlung von S. Spielrein). Erst allmählich wurde die Macht und Bedrohlichkeit der Übertragungsliebe erkannt. In den »Bemerkungen zur Übertragungsliebe« (Freud 1915) legte Freud mit anderen kurz vorher erschienenen Arbeiten zur Behandlungstechnik seine Theorie der Übertragung vor. In den Jahren danach hat sich das psychoanalytische Konzept der Übertragung Stück für Stück erweitert (Riviere 1936, Heimann 1950, Racker 1968, Sandler 1976). Heute stellt die Entwicklung und Analyse der Übertragung den eigentlichen Kern des psychoanalytischen Prozesses dar. Die Traumanalyse scheint als via regia zum Unbewussten abgelöst. In der psychoanalytischen Behandlung machen Analysand und Analytiker die unheimliche Erfahrung, dass es im innersten Kern der Person etwas Fremdes und Unbegriffenes gibt, das ihre Einheit und Geschlossenheit aufbricht, das Selbstverständnis und die vertraute Sicht auf die Welt in Frage stellt. Die intensiven Übertragungs- und Gegenübertragungsprozesse, die zu jeder psychoanalytischen Arbeit gehören, sind von starken Gefühlen, von Ängsten und Irritationen begleitet, die nicht leicht zu verstehen sind und durch Projektion, Agieren oder Inszenierungen abgewehrt werden. Dies geschieht in der psychoanalytischen Situation oft jenseits der Worte durch Stimmungen oder Körpersprache. Dadurch besitzt sie häufig die Qualität einer »unheimlichen Wirklichkeit«. Wenn es gut geht, wird etwas von dem, was bisher keine Sprache gefunden hat, zur Sprache gebracht, symbolisiert und bewusst gemacht. Dann kann Neues jenseits von Wiederholungszwang oder Anpassung entstehen.

Seit Mitte der 90er Jahre lebte erneut ein intensiver Austauschprozess innerhalb der psychoanalytischen Profession über den technischen Umgang mit der Übertragung auf (vgl. Psyche 1999, 53, 9/10; 2003, 57, 9/10; 2004, 58, 9/10). Die analytische Beziehung als Ganzes ist in den Mittelpunkt der Betrachtungen getreten. Übertragung erscheint weniger als reine Rekonstruktion von Vergangenem denn als eine Ko-Kreation von Analytiker und Patient.

Zeitlich parallel dazu entspannt sich die »Whitebook-Honneth«-Kontroverse zum »intersubjective turn« in der Psychoanalyse (vgl. Altmeyer/Thomä 2006), die mit dem Paradigma »Intersubjektivität« einen »common ground« der Gegenwartspsychoanalyse freilegen möchte, um aus der Krise des psychoanalytischen Pluralismus herauszuführen. Diese Streitfrage wird zur Zeit auch auf dem Gebiet der Übertragung ausgetragen. Die Diskussion berührt die Frage, welche Funktion dem »Dritten« in der analytischen Situation zukommt. Als Konsens dieses Diskussionsprozesses ist festzuhalten: In der Psychoanalyse gibt es heute keine qualifizierte Gruppe, die nicht wüsste, dass die Übertragungen des Analysanden auch durch die Übertragungen des Analytikers evoziert würden und dass dieser seine Gegenübertragungen häufig nicht in diskursiver Sprache formulieren kann und über ihren ganzen Bedeutungsumfang nicht bewusst verfügt. Die Unterschiede liegen dagegen im Verständnis von der Struktur der analytischen Situation. Es gibt sehr divergierende Auffassungen von der Arbeit am analytischen Rahmen und ihrer konstitutiven Bedeutung für die analytische Situation. In den vergangenen Jahren ist viel über »das Dritte« bzw. »den Dritten« – also die strukturelle Bedeutung der Triangulierung – nachgedacht worden. Die Frage ist, wie das/der Dritte in der analytischen Situation Position bezieht. Ist er ein inneres Gegenüber des Analytikers oder ist es ein verbindendes »Wir« von Analysand und Analytiker; ist es das Setting oder ist es die Arbeit am analytischen Rahmen? Die Unterschiede in der Beantwortung dieser Frage entscheiden mit über das Verständnis der

Übertragung/Gegenübertragung und die primären Aufgaben des Analytikers.

Die Autoren geben darauf aus ihrer Sicht Antworten. Sie führen mit ihren Beiträgen die seit etwa einem Jahrzehnt geführte Kontroverse zur Technik der Übertragungsprobleme fort und dokumentieren die Fortschritte und Weiterentwicklungen auf diesem Gebiet.

Wir als Herausgeber möchten diesem Diskurs folgen, indem wir die praxisorientierten Beiträge in zwei Kategorien einteilen: »Lösungen durch Deutungsstrategien« und »Lösungen durch Momente der Begegnung«. Die Einführungen informieren darüber hinaus eingehend über die verschiedenen Standpunkte der Kontroverse. Insgesamt sind die Aufsätze in vier Themenschwerpunkten zusammengestellt.

Der erste thematische Schwerpunkt »Knoten« versammelt Beiträge, die sich mit schwierigen Übertragungs- und Gegenübertragungssituationen auseinandersetzen; er ist in einen Theorie- und in einen Praxisteil untergliedert. Im Theoriekapitel vertreten Antonino Ferro, Jessica Benjamin und David Bell ihre Konzeptionen und stehen als Beispiele für den derzeitigen wissenschaftlichen Diskurs zum Übertragungsverständnis. Klaus Grabska führt in das relationale Feldkonzept von A. Ferro ein, Walter Marggraf skizziert zwei divergente Verständnisse von Intersubjektivität und Übertragung, womit die Standpunkte Benjamins und Bells im Überblick nachvollzogen werden können.

Der zweite Schwerpunkt dieses Sammelbandes, in dem Aufsätze zur Sprache kommen, die Übertragungskonflikte mit Grenzverletzungen, Zeitlosigkeit und Ohnmacht thematisieren, richtet sich auf das Thema »Trauma«. Die Einführung in wissenschaftliche Positionen zur Traumatheorie nimmt Mercedes Dohrn-van Rossum vor.

Im dritten Schwerpunkt sind unter »Feuerlärm« zwei Beiträge versammelt, die die Liebesübertragung behandeln. Beide Autoren beleuchten die gegenwärtigen Schwierigkeiten, Liebesübertragungen zu erkennen und ihnen konzeptionell und behandlungstechnisch noch gerecht zu werden.

Der vierte Schwerpunkt »Kunst und Übertragung« umfasst zwei Beiträge, die Übertragungsverhältnisse zwischen künstlerischem Objekt und Rezipient psychoanalytisch kommentieren. Im Mittelpunkt dieses Kapitels steht die Kunstausstellung der Künstler Till Leeser, Eckhard Koenig und Torsten Maul, die anlässlich der Jahrestagung der DPG 2006 im Kuppelsaal der Universität Hamburg stattfand. Martina Müller führt in das Verhältnis von Kunst und Psychoanalyse ein.

Die psychoanalytischen Auseinandersetzungen um die Übertragung bilden immer noch einen Stein des Anstoßes, wenn sie den Zumutungscharakter weder szientifisch noch moralphilosophisch, psychologisch oder berufspolitisch zu glätten versuchen.

Wir möchten an dieser Stelle allen Autorinnen und Autoren für die offene und kontinuierliche Bereitschaft danken, an dem Band mitzuwirken. Ebenso gebührt dem Verleger Herrn Dr. Kimmerle und seiner Frau vom Verlag edition diskord Dank, die uns bei der Veröffentlichung in vieler Hinsicht mit Rat und Tat unterstützt haben.

Das Fundament für die theoretische Ausrichtung des Sammelbandes und die Zusammenstellung der einzelnen Beiträge wurde von den Mitgliedern der DPG-Arbeitsgruppe Hamburg entwickelt, die die Tagung 2006 vorbereitet haben. In einem langen Prozess sehr sorgfältiger und diskussionsfreudiger Auseinandersetzung mit dem Thema Übertragung ist die Struktur des Buches entstanden. Wir danken all jenen Kollegen, die sich mit viel Elan, Einfallsreichtum und Mühen an dem Entstehungsprozess der Thematik und ihrer Umsetzung beteiligt haben.

Die Herausgeber danken an dieser Stelle Mercedes Dohrn-van Rossum und Walter Marggraf für ihren profunden und unheimlichen Einsatz, ohne den der Sammelband nicht zustande gekommen wäre.

Wir hoffen, dass die Beiträge einem größeren Leserkreis vermitteln, über welche Konzeptionen zur Übertragung die psychoanalytische Wissenschaft heute verfügt, um die der Übertragung innewohnende Unheimlichkeit nutzen, erkennen und in ertragbare Zumutungen transformieren zu können.

Hamburg, April 2007

Franz Wellendorf
Vorsitzender der DPG

Mercedes Dohrn-van Rossum
Martina Müller
Walter Marggraf

Die Aufsätze im Überblick

Franz Wellendorf führt mit seinem Beitrag in das Leitthema des Sammelbandes »Zumutungen. Die unheimliche Wirklichkeit der Übertragung« ein, indem er Bezug nimmt auf Freuds Abhandlung »Das Unheimliche« (1919). Er arbeitet sechs Aspekte des Unheimlichen heraus, die auf die eine oder andere Weise die Wirklichkeit der Übertragung bestimmen, und formuliert daraus abgeleitet die These: »Das Unheimliche im analytischen Prozess ist prinzipiell in der ineinander greifenden Dynamik von Übertragung und Gegenübertragung zu Hause.«

In seinem Beitrag »Die Gegenübertragung und die Charaktere in der psychoanalytischen Sitzung« entwickelt *Antonino Ferro* eine 5-stufige Skala der Gegenübertragung, von denen er zwei Extremvarianten an literarischen Beispielen (Katzenbach: The Analyst, auf deutsch: Der Patient; Heinrich Mann: Professor Unrat) darstellt. Anschließend zeigt er an drei klinischen Ausschnitten, wie der Analytiker in einem bipersonal konzipierten Feld von Übertragung und Gegenübertragung vermittelt über die Arbeit an Mikroinszenierungen dabei helfen kann, dass es beim Analysanden zu emotionalen Transformationen kommen kann. Dafür ist die (Un-) Durchlässigkeit zwischen den projektiven Identifizierungen des Analysanden und der Fähigkeit zur aufnehmenden Reverie des Analytikers eine entscheidende Dimension.

Im Aufsatz von *Jessica Benjamin* wird deutlich, dass sie Mesallianzen zwischen Analytiker und Analysand nicht auf ein wirkmächtiges negatives Prinzip zurückführt, sondern auf die Angst des Analytikers, seinen Patienten mit seiner Wut zerstören zu können. Bevor der Analytiker sich in seiner Übertragung selber unheimlich wird, versucht er – aus Abwehrgründen – seinen Analysanden in »eine rigide komplementäre Dyade« zu verstricken. Die Gefahr ist groß, dass der Analysand auf diesem Weg retraumatisiert wird. Eine Öffnung der dyadischen Verstrickung kann – so Benjamin – nur durch etwas Drittes erfolgen, das als Kreation in einem interaktiven und kommunikativen Prozess wechselseitiger Anerkennung von Analytiker und Analysand gemeinsam geschaffen und freigesetzt wird. Das Dritte ist damit sowohl die anspruchsvolle Voraussetzung als auch die Konsequenz gelingender Verständigung im analytischen Prozess. Die Autorin zeigt an kleinen Vignetten, wie sie die spezifische Eigenart der von ihr vertretenen relationalen Psychoanalyse metapsychologisch konzeptualisiert und durch welche Behandlungstechnik sowie analytische Haltung sie den generativen Prozess der Erzeugung eines Dritten ermöglichen will.

David Bell bindet den Übertragungswiderstand metapsychologisch an das Todestriebtheorem an. Gerade in seiner Besonderheit als negative therapeutische Reaktion kommt der Übertragungswiderstand als Äußerungsweise des negativen Prinzips zur Darstellung. Jedem Ich wohnt es als Conditio humana inne. Es richtet sich zugleich gegen die Konstruktion des psychischen Raumes (sowohl im Patienten als auch im Analytiker) als auch gegen die Anerkennung der ödipalen Struktur als Lebenstatsache (Money-Kyrle). Damit wird es als ubiquitärer »Metawiderstand gegen Bewegung überhaupt« (Bell) in analytischen Prozessen als Wiederholungszwang wirksam. Analysanden versuchen, den Prozess lahmzulegen, indem sie Differenzen zwischen Innen und Außen verschwinden lassen (Funktion der projektiven Identifikation), einer Identitätsillusion nachhängen (wird in der halluzinatorischen Wunscherfüllung und im konkretistischen Denken vollzogen) und nach Gedankenleere (am Ort des seelischen Rückzugs) streben. Indem so alles Begehren auf etwas außerhalb des je eigenen Ich zum Erlöschen gebracht werden soll, werden existenzielle Mangelerfahrungen und schmerzhaftes Erleben von Getrenntheit illusorisch überwunden. Die durch den Todestrieb motivierte Haltung stellt eine unhintergehbare Herausforderung für jede psychische Entwicklung und damit auch für die analytische Arbeit dar. – David Bell zeigt mit seinen kasuistischen Vignetten, wo er in der klinischen Arbeit die Wirkung des negativen Prinzips, des Todestriebs, erkennt, und wie er ihm Verstehen und Entwicklung abzuringen versucht.

Ralf Zwiebel arbeitet in »Gedanken zur phobischen Position des Analytikers« die These heraus, dass besonders in problematischen Behandlungen eine Kluft zwischen »klinischen Überzeugungen« und der »realen klinischen Praxis« entsteht, und der Analytiker eine »phobische Position« einnimmt, in der er mehr oder weniger bewusst »professionelle Ängste« vor der katastrophischen Veränderung und der analytischen Katastrophe entwickelt. Fallvignetten illustrieren die Wirksamkeit der phobischen Position, die von der Person des Analytikers nicht zu trennen ist und sie verdeutlichen, dass die Ängste zunehmen, wenn sich ein defensiver Umgang mit eigenen bewussten und vor allem unbewussten Ängsten vor der Übertragung einschleichen. Der Autor möchte anregen, diese, den analytischen Prozess bestimmenden Ängste, in fachlichen Diskussionen mehr zu beachten.

In seinem Aufsatz »Wie Deutungen gehört werden« führt *Ingo Focke* den Leser in den analytisch komplexen Austauschprozess zwischen Analysand und Analytiker ein, der entsteht, wenn der Analytiker die Übertragungsdeutung entwickelt, sie dem Analysanden gibt und wiederum ihre Wirkung beobachtet. »Die Deutung markiert ein Verstehen, ist Ausdruck von Übertragung und Gegenübertragung und verändert, wenn sie gegeben wird, bereits wieder den unbewussten Prozess.« An ausführlich geschildertem Fallmaterial will der Autor darauf aufmerksam machen, dass der Analytiker genauso auf die Folgen seiner Deutung achtet, wie er die Überlegungen, die zu einer Deutung geführt haben, ernst nimmt.

In »Schwer erträgliche Affekte im Analytiker« geht die Autorin *Ursula Kreuzer-Haustein* der Frage nach, wann es dem Analytiker gelingt, trotz heftiger Affekte wie Wut, Sadismus oder Ekel die analytische Situation zu halten und wann sie destruktiv entgleist. Feindselige Gegenübertragungsaffekte und -phantasien des Analytikers werden unter der Frage diskutiert, welche psychoanalytischen Theorien und behandlungstechnischen Konzepte geeignet sind, die Feindseligkeit des Analytikers dem Patienten gegenüber für eine produktive Deutungsarbeit zu nutzen und Gefahren unbewusster Inszenierungen zu erkennen.

Thomas Reitter beschäftigt sich mit einigen Paradoxien des Verstehens und Nicht-Verstehens im analytischen Prozess sowohl auf der Seite des Analysanden als auch auf derjenigen des Analytikers. Dabei bildet die Erfahrung einen Ausgangspunkt für seine Überlegungen, dass der Widerstand des Patienten gerade dann anwachsen und sich subtil destruktiv gegen Entwicklungen wenden kann, wenn er feinsinnig und begründet durch seinen Analytiker verstanden wurde. Allein sich im Verstandenwerden konstitutiv als auf ein Gegenüber verwiesen zu erfahren, stellt immer wieder eine Herausforderung narzisstischer Konfliktszenarios dar. – Analytiker neigen zu falschen Hypothesenbildungen (zum Beispiel im Sinn von fixen Ideen), die durch einen schematischen Gebrauch von Theoremen gekennzeichnet sind, wenn für sie die Brisanz einer unbewussten Konfliktdynamik zu ausgeprägt ist. Thomas Reitter zeigt in seinen metapsychologischen Überlegungen zu Verwicklungen im analytischen Prozess, wie der Analytiker durch vorschnelles Pseudo-Verstehen oder eine Idealisierung des Verstehens die Entstehung eines psychischen Raumes im Patienten verhindern kann. Mit seinen behandlungstechnischen Überlegungen öffnet Thomas Reitter abgestufte strategische Orientierungen, um Verwicklungen Entwicklungen folgen lassen zu können. Die Voraussetzung dafür besteht in der Erweiterung des Denkraumes des Analytikers durch seine psychische Arbeit.

Wulf Hübner geht in seinem Aufsatz »Verwandlungserfahrungen und Augenblicke der Wahrheit« in Anlehnung an das von Freud in »Bemerkungen über die Übertragungsliebe« entwickelte Bild vom »Feuerlärm im Theater« davon aus, dass der Analytiker mit körpersprachlichen »Präsenzerfahrungen« durch den Patienten konfrontiert ist, denn sie versuchen ihn emotional zu berühren, zu verwandeln und in ein unbewusstes Spiel hineinzuziehen. Dabei riskiert der Analytiker den Verlust seines Selbstgefühls. Aber auch die Patienten sind solchen sinnlichen Erfahrungen durch die Präsenz des Analytikers ausgesetzt. Der Autor spricht sich dafür aus, das Vorkommen von »Momenten der Alltagsrealität« in der analytischen Situation als »Akte alltagsrealer Fürsorge« und des Respekts zu verstehen, die das Wirklichkeitsgefühl des Patienten anerkennen.

Gabriele Poettgen-Havekost setzt sich mit den interaktiven Prozessen des Übertragungs-Gegenübertragungsgeschehens in ihrem Aufsatz »Manifestationen des impliziten Beziehungswissens in der Übertragung« auseinander. Mit einem ausführlichen Blick in ihre Behandlungspraxis am Beispiel einer Patientin vermittelt die Autorin ihr Verständnis der Austauschprozesse in der Analysand-Analytiker-Beziehung. In diesem »gemeinsamen Beziehungsraum« inszenieren sich, verbal und körperlich handelnd, zentrale Beziehungserfahrungen, es entsteht ein affektiver Dialog, mit dessen Verstehen sich ein implizites Beziehungswissen manifestiert. Diese analytische Arbeit erfordert eine therapeutische Antwort, die diese Ebene erfassen kann, ein »präsentisches« oder »operatives« Verstehen, aus dem sich eine symbolische Bedeutungszuweisung dann erst entwickeln lässt.

In »Sich anstecken lassen – Das Unheimliche der Leibhaftigkeit« entwickelt *Diana Pflichthofer* eine philosophisch verortete Konzeption eines frühen Übertragungsbegriffs, die sie Ansteckung nennt. Damit beschreibt sie den Vorgang, dass die leibliche Präsenz des Anderen als »Bedingung der Möglichkeit für den Erwerb impliziten Wissens« fungiert. Den psychoanalytischen Prozess versteht sie als »ästhetischen Aneignungsprozess«, in dem beispielsweise die Stimme der Analytikerin dazu verführt, Bedeutungen zu erfassen. Die Autorin möchte darauf aufmerksam machen, dass der Analysand, der sich anstecken lassen soll, auch eine Analytikerin braucht, die sich ihres »Leibseins« bewusst ist.

Shmuel Erlich lässt uns mit seiner Arbeit »Terror innen, Terror außen. Der Analytiker zwischen unheimlicher und faktischer Realität« Anteil nehmen an der Situation, in der Psychoanalytiker in Israel gegenwärtig arbeiten. Shmuel Erlich beschreibt sehr präzise, wie der analytische Raum trotz des Einflusses ständig drohender Terroranschläge bewahrt und vielleicht sogar unter den extremen äußeren Bedingungen zu einer »Oase der geistigen Gesundheit und personalen Integration« werden kann. Er zeigt auch, wie sehr die Fähigkeit des Analytikers, die analytische Situation aufrecht zu erhalten, auf eine harte Probe gestellt wird. Die geschilderten Fallvignetten, die das Ineinandergreifen von individueller und kollektiver Traumatisierung beleuchten, regen zum Nachdenken an. Shmuel Erlich versucht eine Reihe von auftauchenden Fragen zu beantworten, bespielsweise die Frage »ist alles, was sich in der Behandlung zuträgt, eine Übertragungsäußerung«? Die Beschäftigung mit dem Text ist für deutsche Psychoanalytiker unmittelbar mit der Erinnerung an den »schwarzen Schatten der Schoah« verknüpft. Auch wir sind Teil des kollektiven Traumas, auf dessen Dynamik wir mit affektiver Ferne oder Nähe reagieren werden.

In seinem Beitrag »Traumatische Episoden in der analytischen Beziehung« geht *Jochen Haustein* nach einem theoretischen Überblick zum Traumabegriff auf die behandlungstechnischen Schwiergkeiten ein, die sich in der analytischen Behandlung traumatisierter Menschen einstellen können. Die intensiven Verwicklungen in der Übertragungs-Gegenübertragungsbeziehung oder in Enactments können dazu führen, dass die traumatische Störung vom Analytiker nicht angemessen erkannt und aufgenommen werden kann, so dass die Gefahr einer Unterschätzung des Ausmaßes der Traumatisierung oder eine Retraumatisierung im analytischen Prozess droht. Dafür ist es notwendig, sich über bestimmte Formen der Traumabewältigung im Klaren zu sein, so wie sich gerade ein perverser Modus dazu eignet, der Angst vor einer Retraumatisierung und einem Zustand überwältigender Hilflosigkeit entgegen zu wirken. Jochen Haustein gibt mit seinen Fallbeschreibungen einen sehr detaillierten Einblick in seine klinische Arbeit. Er zeigt, wie ein traumatisches Ereignis durch die Bereitschaft zur Role-Responsiveness auf Seiten des Analytikers reaktualisiert wird und wie notwendig dieser Vorgang ist, damit das Trauma vom Analytiker anerkannt und vom Patienten integriert werden kann.

In seiner Arbeit »Die Rolle des Traumas des Analytikers bei der Pathogenese professioneller Grenzverletzungen« beschreibt *Glen O. Gabbard* auf eindrucksvolle Weise, wie auch Individuen mit ethischen Grundsätzen zu einem Analytiker-Patienten-Paar werden können, das die Rahmenbedingungen missachtet, immer mehr Grenzverletzungen des Rahmens toleriert und dadurch den analytischen Raum zerstört. Bei dieser desaströsen Entwicklung spielt ein Trauma in der Vorgeschichte und im Leben des Analytikers eine große Rolle. Vermutlich disponieren gerade unverarbeitete Traumata des Analytikers dazu, die professionellen Ichideal- und Über-Ichidentifizierungen, die analytische Haltung über Bord zu werfen, da sie kaum psychisch repräsentiert sind und von ihnen ein starker Druck zum Wiederholen und Agieren ausgeht. Am Beispiel von Frau Dr. F., einer ausgebildeten Psychoanalytikerin, zeichnet G. O. Gabbard den wie unter Zwang ablaufenden Weg in die Katastrophe nach.

Alfred Bringmann gibt mit seiner kasuistischen Arbeit »›Der Weg durch die Eiszeit‹ – Erfahrungen von Zeitlosigkeit und Ohnmacht in der analytischen Arbeit. Behandlungsabschnitte einer hochfrequenten Langzeitanalyse« einen Einblick in die intensive Übertragungs-Gegenübertragungsverwicklung mit einer Patientin mit einem Borderline-Syndrom mit psychosenahen Episoden und perversen und autistischen Anteilen. A. Bringmann beschreibt einerseits, wie die Patientin den Zustand von Zeitlosigkeit herstellt, um den Kontakt mit einer schmerzlichen psychischen Realität zu vermeiden, andererseits beschreibt er, wie er mit Hilfe der Analyse seiner Gegenübertragungsgefühle die Verstrickung aus der auch seelisch-missbräuchlichen Beziehung mit seiner Patientin allmählich auflösen kann. Wir lernen durch die sehr offene Falldarstellung, wieviel Geduld erforderlich ist, die Abwehr des perversen und autistischen Modus zu tolerieren und sie gleichzeitig in Frage zu stellen. Das Ausmaß der inneren Verwahrlosung und Verlorenheit enthüllte sich erst im Laufe des letzten Analysedrittels.

Wilfried Ruff diskutiert mit »›Wer verliebt ist, ist demütig‹. Übertragung und Widerstand im Lieben« die Aktualität der Thesen Freuds zur Übertragungsliebe anhand zweier kasuistischer Beispiele. Daraus zieht der Autor Schlüsse, wie die von ihm zunehmend beobachtete Angst der Patienten vor der Liebesübertragung zu deuten ist, die selten »Feuerlärm« (Freud 1915) sondern eher ein »schwelendes Feuer« entfacht.

Wilhelm Brüggen setzt sich in seinem Aufsatz »›A fool for love and love is blind …‹. Über unsere Schwierigkeiten mit den Überschwänglichkeiten der Liebe« mit den philosophisch verankerten Kategorien der »Freiheit der Liebe« und der »Freiheit des Anderen« psychoanalytisch auseinander. Zum einen bestimmt der Autor mit kritischem Blick die modern verfasste Rolle der Liebe in der Gesellschaft, deren libidinöse Ökonomie von »Rausch und Verführung« gekennzeichnet ist und eine Auflösung der »familiären Liebe« in die »leidenschaftliche Liebe« bewirkt. In der Behandlungssituation führt dieses veränderte Paradigma der Liebe zu besonderen Übertragungskomplikationen bei der Bewältigung des Ödipuskonflikts, was Brüggen mit eigenen Fallbeispielen anschaulich belegt.

Klaus Theweleit entwickelt in seinem literarisch-philosophischen Beitrag »Music In The Air. Der dritte Körper« eine Konzeption eines analytisch fundierten »Übertragungsraumes« nach dem Muster musikalischer Klangräume, der Bestandteil der bewussten und unbewussten menschlichen Interaktion ist. Dieser »Dritte Körper« wurzelt nach Theweleit darin, dass sich im fötalen Zustand der »Klangkörper Mutterleib« herausgebildet hat; er entsteht, indem sich eine Körpermusik aus Empfindungen der Mutter und ihren Rhythmen (Atem, Puls, Gang) bildet, die sich auf den Fötus überträgt. Ideensprühend illustriert der Autor anhand von Beispielen mit einer Sprachgeste, die Worte zu Musik werden lassen, dass diese Übertragungen Erinnerungen wecken und verändern, ähnlich wie das Auflegen des Tonkopfarms auf eine Schallplattenrille die Gefühle weckt, die Jahre zuvor beim ersten Hören der Musik entstanden sind. Geistreich öffnet Theweleit im Leser etwas, was er »Weltohr« nennt, indem er in uranalytischer Weise Assoziationsketten aus dem Fundus seiner »Kulturschätze« bildet: Seine Einfälle zu Freud und der Psychoanalyse sind so unerhört neu und verändern uns und unsere Bilder von dem, was Übertragung ist.

Martina Müller interpretiert in »›Drive Blind‹: Vergessen-Wollen, nicht Erinnern-Können« mit psychoanalytischen Methoden den Film »Mysterious Skin« von Gregg Araki. Der Leser wird in einen sehr dichten und außerordentlich spannenden Prozess mit hinein genommen und er erfährt auf zwei Ebenen Bedeutsames: Wie es gelingt, mit Hilfe der Gegenübertragungsanalyse den Subtext des Films herauszuarbeiten. Die eingenommene Untersuchungshaltung ist vergleichbar der analytischen Wahrnehmungseinstellung in einer psychoanalytischen Stunde. Hier wie dort geben die sich in der Gegenübertragung manifestierenden »schwierigen Punkte« Aufschluss über das unbewusste Geschehen. Der Inhalt des Films ist ein psychoanalytisches Lehrstück über die Verarbeitungsformen traumatischer Erfahrungen. Die Protagonisten des Films sind zwei grundverschiedene Jugendliche, die beide als Kinder von ihrem Baseballtrainer sexuell missbraucht worden sind. Mit großer Einfühlung beschreibt die Autorin die – die traumatischen Erfahrungen begleitenden – Mechanismen der Verleugnung, der Depersonalisation und der Dissoziation, die den intensiven seelischen Schmerz und damit das Wissen um das Trauma isolieren, und wie die eingekapselten traumatischen Introjekte dennoch ihre Wirkung entfalten. Der Beitrag von

Martina Müller steht in einem engen inneren Zusammenhang mit den Texten zum »Trauma«. Er bebildert und vertieft vieles von dem, was in den einzelnen Arbeiten diskutiert wird.

Literatur

Altmeyer, M./Thomä, H. (Hg.) (2006): Die vernetzte Seele. Die intersubjektive Wende in der Psychoanalyse. Stuttgart: Klett-Cotta.

Freud, S./Breuer, J. (1893–1895): Studien über Hysterie. Gesammelte Werke I.

Freud, S. (1912b): Zur Dynamik der Übertragung. Gesammelte Werke VIII.

– (1915): Bemerkungen über die Übertragungsliebe. Gesammelte Werke X.

Heimann, P. (1950): On countertransference. Internat. J. Psychoanal. 31, S. 81–84.

Racker, H. (1968): Transference and countertransference. New York: Int. Univ. Press.

Riviere, J. (1936): Beitrag zur Analyse der negativen therapeutischen Reaktion. In: Joan Riviere. Ausgewählte Schriften. Hg. von Lilli Gast. Tübingen 1996: edition diskord.

Sandler, J. (1976): Countertransference and role-responsiveness. Internat. Rev. Psychoanal. 3, S. 43–47.

Einleitung

Franz Wellendorf

Die unheimliche Wirklichkeit der Übertragung

I. Vorüberlegungen

An den Beginn meiner Überlegungen zur unheimlichen Wirklichkeit der Übertragung möchte ich ein Zitat aus den *Confessiones* des heiligen *Augustinus* stellen. Er schreibt: »Wenn mich niemand danach fragt, dann weiß ich es; wenn mich aber einer danach fragt und ich's erklären soll, dann weiß ich es nicht.« Und er fährt fort, nichts gehe »uns beim Reden vertrauter und geläufiger vom Munde« als dieses Wort – ein Wort, das wir verstehen, wenn wir es aussprechen oder ausgesprochen hören (Augustinus 1955, S. 629). Augustinus spricht hier von der Zeit, deren Geheimnis er zu ergründen sucht. Der Schriftsteller *Patrick Süßkind* hat einmal geschrieben, dass das, was der heilige Augustinus über die Zeit sagt, nicht minder für die Liebe gelte. Auch das Wort »Liebe« ist uns beim Reden vertraut und geht geläufig vom Munde, aber wenn wir nach der Liebe gefragt werden und sie erklären sollen, machen wir die Erfahrung, dass wir es nicht wissen. Das gilt auch für die Übertragung, die eine Form der Liebe ist. Freud (1915) spricht von »*Übertragungsliebe*«. Auch diese Wörter, »Übertragung« und »Übertragungsliebe«, gehen uns Psychoanalytikern »vertraut und geläufig vom Munde«. Und doch: wenn wir gefragt werden, was Übertragung sei, und wir sie erklären sollen, stoßen wir bald an die Grenzen unseres Wissens. Hören wir auf das, was Psychoanalytiker über die Übertragung sagen und schreiben, bekommen wir schnell den Eindruck einer babylonischen Sprachverwirrung. Im Grundsätzlichen besteht Einigung: Es gibt heute keine psychoanalytische Position, die die zentrale Bedeutung der Liebe und der Übertragung in der Kur bestreiten würde. Was sie aber sind und welche Bedeutung ihnen in der Kur zukommt, wird in den verschiedenen psychoanalytischen Gruppen unterschiedlich verstanden. Die Übertragung, der in Theorie und Praxis ein hervorragender Platz zukommt, erweist sich als eines der Schlachtfelder, auf denen die Kontroversen zwischen psychoanalytischen Schulen und zwischen einzelnen Psychoanalytikern ausgetragen werden. Debattiert wird die Frage, ob die Übertragung spontan entsteht oder dadurch provoziert wird, dass der Analytiker implizit zu ihr einlädt, indem er das Setting vorschlägt und sich in einer Position platziert, die beim Patienten eine Liebesreaktion induziert (Green 2005, S. 11).

Die Schwierigkeit zu sagen, was die Übertragung und die Übertragungsliebe seien, ist grundsätzlicher Art. Es gehört zur Natur der Übertragung, ein *Handeln* zu sein, *das getan wird*. Sie ist ein Geschehen, in dem der Patient seine Leidenschaften und das Leiden, das aus ihnen entspringt, ins Spiel bringen will. Weil die Übertragung – und dasselbe gilt für die Gegenübertragung – ein Handeln ist, kann sie vom Patienten nicht in Worte gefasst werden. Aber auch alles Reden des Analytikers über Übertragung und Gegenübertragung und jeder Bericht über eine Analyse ist durch ein tief sitzendes Ungenügen gekennzeichnet. Übertragung kann nicht erzählt werden (Gribinski 1994). Sie hat ihren Quellgrund und Ursprung jenseits der Sprache. Freud (1905e) hat sich im Nachwort zur Darstellung der Analyse von Dora erstmals ausführlicher mit den Problemen der Übertragung auseinander gesetzt. Er schreibt dort: »Die Übertragung allein muß man fast selbständig *erraten* (von mir hervorgehoben), auf geringfügige Anhaltspunkte hin und ohne sich der Willkür schuldig zu machen« (S. 280). Wir neigen wahrscheinlich dazu, Erraten für eine mentale Operation minderen Wertes zu halten – eine Operation, die ungenau und willkürlich ist und in ihren Ergebnissen unsicher bleibt. Und doch ist sie vom frühen Lebensalter an von entscheidender Bedeutung für das Erkennen und Verstehen der Handlungsintentionen des Anderen. Es ist eine spezifische mentale Operation, die das Kind befähigt, dem Verhalten und Handeln der Eltern, ihren Gesten und ihrer Mimik einen Sinn zu geben. Dies geschieht weniger auf Grund dessen, was sie sagen, als dadurch, dass das Kind errät, was sie intendieren, ohne es selbst zu wissen. Mit der Entwicklung differenzierterer mentaler Fähigkeiten versuchen wir immer mehr auch bewusst, Beweise und Gründe dafür zu finden, dass wir richtig erraten oder uns vielleicht getäuscht haben. Diese Fähigkeit, aus geringfügigen Anhaltspunkten Intentionen des Anderen, die ihm selbst nicht bewusst sind, aus seinem Handeln und aus seinen Gesten zu erraten, bleibt jedem Menschen erhalten, solange er lebt (vgl. Freud 1895, S. 225). Als Psychoanalytiker haben wir, wie Freud sagt, keine andere Möglichkeit als die Übertragung, das heißt: die unbewussten Intentionen, die der Patient in der analytischen Situation in Szene setzt, selbständig zu erraten. Es ist die Aufgabe der analytischen Arbeit, ihr mit Hilfe von Worten eine denkbare Form zu geben und die in ihr steckende »rätselhafte Botschaft« (Laplanche) zu übersetzen. Kurz: die Übertragung muss *erraten* und *übersetzt* werden. Das heißt auch: so sicher wir im Verlauf der Kur über eine Übertragung (und eine Gegenübertragung) sein mögen, es bleibt ein Kern von Nichtwissen und Ungewissheit. Dieser Kern ist der Ursprungsort des Unheimlichen in der Übertragung. Bei beiden Phänomenen sind wir auf das Erraten angewiesen.

Bevor ich darauf näher eingehe, möchte ich eine kurze Bemerkung zum Stand der Literatur voranstellen. Zum Thema »Übertragung« (und »Gegenübertragung«) gibt es eine unübersehbare Fülle von Büchern und Aufsätzen. Ganz anders steht es um psychoanalytische Literatur zum Thema des Unheimlichen. Da steht Freuds Aufsatz »Das Unheimliche« von 1919 in seiner Differenziertheit und Vielschichtigkeit für lange Zeit einsam da. Bis heute bleibt es bei ganz wenigen Arbeiten, die, ausgehend von den Überlegungen Freuds, diese oder jene Ergänzung oder Differenzierung beitragen. In einiger Nähe zu Freuds Essay veröffentlicht Edmund Bergler 1934 »The psycho-analysis of the uncanny«. Er beschreibt zwölf Typen unheimlicher Gefühle, die er für besonders signifikant hält. Danach klafft eine Lücke bis in die Mitte der siebziger Jahre. Erst 1975 erscheint von Sheldon Bach »Narcissism, continuity and the uncanny« – eine Arbeit, in der der Autor einige Hypothesen über die Beziehung zwischen der Erfahrung des Unheimlichen und dem Gefühl der Kontinuität des Selbst diskutiert. Erst in den neunziger Jahren gibt es dann wieder Veröffentlichungen, die dem Unheimlichen gewidmet sind: 1993 von Feigelson »Personality death, object loss, and the uncanny«; 1998 von Lotz »The uncanny in Hans Christian Anderson's writings« und 1999 von Svanaeus »Freud's philosophy of the uncanny«. Das ist schon alles. Diese Aufsätze haben mit Freuds Arbeit eines gemeinsam: Sie enthalten keinerlei Hinweis auf die Übertragung. Den einen oder anderen kurzen Hinweis über den Zusammenhang der Übertragung mit dem Unheimlichen finden wir allerdings gelegentlich in Arbeiten, die einem anderen Thema gewidmet sind, einzelne Abschnitte oder gar nur Sätze, in denen unheimliche Erfahrungen in Analysen erwähnt oder selten auch diskutiert werden. Ich frage mich, ob die Psychoanalytiker sich scheuen, den unheimlichen Kern in Übertragung und Gegenübertragung zur Kenntnis zu nehmen. Kann es sein, dass das Thema selbst etwas Unheimliches an sich hat? Wie dem auch sei: Wir müssen neu ansetzen, um etwas von der unheimlichen Wirklichkeit der Übertragung wahrzunehmen und zu verstehen. Was ist unheimlich an der Übertragung? Bevor ich mich mit dieser Frage beschäftigen kann, will ich die Aufmerksamkeit des Lesers auf die vorliegenden psychoanalytischen Untersuchungen zum Unheimlichen lenken.

II. Das Unheimliche

Dies der Titel der bekannten kleinen Abhandlung, die Freud 1919 erscheinen ließ. Wie Green (2000, S. 19) angemerkt hat, ist schon dieser Titel ein Programm. Der Ausbruch des Krieges mit seiner ungeahnten Explosion gewalttätiger Destruktivität drängte Freud die Frage auf: Was veranlasst die Menschen dazu, sich gegenseitig zu töten und sich Verletzungen zuzufügen, die sie zu Krüppeln machen und ihr Leben lang leiden lassen? Er hat die Zeit genutzt, um seine früheren Ideen, niedergelegt in den metapsychologischen Schriften, in den »Vorlesungen zur Einführung in die Psychoanalyse« und in den Falldarstellungen zu rekapitulieren, zu überprüfen und zu vertiefen. Es kommt etwas in Bewegung, ohne dass genau vorher zu sehen gewesen wäre, in welche Richtung die Entwicklung gehen würde. Im Rückblick sprechen wir von der »Theoriewende der zwanziger Jahre«. Auftakt der Erneuerung und Zeichen eines »radikalen Kurswechsels« ist die Schrift »Jenseits des Lustprinzips« (Green 2000, S. 256). Freuds Kurswechsel ist durch drei zentrale Gedanken gekennzeichnet: (1) die Ausformulierung der Theorie des Wiederholungszwangs; (2) die Einführung des Todestriebes, dem gegenüber die »strukturierende Kraft der Sexualität« an Boden verliert (Green 2000, S. 256); (3) an zentraler Stelle die Einführung der Kategorie des Überschusses, des Zuviel; oder wie Green lapidar zusammenfasst: »Was zuviel ist, ist zuviel.« (Überschrift des Kap. VI von 2000.) Wir werden sehen, dass diese drei zentralen Gedanken für das Verständnis des Unheimlichen der Übertragung eine wichtige Rolle spielen. Der kleinen Arbeit über »Das Unheimliche« kommt in der entscheidenden Wendung Freuds die Rolle eines Übergangs zu – eines Übergangs, in dem die Ideen, die uns aus Freuds früheren Werken vertraut sind, wieder aufgegriffen werden und sich zugleich die neuen Ideen ankündigen. Ich halte es für keinen Zufall, dass in diesem Übergang das Unheimliche auftaucht, das Freud bis dahin nicht explizit bedacht hatte und das nach der Theoriewende vom Anfang der zwanziger Jahre als explizites Thema in Freuds Schriften wieder verschwindet.

Zunächst möchte ich in aller Kürze die Gedanken Freuds zum Unheimlichen zusammenfassen, auch wenn ich Vertrautes damit wiederhole. Das Unheimliche, sagt Freud (1919 h, S. 243), sei eine Unterkategorie des Ängstlichen. Es unterscheide sich jedoch von anderen Formen des Ängstlichen durch einen »besonderen Kern«, der irgendwo im Unbewussten liege. Freud sucht nach diesem »Kern« in zwei Richtungen: erstens in der Etymologie des Wortes »heimlich« und zweitens in verschiedenen Situationen, die ein Gefühl des Unheimlichen auslösen. Die Etymologie zeige, dass das Wort »heimlich« eine Ambivalenz zum Ausdruck bringt. Es bezeichnet einerseits das Heimelige und Vertraute – das, worin wir daheim und zu Hause sind; andererseits aber auch das Geheime, Versteckte – das, was hinter unserem Rücken und hinter verschlossener Tür geschieht. Diese Bedeutung von »heimlich« fällt mit dem, was wir »unheimlich« nennen, zusammen. »Heimlich« und »unheimlich« sind hier identisch. Freud zitiert eine Bemerkung Schellings, das Unheimliche sei »alles, was im Geheimnis, im Verborgenen (...) bleiben sollte und hervorgetreten ist« (S. 235 f.). Das, was verborgen bleiben sollte, nennen wir in der Psychoanalyse das Verdrängte. Es sind diejenigen Bewusstseinsinhalte, von denen wir nichts wissen sollen und wollen. Deshalb sagt Freud: »... dies Unheimliche ist wirklich nichts Neues oder Fremdes, sondern etwas dem Seelenleben von alters her Vertrautes, das ihm nur durch den Prozeß der Verdrängung entfremdet worden ist« (S. 254). Das »Unheimliche des Erlebens« »läßt jedesmal die Zurückführung auf altvertrautes Verdrängtes zu« (S. 261). Das altvertraute Verdrängte ist das Infantile. Freud bringt seine Überlegungen auf den Punkt: »Das Unheimliche des Erlebens kommt zustande, wenn verdrängte infantile Komplexe durch einen Eindruck wieder belebt werden, oder wenn überwundene primitive Überzeugungen wieder bestätigt scheinen« (S. 263). Zu diesen Überzeugungen, die wir als Erwachsene verdrängt und überwunden zu haben glauben, zählen der Glaube an die Allmacht der Gedanken, an prompte Wunscherfüllung und geheime schädigende Kräfte und an die Wiederkehr der Toten, wie er für Animismus und Magie und alle Formen narzisstischer Überschätzung charakteristisch ist. Aber auch Mutterleibphantasien oder die Vorstellung, lebendig begraben zu sein, gehören dazu. Ein intensives Gefühl des Unheimlichen kann es auslösen, wenn die Grenze zwischen Phantasie und Wirklichkeit sich verwischt, wenn etwas Phantastisches uns plötzlich real entgegen tritt. Zu den Motiven, die unheimlich wirken, gehört auch die Wiederkehr des Gleichartigen, etwa wenn Schicksale, Gesichtszüge oder Namen in verschiedenen Situationen sich mehrfach wiederholen. Dieses »Moment der unbeabsichtigten Wiederholung« (S. 250) trägt, wie Freud sagt, »in Kombination mit bestimmten Umständen« leicht dazu bei, dass wir etwas als unheimlich und tief ängstigend erleben. Freud wird in Zukunft vom Wiederholungszwang reden, wobei gerade die Zwanghaftigkeit der Wiederholung gewissen Seiten des Seelenlebens einen »dämonischen Charakter« verleiht (S. 251). Oder wie *Goethe* im *Faust I* formuliert:

»Du denkst zu treiben, aber bist getrieben.« Vor dieser Wiederholung des Gleichartigen, diesem Zwang zur Wiederholung auch gegen unseren bewussten Willen entsteht ein quälendes Gefühl von Hilflosigkeit, wie wir es auch bei bestimmten Traumzuständen erleben. Freud erzählt zur Illustration die bekannte Geschichte, wie ihn ein unheimliches Gefühl erfasste, als er in einer italienischen Kleinstadt einer Straße mit Prostituierten, in die er geraten war, zu entkommen suchte und sich bei diesem Fluchtversuch unerwartet mehrfach in derselben Straße wiederfand. Im Wiederholungszwang selbst steckt also ein Moment des Unheimlichen. Daran werden wir uns bei der Diskussion der unheimlichen Wirklichkeit der Übertragung erinnern müssen. Wichtig ist in diesem Zusammenhang Freuds Hinweis, dass gegen »das Unheimliche, das von infantilen Komplexen ausgeht«, keine Realitätsprüfung hilft. Er schreibt: »Beim Unheimlichen aus infantilen Komplexen kommt die Frage der materiellen Realität gar nicht in Betracht, die psychische Realität tritt an deren Stelle. Es handelt sich um wirkliche Verdrängung eines Inhalts und um die Wiederkehr des Verdrängten, nicht um die Aufhebung des *Glaubens an die Realität* dieses Inhalts« (S. 263). Da das Unheimliche im Unbewussten seinen letzten Grund hat, können wir es nicht durch rationale Überlegungen und Argumente abschütteln. *Lichtenberg* hat Recht: »Man muss nicht an Gespenster glauben, um sich vor ihnen zu fürchten.«

Die psychoanalytischen Autoren, die sich nach Freud mit dem Unheimlichen beschäftigt haben, knüpfen alle auf die eine oder andere Weise an dessen Überlegungen an und ergänzen oder erweitern seine Gedanken in diesem oder jenem Punkt.

Bergler (1934) hebt den Aspekt des Zuviel hervor und meint, alles, was das normale Maß überschreitet, werde oft als unheimlich erlebt – unheimliche Stille; unvorstellbare Geschwindigkeit; übergroße Macht, Kaltblütigkeit oder Fähigkeit, aber auch felsenfest zur Schau getragene Gewissheit. Dabei sei das Gefühl des Unheimlichen eine Art Alarmzeichen, mit dem wir auf eine innere Gefahr, das Wiederbeleben verdrängter eigener Omnipotenzphantasien und die damit einher gehende unbewusste Kastrationsangst reagieren (S. 216). Es sei eine Art kurzer Trancezustand oder Zustand der Entfremdung, der für das Ich einen Schutz vor der Explosion der infantilen, verdrängten Omnipotenz bedeute. Bergler spricht von einem »affektiven Kurzschluss«. Dass das Gefühl des Unheimlichen ein Alarmzeichen für das Ich ist, um sich davor zu schützen, durch infantile Omnipotenzvorstellungen gleichsam gesprengt zu werden und den Kontakt zur inneren und äußeren Realität zu verlieren, schließt nach Bergler aber nicht aus, dass es im Sinne der Angstlust auch genossen und masochistisch immer und immer wieder induziert werden kann. Es könne Ausdruck einer Sexualisierung der Angst sein.

Einen anderen Aspekt des Unheimlichen untersucht Sheldon Bach. In seinem Aufsatz von 1975 beschäftigt er sich mit dem Zusammenhang zwischen dem Erleben von Unheimlichkeit und der Kontinuität des Selbstgefühls. Er berichtet von einem Patienten, dessen narzisstisches Entwicklungsdefizit in seiner Unfähigkeit zum Ausdruck kam, einen Prozess, der von hier nach dort führt, als kontinuierlich zu erleben – einen Prozess, in dem er selbst und die Welt füreinander kontinuierlich lebendig geblieben wären. Dieser Patient sprach immer wieder von »unheimlichen« Ereignissen. Die Unfähigkeit, einen Prozess – auch den psychoanalytischen – und die Abfolge der eigenen Gefühle und Bewusstseinszustände als kontinuierlich zu erleben, versteht Bach als Folge eines empathischen Versagens der Mutter in der frühen Kindheit. Das Kind erlebt die Unvorhersehbarkeit der emotionalen Antworten und Verhaltensweisen der Mutter wie ein An- und Ausgeschaltetwerden innerer seelischer Zustände. Es versucht diese unerträgliche Erfahrung zu bewältigen, indem es sich mit dem narzisstischen Elternteil identifiziert und die Welt und die eigenen Gefühle in gleicher Weise an- und ausschaltet. Es wird unfähig, Veränderungen des eigenen Fühlens und des Fühlens des Anderen zu verstehen. Denn das Gefühl von Kontinuität hängt von der verlässlichen Regelmäßigkeit und Erwartbarkeit von Befriedigung und der Erträglichkeit der Frustrationen ab. Es geht darum, für einander lebendig zu bleiben. Mit Unbelebtem ist kein Dialog möglich. Bach verankert das Unheimliche in dieser frühen Erfahrung. Er schreibt, dass fremdartige, schaurige und unheimliche Gefühle hervorgerufen werden, wenn etwas vertraut, responsiv oder belebt zu sein verspricht, sich dann aber in etwas Unvertrautes oder Unbelebtes verwandelt, das keine Antwort gibt. Unheimliche Gefühle seien Kennzeichen einer Situation, in der eine Person spürt, dass es keinen wechselseitigen Dialog und keine Kontinuität eines internalisierten narzisstischen Selbstobjekts oder einer Person gibt, die momentan oder permanent diese narzisstische Funktion erfüllen würde. Dann können Triebimpulse nicht integriert und neutralisiert werden. Es fehlt ein kontinuierliches, konsistentes Selbst, das sie ›besitzen‹ könnte. Sie werden deshalb als fremd und unheimlich erlebt.

Feigelson (1993) greift die Überlegungen Bachs zur Dynamik des Unheimlichen auf und vertieft sie. Er beschreibt die psychische Reaktion von Menschen, deren signifikantes Liebesobjekt – Partner, Vater, Ehepartner etc. – durch eine Hirnverletzung plötzlich zu einem »psychological stranger« geworden ist – eine Erfahrung, die furchtbare Angst auslöst und als »unheimliche Erfahrung« beschrieben werden kann. Diese unheimliche Erfahrung sei Antwort auf ein spezifisches Trauma: auf das Trauma des Persönlichkeitstodes des Anderen, des nicht rückgängig zu machenden Verlusts seiner responsiven Fähigkeiten. Das Objekt, vorher Quelle von Leben und Vitalität, ist jetzt zugleich da und nicht da. Es zeigt rätselhafte Veränderungen zwischen vertrauten und unvertrauten Eigenschaften und Verhaltensweisen. Es ist die Erfahrung eines plötzlichen Wechsels von den bisher vertrauten Lebensabläufen des Alltags zu außerordentlichen und bizarren Verwirrungen und Störungen. Die unheimliche Angst gilt der plötzlichen Transformation eines Objekts, das ›good enough‹, relativ unambivalent und ideal war, in ein fernes, fremdes Wesen. Die Ich-Funktionen des gesunden Partners werden dadurch vorübergehend paralysiert – seine Urteilsfähigkeit, die Fähigkeit, Verhalten vorherzusagen und Einfluss auf den Anderen zu nehmen und die Affekte im Dialog zu regulieren. Nach Feigelson besteht die unheimliche Angst aus drei Elementen: (1) einer Wahrnehmung, dass das Objekt vertraut und unvertraut zugleich ist; (2) der Wahrnehmung, dass das Objekt hölzern und auf eine Weise tot ist, die die Objektkonstanz in Frage stellt; (3) dem Gefühl eines Doppelgängers, einer Person in einer anderen, das im Beobachter entsteht. – Das unheimliche Gefühl ist eine Reaktion auf diese Verdoppelung. Es bringt den unbewussten Glauben zum Ausdruck, dass da tatsächlich zwei Personen sind. Wie bereits Bergler betont auch Feigelson, dass das unheimliche Gefühl *Schutz des Ichs* gegen eine innere Gefahr ist, jetzt aber nicht gegen die Gefahr, von Omnipotenzphantasien überflutet zu werden, sondern gegen die Gefahr, von etwas völlig Unwirklichem attackiert zu sein und von dem Hass auf das Objekt überwältigt zu werden. Die unheimliche Geschichte beschädigt das Vertrauen des Beobachters in die Realität und seine Realitätswahrnehmung. Das Unheimliche beschreibt eine Welt der Entfremdung. Der Betroffene ist unvorbereitet etwas ausgesetzt, von dem er nicht geglaubt hatte, dass es existiert. Er ist, konfrontiert mit der Regression des Verletzten, von einer pathologischen Identifikation bedroht. Feigelson erinnert daran, dass unter entwicklungsgeschichtlicher Perspektive die Erfahrung des Persönlichkeitstodes des ambivalent geliebten Objekts an frühe Erfahrungen mit plötzlichen und unverständlichen Veränderungen des primären Objekts, der Mutter oder des Vaters, rührt, wenn dieses, zum

Beispiel von plötzlicher Wut überwältigt, dem Kind wie ein anderes Wesen erschienen ist. Ich denke, dass auch die von Green beschriebene katastrophale Erfahrung der »toten Mutter« in diesen Zusammenhang gehört.

Svanaeus (1999), der letzte Autor, dessen Überlegungen zum Unheimlichen ich kurz erwähnen möchte, trägt die interessante These vor, dass es ein primäres *universelles Trauma* sei, das das Ich entstehen lässt und zugleich Ursprung des Unheimlichen ist. Unheimlichkeit, das Nicht-zu-Hause-Sein, sei die grundlegende Erfahrung, die das Ich entstehen lasse. Dies primäre Trauma, das Svanaeus universell nennt, weil jeder Mensch es erfahren hat, sei der Verlust des ersten Objekts, der Mutter, in einer Lebensphase, in der es noch kein Ich und keine Sprache, sondern nur eine Symbiose und ein vorsprachliches Verbundensein gab. Die Trennung und die Erfahrung, allein zu sein, lassen das Ich und zugleich die Mutter als getrenntes Objekt entstehen – ein Objekt, das jetzt erst, wie Freud sagt, »besetzt« werden kann. Das heißt: das Ich entsteht in einem Prozess des Heimatverlustes. Es war und wird niemals ganz zu Hause sein. Es gründet im Un-Heimlichen. Erinnert sei hier an die berühmte Formel Freuds, das Ich sei nicht Herr im eigenen Hause. Diese primäre Heimatlosigkeit oder anders gewendet: dieses primäre Unheimliche lauert stets im Hintergrund dessen, was wir in der Psychoanalyse das Unbewusste nennen. In bestimmten Situationen kann diese Heimatlosigkeit hervorbrechen und uns schaudern lassen – bei der Lektüre des Sandmanns von E. T. A. Hoffmann; in der Konfrontation mit dem Wiederholungszwang der traumatischen Neurose; in der Dunkelheit oder in einem abgrundtiefen Schweigen. Das Unheimliche wurzelt in diesem Gefühl, nicht in uns selbst zu Hause zu sein und keine Kontrolle über das äußere und vor allem das innere Geschehen zu haben, sondern von irgendjemand oder irgendetwas beherrscht und kontrolliert zu werden. Darin liegt das Unheimliche des Wiederholungszwangs. Die Wiederholung selbst ließe sich als ein mechanisches, unheimliches Prinzip verstehen, um das Selbst jenseits der eigenen Kontrolle und des eigenen Verstehens zu regulieren.

Bevor ich mich der Frage zuwende, was an der Übertragung unheimlich sei, möchte ich kurz die wichtigsten Aspekte des Unheimlichen, auf die uns die zitierten psychoanalytischen Autoren hingewiesen haben, zusammenfassen:

1. Das Unheimliche ist etwas dem Seelenleben von alters her Vertrautes, das ihm durch den Prozess der Verdrängung entfremdet worden

ist. Das Verdrängte ist das Infantile. So lautet Freuds zentrale These: »Das Unheimliche des Erlebens kommt zustande, wenn *verdrängte* infantile Komplexe durch einen Eindruck wieder belebt werden, oder wenn *überwundene* primitive Überzeugungen wieder bestätigt erscheinen« (1919h, S. 263).

2. Das Unheimliche ist das, was das normale Maß überschreitet. Das Gefühl des Unheimlichen ist eine Art Alarmzeichen, mit dem die Person auf eine innere Gefahr reagiert – die Gefahr, dass verdrängte Omnipotenzphantasien und die damit einhergehenden Ängste wieder belebt werden.
3. Unheimliche Gefühle sind in frühen Erfahrungen des Kindes verankert, dass ein wichtiges narzisstisches Selbstobjekt vertraut, responsiv oder belebt zu sein verspricht, sich dann aber in etwas Unvertrautes oder Unbelebtes verwandelt, das keine Antwort gibt. Sie sind Kennzeichen einer Situation, in der eine Person spürt, dass es keinen Dialog mit einem inneren oder äußeren narzisstischen Selbstobjekt und keine Kontinuität der Erfahrung gibt.
4. Die unheimliche Erfahrung ist eine Antwort auf das Trauma des Persönlichkeitstodes des Anderen, des nicht rückgängig zu machenden Verlusts seiner responsiven Fähigkeiten. Sie besteht aus drei Elementen: (1) der Wahrnehmung, dass das Objekt vertraut und unvertraut zugleich ist; (2) der Wahrnehmung, dass das Objekt leblos und auf eine Weise tot ist, die die Objektkonstanz in Frage stellt; (3) dem Gefühl einer Person in einer anderen, d. h. eines Doppelgängers. Das unheimliche Gefühl ist ein Schutz des Ichs gegen die Gefahr, von etwas völlig Unwirklichem attackiert zu sein und von dem Hass auf das Objekt überwältigt zu werden.
5. Das Unheimliche wurzelt in einem *universellen Trauma*, in der ursprünglichen Erfahrung des Nicht-zu-Hause-Seins im eigenen Ich. Diese existentielle Erfahrung begleitet die Trennung vom primären Objekt, der Mutter. Im eigenen Ich nicht zu Hause zu sein, bedeutet auch, keine Kontrolle über die eigenen unbewussten Impulse und die Affekte zu haben, sondern von etwas beherrscht zu werden, was sich der Kontrolle entzieht.
6. Das Unheimliche ist dem Wiederholungszwang immanent.

Wir werden bei der Untersuchung der unheimlichen Wirklichkeit der Übertragung diese Aspekte des Unheimlichen auf die eine oder andere Weise wieder finden. Sie tragen wesentlich zu einer Dynamik der Übertragung bei, die ein Gefühl des Unheimlichen hervorrufen kann.

III. Die Übertragung und das Unheimliche

Wenn ich von der unheimlichen Wirklichkeit der Übertragung spreche, muss ich mich fragen, welche Position im Diskurs ich mit dieser Formulierung einnehme. Ist es nicht so, dass ich damit das Unheimliche auf der anderen Seite, auf der Seite des übertragenden Patienten lokalisiere? Ist die Formulierung nicht bereits ein Versuch, das Unheimliche in eine Distanz zu bringen, die mir hilft, seiner Herr zu werden und als Analytiker letztlich nicht von ihm betroffen zu sein? Damit kommt es aber von Anfang an zu einer Verzerrung dessen, was im analytischen Prozess tatsächlich geschieht. Denn wir wissen alle, dass wir nicht von der Übertragung sprechen können, ohne auch von der Gegenübertragung zu reden. Das heißt aber: das Unheimliche im analytischen Prozess ist prinzipiell in der ineinandergreifenden Dynamik von Übertragung und Gegenübertragung zu Hause. Der Ort, an dem das Unheimliche entsteht, ist die analytische Beziehung. Oder anders formuliert: das Unheimliche ist eine bestimmte Form unbewusster Kommunikation zwischen Analytiker und Analysand – eine Kommunikation, in der sich Übertragung und Gegenübertragung durchdringen. Gemeinsam, aber ohne im Augenblick darum zu wissen, schaffen Analytiker und Analysand in der analytischen Situation eine unheimliche Wirklichkeit. Wie sollen wir uns das vorstellen?

Henry Smith (1995) berichtet in einem eindrucksvollen Beispiel, wie in einer bestimmten Phase einer Analyse ihn ein intensives Gefühl des Unheimlichen befiel. Nachdem er das Honorar für die Stunden erhöht hatte, beginnt der Patient von der Beendigung der Analyse zu sprechen. Der Analytiker ist besorgt, ihn zu früh zu verlieren – zu früh für den Patienten, aber auch zu früh für ihn selbst. Daraufhin bietet Smith, die finanziellen Engpässe des Patienten im Auge, eine Neuanpassung des Honorars an. Dieser durchschaut schnell das Motiv: »Sie möchten, dass ich länger komme.« Er hat das Gefühl, für immer beim Analytiker – das heißt in der Übertragung: bei seinen Eltern – bleiben zu müssen, und wird zunehmend depressiv. Die Situation in der Analyse lässt im Patienten eine symmetrische Erfahrung aus der Kindheit wieder aufleben. Während Smith dem Patienten zuhört, ihn beobachtet und denkt »Er liegt da so bedürftig!«, schweift er in Gedanken ab zu Erinnerungen an seine eigenen Eltern, an den Rückzug des Vaters und vor allem an seine Sorge um die todkranke Mutter. Er sieht sie auf dem Totenbett liegen und denkt an seine große Angst, sie zu verlieren. Plötzlich sieht er nicht mehr den Patienten, sondern seine Mutter vor sich auf der Couch liegen. Seine Mutter war erst vor kurzen unter quälenden Rückenschmerzen gestorben. Er hatte diese schmerzliche Trennung innerlich noch nicht akzeptieren können. Kurz nach diesen Stunden hatte der Patient davon gesprochen, dass der Analytiker ihm helfen wolle zu bleiben, nicht aber zu gehen. In dem Augenblick, als ihn dieser Gedanke zutiefst ängstigt, hat er plötzlich das Gefühl, auf der Couch festgehalten, ja, durch sie hindurchgezogen zu werden, und sagt: »Ich habe das Gefühl, dass mein Rücken zerbricht!« (1919h, S. 263.) Dies aber waren dieselben Worte, die der Analytiker oft von seiner Mutter gehört hatte. In diesem Augenblick erfasst den Analytiker ein intensives Gefühl des Unheimlichen, das sich erst durch eine Analyse der Übertragung und der Gegenübertragung auflösen lässt. Der Patient war zu einer unheimlichen Repräsentanz der Mutter auf der Couch geworden. Es war, als wäre die Mutter des Analytikers wieder zum Leben erwacht, zusammen mit der unerträglichen Erfahrung ihres Todes. Henry Smith schreibt, er habe in der Bindung an seinen Patienten und mit dem Wunsch, ihn am Leben zu erhalten, den Tod seiner eigenen Mutter verleugnet und sie am Leben zu erhalten versucht – als ob er ihren Tod verhindern könnte, indem er seinen Patienten im Behandlungszimmer am Leben erhält. Er fügt hinzu, dass sich in dieser Verleugnung des Todes die Verleugnung frühen Terrors in der Kindheit wiederhole. So entdeckt der Analytiker, in welchem Ausmaß er mit dem Patienten verbunden ist und an dessen Übertragung teilhat.

Schauen wir uns dies Beispiel etwas genauer an. Es springt sofort ins Auge, dass das Unheimliche einer untrennbar miteinander verwobenen Dynamik von Übertragung und Gegenübertragung entspringt. Es ist so, als bräche die gewohnte Unterscheidung zwischen Übertragung und Gegenübertragung in einer gemeinsamen Inszenierung von Analytiker und Analysand für einen Augenblick zusammen, so dass beide in einer emotionalen Erfahrung miteinander unlösbar verbunden sind. Wir sehen hier das, was Kramer und Akhtar (1988) einmal »die Übertragungs-Gegenübertragungserfahrung tiefer, fast unheimlicher Empathie« genannt haben. Es ist ein wechselseitiger Prozess: auf Seiten des Patienten eine unheimliche Fähigkeit, sich dem unbewussten Wunsch des Analytikers anzupassen; auf Seiten des Analytikers ein unheimliches Déjà-vu-Erlebnis (Chrzanowski 1967, S. 45). Unheimlich ist auch die Geschwindigkeit, mit der sich die Übertragungs-Gegenübertragungs-Konstellation herstellt. Dies ist zugleich ein Augenblick, in dem die Fähigkeit des Analytikers zu denken zusammenbricht. Erst nachträglich vermag er durch seine Selbstanalyse und dadurch, dass er an der analytischen Arbeit auch inmitten von Ratlosigkeit und Hilflosigkeit festhält, die Grenze erneut ziehen. Das Unheimliche in der analytischen Situation entsteht nicht nur dadurch, dass plötzlich etwas Unvorhersehbares geschieht. Es ist vielmehr im eigentlichen Sinne das Undenkbare. Im Unheimlichen steht das analytische Denken still. Es wird deutlich, dass es – Feigelson (1993) hat darauf aufmerksam gemacht – ein Schutz des Ichs des Analytikers vor dem Aufbrechen tief verdrängter infantiler Traumata ist. Es ist undenkbar, weil es etwas tief Verdrängtem und Abgewehrtem entspringt. Oder noch einmal in Freuds Worten: »Das Unheimliche des Erlebens kommt zustande, wenn verdrängte infantile Komplexe durch einen Eindruck wiederbelebt werden, oder wenn überwundene primitive Überzeugungen wieder bestätigt erscheinen.« Das heißt: durch eine Regression in eine Zeit, in der Trennung und Verlust noch nicht gedacht werden konnten. Mit der von Freud erwähnten infantilen magischen Phantasie, dass Tote wieder lebendig werden können, und in der Omnipotenzvorstellung, die Macht zu dieser Auferweckung zu besitzen, erwachen auch die frühen traumatischen Erfahrungen, deren Abwehr diese Phantasie und Vorstellung dienten (und unbewusst weiterhin dienen) (Smith 1995, S. 73). Die analytische Situation, die Smith beschrieben hat, zeigt mit großer Klarheit, wie intensiv Analytiker und Analysand in diesen Behandlungsstunden durch das von beiden erlittene »universelle Trauma« (Svanaeus) des Verlustes des primären Objekts, der Mutter, und der Trennung von ihr miteinander verbunden sind. Das Unheimliche ist, um eine Formulierung Freuds (1940a, S. 111) aus einem anderen, aber durchaus mit unserem Problem verbundenen Zusammenhang aufzugreifen, ein »Fluchtversuch«, durch den das hilflose Ich sich der traumatischen Erregungen, aber auch der Triebansprüche zu erwehren versucht – ein Versuch, der »sich später als unzweckmäßig herausstellen und (wenn er nicht analysiert werden kann; Hinzufügung von mir) dauernde Einschränkungen für die weitere Entwicklung« bedeutet – für die weitere Entwicklung beider Beteiligten wie für den analytischen Prozess selbst. Übertragung und Gegenübertragung, beides unbewusste Prozesse, bezeugen, dass niemand – und auch nicht der Analytiker und der Analysand – sich jemals vollständig kennen wird, da es im Seelenleben – notwendigerweise – einen opaken Bereich gibt, der sich immer wieder dem Erkanntwerden entzieht. Dieser Bereich ist in der Psychoanalyse verschieden benannt worden: Freud nennt es in der »Traumdeutung« den »Nabel« des Traums; Winnicott das »Ineffabile«; Laplanche die »rätselhafte Botschaft«. Durch Übertragung und Gegenübertragung erfahren Analytiker und Analysand in jeder Stunde neu, dass sie niemals ganz bei sich zuhause und Herr im eigenen Hause sind. Diese Heimatlosigkeit macht uns nicht krank, sondern menschlich.

Verschiedene Autoren wie z. B. Boesky (Hurst 1995) und Kernberg (1979, S. 225) haben hervorgehoben, dass der Analytiker bei schwer gestörten Patienten die Erfahrung eines unheimlichen Drucks macht, immer tiefer und intensiver in eine affektive Verwicklung mit dem Patienten hineingezogen zu werden. Kernberg bereichtet davon, dass es bei Borderline-Patienten nicht um das gewöhnliche Agieren in einer spezifischen, klar umschriebenen Übertragungsreaktion in der psychoanalytischen Situation geht, sondern um die subtilere, oft *unheimliche* Kombination fremdartiger oder ungewöhnlicher Verhaltensweisen und Beziehungsmodi zum Analytiker, die stark und verwirrend wirken. Sie machen es schwer, sich in den Inhalt der Kommunikation des Patienten einzufühlen. Die Kommunikation geschieht nicht über die verbalen Mitteilungen, sondern mit Hilfe der Transformation der Beziehung des Patienten zum analytischen Setting und zum Analytiker. Beispiele dafür sind: eine tiefe, sprachlose Regression; langes Schweigen, das im Analytiker ungewöhnliche, ja, bizarre Phantasien induziert und dazu führen kann, dass sein Verständnis des Patienten und das der gemeinsamen Szene vollständig paralysiert wird; eine ausschließliche Orientierung an der unmittelbaren Umgebung der analytischen Situation wie etwa am Raum, an den Möbeln, an der Dauer der Stunde und am Ton dessen, was der Analytiker sagt, und nicht an dessen Inhalt. Der Patient erweist sich als unfähig, auf das zu hören, was der Analytiker sagt, oder überhaupt verbal zu interagieren. Er hat jegliche Introspektionsfähigkeit verloren. In der Arbeit mit Patienten mit nicht-neurotischen Strukturen ist es gerade das Unheimliche, durch das sich die verborgene Intention der Übertragungshandlung ausdrückt. Sie halten sich, wie Green (2005, S. 41) sagt, nicht im »Spielfeld« der klassischen psychoanalytischen Behandlung. Damit seien sie ein Test für die Gegenübertragung des Analytikers, der es oft nicht vermeiden kann, den sehr aggressiven Provokationen des Patienten zu erliegen. Sie sind auch ein Test dafür, ob – um eine bekannte Formulierung Bions zu variieren – der Analytiker die unheimliche Wirklichkeit der Übertragung, die immer auch eine Erfahrung unerträglichen Nicht-Wissens ist, aushalten kann, ohne sich und den Patienten vorschnell durch Rückgriff auf zuhandene theoretische Konzepte oder auf vorschnelle Deutungen zu beruhigen.

Vor dem tiefen, archaischen und meist unheimlichen Kern der Übertragungsphänomene sehen sich die Analytikerin und der Analytiker immer von Neuem vor eine Entscheidung gestellt, die Eshel (2001, S. 558) folgendermaßen formuliert hat: »Wie weit sollen und müssen wir auf der Suche nach einer volleren und tieferen Wahrheit in die unbekannten Winkel des Unheimlichen gehen und auf tiefe und regressive Ebenen von Übertragung – Gegenübertragung einlassen? Und was ist der Preis dafür?« Sie untersucht auf der Suche nach einer Antwort ihr wiederholtes Einschlafen während der Stunden mit einer Patientin. Sie versucht, diese Erfahrung theoretisch und klinisch zu erklären und zu verstehen, indem sie sagt, sie sei ganz in den Fängen des analytischen Prozesses gewesen, ganz eingetaucht in die unbewusste Verwicklung und Konvergenz mit der Patientin. Beide seien sie in einen sprachlosen Zustand tief miteinander verbundener Erfahrung, in dem die innere Welt der Patientin auch zur inneren Welt der Analytikerin geworden war, versunken gewesen. Es stelle sich deshalb die Frage: Wessen Schlaf ist es?

Eshel sucht eine Antwort entlang zweier miteinander verbundener Achsen: (1) die massive Präsenz des Unheimlichen in der Welt der Patientin (sie nennt sie Clari); (2) ein Zustand tiefer Verbundenheit von Patient und Analytikerin und in seiner Folge ein Konvergieren der inneren Welten beider.

Zum ersten Punkt: Die Autorin geht von Freuds These aus, das Unheimliche sei eine Wiederkehr von etwas, was einst erfahren und dann verdrängt worden ist. Das Unheimliche, sagt sie, entspringe einer Art Dialektik zwischen Erinnern und Vergessen. In Claris Welt außerhalb der Analyse war das Unheimliche massiv präsent. Sie hatte schreckliche Angstträume, die immer in der vertrauten Situation ihrer Wohnung oder ihres Schlafzimmers begannen. Wenn sie nachts aufstand, um zu pinkeln, sah sie die Traumszene eines zerschmetterten Babys. Dem folgte unmittelbar ein Traum von völliger Dunkelheit und Desorientierung in der Nachbarschaft. In all diesen Horrorszenen senkte sich eine dunkle Finsternis über ihre vertraute Welt. Das »Heimliche« und Vertraute wurde »un-heimlich«. Dies ging in einem völligen Verlust von Sicherheit, des Vertrauens, geschützt zu sein, und jeglicher Orientierung unter. Das Unheimliche brachte sie in Todesnähe. Clari erlebte einen abrupten Absturz in etwas Entsetzliches, Undenkbares, in etwas ohne jede Bedeutung, den sie nicht stoppen und dem sie nicht widerstehen konnte. In späteren Stunden erzählte Clari, sie habe sich im Alter von etwa drei Jahren als hyperaktiven, mächtigen Jungen erlebt. Dabei habe sie sich gleichzeitig stark und verwirrt gefühlt. Sie habe nicht gewusst, ob sie sie selbst oder ein anderer sei. Sie hatte ein externes Selbst für das eigene substituiert, sich mit jemand anderem identifiziert und verharrte in tiefem Zweifel darüber, welches ihr eigenes Selbst sei. Die Verdoppelung des eigenen Selbst durch ein fremdes anderes, d. h. durch einen inneren Doppelgänger, dient nach Freud ursprünglich der Verneinung der Macht des Todes und der Sicherung gegen die Vernichtung des Ichs. Eshel betont jedoch, dass es sich bei der massiven Präsenz des Unheimlichen in Claris Welt nicht nur um die Wiederkehr von etwas Verdrängtem handelt. Vielmehr sei das Unheimliche hier ein Zustand des ›Nicht-Ich‹, Ausdruck unerträgliche Angst vor einer undenkbaren, ursprünglichen Agonie, die bereits erfahren wurde, bevor das Selbst sich ausbilden konnte. Die Patientin müsste sich erinnern. Aber das ist nicht möglich, da man sich nicht an etwas zu erinnern vermag, was noch nicht geschehen ist. Dies Vergangene ist nicht geschehen, weil die Patientin nicht da war, damit es hätte geschehen können. In der Kontinuität der Erfahrung klafft ein Graben, der nicht zu überbrücken ist.

Zum zweiten Punkt der wechselseitigen Verbundenheit von Analysandin und Analytikerin, die diese fragen lässt, wessen Schlaf es sei, den sie in den Analysestunden geschlafen habe: Im analytischen Prozess ist es zu einer Verschmelzung der inneren Welten von Analytikerin und Patientin gekommen – ein Zustand, in dem beide vorübergehend nicht mehr wissen, ob sie sie selbst oder die andere sind. Zu erleben, als driftete das »Ich« davon (Langan 1993, S. 631/632), ist für die Analytikerin eine unheimliche Erfahrung. Im Zusammenspiel von Übertragung und Gegenübertragung ist der unheimliche »Zustand des ›Nicht-Ich‹« zu einem gemeinsamen Zustand geworden. Patientin und Analytikerin formen eine verschmolzene therapeutische Entität; ein Sein, das über die Grenzen die eigenen getrennten psychischen Existenzen oder über eine simple Addition der beiden hinausgeht. Es handelt sich um eine Entität der »togetherness« oder »interconnectedness«. Für die Analytikerin besteht die unheimliche Wirklichkeit der Übertragung in diesen Fällen darin, dass sie zu einem menschlichen, lebendigen und real präsenten Double im Unheimlichen der Patientin geworden ist. Sie musste in diesen Zustand extremer Schutzlosigkeit und Verletzlichkeit, ja, in einen paralysierten Zustand kommen, um überhaupt in die innere Welt der Patienten implantiert zu werden und darin einen Samen der Lebendigkeit pflanzen zu können.

IV. Flucht vor der Übertragung als unheimlicher Wirklichkeit

Es gibt viele Möglichkeiten, sich vor dem Unheimlichen zu schützen. Das ist auch in der analytischen Kur so. Ich kann darauf nicht im Einzelnen eingehen. Ich möchte aber zwei Formen der Abwehr und Flucht kurz erwähnen, die im psychoanalytischen Prozess eine wichtige Rolle spielen können.

Wie Freud gesagt hat, ist das Unheimliche eine besondere Form der Ängstlichkeit. Es liegt nahe, dass beide, der Patient und der Analytiker der Konfrontation mit der unheimlichen Wirklichkeit der Übertragung schnell zu entkommen suchen. Langan (1993, S. 631/632) hat beschrieben, wie er in der Analyse einer Borderline-Patientin durch die unheimliche Erfahrung, nicht mehr er selbst zu sein, geängstigt, diesem Erlebnis nicht erlaubte, länger zu bestehen. Er überging diese Erfahrung zunächst durch einen Rückgriff auf Vertrautes, indem er zu den Fragen zurückkehrte, die er der Patientin hatte stellen wollen, und schnell mehr oder weniger plausible Erklärungen für das irritierende Erlebnis heranzog: er sei offenbar müde gewesen; sei dem Druck projektiver Identifikation erlegen etc. Durch derartige Erklärungen wird die unheimliche Erfahrung im Rahmen des vertrauten Verstehens platziert.

Smith (1995, S. 75) hat darauf hingewiesen, dass alle Vereinfachungen und Kodifizierungen der psychoanalytischen Theorie und der Behandlungstechnik es dem Analytiker erleichtern, die im analytischen Prozess durch Übertragung und Gegenübertragung entstehende Komplexität und Verwirrung zu reduzieren und Neugier und Überraschung nicht zu groß werden zu lassen. In einer kodifizierten Technik gibt es keine Überraschung und keine unheimliche Erfahrung. Das Zuhören und das emotionale Erleben sind nicht länger beweglich und offen für das noch nicht Gedachte und Erlebte, sondern gleichsam eingefroren. Das kommt in der gelegentlichen Neigung von Analytikern zum Ausdruck, *einem* Aspekt der Übertragung bzw. der Gegenübertragung auf Kosten des ganzen Prozesses Beachtung zu schenken. Das drückt sich zum Beispiel in Formulierungen aus wie »ich analysiere die Übertragung« oder »Analyse ist die Analyse des Widerstandes« oder »wichtig ist die Abwehr-Analyse«. Derartige Wahrnehmungseinstellungen können in bestimmten Augenblicken nützlich sein, werden aber bei einer (oft impliziten) Kodifizierung zu einem Abwehrpanzer gegen das Unheimliche, in dem sich die verdrängten infantilen Komplexe ankündigen. Auch theoretische Konzepte, die Psychoanalytiker entwickelt haben, um das unheimliche Phänomen der Übertragung zu erklären, können als Versuch verstanden werden, begriffliche Kontrolle über ihr aktuelles Erleben in der analytischen Situation zu gewinnen – über eine unheimliche Wirklichkeit, die gänzlich aus der Fassung bringen kann. Ein solches Konzept ist zum Beispiel das der projektiven Identifikation, das die unheimliche Erfahrung bannt, durch die Übertragung von einem fremden Objekt besetzt zu werden (Gribinski 1994). Dem Konzept ist nicht mehr anzusehen, dass es sich auf ein Erleben bezieht, das wahrhaftig unheimlich ist.

Die Frage nach der unheimlichen Wirklichkeit der Übertragung drückt auch die Sorge aus, die Psychoanalyse könnte heute unter dem Druck der gesellschaftlichen und gesundheitspolitischen Forderungen nach Rationalisierung der Psychotherapie selbst rationalistisch verkürzt werden – eine Gefahr, die sie seit ihren Anfängen begleitet. Die Psychoanalyse ist aber beides: eine Disziplin strengen und klaren Denkens und eine Seelenbehandlung nach klaren Prinzipien und ein immer neues Sich-Einlassen auf die rätselhafte und beunruhigende Wirklichkeit des Unbewussten, und das heisst auch: das Beunruhigende der Psychoanalyse selbst. Um eine Bemerkung Arlows (mündl. Mitteilung zit. bei H. Smith 1995) aufzugreifen: »Analytiker verhalten sich, als ob sie nichts überraschen könnte. Tatsächlich sollten sie jeder Zeit überrascht sein. Ein ungewöhnliches Wort, eine treffende Sprachfigur, eine irrelevante Reflexion, eine Beobachtung außerhalb des Kontextes, ein eindringender Gedanke, eine seltsame Metapher (oder überhaupt jede Metapher) – all dies sollte Anlass für Überraschung und Neugierde des Analytikers sein.«

V. Schlussüberlegungen

Bevor ich schließe, möchte ich noch einmal an den Anfang meiner Ausführungen zurückkehren. Ich hatte gesagt, dass es heute keine psychoanalytische Position gebe, die die zentrale Bedeutung der Liebe und der Übertragung in der Kur bestreiten würde. Schauen wir uns die Beispiele aus analytischen Behandlungen, die ich diskutiert habe, an, so drängt sich der Eindruck auf, dass sie Beispiele eines Liebesgeschehens zwischen Patient und Analytiker unter den Bedingungen der analytischen Kur sind – ein Liebesgeschehen, das von Hass, Neid, Misstrauen, Selbstverlust durchzogen ist. Es kann zum stärksten Widerstand werden und die Analyse zum Scheitern verurteilen, wenn seine verborgene Natur nicht verstanden wird. Am 9. 3. 1909 hat Freud (Freud/Jung 1974, S. 233) in seinem Brief an Jung, der den Liebesverwicklungen mit Sabina

Spielrein erlegen war, geschrieben: »Verleumdet und von der Liebe, mit der wir operieren, versengt zu werden, das sind unsere Berufsgefahren, derentwegen wir den Beruf wirklich nicht aufgeben werden.« Es kann nicht anders sein: wenn wir als Analytiker in der Kur mit der Liebe operieren, wie Freud schreibt, so sollten wir nicht erstaunt sein, dass diese Liebe vom Patienten mit Liebe, mit »Übertragungsliebe« beantwortet wird. Freud hat die Feuermetapher in seinen »Bemerkungen über die Übertragungsliebe« (1915) wieder aufgegriffen. Wenn in der Kur die Liebe entflammt, sei es mit dem Spiel vorbei und eine andere Wirklichkeit breche plötzlich herein, »etwa wie«, fügt er an, »wenn sich während einer Theatervorstellung Feuerlärm erhebt« (S. 310). Die Liebe brennt. Und wenn sie unbewusst ist, besonders heiß. Oder wie es im Volkslied heisst: »Kein Feuer, keine Kohle kann brennen so heiß als heimliche Liebe, von der niemand nichts weiß.« Freud hat keine Zweifel daran gelassen, dass die Übertragungsliebe »echte« Liebe sei. Sie erscheine vielleicht als wenig normal. Aber auch »die sonstige Verliebtheit außerhalb der analytischen Kur (erinnere) eher an die abnormen als an die normalen seelischen Phänomene« (S. 317) .

Und das Unheimliche? In Freuds Untersuchung des Unheimlichen nimmt die Erzählung »Der Sandmann« von E. T. A. Hoffmann einen zentralen Platz ein. Auch sie ist eine Geschichte der Liebe und ihrer Rätsel – der Liebe Nathanaels zu seinem Vater; der Liebe zu seiner Braut; der Liebe zu Olimpia, dem geheimnisvollen Automaten. Freud referiert: »In diese (Olimpia) verliebt er sich bald so heftig, dass er seine kluge und nüchterne Braut über sie vergisst« (1919, S. 240). Es ist unheimlich, wenn ein Mensch sich so heftig verliebt, dass seine Fähigkeit, belebt und unbelebt und einen Automaten von einem Menschen zu unterscheiden, zusammenbricht. Wenn Freud erwähnt, dass neurotische Männer das weibliche Genitale als unheimlich erleben können, zitiert er das »Scherzwort«: »Liebe ist Heimweh.« Das Unheimliche des Genitale verdanke sich der Wiederkehr des verdrängten Heimwehs zum Leib der Mutter, der ursprünglichen Heimat (S. 259). Es sind die einzigen Stellen in der Arbeit über das Unheimliche, in denen Freud von der Liebe spricht. Sie lassen ahnen, dass es eine enge innere Beziehung zwischen der Liebe und dem Unheimlichen gibt. In der Liebe schlummert ein unheimlicher Kern. Green (2005, S. 11), der der Liebe und dem Eros wichtige Untersuchungen gewidmet hat, schreibt: »Das Hauptmerkmal der Liebe ist ein Gefühl unwiderstehlicher Anziehung, erfahren als Überschwänglichkeit, und der Wunsch, dem Liebesobjekt so nah wie möglich zu sein.« Unwiderstehlichkeit, Überschwang, der Wunsch nach absoluter Nähe – das sind Wünsche und Affekte, in denen tief verdrängte infantile Wünsche fortleben. Es kann sehr unheimlich sein, wenn wir an uns selbst oder an einem anderen Menschen erleben, wie sie, manchmal wie ein Blitz aus heiterem Himmel, wieder aufbrechen und uns wider alle Vernunft beherrschen. Weil das Übertragungs-Gegenübertragungs-Geschehen im Kern ein wie auch immer verzerrtes Liebesgeschehen ist, kann es in der Kur und über sie hinaus zu einer unheimlichen Wirklichkeit werden. Dies Unheimliche fordert uns heraus, mit der Analyse fortzufahren.

Literatur

Augustinus (1955): Confessiones/Bekenntnisse. München: Kösel.

Bach, Sh. (1975): Narcissism, continuity and the uncanny. Internat. J. Psychoanal. 56, S. 77–86.

Bergler, E. (1934): The psycho-analysis of the uncanny. Internat. J. Psychoanal. 15, S. 215–244.

Chrzanowski, G. (1967): Symptom choice in schizophrenic manifestations. Contemp. Psychoanal. 4, S. 41–52.

Eshel, O. (2001): A short annotation to Sigmund Freud's »Observations on transference love«. Internat. Rev. Psychoanal. 14, S. 103–109.

Feigelson, C. (1993): Personality death, object loss, and the uncanny. Internat. J. Psychoanal. 74, S. 331–345.

Freud, S. (mit Breuer, J.) (1895d): Studien zur Hysterie. GW I, S. 75.

Freud, S. (1905e): Bruchstück einer Hysterie-Analyse. GW V, S. 161.

– (1915a): Bemerkungen über die Übertragungsliebe. GW X, S. 305.

– (1919h): Das Unheimliche. GW XII, S. 227.

– (1920g): Jenseits des Lustprinzips. GW XIII, S. 1.

– (1940a): Abriss der Psychoanalyse. GW XVII, S. 63.

Freud, S., Jung, C. G. (1974a): Briefwechsel. Frankfurt a. M.: Fischer.

Green, A. (2000): Geheime Verrücktheit. Grenzfälle der psychoanalytischen Praxis. Gießen: Psychosozial.

– (2005): Key ideas for a contemporary psychoanalysis. London/New York: Routledge.

Gribinski, M. (1994): The stranger in the house. Internat. J. Psychoanal. 75, S. 1011–1021.

Hurst, D. M. (1995): Toward a definition of the term and concept of interaction. Journal American Psychoanalytic Association 43, S. 521–537.

Kernberg, O. F. (1979): Omnipotence in the transference and in the countertransference. Scandinavian Psychoanal. Rev. 18, S. 2–21.

Kramer, S./Akhtar, S. (1988): The developmental context of internalized preoedipal object relations. Clinical application of Mahler's theory of symbiosis and seperation-individuation. Psychoanal. Quart. 57, S. 547–576.

Langan, R. (1993): The depth of the field. Contemp. Psychoanal. 29, S. 628–644.
Lotz, M. (1998): The uncanny in Hans Christian Anderson's writings. Scandinavian Psychoanal. Rev. 21, S. 77–91.
Smith, H. (1995): Analytic listening and the experience of surprise. Internat. J. Psychoanal. 76, S. 67–78.
Svanaeus, F. (1999): Freud's philosophy of the uncanny. Scandinavian Psychoanal. Rev. 22, S. 239–254.

1 »Knoten«
Schwierige Übertragungs-Gegenübertragungskonstellationen

1.1 Theorie: Aktuelle Konzeptionen zum Übertragungsverständnis in der Diskussion

Klaus Grabska

Ein besonderes analytisches Idiom. Einführung in das relationale Feldkonzept von Antonino Ferro

Mit seinem nachfolgenden Beitrag »Die Gegenübertragung und die Charaktere in der psychoanalytischen Sitzung« gibt uns der italienische Kinder- und Erwachsenenanalytiker Antonino Ferro einen Einblick in seine »Küche des Analytikers«. »Küche des Analytikers« ist ein von Ferro bevorzugtes metaphorisches Bild. Mit diesem Bild drückt er aus, dass es ihm nicht um die Darbietung fertiger analytischer »Speisen« geht, die wir wie ein uns vorgesetztes Gericht einnehmen und konsumieren können. Stattdessen möchte Ferro uns an der Entstehung des »Mahls« und an seiner analytischen Zubereitung teilhaben lassen. Einerseits folgt er in seiner Darstellung dabei Prinzipien des Ungesättigtseins und der Unbestimmtheit, die mit der Mehrdeutigkeit des Manifesten korrespondieren. Sie erzeugen zugleich eine den analytischen Appetit und die geistige Verdauung in gleicher Weise anregende Spannung. Andererseits verweist Ferro auf seine klinisch-theoretischen Ingredienzien, die als Konzepte sowohl den Rahmen seines analytischen Verstehens und Deutens abstecken als auch in ihrer Verbindung miteinander seinen persönlichen analytischen Stil ausmachen. Daraus resultiert eine integrative Verdichtung unterschiedlicher Referenzkonzepte zu einem bei aller theoretischen Fundierung ganz persönlichen *analytischen Idiom* (Bollas 2000), also zu einer Version von Psychoanalyse, in der sich die Persönlichkeit des Analytikers fruchtbar mit dem analytischen Diskurs verbindet und dadurch auch zum Selbstausdruck des Analytikers wird. Gerade diese bei Ferro in besonderer Weise spürbare Qualität eines Idioms und dessen Neuartigkeit in Verbindung mit der aktuellen Frage der Intersubjektivität in der analytischen Situation und dem Bedürfnis nach neuen Möglichkeiten des Deutens im Kontakt mit schwer erreichbaren Analysanden hat das Interesse der analytischen Gemeinschaft an Ferro und seiner Art, zu analysieren und darüber nachzudenken, sowohl in Deutschland (Ferro 1993, 2002, 2003a, 2003b, 2003c, 2005a) als auch international (2001, 2005a, 2006a) anwachsen lassen.

Seinen *Darstellungsprinzipien des Ungesättigtseins und der Unterbestimmtheit* folgend, entwickelt Ferro seinen Ansatz aus seinen klinischen Erfahrungen heraus. Dabei nimmt Ferro sich theoretisch, was er braucht, um sein analytisches Idiom zuzubereiten und weiterzuentwickeln, und lässt weg, was aus seiner Sicht nicht zur Zubereitung des »analytischen Mahls« passt, bzw. transformiert es so, dass es für ihn integrierbar wird. In diesem Sinne schrieb Ogden in seinem Vorwort zu Ferro (2006a): »Ferro is creating his own Bion.« Ich möchte dies erweitern und sagen: Ferro schafft sich seine eigene Psychoanalyse. Dass wir das als Analytiker tun können und uns Ferro zeigt, dass wir es gar nicht anders tun können, wenn wir unsere Theoriebildung von unserer klinischen Erfahrung ausgehen lassen wollen, hat einen äußerst befreienden Effekt: »Jeder Analytiker kann sich seine Psychoanalyse schaffen.« Zugleich zeigt uns das Beispiel von Ferro aber auch, dass damit keinem unsystematischen Eklektizismus der Weg geebnet werden muss, sondern damit der Anspruch verbunden bleibt, dass wir für den theoretischen Rahmen unserer klinischen Erfahrungen ebenso wie für das analytische Setting Sorge tragen und an ihm arbeiten müssen. Diesen theoretischen Rahmen, in dem Ferro sich bewegt, möchte ich hier in seinen Grundzügen und unter dem Schwerpunkt seiner Feldtheorie darstellen und damit dabei helfen, Ferros Beitrag verorten zu können.

Die typische Art und Weise, wie Ferro sein analytisches Idiom entwickelt hat und weiter entwickelt, findet sich auch in nachfolgendem Beitrag. Ausgehend von einem zentralen Begriff der klinischen psychoanalytischen Theorie, wie zum Beispiel dem Begriff der Gegenübertragung, wird die damit verbundene Fragestellung auf dem Hintergrund der drei Referenzkonzepte Ferros, des bipersonalen Felds, der emotionalen Verarbeitung nach Bion und der Narratologie vorwiegend anhand klinischer Analysesituationen mit Erwachsenen oder Kindern und Jugendlichen, aber auch anhand literarischer Produktionen, die als metaphorische Analogien von analytischen Prozessen genommen werden, in den ausgewählten Aspekten durchgearbeitet, die für Ferro von Interesse sind. Auf diese Weise befindet sich der Geist des Analytikers in einer ständigen Umarbeitung und seine klinische Theoriebildung flexibilisiert sich, anstatt immer mehr zu erstarren. So kann sich Ferro zum Beispiel eingestehen, dass sein Interesse an der Gegenübertragung mit der Entwicklung seines eigenen analytischen Ansatzes verschwunden war, und sich dann wiederum fragen, welchen Stellenwert die Gegenübertragung in seinem Denken und in seiner Praxis jetzt hat und dieser Frage interessiert nachgehen (Ferro 2006a, S. 99 ff.). Dabei entdeckt Ferro, dass die Gegenübertragung in seinem Denken eigentlich nur dann eine Rolle spielt und ihr ein Wert zukommt, wenn sie sich als eine Störung des analytischen Feldes bemerkbar macht, die eine fruchtbare analytische Arbeit verhindert. Hier kommt Ferro dem ursprünglichen Konzept Freuds von der Gegenübertragung wieder sehr nahe. Allerdings geschieht dies nun im Rahmen einer von Freud abweichenden, dezidiert *relationalen Modellvorstellung* von Psychoanalyse.

Für dieses relationale Modell von Psychoanalyse ist Ferros Umarbeitung des Feldkonzepts von Madeleine und Willy Baranger (Baranger 1981, Baranger 2005), zwei aus Frankreich stammenden argentinischen Psychoanalytikern, die das analytische Denken in Lateinamerika stark beeinflusst haben (Bernardi 2000), zum *Konzept des bipersonalen Feldes* zentral. Ihren Ursprung hat diese rezeptive Umarbeitung im Interesse an einem vertieften Verständnis der analytischen Zweiersituation, das Ferro zusammen mit weiteren italienischen Psychoanalytikern dazu führte, den psychoanalytischen Prozess als einen unbewussten Dialog zu betrachten (Nissim Momgliano, Robutti 1992).

Unter Rückgriff auf einen aus der Phänomenologie (Merleau-Ponty) und der Gestalt- und Sozialpsychologie (Kurt Lewin) stammenden Begriff des Feldes und in Verbindung mit der kleinianischen Psychoanalyse entwickelten die Barangers bereits Anfang der 60er Jahre ein Verständnis von der analytischen Situation als einem dynamischen Ganzen, das wir in Grundzügen heute bei Ogden und seiner Vorstellung vom »analytischen Dritten« (Ogden 1994) wiederfinden. Der gemeinsame Grundgedanke ist: Das Ganze der analytischen Situation und des analytischen Paares, beider Gestalt und Einheit erzeugt mehr als die Summe der einzelnen Teile und hat eine Eigenwirkung, die die Gesamtwirkung ausrichtet und prägt. Dabei konstituiert sich die analytische Situation durch das unbewusste Wechselspiel der aufeinander bezogenen projektiven und introjektiven Identifikationen seitens des Analysanden wie des Analytikers als ein dynamisches oder bipersonales Feld (Bezoari, Ferro 1992; Ferro 2003a). Vom Unbewussten her gesehen ergibt sich ein asymmetrisches Gefälle zwischen Analysand und Analytiker dann nur noch im Ausmaß und in der Qualität der jeweiligen projektiv-identifikatorischen Verarbeitungsweisen. So gesehen nivelliert die Perspektive, vom Unbewussten ausgehend die analytische Situation zu denken und zu theoretisieren, die durch das professionelle Wissen, das analytische Setting und die sozialen Rollenerwartungen gestiftete Asymmetrie im Manifesten und bildet ein in dynamischer Spannung dazu stehendes Gegengewicht.

Für Ferro verbleiben sowohl Freud als auch Klein in einer Sichtweise, die die Verantwortung für das analytische Geschehen allein beim Analysanden verortet, insofern der Analytiker als Analytiker handelt und seine »Restneurose« unter Kontrolle hat. Der Analysand wiederholt dann *seine* vergangenen Erfahrungen im Gegenwärtigen mit dem Analytiker oder projiziert dann *seine* unbewussten Phantasien und primitiven Teilobjektbeziehungen in den Analytiker hinein. Für die Barangers und Ferro ist der Analytiker mit seinem Unbewussten systematisch am analytischen Prozess beteiligt. Auf dem Hintergrund der wechselseitigen projektiven und introjektiven Identifikationen entwickeln Analysand und Analytiker, ohne dass sie davon wissen, eine gemeinsam geteilte unbewusste Phantasie, die ihre manifesten Interaktionen und Erlebnisweisen strukturiert. Diese unbewusste Phantasie kann für das analytische Paar eine Widerstandsfunktion gegenüber Veränderung erfüllen und wird deswegen von den Barangers als *Widerstandsnest oder Bollwerk* bezeichnet. Unter dem Aspekt der Übertragung betrachtet, formiert sich im Bollwerk der unbewussten Phantasie des analytischen Paares eine gemeinsam geteilte Übertragungs-Gegenübertragungsneurose bzw. -psychose an der Stelle, wo der Analytiker vorher nur eine Übertragungsneurose bzw. -psychose des Analytikers wahrnehmen konnte. In der Perspektive der Feldtheorie ist der analytische Prozess nun durch folgende Sequenz charakterisiert: unbewusste Formierung des Bollwerks; Distanzierung des Analytikers, die eine Durcharbeitung der eigenen Gegenübertragung und einen »zweiten Blick« ermöglicht; deutende Auflösung des Bollwerks; Weiterentwicklung des dynamischen Feldes; Formierung des nächsten Bollwerks usw. (Baranger, Baranger, Mom 1983).

Wird für die Barangers das analytische Paar wie das Feld wesentlich durch diese spezifische Dynamik von Übertragung und Gegenübertragung geprägt, modifiziert Ferro diese Feldkonzeption mithilfe von Bion, so wie er ihn in Anlehnung an Meltzer rezipiert. Bions Ausgangspunkt liegt für Ferro in der Tatsache, dass sich in der analytischen Situation Analytiker und Analysand als zwei Psychen begegnen und beide Psychen angesichts der durch die Begegnung ausgelösten emotionalen Turbulenzen sich bedroht fühlen, dass kein wachstumsfördernder Austausch zwischen beiden entstehen kann. Beide Seiten leiden an der gleichen existentiellen Angst, dass keine psychische Paarung zustande kommt.

An dieser Stelle wendet sich Ferro mit seinem *Gedanken der psychischen Paarung* gegen ein einseitiges Container-Contained-Modell bei Bion. Während in Bions Vorstellung allein der Analytiker der Container sein kann bzw. sein sollte, betont Ferro, dass die Produktion eines Behälters für die turbulenten Emotionen eine wechselseitige Anpassungsleistung *beider* Psychen darstellt. Gelingt nun eine psychische Paarung zwischen Analysand und Analytiker, so entsteht für Ferro eine *Beziehung*, die durch die Möglichkeit und Fähigkeit zu einem geistig-emotionalen Austausch charakterisiert ist.

Diese psychische Beziehung, in der Analysand und Analytiker ihre Emotionen mental verarbeiten, grenzt Ferro von der Übertragung (und damit auch von der Gegenübertragung) als einer grundsätzlich anderen Art, psychisch zu funktionieren, ab. Übertragung, verstanden als eine Funktionsweise, in der das Gegenwärtige auf eine stereotype Weise erlebt und wiederholt wird, und Beziehung, verstanden als eine Funktionsweise, in der der mentale Austausch zu neuen intersubjektiv geteilten und symbolisierbaren Erfahrungen führt, strukturieren in ihrem Verhältnis zueinander dann das Feld. Darin wird Übertragung von Ferro als Störung der Beziehung und damit als Widerstand gegen die Herausbildung neuer Erfahrungen bestimmt. Wie bei der Gegenübertragung kommt Ferro auch hier Freud und seiner ursprünglichen Vorstellung von Übertragung als Widerstand sehr nahe. Die Arbeit des Analytikers besteht für Ferro dann darin, Übertragung immer wieder in Beziehung zu verwandeln und damit neue psychische Erfahrungsbildungen zu ermöglichen. Die Entwicklung der Beziehungsfähigkeit rückt damit an die Stelle der auf Einsicht zielenden Deutung.

So gut wie alle Arbeiten Ferros behandeln anhand von Fallbeispielen diese sowohl von Analysand als auch Analytiker ausgehenden Störungen ihrer Beziehung oder psychischen Paarung. Dieser klinische Referenzpunkt der Gestörtheit der analytischen Beziehung oder Paarung macht Ferros Arbeiten so interessant für das Nachdenken über die analytische Praxis. Dabei unterscheidet Ferro (2003a) drei Paarungen: Einen *unproduktiven* Typus, in dem der Analytiker dem Analysanden Deutungen aufdrängt oder der Analytiker unempfänglich für den Analysanden ist; einen *fusionären* Typus, in dem alle Unterschiede verwischt werden und Worte als etwas Trennendes ausgebürgert werden; und einen *fruchtbaren* Typus, in dem der Analytiker die Worte und projektiven Identifikationen des Analysanden, wie bereits bei Bion beschrieben, aufnimmt, sie transformiert und sie in einer verträglich dosierten und »temperierten« Form dem Analysanden zurückgibt, damit der Analysand die Worte und projektiven Identifikationen des Analytikers aufnehmen, sie um eigene Gedanken, Einfälle und Schilderungen ergänzen und sie dann wiederum dem Analytiker zurückgeben kann.

Ferro vergleicht den Modus der Paarung mit dem Bild der Ur-Szene, in der neue Gedanken als Frucht einer wechselseitigen Vereinigung geboren werden, ohne dass Hass, Neid oder Nicht-wissen-Wollen das Funktionieren des Paares übermäßig stören oder verunmöglichen. Den *Fokus seiner analytischen Arbeit* legt Ferro darauf, dass der Analytiker dem Analysanden dabei hilft, mit ihm solche fruchtbaren Paarungen eingehen zu können, die dabei auftretenden Störungen zu überwinden und darüber vermittelt einen nur unzureichend vorhandenen psychischen Apparat (Freud) oder Container (Bion), zur Entwicklung neuer Gedanken und zu mehr Wachstum anzuregen. Im Fokus steht für Ferro daher nicht die Aufhebung von Verdrängung (Freud) oder die Integration von Abgespaltetem (Klein). Aufhebung von Verdrängung und Integration von Abgespaltenem setzen einen funktionierenden psychischen Apparat oder einen ausgebildeten Container mehr oder weniger voraus. Ferro dagegen setzt am Fundament an, wo die erste Aufgabe darin besteht, den psychischen Apparat oder den Container entstehen zu lassen, mit dem psychische Inhalte überhaupt erst erzeugt werden können. Wo Freud fragt, was im Wunderblock gelöscht wurde und wieder aufgedeckt werden kann, und wo Klein fragt, wie aufgespaltete Wunderblockteile wieder zusammengefügt werden können, fragt Ferro mit Bion, wie der Wunderblock überhaupt durch das analytische Paar hergestellt und ausgebaut werden kann.

Unter dem Gesichtspunkt der Paarung in einem dadurch erzeugten spezifischen analytischen Feld besteht die erste Aufgabe des Analytikers, sich von feststehenden Modellen des Zuhörens (von Freud, von Klein, von Kohut, von Kernberg, von Lacan usw.) zu befreien. In diesem Sinne versteht Ferro Bions Empfehlung »Keine Erinnerung, kein Wunsch, kein Verstehen« als ein Plädoyer für eine *Offenheit und Durchlässigkeit* der analytischen Haltung, die es dem Analytiker ermöglichen soll, sich auf die jeweils aktuelle »Wellenlänge« des Analysanden und ihre Variationen einzustellen, in denen er in der analytischen Stunde psychisch funktioniert (vgl. auch Grabska 2000). Mit dieser Haltung verändert sich die *Position des Analytikers* im Feld. Der Analytiker gibt die Sicherheit eines vorgefassten theoretischen Rahmens und einer modellverhafteten Operationstechnik auf und muss sich selbst als einen Unvollkommenen akzeptieren, der zusammen mit dem Analysanden aus dem, was beide persönlich einbringen können, versucht, das Beste zu machen.

Auch die *Position des Analysanden* verändert sich unter der Perspektive des Feldes und der psychischen Paarung. Der Analysand wird nicht mehr nur als jemand verstanden, der dem analytischen Prozess Widerstand leistet, sondern er wird primär als jemand betrachtet, der gemäß seinen Möglichkeiten und Fähigkeiten zum analytischen Prozess beiträgt. Dabei kann der Analytiker aufgrund der angenommenen Interdependenz des psychischen Funktionierens beider Protagonisten das psychische Funktionieren des Analysanden auch als einen Spiegel verstehen, in dem sich auf modifizierte Weise sein eigenes psychisches Funktionieren bezogen auf den Analysanden reflektiert. In diesen Zurückspiegelungen signalisiert der Analysand implizit und unbewusst, was er unbewusst wahrnimmt, wie der Analytiker psychisch bezogen auf ihn funktioniert, ob und wie präsent, erreichbar und verfügbar der Analytiker zum Beispiel in der Stunde für ihn ist und ob und auf welche Weise in dieser Hinsicht eine mögliche Störung im Analytiker am Wirken ist. Wenn der Analytiker in der Lage ist, diese impliziten unbewussten Reflexionen durch den Analysanden, die man auch Gegen-Deutungen nennen könnte (Grabska 2003), aufzunehmen und zu »lesen«, dann regt ihn das an, in sich zu gehen und bei sich selber zu untersuchen, wovor er sich schützen, was er nicht hören und spüren will. Indem der Analytiker den Analysanden auf diese Weise zu seinem *besten Mitarbeiter* macht, schafft er sich zugleich die Möglichkeit, die notwendige Wiederherstellungsarbeit in der Beziehung zu leisten, die für das fruchtbare Zusammenspiel des analytischen Paares erforderlich ist.

Nicht nur die Positionen des Analysanden und des Analytikers, sondern auch der *Stellenwert der Deutung* verändert sich in Ferros Feldkonzept. Ferro transzendiert die klassische Diskussion, ob es mehr die Deutung oder mehr die Objektbeziehung ist, die in der Analyse wirkt (Grabska 2004). In seiner Konzeption schlägt sich ein tiefgehendes Nachdenken darüber nieder, welche Objektbeziehungen neue Arten von Deutungen und welche Arten von Deutungen neue Objektbeziehungen ermöglichen.

Im klassischen Denken verankert waren die Barangers mit Freud und Klein vom zentralen Stellenwert einer auf Einsicht und Erkenntnis abzielenden Deutung ausgegangen, mit denen bereits vorhandene, verdrängte oder fragmentierte Bedeutungen in Form von Gedanken so bearbeitet werden, dass sie wieder zugänglich gemacht oder integriert werden können. Ferro nennt diese Art, dem Analysanden etwas über sich mitzuteilen, *starke oder gesättigte Deutungen*. Mit ihnen dekodiert und entziffert der Analytiker den Analysanden. Einerseits bringen sie etwas genau auf den Punkt. Andererseits besteht die Gefahr, dass sie die lebendige Kommunikation des analytischen Paares in ein enges Korsett sperren und erstarren lassen. Über die starken Deutungen kann der Analytiker in eine hegemoniale Deutungsposition geraten, während der Analysand sich korrespondierend dazu immer stärker unterlegen, entmutigt, beschämt oder sogar von der Deutungsaktivität des Analytikers verfolgt fühlen kann. Starke oder gesättigte Deutungen beinhalten daher ein hohes Risikopotential, die analytische Paarung entgleisen, scheitern oder absterben und das Transformationspotential des Feldes gegen Null gehen zu lassen.

Den starken oder gesättigten Deutungen stellt Ferro sein Modell der *schwachen oder ungesättigten Deutungen* gegenüber. Mit ihnen soll der Analysand weniger gedeutet als dazu angeregt werden, selbst Bedeutungen zu produzieren und seine Erlebnisse und das, was ihm an schwer fassbaren Eindrücken und affektiv Bedrängendem widerfährt, in Träumereien, Vorstellungsbilder, Spielerisches und Erzählbares zu verwandeln, was sich wiederum in sprachlichen Erzähltexten, gezeichneten Bildern, geträumten Träumen oder gestischen Handlungen ausdrücken und kommunizieren lässt. Mit dieser Auffassung von Deutung ist Ferro nicht nur Bion, sondern auch dem Verständnis von Winnicott (1979) nahe. Allen dreien geht es um eine zu emotionalem Wachstum anregende, transformative Öffnung. Dafür muss sich der Analytiker in seinem narzisstischen Bedürfnis zurücknehmen, sich als Wissender geschätzt und in seiner analytischen Klugheit bestätigt zu erleben. Mit dieser Zurücknahme kommt er dem Bedürfnis des Analysanden entgegen, im Analytiker einen Zuhörer, der seine Erzählungen teilt, und einen Gesprächspartner zu finden, der sich erzählend in die vorhandenen Narrative des Analysanden – ähnlich dem Squiggle-Spiel bei Winnicott (1964/1968) – einfädelt.

Wenn sich der Analytiker in einen erzählenden Begleiter verwandelt, scheint sich der zentrale Stellenwert, den der Analytiker klassischerweise für den Analysanden hat, zu reduzieren. Äußerlich gesehen scheint er von geringerer Wichtigkeit zu sein. Vom Feld, dem analytischen Paar und seinem Funktionieren her gesehen, passiert allerdings das Gegenteil. Während der Analytiker im Modell der starken oder gesättigten Deutungen es stärker dem Analysanden überlässt, was er mit den Deutungen macht, ob er sie zum Beispiel ablehnt oder annimmt, wird dem Analytiker im Modell der schwachen oder ungesättigten Deutung nun die entscheidende Verantwortung dafür zugeschrieben, ob es zu *transformativen Emotionserfahrungen* kommt. Seine Fähigkeit, Affekte und

Emotionen zu verarbeiten, wird zum wesentlichen Wirkfaktor. Die unsichtbare, zum großen Teil auch implizite und unbewusste, innere psychische Arbeit des Analytikers gewinnt eine gewichtigere Bedeutung gegenüber der sichtbaren Deutungsaktivität. Diese psychische Arbeit des Analytikers wie des Analysanden konzipiert Ferro nun, Bion folgend, als eine auf dem Wachtraumdenken und seiner sogenannten Alpha-Funktion basierenden »Alphabetisierung« unverdauter Empfindungen und roher Sinneseindrücke (sogenannte Beta-Elemente) zu symbolisierbaren Emotionen und kommunizierbaren Gedanken (sogenannte Alpha-Elemente), die sich in unterschiedlichsten Narrativen als narrative Abkömmlinge der Wachtraumgedanken ausdrücken (Ferro 2005d, 2006b).

Bion bietet Ferro das Denkmodell, wie transformative Erfahrungen, die bei einer fruchtbaren Paarung von Analysand und Analytiker im bi-personalen analytischen Feld bei jedem der beiden Protagonisten in Gang gesetzt werden, gedacht werden können. Indem Ferro die Äußerungen des Analysanden als *Narrative* fasst, in denen sich Wachtraumgedanken (Alpha-Elemente) in einer symbolisch repräsentierbaren Form fortentwickelt zeigen, wird es möglich, das Wachtraumdenken des Analysanden mit dem Wachtraumdenken des Analytikers kommunikativ miteinander verbunden und sich wechselseitig beeinflussend zu denken. Hier führt Ferro Bion mit Eco (1973, 1987, 1992) und anderen Vertretern der Erzählforschung, also psychoanalytisches mit semiotischem bzw. narratologischem Denken zusammen, und ist zugleich Freud wieder nahe. Wie Freud zwischen latenten und manifesten Traumgedanken unterschied, unterscheidet Ferro zwischen dem latenten Wachtraumgedanken und dem manifesten Narrativ der analytischen Stunde, in denen sich erstere ausdrücken und mitteilbar werden.

Das Narrativ der analytischen Stunde ist dabei Ausdruck eines polysemisch verstanden analytischen Felds, dessen figurative Erzählkonstellationen (zum Beispiel im nachfolgenden Text von Ferro die Figur des inkompetenten Chefarzts in der Fallsequenz über den Analysanden Luca) sowohl durch das Erzählen des Analysanden als auch durch das Mit-Erzählen des Analytikers gebildet werden. Dabei haben wir es im analytischen Feld mit einer über literarische Produktionen hinausgehenden Komplexität zu tun, weil hier zwei Autoren und zwei Leser zugleich und das auch noch in einem wechselseitig simultanen Autor-Leser-Verhältnis präsent sind. Aber gerade diese komplexe Verquickung ermöglicht dem involvierten Analytiker, sowohl den Analysanden als auch sich selbst im vorherrschenden Narrativ zu entdecken und es als eine Form narrativer Reflexion dessen zu nehmen, was auf der latenten Ebene der Wachtraumgedanken zu einem gegebenen Zeitpunkt im analytischen Paar miteinander ausgetauscht wird, was nicht ausgetauscht werden kann und womit diese Begrenzung des Austausches zu tun haben könnte. In diesem Sinne spricht Ferro von den Charakteren einer Sitzung als *funktionalen Aggregaten*, die die kommunikativen Bedürfnisse des analytischen Paares hinsichtlich ihres wechselseitigen psychischen Funktionierens ausdrücken, oder von den Figuren der Stunde als Knoten in einem interpersonalen narrativen Netzwerk und als affektive Hologramme, in denen sich die aktuelle emotionale Beziehung zwischen Analysand und Analytiker narrativ spiegelt.

Im seinem relationalen Modell formuliert Ferro zwei Transformationsstufen im analytischen Feld: zuerst von den rohen Sinneseindrücken zu den Wachtraumgedanken, dann von den Wachtraumgedanken zu den Narrativen, die eine individuelle symbolische Strukturierung der Psyche ermöglichen. Übertragung und Gegenübertragung werden als Störungen der Transformationsmöglichkeiten und der Analysand als jemand betrachtet, den ein Mangel an Transformationsfähigkeiten zum Analytiker führt. Die Aufgabe des Analytikers richtet sich dann darauf, sowohl über die Bildung von Narrativen zur Bildung von Wachtraumgedanken als auch über die Transformation der Narrative zur Transformation der Wachtraumgedanken beim Analysanden beizutragen. Mit dem Konzept des analytischen Feldes erinnert Ferro daran, dass der Analytiker transformative Wirkungen nur als abhängiger Teil eines mit dem Analysanden gebildeten Paares entfalten kann und dabei zusammen mit dem Analysanden einer unbewusst selbst geschaffenen Dynamik des Feldes unterliegt, die seinen Erfahrungs- und Deutungsmöglichkeiten vorausgesetzt ist.

Literatur

Barale, F., Ferro, A. (1992): Negative therapeutic reactions and microfractures in analytic communication. In: Nissim Momgliano, L., Robutti, A. (Hg.) (1992): Shared experience. The psychoanalytic dialogue. London: Karnac Books, S. 143–165.

Baranger, M. de (1981): Die geistige Arbeit des Analytikers: Vom Zuhören zum Deuten. In: Jahrb. Psychoanal. 30, S. 25–45.

– (2005): Field theory. In: Lewkowicz, S., Flechner, S. (Hg.) (2005): Truth, reality and the psychoanalyst: Latin-American contributions to psychoanalysis. London. International Psychoanalytic Association, S. 49–71.

Baranger, M., Baranger, W., Mom, J. (1983): Process and non-process in analytic work. In: Internat. J. Psychoanal. 64, S. 1–15.
Bernardi, B. de L. (2000): The countertransference: A Latin-American view. In: Internat. J. Psychoanal. 81, S. 331–351.
Bezoari, M., Ferro, A. (1992): From a play between »parts« to transformations in the couple: psychoanalysis in a bipersonal field. In: Nissim Momgliano, L., Robutti, A. (Hg.) (1992): Shared experience. The psychoanalytic dialogue. London: Karnac Books, S. 43–65.
Bollas, Ch. (2000): Genese der Persönlichkeit. Psychoanalyse und Selbsterfahrung. Stuttgart: Klett-Cotta.
Eco, U. (1973): Das offene Kunstwerk. Frankfurt a. M.: Suhrkamp.
– (1987): Lector in fabula. Die Mitarbeit der Interpretation in erzählenden Texten. München: Hanser.
– (1992): Die Grenze der Interpretationen. München: Hanser.
Ferro, A. (1993): Zwei Autoren auf der Suche nach Personen: Die Beziehung, das Feld, die Geschichte. In: Psyche 47, S. 951–971.
– (2001): Von der Tyrannei des Über-Ichs zur Demokratie der Affekte: Umwandlung auf dem Weg durch den psychischen Apparat des Analytikers. In: EPF-Bulletin 55.
– (2002): Interpretation, Dekonstruktion, Erzählung oder die Beweggründe von Jacques. In: Psyche 56, S. 1–19.
– (2003a): Das bipersonale Feld. Konstruktivismus und Feldtheorie in der Kinderanalyse. Gießen: Psychosozial-Verlag.
– (2003b): Probleme der Theorie und Technik bei der Behandlung von Patienten im Entwicklungsalter. In: Kinderanalyse 11, S. 155–181.
– (2003c): Das Spiel: Personen, Erzählungen, Deutungen. In: Kinderanalyse 11, S. 330–248.
– (2005a): Im analytischen Raum. Emotionen, Erzählungen, Transformationen. Gießen: Psychosozial-Verlag.
– (2005b): Seeds of illness, seeds of recovery. The genesis of suffering and the role of psychoanalysis. Hove, New York: Brunner-Routledge.
– (2005c): Commentary. In: Lewkowicz, S., Flechner, S. (Hg.) (2005): Truth, reality and the psychoanalyst: Latin-American contributions to psychoanalysis. London: International Psychoanalytic Association, S. 87–96.
– (2005d): Bion: Theoretical and clinical observations. In: Internat. J. Psychoanal. 86, S. 1535–1542.
– (2006a): Psychoanalysis as therapy and storytelling. Hove, New York: Brunner-Routledge.
– (2006b): Clinical implications of Bion's thought. In: Internat. J. Psychoanal. 87, S. 989–1003.
Grabska, K. (2000): Gleichschwebende Aufmerksamkeit und träumerisches Ahnungsvermögen. Forum Psychoanal. 16, S. 247–260.
– (2003): Wer analysiert wen? Über Gegen-Deutung im analytischen Prozess. In: Eith, Th., Wellendorf, F. (Hg.) Fort – Da. Trennen und Verbinden im analytischen Prozess. Heidelberg. Asanger Verlag, S. 177–191.

– (2004): Der Glaube des Psychoanalytikers an die Deutung. In: Gerlach, A., Schlösser, A.-M., Springer, A. (Hg.) Psychoanalyse des Glaubens. Gießen. Psychosozial-Verlag, S. 263–276.
Nissim Momgliano, L., Robutti, A. (Hg.) (1992): Shared experience. The psychoanalytic dialogue. London: Karnac Books.
Ogden, Th. (1994): Subject of analysis. Northvale, NJ: Aronson.
Winnicott, D. W. (1979): Vom Spiel zur Kreativität. Stuttgart: Klett-Cotta.
– (1964/1968): The squiggle game. In: Ders. (1989): Psycho-analytic Explorations. London: Karnac Books, S. 299–317.

Antonino Ferro

Die Gegenübertragung und die Charaktere in der psychoanalytischen Sitzung

Die zentrale Bedeutung der Achse von Übertragung und Gegenübertragung ist eine der Grundlagen unserer Identität als Analytiker (Smith 2000; Brenman und Pick 1985). Sie ist der Ausgangspunkt des im Folgenden unternommenen Versuchs, diese Begriffe mit einigen weiteren Aspekten in Verbindung zu bringen, die mit dem Konzept des Feldes, mit gewissen Ideen von Bion sowie mit einigen Beiträgen aus der Erzählforschung zusammenhängen.

Das Konzept des Feldes, das zunächst von Willy und Madeleine Baranger formuliert worden ist (Baranger und Baranger 1961–1962), wurde im Laufe der Zeit zunehmend komplexer dargestellt (Baranger 1993; Ferro 2002, 2003, 2004, 2005; Eizirik 2005). Zunächst sollte es eine Situation beschreiben, die aus dem Zusammentreffen von Analytiker und Patient und aus den dabei zutage tretenden gegenstrebigen Widerständen und mithin aus einer Bildung von Bollwerken hervorgeht. Diese Bollwerke werden in der Folge eingerissen aufgrund von Deutungen kraft der Fähigkeit des Analytikers zu einem »zweiten Blick«. Dann aber ist das Feld zunehmend zu einem Ort der vielfältigen Fähigkeiten von Analytiker und Patient sowie all der möglichen Welten geworden, die sich dank der Begegnung beider eröffnen können. Meiner Auffassung nach ist das Feld nicht nur räumlich, sondern auch zeitlich zu denken. Es ist bewohnt von der Gegenwart sowie von der Geschichte und öffnet sich fortlaufend der Zukunft. Das Feld befindet sich in einer fortwährenden Umgestaltung, die es unmöglich erscheinen lässt, dass etwas außerhalb seiner bleibt nach dem Bigbang der möglichen Welten aus der Begegnung von Patient und Analytiker innerhalb des Settings. Die Orte im Feld ergeben sich aus der je aktuellen Beziehung zwischen Analytiker und Patient. Die Orte im Feld ergeben sich zudem auch aus ihrer jeweiligen Geschichte, ihren Übertragungen etc.

Das Feld hat seinen eigenen Atem. Dessen Einatmungsphase signalisiert das Erscheinen oder das Auftauen eines Gerinnsels von Undenkbarem, während das Ausatmen den Kollaps darstellt, der auf jede gesättigte Deutung folgt, die diesen Kollaps auf einen Punkt reduziert, um ihn für eine zukünftige Expansion vorzubereiten. Dabei handelt es sich selbstverständlich um eine unabschließbare Bewegung. Ein weiteres Kennzeichen des Feldes besteht darin, dass es früher oder später, wie geringfügig auch immer, von der Krankheit des Patienten infiziert werden und sich diese Krankheit auch wirklich zuziehen muss, um zum Ort der Heilung und mithin seiner Transformationen zu werden.

Das Feld oszilliert folglich zwischen einer fortdauernden Eröffnung von Bedeutungen einerseits und einer unausweichlichen Schließung von Bedeutungen andererseits, wenn es auf alle nur möglichen Geschichten verzichtet zugunsten der einen, die mit größtem Druck darauf drängt, erzählt zu werden (das ›selected fact‹ im Sinne Bions).

Das Konzept von Bion (1990, 1992, 1997), auf das ich mich beziehe, ist das eines Traumdenkens im Wachzustand als Frucht der unausgesetzten Arbeit der Alphabetisierung, welche die Alpha-Funktion an der wirbelnden Masse von Beta-Elementen durchführt, die sie zu Alpha-Elementen macht. Die entstehenden Piktogramme bleiben eingestandenermaßen unerkennbar, man kann sich ihnen aber auf dem Weg über ihre narrativen Abkömmlinge nähern.

Tritt beispielsweise bei einem Patienten die protoemotionale Sequenz »Alarm – Zweifel – Erleichterung« auf, dann könnte die entsprechende Folge von Piktogrammen so aussehen:

Feuerwehrwagen	Verwirrter Gesichtsausdruck	Geburt eines Kindes

In einem Feld könnte diese (an sich unerkennbare) Sequenz durch eine unendliche Zahl narrativer Abkömmlinge (Ferro 2002) zum Leben erweckt werden, so beispielsweise:

Eine Kindheitserinnerung: »Als Kind war ich eines Tages aufs Äußerste entsetzt, als ich glaubte, niemand werde mich holen kommen. Dann aber sah ich in der Entfernung einen Mann mit einem Stock, der mein Großvater zu sein schien – und ich war überglücklich, als ich ihn erkannte.«

Eine die Sexualität betreffende Erzählung: »Mir schien, dass Licia nicht mit mir schlafen wollte, als ich endlich bei ihr ankam. Ich dachte, sie sei verärgert, weil ich mich verspätet hatte. Doch an der Art, wie sie mich umarmte, wurde mir deutlich, dass sie nicht verärgert war.«

Eine Tagebucheintragung: »In der Universität habe ich eine anrührende Szene beobachtet. Eine Studentin zitterte vor lauter Examensangst. Doch als sie den Prüfungsraum betreten hatte, schien sie weniger

Angst zu haben. Bei der ersten Frage lächelte sie, weil sie wusste, dass sie sie beantworten konnte.«

Diese Übung könnte ich ohne Ende fortsetzen. Doch warum es mir geht, ist, dass auf einem etwas komplexeren Niveau der Patient immer wieder zu jenem Ort im Feld wird, der unablässig die Entwicklungen und Transformationen des Feldes selbst erzählt. In den gegebenen Beispielen haben wir ein Feld vor uns, auf dem eine Angst erst in Zweifel und dann in entspannte Ruhe übergeht. Es mag nützlich sein, dies einem Patienten durch eine Deutung klarzumachen; in anderen Fällen kann es jedoch gerade umgekehrt nützlich sein, eine solche Mitteilung sozusagen nur im Küchenkabinett, also im Hinterkopf des Analytikers zu verarbeiten oder allenfalls eine wenig gesättigte Deutung zu geben.

Was ich beschrieben habe, geschieht gewöhnlich, nachdem der Analytiker eine Deutung gegeben hat oder nachdem er sich gerade einer Deutung enthalten hat. Allerdings eignet sich das Beispiel einer tatsächlich gegebenen Deutung besser zur Veranschaulichung dessen, was ich hier darstellen möchte. Die Reaktion eines Patienten auf eine Intervention des Analytikers kann auch verstanden werden als Beschreibung dessen, was die Deutung im Innern des Patienten ausgelöst hat. Auf eine Deutung ›X‹ kann eine unendliche Vielzahl von Reaktionen erfolgen. Sie können reichen von »Gestern habe ich im Fernsehen gesehen, wie Bagdad bombardiert wurde« bis »Gestern habe ich Weihnachtsmänner gesehen, die Kindern Geschenke übergaben«, oder von »Gestern hat ein Hund versucht, mich zu beißen« bis »Ein Kätzchen hat sich mir ganz zärtlich genähert.« Selbstverständlich sind derartige Sequenzen in ihrem Ablauf nicht immer so linear.

Ein dritter Aspekt betrifft die Art und Weise, in der Charaktere sowohl in der Erzählforschung wie vor allem im Behandlungszimmer des Analytikers konzipiert werden. Nehmen wir als Beispiel einen außerhalb Italiens wenig bekannten Roman, die *Promessi Sposi* von Alessandro Manzoni (Die Brautleute 2003). Renzo und Lucia wollen heiraten. Don Rodrigo will dies um jeden Preis verhindern. Eine psychologisch-realistische Interpretation würde nach den psychischen Besonderheiten dieser Charaktere fragen – nach ihrem Seelenleben und ihren Emotionen. In einer strukturalistischen Sicht, sagen wir von Propp an, wäre die Funktion bedeutsam, welche die Charaktere in der Geschichte haben: Don Rodrigo ist der Motor der Handlung, gerade weil es an ihm ist, das Happyend, also die Heirat von Renzo und Lucia, zu behindern und hinauszuzögern. In einem weiteren Interpretationsmodell, das vom Konzept einer extremen Kooperation zwischen Leser und Text ausgeht, entwirft jeder Leser die je verschiedenen Bedeutungen, die er den einzelnen Charakteren gibt.

In einer von Paniagua (2002) berichteten Analysestunde spricht ein Patient, der kurz davor ist, die Kur zu beenden, nach dem Ende der Sommerferien betrübt von seiner Tochter. Er fürchtet, dass bei ihr die Pubertät verfrüht einsetzt. Außerdem müsse sie sich möglicherweise einem chirurgischen Eingriff unterziehen, der sich als notwendig erweisen könnte. Selbstverständlich werden diese Charaktere – »die Tochter mit einer verfrüht einsetzenden Pubertät« sowie »der chirurgische Eingriff« – je nach dem Modell des jeweiligen Analytikers ganz verschieden erörtert. Es bieten sich zunächst drei Möglichkeiten an: a) Man spricht das Problem der Tochter an sowie das Ensemble von Emotionen, die es in dem Patienten, der ein Hypochonder ist, auslöst; b) Das Thema der verfrüht einsetzenden Pubertät erweist sich als Bremse bei der Beendigung der Analyse, und der chirurgische Eingriff verweist auf die Schwierigkeit, die Kur zu beenden; c) Zweifel an der früh einsetzenden Pubertät sowie an der Zweckmäßigkeit der Operation (der Beendigung der Analyse) sind jene Aspekte, auf die das Feld eine Antwort geben soll. Dabei gilt es, das Problem zu berücksichtigen, wann die Analyse zu beenden ist und welche Ängste dadurch ausgelöst werden. Nur das Paar aus Patient und Analytiker kann hier mit seiner Arbeit eine Antwort geben. Und die kennt noch niemand; denn sie lässt sich erst während der folgenden Sitzungen finden.

Das führt mich zu der Annahme, dass auf der Grundlage einer von Bion inspirierten und durch Begriffe der Erzählforschung angereicherten Konzeption des Feldes eine zunehmend höherstufige Reihe von Gegenübertragungen auszumachen ist:

Gegenübertragung auf dem Niveau 0: Wenn das Feld selbst zum Erzähler und Stoffwechsler dessen wird, was in ihm geschieht, verdaut, transformiert und alphabetisiert es die in ihm hervorgerufenen primitiven Emotionen. Seine Funktionssignale werden vom Analytiker aufgegriffen, der damit in die Lage versetzt ist, sie fortwährend zu modulieren. Dies ist eine rein idealtypische Annahme, denn die Ereignisse im Feld werden durch Zäsuren unterschiedlicher Art mobilisiert. Die an der Sitzung beteiligten Charaktere beschreiben selbst, was geschieht. Das gestattet es den modulierenden Deutungen, die Bewegungen des Feldes ihrerseits zu modulieren. Der Analytiker kontrolliert somit einen Prozess, an dessen Hervorbringung er beteiligt ist.

Gegenübertragung auf dem Niveau 1: Das Feld kann seine eigenen Spannungen nicht mehr absorbieren und modulieren. Sie treffen stattdessen auf einen besonderen Ort des Feldes, eben auf das Bewusstsein des Analytikers, und setzen in ihm eine aktive und bewusste Reverie in Gang, die er wahrnimmt und derer er sich bedient.

Gegenübertragung auf dem Niveau 2: Wenn die Spannungen des Feldes so hoch sind, dass sie dessen zentralen Abschnitt überfluten, dann überwältigen sie die Fähigkeit des Analytikers zur Reverie und reaktivieren in ihm bestimmte Erlebnisse, die er bei sich selbst bearbeiten muss, um sie einerseits zu verdauen oder zu verstoffwechseln und um sie andererseits zum Verständnis des Patienten einzusetzen bzw. um ihm angemessene Deutungen zu geben.

Gegenübertragung auf dem Niveau 3: Die Überflutung ist so intensiv, dass der Analytiker die mit ihr gestellte Aufgabe sozusagen über Nacht mit nach Hause nehmen muss. Denn etwas von ihr bleibt eingekapselt und muss durchgearbeitet werden, beispielsweise mit dem wertvollen Mittel von Gegenübertragungsträumen.

Gegenübertragung auf dem Niveau 4: Die Überflutung ist so gewaltig, dass der Analytiker selbst in seiner analytischen Funktion beeinträchtigt ist. Das führt zu Brüchen im Setting, die von körperlichen Erkrankungen des Analytikers zu unerkanntem Agieren oder zu derart dramatischen Erscheinungen reichen, dass eine Fortsetzung der Analyse unmöglich wird. Ein Feld dieser Art ist erfüllt von den Verletzungen des Settings, die von Gabbard und Lester (1995) so gut beschrieben worden sind. Eine Gegenübertragung, die hier weder aufgelöst noch gedanklich verarbeitet werden kann, wird dabei ein »Ding« oder eine »Tatsache«. Weil an diesem Punkt eine ihrer Grundvoraussetzungen, nämlich das Setting, fehlt, kann hier einfach nicht mehr von einer Analyse die Rede sein.

Ich möchte dies an zwei Arten von Gegenübertragung veranschaulichen, die ich als den Typus »Tsunami« oder »Katharina« bezeichne. Dabei will ich auf zwei literarische Beispiele Bezug nehmen, die mir als Vehikel zur Veranschaulichung dessen dienen, was unter solchen Voraussetzungen in einer Analyse passieren kann. Das eine meiner beiden Beispiele lässt sich einer negativen, das andere einer erotischen Übertragung zuordnen. Beide zeigen das verzweifelte Bedürfnis, etwas mitzuteilen, und die mangelnde Bereitschaft des »Analytikers«, sich dafür empfänglich zu machen, so dass die extremen Übertragungen zugleich Schirme von Beta-Elementen (Bion 1990) sind, die dem Zweck dienen, einen sonst unempfänglichen Analytiker zum Handeln zu bewegen.

Mein erstes, wahllos herausgegriffenes Beispiel stammt aus dem Roman von John Katzenbach *The Analyst* (Katzenbach 2002). Es handelt sich um ein Buch, das als Thriller gelesen werden kann, als harte Kritik an der Welt der Psychoanalyse, das sich aber auch auf vielfache andere Weise lesen ließe. Mir hat es sofort den mühevollen Weg vor Augen geführt, den ein Analytiker innerlich gehen muss, um wirklich in der Lage zu sein, Patienten zu »behandeln«.

Die Geschichte handelt, kurz gesagt, von Dr. Ricky Starks, einem ausgebrannten Analytiker mittleren Alters, der des Lebens und seiner Profession überdrüssig ist. Eines Tages hört er während der letzten Therapie-Stunde jemanden an der Tür klopfen und dann ins Wartezimmer eintreten. Er fragt sich, wer das wohl ist. Ein Angehöriger eines Patienten? Ein Patient in einer Krise? Oder sonst jemand? Nach dem Ende der Sitzung geht er ins Wartezimmer. Als er dort niemanden antrifft und das Zimmer schon verlassen will, findet er auf einem Sessel einen anonymen Brief. In dem wird ihm mitgeteilt, er müsse sich umbringen, falls er nicht binnen eines Monats herausfinde, »wer« ihm diesen Brief geschrieben hat. Umbringen müsse er sich, weil alle seine Verwandten, deren Adressen beigefügt sind, umgebracht würden, wenn er den Schreiber des Briefes nicht ausfindig mache. Es entwickelt sich eine immer dramatischere Geschichte voll unglaublicher Verfolgungen, in der nach und nach alle und das heißt tatsächlich: alle Sicherheiten des Dr. Starks untergraben und zerstört werden. Seine Kreditkarten sind plötzlich gesperrt, seine Bankkonten werden leergeräumt, seine Wohnungen zerstört; er wird aus der psychoanalytischen Gesellschaft ausgeschlossen ... und immer so weiter, wobei jedes Desaster sich als schlimmer erweist als das vorige. Schließlich wacht der Analytiker auf, gibt sich einen Ruck und ändert seine seelische Einstellung. Er beginnt, den Verfolger zu »suchen«, sich ihm mehr und mehr zu nähern ... ihn fast schon entdeckt zu haben ... bis am Ende ein ganz und gar veränderter Dr. Starks aufhört, *»routiniert den Analytiker zu spielen«* und sich entscheidet, wirklich er selbst zu sein und seine Klienten ordentlich zu behandeln. Denn er hat nun den Auftraggeber der Verfolgungen ausfindig gemacht, eben jenen Patienten, der bei ihm die letzte Sitzung des Tages hatte, als es im Wartezimmer an der Tür klopfte.

Die gewalttätige negative Übertragung können wir uns insgesamt als den Druck vorstellen, den der Patient hat ausüben müssen, um eine versunkene analytische Funktion zu reaktivieren. Die Verfolgungen sind der Preis, den der Analytiker hat zahlen müssen, um sich empfänglich zu machen für ein Erleben und für emotionale Wahrheiten, die er in sich selbst nicht hatte zulassen wollen. Weil er blockiert, auf falsche Weise rezeptiv, unzugänglich und unachtsam auf die unterschiedlichen

Fähigkeiten von Patienten ist, Deutungen aufzunehmen, wird sein Geist zur Zielscheibe der projektiven Identifizierungen seines eigenen Patienten. Diese projektiven Identifizierungen »kommunizieren« ihm dessen Leiden und sind ein heldenhaftes Mittel, den Analytiker erneut zum Leben zu erwecken, der allenfalls hinter einem Schirm wahrgenommen wird, aber geistig nicht wirklich zur Verfügung steht.

Das zweite, noch willkürlicher gewählte Beispiel stammt aus Heinrich Manns Roman *Professor Unrat*. Ich versuche selbstverständlich nicht, den Text psychoanalytisch aufzuschlüsseln. Ganz im Gegenteil, ich verwende ihn als eine Erzählung, die ein psychoanalytisches Konzept wiedergibt. Ich weise dem Professor Unrat versuchsweise die Rolle eines Analytikers zu und Rosa Fröhlich die seiner Patientin. Die Geschichte, die der Roman erzählt, ist wohl allgemein bekannt, doch erscheint es der Mühe wert, einige Fäden der Handlung herauszugreifen.

Zu Beginn des Romans ist der Professor Raat, den seine Schüler spöttisch Professor Unrat nennen, 57 Jahre alt. Über viele Jahre hinweg hat er lustlos, repetitiv und müde in der fünften Gymnasialklasse dasselbe Thema drangenommen, Schillers *Jungfrau von Orleans*. »Man unterschied in der verstimmten Leier, die täglich wieder einsetzte, keine Melodie mehr. Niemand vernahm die eigen weiße Mädchenstimme, in der geisterhafte, strenge Schwerter sich erheben, der Panzer kein Herz mehr deckt und Engelflügel, weit ausgebreitet, licht und grausam dastehn. Wer von diesen jungen Leuten später einmal unter der fast schwülen Unschuld jener Hirtin gezittert hätte, wer den Triumph der Schwäche in ihr geliebt hätte, wer um die kindliche Hoheit, die, vom Himmel verlassen, zu einem armen, hilflos verliebten kleinen Mädel wird, je geweint hätte, der wird nun das alles nicht so bald erleben. Zwanzig Jahre vielleicht wird er brauchen, bis Johanna ihm wieder etwas anderes sein kann als eine staubige Pedantin« (Mann 1994, S. 15). Für Unrat bestand der Sinn dieser Schullektüre einzig und allein darin, die Schüler in Schach zu halten, die er verachtete und die ihn verachteten.

Der Analytiker ist gefangen in seiner Midlifecrisis. Er hat jede Beziehung zu den affektiven Wurzeln seiner Arbeit, zur Poesie einer Begegnung mit dem Anderen und zu den zärtlichen Aspekten seiner selbst verloren. Seine Arbeit ist ihm zu einer narzisstisch ausgerichteten, reinen Deutungsroutine geworden.

Professor Unrat folgt einigen Schülern, an denen er sich rächen will. Er gerät in den Bann einer Schauspielerin, die er in einem heruntergekommenen Varieté kennenlernt. Es ist Rosa (in dem unvergesslichen Film *Der blaue Engel* heißt sie Lola Lola). Den Weg zu ihr findet er, weil er den Stimmen von zwei Arbeitern folgt: »der eine sagte: ›Na, wo geit hen, Klaas?‹ Der zweite antwortete düster und im Baß: ›Dun supen.‹ ... Er folgte den beiden Proletariern ... sie steuerten im Bogen auf ein weitläufiges Haus zu, mit ungeheurem Scheunentor, worüber vor dem Bilde eines blauen Engels eine Laterne schaukelte« (49). Beim ersten Anblick der Schauspielerin erschien es Unrat, »als sei die Frauensperson selbst anzusehen wie ein Gekreisch« (53).

Der Analytiker kann seinen eigenen Schmerz, die eigene Depression nicht ertragen. Er sucht jemanden, der dieses Leiden, von dem er nichts weiß, aushalten kann. Und plötzlich erkennt er in der Patientin eine der eigenen symmetrische Situation, den Schrei, ja das Gekreisch der Verzweiflung.

Unrat »konnte verstehn: ein paar Worte, bei denen die bunte Frauensperson ihren Kleiderrock aufhob ... Es bildete sich in ihm Unmut: das Gefühl, verschlagen zu sein in eine Welt, die die Verneinung seiner selbst war« (54 f.). Er hört die Schauspielerin singen: »Wail iesch noch so klain uhnd so uhnschuldiesch bien« (55). Unrat scheint den verlorenen zärtlichen Anteil seiner selbst, die Jungfrau von Orleans, in Rosa wiederzufinden, die ihrerseits jeden Zugang zu ihren affektiven Anteilen verloren hat und sie sogar parodiert.

Unrat erlangt Zutritt zu Rosas Garderobe. Begierig trinkt er dort nicht nur Wein, sondern er trinkt mit seinen Augen Rosas Jugend und ist verwirrt von den Instrumenten ihrer Verführung. »Unrat sah es nicht selbst: so viel unternahm er nicht; er erfuhr es nur durch den Spiegel, dem sie zugekehrt stand. Daraus ging bei Unrats erstem, gehetztem Hinsehen hervor, daß auf ihren langen, sehr langen schwarzen Strümpfen veilchenblaue Stickerei war ... Dann machte er die angstvolle Entdeckung, daß ihr zwischen den Maschen eines schwarzen Netzes blau hervorschimmerndes Seidenkleid nicht einmal bis unter die Achseln reichte« (63). Rosa verwirrte ihn durch ihre Buntheit, aber ihre »Frisur sah eingesunken aus ... die blaue Schleife an ihrem Hals hing welk, die Stoffblumen um ihren Rock nickten mit toten Köpfen« (64).

Unser Analytiker, der den Zugang zu den Gefühlen seiner Leere und Verzweiflung verloren hat, nimmt eine sehr viel jüngere Patientin in Analyse, in der er, wenn auch mortifiziert, etwas von seiner eigenen Bedürftigkeit und Infantilität wieder findet. Doch diese offenkundig depressive Patientin erotisiert ihren Schmerz – das »Gekreisch« – und verkehrt ihn in sein manisches Gegenteil.

Rosa beginnt ihr Verführungswerk: »Sie beugte unerwartet ihre Büste vor, tastete mit ganz leichten Fingern unter Unrats Kinn, auf die kahlen Flecken zwischen seinen Barthaaren, und machte einen Mund wie zum Saugen« (71). Über seine Schüler sagt sie: »All die Windbeutel gäb ich mit Freuden hin für einen bessern Mann in reifern Jahren« (71). Rosa fängt unseren Professor in den Netzen ihrer erotisierten Depression und berührt ihn an gerade den Punkten, an denen er über keine Abwehr verfügt. Von diesem Augenblick an ist Unrat/der Analytiker gefangen im Mahlstrom aus Rausch, Erregung und Betäubung. Wo Schmerzen und Ängste waren, herrscht nun eine überwältigende Erregung, die jedoch eine Ahnung des Lebens mit sich zu führen scheint. »›Da, halten Sie mal das.‹ Unrat nahm es, ohne zu wissen, was es war. Es war schwarz, ließ sich ganz klein zusammendrücken und fühlte sich merkwürdig warm an. Warm wie ein Tier. Plötzlich entwischte es seinen Händen, denn er hatte durchschaut, warum es so warm war, es war die schwarze Hose!« (95 f.)

An einem Punkt versucht Rosa, mit ihrem Schmerz in Kontakt zu treten. Sie singt: »Der Mond ist rund, und alle Sterne scheinen, / Und wenn du lauschest, an dem Silbersee / Steht deine Liebe, und du hörst sie weinen … Im Takte deines Herzens schwankt mein Nachen, / Mein Herze weint, und alle Sterne lachen« (98 f.). So versucht Rosa zu singen, doch das Publikum will dieses Lied nicht hören. Schreiend verlangt es nach einem Ende dieser Darbietung. Rosa bleibt nichts übrig, als etwas anderes zu singen. »Auf einmal schnellte sie ganz munter wieder in die Höhe, raffte ihr grünseidenes Kleid, schwenkte den orangefarbenen Unterrock hoch auf von den Füßen und brach in herzhaftes Trällern aus: ›Wail iesch noch so klain uhnd so uhnschuldiesch bien‹« (101). Der Versuch einer Analyse scheitert. Die Kräfte des Feldes tolerieren ihn nicht. Es bleibt nichts anderes, als Schmerz und Liebe zu verleugnen und den Weg einer erregten Erotisierung einzuschlagen. Professor Unrat verspricht Rosa: »Ich werde versuchen, Sie durchzubringen« (106).

Unser Analytiker ist im Treibsand gelandet. Er wollte die Patientin und sich selbst retten, doch er kann nun nur gemeinsam mit ihr tiefer und tiefer sinken.

Dies alles erinnert an eine kürzlich von Gabbard (2005) auf dem IPA Kongress in Rio de Janeiro veröffentlichte Fallgeschichte. Eine Analytikerin, bei der eine Patientin kürzlich Selbstmord begangen hatte, deren Mutter soeben verstorben war und deren Tochter das Haus verlassen hatte, nimmt eine stark depressive Patientin in Analyse. Diese

Patientin sagt ihr sofort, sie hätte sechs Monate Zeit, sie zu heilen, andernfalls werde sie sich umbringen. Die Analytikerin wird rasch zum Opfer ihrer Patientin, bis sie schließlich auf unglaubliche Weise agiert. Ohne Kontakt zu ihrer eigenen Depression und Verzweiflung kolludiert sie mit der Patientin und fällt deren Depression zum Opfer. Die Patientin zwingt sie, ganze Nachmittage mit ihr zu verbringen, gemeinsam mit ihr Boutiquen zu besuchen und Wochenendaufenthalte zu planen. Schließlich begreift die Analytikerin, dass sie sich ihrerseits Hilfe suchen muss. Gabbard und Lester (1995) berichten viele ähnliche Fallgeschichten, bei denen die Gewaltsamkeit einer unerkannten emotionalen Störung auf Seiten des Analytikers mit den emotionalen Stürmen eines Patienten kolludiert, elementarste Regeln des Setting durchbricht und alle Dämme hinwegfegt.

Wenn wir jetzt zur Geschichte des *Professor Unrat* zurückkehren, finden wir von diesem Augenblick an alle Elemente einer Tragödie an ihrem Platz, darunter die Hochzeit von Unrat mit Rosa, die zunehmende Verwandlung ihres Hauses in eine Lasterhöhle, in der orgiastische Vergnügungen einen unausdrückbaren Schmerz auszutreiben suchen, der vergebens nach Ausdruck sucht.

Doch wenden wir uns nun wieder dem besonderen Gebiet der Psychoanalyse zu. Die folgenden klinischen Beispiele weisen alle relevanten Ebenen der Gegenübertragung auf. Sie können ihrerseits Unterebenen haben, wie beispielsweise auf der Ebene der Gegenübertragung 3, »ausagierte Deutungen« oder »deutende Ausscheidungen« bzw. »kategorisierbare Deutungen, die der zweiten Spalte des Rasters von Bion zuzuweisen wären«. Ich würde sie mit einer Richterskala der Gegenübertragungen vergleichen. Selbstverständlich fällt es schwer, derartige Situationen in Reinkultur zu präsentieren. Häufiger sind sie in ›Misch‹-Formen zu beobachten.

Ebenen der Gegenübertragung: Das Feld bei der Arbeit

Luca und der inkompetente Chefarzt

Luca, der am Anfang seiner Analyse steht, berichtet von einem seiner Patienten, der als sehr bösartig gilt, der sehr reizbar ist und vor dem manche geradezu Angst haben. Zwar hat dieser Patient eine Arbeit angenommen, aber auf seiner Arbeitsstelle fürchtet er sich vor seinem Vorgesetzten, den er als jemanden wahrnimmt, der ständig hinter ihm her ist und ihn beinahe schon in den Hals beißt. In diesem Augenblick entschlüpft mir, fast ohne dass ich mir darüber klar werde, die Bemerkung: »Ich würde vorher bellen.« Nach kurzem Schweigen beginnt Luca erneut, von seinem Patienten zu sprechen, von der Wut, die er zuweilen empfindet und von dem Schrecken, der mit dieser Wut einhergeht. Dann sagt er mit dumpfer Stimme, er frage sich, ob er je mit einer solchen Person gemeinsame Berührungspunkte würde haben können. Er wäre über jede Ähnlichkeit mit ihr entsetzt.

Da ich spüre, dass die Atmosphäre allzu stark von Angst durchsetzt ist und dass ich ihm allzu nahe getreten bin, sage ich: »Wer hat denn gesagt, dass Sie gemeinsame Berührungspunkte miteinander haben müssen?« Nach einer Weile macht Luca, vielleicht als Antwort auf das, was ich gesagt habe, die Bemerkung, sein Chefarzt sei ganz und gar nicht in der Lage, mit Computern umzugehen. Als sich in einer Datei ein Aufsatz und in einer anderen die zugehörige Bibliographie befunden habe, sei er überrascht gewesen, dass es möglich ist, beides zusammenzuführen. Dann fügt Luca erleichtert hinzu: »In Bezug auf Computer ist er ein Troglodyt (Höhlenmensch). Ich muss ihm zeigen, wie das Zeug funktioniert.«

Einen Tag später träumt er von einem Dinosaurier, einem *Tyrannosaurus Rex* – aber er selbst war Spiderman und wusste seine Haut zu retten. Ich sage ihm, meiner Meinung nach sei dies ein Zweikampf mit zumindest gleichen Waffen, weil Spiderman über Strategien verfügte, mit denen er davonkommen konnte. An diesem Punkt nimmt er eine weitere Transformation vor; denn er spricht nun von Gladiatoren, die im alten Rom unter Zuhilfenahme von Netzen gegen Löwen kämpften und dabei häufig den Sieg davontrugen.

An dieser kurzen Sequenz zeigt sich eine Reihe von Transformationen. Sie reichen von dem »sehr bösartigen Patienten« bis zur Möglichkeit, »mächtigen Emotionen« (den Löwen) gegenüberzutreten. Vermittelt sind sie über meine Mikroinszenierung (die Deutung oder die scherzhafte Bemerkung, die mir entschlüpft ist) und das Feld selbst, das die Transformationen moduliert. Das führt zu dem Schluss, dass es selbst in einer ganz kurzen Sequenz schwerfällt, einzelne Bewegungen oder Modalitäten zu isolieren. In Wirklichkeit hat man es immer mit äußerst komplexen Phänomenen zu tun, die sich unablässig verändern.

Unterbrechung und erneute Verbindung des »Kanals« zwischen projektiver Identifikation und Reverie

Ich möchte mich nun einem Problem zuwenden, das meiner Meinung nach sehr wichtig ist. Gemeint ist die Möglichkeit, den Kanal wieder zu öffnen oder ihn in manchen Fällen zum ersten Mal überhaupt zu öffnen, der ein Zusammentreffen der projektiven Identifizierungen (PI) des Patienten mit der Fähigkeit des Analytikers zur Reverie (R) gestattet. In den Begriffen des Feldes wäre seine Beschreibung selbstverständlich komplexer, doch zu Erklärungszwecken werde ich mich hier auf eine vereinfachte Darstellung beschränken. Einer der bedeutsamsten Momente im Blick auf die archaischen Brocken der Seele liegt dann vor, wenn es darum geht, einen Kanal wieder durchlässig zu machen, der zu einem bestimmten Entwicklungszeitpunkt blockiert worden ist. Natürlich sind die Auswirkungen verschieden, je nachdem, wie früh dieser Kanal verschlossen wurde.

Der Tsunami von Daniele

Daniele ist ein autistischer Junge, dessen Zustand sich nach Jahren der Therapie signifikant gebessert hat. Ich möchte hier nicht Danieles Therapie als Ganze beschreiben, sondern mich auf die Darstellung jenes Augenblicks beschränken, in dem es in ihr zu einem Quantensprung kam. Dies geschah, als er auf eine Anzeigetafel verzichtete, die zuvor zwischen Patient und Therapeut stand, eine Art von stummem Szenario, auf dem klimatisch-geologische Ereignisse dargestellt wurden (Gewitter, Hurrikane, Erdbeben, Taifune, Vulkanausbrüche usw.). Diese Ereignisse hingen stets mit großen Turbulenzen zusammen, die sich aus Augenblicken des Zusammentreffens und der Trennung ergaben. Es begann also eine Zeit, in der Daniele diese repetitiven Spiele abbrach und sich während der Analysestunden in eine Wolldecke einrollte. Obwohl es sich dabei um Zeiten des Abgeschlossenseins, der Flucht und des Rückzugs in eine autistische Muschel zu handeln schien, hatte die Analytikerin den Eindruck, als »akustischer Spiegel« eine andere Funktion einzunehmen und zum ersten Mal in Gegenwart von Daniele denken zu können.

Sie ist durchdrungen von Bildern eines Tsunami, von Friedhöfen, Gräbern von Kindern, Morden und Horrorfilmen. Doch das ist nicht alles: zärtliche, süße und nostalgische Lieder kommen ihr in den Sinn wie das von den »Schmerzen verlorener Liebe« oder »Das verliebte

Mädchen«. Zuweilen beobachtet die Therapeutin bei Daniele den raschen Wechsel eines leblosen und behinderten Gesichtsausdrucks mit einem verrückten und mörderischen Blick.

Eine Sitzung beginnt mit »Versuchen, zu schnauben« wie ein Dampfkochtopf. Es scheint, als sei Daniele damit beschäftigt, seine Nasenhöhlen »durchlässig« zu machen. Der Therapeutin gehen alle möglichen Bedeutungen der Wolldecke durch den Sinn: eine Metamorphose oder ein Kokon, aber auch beunruhigende Aspekte wie Kafka und der Käfer oder der Elephantenmensch. Daniele tritt dann heftig gegen die Wand und entschuldigt sich, während andere Reverien im Geist der Analytikerin erblühen: die Leiber der Untoten, Friedhöfe, aus denen sich Kadaver erheben. Sie empfindet Furcht und Schrecken. Dann Bilder aus Horrorfilmen, herzzerreißende Musik und traurige Glockenschläge. Also ist der Kanal wieder durchlässig geworden, und projektive Identifizierungen können wieder empfangen und transformiert werden. ... Allerdings gilt es, noch einen weiten Weg zurückzulegen.

Doch ich möchte mit einer normaleren klinischen Situation schließen, in der ein kontinuierlicher Austausch von Emotionen, Bildern und Erfahrungen zwischen Analytiker und Patient stattfindet, der nach meiner Auffassung ein »funktionstüchtiges« Feld unter Beweis stellt.

Reverie und Träume: ein Dialog

Ich öffne Francesco die Tür, einem gut aussehenden Mann von etwa dreißig Jahren, und bin einen Moment lang verwirrt, denn ich sehe ein großgewachsenes, engelsgleiches Mädchen mit gelocktem Haar vor mir. Ich fokussiere das Bild genauer und sehe einen Augenblick später den mir vertrauten Francesco. Ich bin überrascht und äußerst erstaunt über meine Fehlwahrnehmung. Zwar kann ich mir einreden, dass es sich um eine Art Reverie gehandelt hat, aber mir fällt nichts ein, womit sie in Verbindung stehen könnte.

In der Sitzung am Vortag hatte ich Francesco starke Deutungen zu Aspekten des Sexuallebens gegeben oder vielmehr zu Phantasien, die mit Francescos Sexualität zusammenhingen. In einem Traum hatte er sich am Steuerknüppel eines F14-Jagdflugzeugs gesehen, in einem anderen als den Formel-Eins-Magnaten Flavio Briatore am Ruder eines Off-shore-Rennboots. Obwohl diese Bilder ins Manische tendierten, deuteten sie doch auch auf Entdeckungen hin, die für Francesco neu waren. Denn er hatte sich stets als einen respektvollen, zuweilen gar devoten Jungen betrachtet. Er ist in der Tat ein guter Junge, doch wie jeder ist er nicht nur gut. Im weiteren Verlauf der Sitzung berichtet Francesco einen Traum, in dem ein Videospiel vorkommt; dann kommt er in mein Sprechzimmer, den Raum 360. Ich sage ihm, dass er die Analyse wohl als ein Spiel auffasst, in dem es keine verbotenen oder nicht aufzuklärenden Ecken gibt, also ein Spiel mit 360 Grad.

Lachend sagt er, er entdecke voller Erstaunen viele Dinge in sich, von denen er nichts wusste. Dann berichtet er einen weiteren Traum: Ein Krankenpfleger nähert sich einem zarten und feinfühligen Mädchen in böser Absicht und will ihr vielleicht Gewalt antun. Erst in diesem Augenblick fällt mir meine anfängliche Reverie wieder ein: das nette Mädchen mit dem lockigen Haar. Ich kann ihm jetzt sagen, dass meine Ausführungen vom Vortag über seine sexuellen Phantasien ihm wohl einerseits den Blick auf bisher unzugängliche Ecken und Winkel eröffneten, ihm aber andererseits etwas skandalös erschienen sind. Er bestätigt dies voll und ganz und sagt, es sei nicht leicht zu entdecken, dass man Gérard Depardieu ähnlicher sei als den sieben Zwergen. Und als Zwerg habe er sich bisher immer gesehen. Ich antworte ihm, es sei nicht auszuschließen, dass auch einer der sieben Zwerge sexuelle Phantasien im Hinblick auf Schneewittchen habe. Und da bricht er in ein lautes, befreiendes Lachen aus.

Auf jeden Fall gibt es keinen Zweifel daran, dass wir mit unseren Patienten mehr tun, als wir wissen. Und die Untersuchung dessen, was wir tun, ist nach meiner Überzeugung eines der fruchtbarsten Forschungsgebiete der Psychoanalyse.

Aus dem Italienischen und Englischen von Klaus Laermann.

Literatur

Baranger, M. (1993): Die geistige Arbeit des Analytikers: Vom Zuhören zur Deutung. In: Jb. Psychoanal. 30, S. 25–45.

Baranger, M. und Baranger W. (1961–1962): La situación analítica como campo dinámico. Rivista Uruguaya de Psicoanális 4, S. 3–54.

Bion, W. R. (1990): Lernen durch Erfahrung. Frankfurt a. M.: Suhrkamp.

– (1992): Elemente der Psychoanalyse. Frankfurt a. M.: Suhrkamp.

– (1997): Transformationen. Frankfurt a. M.: Suhrkamp.

Brenman, E. und Pick, I. (1985): Working-through in the counter-transference. Internat. J. Psychoanal. 66, S. 157–166.

Eizirik, C. L. (2005): Analytic listening to traumatic situations. Panelbeitrag IPA Kongress Rio de Janeiro.
Ferro, A. (2002): Some implications of Bion's thought: the waking dream and narrative derivatives. Internat. J. Psychoanal. 83, S. 597–607.
– (2003): Das bipersonale Feld. Konstruktivismus und Feldtheorie in der Kinderanalyse. Gießen: Psychosozial-Verlag.
– (2004): Seeds of Illness, Seeds of Recovery. Hove: Brunner-Routledge.
– (2005): Im analytischen Raum. Gießen: Psychosozial-Verlag.
Gabbard, G. O. (2005): Trauma, working through, and process of change. Panelbeitrag IPA Kongress Rio de Janeiro.
– and Lester, E. P. (1995): Boundaries and Boundary Violations in Psychoanalysis. New York: Basic Books.
Katzenbach, J. (2002): The Analyst. New York: Ballantine Books.
Mann, H. (1994): Professor Unrat. Frankfurt a. M.: S. Fischer Taschenbuchverlag.
Manzoni, A. (2003): Die Brautleute. München: dtv.
Paniagua, C. (2002): A terminating case. Internat. J. Psychoanal. 83, S. 179–188.
Smith, H. F. (2000): Countertransference, conflictual listening, and the analytic object relationship. Journal of the American Psychoanalytic Association 48, S. 95–127.

Walter Marggraf

Zwei divergente Verständnisse von Intersubjektivität und Übertragung

Einführung in die Vorträge von Jessica Benjamin und David Bell

An den beiden Beiträgen von J. Benjamin und D. Bell in diesem Band werden u. a. einige Aspekte der Kontroverse um die Bedeutung der Intersubjektivität in der Psychoanalyse der vergangenen Jahre (vgl. z. B. Altmeyer, Thomä 2006) deutlich. Sie ist zentral für das Verständnis der Heterogenität in den Übertragungskonzeptualisierungen (vgl. Bohleber 2004). Ich werde zunächst einige einführende Bemerkungen zu den beiden Arbeiten von J. Benjamin und D. Bell machen, bevor ich Aspekte ihres divergierenden Verständnisses von Intersubjektivität und Übertragung vergleichend herausstelle.

1. Die Rekonstruktion der analytischen Situation in Jessica Benjamins Konzept der intersubjektiven Anerkennung

Jessica Benjamin beschäftigt sich mit kollusiven Verstrickungen im analytischen Prozess. Deren Eskalationen, die häufig in therapeutische Sackgassen führen, sind in ihren Überlegungen wesentlich in der Angst des Behandlers begründet, dem Patienten dadurch zu schaden, dass er eigene Begrenzungen und Schwierigkeiten in der Art seines Verstehens mitteilt und handelnd zum Ausdruck bringt. Analytiker befürchten im Extrem, so ihre Überzeugung, dass der Patient ihre Aggressivität nicht überleben könnte. Sie entwickeln ihrer Auffassung nach Abwehrprozeduren gegen die Wahrnehmung und Analyse ihrer je eigenen unbewussten Beiträge zu Mesallianzen, die ähnlich derjenigen in pathogenen Familienbeziehungen sind: Sie verleugnen ihre interaktionelle Verstrickung im Hier und Jetzt der analytischen Situation, indem sie – ähnlich wie Eltern – behaupten, ausschließlich auf die Übertragungen des Patienten zu antworten. J. Benjamin befürchtet, dass typische Übertragungsdeutungen häufig in dieser defensiven Haltung des Analytikers begründet sind. Sie sollen primär der Stabilisierung seiner eigenen Abwehr dienen und nicht der propagierten Einsicht in die unbewusste Dynamik von Übertragungs-/Gegenübertragungskonfigurationen. Der

Analytiker verwechselt in diesem Fall also seine Übertragung mit seiner Gegenübertragung. Durch die Deutung einer vermeintlichen projektiven Identifikation zum Beispiel vollzieht er seinerseits eine »transpersonale Abwehrhandlung« (Benjamin 2005, S. 421). Schlimmstenfalls »verständigen« Analytiker und Analysand sich dann auf eine gemeinsame »Mystifizierung« der analytischen Situation, um weitere Eskalationen zu verhindern und um den Analytiker zu schützen. Das Setting bzw. die analytische Situation wird durch eine Pseudoverständigung auf einen vermeintlichen unbewussten Konflikt des Patienten dadurch gerettet, dass die Arbeit am analytischen Rahmen ad absurdum geführt wird. Benjamin schließt sich in der skizzierten Argumentation den antipsychiatrischen Theorien von Cooper, Laing, Bateson u. a. an (vgl. Benjamin 2005, S. 417ff.). Sie dient ihr als Metatheorie für scheiternde Verständigungsprozesse in der analytischen Situation.

Für Benjamin schafft »die alte Psychoanalyse« (vor dem intersubjective turn) – bis hin zur aktuellen post-kleinianischen und freudianischen Analyse – diese Formen der Pseudoverständigung durch eine falsche Konzeptualisierung der analytischen Haltung. Ihrer Auffassung nach muss das Ideal, dass der Analytiker der »vollkommene Container« zu sein habe, durch eine realistische Vorstellung vom »wechselseitigen Containment« (Benjamin im Anschluss an Cooper) von Analytiker und Analysand ersetzt werden. Weil »die alte Psychoanalyse« alle Äußerungen des Patienten in der analytischen Situation im Kontext von Übertragungen des Analysanden verstehe, könne er sich nicht als Subjekt positionieren, das auf angemessene Weise unbewusste Konflikte des Analytikers zum Ausdruck bringe. »Die Existenz des anderen als Subjekt mit einer eigenen, separaten Orientierungsachse wird somit zu etwas Verbotenem oder Bösem« (Benjamin 2005, S. 420). Weil weder der Analysand noch der Analytiker ihre Subjektivität in dieser Weise infrage gestellt sehen wollen und können, entstehen kollusive Beziehungen. Die Übertragungsdeutung ist deshalb immer hochgradig gefährdet, der transpersonalen Abwehr des Analytikers gegen die Behauptung der Subjektivität des Analysanden zu dienen. In der relationalen oder intersubjektivistischen Psychoanalyse wird sie deshalb einer technischen Orientierung untergeordnet, die aus Modi der intersubjektiven Anerkennung besteht. Nur dadurch kann der analytische Rahmen restituiert werden, wenn er in kollusiven Verstrickungen oder mystifizierenden Pseudoverständigungen strukturell zerstört zu werden drohte. Jessica Benjamin erinnert an Ferenczi und dessen »Grundsatz der Beziehungsanalyse« (Benjamin 2005, S. 422). Die Ebene der Intersubjektivität ist durch Egalität – im Unterschied zur Asymmetrie der analytischen Beziehung im eigentlichen Sinn – gekennzeichnet. Die normative Orientierung ist nicht durch das traditionelle Wissenschaftsideal gegeben – wie bei Freud und der darin inbegriffenen Rollenzuteilung zwischen dem forschenden Subjekt und dem erforschten Objekt – sondern durch Moralität. Deshalb werden Offenheit, Ehrlichkeit und Wahrhaftigkeit als zentrale Tugenden des Analytikers zu Konstituenten und Garanten der analytischen Situation und nicht die analytische Haltung im eigentlichen Sinn, das Setting und die analytische Deutungstechnik.

Analytiker und Analysand bilden für Benjamin ein Paar, das dyadisch strukturiert ist. Aus der oben skizzierten Angst des Analytikers heraus kann es zu einem Abwehrbündnis mutieren, das durch eine rigide Komplementarität gekennzeichnet ist. Eine potenzielle qualitative Entwicklung wird dann in der Wiederholung des Immergleichen stillgestellt. Für die Autorin ist die sado-masochistische Kollusion ein leider häufiges Beispiel für Sackgassen im analytischen Prozess. Benjamin fragt sich, wie solche unproduktiven und unter Umständen traumatisierenden Stillstände therapeutisch gewendet werden können. »Das Ineinander-verschraubt-Sein« (Benjamin in diesem Band, S. 86) soll durch die Einführung »des Dritten« in die dyadische Beziehung möglich werden. Wesentlich für ihre Konzeptualisierung des Dritten ist die Vorstellung, dass es durch wechselseitige Anerkennung des Analytikers und des Analysanden gebildet wird. Die gelingende intersubjektive Verständigung setzt die Vorstellung vom »Dritten« als Ermöglichungsgrund aber auch voraus. In einem kommunikativen Akt wechselseitiger Anerkennung beider Beteiligter wird die Voraussetzung für eine gelingende Verständigung gleichursprünglich selber geschaffen. Das Dritte hat bei Benjamin auch dann, wenn sie von Prinzipien spricht, immer eine konkrete Bedeutung in einem wechselseitigen Verständigungsverhältnis von zwei empirischen Personen. Durch ihre intersubjektive Verständigung wird ein »Wir« geschaffen, in dem sich die beiden Beteiligten als Gleiche und Ko-Kreative wiederum erfahren können. Durch ein »wechselseitiges Containment« (Cooper, zit. nach J. B., in diesem Band, S. 91) wird das analytische Ideal »des vollkommenen Containers« praktisch überschritten. Der Analytiker wird frei, den Analysanden zu verstehen, weil er zum Beispiel anerkennen kann, dass dieser seine innere konflikthafte Realität als Mitmensch angemessen erfasst hat. – Das Dritte ist für Benjamin die erste Person plural. In ihr findet eine konkrete »Vermittlung von ›Ich‹ und ›Du‹« (Benjamin 2006, S. 69) statt. Für Benjamin vollzieht sich eine existenzielle Begegnung zwischen zwei Subjekten, die sich einem Wir »hingeben« (vgl. Benjamin 2006, S. 68), um einen »mentalen Raum für Intersubjektivität« zu schaffen (vgl. ebd.). Die zentrale Frage dabei ist, ob man sich darauf einlässt, »*mit* jemandem oder *mit* etwas zu *sein*« (Benjamin, a. a. O., S. 69; kursiv i. O.). In der »relationalen Psychoanalyse« ist diese Bereitschaft eine Conditio sine qua non der analytischen Haltung. Sie tritt an die Stelle der Abstinenz »der alten Psychoanalyse«. Nur durch die Hingabe an das gemeinsame Dritte ist wechselseitige Anerkennung im Prozess möglich und damit die Aufhebung der transpersonalen Abwehr. Benjamin bestreitet mit diesem Verständnis des analytischen Prozesses nicht die Asymmetrie der analytischen Beziehung. Sie will sie als produktive Beziehung aber in ihr moralisches Recht setzen und ihr therapeutische Potenz verleihen, indem sie diese in einem Konstitutionszusammenhang intersubjektiver Anerkennung ansiedelt. Nur wenn in der analytischen Situation die transpersonale Abwehr durch Hingabe an ein Wir aufgehoben werden kann, ist die Voraussetzung für gemeinsame Reflexivität und die deutende Tätigkeit des Analytikers gegeben.

Benjamin setzt sich in verschiedenen Vorträgen und Veröffentlichungen der vergangenen Jahre (2005; 2006) mit den Postkleinianern auseinander. Insbesondere die von J. Steiner konzeptualisierte Deutungsstrategie der patientenzentrierten und analytikerzentrierten Deutungen (Steiner 1998, S. 191–212) ist ihr dabei immer wieder Beispiel für die Mystifikation der analytischen Beziehung durch die »alte Psychoanalyse« und damit für die Demontage ihrer therapeutischen Potenz. Sie sieht den zentralen Mangel dieser Theorie der Technik darin begründet, dass sie den Rekurs auf das »Wir« als gemeinsames Drittes nicht zulässt, weil sie an dem Ideal eines »vollkommenen Containers« (Benjamin, in diesem Band, S. 94) festhalten will. – In ihrem Beitrag skizziert die Autorin mit einer kurzen Vignette die spezifische, anerkennende Haltung der Analytikerin und die Weise wechselseitiger Verständigung, die zu einer Rekonstruktion der analytischen Situation im Kontext der relationalen Psychoanalyse führen können.

2. Die Gefährdung der analytischen Situation durch das Prinzip der Verneinung – Einführende Bemerkungen zum Beitrag von David Bell

Der Text von D. Bell greift die seit ihrer Einführung durch Freud umstrittene Todestriebhypothese auf, um spezifische klinische Phänome zu verstehen. Durch die heuristische Qualität des Poles der Negativität in der metapsychologischen Dualität von Eros und Thanatos soll sich zugleich die theoretische Brauchbarkeit der Todestriebhypothese für die klinische Praxis erweisen.

Bell ist sich des mythologischen Bedeutungsüberschusses der Todestriebhypothese offensichtlich bewusst. Er verknüpft sie begriffslogisch mit der theologischen Vorstellung von der Erbsünde. Die Destruktivität, die transgenerationale Schuld und die Auseinandersetzung mit einem archaischen Über-Ich sind demgemäß konstitutiv für die Conditio humana. Sie sind weder entwicklungspsychologisch allein als Antwort auf erlittene Erfahrungen von Versagungen zu verstehen noch als geronnene Niederschläge faktischer historischer Ereignisse. Deshalb ist der Psychoanalyse die Beschäftigung mit Imagines wesentlich und nicht die Auseinandersetzung mit naturalistisch verstandenen biografischen Vorkommnissen. In der primärnarzisstischen Welt des Menschen mobilisiert – in dieser metapsychologischen Theorie – jede Konfrontation mit dem Objektalen unumgehbar Hass und Neid. Die psychische Verarbeitung der Lust an der Negierung des Objektalen bildet eine Voraussetzung für die Entwicklung von psychischer Struktur. Zugleich werden in dieser komplexen Entwicklung die Objekte psychisch potenziell freigesetzt und durch symbolische Repräsentation mit Bedeutung versehen. Dadurch können sie wiederum psychische Realität annehmen. In der post-kleinianischen Theorie der Genese von Subjektivität, die Bell seiner Arbeit zu Grunde legt, sind Neid und Hass also nicht per se pathologische Resultate von fehlgeschlagenen Abstimmungen in empirisch beobachtbaren Interaktionen, sondern basale Triebkräfte eines dialektischen Konstitutionsprozesses in der Genese von Subjektivität. – Die Verortung der Hintergrundtheorie von Bell in der psychoanalytischen Metapsychologie von Freud, Klein und Bion sowie die Skizzierung ihres besonderen begriffslogischen Status' ist die Voraussetzung dafür, den psychoanalytischen Prozess als Arbeit an der Negativität verstehen zu können. – In den vergangenen Jahren ist in der Whitebook-Honneth-Kontroverse diskutiert worden, ob die wechselseitige Anerkennung (wie in der relationalen Psychoanalyse) oder die Arbeit am Negativen (wie zum Beispiel in der kleinianischen Psychoanalyse) fruchtbare Entwicklungen des analytischen Prozesses begründen (Whitebook 2001, Wetzel 2004).

Bell sieht die Negativität klinisch da am Werk, wo der Analytiker durch den Analysanden die »Verneinung allen Begehrens« oder »die Gedankenleere« erfahren kann. In entsprechenden Sequenzen des analytischen Prozesses kann sich dieses Erleben durch projektive Identifikation auch in der Gegenübertragung einstellen. – Der narzisstische Triumph der Negativität besteht zum Beispiel in der affektlosen Glorifizierung des Auslöschens von Bedeutungen. Analytiker und Analysand können in so einem Zustand verharren, die Zeit scheint gleichsam stillzustehen, jeder bedeutungsvolle Gedanke erscheint leer und überflüssig. Bell verdeutlicht in einer Vignette, wie ein Analysand durch Ästhetisierung der atomaren Zerstörung erst den Schrecken nimmt, um ihn dann in sein Gegenteil zu verkehren. Damit wird es schwer möglich, im analytischen Prozess durch die symbolische Verarbeitung von Erfahrungen in Übertragungs-/Gegenübertragungskonfigurationen Bedeutungen zu generieren. Deutungen im eigentlichen Sinn bekommen dann leicht eine intellektualisierende Qualität. Der Wiederholungszwang als Organon des Stillstandes und der Vernichtung der konkreten Zeit ist bei den von Bell skizzierten malignen Prozessen von grundsätzlicher Art; er kommt darin auf den Begriff. Er richtet sich »als Widerstand gegen die Aufdeckung von Widerständen« (Freud) (Bell 2006, S. 11); er ist »ein Metawiderstand gegen Bewegung überhaupt«. So richtet er sich gegen das Denken selber, weil die Verknüpfungen im Erkennen und Urteilen Getrenntheit und Zeitlichkeit voraussetzen. Weil im primären Narzissmus das Objektale das Skandalon ist, wird es zu verleugnen versucht. In der imaginären Welt des primären Narzissmus gibt es keine Differenz von innen und außen, sondern lediglich die in der halluzinatorischen Wunscherfüllung oder im Autoerotismus behauptete illusorische Identität. – Bei den pathologischen projektiven Identifikationen, die Bell beschreibt, wird versucht, die Differenz zwischen dem Innen des Patienten und dem Außen des Fremdseelischen aufzuheben und den Anderen zu einem Bestandteil der eigenen inneren Welt zu machen. Die Realität des Objekts soll durch Enactments so verändert werden, dass es in der imaginären Welt des Patienten fungibel wird und dadurch eine Pseudoidentität verliehen bekommt. Der psychoanalytische Prozess wird strukturell zerstört, weil die Voraussetzung symbolischer Verarbeitungen, die Getrenntheitserfahrungen in der Zeit, praktisch negiert werden.

Bei der Konzeptualisierung maligner Episoden im analytischen Prozess zeigt Bell sich als scharfsinniger Beobachter der Übertragungsprozesse von Patienten. Er versteht sich nicht als jemand, der durch eigene unbewusste Mitteilungen die Übertragungen der Patienten evoziert. Aber er öffnet sich sensibel den Versuchen der Patienten, ihn zu einem Agenten ihrer inneren Objektwelt zu machen, indem sie ihn dadurch als ihren Analytiker negieren, dass sie ihm die Fremdheit nehmen und ihn zu assimilieren versuchen.

Bell macht – mehr zwischen den Zeilen – deutlich, dass er seine analytische Aufgabe nur dann wahrnehmen kann, wenn er zunächst für sich die Fähigkeit zu denken und im inneren Dialog Bedeutungen zu generieren zurückgewinnt. Er muss sich in der Gegenübertragungsanalyse fremd werden, bevor oder indem er sich von seiner Identifikation mit der Projektion des Analysanden lösen kann. Die Triangulierung vollzieht sich im post-kleinianischen Konzept der analytischen Behandlungstechnik also durch die Gegenübertragungsanalyse. Das Dritte ist eine strukturelle Position in der inneren analytischen Arbeit des Behandlers.

3. Aspekte des divergierenden Verständnisses von Intersubjektivität und Übertragung

Sowohl Benjamin als auch Bell versuchen, die spezifische Dynamik von Sackgassen und Stillständen im analytischen Prozess zu verstehen. Während Benjamin sie in der Idealisierung der analytischen Haltung des Analytikers begründet sieht, versteht Bell sie aus der inneren Logik narzisstischer Widerstände des Analysanden. Beide haben demzufolge verschiedene Vorstellungen von der Überwindung von Stagnationen.

Benjamin rekurriert auf ein Drittes im Sinn eines verbindenden Wir, um in der Komplementarität eskalierende dyadische Verstrickungen aufzuheben. Bell bezieht sich auf eine strukturell zu denkende dritte Person singular. Während Bell also in der Metapsychologie der ödipalen Struktur eine Theorie der Technik zu begründen versucht, greift Benjamin auf Positionen der Dialogischen Philosophie (vgl. Buber 1984) zurück. Im Mitsein erschließt sich ein Wir als Grundlage wechselseitigen Verständnisses. – Für Bell wird durch die Arbeit am analytischen Rahmen, die sich zunächst durch die Gegenübertragungsanalyse vollzieht, die analytische Situation rekonstruiert. Die Öffnung eines triangulierenden, kreativen Raumes bleibt an das psychische Vermögen und die professionelle Kompetenz des Analytikers gebunden. Die psychische Arbeit des Patienten findet paradoxerweise zunächst in seinem Analytiker statt. Die Psychoanalyse ist also in diesem Verständnis mit ihren spezifischen hermeneutischen und reflexiven Mitteln praktisch dazu in der Lage, ihre Produktivität immer wieder zurückgewinnen zu können. Bei Benjamin wird die analytische Situation dadurch rekonstruiert, dass zwei Gleiche sich metakommunikativ – also jenseits der analytischen Situation – über das Scheitern ihrer wechselseitigen Verständigung und ihrer je konkreten Beiträge dazu einigen. Analytiker und Analysand rekurrieren auf Modi der umgangssprachlichen Verständigung, um Verständnis zu ermöglichen. – In der post-kleinianischen, der lacanianischen und der freudianischen Konzeptualisierung ist der Analytiker kein Alter ego sondern ein Fremder. Er muss ein Fremder bleiben, weil der Analysand nur dadurch zu sich finden kann, dass er sich in der Übertragung fremd wird. Nur im Fremden und nicht im Vertrauten begegnet er sich selber. Es geht primär darum, dass der Analysand verstanden wird und nicht darum, dass Analytiker und Patient sich Verständnis entgegenbringen. – J. Steiner hat die beiden Modi der Verständigung – »Verstehen des Patienten« versus »dem Patienten Verständnis entgegenbringen« – einer väterlichen bzw. mütterlichen Haltung zugeordnet. In den analytikerzentrierten Deutungen wird eher die mütterliche Haltung eingenommen, in den patientenzentrierten Deutungen dagegen die väterliche. Vielleicht kritisiert Benjamin in verschiedenen Veröffentlichungen der vergangenen Jahre – so auch in diesem Band – immer wieder Steiners Theorie der Technik, weil er am Primat der patientenzentrierten Deutung für die analytische Arbeit festhält (Steiner 1998).

Von H. Thomä wird diese Art, psychoanalytisch zu denken und zu arbeiten, des Absolutismus verdächtigt (Thomä 1999). Der Patient mit seinen spezifischen Schwierigkeiten scheint dem Diktat einer indifferenten Methode ausgesetzt zu werden. An verschiedenen, unterschiedlich orientierten Beiträgen in diesem Band (Reitter, Haustein, Bringmann, Kreuzer-Haustein, Focke) kann jedoch studiert werden, dass eine eindrucksvolle Ausdifferenzierung des Interventionsrepertoires unter dem Primat der Deutung stattgefunden hat. So zeigt zum Beispiel Reitter, wie im analytischen Prozess Probleme zunächst beschrieben und benannt werden müssen, bevor sie zu einem späteren Zeitpunkt gedeutet werden können. Gerade weil für viele Patienten das Sprechen primär die Funktion eines Enactments hat, muss sich der Analytiker mit der dynamischen Bedeutung der Handlungskomponente unbewusster kommunikativer Akte beschäftigen. Bell macht in seiner Arbeit deutlich, wie »der Widerstand gegen die Aufdeckung von Widerständen« das Deuten im eigentlichen Sinn unmöglich macht, weil der Patient die Bedeutung einer Deutung gar nicht erfassen könnte und unbewusst auch gar nicht verstehen will (vgl. Focke, in diesem Band). Der Analytiker behält in solchen Sequenzen die Deutung für sich. Aber er deutet, weil er – aus der Analyse seines Gegenübertragungserlebens heraus – gar nicht verstehen könnte, wie ihm geschehen ist, wenn der Patient in der von Bell beschriebenen Weise mit ihm umgegangen ist. Auch die nicht geäußerte Deutung hat eine konstitutive Bedeutung für die Arbeit am analytischen Rahmen. Nur in ihm und durch ihn wird der unbewusste Sinn analytisch verstehbar und werden beschädigte Praxisfiguren veränderbar.

In der teilweise heftig geführten Debatte um den »intersubjective turn« (vgl. Thomä 2000, S. 172–189) wird von den Protagonisten der »relationalen Psychoanalyse« (vgl. Benjamin und Gabbard in diesem Band) der spezifische Unterschied im Begriff des Dritten und seiner Bedeutung für das Verständnis der Intersubjektivität umgangen. Die Differenz zwischen der relationalen Psychoanalyse und der sogenannten alten Psychoanalyse (inklusive der Postkleinianer, der Lacanianer und der gegenwärtigen Freudianer) besteht nicht darin, dass die einen kollusive Verstrickungen durch Rekurs auf ein Drittes aufzulösen versuchen, wogegen die anderen ihr Deutungsmacht in einer dyadisch verstandenen therapeutischen Beziehung exekutieren. Das Dritte ist aber sowohl in der freudianischen Orthodoxie als auch in der lacanianischen und kleinianischen Tradition keine Bezugsinstanz, die durch die Begegnung von einem Ich und einem Du gebildet werden könnte. Das Dritte wird dagegen als strukturell gegeben gedacht. So hat Britton in der kleinianischen Tradition, in der Bell zu Hause ist, in verschiedenen Schriften herausgearbeitet, dass die Erringung der depressiven Position immer an die Bewältigung der Herausforderungen der ödipalen Konfliktdramaturgie gebunden ist (Britton 2001). Somit ist das Dritte keine Ko-Kreation von Analytiker und Analysand in einer spezifischen analytischen Situation als ein transpersonales Wir, sondern es ist an die Struktur von Ich – Du – Er gebunden. Hinzu kommt, dass diese drei Personen nicht derselben Generation angehören. Der generative Prozess findet damit zunächst immer zwischen dem Du und dem Er (aus der Sicht des Analysanden) statt. Der Analysand bleibt deshalb immer auch der strukturell Ausgeschlossene.

Mit diesen Überlegungen deutet sich an, dass mit der Theorie der Technik in der relationalen Psychoanalyse unter der Hand ein völlig verändertes Verständnis der Bedeutung des ödipalen Konfliktszenarios für die Genese der Subjektivität eingeführt worden ist. Es bleibt zu fragen, ob der ödipale Konflikt – auf seinen verschiedenen Entwicklungsniveaus – für die Relationisten noch das Schibboleth der Psychoanalyse ist.

Der Dritte in der orthodoxen freudianischen Traditionslinie wird nicht durch das Gemeinsame von Ich und Du gebildet, sondern der Dritte ist ein Anderer; er ist als Anderer kein Alter-Ego sondern ein Unbekannter, ein Fremder. Insofern werden Analytiker und Analysand in der Begegnung mit dem Dritten nicht miteinander vertraut, sondern sie werden sich fremd, weil ein ex-zentrischer Blick auf sie fällt, der weder mit dem von einem der beiden (also auch nicht mit dem des Analytikers!) noch mit dem des Gemeinsamen der beiden identisch ist. Das »Er« als Dritter ist zum Beispiel im Begriff der symbolischen Ordnung (Lacan) oder der ödipalen Struktur gedacht worden. Dieses Dritte verhindert »das Mitsein« (s. o.), es hält die Differenz von Ich und Du aufrecht, um narzisstische Illusionen unterschiedlicher Art (zum Beispiel die frühe ödipale Illusion) psychisch bearbeiten zu können. Repräsentanz des Dritten in der analytischen Situation ist diesen Theorien nach nicht das verbindende Wir sondern der trennende Rahmen (vgl. Green 1975, S. 503 ff.). Die Reflexion auf die Bedeutung von Inszenierungen, in welche die Behandler zutiefst inbegriffen sind, findet jeweils im inneren Dialog des Analytikers statt. Dort wird ihm auch nicht erspart, nach seinen Übertragungen zu forschen, wenn er seine zentrale Aufgabe, die Arbeit am analytischen Rahmen, bewältigen und die Mitteilungen seines Patienten verstehen will. – Diese wenigen Hinweise müssen hier genügen, um anzudeuten, dass die Differenz zwischen dem Denken der relationalen Psychoanalyse, das Benjamin in den vergangenen Jahren zunehmend vertreten hat, und einem Denken, das stärker in der psychoanalytischen Tradition verwurzelt ist, nicht darin besteht, dass die einen den Bezug auf ein Drittes denken und die anderen nicht. Der entscheidende Unterschied besteht dagegen im begriffslogischen Status »des Dritten« und im epistomologischen Status der jeweiligen psychoanalytischen Theorien.

Die fundamentalen Unterschiede bezüglich der Auffassungen von der Genese (ödipale Konfliktdramaturgie versus intersubjektive Passungsprozesse als Leitmodelle) und der Struktur der analytischen Triade (s. o.) haben auch Konsequenzen bezüglich der Vorstellungen vom analytischen Prozess. In der relationalen oder intersubjektivistischen Psychoanalyse versuchen Analysand und Analytiker, Verständnis füreinander zu entwickeln und zu zeigen. Damit soll eine reale Begegnung von zwei Personen im Sinn einer neuen, die transpersonale Abwehr sprengenden, konkreten Erfahrung möglich werden. In der sogenannten alten Psychoanalyse dagegen geht es zentral um das Verstehen und Stiften von Bedeutungen durch die Übertragungsanalyse in der unüberschreitbaren Abwesenheit eines sinnlich konkreten Objekts. Hier lebt die schon etwas ältere Debatte über das Verhältnis von »Deutung und Beziehung« (Hoffmann 1983) für Behandlungskonzeption und Technik der Psychoanalyse wieder auf.

Verbindend zwischen den verschiedenen Strömungen in der Gegenwartspsychoanalyse ist die Frage, wie im analytischen Prozess ein psychischer Raum – aufgespannt zwischen drei Dimensionen – immer wieder geschaffen werden kann, der die Veränderung pathologischen Erlebens ermöglicht, die Generierung von emotional bedeutungsvollen Verbindungen zulässt und den Wiederholungszwang aufhebt. Gemeinsam ist auch das Wissen, dass die Behandler bis in die intimsten Verästelungen ihres unbewussten Erlebens hinein von ihren Patienten involviert werden. Alle qualifizierten Gruppen wissen, dass nur über das Erleben des Behandlers ein Zugang zum unbewussten Konflikthintergrund des Patienten möglich ist. Insofern sind alle modernen Psychoanalytiker Intersubjektivisten.

Literatur

Altmeyer, M./Thomä, H. (Hg.) (2006): Die vernetzte Seele. Stuttgart: Klett-Cotta.

Benjamin, J. (2002): Der Schatten des Anderen. Frankfurt a. M.: Stroemfeld/Nexus.

– (2005): Das moralische Dritte als Ausweg aus der Täter-Opfer-Beziehung: Wirkung, Initiative und Verantwortung in der Psychoanalyse. Gießen: Psychosozial-Verlag.

– (2006): Tue ich oder wird mir angetan? – Ein intersubjektives Triangulierungskonzept. In: Altmeyer, M./Thomä, H. (Hg.): Die vernetzte Seele. Stuttgart: Klett-Cotta.

Bohleber, W. (Hg.) (2004): Der Andere in der Psychoanalyse – Figuren der Begegnung. Psyche 9/10.

Britton, R. (2001): Ödipus in der depressiven Position. In: ders., Glaube, Phantasie und psychische Realität. Stuttgart: Klett-Cotta.

– Subjektivität, Objektivität und der trianguläre Raum. In: ders., Glaube, Phantasie und psychische Realität. Stuttgart: Klett-Cotta.

Buber, M. (1984): Das dialogische Prinzip. Heidelberg: Lambert Schneider.

Green, A. (1975): Analytiker, Symbolisierung und Abwesenheit im Rahmen der psychoanalytischen Situation. Psyche 29, S. 503–541.

Hoffmann, S. O. (1983): Deutung und Beziehung. Frankfurt a. M.: Fischer.

Laing, R. D. (1974): Mystifizierung, Konfusion und Konflikt. In: Bateson, G., Jackson, D. D., Laing, R. D. u. a., Schizophrenie und Familie. Frankfurt a. M.: Suhrkamp.

Steiner, J. (1998): Orte des seelischen Rückzugs. Stuttgart: Klett-Cotta.

Thomä, H. (1999): Zur Theorie und Praxis von Übertragung und Gegenübertragung im psychoanalytischen Pluralismus. Psyche 9/10, S. 820–872.

Warsitz, R.-P. (2004): Der Andere im Ich. Antlitz – Antwort – Verantwortung. Psyche 9/10, S. 783–810.

– (2004): Zur Dialektik der Intersubjektivität. In: Brede, K. (Hg.): Nein, Verneinung, Konstruktion. Tübingen: edition diskord.
Wetzel, D. J. (2004): Intersubjektivität, Alterität, Anerkennung. Eine Kritik des Intersubjektivitätsparadigmas. In: Brede, K. (Hg.): Nein, Verneinung, Konstruktion. Tübingen: edition diskord.
Whitebook, J. (2001): Wechselseitige Anerkennung und die Arbeit des Negativen. Psyche 8, S. 755–789.

Jessica Benjamin

Unser Treffen in Theben. Anerkennung und Angst, den Patienten zu verletzen

Im vorliegenden Aufsatz geht es mir darum herauszufinden, wie Therapeuten ihre Empathie von dem Gefühl schamvollen, schuldhaften Versagens befreien können, das therapeutische Sackgassen und viele Enactments oft charakterisiert. Wir verfügen vor allem dann gerade *nicht* über die Freiheit, aus unserem analytischen Handeln das Beste zu machen, wenn wir Angst haben, anderen zu schaden. Da eine Patientin, wie zuerst Ferenczi bemerkte, uns in Form ihres Agierens gerade jene Verletzungen vorstellt, um deren Heilung sie nachsucht, befinden wir uns häufig in der Position eines »verwundenden Heilers«. Folglich ist es die Aufgabe, die Entstehung eines gemeinsamen Dritten zwischen Therapeut und Patient zu ermöglichen, das jenes Paradox, *dass man beim Heilen Schaden zufügt*, zu halten vermag. Dieses Bemühen muss seinerseits getragen sein von einem klinischen Ethos, das gestattet, dieses Paradox auszuhalten und zu erkennen, dass unsere Patienten – um Winnicotts Diktum umzukehren – die Destruktion unsererseits überleben können, oder zumindest unsere Versäumnisse, Fehler, Dissoziationen und Empfindlichkeiten.

Es geht bei der folgenden Revision von Winnicotts Ideen um die Notwendigkeit eines wechselseitigen Überlebens in der therapeutischen Beziehung. Diese Idee entspricht unserem Bewusstsein, dass beide Teilnehmer des Prozesses – in ihren Projektionen und Dissoziationen – die Dialektik von Anerkennung und Zusammenbruch gemeinsam schaffen.

In meinem Modell der Intersubjektivität wird ein Zusammenbruch der Anerkennungsbeziehung als »Zweiheit« verstanden – als komplementäres Geschehen zwischen »Antun und Erleiden« mit ihrer ineinander verschraubten Abhängigkeit von Gegensätzen. Typisch für diese dyadische Struktur ist ein rasches Oszillieren zwischen Tun und Erleiden, ein dynamisches Pingpong (Racker), bei dem die wechselseitige Aktionen *die möglichen Reaktionen des Anderen einschränken und diktieren*. In einer rigiden komplementären Dyade bleibt jede Bewegung auf ihre Umkehr beschränkt – indem sie die Stelle der ihr polar entgegengesetzten Position einnimmt – während die Positionen insgesamt, wie auf einer Wippe, immer gleich bleiben. Mit meiner ursprünglichen

Formulierung eines »*Jenseits von Täter und Erleidendem*« (vgl. Benjamin 2004) suchte ich klarzustellen, dass diese Struktur keinem von beiden gestattet, sich als Subjekt zu empfinden und Selbsttätigkeit und Urheberschaft *in* der Beziehung zu erleben. Urheberschaft und eigenständiges Handeln scheitern, weil beide sich nur reaktiv statt frei, kontrolliert statt anerkannt fühlen. Dagegen sind Urheberschaft und Selbsttätigkeit vom Bestehen der wechselseitigen Anerkennung bzw. vom »Dritten« abhängig. Ich verwende den Terminus des Dritten also zur Bezeichnung einer Position oder jenes Prinzips, die gebraucht werden, um das in Komplementarität Eingeschlossensein aufzubrechen.

Die Bewegung von der in sich verschlossenen Struktur der Zweiheit zur geräumigen Öffnung der Dreiheit wird subjektiv als Befreiung der Gefühle und Gedanken erlebt. Dieses subjektive Erleben wechselseitiger Beeinflussung als einer Sphäre der Freiheit statt des Zwangs ist entscheidend.

Die Berufung auf ein Drittes heißt, sich auf gewisse dynamische Prinzipien zu verlassen, vor allem auf das Prinzip von Bruch und Wiedergutmachung. Die »Dreiheit« kann man als einen Erfahrungsprozess begreifen, der diese Prinzipien verkörpert, so beispielsweise die Erfahrung, dass das Überleben eines Zusammenbruchs durch gegenseitige Anerkennung möglich ist. Dieses Erlebnis stärkt seinerseits das für die Dyade spezifische Dritte, sowie das Vertrauen in die Fähigkeit, das Dritte hervorzubringen. Dabei wächst das Vertrauen in die gemeinsam geschaffenen Verhaltensmuster, die das wechselseitige Überleben des Bruches ermöglichen, sowie in das implizite Ethos, das die gegenseitige Anerkennung stützt und die Wahrheit hoch schätzt.

Das Dritte ist mithin am ehesten aufzufassen als verkörpert in Prinzipien der Interaktion, sowohl in solchen, die die gegenseitige Anerkennung, wie auch in Prinzipien, die die wechselseitige Regulation stützen, zum Beispiel affektive Anpassung und Einstimmung, Respekt, Mitgefühl, Differenzierung zwischen Selbst und anderem. Ich habe den Terminus »primordiales Drittes« für die frühesten prozesshaften Formen Muster bildender Interaktionsregelung vorgeschlagen. Dagegen bezieht sich die Idee vom moralischen oder symbolischen Dritten sowohl auf ethische Prinzipien wie Hochschätzung der Wahrheit, wie auch auf verfahrensmäßige Regeln, Normen und erwartbare Muster der Interaktion.[1] Der Prozess »Zusammenbruch und Wiedergutmachung« kann

1 ›Verfahrensebene‹ bezieht sich auf den englischen Ausdruck ›procedural level‹, den z. B. die Boston Change Process Study Group (2002) diskutiert.

auf beiden Ebenen erscheinen, sowohl auf der Verfahrens- wie auf der Ebene der Verhandlung symbolischen Verstehens. In diesem Vortrag geht es mir um einen entscheidenden Aspekt des moralischen Dritten, nämlich um die Anerkennung der Verantwortlichkeit der Analytikerin für ihren Beitrag zur Interaktionsdynamik. Während traditionellerweise Gegenübertragungsreaktionen – als subjektives Element auf Seiten der Analytikerin – nicht als zum Prozess zugehörig zählen, bin ich (mit der relationalen Psychoanalyse) der Meinung, dass wir die faktische Unvermeidlichkeit des Beitrags der Subjektivität der Analytikerin auch als notwendig akzeptieren müssen. Damit wird ein für die Konstitution des gegenseitigen Übertragungs- und Gegenübertragungsprozesses notwendiges Element angemessen verwendbar, die Übernahme von Verantwortung für die eigenen Gegenübertragungsreaktionen wird möglich.

Es geht mir also auch um die Verarbeitung des Rückfalls in die dyadische Komplementarität und insbesondere das Umgehen der Analytikerin mit der Scham und dem Schuldgefühl, mitverwickelt zu sein und jemanden verletzt zu haben. Eine wahrhaftige Anerkennung von solchen Verletzungen kann, so meine ich, einen wesentlichen Beitrag leisten zu einem gemeinsamen Dritten und zu gegenseitigem Überleben.

Die Bedeutung solcher Anerkennung ergibt sich aus der Tatsache, dass Traumen in der Analyse regelmäßig neu agiert werden, wobei wiederum die Interaktion oft in eine Sackgasse des Machtkampfs um die Schuld führt. Die Frage lautet: Wer ist schlecht, verrückt oder schwierig, wer hat die Schuld auf sich zu nehmen. In der alten Version der Analyse, die den Beitrag der Analytikerin zu dieser Auseinandersetzung ignorierte[2], wurde das Akzeptieren der Verantwortung vom Patienten verlangt – das hieß damals Einsicht –, wobei sein Protest dagegen, das »Schlechte« auf sich zu nehmen, möglichst unterdrückt wurde. Dabei wurde auch die Tendenz verstärkt, eine Wiederholung früher Erlebnisse hervorzurufen, bei denen das Kind unter Androhung des Entzugs von Liebe oder Sicherheit gezwungen wurde, die nach außen verlagerte Schlechtigkeit oder Bosheit, die das beschämte Elternteil (sich) nicht einzugestehen vermochte, auf sich zu nehmen. So wurden, mit anderen Worten, Mystifizierungen gefördert.

[2] Der Übergang zur relationalen bzw. intersubjektiven Orientierung wird historisch dargestellt von Aron, L. (1996): A Meeting of Minds, sowie in S. A. Mitchell/L. Aron (1999): Relational Psychoanalysis. The Emergence of a Tradition.

Die Arbeiten von Ronald D. Laing erschlossen das Phänomen der Mystifizierung[3], bei dem die Stabilität der Eltern darauf beruhte, das Kind in die Position des Verrückten oder Schlechten zu drängen, wobei sein Realitätssinn geopfert und seine Realitätswahrnehmung beschädigt wurden. Laing (1976) bezeichnete dies als »interpersonale Aktion«, weil das Selbst sich durch Belastung des Anderen reguliert. Wenn ein Therapeut sich einem Patienten gegenübersieht, der Opfer einer solchen »Maßnahme« war, kann er natürlich leicht in ein Agieren verfallen, das einer komplementären Struktur gehorcht: »Wer unterwirft sich wessen Wirklichkeit?« Wenn er sich nicht eingestehen kann, dass er in dieser Auseinandersetzung Mittäter ist, kann er ahnungslos die Wirklichkeit des Patienten attackieren und dabei Mystifizierungen sowie weitere Deregulierung auslösen.

Eigentlich sollten wir davon ausgehen, dass die Analytikerin *unvermeidlich und bei manchen Patienten regelmäßig* an solchen Enactments teilhat und dass diese Teilnahme dem Patienten oft Verletzungen zufügt. Ihre daraufhin einsetzende Scham und Schuld und damit häufig der Verlust der Selbstregulierung wirken dann daran mit, das Enactment als Wiederholung und Bruch in der Bindung zu gestalten. Verängstigt durch die unvermeidliche Tendenz, zusammen mit dem Patienten zu dissoziieren oder dereguliert zu werden, verliert die Analytikerin das Vertrauen in das grundlegende Prinzip »Bruch und Wiedergutmachung« – und durchlebt dann gemeinsam mit dem Patienten einen scheiternden Versuch, den Zusammenbruch zu überleben.

Diesem schamhaften Durchleben des Zusammenbruchs kann man nur entgegenwirken durch Hingabe an das Dritte, d. h. durch Hinnahme der *Notwendigkeit* des Enactments als einem Prozess von Bruch und Wiedergutmachung. Solche Akzeptanz setzt voraus, dass man Ferenczis Erkenntnis ernst nimmt, »daß es eine unvermeidliche Aufgabe des Analytikers ist ... mag er in der Güte ... so weit gehen, als er nur kann: die Zeit kommt, in der er den am Patienten einmal begangenen Mord eigenhändig wiederholen muß« (Ferenczi 1988, S. 96 f.). Wenn der Analytiker sich diesem Unausweichlichen fügt, dann setzt er das Dritte erneut in sein Recht ein und verleiht ihm neue Stärke. Dies lässt sich auch folgendermaßen formulieren: Die Verletzung, das Unrecht,

3 Anm. der Hg.: Laing, R. D. (1967): Phänomenologie der Erfahrung. Frankfurt a. M.: Suhrkamp,1969; sowie: Ders. (1976): Das Selbst und die Anderen. Köln: Kiepenheuer und Witsch.

die Schmerzen, die jemandem zuzufügen wir unerträglich finden und zu vermeiden uns geschworen haben – kehren als Agieren wieder. *Darüber hinaus kommt es gerade durch unser Ziel, eine erneute Traumatisierung des Patienten zu vermeiden, dazu, dass wir uns interaktiv verknoten, weil wir dann unter die Kontrolle unserer Angst zu schaden, zu scheitern und unter die Kontrolle von Scham und Schuld geraten.* Was wir zu vermeiden suchen, holt uns auf unserer Reise nach Theben – wie der Ödipusmythos so eindrucksvoll zeigt – ein. Während Ödipus glaubte, seinem Schicksal entrinnen und den ihm vom Orakel geweissagten Mord verhindern zu können, eilte er ihm entgegen.

Ferenczi erkannte nicht nur, dass der Analytiker unvermeidlich daran beteiligt ist, dem Patienten Schaden zuzufügen, sondern auch, dass dies dem Patienten bewusst sei (1932, S. 513) – und dass sich daraus ein Potential für Mystifizierungen ergibt. Was den Analytiker vom ursprünglichen Übeltäter unterscheidet, sei seine Bereitschaft einzugestehen, was bis dahin verleugnet worden ist und für die Schwierigkeit, die eigenen Reaktionen zu ertragen, Verantwortung zu übernehmen. »Die Fähigkeit, eigene Fehler einzusehen und zu unterlassen, bringt uns aber das Vertrauen der Patienten« (S. 515 f.). *»Dieses Vertrauen ist jenes gewisse Etwas, das den Kontrast zwischen der Gegenwart und der unleidlichen, traumatogenen Vergangenheit statuiert«* (S. 516, gesperrt i. O.). Nur auf diese Weise gelingt es uns, den Vertrauensverlust des Patienten in das Zeugnis seiner eigenen Sinne zu durchbrechen und seiner Identifizierung mit dem Aggressor entgegenzuarbeiten.

Ein bedeutsamer Aspekt erneuter Traumatisierung entsteht durch die Weigerung des Analytikers anzuerkennen, was die Patientin zu Recht als *vermeidbaren* Fehler auffasst. Durch diese Weigerung wird die Patientin in eben der Weise mystifiziert, in der sie schon als Kind mystifiziert worden ist, und der Kampf zwischen Täter und Opfer wird perpetuiert. Mit einiger Wahrscheinlichkeit führt dies zu dem Ergebnis, dass der Analytiker sich durch das Leiden der Patientin beschuldigt fühlt, als würde ihm tatsächlich etwas »angetan« (Uhlman). In dem Fall kann die Einsicht der Patientin in die eigene Psyche nur als Scheinbild des Dritten fungieren, als Unterwerfung unter die Ansprüche der Analytikerin oder eine widerwillige Wiedergutmachung. Auf diese Weise verhindert der komplementäre Machtkampf um Schuldzuweisungen den Eintritt in einen Prozess der Übernahme von Verantwortung.

Ich wende mich hier nicht gegen die Einsicht als Mittel der Selbstregulierung des Analytikers oder des seelischen Wachstums des Patienten. Mir geht es vielmehr darum zu verstehen, wie sich die Einsicht in Momenten des Zusammenbruchs von der freiwilligen Anerkennung löst und an den Zwang bindet. Das entscheidende relationale Theorem möchte ich so formulieren: Dem Anderen gegenüber Einsicht auszudrücken, ist ein intersubjektives *Handeln*. Es konstituiert eine Anerkennung von Verantwortung dem Anderen gegenüber, und ist nicht nur der Dreh- und Angelpunkt einer Veränderung der Selbsterkenntnis oder gar einer Beziehung zum Dritten *im Geist* des Analytikers. Es verändert den inneren Anderen durch eine Veränderung des äußeren Anderen. In der therapeutischen Dyade fungiert die Einsicht als ein intersubjektiver Akt der Kommunikation, der ein gemeinsames Drittes zu schaffen oder zu reparieren vermag.

In den komplementären Zusammenbrüchen verliert der Analytiker den empathischen Kontakt zur Realität des Patienten, wodurch sich das symbolische Dritte von der Anerkennung löst, das jetzt zu der mystifizierenden, widersprüchlichen Forderung führt »Handle, wie ich sage, nicht wie ich handle, sei mein Gegenteil«. Es gelingt dem Analytiker nicht, das lange vorherrschende analytische Ideal zu erfüllen, nämlich ein »vollkommener Container« zu sein. Dieses Ideal (vermutlich Analytikern aller Richtungen lange Zeit gemein) beruhte auf der Überzeugung, man könne vermeiden, die Wunde des Patienten zu öffnen. Auch angesichts einer übersteigerten Erregung des Patienten müsse man sich selbst regulieren können, *ohne* die innere Auseinandersetzung nach außen zu verraten und ohne sich der Kommunikation zu bedienen, um ein wechselseitiges Containment zu schaffen. Die relationale Psychoanalyse strebte im Gegenteil an, den hypnoiden Prozess zu erkennen, in dem die Analytikerin in ihrer unwillkürlichen Reaktion auf das dissoziierte Selbsterleben des Patienten ebenfalls dissoziierte (vgl. Bromberg 2006). Man könnte sagen, dass gerade die Durchlässigkeit für die unbewusste Kommunikation die Dissoziationen bei der Analytikerin ermöglicht. Wenn der Analytiker auf die übersteigerte Erregung des Patienten mit Rückzug aus der Musik der Dreiheit, d. h. aus der wechselseitigen Regulierung, reagiert und versucht, sich durch eine dissoziative Beobachtungsposition selbst zu beruhigen, dann kann der Patient dies spüren. Dann wirkt die Einnahme der beobachtenden Position durch den Analytiker als Verlassen des Patienten oder als Mystifikation.

Ich möchte hier ein Beispiel für die Schwierigkeit anführen, die sich ergibt, wenn ein Analytiker sich unter den Anspruch stellt, ein »vollkommener Container« zu sein, sich durch Einsichten zu steuern, ohne die in beide Richtungen laufende Dynamik eines Patienten anzuerkennen. John Steiner (1993), ein herausragender Therapeut, hat in einem viel beachteten Aufsatz über patienten- und analytikerzentrierte Deutungen die Auffassung vertreten, der Analytiker sollte dem Patienten zu helfen suchen und Erleichterung verschaffen, indem er die Gefühle des Patienten über das Handeln des Analytikers zur Sprache bringt. Solche Erleichterung, so Steiner, bewirke jedoch nicht schon an sich eine Heilung. Heilsam sei vielmehr Einsicht eher als das Verstandenwerden. Das Fallbeispiel, das er zur Untermauerung seines Plädoyers für das Verstehen präsentiert, zeigt das Dilemma, das sich aus der Trennung zwischen Einsicht und Anerkennung, Beobachtung und intersubjektiver Wahrnehmung ergibt. Dieses Beispiel nutzt gerade deshalb, weil Steiner die Probleme, mit denen wir es hier zu tun haben, sehr bewusst sind. Ihm zufolge neigt ein Analytiker dazu, »ins Agieren hineingezogen« zu werden. Folglich schlägt er vor, dass der Analytiker die Hilfe, die der Patient ihm, zum Beispiel durch Kritik an seiner Arbeit, gibt, annehmen sollte (S. 204).

In seinem Fallbeispiel berichtet Steiner eine uns vertraute Interaktion, bei der der Analytiker, der die Projektionen einer Patientin zu halten bemüht ist, sie schließlich in die Patientin zurückdrängt, indem er seine Deutung mit einer zweiten kritischen Bemerkung versieht. Dies geschah, so sagt Steiner, aufgrund seiner Schwierigkeit, »die Gefühle, welche ich der Patientin entgegenbrachte, einschließlich solcher der Angst um sie, in mir zurückzuhalten, möglicherweise *auch von meinem Ärger darüber, daß sie mich dazu brachte, mich verantwortlich, schuldig und hilflos zu fühlen*« (S. 200, engl.: »made me feel«, kursiv J. B.). In solchem analytischen Fehlverhalten tritt ein häufig vorkommendes Problem zutage. Angesichts einer gestörten Selbststeuerung des Analytikers soll durch Überinterpretation des Patienten eine Dissoziation hergestellt werden. Bemerkenswert ist hier die Wendung »sie brachte mich dazu, zu fühlen« wobei die Patientin als Ursache der (wohl beschämenden) gescheiterten Selbstregulierung des Analytikers bezeichnet wird. Steiner versuchte an diesem Punkt den Bruch zu reparieren durch eine »Analytiker-zentrierte« Deutung. Er sagte der Patientin, die sich mittlerweile zurückgezogen hatte, *sie* habe Angst, er sei »zu kritisch und abwehrend, um ihren Ärger und ihre Enttäuschung zu verstehen und um wahrzunehmen, daß auch sie Kontakt mit mir wünsche« (S. 201). Weiter fügt er hinzu, sie habe Angst, »daß ich nicht fähig sei, mit diesen Gefühlen fertig zu werden, da sie *mein* psychisches Gleichgewicht störten« (S. 199, kursiv i. O.) Er gab indes nicht zu, sein Gleichgewicht verloren zu haben oder sich darum zu sorgen, sie damit verletzt zu haben. Ihren Rückzug schreibt er nicht seiner direkten Bemerkung zu, sondern dem Umstand, dass sie ihn am Tag zuvor telefonisch nicht hatte erreichen können.

Woher kommt dieses Zurückschrecken davor, etwas anzuerkennen? Steiners Text schildert detailliert eine umfassende und weit verbreitete Inszenierung, die jene komplementäre Form annimmt, bei der beide das Gefühl haben, »der jeweils Andere sei Schuld«. Dies scheint, mit anderen Worten, die vorrangige Dynamik zu sein, die in diesem Fall unausgesprochen, bekannt aber unvermittelt, weil dissoziiert bleibt. So berichtet Steiner, er habe generell das Gefühl gehabt, für die Probleme der Patienten wie für seine eigenen verantwortlich gemacht zu werden (S. 209). Dabei fällt ihm die Symmetrie der Situation nicht auf; nämlich wie sein Empfinden das ihrige spiegelt. Weil nach seinem Bericht die Patientin sich oft beschwert, er weigere sich, »meinen eigenen Anteil am Problem zu untersuchen, und sei nicht willens, selbst Verantwortung zu übernehmen« (S. 209). Dissoziiert erscheint hier die wechselseitige Dynamik, das Pingpong der Schuldzuweisungen, das er nicht durchbrechen darf, indem er sich einer Anerkennung bedient. Meiner Meinung nach verbietet es sein Ideal eines »vollkommenen Containers«, von den Einsichten, die er mit uns teilt, Gebrauch zu machen, zum Beispiel in Form einer Entschuldigung. Bezeichnenderweise unterbricht er an diesem Punkt die Erzählung, um seine Überzeugung zu bekennen, ein »Eingeständnis« sei nicht ratsam, weil es nur noch mehr Angst auslösen würde (S. 208).

Hier wiederholt Steiner seine Maxime, nur eine Patienten-zentrierte Einsicht in das Selbst führe zu Veränderungen. Wie er, so scheint es, müsse auch der Patient sich damit zufrieden geben, sein Selbst mittels Einsicht zu regulieren. Doch diese Meisterleistung scheint ihm faktisch nicht gelungen zu sein. Daraufhin fragte ich mich: Ist es nicht eine bemerkenswerte Umkehrung, diese Meisterleistung von einem Patienten zu verlangen? Bei wem wird denn Angst ausgelöst und wer erlebt es als ein Scheitern, wenn der Analytiker einen Fehler anerkennt? Wenn an gerade dieser Stelle auf die Einsicht des Patienten Bezug genommen wird, ist es dann wirklich abwegig, sich danach zu erkundigen, ob dies nicht vielleicht deshalb geschieht, weil es dem Analytiker zu einer erneuten Selbstregulierung verhilft, ihm den Sinn für seine Rolle und sein Vertrauen in ein Drittes wieder herstellt? Verschafft ihm das nicht das Gefühl, der Patientin etwas geben zu können? Selbstverständlich nützt eine derartige Wiedergutmachung nach einem Zusammenbruch im bestmöglichen Szenario dem Patienten. Traurigerweise sind jedoch in vielen Fällen sowohl aufsässige wie zur Mitarbeit bereite Patienten mit der Bürde der Destruktivität alleingelassen worden und hatten das Gefühl, der Analytiker habe nicht überlebt.

Wenn die Unfähigkeit des Analytikers, sich angesichts der Hilflosigkeit eines Patienten zu regulieren, bei ihm unvermeidlich das Gefühl erweckt, »der Erleidende« zu sein –, wie können dann Brüche wieder gutgemacht und eine Komplementarität transzendiert werden? Wie fügt sich der Analytiker elegant ins Unvermeidliche? Wenn er eine Einsicht des Patienten (ein wechselseitiges Containing) zur Restituierung des Dritten verlangt, einen Beitrag des Patienten zur Beendigung der komplementären Dynamik, dann hält die wiedergutmachende Einsicht des »guten Patienten« allzu oft den protestierenden, »schlechten Patienten« aus der Behandlung heraus; er bleibt dissoziiert, verlassen und unerkannt. Der Analytiker ist tot, aber er weiß es nicht oder er weiß nicht warum. *Paradoxerweise kann gerade jene Einstellung – Verweigerung des Eingeständnisses –, die den analytischen »Container« schützen soll, die analytische Funktion zerstören* und den Patienten mit dem Gefühl zurücklassen, *nicht gehalten*, sondern allein und unerkannt zu sein.

Folglich ergibt das Ideal des Analytikers als eines »vollkommenen Containers« – also die Überzeugung, dass die Unfähigkeit sich ohne fremde Hilfe selbst zu regulieren, ein beschämendes Versagen ist – nur die Option, den Patienten zu mystifizieren, um den Analytiker zu schützen. Indessen verkennt der Analytiker die extreme Gefahr, in der die Patientin sich befindet, wenn sie wählen muss, entweder sich selbst als destruktiv zu betrachten oder ganz und gar allein zu sein. Nun müssen wir bei schwer traumatisierten Patienten daran denken, dass es der Analytikerin nicht leicht fällt, die Verantwortung für eine Verletzung des Patienten zu übernehmen. Denn die Projektionen der Patientin überwältigen oft ihre Fähigkeit, Zeugin zu sein und zwischen Verletzung und Tötung sowie zwischen Schmerz und Schrecken einerseits und einem tatsächlich begangenen Verbrechen andererseits unterscheiden zu können.

Uns allen steht mithin die Gefahr unmittelbar vor Augen, die sowohl Analytiker wie auch Patient durchleben können, wenn es darum geht, Fehler in der Analyse einzugestehen.

Ich will eine Anerkennung und ein Eingeständnis dieser Art nicht als Rezept oder gar Allheilmittel zur Vorschrift machen, sondern klarstellen, dass unsere Erwartung an den Patienten, sein Wissen von unseren Fehlern bei sich zu halten oder zu überleben, gerade nicht von ihm verlangt, alles Schlechte in der Beziehung auf sich zu nehmen. Das Eingeständnis eines Fehlers läuft auch nicht unbedingt darauf hinaus, Vergebung zu erlangen – es könnte genauso gut in eine vernichtende Kritik münden. Anerkennung und Eingeständnis sind in der Therapie überaus komplexe Interventionen, die den Zweck haben, das komplementäre Hin und Her von Schuldzuweisungen in Verantwortlichkeit zu überführen, den Patienten zu einem gemeinsamen Dritten einzuladen sowie jedem der beiden Partner die Freiheit zu verschaffen, das Geschehen zu kommentieren. Sie sollen zeigen, dass auch der Analytiker sich ändern *kann*. Diese vorbildliche Handlung vermag das Vertrauen in ein *moralisches Drittes* aufzubauen, weil sie die legitime Ethik der Verantwortung bekräftigt und vergangenen Erfahrungen von Verleugnungen entgegenarbeitet.

Während also ein Eingeständnis einen Bruch nicht immer wieder gut machen, weil es im komplementären Pingpong »untergehen« kann, stellt nach meiner Meinung das Bemühen des Analytikers zur Überwindung von Verleugnungen eine Anstrengung dar, die von Patienten wahrgenommen wird. Ich werde also ein Gegenbeispiel anführen, bei dem die Offenheit des Analytikers in Bezug auf diesen Kampf den Verlauf der Analyse sehr konstruktiv veränderte.

Ein Beispiel aus der Arbeit von Malcolm Slavin (1998) zeigt, was es bedeutet, Wahrhaftigkeit zu riskieren und dem Patienten eine Situation relativer Sicherheit zu verschaffen, in der er die Dissoziation des Analytikers und dessen unvollständiges Containing zu überleben vermag.

Edward, ein Mann, dessen prägende Erfahrung darin bestand, dass seine Mutter ihn nicht halten *wollte*, rief nach vielen Neuinszenierungen seiner emotionalen Verlassenheit seiner Analytikerin gegenüber aus: »Sehen Sie denn nicht, dass ich jeden Tag etwas mehr sterbe« (S. 266)!? Diese berichtet, sie habe »unter dem Eindruck übermächtiger Resignation« geantwortet, »in Augenblicken wie diesen habe ich manchmal das Gefühl, alles was ich tun kann, läuft darauf hinaus, in Ihrer Verzweiflung hier bei Ihnen zu sein« (ebd.). Doch dann fühlte sie sich veranlasst, ihm wahrheitsgemäß einzugestehen: »Doch mir ist auch bewusst, dass ich mit *dem* Teil in mir fertig zu werden versuche, der *gerade dieses Gefühl nicht wirklich haben* will« (ebd.; kursiv J. B.). Am nächsten Tag erzählte Edward von dem merkwürdigen Eindruck, dass das Bild seiner Analytikerin als einer Person, die seine Verzweiflung erduldete, sich gefühlsmäßig ganz anders darstellte, »nämlich ihn in das Bild zu versetzen, statt ihn draußen zu lassen« (S. 266). Sie schloss daraus, dass die Anerkennung und das Eingeständnis seines Kampfes ihr sichtbar werden ließ, wie er in seinem Innern ihre inneren Spannungen wiederholte. Er bot ihr ein Vorbild zur Erkenntnis jenes dissoziierten Teils ihrer eigenen Persönlichkeit, der den Schmerz darüber, nicht gehalten zu werden und vor Einsamkeit zu sterben, gerade nicht fühlen wollte. Als sie ihm zu einem späteren Zeitpunkt seinen Zweifel beschrieb, ob er die Analyse schneller vorantreiben sollte oder nicht, erklärte er: »Dies ist eine wirklich eigenartige Beziehung – wir sind hier, um *mich* zu verstehen, doch wir müssen *Sie* verstehen, um *mich* zu verstehen« (S. 271; kursiv. J. B.).

Wo die Schuldgefühle, die ein anerkennendes Eingeständnis verhindern, durch die Erwartung verschlimmert werden, der Analytiker müsse mit allen Konflikten innerlich fertig werden, zeigt dieses klinische Modell, wie die Analytikerin vorbildhaft die Spannung zwischen widerstreitenden Selbstteilen auszuhalten imstande ist, sowie ihre Überzeugung, der Patient könne die Wahrheit überleben. In einer gleichzeitigen Bewegung überlebte sein Bild in ihr, zum ersten Mal. Die wahrhaftige Anerkennung und das Eingeständnis dessen, was zuvor dissoziiert worden war, die direkte Konfrontation mit dieser Beschuldigung, »Sie werden mich nicht halten,« durchbrachen die Struktur der Komplementarität, brachte den Versuch, das schlechte Gefühl im Anderen abzulegen, zu einem Ende. Die Antwort der Analytikerin – »Ich will es und ich will es nicht fühlen« – eröffnete den Raum eines gemeinsamen Dritten und schafft ihn zugleich: Wahrhaftigkeit kann ausgehalten werden. Die Verwundung, das Nicht-Mitsein, anzuerkennen, wie Ferenczi riet, überwindet die ursprüngliche Form der Verwundung eher, als dass es sie wiederholte (S. 515).

Das moralische Dritte beruht darauf, die Todesqualen miteinander zu bezeugen und sie gemeinsam zu empfinden. Doch es überlebt und zeigt sein wahres Wesen, wenn es auch und insbesondere unser Versäumnis umfasst, diesen Gemeinsamkeiten nachzukommen. Meiner Meinung nach gab es viele historische Gründe dafür, dass die psychoanalytische Bewegung sich darauf verpflichtete, das Treffen des Analytikers in Theben dissoziativ verstreichen zu lassen. Dazu gehörte gewiss auch die Überzeugung, nur auf diesem Weg könne die Psychoanalyse den weniger angreifbaren Status einer exakten Wissenschaft erlangen (Benjamin 1999).

Bei aller gebotenen Rücksicht auf die besonderen Schwierigkeiten der Nachkriegsgeneration sollten wir uns darüber klar werden, wie diese Generation, indem sie ihre eigenen Reaktionen auf das Trauma verleugnete, der folgenden Generation von Psychoanalytikern die Chance nahm, sich mit unserer Geschichte, mit unseren Todesqualen und mit dem schrecklichen Preis unseres Überlebens zu konfrontieren.

Als ich vor einer Reihe von Jahren ein psychoanalytisches Institut hier in Deutschland besuchte, wurde ich Zeugin eines besonders eindrucksvollen Enactments der Schwierigkeit einer Analytikerin, ihre Auseinandersetzung mit dem Trauma der Geschichte anzuerkennen und einzugestehen. Ich war gebeten worden, in einem Workshop über Intersubjektivität einen Fall zu supervidieren. Am Abend vorher übergab mir die Analytikerin, die den Fall vorstellen wollte, mit einer unerklärlichen Dringlichkeit ein Typoskript mit zwei rezenten Träumen ihres Patienten. Der Mann, in seinen Dreißigern, hatte einen Traum, in dem ein unschuldiges, aber verachtetes Opfer von seiner Familie getötet wurde. In dem anderen Traum vernichtete er kleine Tiere und suchte die Blutspuren zu verwischen. Als die Analytikerin am nächsten Tag diesen Fall vorstellte, fragte ich nach weiteren Einzelheiten der Assoziationen dieses Patienten oder nach Material aus den Sitzungen, aber sie hatte nichts. Die Familiengeschichte schien mager und unergiebig. Ich spürte ihre Verlegenheit und fragte sie eingedenk des Themas der Intersubjektivität, wie sie die Sitzungen mit diesem Patienten erlebt hatte. Sie konnte sich an nichts erinnern. Ich hatte zunehmend Angst, sie zu verletzen. Also griff ich einen Gedanken wieder auf, der mir gleich eingangs durch den Kopf gegangen war und den ich dann aufgrund des Alters des Patienten in Zweifel stellte. Ich fragte nun direkt, ob es Naziverbrecher in der Familiengeschichte dieses Patienten gegeben hatte. Und die Analytikerin antwortete, dass der Vater des Patienten in der Tat in der SA gewesen und nach dem Krieg dekompensiert war. Er hatte die psychotische Wahnvorstellung, gefährliche Keime in sich zu tragen, die seinen Kindern schaden könnten. Auf eine weitere Nachfrage konstatierte die Analytikerin, ein Onkel des Patienten sei in die psychiatrische Klinik eingesperrt und dort getötet worden. Als sie dies ohne weiteren Kommentar und ohne affektive Anteilnahme mitteilte und als diese Mitteilung bei den Teilnehmern des Workshops keinerlei Reaktion auslöste, hatte ich das Gefühl, als müsste ich mit meinen Gedanken gegen einen dicken Nebel ankämpfen. Ich bemerkte vage eine mächtige Welle der Angst, die unformulierbare Wahrnehmung einer Gefahr. Erst später konnte ich sie in Worte fassen, als ich an das Institut einen Brief schrieb: »Hier stehe ich nun, die einzige Jüdin in diesem Raum. Und ausgerechnet ich soll diejenige sein, die darüber spricht, was hier vor sich geht.« Schließlich riss ich mich zusammen und bemerkte, es sei schrecklich traumatisierend, wenn jemand weiß, dass seine Eltern andere ermordet haben, dass sie bei solchen Morden zugegen waren und sie unterstützt haben. Es müsse entsetzlich sein, wenn die Identifizierung mit solch einem Vater nun während der Behandlung mit Macht an die Oberfläche dringe.

Die Stimmung, die zu diesem Zeitpunkt im Raum herrschte, die Angst, die alle befallen hatte, sowie die Schwere der Luft, sind kaum zu beschreiben. Dies galt vor allem für die Panik der Therapeutin selbst, der doch das Problem Nationalsozialismus sehr bewusst war und die ihre Besorgnis mit ihrem Supervisor, der ebenfalls zugegen war, besprochen hatte. Meine Äußerungen über den Mord führten zu keiner weiteren Erwähnung der nationalsozialistischen Vergangenheit von Völkermord, Mord oder Gewalt. Ich fühlte mich zunehmend unwirklich und gelähmt, wie wenn man in einem Traum zu rennen versucht, aber seine Beine nicht bewegen kann. Das Publikum warf theoretische Fragen zum Problem der Intersubjektivität in der Therapie auf. Ein Teil von mir dachte weit, ganz weit weg an Nazis und Juden, der andere versuchte, die Fragen aufzugreifen, ohne einen Zusammenhang zu meinem Gefühl, dass ich nichts zu sagen wusste, herstellen zu können. Nachträglich grübelte ich selbstkritisch über meine Unfähigkeit, zur Intersubjektivität irgendetwas zu sagen, ohne diese Schwierigkeit mit dem schrecklichen Inhalt in Verbindung bringen.

Erst viele Stunden später und in einer anderen Stadt wurde die Nebelwand aufgerissen, als mir eine Kollegin berichtete, wie ein emigrierter jüdischer Analytiker von seiner ersten Rückkehr nach Deutschland erzählte. Als würde ein elastisches Band, das mich von meinem Erleben trennte, plötzlich einschnappen, verspürte ich erneut schlagartig und körperlich das Gefühl, das mich an jenem Morgen befallen hatte. Und ich erkannte es: es war der blanke Terror, das Ensetzen. Mir wurde klar, dass ich mich nicht nur als eine Zeugin der Gewalt empfunden hatte, deren Wahrnehmungen von jedem in meiner Umgebung verleugnet wurden, sondern ich hatte mich empfunden, als wäre ich tatsächlich selbst in Gefahr, als wären die Verleugner in Täter verwandelt. Die Verleugnung der Gewalt trieb dazu an, die Gewalt erneut zu durchleben. Eine Mystifizierung auf Seiten der Teilnehmer, das Ergebnis dessen, was Grand als »maligne Dissoziation« bezeichnet hat, hatte mein Denken und meine Handlungsfähigkeit paralysiert sowie mich unfähig werden lassen, mich vor dieser Gefahr zu schützen.

Ich war mir eines Gefühls der Empörung bewusst, als würde von mir verlangt, die Geschichte der Gewalt zu verarbeiten, während diejenigen, die das kollektive Trauma erlitten hatten, von den Tätern aufgezogen und mit ihnen identifiziert, kein Zeichen »zu wissen« zu erkennen gaben. Mir kam es so vor, als ob die Supervidierte dieses kollektive Trauma nicht allein halten konnte, also versucht hatte, das Wissen in mich, als symbolischen Repräsentanten der Überlebenden, zu evakuieren, damit ich dann meinerseits die Dissoziation durchbrechen und ihr helfen konnte, dieses Wissen real werden zu lassen. Stattdessen verstärkte die Verleugnung der Gruppe die Projektion unerwünschten Wissens; die gewalttätige Dissoziation lähmte mich und ich reagierte, als handelte es sich um eine »wirkliche« Gefahr. Interessanterweise nahm diese Lähmung die Form einer manifesten, bewussten Sorge an, die supervidierte Analytikerin nicht zu verletzen oder zu beschädigen, so als wäre ich Täter und sie Opfer. In Panik versetzt und von ihrer eigenen Gruppe nicht gehalten, wurde sie unwillentlich zur Anstifterin dieser Verkehrung.

Mittlerweile verstehe ich viel besser, habe mehr Mitgefühl dafür, wie Beschuldigte von ihren Opfern in Angst versetzt werden können. Als Repräsentantin der Gruppe der Opfer hatte ich das Gefühl, ich könnte zur anklagenden Zerstörerin werden; doch in der Position als Supervisorin fühlte ich mich dafür verantwortlich, die Supervidierte nicht zu beschädigen. Wie die Analytikerin, die in einem Enactment zum missbrauchten Kind wurde, sollte ich das Unaussprechliche aussprechen –, aber wenn ich so handelte, musste ich mich als Beschädiger darstellen. Auf diese Weise inszenierten und agierten wir die Tiefensymmetrie, die der Komplementarität von Täter und Opfer zugrunde liegt. Dieses mystifizierende Band vereinte mit angstvollem Schrecken alles, was angesichts des Verbrechens, über das nicht geredet werden konnte, empfunden wurde. Meine »assoziierte« bewusste Angst, die mein explizites Verhalten steuerte, war, ich sollte »gut« sein, d. h. nicht verletzen oder beschämen, während mein implizites, aber mächtigeres, dissoziiertes Erleben die große Angst enthielt, angegriffen zu werden – in mir widerholte sich das Trauma des Patienten, der entsetzungsvoll, allein im Kreis seiner Familie, beobachtete, wie jemand getötet wurde. Meine Befürchtung, dass ich zur Mörderin würde, wenn ich die anderen bloßstellte (die Therapeutin sowie die Gruppe, die gar mit Morden identifiziert war), versetzte mich in einen schmerzhaften Zustand des Wissens und Nichtwissens.

Ich kann nun mit einigem Bedauern feststellen, dass für mich dieses Enactment auch dann noch weiterging, als ich den Mitgliedern des betreffenden Instituts schriftlich von meiner Erfahrung berichtete und dabei meine Empörung ebenso wie meinen Kummer zum Ausdruck brachte. Ich reagierte damit auf jenen Teil ihrer Reaktion, der darauf bestand, sich vom Leiden zu distanzieren, indem sie sich verhielten, als sei diese schmerzhafte Angelegenheit mir und nicht ihnen passiert. Im Rückblick sehe ich meine eigene Unfähigkeit, Empathie mit jenem Gefühl der Scham zu empfinden, das so lähmend wirkt, wenn man das Gefühl hat, mit einem Zerstörer identifiziert worden zu sein. Mein Verhalten zum Zeitpunkt des Workshops verkörperte die Vorstellung, ganz allein verantwortlich zu sein, die anderen vor Bloßstellung schützen zu sollen. Im Nachhinein wies ich diese omnipotente Annahme einer Verantwortlichkeit voller Empörung zurück. In Wahrheit aber war ich es, die sich (wie in einer therapeutischen Dyade) selbst die Verantwortung auflud, die beschämende Projektion wortlos und sprachlos zu containen, weil ich fürchtete, dass mein Reden verletzen würde – ihnen oder mir schaden. Ich konnte die Gewalt dieses Traumas nicht in mir halten, das wiederholt werden musste, um zu heilen. Je gewaltsamer ein Trauma ist, je gewaltsamer seine Dissoziation sich anfühlt, desto stärker lähmt es Denken und Handeln und, meiner Meinung nach, desto gewalttätiger fühlt die Analytikerin sich, wenn sie es zur Sprache bringt. Und desto mehr ängstigt sie sich, dass der Patient ihren »Angriff« nicht überlebt, sondern mit einem eigenen Angriff auf ihre Wirklichkeit zurückschlägt.

Wir sind inzwischen in der Lage, uns in größerem Zusammenhang vor Augen zu führen, wie die Nachkriegsentwicklung der Psychoanalyse durch die Flucht vor dem nationalsozialistischen Völkermord und das fehlende Eingeständnis der Analytiker über ihre unausweichlichen Reaktionen auf das Trauma und auf die Überlebensschuld angesichts des Todes anderer bestimmt wurde. Die in der psychoanalytischen Bewegung geltende Norm vom Analytiker als einem »vollkommenen Container« mystifizierte und beschämte den Analytiker, bot aber zugleich eine Abwehr gegen die Kenntnis seiner machtvollen subjektiven Gefühlszustände und seiner ebenso machtvollen Fluchten in die Dissoziation. Dies fehlende Eingeständnis bei der Durcharbeitung der subjektiven Erfahrungen der Analytiker führte zu der Unfähigkeit, dem Patienten eine Reflexion eigener innerer Konflikte und des Kampfes um eine Veränderung zurückzugeben – also zu einem wahrhaftigen Versagen der Erkenntnis. Zugleich ließ die Gemeinschaft der Analytiker jeden einzelnen von ihnen allein und bot ihm keinen Halt angesichts der Angst, den Patienten Schaden zuzufügen. Stattdessen wurde sie zur Erzwingungsinstanz eines persekutorischen Ideals. Dieses Ideal trat an die Stelle des moralischen Dritten, das erwächst aus dem Vertrauen in verfahrensmäßige Regeln, die Verletzlichkeit, Schmerz und Katastrophen Raum bieten und bezeugen.

Anerkennung ist das Wesen des *moralischen Dritten*, weil sie den legitimen Akt einer Übernahme von Verantwortung mit sich bringt, statt diese Verantwortung nur an andere weiterzugeben. Zugleich trägt sie Schmerz und Scham, um die Gefühle anderer zu erkennen und zu bezeugen. Wenn die Analytikerin hier den ersten Schritt tut, eröffnet sie dem Patienten die Chance, seine eigene Verantwortlichkeit ohne Anspruch oder Zwang anzunehmen und sich damit aus dem Opferstatus zu befreien. Zugleich ist dies eine Möglichkeit, sich dem Dritten unterzuordnen, also das Vertrauen zu bekräftigen in den notwendigen Rhythmus von Bruch und Wiedergutmachung, in das Potential des analytischen Dialogs und in die Suche nach Wahrheit.

Aus dem Amerikanischen von Klaus Laermann und Jessica Benjamin

Literatur

Aron, L. (1995): The internalized primal scene. Psychoanal. Dialogues, 5 (2), S. 195–237.

– (1996): A Meeting of Minds. Hillsdale, NJ: The Analytic Press.

Benjamin, J. (1999): Afterward to recognition and destruction. In: S. Mitchell/L. Aron (Hg.) Relational Psychoanalysis: The Emergence of a Tradition. Hillsdale, NJ: Analytic Press, S. 201–210.

– (2004): Beyond Doer and done to: an Intersubjective View of Thirdness, Psychoanal. Quart. LXXIII, S. 5–46. Dt.: Tue ich oder wird mir angetan? Ein intersubjektives Triangulierungskonzept. In: M. Altmeyer/H. Thomä (Hg.) Stuttgart: Klett-Cotta, 2006, S. 65–107.

Boston Change Process Study Group (2002): Explicating the implicit: the local level and the microprocess of change in the analytic situation. In: Internat. J. Psychoanal. 83, S. 1050–1062. Dt.: Das Implizite erklären: Die lokale Ebene und der Mikroprozeß der Veränderung in der analytischen Situation. In: Psyche 2004, 58, 10/11, S. 935–952.

Bromberg, P. (2000): Potholes on the royal road – or is it an abyss. Contemp. Psychoanal. 36, S. 5–28.

– (2006): Awakening the Dreamer: Clinical Journeys. Hillsdale, NJ: The Analytic Press.

Feldman, M. (1993): The dynamics of reassurance. In: R. Schafer (Hg.): The Contemporary Kleinians of London. Madison, CT: Int. Univ. Press 1997, S. 321–344.

– (1997): Projective identification: the analyst's involvement. In: Internat. J. Psychoanal. 78, S. 227–241. Dt. (1999): Projektive Identifizierung: Die Einbeziehung des Analytikers. Psyche 53, 9/10, S. 991–1014.

Ferenczi, S. (1932): Sprachverwirrung zwischen den Erwachsenen und dem Kind (Die Sprache der Zärtlichkeit und der Leidenschaft). In: Ders.: Bausteine der Psychoanalyse Bd. 3: Arbeiten aus den Jahren 1908–1933. Stuttgart/Bern: Hans Huber, S. 511–525.

– (1988): Ohne Sympathie keine Heilung. Das klinische Tagebuch von 1932. Frankfurt a. Main: Fischer Taschenbuch Verlag 1999.

Mitchell, S./Aron, L. (1999): Relational Psychoanalysis: The Emergence of a Tradition. Hillsdale, NJ: The Analytic Press.

Slavin, M. / Kriegman, D. (1998): Why the analyst needs to change. In: Psychoanal. Dial. 8, S. 247–285.

Steiner, J. (1993): Problems of psychoanalytic technique: patient-centered and analyst-centered interpretations. In: Psychic Retreats. London/New York: Routledge. Dt.: Probleme der psychoanalytischen Technik: Patientenzentrierte und analytikerzentrierte Deutungen. In: Ders.: Orte des seelischen Rückzugs. Stuttgart: Klett-Cotta, S. 191–21, ^{2}1999.

David Bell

»Ich bin der Geist, der stets verneint!« Verneinung: das Wirkungsprinzip des Thanatos

Im Titel meines Vortrags »Ich bin der Geist, der stets verneint« zitiere ich Worte Mephistos aus der Studierzimmerszene von Goethes *Faust I*, in der ein vom Wissensdrang getriebener Faust, frustriert angesichts der dürftigen Früchte seiner Anstrengungen, mit der inhärenten Begrenztheit seines Erkenntnisvermögens hadert, die seinem Streben den Weg versperrt:

Quillt innerlich doch keine neue Kraft;
Ich bin nicht um ein Haar breit höher,
Bin dem Unendlichen nicht näher.

Ins Unendliche zielt Fausts Wünschen und Wähnen, der karge Ertrag seines unaufhörlichen Bemühens um Erkenntnis verblasst zur Bedeutungslosigkeit, gemessen am Ziel seiner Sehnsucht: Allwissenheit. Was man, in Anlehnung an Freud, die »Forderungen der Realität« nennen könnte, erlebt Faust als Einengung seiner geistigen Bewegungsfreiheit. Diese Geistesverfassung ist ein fruchtbarer Boden für Teufelswerk. Mephistopheles stellt sich vor als »der Geist, der stets verneint«, um dann fortzufahren:

denn alles, was entsteht,
Ist wert, dass es zugrunde geht;
Drum besser wär's, daß nichts entstünde.

Der Besucher verkörpert das negative Prinzip, den Gegensatz zu Denken und Kreativität. Er offeriert das Eintrittsbillett in eine Welt ohne Begrenzungen, wo alles realisierbar ist.

Ich werde im Folgenden die Auffassung zu begründen versuchen, dass Freuds Begriff des Todestriebs, obzwar von seinem Urheber mit argumentativ problematischer, in seltsamen akrobatischen Sprüngen vollzogener Beweisführung exponiert, gleichwohl eine tief in der Menschennatur verankerte Konstellation thematisiert. – Es ist die auch von Goethe in seinem dramatischen Hauptwerk behandelte: der fundamentale Dualismus der Kräfte, die auf Wachstum und Entwicklung von

Geist und Psyche hinwirken und von Freud als Eros bezeichnet wurden, und jener anderen, von Freud dem Todestrieb gleichgesetzten, die das Erlöschen allen Wissens und den Hass auf das Erkennen idealisiert und danach strebt, Entwicklung zu verhindern.

Im Mund von Herrn A. gerät die eigene Lebensgeschichte zu einer Aneinanderreihung von Nichtigkeiten ohne jede Bedeutung. Wichtige Ereignisse, die sich seit Beginn der Analyse zugetragen haben und auf reales Wachstum, reale Entwicklung hindeuten, stehen dem Anschein nach mit der Analyse in keinem Zusammenhang. Eine gewisse Leblosigkeit breitete sich im Behandlungsraum aus. Der Analysand brachte den folgenden Traum mit:

»Es hatte eine Kernwaffenexplosion gegeben. Der Staub, der Fallout, regnete auf mich herunter, bis ich über und über bedeckt war. Das war angenehm und friedvoll.«

Der Traum verhilft einer in der Psyche wirkenden destruktiven Kraft zur Darstellung; die Kraft manifestiert sich dabei als etwas Angenehmes und Nichtiges. Ich werde an späterer Stelle auf diesen Traum zurückkommen; hier soll er mir lediglich als Einführung für die Erörterung von Freuds Todestriebkonzept dienen.

Die Kontroverse um Freuds Begriff des Todestriebs nimmt in den Debatten unter Psychoanalytikern nach wie vor einen wichtigen Platz ein. Diejenigen, die meinen, dem Konzept des Todestriebes fehle es an Plausibilität, weisen oft mit Nachdruck auf den zeit- und lebensgeschichtlichen Hintergrund von Freuds diesbezüglichen Schriften hin – die Schrecken des Ersten Weltkriegs mit seiner so sinn- wie zügellosen Zerstörungswut, die Krebserkrankung des Autors, das Gewahrwerden seines eigenen Todes –, wie wenn darin die Entschuldigung für eine solch »bizarre« Eskapade zu finden wäre. Andere sehen in dem Konzept nicht eigentlich eine Abweichung, sondern die abschließende explizite Formulierung von etwas, was beinah von Anfang an unausgesprochen mit im Spiel war.[1] Der aufgerissene Problemhorizont reicht über die Psychoanalyse hinaus und begreift die Frage nach der Auffassung von der Menschennatur ein, auf welche jene sich gründet. Zwei konträre

1 Für den Philosophen Richard Wollheim (Wollheim 1971) löst *Jenseits des Lustprinzips* ein Problem, das durch Freuds (1914) Narzißmus-Theorie entstand, wobei die Theorie, dass das Ich und das Triebobjekt eine Energiequelle bilden, die Dualität beseitigte, die wesentlich für Freuds Denkweise war. Die neue Instinkttheorie stellt die Dualität wieder her und löst somit diese Spannung.

Modelle stehen einander gegenüber. Da ist auf der einen Seite die Vorstellung vom Menschen als einem von Natur aus »edlen Wilden«, einem Wesen, in dem Destruktivität geweckt wird durch Erfahrungen, die es macht, insbesondere durch erlittene Frustration. Der Gegensatz dazu ist das »Erbsünde«-Modell, demzufolge wir die Destruktivität als eine stets vorhandene, durch Kultureinfluss nur in begrenztem Umfang abzuschwächende Tendenz bereits im Herzen tragen, wenn wir zur Welt kommen. In Anbetracht dessen, dass unser Lebensweg von der Wiege bis zur Bahre von Frustrationen gesäumt ist, besteht kaum Aussicht, dass es in dieser Sache je zu einer Entscheidung auf empirischer Basis kommt. Die Position, die ich im Folgenden beziehen werde, wird, wie inzwischen wahrscheinlich deutlich geworden ist, eine ganz und gar parteiische sein.

Jenseits des Lustprinzips (Freud 1919) ist ein sehr uneinheitliches Werk. Freud scheint hier einen Neuansatz verfolgt zu haben – aber das ist richtig und falsch zugleich. Er wendete sich von neuem Themen zu, die am Anfang seiner Laufbahn im Mittelpunkt seines Interesses gestanden hatten, fasste sie unter einem neuen Begriff zusammen. Obwohl die Aggression als solche unter den Aspekten des Todestriebs, auf die er in *Jenseits des Lustprinzips* unsere Aufmerksamkeit lenkt, nicht der wichtigste ist, spricht Freud in späteren Schriften[2] vom Todestrieb als dem »Destruktionstrieb«, dessen Ziel es ist, »Zusammenhänge aufzulösen und so die Dinge zu zerstören« (Freud 1940, S. 147). Auch wenn Freud selbst überzeugt gewesen zu sein schien, er sei mit einiger Verspätung darauf gekommen, welch bedeutende Rolle die Aggression spielt, ist dies keineswegs der Fall; richtig ist indessen, dass die Destruktivität in seiner Metapsychologie festen Fuß fasste, nachdem er den Todestrieb in sein Begriffsrepertoire aufgenommen hatte.

Charakteristisch für Freuds Arbeit ist eine gewisse Tendenz zur »Rückwendung«: Leitideen, die von allem Anfang an da waren und sein Denken dauerhaft beeinflussten, treten plötzlich wieder auf den Plan, als wären sie neue Entdeckungen. *Jenseits des Lustprinzips* ist ein ausgezeichnetes Beispiel dafür, denn hier wendet Freud sich wieder einem Grundgedanken seines Projekts zu: dem Streben der Psyche nach Herabsetzung ihrer Energieladung, einer Art psychischer Entropie, die er nun erneut in den Mittelpunkt stellt und vorschlägt, dieser Prozess sei konstitutiv für eine Kraft in der Psyche, die sie in Richtung Tod treibe.

[2] *Das ökonomische Problem des Masochismus* (Freud 1924) und *das Unbehagen in der Kultur* (Freud 1929).

Die Tauglichkeit eines psychoanalytischen Konzeptes wie des Todestriebs kann wahrscheinlich nicht an klinischem Material allein vollkommen schlüssig dargetan werden, denn solches Material ist ja niemals nur in einem Sinne deutbar. Auf jeden Fall muss es sich als »theoretisch brauchbar« erweisen. Freud verwendet den Begriff zur Aufschließung von – zumindest auf der manifesten Ebene – scheinbar sehr unterschiedlichen Phänomenen. Lärmend präsentiert sich auf der einen Seite die nach außen wie nach innen, gegen das Selbst, gerichtete Zerstörungswut. Lautlos hingegen übt auf der anderen Seite ein als Tendenz allzeit präsenter Sog seine Wirkung aus, ein Streben nach einem Seelenzustand, welcher der Abwesenheit jeglicher inneren Reizspannung, der völligen Antriebslosigkeit und Gedankenleere nahe käme: das Nirwanaprinzip. Diesem gilt hier mein Interesse in erster Linie; ob es allerdings gänzlich isoliert von dem erstgenannten Phänomen (der lautstarken Gewalt) betrachtet werden kann, ist eine Frage, auf die ich zurückkommen werde.

Freuds Darlegungen erhellen, dass der Nirwanazustand mit einer Lust eigener Art verbunden ist, und das stellt uns gleich vor eine der zentralen Widersprüche von *Jenseits des Lustprinzips*. Die Todestriebhypothese führt Freud ja zur Erklärung von Phänomenen ein, die sich gegen die These von der Herrschaft des Lustprinzips über die Gesamtheit der psychischen Aktivität des Menschen als Gegenbeispiele scheinen vorbringen zu lassen, nämlich die Fälle von aktiver Wiederholung unlustvoller Erfahrung. Von den diversen Auswegen aus dieser Klemme, die sich anbieten, beschreitet Freud keinen. Aber was dann seine Laufbahn als »jenseits« der Lust operierendes Prinzip beginnt, wandelt sich auf geheimnisvollem Weg – über seine Fähigkeit, die Psyche in die Richtung eines biogenetisch früheren Zustands zu ziehen und so von Spannung zu entlasten – zu einem Trieb, der auf eine Lust ganz eigener, höchster Art zielt.

Was da jenseits des Lustprinzips angesiedelt ist, ist also in diesem Fall »jenseits« nicht in dem Sinn, dass es mit keinerlei Lust als solcher zu tun hätte, sondern in dem Sinn, dass es nicht mit irgendeiner bestimmten Lust zu tun hat. Es wirkt nicht auf die Lust hin, welche die Befriedigung eines bestimmten Begehrens gewährt, sondern auf die Lust, die in der Verneinung allen Begehrens liegt. Denken verlangt der Psyche Arbeit ab, wohingegen die durch dieses Quasi-Nirwana-Prinzip erwirkte Lust aus dem Erlöschen aller psychischen Aktivität – aus Gedankenleere – erwächst.

Freud streift dieses Thema in seinem sehr dichten Text *Die Vernei-*

nung (1925), der seinen Gegenstand in zwei Varianten vorstellt. Verneinung ist zum einen »eine Art, das Verdrängte zur Kenntnis zu nehmen«; ein typisches Beispiel liefert der Patient, der in der Sitzung sagt: »Sie fragen, wer diese Person im Traum sein kann. Die Mutter ist es *nicht*«, was sich so verstehen lässt: Der Patient hatte den Einfall »Es *ist* meine Mutter«, die fortdauernde Verdrängung versieht den Einfall jedoch mit dem Verneinungssymbol. Einen Vorgang dieser Art – Verneinung als ein Akt des Denkens und Urteilens – könnte man als eine Art Zwischenstufe betrachten. Der zweite Typus der Verneinung ist demgegenüber etwas *qualitativ ganz Verschiedenes*; Freud bezeichnet ihn als den »Negativismus mancher Psychotiker«, den er mit dem Destruktionstrieb in Zusammenhang bringt.

Hintergrund ist hier Freuds Bemühen, die Grenze zwischen Neurose und Psychose zu fixieren: Der Neurotiker verneint gewisse unliebsame Aspekte der Realität, in der Psychose hingegen steht der Realitätsbezug im Ganzen auf dem Spiel. (Freud war allerdings mit dieser vereinfachenden Unterscheidung nie zufrieden.)

Der »Negativismus mancher Psychotiker« spielt eine wichtige Rolle in Freuds Abhandlung über die Krankengeschichte Schrebers. Freud zufolge resultiert der Negativismus des Psychotikers aus der Ablösung libidinöser Besetzung von der »Außenwelt«. Der Ausdruck Besetzungsabzug scheint auf ein eher undramatisches Geschehen hinzudeuten, doch um dessen Effekt in einprägsamer Form wiederzugeben, zitiert Freud die folgenden Verse aus *Faust*:

Weh! Weh!
Du hast sie zerstört,
Die schöne Welt,
Mit mächtiger Faust;
Sie stürzt, sie zerfällt!
Ein Halbgott hat sie zerschlagen!
(1911, S. 70),

woraus zu ersehen ist, dass er in dem geschilderten Vorgang eine Grundierung von extremer Gewalt erspürte. Nicht zu leugnen ist freilich, dass es in seiner Metapsychologie keinen Platz gab, wo er diese Gewalt hätte unterbringen können.

In einer Denkbewegung, die man als britische »Rückkehr zu Freud« charakterisieren könnte, machte Bion explizit, was nach meinem Dafürhalten in Freuds Ausführungen impliziert ist. Sein Augenmerk richtete er vornehmlich auf die mentale Funktion, die bei ihm »Denken« heißt;

sie ist mit Freuds »Urteilsfunktion« nahe verwandt, wenn auch nicht identisch. Zum Denken gehört das Zusammenbringen von Dingen im Geist, es verbindet Vorstellungen mit Emotionen und verleiht ihnen so Bedeutsamkeit. Denken ist nach Bions Verständnis ein Ausfluss des von Freud und Melanie Klein konstatierten »Wisstriebs«. Ihm wirkt nach Bion (1962) ein Mephistophelisches Prinzip entgegen, das Denken und Gefühl entkoppelt, Gedanken ihrer Bedeutsamkeit entkleidet und generell Sinn und Bedeutung angreift. Dieses Prinzip heißt bei Bion »–K« und es ist, so meine ich, dieser Prozess, der dem in Freuds Arbeit erwähnten malignen Typ der Verneinung zugrundeliegt. Für Freud, Klein und Bion ist dieser Prozess die Manifestation höchst destruktiver mentaler Prozesse. Verneinung im Zeichen dieses Prinzips ist *kein* erster Schritt in die Richtung des Urteilens, sondern ein Angriff auf die Funktion, welche die Bedingung der Möglichkeit alles Urteilens ist. Die Entwicklung der Fähigkeit zum Denken setzt voraus, »dass Objekte verloren gegangen sind, die einst reale Befriedigung gebracht« (Freud 1925) haben, was man ohne weiteres in Bions »Keine-Brust wird ein Gedanke«[3] wiedererkennt.

Wenden wir uns jetzt noch einmal dem eingangs wiedergegebenen Patiententraum zu:

»Es hatte eine Kernwaffenexplosion gegeben. Der Staub, der Fallout, regnete auf mich herunter, bis ich über und über bedeckt war. Das war angenehm und friedvoll.«

Es ist wichtig zu beachten – und ich halte dies für einen typischen Aspekt derartiger Szenarien –, dass der Traum sich auf etwas ungemein Gewaltsames *bezieht*, das jedoch außerhalb des Wahrnehmungshorizonts bleibt. Der Gewaltausbruch wird in einer unpersönlichen, quasipassivischen Satzkonstruktion (»Es hatte ... gegeben«) übermittelt. Die Gewalt ist nicht manifest, nicht bewusstseinsfähig.

[3] Dieser doch ziemlich knappe Ausdruck bedarf vielleicht einer kurzen Erklärung. Die Vorstellung hier ist, dass das Objekt, das Befriedigung bringt, abwesend sein muss, damit der Gedanke an das Objekt präsent sein kann. Die Abwesenheit des Objekts ist jedoch nur eine notwendige, nicht aber eine ausreichende Voraussetzung – da ein Sich-Bewusstsein dieser Abwesenheit vorhanden sein muss. Es ist dieses Bewusstsein der Abwesenheit (das ›keine Brust‹) das nach Bions Bericht die Grundlage zum Nachdenken bildet. Dies ist in Wirklichkeit jedoch nur eine Umgestaltung und Erklärung von Freuds ursprünglicher Formulierung. (Für weitere Diskussionen von Bion über dieses Thema, siehe Bell 2007).

Bei irgendeiner späteren Gelegenheit verfiel mein Patient nach einem gelungenen Stück Arbeit, bei dem er die Realität meiner Gegenwart als Mensch (und nicht als Deutungsmaschine) stärker gewahr geworden war, plötzlich in Schweigen. Auf die Frage, was er denke, antwortete er mit ausdrucksloser Stimme: »Nichts.« Dann setzte er hinzu, er sehe die Farben Blau, Gelb und Weiß – ein nichtssagender und zugleich angenehmer Eindruck. Als ich ihn darauf aufmerksam machte, dass der Couchbezug genau diese Farben hatte, bekräftigte er, dass er sich dessen überhaupt nicht bewusst gewesen war.

Die Realität der analytischen Beziehung, repräsentiert durch den Couchbezug, wurde also negiert und über die Augen als nichtssagende und zugleich angenehme »Fall-out«-Wolke nach außen verlagert. Wie in dem Traum bleibt auch hier der gewaltsame Angriff gegen das Denkvermögen außerhalb des Bewusstseinshorizonts: Der Patient erlebt nicht die Explosion, sondern lediglich deren Nachspiel mit.

Hier stellt sich ganz von selbst die Frage, ob der Hass auf das Denken eine unveränderbare Gegebenheit oder die Manifestation eines tiefer lokalisierten Wirkungsmechanismus ist. Mir scheint, dass dem Ich auf einer sehr fundamentalen Ebene ein Hass auf alles innewohnt, was sich ihm als Hindernis in den Weg stellt. Und genau solche Hindernisse zwingt die Welt, einschließlich der Welt des Fremdseelischen, ihm auf. Zu einem genuin psychologischen Problem wird dies freilich nur unter der Bedingung, dass dieser Grundzug der Welt anerkannt wird, wozu auch die Anerkennung des Objektverlusts und der auf keine Weise zu beseitigenden Unerfüllbarkeit des Begehrens gehört.

Diese Anerkennung ist das Fundament des Denkens. Auf irgendeiner Ebene stellt sich darum das Denken der Psyche immer als ein Hindernis dar, und zwar sowohl weil es Denken (und nicht Handeln) ist, *als auch weil* Denken die Psyche zur Anerkennung jenes Grundzugs der Realität nötigt. Eben daher rührt der Hass auf dieses Denken.

Wir haben es hier gewissermaßen wieder einmal mit einem Fall zu tun, in dem man den Boten (Wahrhaben der Realität) hinrichtet, weil man die Nachricht, die er überbringt (die von der Welt auferlegten Beschränkungen und aufgerichteten Hindernisse), unerträglich findet.

Denken in dem Sinn, wie ich das Wort hier gebrauche, beruht auf der Fähigkeit, Anfang, Ende, überhaupt Grenzen zwischen den Individuen zu unterscheiden.

Joan, ein psychotisches kleines Mädchen, das sich ständig in einem Zustand agitierter Erregung befindet, will von allen derartigen Unterscheidungen nichts wissen. Nach drei Jahren Analyse behauptet Joan immer noch, sie könne nicht sagen, wann ihr Sitzungstermin beginnt und wann er endet. Joan lebt in einer »eindimensionalen« Welt: was gut ist, ist wahr, und was wahr ist, ist gut, ist in mir drin. Was schlecht ist, ist draußen. Es ist die Welt noch vor jener folgenschweren Unterscheidung, die in die seelische Tätigkeit eingeführt wird durch die Einsetzung des Realitätsprinzips, welches dafür sorgt, dass »nicht mehr vorgestellt [wird], was angenehm, sondern was real [ist], auch wenn es unangenehm sein sollte«.

Zu den Sitzungen trifft Joan bezeichnenderweise mit einem achtlos heruntergeleierten Singsang auf den Lippen ein. Sie kommt singend aus dem Fahrstuhl, betritt singend meine Wohnung, singt im Flur weiter, singt beim Betreten und Verlassen des Behandlungsraums wie auch beim Betreten und Verlassen der Toilette. Der Gesang hat etwas Konkretes; ich deutete ihn mir als eine Art Schnur, an der alle diese Räume aufgereiht und miteinander verbunden werden, so dass jegliche Unterscheidung verneint wird. Joan bestand von Anfang an darauf, dass die Tür des Behandlungsraums offen blieb.

Nach einem kleinen Fortschritt in der Therapie schien mir jedoch ein Versuch, die Tür zu schließen, kein allzu großes Wagnis mehr. Als ich Joan über mein Vorhaben ins Bild setzte, lautete die bezeichnende Antwort: »Ich kann alles tun, was ich will, wann ich will.« Ich schloss die Tür.

Auf ihrem Weg quer durch das Zimmer flüsterte Joan »Die Tür ist auf« vor sich hin. Mit Freud könnten wir sagen, dass sie die Realität negierte und dass ihr »Wahn wie ein aufgesetzter Fleck dort [gefunden wird], wo ursprünglich ein Einriss in der Beziehung des Ichs zur Außenwelt entstanden war« (Freud 1924, S. 150).

In der darauf folgenden Sitzung demonstrierte Joan, dass sie ausreichend Zeit gehabt hatte, sich von ihrer Notfall-Maßnahme, der Wahnbildung, zu erholen. Beim Hereinkommen ließ sie die Tür offen, wandte sich zu mir und schrie mir – in perfektem Timing – genau in dem Moment, als ich mich zum Aufstehen anschickte, um die Tür zu schließen, entgegen: »Los, mach die Tür zu, Scheißkerl!«

In diesem Fall akzeptiert sie die Realität der geschlossenen Tür, negiert aber deren Bedeutung und bringt die ganze Sache scheinbar unter *ihre* Kontrolle. Auf diese Weise kappt sie ihre Wahrnehmungsfähigkeit, behält ihre Allmacht und umgeht das Denken, das Urteilen und infolgedessen auch das Wissen.

Auch auf einige andere Aspekte der Interaktion möchte ich noch eingehen. Auf den ersten Blick erscheint vielleicht die erste Reaktion, der »Wahn«, als die bösartigere Wendung im Geschehensverlauf, doch dem ist nicht so. Erstens glaube ich, dass es sich, strenggenommen, nicht um eine Wahnbildung handelte. Die Patientin wusste, dass die Tür zu war, und das geflüsterte »Die Tür ist offen« war meines Erachtens eher ein verzweifelter Versuch, mit einer entsetzlichen inneren Situation fertig zu werden. So gesehen hielt die Patientin ganz gut Kontakt mit der Realität.

Das Material vom folgenden Tag dokumentiert jedoch eine Problematik ganz anderen Typs. Dem Anschein nach hat die Patientin tatsächlich die Außenwelt unter ihre Kontrolle gebracht; das hat zwar eine Abwehrfunktion, aber ihre Aufregung gibt einen Vorgang destruktiverer Natur zu erkennen. Bei dieser Bewegung möchte ich einen Augenblick verweilen, denn bei näherer Betrachtung lässt es, wie mir scheint, einen Ausweg aus einem Dilemma erkennen, in das wir beim Versuch der genaueren Erfassung destruktiver psychischer Prozesse nicht selten geraten. Ein Fallbeispiel aus der neueren Literatur soll uns verdeutlichen, worum es geht. Feldman (2000) beschreibt einen Patienten, dem es eine besondere Lust und Befriedigung zu verschaffen scheint, seine Objekte mieszumachen. Mullen, der das Material analysierte, ist der Ansicht, dass der Patient sich auf diesem Wege eines unerträglichen Schmerzerlebnisses erwehre. Das könne man auf keinen Fall als destruktiv bewerten.

Viele psychische Prozesse *entstehen* als Abwehroperationen gegen etwas als unerträglich Empfundenes und sind so gesehen Schutzmaßnahmen. Aber was als Abwehr beginnt, kann sich dann in unmerklichen Schritten dergestalt ändern, dass es sich ablöst von seinem defensiven Ursprung und in der Psyche ein gewisses idealisiertes Eigenleben gewinnt. Man denke beispielsweise an krankhaft kontaktscheue Patienten, die in ihrer Befähigung zum Eremitendasein den Ausweis eigener Überlegenheit sehen.

In *Die endliche und die unendliche Analyse* (1937) spricht Freud davon, dass manche Menschen sich gedrängt fühlen, zielstrebig Situationen der Realität aufzusuchen, die ihre Abwehrmechanismen rechtfertigen. So sucht vielleicht eine vor dem Neid anderer Menschen sich ängstigende Person die Gesellschaft zum Neid neigender Mitmenschen. Zum Analytiker kann sie dann – nicht ohne diesen speziellen Triumph in der Stimme – sagen: »So sehen Sie doch, wie recht ich mit meiner Abwehr habe – die Menschen sind wirklich so.« Ich denke, jeder von uns kennt dergleichen.

Eine Patientin in einer Gruppe schien unausgesetzt Kummer mit neidischen Mitbewohnern in ihrer WG zu haben. Soweit wir anderen uns ein Bild von der Lage machen konnten, schien sie wirklich von Neidern umgeben. Es gab aber auch welche in unserer Gruppe, die den Verdacht hegten, dass sie womöglich dazu tendierte, sich Menschen mit einem »Neidproblem« als Mitbewohner auszusuchen, um dann deren Schwäche hervorzukitzeln.

Über längere Zeit waren (unter anderem) der bevorstehende Wohnungswechsel dieser Patientin und ihre beträchtliche Angst vor ihm ein Dauerthema für sie und die Gruppe. Der Umzugstermin rückte heran, wurde Gegenwart, und bei der ersten Sitzung danach wurde die Patientin von der ganzen Gruppe erwartungsvoll begrüßt. Sie gab bekannt, dass der Umzug stattgefunden hatte, und beschrieb dann ihre neuen Mitbewohner. Im Zuge ihres Berichts konzentrierte sie sich mehr und mehr auf eine Mitbewohnerin, die – daran gebe es keinen Zweifel – neidisch auf sie sei.

»Dann bist du also gar nicht umgezogen«, stellte ein anderes Gruppenmitglied trocken fest.

Dieser Drang, sich im Leben immer wieder in Situationen zu bringen, die die eigenen Abwehrmechanismen rechtfertigen, wirkt mit gewaltiger Kraft jedweder Änderung entgegen und ist insofern mit dem verwandt, was Freud in der zuletzt zitierten Schrift als »Widerstand gegen die Aufdeckung von Widerständen« bezeichnet hat – ein »Metawiderstand« gegen Bewegung überhaupt, der sich jeglicher Fortentwicklung sei's im Leben, sei's in der Analyse mit äußerster Kraft entgegenstemmt. Freud betrachtete ihn als eine Manifestation des Todestriebs.

Diese Kräfte suchen zwischen Phantasie und Realität, zwischen Innen und Außen, *Identität* herbeizuführen – was in Wahrheit ganz und gar unmöglich ist. Das Paradigma dieses Zustands ist die – von Freud der »Wahrnehmungsidentität«[4] gleichgestellte – halluzinatorische Wunscherfüllung im Traum. Nach Sandlers (1976) Einschätzung wäre das Vorliegen eines solchen Wunsches, Wahrnehmungsidentität zu

4 Etwas, das in Wirklichkeit nie möglich ist. Ein Musterbeispiel dieses Zustands ist der halluzinatorische Wunsch nach Erfüllung, was Freud mit »Wahrnehmungs-Identität« gleichstellt. Somit war es das Ziel der ersten psychischen Aktivität, eine »Wahrnehmungs-Identität« zu bilden – eine Wiederholung der Wahrnehmung, die mit der Befriedigung eines Bedürfnisses verbunden war« (Freud 1900, S. 585–586). (Ich stehe in der Schuld von J. Sandler, der die Bedeutung dieses Ausdrucks klarstellte; siehe Sandler 1976).

schaffen, eventuell auch in unser Verständnis der verschiedenen im analytischen Prozess stattfindenden »Enactments« – einzubeziehen, und Michael Feldman (1997) hat dieses Thema weiter ausgeführt. Mit Hilfe seiner Fähigkeit, den Analytiker in derlei Enactments zu verwickeln, sucht der Patient innere Situationen zu aktualisieren und so den Unterschied zwischen Innen und Außen verschwinden zu lassen. Der Patient entledigt sich in der Phantasie gewisser unerwünschter Aspekte seines Innenlebens, und kann er sein Objekt dazu bringen, exakt diesen Seelenzustand mitzuerleben, dann ist seine Phantasie »aktualisiert« – auf diesem Weg stellt er Identität zwischen dem Innen und dem Außen her. Was diese »Identitätsillusion« an Wirkungskraft erlangt, wird dem Denk- und Urteilsvermögen entzogen. In Joans Fall schuf die Patientin eine Welt, in der ich auf ihre Weisung hin die Tür schloss.

Etwas Ähnliches beobachten wir, wenn der Patient die Deutungen des Analytikers allem Anschein nach einsieht und bejaht, sie aber, wie uns dann aufgeht, im Stillen abändert und dabei entschieden umdeutet, so dass sie nicht mehr vor neue Fragen, neue Möglichkeiten führen, sondern nur das Weltbild des Patienten bestätigen, ihm beweisen, was er ohnedies »weiß«. Mit einer Äußerung zeigt der Analytiker beispielsweise, dass er verärgert ist, oder verführend [seductive]. Zeigt der Analytiker sich dann und wann etwas gereizt, nimmt der Patient jeweils nur dies zur Kenntnis, alle anderen Aspekte blendet er aus, so dass sich für ihn die Bestätigung eines inneren Bildes von der analytischen Situation ergibt, das er sozusagen aus dem Bauch heraus für wahr hält, nicht selten mit der begleitenden Unterstellung, dass der Analytiker seine Sicht teilt, dies aber nicht zugeben mag.

Der Punkt, den ich hier hervorheben möchte, ist der, dass die Herstellung von dieserart Identität zwischen Innen und Außen einen angenehmen Zustand der Konflikt- und Spannungsfreiheit erzeugt, der gegen das Denken gerichtet ist. Meiner Ansicht nach ist dieser Zustand eine Erscheinung vom selben Schlag wie jenes Streben nach Gedankenleere, das Freud in *Jenseits des Lustprinzips* dem Drang zum Eingehen ins Nirwana vergleicht: Dieses »Streben nach Herabsetzung, Konstanterhaltung, Aufhebung der inneren Reizspannung«, so Freud, »ist ja eines unserer stärksten Motive, an die Existenz von Todestrieben zu glauben.«

Diese Zusammenhänge sind am leichtesten zu beobachten an dem schwer gestörten Patienten, der unverhohlen und in eher grober Form bestrebt ist, die Analyse lahmzulegen. Indes kann ein vergleichbares Kräftespiel auch bei weniger schweren Krankheitsfällen auftreten, nur eben in subtilerer Form. Ich spreche von jener Patientengruppe, die in jüngerer Zeit in der Literatur unserer Disziplin bereits mehrfach Gegenstand der Betrachtung war, den »angenehmen Patienten«.

Herr C.

In »Die endliche und unendliche Analyse« weist Freud (1937) auf ein Behandlungsproblem hin, das sich daraus ergibt, »dass der Patient seinen derzeitigen Zustand als recht behaglich [empfindet]«. In den ersten Jahren seiner Analyse bei mir schien Herr C. sich in genau dieser Gemütsverfassung zu befinden. In der Vorgeschichte des Patienten gibt es Faktoren, die sich dahingehend auswirken, dass schon das geringste Gefühl von Hilflosigkeit für ihn außergewöhnlich schmerzhaft ist und kaum zu ertragen scheint. Auf der phänomenologischen Ebene Feuer und Flamme für die Analyse bei mir, die er, wie er sagt, als ein Privileg betrachtet, bringt er gewaltige Opfer, um sie finanzieren zu können. So schlug er zum Beispiel von sich aus ein Honorar vor, das er, wie ich erst viel später erkannte, sich gar nicht hatte leisten können.

In den Anfangsjahren der Analyse zeigte sich Herr C. mit großem Aufwand an Zeit und Energie als der bereits erwähnte mit Leib und Seele der Sache ergebene Patient. Er lieferte mir Material en masse, das die Theorien stützte, die er bei mir (oft zutreffend) vermutete. Obschon er beruflich auf ganz anderem Terrain zu Hause war, hatte er Zugang zu psychoanalytischem Schrifttum (ein Freund von ihm war Analytiker und konnte einige meiner Veröffentlichungen auftreiben), das er sorgfältig studierte, um sich hin und wieder mit mir darüber zu unterhalten.

Nach beendigter Sitzung blieb er üblicherweise noch einige Augenblicke auf der Couch liegen, so als ob er meine letzte Deutung überdächte, erhob sich dann, sagte, sich frontal zu mir wendend: »Ich danke Ihnen«, und ging. Ich hatte nicht die mindeste Ahnung, wofür er mir dankte, denn sein Leben, das beherrscht war von dem Bemühen, es sich nicht mit Objekten zu verderben, denen er misstraute, von denen er jedoch abhängig war – dieses Leben war noch genauso trist und voller Drangsale wie zum Zeitpunkt unseres ersten Kontakts. Im Gegensatz zu manchen Patienten, denen die Analyse dazu dient, um Vorwürfe gegen zahllose Menschen ihres Lebens aufrechtzuerhalten, nutzte Herr C. die analytische Situation (zumindest auf der phänomenologischen Ebene) als Gelegenheit, seine bösen Objekte zu entlasten. Seine Sicht der Analyse könnte man in der Überlegung zusammenfassen: »Die

Analyse öffnet mir die Augen dafür, dass ich meine Objekte verzerre, indem ich Teile meines Selbst in sie projiziere und sie wird mich zwingen, diesen Sachverhalt einzugestehen. Damit werde ich die Möglichkeit erhalten, in meinen Objekten nicht länger böse, sondern gute Objekte zu sehen.« Diese tatkräftige Selbstentblößung mit dem Ziel, die Realität der Objekte zu ändern, vollzieht sich in einer mit »Moralismus« gesättigten Atmosphäre.

Herr C. nutzt die Analyse dazu, sich der Gefühle des Hasses und des Ärgers, die seine langjährige feste Freundin in ihm weckt, zu entledigen, wann immer er dieser Last ledig sein möchte. Zeitweilig plante er, seine Freundin zu heiraten, aber dann wurde ihm klar, dass er niemanden aus seinem Freundes- und Bekanntenkreis würde einladen können, weil es ihm nicht möglich sein würde, den Seelenzustand des Heiratswilligen aufrechtzuerhalten, wenn er seinem Wissen über sein Objekt und seiner eigenen Beziehung zu diesem nahe wäre – denn dieses Wissen hatte er ja in seine Freunde und Bekannten und natürlich auch in mich hineinprojiziert. Mit dieser Verfahrensweise behält er die Kontrolle, was die Realität der Welt angeht, und das ist meines Erachtens ein wesentliches Moment des Ganzen.

In aller Regel berichtet er von anscheinend skandalösen Vorfällen, so zum Beispiel, dass seine Freundin versprochen habe, bei einem für ihn hochwichtigen gesellschaftlichen Ereignis – einem Bankett, das sein Arbeitgeber veranstaltete, oder dergleichen – die Rolle seiner Begleiterin zu übernehmen, und dann »nicht aufgekreuzt« sei; oder dass er sie ertappt habe, wie sie mit einem in Aussicht genommenen neuen Lover ein Rendezvous verabredete. Aber noch ehe ich mich von der letzten Katastrophenmeldung habe erholen können – schon beim zweiten Hinsehen, sozusagen –, stelle ich fest, dass alles bereits wieder vergeben und vergessen ist, dass mein Patient ein neues Kapitel aufgeschlagen hat und seiner Freundin hilft, in ihrer Wohnung neue Möbel aufzustellen oder ein Regal an die Wand zu schrauben.

In Anlehnung an Freud könnten wir sagen, dass sein Leben auf die Rechtfertigung seiner Abwehrmechanismen und den Widerstand gegen die Aufdeckung seiner Widerstände ausgerichtet war.

Eines Tages kam er dahinter, dass sie ein Verhältnis mit K. hatte, und als er es ihr vorhielt, versicherte sie ihm, sie werde das »in die Reihe bringen« – in einer Form, die das Versprechen in meinen Augen ganz und gar unglaubhaft machte, aber mein Patient schien es prompt geschluckt zu haben. Als er sie zu einem späteren Zeitpunkt anrief, war der Anschluss bezeichnenderweise besetzt. Er machte sich auf den Weg zu ihrer Wohnung, und als er vor dem Haus stand, sah er durch ein Fenster, dass sie drinnen mit ihrem Lover zu Abend aß. Am nächsten Tag rief er sie an und erkundigte sich, was sie am Vorabend gemacht habe. Sie sei müde gewesen und habe sich früh schlafen gelegt, lautete die Antwort. Darauf er: »Von meinem Beobachtungsposten aus hab ich aber was ganz anderes gesehen.«

Den Sitzungstermin am nächsten Tag versäumte er. In der darauf folgenden Sitzung schilderte er seine Aussöhnung mit A.: Sie hatten nun zum richtigen Verständnis füreinander gefunden, es war eine Beziehung besonderer Art, die sie zueinander hatten. Er hatte jegliche Klarheit über die Bedeutung des Geschehenen, alles, was er über die Geschichte seiner Beziehung zu A. wusste, von sich abgespalten und in mich hineinprojiziert. Ich fand mich draußen wieder, gegenüber dem »romantischen Liebespaar« drinnen, das seinen Zwist beigelegt hat, und jetzt befinde ich mich in einer Situation, wo ich gern sagen würde: »Von meinem Beobachtungsposten aus sehe ich aber etwas ganz anderes.«

Nun ist mir zwar durchaus klar, dass diese Art der Lebensführung den Zweck hatte, Herrn C. vor unerträglichen Situationen zu schützen, doch darüber hinaus schien mir auch eine besondere Art von Thrill im Spiel, die für den Patienten an die Möglichkeit gebunden war, mir wieder und wieder die Unzulänglichkeit seiner Objekte beweisen zu können. Jedesmal, wenn ein Objekt ihm gegenüber moralisch versagte, sagte eine innere Stimme nicht ohne Genugtuung: »Typisch!«

Schlusswort

Den Begriff des Todestriebs gebrauche ich nicht mit biologischem, sondern mit psychologischem Vorzeichen: für einen dem Denken feindlichen Wirkungszusammenhang, der verkoppelt ist mit der Schaffung illusionärer Identität zwischen Innen und Außen. Das Streben nach derlei Wahrnehmungsidentität – einem erwünschten und oft auch benötigten Zustand – hat seinen Ursprung in jener Sphäre, in der Wünsche halluzinatorisch befriedigt werden, verschiebt sich jedoch in eine Sphäre, die den Gegensatz zum Denken, einen Zustand der Gedankenleere verkörpert. Die mit diesem Zustand gepaarte Lust erwächst nicht aus erfülltem Begehren, sondern aus dem Erlöschen des Begehrens überhaupt. Die Vorstellung, dass ein Begehren einmal seine Erfüllung finden könnte, ist eine Triebkraft des Lebens, die Überzeugung, dass es bereits erfüllt *ist*, kommt einer Art Seelentod gleich. Der englische Dichter

Andrew Marvel fängt etwas davon in seinem Gedicht ›To His Coy Mistress‹ ein:

The grave's a fine and quiet place,
But none I think do there embrace.

(Das Grab – nun ja, ein ganz kommoder, stiller Ort;
Allein mich dünkt für Fleischeslust ist nicht die rechte Heimstatt dort.)

Meines Erachtens ist dieses »Prinzip Gedankenfeindschaft« eine allzeit gegenwärtige Tendenz und eng verwandt mit dem von Freud apostrophierten »Nirwanaprinzip«.

In Freuds Konzeption kommt der Todestrieb in zwei Erscheinungsformen vor. In der lautstarken, offen destruktiven Spielart strebt er nach der Aufhebung aller Grenzen, dem Zertrümmern aller Hindernisse, dem Auseinanderreißen von allem, was Eros zusammengefügt hat; in dieser Erscheinungsform entspringt er, um es in Freuds Worten auszudrücken, »der uranfänglichen Ablehnung der reizspendenden Außenwelt von Seiten des narzißtischen Ichs« (Freud 1915, S. 139). Die andere Spielart ist in unauffälligerer Form immerzu mit dem Ziel am Werk, das Ich ins Reich des Vergessens zu locken.

Bei genauerer Betrachtung erweisen sich die beiden Phänomene allerdings als nahe Verwandte, was an dem Traum meines Patienten von der Kernwaffenexplosion gut zu beobachten ist.

Die Vernichtung des Denkvermögens ist ein gewaltsamer Vorgang, meine ich, aber die Gewalt wird kaum erlebt. Sie ist das aktive Element des Thanatos; die resultierende Welt, die aus Nichtigkeit, Sinn- und Bedeutungslosigkeit geborene reine Lust, ist seine passive Manifestation.

Manche Autoren neigen dazu, Lust mit dem Eros gleichzusetzen und die Lust an der Destruktion mit Hilfe des Konzepts der Triebmischung zu erklären. Das mündet jedoch in einer tautologischen Argumentation. Wenn wir die Lust aus der Zwangsverbindung mit dem Eros entlassen, können wir ihr einen Platz auch in der Zerstörungswut und im Tod zuweisen.

Laplanche (1976) hat darauf hingewiesen, dass man der Masochismusproblematik nicht dadurch entgehen kann, dass man die Lust anderswo lokalisiert, etwa mit der These, dass der Masochist Lust gewinnt aus der Identifikation mit dem sadistischen Angriff auf das Objekt, mit dem er identifiziert ist – der Schmerz wird erduldet, um einen Lustgewinn andernorts zu bekommen. Wäre dem so, gäbe es überhaupt kein »ökonomisches Problem des Masochismus«[5]. Die Lust muss da sein, wo der Schmerz ist.

Ebenso ist die Lust an der Zerstörung keine »Lust an anderem Ort«. Sie ist da, wo die Zerstörung ist.

Der Pilot der »Enola Gay«, der die Atombombe über Hiroshima abwarf, beschrieb in einem Interview, das in der britischen Zeitung »The Guardian« veröffentlicht wurde, sein Gefühl im Augenblick der Detonation:

> Ich zieh jetzt in die Kehrtwende, so scharf wie's überhaupt nur geht, so kann ich leichter die Höhe halten und die Geschwindigkeit halten und so weiter, bis ich ganz rum bin. Als ich wieder im Horizontalflug bin, ist die Schnauze ein bisschen hoch, und wie ich nach oben gucke, ist der ganze Himmel hell erleuchtet in den schönsten Blau- und Rosatönen, die ich je im Leben gesehen hab. Es war einfach herrlich.
> (»The Guardian« 6. August 2002)

Übersetzung: Kurt Neff, Redaktion: Ruth Stamm

Literatur

Bell, D. (2007): Bion, The phenomenologist of absence. In: C. Mawson (Hg.).

Bion, W. R. (1962): The Psycho-Analytic Study of Thinking. Internat. J. Psychoanal. 43, S. 306–310.

Feldman, M. (1997): Projective Identification: The Analyst's Involvement. Internat. J. Psychoanal. 78, S. 227–241.

– (2000): Some Views on the Manifestation of the Death Instinct in Clinical Work. Internat. J. Psychoanal. 81, S. 53–65.

Freud, S. (1900): The Interpretation of Dream. SE 5. GW 2/3, Die Traumdeutung.

– (1911): Psycho-analytic Notes on an Autobiographical Account of a Case of Paranoia (Dementia Paranoides) SE 12. GW 8, Psychoanalytische Bemerkungen über einen autobiograpisch beschriebenen Fall von Paranoia (Dementia paranoides).

– (1915): Instincts and their Vicissitudes. SE 14. GW 10, Triebe und Triebschicksale.

[5] Wie Laplanche schreibt: »Es steht jedoch fest, dass die Person masochistisch ist, weil er genau dort Vergnügen erfährt, wo er leidet, und nicht etwa, dass er an einem Ort leidet, um an einem anderen Vergnügen zu erfahren« (Laplanche 1976, S. 104, im Original kursiv).

– (1920): Beyond the Pleasure Principle. SE 18. GW 6, Jenseits des Lustprinzips.
– (1924): The Economic Problem of Masochism. SE 19. GW 13, Das ökonomische Problem des Masochismus.
– (1924b): Neurosis and Psychosis. SE 19. GW 13, Neurose und Psychose.
– (1925): Negation. SE19. GW 14, Die Verneinung.
– (1929): Civilisation and its Discontents. SE 21. GW 14, Das Unbehagen in der Kultur.
– (1937): Analysis Terminable and Interminable. SE 23. GW 16, Die endliche und die unendliche Analyse.
– (1940): An Outline of Psychoanalysis. SE 23. GW 17, Abriß der Psychoanalyse.

Laplanche, J. (1976): Life and Death in Psychoanalysis. Baltimore: Johns Hopkins Univ. Press.

Sandler J. J. (1976): Countertransference and role-responsiveness. Internat. Rev. Psychoanal. 3, S. 43–48.

Wollheim, R. (1971): Freud. London: Fontana.

1.2 Praxis: Lösungen durch Deutungsstrategien

Ralf Zwiebel

Gedanken zur phobischen Position des Analytikers

Einleitung

Über die begrenzte Wirkung von Einsicht und Erkenntnis auf Denken und Handeln der Menschen können wir als Psychoanalytiker ein besonderes Lied singen, müssen wir uns doch dieser schmerzlichen Erfahrung von Tag zu Tag in unserer klinischen Alltags-Praxis bewusst werden. Diese Klage betrifft jedoch nicht nur unsere Patienten, sondern auch uns selbst. Da ich natürlich nur für mich selbst sprechen kann, beginne ich mit einer entsprechenden eigenen Erfahrung. Wenn J. Greenberg das Konzept einer »interaktiven Matrix« für die analytische Situation beschreibt, »die von Moment zu Moment in jeder Behandlung durch die persönlichen Charakteristiken des Analysanden und des Analytikers« geformt wird, und postuliert, dass diese »interaktive Matrix« die Annahmen, Überzeugungen, Hoffnungen, Befürchtungen, Bedürfnisse und Wünsche beider Teilnehmer der analytischen Beziehung einschließen, so kann ich persönlich dieser Grundannahme vorbehaltlos zustimmen (Greenberg 1995, S. 1[1]). Ebenso nachvollziehbar finde ich sein Drei-Stufen-Modell der historischen Entwicklung unserer psychoanalytischen Technik, in dem die erste Phase als das präskriptive Freudsche Modell beschrieben wird (die Regeln stehen im vornherein fest und gelten für alle Patienten), die zweite Phase für den Analytiker eine größere Flexibilität ermögliche, die Veränderungen der Technik jedoch von den Bedürfnissen des Patienten bestimmt sind und erst die dritte Phase als eine Realisierung des interaktiven Modells verstanden werden könne, in dem alles, was in der analytischen Situation geschieht, die persönlichen Beiträge beider Teilnehmer reflektiere (Greenberg 1995,

[1] Auf die wichtige Arbeit von Greenberg kann ich hier nicht näher eingehen. Besonders wichtig erscheint mir seine Bemerkung, dass die Implikationen des interaktiven Modells für den psychoanalytischen Prozess noch nicht in unser psychoanalytisches Denken integriert sind (Greenberg 1995, S. 12).

S. 11 ff.). In meiner eigenen analytischen Entwicklung kann ich diese drei Phasen deutlich identifizieren und kann mich heute in meinen Grundüberzeugungen in den Prinzipien eines »*Dialektisch-konstruktivistischen Paradigmas*«, wie von I. Z. Hoffmann beschrieben, sehr klar wiedererkennen (Zentrale These: Die Struktur und der Prozess in der analytischen Beziehung werden als Co-Kreation von Analysand und Analytiker aufgefasst, und der Analytiker akzeptiert die Unvermeidlichkeit seiner persönlichen Teilnahme, ohne jedoch die disziplinierte, ritualisierte Asymmetrie zu verlassen, Hoffmann 1998, 2003[2]). Dennoch muss ich in meiner konkreten klinischen Arbeit bedauerlicherweise feststellen, dass ich dieser Grundannahme oft genug nicht entsprechen kann, wie es sich vor allem in problematischen Behandlungsverläufen dokumentiert. Dafür zwei kurze klinische Beispiele, die meine folgende These zur Kluft zwischen klinischer Überzeugung und realer klinischer Praxis illustrieren mögen.[3]

In einer früheren Arbeit habe ich von einer Analyse berichtet, in der mich ein Analysand über viele Wochen massiv attackierte und real bedrohte, und ich damit ausschließlich meinem damaligen Verständnis entsprechend »deutend« umging, bis ich in einer Stunde während eines massiven, feindseligen Schweigens des Patienten einen plötzlichen und sehr heftigen Angstanfall bekam, den ich vergeblich für mich zu bewältigen versuchte, bis ich dem Patienten schließlich sagte, er möge diese Art des Schweigens unterlassen, da ich es nicht mehr ertragen könne. Der Analysand reagierte für mich fast überraschend sehr erschrocken. In der nachfolgenden Bearbeitung dieser Szene, die von uns beiden als Wende einer schließlich erfolgreichen analytischen Arbeit betrachtet wurde, konnten wir verstehen, dass der vaterlos aufgewachsene Patient eine reale, unmittelbare Reaktion unbewusst gesucht hatte, um gleichsam den Analytiker als »Analytiker-Vater« auf konkrete, unmittelbare Weise zu spüren und zu erleben (Zwiebel 1992, S. 138).

2 I. Z. Hoffman hat seine Überlegungen kürzlich noch einmal in 16 Prinzipien des dialektisch-konstruktivistischen Paradigmas ausführlicher dargelegt (I. Z. Hoffman, 2003, http://psychematters.com/papers/hoffman2.htm)

3 Die klinischen Beispiele sind lediglich als andeutende Illustrationen zu verstehen. Die generelle Problematik von kasuistischen Publikationen, auch im Rahmen eines öffentlichen Vortrages, auf dem diese Arbeit beruht, erscheint mir weitgehend ungelöst. Die heikle Frage der Vertraulichkeit und die Frage nach der Möglichkeit, den intersubjektiven Kontext bei der Anwendung des Modells der »interaktiven Matrix« erkennbar und nachvollziehbar zu machen, wächst erheblich bei einer Thematik wie der Angst des Analytikers.

Eine andere Erfahrung, über die ich im gleichen Text berichtete, verlief leider weniger günstig. Eine Patientin bat mich telefonisch um einen Termin in einer Zeit, in der ich aus verschiedenen äußeren und inneren Gründen »besetzt« war und nur noch über einen Gruppentherapieplatz verfügte. Dennoch gelang es der Patientin, mir am Telefon ihre große Not zu vermitteln und auch für einen Moment überzeugend darzulegen, dass ich der Analytiker sei, der ihr alleine helfen könnte. Allerdings gelang es mir auch nach dem Erstgespräch nicht, die Patientin an einen Kollegen zu überweisen, sondern ich bot ihr entgegen meiner Realität eine Einzeltherapie an, deren Verlauf sich aber zunehmend schwieriger gestaltete, bis es zu einer unbefriedigenden Beendigung der Behandlung kam. In mir bekannten vergleichbaren Konstellationen kam es zu noch dramatischeren Abbrüchen, die einen verletzten Patienten, aber auch einen verletzten Analytiker zurückließen (Zwiebel 1992).

Diese beiden ganz knapp skizzierten Beispiele scheinen mir an den beiden Polen eines für die analytische Situation generellen Spannungsfeldes von *Wiederholung und neuer Erfahrung* situiert zu sein, die man – wenn sie sich zuspitzen –, als analytische Katastrophe im Sinne eines Triumphes des Wiederholungszwanges oder sogar einer Retraumatisierung auf der einen Seite und als katastrophische Veränderung[4] im Sinne eines wirklichen, aber krisenhaften Neubeginns auf der anderen Seite bezeichnen könnte. Beide Beispiele deuten die »interaktive Matrix« von Greenberg insofern an, als beide Partner der analytischen Situation von diesen Entwicklungen nicht nur betroffen sind, sondern sie eben auch hervorbringen. Im Folgenden möchte ich die These etwas detaillierter diskutieren, dass es die professionellen Ängste des Analytikers vor der katastrophischen Veränderung und der analytischen Katastrophe sind – und denen man sich mehr oder weniger bewusst sein kann –, die als eine wichtige Komponente in der Entwicklung von problematischen Behandlungsverläufen anzusehen sind, dass diese professionellen Ängsten allerdings von der Person der Analytikers nicht zu trennen sind. Die

4 Als »analytische Katastrophe« verstehe ich negative Entwicklungen und Abbrüche von analytischen Beziehungen, die zu Verletzungen und Beschädigungen nicht nur des Analysanden, sondern auch des Analytikers führen. Dabei denke ich nicht vor allem an reale Katastrophen wie Mord, Selbstmord oder schwere körperliche oder seelische Erkrankung, sondern innere Katastrophen, die auch vor allem in dem Verlust der Hoffnung bestehen, die beschädigten inneren Objekte durch Wiedergutmachung zu heilen. Über den Begriff der »katastrophischen Veränderung« siehe vor allem die Arbeit von Lahme-Gronostaj (Lahme-Gronostaj 2005).

Wirksamkeit dieser Ängste scheint dann zuzunehmen, wenn sich ein defensiver Umgang mit den eigenen bewussten und vor allem unbewussten Ängsten vor der analytischen Situation einschleicht, als Ausdruck einer pathologischen Kompromissbildung, die ich als phobische Position bezeichnen möchte (Brenner 1986)[5]. Es ist meine Überzeugung, dass diese phobische Thematik für die angedeutete Kluft zwischen unseren professionellen Überzeugungen und unserer realen klinischen Praxis mitbestimmend ist, und ich hoffe zeigen zu können, dass diese vor allem unbewussten Ängste, ihre Bewältigung und ihre Abwehr auf Seiten des Analytikers in der klinischen Situation in mehr oder weniger großem Umfang immer eine Rolle spielen, aber in den kollegialen Diskussionen viel zu wenig beachtet werden, sicherlich zum Schaden der Weiterentwicklung unserer psychoanalytischen Theorie und Praxis.

Mein spezifischer Referenzpunkt für die folgenden Überlegungen ist die »innere Arbeitsweise« im Sinne der in der analytischen Situation und Beziehung zu leistenden seelischen Arbeit des Analytikers als gleichsam notwendige Fokussierung auf den »subjektiven Faktor« in der Beschreibung der »interaktiven Matrix«. Dabei gehe ich von der Annahme aus, dass jeder Analytiker neben den offiziellen Theorien und Modellen eine Alltagstheorie über seine Arbeitsweise entwickelt, die eine Legierung von persönlichen und klinischen Erfahrungen mit theoretischer Reflexion darstellt (siehe zum Beispiel Hamburger 1998). Oft handelt es sich dabei auch um inoffizielle oder implizite Theorien, die nur begrenzt bewusst werden. Diese Alltagstheorien entsprechen wohl einem elementaren, professionellen Bedürfnis, das Winnicott schon vor vielen Jahren als wesentliche »Überlebensaufgabe« beschrieben hat, nämlich als Analytiker »wach, lebendig und gesund« zu bleiben (Winnicott 1986). Außerdem scheint mir jeder Analytiker mit der zentralen Frage beschäftigt, was einen »genügend guten« Analytiker ausmacht und ob er selbst die damit verbundenen Eigenschaften und Funktionen zu verkörpern vermag.[6] Als innere Arbeitsweise verstehe ich den Wahrnehmungs-, Erkenntnis-, Verstehens- und Handlungsprozess, der auf einer

5 Dies entspricht einer Bemerkung von M. Eigen, die Lahme-Gronostaj zitiert: »The grim paradox is that in so far as we cannot admit and work with the sense of catastrophe which constitutes psychic reality, we may heighten external catastrophes as a way of objectifying ourselves« (Lahme-Gronostaj 2005, S. 14).

6 Wie später noch deutlicher wird, muß der Analytiker aber wohl auch ausreichend »schlecht« sein, damit es zu einer produktiven analytischen Arbeit kommen kann.

praktisch-klinischen Ebene als Fähigkeit aufgefasst werden kann, die analytische Situation herzustellen, zu bewahren und auch wieder zu beenden, und das Ziel hat, vor allem die psychische Realität zu verstehen und einen für den Analysanden förderlichen Beziehungsprozess zu ermöglichen. Diese innere Arbeitsweise, die von ihrer Natur her natürlich als ein ganzheitlicher Prozess aufzufassen ist, lässt sich dennoch aus unterschiedlichen Perspektiven und mit unterschiedlicher Fokussierung etwas detaillierter beschreiben; es sei aber betont, dass es sich nicht um ein sukzessives Modell, sondern eher – in einem Beispiel aus der Musik – um ein Thema mit Variationen handelt. Es lassen sich folgende vier Perspektiven diskutieren:

(1) die innere Arbeitsweise des Analytikers aus der Sicht der *analytisch-therapeutischen Position*;
(2) die innere Arbeitsweise aus der Sicht des *reflexiven und selbstreflexiven Modus* des Denkens und Handelns;
(3) die innere Arbeitsweise aus der Sicht des Zulassens und Erkennens von *Störungen und Krisen*;
(4) die innere Arbeitsweise aus der Sicht der *Transformation* dieser Störungen und Krisen.

Nach einer kurzen Beschreibung dieser vier Aspekte werde ich versuchen, die mit dieser spezifischen Arbeitsweise verbundenen Ängste genauer zu beschreiben, um abschließend im Sinne der Erweiterung der beschriebenen Alltagstheorien die schon erwähnte *phobische Position* zu formulieren, die eine defensive Haltung des Analytikers gegenüber seiner inneren Arbeitsweise zu beschreiben versucht – also im Grunde einen Widerstand gegenüber seiner Subjektivität –, die über kurze Momente der Hemmung und Vermeidung hinausgeht und einen oft übersehenen Einfluss auf problematische Behandlungsverläufe oder auch »analytische Katastrophen« haben kann.

Die innere Arbeitsweise des Analytikers[7]

Das Wissen, das Können und die Haltung des Analytikers als Ausdruck seiner analytischen Professionalität lässt sich als 1) *analytisch-therapeutische Position* in ihren einzelnen Komponenten genauer beschreiben;

[7] Es folgt eine kurze Zusammenfassung meiner Überlegungen, die an anderer

in meinem persönlichen Modell stelle ich mir diese Position als aus verschiedenen Randkomponenten und aus einem zentralen, inneren Kern bestehend vor (Zwiebel 2002). Als Kern dieser Position kann man die aktuelle, mentale Aktivität des Analytikers von Moment zu Moment der analytischen Situation beschreiben. Sie wird üblicherweise als »gleichschwebende Aufmerksamkeit« oder auch »teilnehmende Beobachtung« beschrieben, umfasst aber darüber hinaus weitere Bereiche und Funktionen. Allen gemeinsam ist eine ihnen innewohnende Bipolarität, die als charakteristisch für sie angesehen werden kann: Gleichschwebende Aufmerksamkeit – teilnehmende Beobachtung, Asymmetrie – Gegenseitigkeit, Absichtslosigkeit – therapeutische Zielorientierung, Assoziieren – Strukturieren, Anonymität – Selbstenthüllung, Wissen – Nicht-Wissen, Anfänger-Geist – Experten-Geist etc. Noch genereller könnte man als Kern ein polares Spannungsfeld von »persönlichem« und »technischem Pol« beschreiben, ein Spannungsfeld, das nicht auflösbar, sondern gerade konstitutiv für die Arbeitsweise des Analytikers ist. Das Oszillieren in der teilnehmenden Beobachtung zwischen unbewusster empathischer Identifizierung oder unbewusster Teilnahme auf der einen Seite und distanzierender Beobachtung drückt dieses Spannungsfeld deutlich aus. Der »technische Pol« repräsentiert u. a. die Grundannahmen und spezifische Modellbildungen, kurz: die Denkoperationen des Analytikers, die eine Schutz- und Pufferfunktion im affektiven Geschehen der analytischen Beziehung, den Status eines guten, inneren Objektes und einen Ort des Denkens im Sinne eines triangulären Raums darstellen (Bohleber 2005). Als eine wesentliche, basale Aufgabe des Analytikers könnte man postulieren, dass er eine Toleranz für dieses widersprüchliche, nicht-auflösbare, paradoxe Spannungsfeld zwischen diesen beiden Polen entwickelt und gleichzeitig den ständigen Versuchungen, dieses Feld in die eine oder andere Polarität aufzulösen, widersteht. Mit A. Hoffer könnte man kurz und knapp für den Analytiker formulieren: »Bleibe gespannt!« (Hoffer 1993). Man könnte auch von einem »Ort der Ortlosigkeit« sprechen, der sich auch in der Beschreibung einer atopischen Haltung von G. Schneider findet (Schneider 2003).

Wie gelingt es uns, diese Toleranz für das paradoxe Spannungsfeld immer wieder aufzubringen? Hier kommt meiner Ansicht nach die zweite Perspektive der inneren Arbeitsweise ins Spiel. Es handelt sich

Stelle ausführlicher dargestellt sind (Zwiebel 2003, Zwiebel 2004 a und b, Zwiebel 2007).

um den reflexiven und selbstreflexiven Modus des Erlebens, Denkens und Handelns, den man in dem Begriff des 2) »*Inneren Analytikers*« zusammenfassen könnte (Zwiebel 2001, 2003). Dieses Modell lässt sich aus drei miteinander verbundenen und sich überschneidenden Funktionskreisen verstehen, die ich als introspektiv-empathischen, als cognitiv-reflexiven und als kommunikativen Pol bezeichnet habe. Der erste Pol beschreibt die unmittelbare, präsentische affektiv-kognitive Selbst- und Objektwahrnehmung, die sich auf die Wahrnehmungen, Assoziationen, Narrationen und Verhaltensweise des Analysanden und eigenen Assoziationen, Phantasien, Erinnerungen, Emotionen und Handlungen bezieht; der zweite Pol beschreibt die kognitiv-reflexive Verarbeitung dieser Selbst- und Objekterfahrung als Form einer mentalen Verarbeitung dieser unmittelbaren Erfahrung, wie sie im Sinne erster Modellbildungen und Mini-Hypothesen beschrieben werden kann; im dritten, kommunikativen Pol werden diese Mini-Theorien und Modelle formulier- und verbalisierbar und münden früher oder später in eine Deutung. Wesentlich erscheint, dass alle drei Funktionskreise auf eine innige Weise miteinander verbunden und verschränkt sind, man sich dieser Verbindungsarbeit, die oft unbewusst und automatisch abläuft, aber auch teilweise gewahr werden kann, da die sich überschneidenden Funktionskreise einen inneren Kern bilden, den man als Gewahrsein oder auch als »Inneres Auge« betrachten kann, eine Art innerer, psychischer Beleuchtungsquelle der jeweilig aktivierten Funktionskreise. Im Grunde handelt es sich bei der Beschreibung des »Inneren Analytikers« um den Versuch, die selbstanalytischen Funktionen in einer mikropsychologischen Weise zu formulieren, die jedoch im Sinne der von Greenberg formulierten »interaktiven Matrix« durch die Beziehungsdimension erweitert wird und schließlich ein weiteres polares Element einführt, nämlich das Spannungsfeld von Präsenz und Reflexion: die Präsenz repräsentiert so etwas wie einen permanenten Hintergrund der Bewusstheit und des Gewahrseins, auf dem die verschiedenen mentalen Elemente in den Vordergrund treten und auch wieder verschwinden. Wenigstens erwähnen möchte ich, dass dieses Konzept Bezüge zu den Arbeiten von D. Tuckett über die psychoanalytische Kompetenz, der Arbeitsgruppe um Fonagy zur Mentalisierung und der Intersubjektivitätstheorie von J. Benjamin hat (Benjamin 2004; Tuckett 2004; Bateman und Fonagy 2004). Entscheidend ist, dass durch die selbstreflexiven Funktionen des »Inneren Analytikers« das bipolare, oszillierende Spannungsfeld zwischen dem »persönlichen« und dem »technischen Pol« in einen triangulären Raum aufgespannt wird und der Analytiker dadurch eine »dritte Position«

entwickelt, die das Verstehen der unbewussten Wirklichkeit des Analysanden über das eigene Selbstverständnis des Analytikers ermöglicht (Benjamin 2004; Zwiebel 2004)[8].

Diese bisherigen Überlegungen zur inneren Arbeitsweise gehen von einem Prozess aus, der prinzipiell nicht störungs- und fehlerfrei ablaufen kann. Vor allem die Wahrnehmung der Kluft zwischen idealer und realer Praxis der analytischen Arbeit eröffnet die Möglichkeit zur mikropsychologischen Beschreibung der realtypischen Sitzung, in der es grundsätzlich und immer wieder zu 3) »*Störungsmomenten*«[9] kommt, die aber selbst konstitutiv für die analytische Situation und den Verstehensprozess des Analytikers sind (Zwiebel 2004). Sie könnte man als »problematische Momente« und/oder »problematische Situationen«

8 An dieser und an anderen Stellen der Arbeit könnte man vor allem auch Bezüge zur Intersubjektivitätstheorie von J. Benjamin herstellen. Ihr Begriff der »thirdness« beschreibt einen intersubjektiven Raum, dem sich der Analytiker hingeben muss; dadurch entsteht ein Raum, der frei von Zwang und Kontrolle ist. Wesentlich ist auch ihre Unterscheidung von Komplementarität und dem Möglichkeitsraum von »thirdness«; bei der Komplementarität handelt es sich um eine Form von Zweiheit, die z. B. der Täter-Opfer-Dynamik zugrunde liegt; »thirdness« beschreibt dagegen die Fähigkeit, die Differenz zwischen Eigenem und Anderem zu ertragen und dennoch verbunden zu bleiben. Auf die weitere Differenzierung der »thirdness« als »rythmic third« und »intentional third« kann ich nur verweisen (Benjamin 2004).

9 Diese Thematik der »Störungen« wird von vielen Autoren in unterschiedlichen Perspektiven dargestellt; ich erwähne hier die wichtige Arbeit von U. Moser (2001), die Arbeiten von Money-Kyrle (1956), von C. Brenner und noch einmal die Arbeit von Greenberg (1995). Dieser spricht von konkordanten und diskordanten analytischen Dyaden und betont, dass diese konkordanten oder diskordanten Gefühle im Hintergrund aller Analysen eine Rolle spielen und beispielsweise auch sozialen Takt und Rahmenfragen betreffen. Greenberg betont allerdings auch, dass Konkordanz und Diskordanz in einem bestimmten Verhältnis sein müssen, als Ausdruck des »analytic fit«, damit die analytische Arbeit vonstatten gehen kann. Aber gerade für das Erkennen bestimmter Konflikte erscheinen die diskordanten Momente von besonderer Wichtigkeit; dies entspricht meiner Betonung der »problematischen Momente« (Greenberg 1995, S. 15 ff.). Dies kommt in folgender Bemerkung noch einmal besonders klar zum Ausdruck: »It appears that the act of interpretation itself requires some degree of discordance in the analytic dyad. Despite the importance of moments of concordance in carrying the work of analysis, it is difficult to interpret during them. The need to interpret and the act of interpretation itself grow out of moments of personal discordance between analyst und analysand« (S. 20).

zusammenfassen; sie stellen im Grunde Krisen des Verstehens und Krisen des Kontaktes dar, die flüchtig und kaum erkennbar sein können, sich aber auch verstärken und schließlich zu einer Stagnation der analytischen Beziehung und der analytischen Arbeit führen können. Diese Auffassung ist im Übrigen dann konsequent, wenn man von der überwiegenden Unbewusstheit und Konflikthaftigkeit der analytischen Situation und Beziehung ebenso ausgeht wie von ihrer Ko-Kreation durch Analysand und Analytiker und damit dem unbewussten Beitrag des Analytikers zum Erleben des Analysanden einen wichtigen Einfluss zuspricht und schließlich einen völlig objektiven, neutralen Beobachtungspunkt außerhalb des analytischen Feldes für grundsätzlich ausgeschlossen hält. Ich erwähne hier noch einmal Greenbergs Beitrag und seine Unterscheidung von konkordanten und diskordanten analytischen Dyaden (Greenberg 1995).

Entscheidend bleibt die Frage, wie es dem Analytiker in seiner Alltagspraxis immer wieder gelingt, diese Störungsmomente in Form von Krisen des Verstehens und Krisen des Kontaktes zuzulassen, wahrzunehmen und in ein förderliches Verstehen der psychischen Realität umzuwandeln. In einer früheren Arbeit habe ich den Vorschlag gemacht, diesen Prozess der 4) *Transformation* mit Mosers und v. Zeppelins Unterscheidung vom geträumten, erinnerten und erzählten Traum in eine analoge Beziehung zu setzen (Moser und v. Zeppelin 1996): die unmittelbare Erfahrung des erlebten »problematischen Momentes« – das Nicht-Verstehen oder eine symptomatische Reaktion – entspräche dem geträumten Traum, das Wahrnehmen und Erkennen dieser Störung dem erinnerten Traum und das Verstehen und Deuten schließlich dem erzählten Traum (Zwiebel 2004). Nach diesem Vorschlag könnte man von einem Prozess der Transformation ausgehen, der das Zulassen, die Wahrnehmung, die Reflexion und die Deutung des jeweiligen »problematischen Momentes« umfasst. Das Zulassen ist natürlich nicht in einem bewussten und intendierten Sinn gemeint, sondern drückt die Erkenntnis aus, dass bei konsequenter Handhabung der widersprüchlichen Aspekte der analytischen Situation unvermeidliche, wenn auch meistens nicht erwünschte Probleme der Beziehung und des Verstehens auftauchen werden. Das Wahrnehmen und Erkennen der »problematischen Momente« setzt eine bifokale Betrachtungsweise voraus, in der der Analytiker einer bifokalen Brille vergleichbar die gegenwärtige Situation metaphorisch gesprochen sowohl aus der Fernsicht als auch aus der Nahsicht betrachtet, indem er sowohl das Material und Verhalten seines Analysanden (Fernsicht) als auch die eigene Subjektivität

(Nahsicht) berücksichtigt. Aus der Sicht der Funktion des »Inneren Analytikers« ist dies eine Beschreibung für die verstärkte Verbindung zwischen dem introspektiv-empathischen und dem kognitiv-reflexiven Pol. Die auftauchende Müdigkeitsreaktion beispielsweise, die ich selbst als eine Affektabwehr verstehe, öffnet mir einen Weg zu einem ersten Verständnis der emotionalen Konflikte meines Analysanden. Die Beobachtung der symptomatischen Reaktion des »problematischen Momentes« löst nun weiterhin – ähnlich wie bei vielen Träumen – einen Deutungswunsch des Analytikers aus; auch hier dem Träumen vergleichbar, denkt der Analytiker aber nicht in einem überwiegend rationalen Sinn über die Störung nach, sondern schaut beispielsweise wie mit einem »zweiten Blick« (Baranger, Baranger und Moms 1983) auf den bisherigen Verlauf der Stunde, die Assoziationen des Patienten, die eigenen Einfälle und Deutungen, die jetzt den Stellenwert eines »Tagesrestes« bekommen und schließlich eine erste Deutung ermöglichen. Es kommt dann zu einer inneren, oszillierenden und verbindenden Bewegung zwischen dem unmittelbaren Geschehen (oder der Nahsicht des problematischen Momentes) und dem »zweiten Blick« auf das bisherige Geschehen (der Fernsicht der Stunde und der bisherigen Behandlung überhaupt). Die auf diese Weise mögliche Deutung, die den Transformationszyklus fürs erste abschließt, kann einen intersubjektiven Raum öffnen, in dem der Analysand den Blick des Analytikers als Anderem mit seinem eigenen Blick auf die gegebene Situation konfrontiert sieht, womit auch das bifokale Denken und Betrachten des Analysanden (oder auch sein »Innerer Analytiker«) herausgefordert wird, muss er doch seine eigene Sicht – die Nahsicht – mit der Sicht eines Anderen – die Fernsicht – in Beziehung setzen.

Die Angst des Analytikers und die innere Arbeitsweise

Die hier nur knapp beschriebene innere Arbeitsweise des Analytikers betont sehr stark den oft vernachlässigten »subjektiven Faktor« des Analytikers und steht damit in Resonanz zur »interaktiven Matrix« von Greenberg, dem dialektisch-konstruktivistischen Paradigma von I. Z. Hoffman oder auch von Ferros Arbeiten über das »bipolare Feld« (Ferro 1993, 1999, 2002). Bei Ferro wird das Zuhören des Analytikers aus drei zentralen, aber unterschiedlichen Perspektiven formuliert, nämlich dem klassischen archäologischen Modell von Freud, dem Kleinianischen Modell der unbewussten, intrapsychischen Phantasie und dem

Bionschen Modell, bei dem sich die Aufmerksamkeit vor allem auf das mental-affektive Leben des Analytikers richtet. Demnach können wir heute postulieren, dass der moderne Psychoanalytiker nicht Freudianer, Kleinianer oder Bionianer ist, sondern diese unterschiedlichen theoretischen Modelle als Kontexte seines Verständnisses der analytischen Situation und der Arbeit mit seinem Patienten begreift und vor allem eine Form von »Interkontextualität« entwickelt, die je nach spezifischer und aktueller bipersonaler Beziehungskonstellation die unterschiedlichen theoretischen Kontexte zu gewichten und zu verbinden versucht (Zwiebel 2003, 2006 a, b).[10]

In diesem Verständnis einer interkontextuellen Betrachtungsweise möchte ich nun einige der zentralen Ängste des Analytikers in Zusammenhang mit seiner inneren Arbeitsweise zu beschreiben versuchen[11] und dabei vor allem das konflikttheoretische Modell, wie es C. Brenner am klarsten zusammengefasst hat (Brenner 1986), das Klein-Bionsche Modell einschließlich der frühen agoraphoben-klaustrophen Dynamik, das von H. Rey entwickelt wurde (Rey 1991), und das identitätstheoretische Modell, wie es G. Schneider formuliert hat (Schneider 1995, 2000) berücksichtigen. Erst im Verlaufe einer intensiveren Beschäftigung mit dieser Thematik ist mir deutlich geworden, dass es im Rahmen eines Aufsatzes kaum möglich ist, die gesamte Angstthematik auch nur annähernd umfassend zu diskutieren; daher verstehe ich die folgenden Überlegungen als Anregung für den Leser, seine eigenen klinischen Erfahrungen zu reflektieren. Grundlegend bleibt bei diesem Versuch jedoch die Annahme, dass es sich in der analytischen Situation nicht um die Begegnung zwischen einer gesunden und einer kranken Person handelt, sondern um eine Interaktion zwischen zwei Personen mit ihren jeweiligen »inneren und äußeren Abhängigkeiten, Ängsten und pathologischen Abwehrmechanismen« (Racker, zit. nach Hoffman 1998).

Beginnen wir mit dem *konflikttheoretischen Ansatz*, der im Kern dem Freudschen Ansatz entspricht und der in letzter Zeit vor allem von C. Brenner sehr klar beschrieben wurde (Brenner 1986). Der zentrale

[10] In diesem Zusammenhang sei die Arbeit von Küchenhoff erwähnt, in der die klinischen Theorien des Analytikers selbst nicht unabhängig von der Person des Analytikers zu sehen sind und auf diese Weise selbst zu einer Quelle der Gegenübertragung werden können (Küchenhoff 2004).

[11] Es können nur einige Aspekte besprochen werden; eine ausführliche Diskussion findet sich in Zwiebel (2007): Von der Angst, Psychoanalytiker zu sein. In Vorbereitung.

Fokus ist dabei die Wunsch-Angst-Abwehr-Konstellation: Die Angst wird als zentraler Affekt beschrieben, der mit einem Vorstellungsinhalt verbunden ist, der auf künftige Gefahren oder »Katastrophen der Kindheit«, wie es Brenner formuliert, gerichtet ist, nämlich Objektverlust, Liebesverlust, Kastration und Selbstbestrafung. Brenner hat davon die depressive Angst im Sinne des Schuldgefühls abgegrenzt und als eigenständigen Affekt beschrieben, der sich auf die gleichen, aber schon eingetretenen Katastrophen bezieht. Diese Ängste stehen mit dem kindlichen sexuell-aggressiven Begehren in Verbindung, das zur Vermeidung von Unlust abgewehrt werden muss. So bestehen die Elemente des zentralen, psychischen Konflikts aus triebhaften Wünschen, den erwähnten Ängsten und einer unterschiedlich strukturierten Abwehrorganisation. Für Brenner ist dieser psychische Konflikt jedoch nicht auf pathologische Erscheinungen, Träume und Fehlhandlungen begrenzt, sondern beeinflusst jeden normalen psychischen Akt wie Wahrnehmen, Beobachten, Denken, Fühlen und Handeln; er spricht in diesem Zusammenhang von einem normalen Kompromiss zwischen Wunsch, Angst und Abwehr im Gegensatz zur pathologischen Kompromissbildung, bei der es zu symptomatischen Reaktionen kommt.

Für den Analytiker bedeutet dieser Kontext des psychischen Konflikts zunächst einmal, daß auch für ihn die analytische Situation eine Versuchungs- und Versagungssituation darstellt; wegen ihrer besonderen Struktur von Offenheit und Begrenztheit, von Regression und Ich-Kontrolle, von träumerischem und diskursivem Denken werden auch im Analytiker potentiell konflikthafte Wünsche geweckt, die seine Aufgabe als »Hüter« der analytischen Situation beeinträchtigen können. Die Konzeption einer normalen Kompromissbildung bedeutet grundsätzlich, dass sein Wahrnehmen, Verstehen und Deuten immer auch kompromisshafter Natur ist, also von seinem Begehren, seinen Ängsten und seinen Widerständen bestimmt ist. Auch die Theorien des »technischen Pols« und ihre Auswahl und Präferenz unterliegen dieser kompromisshaften Dynamik. Allerdings besteht seine professionelle Kompetenz ja gerade darin, dass er die Fähigkeit entwickelt hat, sein eigenes Begehren nach Liebe, Aggression und Wissen in den professionellen Wunsch, die psychische Realität seines Analysanden zu verstehen, sublimiert oder umgewandelt hat. Unter dem Einfluß der analytischen Situation, der Übertragungen seines Analysanden einschließlich des sich unvermeidlich entwickelnden interaktionellen Druckes erscheint es phasenweise fast unvermeidlich, daß die Funktionen und Haltungen, die wir mehr dem »Technischen Pol« zuschreiben (also Beobachten,

Abstinenz, Neutralität, Strukturieren, Intervenieren) in den Einflussbereich dieser psychischen Konflikte geraten und sich dann mit den Konflikten aus dem »persönlichen Pol« zu vermischen beginnen. Hier kann man dann von der Entwicklung von Übertragungen und Widerständen auf Seiten des Analytikers sprechen, die durch die Übertragungen und Widerstände des Analysanden modifiziert und auch verstärkt werden können, so dass man schließlich von einer komplexen Übertragungs-Gegenübertragungsdynamik auszugehen hat. Auf diese Weise kann man also zwei interagierende Konfliktkreise postulieren, nämlich die eigenen, gleichsam »privaten« Konfliktmuster und die »technischen« Konflikte, die sich aus der spezifischen Aufgabe der »technischen Handhabung« der analytischen Situation ergeben, so dass sich auf diese Weise eine enge Verzahnung zwischen den Konflikten des »technischen Pols« und denen des »persönlichen Pols« der analytischen Position ergeben. Vor allem wenn die analytische Beziehung unter affektiven Druck gerät, können diese »persönlichen« und die »technischen« Konflikte verschmelzen und zu Schwierigkeiten der inneren Arbeitsweise führen. Dies wäre dann im Brennerschen Sinne keine normale Kompromissbildung mehr, sondern eine pathologische Kompromissbildung; Money-Kyrle hat schon früher in ähnlicher Weise von normaler und pathologischer Gegenübertragung gesprochen (Money-Kyrle 1956), eine Überlegung, die auch Brenner aufgegriffen hat. Für Brenner ist für die entsprechende Unterscheidung entscheidend, ob die ausgelösten Konflikte die Arbeitsweise des Analytikers behindern und stören oder nicht. Mein zweites klinisches Beispiel mag dies noch einmal illustrieren: als »technischer« Konflikt ließe sich formulieren, dass ich der Patientin zwar gerne geholfen hätte, aber einfach keine Zeit für sie hatte. Die innere Not der Patientin war jedoch in der Lage, mich innerlich so unter Druck zu setzen und eine Übertragungsreaktion auszulösen, die ich heute so verstehen würde: unbewusst erlebte ich das Begehren der Patientin nach der Behandlung bei mir wie das Begehren der »inneren Mutter«, dem ich mich zu unterwerfen oder zumindest zu gehorchen hatte, um nicht ihrer Liebe und Anerkennung verlustig zu gehen oder einer Bestrafung zu unterliegen. Der »technische« Konflikt, der zunächst einmal ein äußerer Konflikt zwischen dem Begehren der Patientin und meiner realen Situation war, aktivierte offenbar blitzschnell in einer unbewussten Interaktion einen inneren Konflikt bzw. einen Übertragungskonflikt und wurde dann auch für das professionelle Handeln mitbestimmend. Auch würde ich meine symptomatische Reaktion bei dem ersten Patienten aus dem konflikttheoretischen Kontext heute so verstehen, dass das provozierende und destruktive Verhalten des Analysanden meinerseits heftige aggressive Gefühle ihm gegenüber auslöste, die mit einem starken professionellen Ideal der affektiven Abstinenz (Stichwort: Zuhören und Deuten) konflikthaft kollidierte, das jedoch auch von einer persönlichen Schwierigkeit, mit aggressiven Regungen adäquat umzugehen, aufgeladen wurde: entscheidend wäre in diesem Sinne die Angst vor der eigenen Destruktivität, die durch die professionelle Disziplin verstärkt wurde und eine pathologische und symptomatische Kompromissbildung in Form eines Angstanfalls generierte, dies auch als Manifestation eines Versagens der Abwehrorganisation.

Wie schon beschrieben, betrachte ich das In-der-Schwebe-Halten der oszillierenden Bipolarität der analytischen Position als eine der zentralen Funktionen des Analytikers; als besonders wichtig habe ich die selbstreflexive Fähigkeit betrachtet, die darin besteht, die eigenen konflikthaften Beiträge zur Beobachtung, Wahrnehmung, Strukturierung und Deutung, also zur »technischen Position«, zu überdenken. In diesem Sinne wäre also die Funktion des »Inneren Analytikers« gerade darin zu sehen, die eigenen Ängste, Schuld- und Schamgefühle zu spüren, zu erkennen und mit dem entsprechenden Kontext zu verbinden.

Betrachtet man die beschriebenen Funktionen des »Inneren Analytikers« aus dieser konflikttheoretischen Sicht, so könnte man Folgendes vermuten: der reflexive Modus stellt einerseits einen Schutz gegenüber den Ängsten der analytischen Position dar, weil er es ermöglicht, die auftauchenden Ängste wahrzunehmen und einzuordnen. Andererseits kann der reflexive Modus wiederum selbst zur Quelle von Ängsten werden, die aus der reflexiven Selbstbeobachtung des Analytikers resultieren, etwa wenn konflikthafte Wünsche und Phantasien auftauchen und wahrgenommen werden, die der professionellen Situation als nicht angemessen betrachtet werden (also beispielsweise meine Wut auf den mich attackierenden Patienten). Schließlich lässt sich eine Angst vor dem Verlust der reflexiven Funktion des »Inneren Analytikers« postulieren, eine Angst, die besonders gravierend ist, stellt doch diese reflexive Funktion neben der Theorie als innerem guten Objekt den zentralen Halt in einem nicht selten hoch-affektiven Beziehungsgeschehen dar. Man könnte allerdings auch annehmen, dass die jeweilige Funktion des »Inneren Analytikers« selbst als Kompromiss zwischen Wunsch, Angst und Abwehr aufgefasst werden könnte und damit aus inneren Gründen, aber vor allem aus dem Beziehungsgeschehen heraus als nicht grundsätzlich verfügbar und damit auch als störanfällig betrachtet werden muss. Ich vermute, dass wir als Analytiker den Zusammenbruch der Funktionen des »Inneren Analytikers« besonders fürchten, wie es sich manchmal bei den von mir schon angesprochenen analytischen Katastrophen ereignet; dies steht ja nicht selten mit sehr schwierigen Übertragungen – vom Analysanden oder vom Analytiker – in Zusammenhang, die vor allem auch deutlich machen, dass die innere Arbeitsweise des Analytikers nur in einer »interaktiven Matrix« möglich ist, in denen auch einige unverzichtbare Bedürfnisse und Wünsche des Analytikers Berücksichtigung finden müssen. Hier wird vielleicht ein zentraler Abhängigkeitskonflikt berührt, der darin besteht, dass unser Verstehen und Deuten ganz wesentlich auf die bewusste und unbewusste Mitarbeit des Patienten angewiesen ist. Aber es lässt sich auch im Zusammenhang mit dem »Inneren Analytiker« ein Autonomiekonflikt beschreiben, der darin besteht, dass es dem Analytiker möglich sein muss, beim Zuhören seines Patienten in einen quasi-träumenden Zustand zu geraten, in dem er sich mit der Aktivierung des introspektiv-empathischen Pols seinen eigenen Phantasien und Träumen überlässt und damit seinen Patienten erst einmal alleine lässt oder sogar vergisst, ohne dabei von depressiven Ängsten überfallen zu werden.[12] Aus konflikttheoretischer Sicht könnte die für den »Inneren Analytiker« notwendige Träumerei aber auch als passiv-feminine Triebbefriedigung erlebt werden und somit entsprechende Kastrationsängste auslösen. Andererseits mag das eigenständige Denken und Deuten wie ein phallisches Eindringen interpretiert werden, das entsprechende depressive Ängste verursacht. Auch das Zulassen der problematischen Situationen und Krisen und ihre Transformation mittels der beschriebenen multiplen Bifokalität kann spezifische Wünsche und damit verbundene

[12] Quinodoz formuliert dies in eindrücklicher Weise: »How are we to dare to listen to our countertransference feelings without unconsciously censoring those that appear to be negative? How are we to dare to accept patients whose anxieties and difficulties remind us of our own? How are we to dare to enter, even momentarily, into certain worlds that seem to us to be completely mad, the better to understand them? That audacity is possible only if we can accpet not only the limitations of psychoanalysis but also those that are within ourselves. This implies that, whatever the stage we haver reached in our professional development, we have to admit to ourselves not only our successes but also our difficulties and our failures in order to be able to learn from them; it implies also that we have the courage to discuss these with our colleagues and, in the case of supervisors, to share our experiences, including negative ones, with candidates« (Quinodoz et al. S. 345, a. a. O.).

Ängste mobilisieren: ich denke an unbewusste masochistische Befriedigungen, aber auch Versagens- und Bestrafungsängste, sind doch diese problematischen Momente mit Gefühlen der Hilflosigkeit, Ratlosigkeit und manchmal sogar mit Konfusion und Verwirrung verbunden. Alles in allem könnte man wohl zusammenfassend sagen, daß das In-der-Schwebe-Halten der verschiedenen Bipolaritäten vor allem eine Versagung aktiver und passiver Strebungen bedeutet und die Versuchung immer gegeben ist, Wünsche der einen oder anderen Richtung mehr oder weniger heimlich zu befriedigen (einfach alles laufen lassen oder »penetrierend« oder »kontrollierend« einzugreifen) mit den dann entsprechenden unbewussten Ängsten und Schuldgefühlen. Vermutlich werden viele Analytiker zustimmen, daß das Finden einer adäquaten Balance in der Tat der analytischen Kunst sehr nahekommt.

Betrachten wir kurz die Angstthematik aus der *Klein-Bion-Perspektive* und der von Rey beschriebenen *agoraphoben-klaustrophoben Dynamik*. Zum einen geht es hier mehr um die Beziehung der inneren Objekte zueinander, die Bedeutung der unbewussten Phantasien, die Rolle der unbewussten, affektiven Kommunikation, wie sie vor allem im Rahmen der normalen und pathologischen projektiven Identifizierung beschrieben wird. Insbesondere die von Bion beschriebene Rolle des Analytikers in seiner »container«-Funktion bekommt einen zentralen Stellenwert in dem Verständnis der analytischen Beziehung und Situation. Der Analytiker stellt mit seiner Person und dem Setting der analytischen Situation einen inneren und äußeren Raum zu Verfügung, in dem die abgespaltenen Selbstanteile und die unverdauten, nicht geträumten emotionalen Erfahrungen aufgenommen, verarbeitet und umgewandelt werden können. Spielt in dem konflikttheoretischen Ansatz die Konzeption des dynamischen Unbewussten auch in der technischen Einstellung des Analytikers die entscheidende Rolle, so ist es in dem Klein-Bionschen Ansatz die Rolle des emotionalen Unbewussten, die für die psychische Arbeit des analytischen Paares den entscheidenden Faktor darstellt (de Masi 2003, Zwiebel 2007). Der Analytiker stellt seine innere Welt als psychischen Raum zum Träumen im Sinne des seelischen »Verdauens« zu Verfügung, in der Hoffnung, daß der Analysand diese Funktion introjizieren kann und diese Funktion als »gutes, inneres Objekt« in seiner inneren Welt zu etablieren vermag. Bei nicht wenigen Patienten schafft erst dieser Prozess die Möglichkeit, auch die Konflikte aus dem dynamischen Unbewussten zu verarbeiten und durchzuarbeiten. Die von H. Rey als agoraphobes-klaustrophobes Dilemma formulierte Konstellation, die als charakteristisch für die schizoide Persönlichkeit beschrieben wird, die jedoch als eine basale Beziehungskonstellation und vor allem auch in regressiven Zuständen bei gesünderen Menschen zu beobachten ist, ist aus diesem Theoriekontext entstanden und fokussiert besonders frühe Beziehungsängste, die mit dem körperlichen Selbst eng verbunden sind (Rey 1999). Die Begegnung zwischen Selbst und Objekt ist in dieser Vorstellung von den polaren agoraphoben und klaustrophoben Ängsten, nämlich fallen gelassen oder fallen zu lassen bzw. eingeschlossen, vereinnahmt zu werden oder zu vereinnahmen, geprägt. Spitzt sich diese Dynamik bei »früher Pathologie« zu, kann man mit Rey von einem agoraphoben-klaustrophoben Dilemma sprechen, in dem der Selbst- oder Identitätsverlust sowohl durch die eindringende und okkupierende Präsenz als auch durch die Abwesenheit des Objektes droht: sowohl die Annäherung als auch die Entfernung lösen also tiefe Ängste aus, und es scheint keinen dritten Ort für das Subjekt außerhalb einer komplementären Subjekt-Objekt-Beziehung zu geben.

Das von mir vorgeschlagene Modell der inneren Arbeitsweise des Analytikers beinhaltet implizit eine Raumvorstellung, die für die Entwicklung der analytischen Situation als wesentlich angesehen wird: das Oszillieren der bipolaren analytischen Position mit dem In-der-Schwebe-Halten der verschiedenen Aufgaben und Funktionen wird durch das Denken und vor allem das selbstreflexive Denken des »Inneren Analytikers« zu einem inneren Raum aufgespannt, in dem auch die problematischen Momente einen Raum bekommen und die bifokale Transformation dieser Störungen möglich wird. Die besondere Rolle von exzessiver projektiver Identifizierung auf den Analytiker und seiner damit verbundenen Schwierigkeiten, seinen eigenen psychischen Raum aufrecht zu erhalten, wird in der Literatur immer wieder beschrieben. Bislang wird zu wenig diskutiert, dass es wahrscheinlich auch spezifische Ängste auf Seiten des Analytiker gibt, die sich auf seine eigene »Containing«-Funktion beziehen: insbesondere in persönlich belastenden Lebenssituationen mit Aktivierung eigener, innerer Konflikte kann sich die mehr oder weniger bewusste Angst entwickeln, der permanenten Entwicklung dieses psychischen Raums, aber auch dem permanenten In-Frage-Stellen durch den Patienten nicht mehr gewachsen zu sein. Es können sich dann defensive, aber auch kontraphobische Haltungen entwickeln, die eine Folge dieser latenten Ängste sind. Nicht selten entstehen dann Überforderungsreaktionen, die paradoxerweise mit einer nicht wahrgenommenen Angst zusammenhängen, der analytischen Arbeit nicht mehr gewachsen zu sein. Bei bestimmten Patienten kann sich diese Dynamik natürlich noch erheblich verschlimmern. In Bezug auf das agoraphobe-klaustrophobe Dilemma kann man annehmen, daß der analytische Rahmen und das Setting nicht selten – und ich glaube nicht nur von unseren frühgestörten Patienten – im Sinne dieser Ängste erlebt werden, nämlich entweder gefangen, eingeschlossen, vereinnahmt und/oder alleine gelassen, verlassen oder sogar fallen gelassen zu werden. Weniger beschrieben ist, dass auch der Analytiker in dieses agoraphobe-klaustrophobe Dilemma geraten kann, sei es auf Grund seiner persönlichen Problematik oder aber durch die »interaktive Matrix« mit einem besonderen Patienten. Eine hohe Stundenfrequenz wird dann möglicherweise auch beim Analytiker aus solchen klaustrophoben Ängsten heraus abgelehnt (der einschließende Rahmen); oder aber ein »abwesender« Patient mit einer starken Nicht-Bezogenheit löst starke agoraphobe Ängste aus (das Gefühl, die professionelle oder sogar personale Identität in einem Klima von Verlassenheit nicht aufrechterhalten zu können). Das eingangs erwähnte Beispiel mit meiner Patientin könnte man sicherlich vor allem auch aus dieser Dynamik heraus verstehen: ich ließ mir in gewisser Weise den Rahmen von der Patientin aufzwingen, da ich unbewusst eine Selbstbehauptung mit Überweisung an einen anderen Kollegen als ein Fallenlassen der Patienten erlebte und auf Grund ihrer großen inneren Not nicht in der Lage war, die damit verbundenen Schuldgefühle zu tolerieren oder gar zu analysieren. So verleugnete ich kontraphobisch die Angst, für eine weitere Patientin keinen inneren Raum mehr zur Verfügung zu haben und vor allem auch das Gefühl, selbst vereinnahmt zu werden und agierte unbewusst mit der Patienten dieses bei ihr virulente agoraphobe-klaustrophobe Dilemma, wie es sich im ständigen Agieren um den Rahmen manifestierte. Mein kontraphobischer Umgang mit dieser spezifischen Situation war jedoch nicht nur Ausdruck einer unbewussten Identifizierung mit der Problematik der Patientin, sondern auch ein Ausdruck meiner damaligen, persönlichen Überbelastung, denn ich kann mich wohl erinnern, dass ich in früheren und späteren vergleichbaren Situationen adäquater damit umgehen konnte.

Eine andere Perspektive ergibt sich, wenn man die Thematik der Angst aus *identitätstheoretischer Sichtweise* betrachtet. In G. Schneiders Ansatz zu einem modifizierten psychoanalytischen Identitätsbegriff wird Identität als Begriff für die Person als Ganzes aufgefasst und zunächst einmal die Positivität der Identität im Sinne ihrer Leistungsseite, d. h. eine zuverlässige Konstanz, Gleichheit und Sinn- und Ordnungshaftigkeit herstellend und eine Strukturierung einer chaotischen Welt ermöglichend betrachtet[13]; gleichzeitig wird aber auch von der Dialektik der Identität ausgegangen, indem die Positivität als Abwehr gegenüber dem Nicht-Realisierten, Nicht-Gelebten, Fremden und Unbekannten – dies wäre dann die Negativität der Identität – verstanden wird (Schneider 1995, 2005). Identität wird als konflikthaft-dynamisches Geschehen und als Niederschlag der Beziehungen mit dem Anderen verstanden, die zu ihrer Wahrung und Wandlung auf die reale oder symbolische Präsenz des Anderen angewiesen ist. Identität wird also in diesem Sinne als grundsätzlich ambivalent, konflikthaft und intersubjektiv verstanden. Den grundlegenden Identitätskonflikt kann man als widersprüchliche Spannung zwischen dem Selbst-Sein und Selbst-Bleiben und dem Anders-Sein und Anders-Werden betrachten. Den Wünschen nach Konstanz und Wiederholung auf der einen Seite und den Wünschen nach Veränderung und Anders-Sein entsprechen in ihrer verschärften Form die schon angesprochenen Ängste vor dem Wiederholungszwang und der katastrophischen Veränderung, die dann aus dieser Perspektive mit dem bedrohlichen Verlust der eigenen Identität assoziiert ist. Als Metaphern für diesen Identitätskonflikt könnte man die Bilder der Falle – im Gefängnis des eigenen Seins eingeschlossen – und des Abgrunds – das Bild für den Verlust und die Auflösung der eigenen Identität – heranziehen (Zwiebel 2006c).

Auch aus identitätstheoretischer Sicht stellt das Zulassen der analytischen Position mit ihrem In-der-Schwebe-Halten zwischen dem »persönlichen Pol« und dem »technischen Pol« in gewisser Weise eine Versuchungs- und Versagenssituation dar: zwei sich zunächst fremde Subjekte mit unterschiedlichen Identitäten begegnen einander, und es werden Wünsche nach Verschmelzung und Übereinstimmung, Bestätigung und Anerkennung, aber auch nach Getrenntheit, Abgrenzung Differenzierung und Individuierung geweckt. Als Analytiker müssen wir uns klarmachen, dass wir unsere Analysanden einer ganz ungewöhnlichen und unvertrauten Situation ausliefern, die für ihr Identitätsgefühl eine starke Versuchung, Versagung und Bedrohung darstellen kann. Aber auch der Analytiker wird durch die Begegnung mit seinem Analy-

13 Mit Positivität ist dem philosophischen Sprachgebrauch entsprechend die Leistungsseite von Identität aus der Innenperspektive des Subjekts angesprochen. Die Arbeit von Schneider, auf die hier Bezug genommen wird, befasst sich vor allem mit dem Problem des Identitätswiderstandes bei schwer gestörten Analysanden, die Heilung als eine tödliche Bedrohung ihrer fragilen Identität erleben (Schneider 2005).

sanden durch den permanenten Sog der Identifizierung und vor allem der projektiven Identifizierung einem »Identitätsdruck« ausgesetzt: dieser wird dadurch konflikthaft, dass es auf der einen Seite den Wunsch und die Notwendigkeit gibt, die analytische Identität zu bewahren (das Selbst-Sein und Selbst-Bleiben) und gleichzeitig eine passagere Veränderung der Identität und des Identitätsgefühls zuzulassen, die in der unbewussten Übertragung und dem Rollenangebot des Analysanden und in dem permanenten Infrage-Stellen der professionellen Identität besteht. Auf das komplexe Wechselspiel von professioneller Identität (wie stark habe ich mich mit der analytischen Methode identifiziert?) und personaler Identität (mit welchen grundlegenden oder aktuellen Identitätsproblemen bin ich als Person konfrontiert?) und ihren damit zusammenhängenden Ängsten vor Veränderung kann ich hier nur hinweisen.[14]

Betrachtet man die Frage der problematischen Momente und Situationen aus identitätstheoretischer Sicht, so läuft dies letztlich auf die Frage hinaus: was macht einen ausreichend guten Analytiker aus? Dies ließe sich auf die Positivität der analytischen Identität beziehen als den Bereich der professionellen Identität, der mit Kohärenz, Sicherheit und Wiederholbarkeit verbunden ist – technisch gesprochen mit einem klaren, verbindlichen Rahmen, der Durchführung der Analyse in Neutralität und Abstinenz und als zentrales Instrument die Deutung. Störungen werden zwar als unvermeidlich anerkannt, aber nicht als grundsätzlich die analytische Arbeit konstituierend. Die Problematik einer solchen Sichtweise ist die Gefahr einer Abspaltung und der Projektion der dann nicht-realisierten, sozusagen der negativen Anteile der analytischen Identität, die all das beinhalten, was nicht einer positiv formulierten Norm entspricht. Die Gefahren einer solchen Entwicklung sehe ich in Symptomen der professionellen Verlogenheit, wenn etwa Stundenprotokolle »geschönt« oder in der Literatur vor allem positive Entwicklungen geschildert oder wenn die bei sich selbst nicht akzeptierten

[14] Ausführlicher diskutiert werden könnte an dieser Stelle, inwieweit es auch einen Identitätswiderstand auf Seiten des Analytikers gibt, der sich auf eine notwendige Veränderung seines »technischen Standpunktes« bezieht, beispielsweise eine Veränderung von dem präskriptiven Freudschen Behandlungsmodell zum Modell der »interaktiven Matrix«, die möglicherweise erhebliche Ängste und Verunsicherungen der analytischen Identität auslösen kann, vor allem in der Auseinandersetzung mit der analytischen »community«.

Aspekte der analytischen Identität auf Kollegen oder auch Kandidaten projiziert werden. Insofern sollte unsere kollegiale Kultur in der Richtung weiter entwickelt werden, dass auch gravierende, symptomatische Reaktionen wie mein beschriebener Angstanfall diskutiert werden können, weil gerade sie einen vertieften Einblick in die »interaktive Matrix« der analytischen Situation gestatten. Die geschilderte Erfahrung, in der ich mich nicht nur kastriert, sondern mit meiner analytischen Identität fast vernichtet fühlte, belegt darüber hinaus, dass auch eine solche Entgleisung in den Dienst einer produktiven analytischen Arbeit gestellt werden kann. Dies berührt die kürzlich von Schneider beschriebene Dynamik der analytischen Arbeit in ihrer aporetischen Natur, in der es zwar um die Entwicklung eines Gefühls von Ausweglosigkeit geht, die aber ihrerseits zum Kern eines echten Neubeginnes und einer damit verbundenen kreativen persönlichen Entwicklung werden kann (Schneider 2006, 2007). Dies bedeutet, dass wir als Analytiker nicht zu viel Angst vor diesen Störungen haben sollten, obwohl sie natürlich nicht erwünscht sein können. Auch dieses entspricht einer paradoxen Situation, die sich jeglicher technischer Machbarkeit und Kontrollierbarkeit entzieht. Es ist meine Überzeugung, dass gerade im Bereich der Störungen die Toleranz für die Ungewissheit und Unbestimmtheit eine wichtige Rolle spielt, die sich wahrscheinlich nur dauerhaft entwickeln lässt, wenn die forschende Neugierde und das Interesse an den Phänomenen der analytischen Arbeit immer wieder lebendig werden kann. So verstand ich auch die erstaunliche Wende in der geschilderten Behandlung: der Patient und ich konnten das Interesse an dem Verstehen dieses so außergewöhnlichen Ereignisses aufrechterhalten und ein intersubjektives Verständnis darüber erarbeiten, so dass die analytische Arbeit schließlich trotz dieses katastrophalen Ereignisses doch noch eine gute Wende nahm.

Zur phobischen Position

Es mag deutlich geworden sein, wie ubiquitär Ängste, Schuldgefühle und Schamgefühle (auf die ich nicht speziell eingegangen bin) des Analytikers in der analytischen Situation sind. Es handelt sich überwiegend um unbewusste Ängste, die vielfach durch normale Kompromissbildungen bewältigt werden und damit das Verstehen und Handeln des Analytikers unvermeidlich steuern. Als *phobische Position* verstehe ich Einstellungen, Annahmen und Handlungsmuster, die zu einer Hemmung und Vermeidung der Funktionen der inneren Arbeitsweise des Analytikers führen und die nicht rational begründbar sind, sondern ihre vorwiegende Quelle in konflikthaften Mustern des Analytikers haben. Insofern sind sie auch Ausdruck der realen Person des Analytikers. Die phobische Position ist in diesem Verständnis Ausdruck einer pathologischen Kompromissbildung, da es immer darum geht, dass die eigene Subjektivität zu stark oder ungenügend abgewehrt, also verdrängt, verleugnet oder projiziert wird. Als Manifestationen der phobischen Position nenne ich hier: eine kontraphobische Einstellung, eine einseitige Polarisierung der analytischen Position in Richtung Überidentifizierung oder Abwehr der Einfühlung, Überspielen der »problematischen Momente«, Intoleranz gegenüber der Ungewissheit, zu starke eigene Affektabwehr und vor allem problematische Rahmenbedingungen. Es ist auch zu bedenken, dass diese Entwicklung mehr genereller oder mehr spezifischer Natur sein kann; in dem ersten Fall handelt es sich auch um eine Frage der Berufswahl und spielt dann vor allem in der analytischen Ausbildung eine sehr wichtige Rolle; als ein wesentliches Ziel der analytischen Ausbildung könnte man postulieren, dass sich der Kandidat der vielfachen konflikthaft-strukturellen Dimensionen seiner inneren Arbeitsweise in der analytischen Situation bewusst geworden ist und erste Ansätze einer eigenen Alltagstheorie auch zur Bewältigung der Ängste und Schuldgefühle entwickelt hat. Die phobische Position kann sich aber auch sehr spezifisch bei nur einigen Patienten entwickeln; in der Regel lernen wir ja im Laufe der Zeit, mit welchen Patienten wir gut und mit welchen wir weniger gut arbeiten können. Daher ist die phobische Position auch als ein intersubjektives Phänomen zu verstehen und man sollte die Bezeichnung nicht in einem substantiellen Sinn verstehen, sondern sie als eine dynamische und interaktiv generierte Konstellation auffassen. Dies bedeutet, auch im Sinne des dialektisch-konstruktivistischen Paradigmas, dass der Analysand sowohl einen Anteil bei der Schaffung als auch bei der Bearbeitung und Auflösung der phobischen Position des Analytikers hat, denn nicht selten spiegelt der Analysand dem Analytiker in seinen Assoziationen und Erzählungen das Bild, das er sich von den Hemmungen und Vermeidungen seines Analytikers gemacht hat. Grundsätzlich würde ich postulieren, dass auch die passagere Entwicklung einer phobischen Position unvermeidlich ist und nicht im Sinne eines »Fehlers« oder »Versagens« zu betrachten ist. Dem liegt die beschriebene Vorstellung zugrunde, dass die innere Arbeitsweise in der realtypischen, alltäglichen Arbeit von Stunde zu Stunde immer auch ein Kompromiss zwischen verschiedenen Funktionen ist und damit auch »problematische Situationen« konstitutiv für unsere Arbeit sind. So könnte man schließlich formulieren, dass wir uns grundlegend und permanent in einem kompromisshaften, oszillierenden Spannungsfeld zwischen potentieller phobischer Position und reflexivem Modus der analytischen Position bzw. des »Inneren Analytikers« befinden. Es ist in diesem Zusammenhang interessant, daß M. Buchholz im Kommentar einer Arbeit von Jeffrey Hayes über die Gegenübertragung zu einer Formulierung kommt, die Gegenübertragung und phobische Position ganz eng zusammenrücken lässt: »Am sinnvollsten scheine es, Gegenübertragung als ein Vermeidungsverhalten des Therapeuten aufzufassen, das sich auf verschiedene Themen oder Objekte beziehen kann, sich auf die subjektive Wahrnehmung des Therapeuten bezieht, [und] *von Angst [und deren Abwehr]* begleitet ist …« (Buchholz 2004, S. 5).[15] Die Angst vor katastrophischer Veränderung oder analytischer Katastrophe spielt sicherlich eine besondere Rolle bei der Entwicklung der phobischen Position, vor allem auch dann, wenn entweder noch keine ausreichende klinische Erfahrung erworben wurde, die das Vertrauen in die Tragfähigkeit der analytischen Methode gestärkt hat oder wenn der Analytiker analytische Katastrophen erlebt hat, die seine professionelle oder vielleicht sogar personale Identität beschädigt haben. Die Bezeichnung »katastrophisch« erscheint dann besonders gerechtfertigt, wenn mit einer solchen Entwicklung der Verlust der Hoffnung auf Reparation der zerstörten inneren Objekte verbunden ist, dies ja ein häufiges Motiv für die Aufnahme der Analyse. Da die phobische Position den Kern unserer analytischen Tätigkeit berührt, stellen die von mir beschriebenen Perspektiven der inneren Arbeitsweise gleichzeitig Hinweise zur Transformation der phobischen Position dar; D. Quino-

[15] Aus diesem Grund scheint es auch nicht sinnvoll, eine spezielle »Behandlung der phobischen Position« zu thematisieren; Buchholz beschreibt in der Besprechung der Arbeit von Hayes 5 Faktoren, mit denen sich Therapeuten bei Gegenübertragungsschwierigkeiten helfen: »Sie helfen sich mit (Selbst-)Empathie; sie versuchen Einsicht in eigene Schwierigkeiten zu erlangen; sie erweitern ihre konzeptuell-begrifflich-theoretischen Kompetenzen; ihr Ziel ist eine bessere Selbstintegration und ein verbessertes Angstmanagement« (Buchholz 2004, S. 5). Diese beschriebenen Faktoren scheinen mir in großem Umfang der beschriebenen inneren Arbeitsweise des Analytikers zu entsprechen, die selbst ja auch als eine Konzeption einer Alltagstheorie aufgefasst wird. Zu erwähnen ist noch, dass die Träume des Analytikers eine wichtige diagnostische und kreative Funktion bei der Transformation der phobischen Position haben dürften.

doz und ihre Kollegen haben kürzlich treffend von der Kühnheit oder dem Wagemut gesprochen, Analytiker zu sein (Quinodoz et al. 2006).[16]

Es ist mir bewusst, dass ich einen wirklichen Beweis schuldig geblieben bin, dass die phobische Position als ein wichtiger Faktor bei problematischen oder gar katastrophalen Verläufen anzusehen ist. Die angedeuteten klinischen Beispiele und meine theoretischen Überlegungen stellen meiner Ansicht nach allerdings Argumente dar, die diese Auffassung stützen können.[17] Im Wesentlichen wird es jedoch darauf ankommen, ob diese Reflexionen mit den eigenen klinischen Erfahrungen des Lesers übereinstimmen und/oder zu welchen anderen Hypothesen er oder sie gelangen. Denn schließlich muss ich mich mit der Tatsache konfrontieren, dass auch meine hier vorgetragenen Überlegungen Ausdruck einer Kompromissbildung sind und sich vielleicht sogar unvermeidlich verkappte phobische Aspekte darin verbergen. Einer meiner Ausgangspunkte für diese Arbeit war ja, dass ich immer wieder über die Kluft zwischen den klinischen Überzeugungen und der realen klinischen Praxis überrascht bin; als Fazit wird wohl festzuhalten sein, dass man diese Kluft durch den beschriebenen Prozess der seelischen Arbeit zwar verkleinern, aber nicht grundsätzlich aufheben kann.

16 Auch diese sehr interessante Arbeit kann ich in der Arbeit nicht ausführlicher kommentieren. Es handelt sich um einen Arbeitsbericht einer Gruppe von Analytikern, die sich zentral mit der Frage beschäftigten, wie es uns immer wieder gelingt, den Mut aufzubringen, Analytiker zu sein. Dies steht natürlich in engem Zusammenhang mit dem Thema der Angst des Analytikers, weil ja nur dann von »Mut« gesprochen werden kann, wenn eine Situation als bedrohlich oder gefährlich erlebt wird. Quinodoz beschreibt vor allem aus der Perspektive der Supervision einige Aspekte dieser wichtigen Überlegungen: den Mut, die eigenen Gedanken zu denken und sie auszudrücken; den Mut zu entwickeln, die eigenen Neidgefühle gegenüber den Gedanken anderer Personen zu entdecken; Mut, sich auf die Güte des Über-Ichs zu verlassen; Mut, einen gemeinsamen Raum zu entwickeln, den man teilen kann; den Mut sich zu vergegenwärtigen, dass die Zeit vergeht (D. Quinodoz, C. Aubry, O. Bonard, G. Déjussel und B. Reith (2006): Being a psychoanalyst: An everyday audacity. Internat. J. Psychoanal. 87, S. 329–347). Dt.: Quinodoz, D. et al. (2007): Die tägliche Unerschrockenheit des Psychoanalytikers. In: G. Junkers (Hg.), Schweigen. Ausgewählte Beiträge aus dem *International Journal of Psychoanalysis*, Bd. 2, Tübingen: edition diskord.

17 Auch hier ist noch einmal die von Buchholz zitierte Arbeit von Hayes zu erwähnen, der in einer empirischen Untersuchung eine Korrelation von Gegenübertragungsschwierigkeiten und schlechtem Behandlungsergebnis herausfand (Buchholz 2004, S. 5).

Literatur

Baranger, M.; Baranger, W.; Moms, J. (1983): Process and non-process in analytic work. Internat. J. Psychoanal. 64, S. 1–15.

Bateman, A.; Fonagy, P. (2004): Psychotherapy for Borderline Personality Disorder. Mentalization-Based Treatment. Oxford: Oxford University Press.

Bohleber, W. (2005): Der Gebrauch von veröffentlichten und persönlichen impliziten Theorien in der klinischen Situation. Vortrag an der DPV-Tagung, 19.11.05.

Brenner, C. (1986): Elemente des seelischen Konflikts. Frankfurt a. M.: S. Fischer.

Buchholz, M. (2004): Der Therapeut in der Arbeit beobachtet. Psycho-News-Letter Nr. 23.

De Masi, F. (2003): Das Unbewußte und die Psychosen. Psyche 57, S. 1–20.

Ferro, A. (1993): Zwei Autoren auf der Suche nach Personen. Die Beziehung, das Feld, die Geschichte. Psyche 47, S. 951–972.

– (1999): The Bi-Personal Field. London: Routledge.

– (2002): Interpretation, Dekonstruktion, Erzählung oder die Beweggründe von Jacques. Psyche 56, S. 1–19.

Greenberg, J. (1995): Psychoanalytic Technique and the interactive matrix. Psychoanal. Quart. LXIV 1995.

Hamburger, A. (1998): Narrativ und Gedächtnis. Psychoanalyse im Dialog mit den Neurowissenschaften. In: M. Kokkou; M. Leuzinger-Bohleber und W. Mertens: Erinnerungen von Wirklichkeiten. Psychoanalyse und Neurowissenschaften im Dialog. München/Wien: Verlag Int. Psychoanal., S. 223–286.

Hoffer, A. (1993): Asymmetrie und Gegenseitigkeit in der analytischen Beziehung. Lektionen für heute aus der Beziehung zwischen Freud und Ferenczi. Psyche 47, S. 1027–1040.

Hoffman, I. Z. (1998): Ritual and spontaneity in the psychoanalytic process. A dialectical-constructionist view. Hillsdale, NJ: The Analytic Press.

– (2003): Sixteen Principles of Dialectical Constructivism. http://psychematters.com/papers/hoffman2.htm

Küchenhoff, J. (2004): The analyst's clinical theory and its impact on the analytic process in psychoanalytic psychotherapy. In: D. Anastasopoulos and E. Papanicolaou: The Therapist at Work. London: Karnac.

Lahme-Gronostaj, H. (2005): Sense of Catastrophe: Ein Konzept für Veränderungspotential? Unveröffentlichtes Manuskript.

Money-Kyrle, R. (1956): Normale Gegenübertragung und mögliche Abweichungen. In: E. Bott-Spillius (Hg.): Melanie Klein Heute. Bd. 2. München/Wien: Verl. Int. Psychoanalyse 1991, S. 97–136.

Moser, U. (2001): »What is a Bangaloo, Daddy?« Übertragung, Gegenübertragung, therapeutische Situation. Allgemein und am Beispiel ›früher Störungen‹. Psyche 55, S. 97–136.

– (2003): Traumtheorien und Traumkultur in der psychoanalytischen Praxis (Teil 1). In: Psyche 57, S. 639–657.

– (2003): Traumtheorien und Traumkultur in der psychoanalytischen Praxis (Teil 2). In: Psyche 57, S. 729–750.
Moser, U.; Zeppelin, I. von (1996): Der geträumte Traum. Stuttgart u. a.: Kohlhammer.
Quinodoz, D. et al. (2006 [2007]): Die tägliche Unerschrockenheit des Psychoanalytikers. In: G. Junkers (Hg.): Schweigen. Ausgewählte Beiträge aus dem *International Journal of Psychoanalysis*, Bd. 2, Tübingen: edition diskord.
Rey, H. (1994): Universals of psychoanalysis in the treatment of psychotic and borderline states. London: Free Associations Books.
Schneider, G. (1995): Internalisierung und Strukturbildung: Einleitung und Überblick. In: Schneider, G.; Seidler, G. H. (Hg.): Internalisierung und Strukturbildung. Opladen: Westdeutscher Verlag, S. 10–43.
– (2003). Die Zukunft? Plädoyer für eine atopische Grundhaltung in der Psychoanalyse – mit einem Exkurs zu Melvilles Bartleby. Psyche 57, S. 226–248.
– (2005): Die Gefahr der Heilung – psychische Veränderung als tödliche Bedrohung. Jb. Psychoanal. 51, S. 81–112.
Tuckett, D. (2004): Ist wirklich alles möglich? Über die Arbeit an einem System zur transparenteren Einschätzung psychoanalytischer Kompetenz. www.epf-eu.org 2004-06-10.
– (2005): Does anything go? Towards a framework for the more transparent assessment of psychoanalytic competence. Internat. J. Psychoanal. 86, S. 31–49.
Winnicott, D. W. (1986): Der Anfang ist unsere Heimat. Stuttgart: Klett-Cotta, 1990.
– (1986): Holding and Interpretation. New York: Grove Press.
Zwiebel, R. (1992): Der Schlaf des Analytikers. Die Müdigkeitsreaktion in der Gegenübertragung. Stuttgart: Klett-Cotta.
– (2002): Die Träume des Analytikers. In: Zwiebel, R.; Leuzinger-Bohleber, M. (Hg.): Bd. 1: Träume, Spielräume. Aktuelle Traumforschung. Göttingen: Vandenhoeck & Ruprecht, S. 110–132.
– (2003): Die Position des Analytikers. In: Gerlach, A.; Schlösser, A.-M.; Springer, A. (Hg.): Psychoanalyse mit und ohne Couch. Gießen: Psychosozial-Verlag, S. 36–59.
– (2003): Psychische Grenzen und die innere Arbeitsweise des Analytikers. In: Psyche 57, S. 1131–1157.
– (2004): The Third Position: Reflections about the internal analytic working process. Psychoanal. Quart. LXXIII, S. 215–265.
– (2004): Einige klinische Anmerkungen zum Konzept des »lebendigen analytischen Kontaktes«. In: Beumer, U. et al. (Hg.): Freie Assoziation. Zeitschrift für das Unbewusste in Organisation und Kultur. Festschrift zur Emeritierung von Dieter Ohlmeier, 7. Jg., Heft 1, S. 55–75. Gießen: Psychosozial-Verlag.
– (2004): Der Analytiker als Anderer: Überlegungen zum Einfluß der Person des Analytikers in der analytischen Praxis. In: Psyche 58, 9/10, S. 836–868.
– und Mahler-Bungers, A. (Hg.) (2006): Projektion und Wirklichkeit. Die unbewusste Botschaft des Films. Göttingen: Vandenhoeck & Ruprecht.

– (2006): Ist psychoanalytisches Denken interkontextuell? Überlegungen zur Filmpsychoanalyse am Beispiel von Hitchcocks »Spellbound«. In: R. Zwiebel und Mahler-Bungers, A. (Hg.): Projektion und Wirklichkeit. Die unbewusste Botschaft des Films. Göttingen: Vandenhoeck & Ruprecht.
– (2007): Zwischen Abgrund und Falle. Filmpsychoanalytische Anmerkungen zu A. Hitchcock. Psyche 61, S. 65–73.

Ingo Focke

Wie Deutungen gehört werden

Einführung

Deutungen machen den gegenseitigen Austausch zwischen einem Patienten und seinem Analytiker sichtbar. Sie können verstanden werden als Kompromissbildungen eines Wunsches des Analytikers, das verborgene und beunruhigende Material in der Stunde zu verstehen angesichts von Gegenkräften, die gerade das verhindern wollen. Deutung und Übertragung sind in einem Austauschprozess ständig aufeinander bezogen, eine Deutung markiert ein Verstehen, ist Ausdruck von Übertragung und Gegenübertragung und verändert, wenn sie gegeben wird, bereits wieder den unbewussten Prozess. Es ist also sehr wichtig, die Folgen einer Deutung genauso ernst zu nehmen wie die Überlegungen, die zu einer Deutung geführt haben.

Im Vorgang des Formulierens einer Deutung wird dieser Akt von einer ganzen Reihe von Gedanken begleitet. Es kommt vor, dass ich, noch während des Sprechens, wenn ich mir selbst zuhöre, einige Gedanken in einem neuen Licht sehe. Das veranlasst mich dann, meinen Deutungen eine Wende zu geben, die ich beim Beginn des Sprechens nicht im Sinn hatte. Es sind die beiden Beteiligten der analytischen Situation, die einer Deutung zuhören und auf das Gesagte reagieren.

Die inneren Vorgänge um eine Deutung sind sehr komplex: wir überlegen, wie wir die latenten Mitteilungen unserer Patienten entschlüsseln können, wie wir sie in Worte fassen können, überlegen wohl auch, was unser Patient nach unserer Einschätzung aufnehmen kann, berücksichtigen dabei auch unsere bisherigen Erfahrungen mit ähnlichen Situationen, denken vielleicht noch flüchtig an ein theoretisches Konzept oder daran, was ein geschätzter Kollege in einer solchen Situation sagen könnte, stellen uns die innere Welt unseres Patienten vor, versuchen unsere eigenen Reaktionen zu erforschen, denken über unsere Verwicklung nach und können eigentlich verwundert sein, wie es möglich ist, dabei noch etwas Vernünftiges zustande zu bringen. Nun geht also noch während des Sprechens unsere innere Arbeit weiter, wir hören uns selbst zu und erfassen Gesichtspunkte, die uns während der Vorüberlegungen nicht klar waren, gleichzeitig können wir schon gewisse Wirkungen auf unseren Patienten wahrnehmen oder wir können sie uns leichter vorstellen. Die weiteren Reaktionen und mehr noch die nun folgenden Einfälle, geben uns direkte und indirekte Hinweise darauf, wie unser Patient aufgenommen hat, was wir gesagt haben. Die vielen Möglichkeiten, wie ein Patient zuhört, will ich hier nur erwähnen.

Das Zuhören eines Analytikers ist nur möglich, wenn eine gewisse Toleranz für Ungewißheit, Beunruhigung, Verwirrung und Überraschung besteht. Dennoch können die beiden Beteiligten nicht anders, als sich ständig eine Bedeutung ihrer beiderseitigen Beziehung zu konstruieren, die in großen Teilen unausgesprochen bleiben kann. Dabei suchen beide ständig nach Möglichkeiten, ihr vertrautes Gleichgewicht und ihre Welt, in der sie sich sicher fühlen, aufrechtzuerhalten. Ich gebe ein Beispiel.

Frau Schneider beginnt ihre zweite Stunde nach einer längeren Pause:

»Heute komm' ich doppelt verärgert: ich musste gerade warten, obwohl ich den Termin zur Akupunktur so gewählt hatte, dass es mir für hier noch reicht, aber als der Arzt erst nach 35 Minuten kam, hab' ich gesagt, ›jetzt ist es zu spät!‹ und bin gegangen. Warum können die sich nicht an ihre Zeiten halten? Auf der Fahrt hierher hab' ich dann gedacht: warum ist es mir so wichtig, hier pünktlich zu sein? Sie tun ja sowieso nichts. Sie halten mich in Ahnungslosigkeit. Sie wollen nicht, dass Ihre Patienten etwas über sich erfahren. Sie geben mir keine Erklärung über meine Erkrankung, das musste ich erst in diesem Buch nachlesen.«

Ich sage: »Was könnte mich bewegen, Erklärungen zurück zu halten?«

Frau Schneider: »Sie wollen es einfach nicht. Ich weiß nicht, was Sie damit beabsichtigen, aber es hat mir nicht geholfen, im Dunkeln zu tappen. Ich habe meine Eltern geliebt und dann hab' ich nichts gekriegt. Ich hab' immer gedacht, es liegt an mir und dann schämt man sich.«

(Frau Schneider ist empört und schimpft, dass sich in der Analyse nichts ändere).

Ich sage: »Dass Sie sich über mich so ärgern, war früher undenkbar, weil Sie mich gemocht haben und eine große Angst hatten, mich zu verlieren. Jetzt getrauen Sie sich, sich das einzugestehen und Ihnen fällt auch auf, wenn Sie mich vermissen. Und es ist schlimm, warten zu müssen und zurückgesetzt zu werden.«

Frau Schneider: »Ich habe auch Fehler gemacht.«

Ich sage ohne Zögern: »Jetzt habe ich Ihnen grade die Schuld gegeben.«

Frau Schneider spricht sofort weiter: von einer Begegnung mit einer Freundin, von der sie in der Vergangenheit schon einige Male sitzen gelassen wurde, wenn sie deren Hilfe brauchte. In diesen Ferien sei sie so wütend auf ihre Freundin geworden und habe sich erstmals getraut, es ihr auch zu sagen. Aber die habe so getan, als ob nichts wäre und habe dann gesagt: »Sag' es doch gleich, natürlich komme ich und helfe Dir, wenn Du so schlecht laufen kannst mit Deinem kaputten Bein.«

»Das hat mich an meine Mutter erinnert. Die hatte, wenn ich mich beklagte, quasi so etwas Gönnerhaftes und sagte: ›Ach so, warum sagst Du es nicht, natürlich helfen wir Dir, natürlich verstehen wir es.‹ Aber das hat mich eher deprimiert und in die Resignation getrieben. Dagegen komm' ich dann nicht an. Dieses ›ach Kind, was hast Du denn schon wieder?‹, da werd' ich ganz klein, da muss ich mich schütteln, um das loszuwerden.«

Nach einer Pause sagt sie:

»Nicht, dass Sie es auf sich beziehen.«

Wir müssen beide etwas lachen.

Frau Schneider klagt mich an und ist sich sicher, dass ich mich schuldig fühle und mich dann rausreden möchte. Deswegen rechtfertige ich mich mit meiner Deutung, so meint sie, worauf sie dann, erschreckt über die Wirkung ihres Angriffs, die Schuld auf sich nimmt. Meine Anerkennung dieses Vorgangs zieht zwei Assoziationen nach sich: Mit Ihrer Freundin hat sie die Entdeckung gemacht, dass sie etwas ohne fatale Folgen sagen kann. Die Erinnerung an den Dialog mit Ihrer Mutter, die nur ein Pseudoverständnis zeigt und der sie auf keinen Fall etwas verdanken möchte, enthält wiederum eine Anspielung auf Aspekte der negativen Übertragung. »Nicht, dass Sie es auf sich beziehen!« zeigt dann an, dass Sie mitdenkt, wie ich ihr zuhöre. Diese Fähigkeit zum Perspektivenwechsel ist eine Voraussetzung einer Reflexion, und ist das Ergebnis einer längeren analytischen Arbeit, zugleich zeigt dieses Beispiel Anspielungen auf den Wunsch, mir zuvorzukommen, und ihr Misstrauen mir gegenüber.

Übertragung und Deutung

Deutungen werden auf verschiedenen Ebenen gehört, sie schließen sowohl Identifizierungen mit Selbst- als auch mit Objektrepräsentanzen ein. Sie werden auch als eine Handlung eines Objektes der inneren Welt erfahren und damit Bestandteil des Übertragungsgeschehens. Es gibt dann einen Parallelprozess zwischen dem Gesprochenen – Patient und Analytiker hören, was gerade gesagt wird – und der unbewussten Interaktion, die gleichzeitig stattfindet.

Freud schrieb1912 in »Zur Dynamik der Übertragung«, die Stockung in der freien Assoziation werde durch die Versicherung beseitigt, »er (der Patient) stehe jetzt unter der Herrschaft eines Einfalles, der sich mit der Person des Arztes oder mit etwas zu ihm Gehörigen beschäftigt« (Freud 1912, S. 161). Die Übertragung entsteht in dieser Beschreibung im Moment der Aktivierung eines verpönten, angstmachenden oder Schuld auslösenden Triebwunsches in Richtung auf ein inzestuöses Objekt. Anna Freud wies 1982 im Rückblick auf die Anfangszeit der Psychoanalyse scherzhaft darauf hin, dass die frühere Aufforderung, frei zu assoziieren, heute einen Eingriff in die »bürgerlichen Rechte« (1982, S. 16) eines Patienten darstellen würde. Wenn ein Patient in der Frühzeit der Psychoanalyse erklärt hätte, er wolle über ein peinliches Thema nicht sprechen, wäre das nicht als Ausdruck eines Übertragungsvorganges verstanden worden, sondern gesagt worden: »Ja, sicher, wenn Sie nicht wollen, aber dann wird die analytische Methode, die ich Ihnen erklärt habe, nicht wirken, weil sie darauf gründet, dass Sie sagen, was Ihnen durch den Sinn geht« (S. 17). Diese engste und auf die Abwehr im Moment der klinischen Situation fokussierende Auffassung von Übertragung, die sich vornehmlich in einer Einpersonenpsychologie bewegt, ist aber nur eines, und zwar das früheste, der von Sigmund Freud herausgearbeiteten Konzepte.

In der Arbeit »Zur Dynamik der Übertragung« beschreibt Freud eine zweite Auffassung von Übertragung, nämlich die als eines »Klischee[s], welches im Laufe des Lebens regelmäßig wiederholt, neu abgedruckt wird« (Freud 1912, S. 364). Es resultiert aus den »Eigenarten« der kindlichen Triebentwicklung, »welche Liebesbedingungen er später stellt, welche Triebe er dabei befriedigt, und welche Ziele er sicht setzt« (S. 364). Diese Form von Übertragung findet sich im Gegensatz zu der ersteren unabhängig von der analytischen Situation und charakterisiert das Verhältnis eines Menschen zur Welt und formt seine Wahrnehmung des gegenwärtig anwesenden äußeren Objektes.

In dieser grundlegenden Arbeit findet sich auch die berühmte Fußnote über den »... zur Übertragung befähigte(n) Anteil des Komplexes ...«: »Wenn in einer Schlacht um den Besitz eines gewissen Kirchleins oder eines einzelnen Gehöfts mit besonderer Erbitterung gestritten wird, braucht man nicht anzunehmen, daß die Kirche etwa ein Nationalheiligtum sei, oder daß das Haus den Armeeschatz berge« (S. 369). Übertragungen sind also bereits in dieser Arbeit nicht nur als einfache Wiederholungen infantiler Szenen konzipiert, sondern entstehen in der gegenwärtigen Situation der Analyse und enthalten weitere Verschiebungen und können damit etwas anderes verdecken. Diese 3. Dimension von Übertragung wurde 1936 von A. Freud als Übertragung von Abwehr näher beschrieben.

Freud erwähnt bereits eine 4. Auffassung von Übertragungsvorgängen, die sich auf die Interaktion der beiden Beteiligten bezieht. Er schreibt: wenn sich etwas »dazu eignet, auf die Person des Arztes übertragen zu werden, so stellt sich diese Übertragung her« (1912, S. 369) und sie »wird mit der größten Hartnäckigkeit verteidigt«. Wenn hier der Triebtheorie entsprechend die eigene, innere Notwendigkeit, aus der etwas übertragen wird, ganz im Vordergrund steht, geraten doch bereits die »Eignung« und damit die Eigenschaften und das Verhalten des Analytikers in das Gesichtsfeld.

Diese Beteiligung des Analytikers im Übertragungsgeschehen und damit die Wechselseitigkeit des Prozesses möchte ich in den Mittelpunkt meines Vortrages rücken und zeigen, wie sich beide Teilnehmer in einem analytischen Prozess ständig Deutungen geben, die implizit oder explizit der Regulierung der Kräfte der unbewussten Bewegungen dienen. Die Theorie der Aktualisierung eines inneren »Klischees« gilt nämlich nicht nur für unsere Patienten. Wir werden in einer Analyse nicht nur in die fremde innere Welt verwickelt, sondern reagieren mit unserer eigenen. Wir müssen dann beide versuchen, mit den unbewussten, lebendig gewordenen Konflikten fertig zu werden.

Deutungen können eine ganze Reihe von Funktionen erfüllen: Sie können sich an die Arbeitsweise des Ichs wenden wie in einer Widerstandsanalyse, sie können abgewehrte unbewusste Vorgänge aufzeigen wollen und sich somit eher an das Es wenden und sie können Aspekte des Über-Ichs bewusst machen. Sie können des weiteren eine Übertragung entweder im Hier und Jetzt oder in der Verknüpfung mit der Vergangenheit aufgreifen, sie können die Übertragung als Widerstand oder als verschlüsselte Information über die innere Welt ansprechen. Deutungen kann dabei eine haltende Funktion zukommen und sie können ihre Wirkung in einem »container/contained«-Modell entfalten. Sie können die Absicht verfolgen, den unbewussten Prozess zu fördern oder wieder in Gang zu bringen, sie können Unterscheidungen zwischen innen und außen und früher und jetzt treffen wollen. Aber immer geben sie einem Patienten Erklärungen über sein psychisches Funktionieren und etablieren dadurch eine analytische Situation, die sich von anderen sozialen Beziehungen grundlegend unterscheidet.

Meine zentrale These ist nun, dass Deutungen Knotenpunkte unserer Arbeit sind, in denen sich das »Denken über …« kreuzt mit den Kompromissbildungen, deren Resultat sie sind. Dann wird es sehr wichtig, sorgfältig zu verfolgen, welche Wirkungen unsere Deutungen haben. Faimberg hat in ihrer Arbeit »Dem Zuhören zuhören« (2001) beschrieben, wie aufschlussreich es ist, sehr genau darauf zu hören, wie und als was Patienten unsere Deutungen gehört haben. Wenn wir Deutungen als Erklärungsversuche verstehen, mit verstörendem unbewussten Material zurechtzukommen, wird es erforderlich, uns als Analytikern selbst wie unseren Patienten zuzuhören. In meinem eingangs gegebenen Beispiel höre ich nicht nur, wie Frau Schneider meine Interventionen aufnimmt, sondern sie selbst hört sich zu und stellt sich vor, wie ich höre, was sie sagt, und ich höre mir zu und frage mich, »was habe ich gerade gesagt?« Und ich frage mich, welches innere Objekt mag ich gerade für sie sein und welches innere Objekt mag sie gerade für mich sein und wodurch habe ich dazu beigetragen?

Deutungen werden somit auch benötigt, weil sie die eigene Orientierung erleichtern. Sie stellen Kompromisse dar zwischen der Welt eines Patienten, der Welt eines Analytikers und ihrer gemeinsamen Situation und zeigen an, dass versucht wird, in einer analytischen Situation darüber nachzudenken. Wenn Deutungen Kompromissbildungen von Wunsch/Abwehrkonflikten sind und sich zwischen Wahrnehmung, Denken und Rationalisierung bewegen, werden sie nicht nur zum Verstehen benutzt, sondern als Handlungen, verschlüsselte Mitteilungen und als emotionale Antworten verstanden.

Das ist immer der Fall, kann aber auch gut verborgen sein. Auf der Ebene von Persönlichkeitsstörungen und in Situationen tieferer Regression wird die Möglichkeit von Übertragung oft nicht mehr als solche anerkannt, sondern was geschieht wird als die einzige und als die wahre Beziehung erlebt und verteidigt. Dann geht die mögliche Dimension eines »als ob« verloren und für einen Analytiker gibt es kein Entkommen.

Ich habe eine Behandlung ausgewählt, in der sich eine traumatische innere Welt in der Analyse auf diese Weise aktualisiert. Ich berichte aus einer Stunde während einer Behandlungssituation, in der Herr Gebhardt mit äußerster Verzweiflung für die Erhaltung einer zutiefst schrecklichen inneren Welt kämpfte. Trotz der damit verbundenen Qual schien sie ihn doch vor einer anderen, noch bedrohlicheren Situation zu schützen. Er hatte sich am Anfang durch seine Analyse unterstützt gefühlt und sich in eine verheiratete Frau mit Kindern verliebt und es zudem gewagt, sich wegen einer ausbleibenden Beförderung mit seinem Vorgesetzten anzulegen.

Er erinnert aus seiner Kindheit schreckliche Situationen von Beschämung, aber auch eigene wilde und gefährliche Manöver, um auf sich aufmerksam zu machen, gewalttätige Prügeleien, um nicht als Muttersöhnchen zu gelten, und er erinnert, wie er seinen Meerschweinchen das Schwimmen beibringen wollte, sie dabei jedoch ertrunken sind. Nach einer wilden und oppositionellen Pubertät stieß er auf einen körperlichen Mangel, der zu einem Zusammenbruch seines Integritätsgefühles führte und nachträglich als endgültige Strafe für jede frühere Anmaßung verstanden wurde. Er wurde zu einem braven, Konflikte vermeidenden jungen Mann, der sich gezwungen sah, sich an den Erwartungen seines Objektes zu orientieren, was ihn gleichzeitig mit einem unfühlbaren tiefen Groll erfüllte. Deshalb konnte er weder mit noch ohne ein Liebesobjekt sein und erkrankte sowohl an Trennungen als auch an Begegnungen.

Aus einer Montagsstunde

»Das Zauberwort habe ich nicht gefunden.« Damit eröffnet Herr Gebhardt die Schilderung eines Wochenendes voller Trostlosigkeit und Einsamkeit. Er hatte sich überlegt, sich Tabletten zu besorgen, oder zum Bahndamm zu gehen, um sich umzubringen. Das Zauberwort bezieht sich auf unsere letzte Stunde am Freitag, in der er gesagt hatte, er würde etwas von mir brauchen, um das Wochenende zu überstehen. Er berichtet dann weiter, er habe sich seinen Bausparvertrag auszahlen lassen, das sei jetzt auch ausgereizt, und er spricht über seine Situation wie über ein unabwendbares Schicksal, das nur in die Katastrophe führen kann. Die Schilderung geschieht mit einer drängenden und düsteren Stimme, die ich von ihm gut kenne.

Ich versuche, meine Reaktionen zu schildern:
In mir wird sofort ein unerträglicher Druck lebendig, dem ich gerne entfliehen würde. Die Angst vor einer Katastrophe spüre ich selbst. Ich werde gedrängt, müßte etwas unternehmen und weiß doch nicht was. Ich bin zugleich ratlos und hilflos, weil diese Krise seit Wochen anhält und es bisher nur vorübergehend gelungen ist, einen Halt zu finden, ihn für ein gemeinsames Nachdenken zu gewinnen, und Zauberworte habe ich nicht zu bieten.

Ich bin aber auch wütend und versucht, den Patienten zu rütteln, ihn zu konfrontieren oder zu ermahnen, und ich ärgere mich etwas über die Beharrlichkeit, mit der er an seiner Welt festhält.
Ich denke auch an das vergangene Wochenende, an das verlassene Kind und seine Verzweiflung, die so viel ungefühlte, unfühlbare Wut enthält, und wie er sich selbst dann wütend attackiert, weil er es hasst, sich auf mich angewiesen zu fühlen.
Ich fürchte, nur Deutungen zu finden, die meiner Entlastung dienen und ihn nur mehr unter Druck setzen würden. In der Vergangenheit waren in solchen Situationen Deutungen oft nicht hilfreich gewesen, er hat sie als Hinweise auf seine Mängel oder als Beschuldigungen erlebt. Und sie enthielten manchmal einen von mir selbst erst im nachhinein bemerkten Versuch, ihn zu überzeugen und ihn zu einer anderen Sichtweise zu drängen.
Ich sage nichts.

Er erzählt nach einer Pause weiter, dass seine Freundin angerufen habe, und spricht von einem drohenden Unheil: Sie würde nämlich, davon sei er überzeugt, irgendwann ihren Mann verlassen, sie würde alles hinschmeißen und dann wäre er dran und müsse für alles, einschließlich der Kinder, aufkommen. Er sei dieser Situation unmöglich gewachsen und er werde dann schuld sein an der Zerstörung des Lebens einer ganzen Familie. Er überlege, sich ihrem Mann zu offenbaren, um seine Schuld zu büßen. Es folgt eine weitere quälende Schilderung seiner Selbstvorwürfe und Strafwünsche, seiner Einsamkeit und seiner Selbstmordgedanken.

Meine Reflexion:
Mir kommt es vor, als wolle er sich auf eine gewaltsame Weise nur als Opfer sehen und dabei eine Katastrophe selbst herbeiführen. Ich fühle mich selbst als Opfer seines gewaltigen Drucks und einer verdeckten sadistischen Interaktion. Diese kann er jedoch, wie ich weiß, nicht fühlen und ich glaube, eine komplexe Deutung in diesem Moment würde er als Ausdruck meiner Überlegenheit und meines Hohns hören. Ich versuche deswegen nur Worte für den grenzenlosen und nicht identifizierbaren Affekt zu finden und sage:
»Es ist wie in einer Lawine, in der eine ungeheure Kraft in eine Richtung drängt mit einem enormen Sog, der uns beide erfassen wird, und dem man sich nicht entziehen kann. Diese Lawine wird nicht aufzuhalten sein und erst ruhen, wenn sie in eine Katastrophe geführt hat.«

Er stimmt dem zu und scheint etwas erleichtert zu sein. Er sagt dann, dass er sich für die jetzige Situation unermesslich schäme und sich verachte, wenn er merke, dass er so stur und unbelehrbar sei und sein Ding durchziehe. Aber was solle er machen, das sei seine Art, auf die Angst zu reagieren, und ich könne ihm auch nichts geben, was ihm hinaushelfe. Er spricht weiter über die öffentliche Demütigung, die er vor Augen habe, wenn er sich vorstelle, dass seine Verfehlungen ans Tageslicht kämen und er beruflich ruiniert sei: »Ich hasse und fürchte solche Situationen, und die Angst ist ungeheuer, die über mir schwebt, sie droht mich zu zerschmettern.«

Meine Reflexion:
Nach meiner Beschreibung des Lawinengefühls hat er sich etwas gesammelt und es finden sich Versuche von Selbstreflexion, die jedoch seine Panik nicht bremsen können. Ich hatte den Impuls, ihn zu drängen, zu ermahnen oder in abgewandelter Form, ihn auf die Realität hinzuweisen, selbst bearbeitet – obwohl noch Spuren davon zu hören sind – und mich seiner Perspektive zuwenden können. Er gibt sich dann eine Deutung selbst, die ich zurückgehalten hatte, aber er verwendet sie als Beschuldigung.
Der Druck zu handeln ist in dieser Situation fast zwingend gewesen. Ich frage mich, in welcher inneren Objektbeziehung stecken wir fest? Ich weiß von den Katastrophen seiner Kindheit. Ich denke an seine Mutter, die sich in ihrer Verzweiflung Gott anflehend auf den Boden warf, und wie er hilflos daneben stand. Wie eng er sich ihr verbunden fühlte, und dass er es nicht ertrug, wenn sie sich abwandte. Ich weiß, wie er in der Illusion einer ausschließlichen Verbindung mit ihr lebte, in der er ihr Erlöser sein wollte, andererseits wie erstickend diese Verbindung für ihn war.

Er spricht davon, wie in seiner Kindheit und Jugend jede Beschäftigung mit Sexualität ihn des verächtlichen Blickes seiner Mutter gewahr werden lässt. Er ruft aus: »Warum habe ich nur so eine irrsinnige Angst?« Er sei so wütend über die Zurücksetzung durch seinen Chef gewesen. So eine demütigende Geringschätzung sei unerträglich. Er fragt sich, woher seine Verletzbarkeit komme. Es stimmt, dass es wie eine Lawine sei, er sei allein, einsam, habe eine wahnsinnige Sehnsucht. Er möchte sich hineinstürzen. Er könne nicht mehr denken. Er müsse büßen, nur eine Sühne würde es ihm leichter machen: »Ich hasse solche heimlichen Beziehungen, das Hintenherum. Das erinnert mich an meine sexuellen Exzesse, an meine Neugier und an die verbotene und heimliche Erregung, als ich klein war. Ich möchte gerne asexuell sein. Ich habe mich immer sauber gewünscht. Alles Unreine muss ausradiert werden. – Das ist ja irre!«

Ich sage: »Ich muss jetzt daran denken und mir kommt es wie gegenwärtig vor: Sie quälen sich in verzweifelter Selbstanklage wie Ihre Mutter und es gibt keine Hilfe und keinen Trost und daneben steht einer, der sich für alles verantwortlich fühlt und versucht, eine verzweifelte Mutter zu beruhigen, die sich händeringend auf den

Boden vor den Hausaltar geworfen hat, verzweifelt Gott anruft und sich selbst kasteit. Aber es gibt nur hilflose Versuche, und Sie werden überwältigt von einem Gefühl grenzenloser Ohnmacht und Verlorenheit.«

Der Patient wird lebhaft und ruft, seine Freundin ziehe ihr Ding durch. *Er* sei der Fisch, der an der Angel zapple. Sie beanspruche ihn, er müsse sich ganz nach ihr richten und es gebe kein Entkommen.

Meine Reflexion:
Er hört, dass meine Verknüpfung mit einer wohlbekannten Szene aus seiner Kindheit ein Versuch war, ihm mitzuteilen, dass er zwar einerseits hilflos ausgeliefert sei, aber, ähnlich wie seine Mutter, selbst in seiner Verzweiflung wüten kann. Deswegen unterstreicht er sofort seine Position als Opfer, um auf keinen Fall schuldig zu sein. Ich weiß, wie sehr es ihn gleichzeitig demütigt, ein Opfer zu sein, und sage:
»Ich denke nicht, dass Sie sozusagen nur die Lawine sind und ich dann in der Analyse wie ein hilfloses Kind versuchen müsste, Sie aufzuhalten, sondern dass beides gleichzeitig und im Wechsel stattfindet, und, dass Sie gleichzeitig entsetzlich hilflos sind und gleichzeitig sich wie eine Lawine ins Tal stürzen und alles mitreißen möchten.«

Es entsteht eine Pause. Er erzählt in ruhigerer Stimme von einem Streit mit dem zehn Jahre älteren Bruder, als er vielleicht acht Jahre alt war. Wie er sich ihm in blinder Wut entgegengeworfen habe, zum Schluss in hilfloser Wut aus dem Haus gestürzt sei und von außen die Türscheibe eingeschlagen habe. Ich denke: In diesem Moment findet er Anschluss an seine »eigenen« Empfindungen und seine aktiven Möglichkeiten und es kommt zu einem Augenblick des Innehaltens und der Traurigkeit.

Wenn ich meinem Bericht aus dieser Stunde nachträglich »zuhöre«, bin ich selbst über die vielen Übertragungsanspielungen verwundert, besonders wenn ich mir vorstelle, wie sie ein Leser vielleicht »gehört« haben könnte. In der Stunde selbst habe ich vor allem den Druck wahrgenommen, der nicht ertragen werden konnte. Den Inhalt seiner Einfälle habe ich wie Versuche der Selbstbeschwörung verstanden, in denen er frühere Einsichten aus unserer Arbeit aufgreift, und an denen er sich wie ein Ertrinkender an Strohhalmen festzuhalten versuchte.

Ich unterscheide in dieser Situation drei *Verschiebungen*: Zum einen ist es eine Entlastung, das verfolgende innere Objekt zu projizieren. Dadurch gerät es jedoch außer Kontrolle und verschlechtert die innere Bilanz, besonders, wenn der Analytiker seinen Impuls, zu reagieren, nicht genügend kontrollieren kann. Die Auflehnung und Wut gegen das projizierte verfolgende innere Objekt verschlechtern die Bilanz weiter;

sie dürfen nicht gespürt werden, geben ihm aber dennoch das Gefühl, ein Ungeheuer zu sein.

Zweitens schützt dieser Vorgang sowohl vor einer archaisch geprägten ödipalen Konfliktsituation als auch vor einer Angst, ganz allein dazustehen in einem namenlosen Schrecken, in dem es kein Objekt, ein totes Objekt oder ein kolonialisierendes Objekt gibt.

Drittens enthält dieser Vorgang eine vom Patienten nicht anerkannte Wendung vom Passivem zum Aktiven, er führt das, was er fürchtet, selbst herbei. Damit kann er ein noch schlimmeres Auslieferungsgefühl verhindern, seine Wut gegen sich selbst gewendet dennoch abführen und dabei ein infantiles Gefühl von Omnipotenz aufrechterhalten.

Viel später, nachdem wir diese schwere Krise überstanden hatten, erfahre ich, in welchem Ausmaß meine Äußerungen über seine Innenwelt zu vernichtenden Urteilen geworden waren. Er hatte sich jede Spur von ungeduldigen, konfrontativen und belehrenden Interventionen gemerkt und sie als herablassend und höhnisch erlebt, darüber hinaus hatte er mich in Situationen enttäuscht, vorwurfsvoll und verhöhnend gehört, die meiner Aufmerksamkeit entgangen waren. Er sagte später zwar, er hätte schon ein gewisses Wohlwollen bei mir wahrgenommen, aber diesem nie getraut. Ich hätte nur nicht erkannt, wie schlecht er wirklich sein könne.

Mein Dilemma in diesen Behandlungssituationen war: Hatte ich seinen Sadismus angesprochen, hatte er sich in seiner Selbstverurteilung bestätigt gefühlt, die damals nach den Regeln eines Volksgerichtshofes funktionierte, hatte ich seine Scham angesprochen, hatte ich damit sein völliges Versagen unterstrichen, griff ich sein schreckliches Schuldgefühl auf, schien ich mich über ihn lustig machen zu wollen.

Deutungen, die versuchen, eine Übertragungsbeziehung und eine reflektierende Ebene zu umfassen, stellen den Analytiker außerhalb der Verwicklung und können als Angriffe auf das innere Gleichgewicht und als so bedrohlich erlebt werden, dass die innere Ordnung nur aufrechterhalten werden kann, indem der Analytiker gewaltsam in die innere Objektwelt hineingezwungen wird. Winnicott (1971) beschreibt den Kampf für die Aufrechterhaltung des subjektiven Objekts als einen Widerstand gegen die Anerkennung der Getrenntheit des Objektes. Die Anerkennung von Übertragung beinhaltet nämlich die Möglichkeit, dass man sich irren könnte, dass die Welt nicht so sein könnte, wie man bisher gedacht hatte, und markiert somit einen Angriff auf ein unbewusstes Omnipotenzgefühl, wenn das Selbstbild, das Kohärenzgefühl und der Narzissmus berührt werden. Das ist mit einer Erschütterung und Verwirrung verbunden und zeigt sich in Depersonalisations- und Derealisationserfahrungen, die nur in einer Situation von relativer Sicherheit ertragen werden können.

Was übertragen wird, wird nicht nur nicht erinnert, sondern auch nicht als Eigenes wahrgenommen und kann dann natürlich auch nicht gefühlt werden. Ein Wiederholen in der Übertragung ist in diesem Moment die einzige Form der »Erinnerung« und die einzige Informationsquelle über die Welt der inneren Objekte. Diese kann dazu dienen, Erinnerungen zu rekonstruieren, im Vordergrund steht jedoch das Bemühen, Formulierungen über relevante Aspekte der *gegenwärtigen Struktur und Funktionsweise* der Psyche zu finden, sie also zu konstruieren. Erinnerungen werden in diesem Modell psychoanalytischen Verstehens nicht mehr wiedergefunden (rekonstruiert), sondern bekommen nachträglich ihre Bedeutung. Die Szene aus der Kindheit von Herrn Gebhardt, in der der kleine Junge hilflos neben seiner verzweifelten Mutter steht, ist natürlich eine Deckerinnerung. Ich verwende sie zur Beschreibung der gegenwärtigen Situation, um ein Bild für etwas Überwältigendes zu finden, und nicht als Rekonstruktion.

In diesem Sinne verstehe ich Übertragung nicht als eine einfache Wiederholung eines »Klischees«, sondern meine, dass unbewusste Wünsche, Impulse, Phantasien und ihre Abwehrreaktionen gegenwärtig entstehen, *als ob* es sich um die Wünsche und Ängste eines kleinen Kindes mit seiner spezifischen Entwicklungsgeschichte handelt. Mit diesen kindlichen Bestrebungen muss in der gegenwärtigen Situation die gegenwärtige Person fertig werden. Übertragung kann gedacht werden als die der gesamten infantilen Situation auf die gegenwärtige, die dann auch in der Gegenwart untersucht werden muss (Joseph 1985). Folgerichtig ist dann der Analytiker das wichtigste Objekt der unbewussten Phantasien.

Diese Form der Übertragung beruht dann nicht nur auf einem projektiven Vorgang, sondern unsere Patienten können nicht anders, als uns dahin zu bringen, dass wir uns tatsächlich wie eines dieser inneren Objekte verhalten. Das ist ein aktiver, aber unbewusster Vorgang, der der Verankerung einer inneren Objektbeziehung in der Realität dient (Sandler/Sandler 1999). Gelingt diese Verankerung, befinden wir uns im unanalysierbaren Bereich der analytischen Beziehung. Innere und äußere Welt sind dann zur Übereinstimmung gebracht worden und eine vertraute Welt ist etabliert worden, Herrn Gebhard ist das in seiner Analyse gelungen.

In einem solchen Zweipersonenstück steht die beidseitige Verwicklung im Mittelpunkt. Ich habe versucht, *meiner* inneren Bearbeitung des Projizierten in einer Begegnung nachzuspüren, die keine Rationalisierung duldet und keine Intervention aus einer dritten Position erträgt. Der Gedanke an ein Konzept wie Übertragung geht verloren, die Beziehung wird todernst.

Die gerade geschilderten, unmittelbaren, scheinbar eindimensionalen Übertragungsvorgänge treten bei manchen Patienten oft, bei anderen manchmal in einer Analyse auf. Ihre Untersuchung führt zur Konfrontation mit dem Unheimlichen, dem Unbewussten, dem Fremden, sie führt in Bereiche, in denen wir auf eine omnipotente Phantasie und das dazu gehörende Kontrollsystem stoßen, auf eine Welt des Entweder/Oder. Diese Form der Übertragungsbeziehung kann für einen Analytiker äußerst bedrohlich sein, ihre Zurückweisung allerdings führt leicht zu einer Retraumatisierung. Auf der Suche nach Verstehen werden Deutungen als Intrusion und Vergewaltigung, kurz als eminente Bedrohung, zurückgewiesen und missverstanden, genauso wie gutgemeinte Hilfsangebote und Klärungsversuche.

Aber nicht nur die Omnipotenz eines Patienten, sondern auch die imaginierte und erwartete Omnipotenz des Analytikers ist bedroht, denn dieser zeigt in seinen Deutungen unweigerlich seine Beschränkungen und Mängel. Wir zeigen, wenn wir deuten, was wir nicht verstehen. Bei Herrn Gebhardt erfolgte die Kontrolle des Objektes auf eine verborgene Weise, indem er seine eigenen Gefühle auf mich projizierte und sie dann wieder entlehnend mitbenutzte. Weil sie nicht seine eigenen zu sein schienen, wurden sie als überwältigend erlebt und er konnte nie das Gefühl haben, sein eigenes Leben leben zu können. Diese Form von masochistischer Kontrolle kann einen Analytiker nie unberührt lassen.

Zeitweise kann es erforderlich sein, eine Deutung nicht auszusprechen, besonders wenn es sich um gesättigte Deutungen handelt. Diese sollten besser der inneren Orientierung dienen und bekommen ihre Bedeutung erst später im Prozess des Durcharbeitens.

Wenn wir einen Konflikt ansprechen, kann ein Patient eher zuhören, wenn wir versuchen, ihn von den Bewältigungsmöglichkeiten seines Ichs her zu deuten. So habe ich in einer späteren Stunde zu Herrn Gebhardt gesagt: »Es muss schrecklich für Sie sein, sich so klein und unterlegen zu fühlen, dann versuchen Sie sich zu helfen, indem sie lieber sich selbst klein machen. Und wenn Sie darüber wütend auf mich werden, kriegen Sie Angst, dass ich mich räche. Und dann würden Sie ganz allein dastehen.«

Dem *Widerstand* gegen die Wahrnehmung der Übertragung auf Seiten des Patienten entspricht eine Angst vor der Intensität der Übertragung auf Seiten des Analytikers. Die widerständige, gegen Veränderung gerichtete Funktion der Übertragung erklärt manche Sackgasse in Behandlungen, in denen sich beide in einer Übertragungskonstellation eingerichtet haben.

Die *Wahrnehmung* von Übertragung würde das seelische Gleichgewicht gefährden, das vertraute »Klischee« in Frage stellen und das Sicherheitsgefühl, welches selbst mit vertrauten schmerzhaften Erfahrungen verbunden ist, unterminieren. Denn auch vertraute schmerzhafte Erfahrungen zeigen doch die Anwesenheit des primären Objektes an (Sandler 1960). Die Etablierung der von mir geschilderten sadomasochistischen Verwicklung hält den Kontakt zu einem Objekt aufrecht, der andernfalls völlig verloren gehen könnte. Der Nachteil dieser Lösungen für Herrn Gebhardt ist jedoch ein Angewiesensein auf das Objekt, gegen das er sich zugleich mit allen Mitteln auflehnen möchte.

Aber es kommt noch hinzu, dass die beschriebene Form der Übertragung auch und gerade eine Möglichkeit zur verborgenen Triebabfuhr darstellt, die andernfalls völlig unakzeptabel wäre. Die sadistische Triebregung ist zur Kontrolle des Objektes in das Über-Ich dieses Mannes aufgenommen worden, welches ihn dann unnachsichtig und sadistisch verfolgt. In der zeitweiligen Identifikation mit diesem Über-Ich wird die eigene Omnipotenz aufrechterhalten und das eigene Ich angegriffen und geopfert. In der Analyse wird eine Externalisierung und Aktualisierung dieses Problems versucht und damit die Chance einer neuen Bearbeitung geschaffen. Die Wunscherfüllung sadistischer und damit sexueller Bestrebungen ist auf eine verborgene Form in der Übertragungsbeziehung möglich und trotz des damit verbundenen Leidens und der daraus resultierenden Konflikte befriedigend. Sie stellt eine Wahrnehmungsidentität auf der Ebene eines Primärvorganges her (Freud 1900; Sandler/Sandler 1999) und ist gegen Veränderung gerichtet. Sandler ging davon aus, dass Menschen ständig auf der Suche nach Wunscherfüllungen sind, die sich aus den infantilen Wünschen herleiten, die sich als Selbst- und Objekterfahrungen in einer Welt der inneren Objekte niedergeschlagen haben. Diese Wünsche können triebhafter Natur sein, aber vor allem auch Wünsche nach Sicherheit, Wohlgefühl und Kontrolle und besonders auch Wünsche nach Vermeidung unlustvoller Situationen umfassen.

Die Entstehung von Übertragung dient also nicht nur dem Widerstand und der Aufrechterhaltung eines inneren Gleichgewichtes, sondern ist gerade deswegen gegen Veränderung gerichtet, weil sie wie die

Kompromissbildung eines neurotischen Symptoms eine triebhafte Abfuhrform darstellt, in der in diesem Falle Versuchung, sadistische Befriedigung und Strafe miteinander abwechseln, und doch nicht als solche erkannt werden können. Nur in dieser verborgenen Form ist sie für sein Ich erträglich.

Dieses Konzept von Übertragung steht zur bewussten Interaktion der Beteiligten des psychoanalytischen Prozesses in einem Verhältnis wie die latenten Traumgedanken zum manifesten Trauminhalt.

Beteiligung des Analytikers

An dieser Verankerung der inneren Welt in der analytischen Beziehung, beschreiben wir sie als Externalisierung, Aktualisierung oder projektive Identifizierung, haben Analytiker mit ihren eigenen unbewussten Konflikten, ihren Werten, ihrem Verhalten, ihren Fehlern und persönlichen Beschränkungen einen Anteil. Das habe ich versucht zu schildern.

Darüber hinaus bieten wir uns mit unserer Ausgestaltung des analytischen Settings für unbewusste Wunscherfüllungen unserer Patienten an. Ich denke an unabänderliche Eigenschaften der analytischen Situation, wie an Regeln, an den Umgang mit Geld, mit Ausfallstunden und mit unserer Abwesenheit, und an die Wirkung des unvermeidlichen Endes von Stunden. Unsere eigene Wahl einer analytischen Richtung enthält eine besonders schwer zu reflektierende Form unserer persönlichen Konfliktlösungen, die unbemerkt zum Anlass von Übertragungsreaktionen unserer Patienten werden kann.

Ich meine aber nicht, dass Übertragung im kausalen Sinn von diesen Einflüssen verursacht wird, sondern dass sie sich an ihnen kristallisiert und an ihnen untersucht werden kann. Der innere Druck eines Wunsches, seine Abwehr oder die Vermeidung einer unlustvollen Situation suchen ständig nach einem Mit- und Gegenspieler. Herr Gebhardt nahm mich mit und arbeitete mit mir zeitweise jenseits der Grenze des für mich Erträglichen, und ich habe es ihm oft nicht leichter machen können.

Nachdem ich so viel über die Verwicklung gesprochen habe, wenn wir als Mitspieler eines unbewussten Stückes verpflichtet werden sollen, wird eines deutlich: Das Stück ist unbewusst und soll unbewusst bleiben. Die Analyse kann nur ins Blickfeld rücken, was eine Störung des Stückes darstellt. Das ist die *Zumutung*, die wir unseren Patienten bereiten.

Die Störung wird bereits vom analytischen Rahmen, der Professionalität der Situation und besonders durch das Bemühen um ein Verständnis des Verborgenen verursacht. Für alle drei Bereiche trägt ein Analytiker die Verantwortung. Ich füge noch hinzu: die erkennbaren Bemühungen eines Analytikers, den Erwartungen im unbewussten Stück nicht gerecht zu werden, sondern seine analytische Arbeit auch unter Druck aufrechtzuerhalten, stellen wahrscheinlich die mächtigste Intervention dar, selbst wenn keine Deutung ausgesprochen wird. Der Analytiker ermöglicht es der Übertragung, sich auszubreiten, und gleichzeitig widersteht er den in ihn gesetzten Erwartungen, der vertrauten inneren Welt zu entsprechen und sie damit zu affirmieren: das entspricht einer *impliziten Deutung*. Sie ermöglicht die Unterscheidung des Analytikers von seiner subjektiven Bedeutung in der Innenwelt eines Patienten. Sie ermöglicht die Trennung von in der Analyse externalisierten infantilen Objektvorstellungen (Winnicott 1971). Diese Trennungsschritte halte ich für die eigentlichen Wirkfaktoren in einer analytischen Behandlung, denn sie ermöglichen die Aneignung von eigenen Bereichen der inneren Welt, die bis dahin projiziert waren und nicht dem eigenen Selbst zugeschrieben wurden, Bereiche die vorher inakzeptabel waren (Loewald 1980). Ohne Unterscheidung von subjektivem Selbst (Winnicott 1971) und dem sich selbst gehörenden und in seiner eigenen Welt lebenden Objekt der Übertragung gibt es keine tiefere Einsicht – die Notwendigkeit dieser Unterscheidung wurde bereits 1934 von Strachey in seiner Arbeit »The nature of the therapeutic action of psycho-analysis« beschrieben. Es ist zunächst der *Verzicht* auf die erwartete Antwort, der die Psychoanalyse ausmacht.

Eine so verstandene Abstinenz, unser Bemühen um Verstehen und in schwierigen Behandlungen das Überleben des Analytikers, sind jedoch nicht der alleinige Motor des analytischen Prozesses. Nach meiner Auffassung brauchen wir auch *explizite* Deutungen. Sie sind ein Ausdruck des Denkens über innere Zustände, denen sich in der analytischen Situation *beide* Personen zuwenden, um diesen Prozess dem Ich verfügbar zu machen, und dienen dem Durcharbeiten. Sie machen für einen Patienten sichtbar, wie sein Analytiker denkt, führen eine weitere Perspektive ein und erleichtern eine *Unterscheidung* der beteiligten Welten, der ich eine zentrale Bedeutung beimesse. Eine Deutung kann dabei nie wahr in einem absoluten Sinne sein. Ein Gefühl der völligen Übereinstimmung entspräche sogar einer infantilen Wunscherfüllung. Deutungen zeigen vielmehr, dass und wie es möglich ist, über etwas Unerträgliches nachzudenken, ohne dass die befürchteten Folgen auftreten.

Ich vertrete jedoch keine intersubjektive Technik oder das Prinzip einer antwortenden Haltung und halte auch die Versuche im Sinne der Verkehrung ins Gegenteil für schädlich, bei denen ein Analytiker versucht, nicht das Objekt einer negativen Übertragung zu sein, sondern ein besseres und sogar helfendes. Statt dessen bemühe ich mich, die analytische Funktion wiederzuerlangen, wenn sie verloren gegangen ist. Dazu können wir Hilfe von Dritten brauchen, die uns unterstützen, unsere Gegenübertragung zu verstehen.

Ich denke, dass jede analytische Beziehung, wie jede menschliche Beziehung, in einem zwangsläufig unbewussten Prozess wurzelt, der den Analytiker mit einschließt. In diesem Sinne verstehe ich auch Sandlers Konzept von der Bereitschaft zur Rollenübernahme (Sandler 1976). Er wollte 1976 auf die unbewussten Reaktionen des Analytikers aufmerksam machen, deren Abkömmlinge zu der damaligen Zeit noch verpönt waren, und für ihre Nutzung eintreten, aber nicht, wie besonders die deutsche Übersetzung von »role-responsiveness« missverständlich nahelegt, zu einer »Rollenübernahme« einladen.

Ich komme zum Schluss

Wenn ich zuhöre, was aus einer Deutung wird, kann ich sowohl meinen Gedanken als auch ihrer Wirkung folgen. Das kann mir helfen, selbst zu verstehen, wo wir gerade sind.

Deutungen berühren aber auch in jedem Menschen etwas Kindliches, wogegen sich ein erwachsenes Ich zur Wehr setzen möchte, unabhängig vom Inhalt: ein Patient mag sich belehrt fühlen, klein gemacht, beruhigt, er fühlt sich aufgehoben, unterwirft sich, nimmt eine Deutung als Beweis für eine Sorge, ein Mitgefühl oder eine Kritik. Er kann sich fragen: »Wieso bin ich nicht schon selbst drauf gekommen?« Oder: »Wie kann ich werden wie mein Analytiker?«

Über diese manchmal lange unbemerkt bleibenden Phänomene wird seltener gesprochen als über das offenkundige »acting out«, das nur unverstellter zeigt, was sonst subtileren Abwehrvorgängen unterliegt, die den Prozess immer begleiten. Unsere Patienten lernen schnell, wie wir arbeiten. Sie erkennen unsere Vorlieben für Übertragungsdeutungen und machen sie sich zu eigen, sie heben sie auf ein bewusstes Niveau und scheinen gut mitzuarbeiten. Deswegen sind schematische Deutungen nicht geeignet, unbewusste Prozesse zu berühren, vielmehr können sie dazu dienen, neue Rationalisierungen und Anpassungen zu schaffen.

Diese Abstimmungen eines Patienten auf seinen Analytiker sind nicht unbedingt, wie oft beschrieben wird, so fein, weil die Wahrnehmung so fein ist, sondern vielmehr, weil eine ständige Abstimmung auf eine Vorstellung von der anderen Person abläuft, die zu einer vorbewussten Übertragung gezählt werden muss und, obwohl potentiell bewusstseinsfähig, selten angesprochen wird. Ich schätze deswegen die Aufforderung zur freien Assoziation, also alles zu sagen, was einem durch den Kopf geht. Ich bin manchmal erstaunt, wie viele Gedanken andernfalls durch den Rost der Aufmerksamkeit fallen. Diese kaum merklichen und vorbewussten Prozesse zähle ich zu der ständigen Arbeit des Ichs, sich in seiner Welt zurechtzufinden und ihr einen vertrauten Sinn zu geben. Unsere Hoffnung, wir würden gerade die feinen Vorgänge in der »Gegenübertragung« erleben, wird enttäuscht, wenn wir ein sorgfältiges Zuhören vernachlässigen.

Ich komme noch einmal auf Frau Schneider vom Anfang meines Vortrages zurück.

Frau S. fragt mich in dieser Phase ihrer Analyse, etwas an ein Kind in einer »Warum-Phase« erinnernd, wieder: »Erklären Sie mir das doch bitte, sie erklären mir das nicht. Ich muss es immer nachlesen, das hilft mir dann«, unmittelbar nachdem ich gerade eine Erklärung gegeben habe.

Ich sage: »Ich glaube, Ihr Bestehen auf Erklärungen ... (und ich höre meine Gedanken, während ich spreche, und merke, wie ich im Begriffe bin zu sagen: ›... hilft nicht weiter, es ist wichtiger, den Fragen nachzuspüren. Und Sie haben meine Erklärung gerade übergangen‹, und ich ändere beim Sprechen meine Aussage und fahre statt dessen fort:) ... ist sehr wichtig! Sie suchen nach Erklärungen, die helfen etwas zu ertragen, ihre Furcht ist aber, dass es Beschuldigungen werden.«

Erst im Zuhören hatte ich eine Spur meiner Gereiztheit bemerkt, meine Intervention hätte eine Beschuldigung enthalten und wäre von ihr auch so gehört worden. Eine »falsche« Verknüpfung wäre gerade nicht erkennbar gewesen, sondern eine innere Welt wäre erfolgreich externalisiert worden. Sie hätte damit in der Gegenwart der analytischen Situation die innere Welt bestätigt, also eine Wahrnehmungsidentität (Freud 1900) herbeigeführt. In dieser Situation erfahre ich etwas über die Beschaffenheit des Objektes, welches ich in der Übertragung sein soll, vermeide aber gerade noch ein Agieren dieses Objektes. Dieses Wissen wird dann in eine spätere Deutung einfließen können.

Wenn ich aber deuten würde, nur um eine Übertragung zu vermeiden, etwa, um mich als besseres Objekt darzubieten, entgehe ich nicht der Wiederholung. Vielmehr würde ich indirekt die Annahmen meiner Patientin bestätigen, die verfolgen kann, wie ich gerade einer gefürchteten Situation ausweichen möchte. Es ist das ständige Bemühen um die Wiedergewinnung der analytischen Funktion, die ich zeigen wollte, gerade weil wir diese Funktion immer nur vorübergehend und unvollkommen wahrnehmen können.

Literatur

Faimberg, H. (2001): Dem Zuhören zuhören. Historische Wahrheiten und Verleugnung. In: Bohleber, W. / Drews, S. (Hg.) Die Gegenwart der Psychoanalyse – die Psychoanalyse der Gegenwart. Stuttgart: Klett-Cotta, S. 424–434.

Focke, I. (1997): Die Deutung der Übertragung als Widerstand. Vortrag auf der DPG-Jahrestagung Stuttgart.

Freud, S. (1900): Die Traumdeutung. GW II/III.

– (1912): Zur Dynamik der Übertragung. GW VIII, S. 364–374.

Loewald, H. W. (1980): Psychoanalyse. Aufsätze aus den Jahren 1951–1979. Stuttgart: Klett-Cotta.

Joseph, B. (1985): Übertragung. Die Gesamtsituation. In: Dies. (1994): Psychisches Gleichgewicht und psychische Veränderung. Stuttgart: Klett-Cotta, S. 231–248.

Sandler, J. (1960): The background of safety. Internat. J. Psychoanal. 41, S. 191–198.

– (1976): Gegenübertragung und Bereitschaft zur Rollenübernahme. In: Psyche 30, S. 297–305.

Sandler, J., Freud, A. (1989): Die Analyse der Abwehr. Stuttgart: Klett-Cotta.

Sandler, J., Sandler, A.-M. (1999): Innere Objektbeziehungen. Stuttgart: Klett-Cotta.

Strachey, J. (1934): The nature of the therapeutic action of psycho-analysis. In: Internat. J. Psychoanal. 15, S. 127–159.

Winnicott, D. (1971): Objektverwendung und Identifizierung. In: Vom Spiel zur Kreativität. Stuttgart: Klett-Cotta, S. 101–110.

Ursula Kreuzer-Haustein

Schwer erträgliche Affekte im Analytiker

Im Deutschen Ärzteblatt aus dem Jahre 2003 wird über eine Gießener Studie der psychosomatischen Universitätsklinik berichtet, in der die Lebensqualität von Psychiatern und Psychotherapeuten untersucht wird. Die Autoren dieser Studie (Reimer, Jurkat 2001) kommen zu dem Ergebnis, dass die Konfrontation mit seelisch schwer kranken Patienten zu einer emotionalen Überbeanspruchung führen könne, die einhergeht mit

»aggressiven Gefühlen gegenüber den Patienten, die sich in Feindseligkeit, Wut und Desinteresse äußern. Viele Helfer fühlen sich aber auch hilflos, depressiv, ohnmächtig, resigniert und erschöpft. Für die therapeutische Beziehung ... haben solche Affekte fatale Folgen. Denn die Affekte drücken sich in Gegenübertragungsreaktionen aus, vor allem in unbewusster ... Feindseligkeit, die zu einem machtorientierten, sadistischen Umgang mit Patienten führen können ... Feindseligkeiten sind ein häufiges Phänomen in psychotherapeutischen Behandlungen« (Sonnenmoser 2003, S. 511).

Die Gefahren dieses hier dargestellten Phänomens liegen darin, dass die Feindseligkeit unbewusst bleibt, sich in unbewussten agierenden Inszenierungen durchsetzt und so für die analytische Arbeit nicht nutzbar gemacht werden kann. Wenn Winnicott (1983) sagt, dass der Hass des Analytikers notwendig für die Entwicklung von seelisch schwerkranken Patienten ist – ein Hass, der natürlich, so Winnicott, »auf Eis gelegt werden muss« (Winnicott 1983, S. 80), – dann orientiert er sich an einem psychoanalytischen Entwicklungsmodell, in dem das Baby in einer vollständigen und deshalb sehr angstvollen Abhängigkeit von der Mutter ist. Das Baby ist diesem Geschehen ausgesetzt und die damit verbundene Angst, nicht gehalten oder gar vernichtet zu werden, bewältigt es unbewusst damit, die Mutter-Baby-Einheit mit Grandiosität auszustatten: alles muss vollkommen sein, vollkommen befriedigend sein, damit diese Vernichtungsgefahr gebannt ist. Weil das Baby so abhängig und ausgesetzt ist, kann es nicht anders, als die Mutter zu benutzen, zu beherrschen und zu tyrannisieren; die Mutter muss sich ganz und gar auf das Baby einstellen. All das, so Winnicott, führe dazu, dass neben der Mutterliebe immer auch Hass auf das Baby da ist und auch da sein sollte. Er gibt viele Gründe an, die diesen Hass plausibel machen, so zum Beispiel die Gefahr für den Körper der Mutter bei der Geburt, eine vollständige Störung ihres bisher gewohnten Lebens und das Wichtigste: das Baby

»ist erbarmungslos, behandelt sie wie Dreck, wie eine unbezahlte Magd, eine Sklavin. Sie muss es lieben, selbst seine Exkremente ... Nach einem grauenhaften Morgen geht sie mit ihm hinaus und es lächelt einen Fremden an, der sagt ›Ist es nicht süß?‹ ... Eine Mutter muss fähig sein, ihren Hass auf ihr Baby zu ertragen, ohne ihn in ihre Handlung einfließen zu lassen ... Das Bemerkenswerteste an einer Mutter ist ihre Fähigkeit, sich von ihrem Baby so sehr verletzen zu lassen und so sehr zu hassen, ohne es dem Kind zu spüren zu geben und ihre Fähigkeit, auf spätere Belohnungen zu warten, die eintreffen werden oder auch nicht« (Winnicott 1983, S. 88–89).

Wie die Mutter eines neugeborenen Babys oder kleinen Kindes ist der vom Analytiker tolerierte, also der von ihm gefühlte und nicht verleugnete Hass notwendig, damit der Patient später fühlt und erkennt, dass er den Analytiker benutzt und grausam behandelt hat. Ich denke, dass die von Winnicott beschriebene Fähigkeit zur Dankbarkeit sich erst dann als wichtiger Reifungsschritt beim Patienten in der Analyse entwickeln wird, wenn der Analytiker die Feindseligkeit des Patienten, die der Patient selber nicht erträgt, über projektive Identifizierung in sich aufnimmt, sie im Sinne eines Containments hält, umwandelt und später an den Patienten über Deutungen zurückgibt.

Differenziert entwickelte Konzepte der projektiven Identifizierung, der Role-Responsiveness und des Containments sind hilfreich, schwer erträgliche oder schwer zu durchschauende feindselige Gegenübertragungen nach und nach zu verstehen (vgl. Bion 1959, 1962, 1970, Feldman 1997, Gutwinski-Jeggle 1995, Joseph 1987, Klein 1946, Ogden 1973, Plenker 2005, Rosenfeld 1971, 1987, Sandler 1976, Sandler und Sandler 1999). Diese Konzepte haben Eingang in die meisten psychoanalytischen Schulen gefunden. Sie eröffnen dem Analytiker einen triangulären Raum, der notwendig ist, aus seinen Verstrickungen herauszufinden und sie zu verstehen. Das hat damit zu tun, dass in diesen Konzepten das sorgfältige Analysieren der Gegenübertragung ein zentrales behandlungstechnisches Medium ist, einen Zugang zu der jeweils aktualisierten inneren Welt des Patienten in der Übertragung zu bekommen. Der Begriff der Gegenübertragung, wie er in diesen Konzepten entfaltet wird, lässt sich als Ergebnis einer jahrzehntelangen interessanten Debatte verstehen (Balint und Balint 1939, Klein 1946, Heimann 1950 und 1964, Kemper 1969, Bion 1959 und 1962, Racker 1959, Segal 1975, Sandler, J. 1976, Morgenthaler 1978, Winnicott 1949, Joseph 1987, Dittrich 1995, Sandler, J. 1976, Plenker 2005): der lange Weg von den von Freud (1910, 1912, 1915) beschriebenen störenden, gefährlichen (Liebes-)Verstrickungen des Analytikers zu einem diagnostischen Medium, das allerdings auch einige Fallstricke in sich birgt; zum Beispiel dann, wenn dem Analytiker aus dem Blick gerät, dass ein großer Teil der Gegenübertragung immer unbewusst ist und dass es Gefühle und Phantasien des Analytikers gibt, die ausschließlich oder überwiegend etwas mit ihm selbst zu tun haben. Eine weitere Gefahr sehe ich in einer Überbewertung der Gegenübertragung: der Analytiker ist dann nur noch mit der Analyse seiner inneren Prozesse und mit der Analyse der Beziehung beschäftigt, und die entscheidende »Rückführung« in die innere Welt des Patienten, in seine aktuelle unbewusste Konflikthaftigkeit gelingt nicht mehr. Die sprachliche Struktur des Begriffs der »Gegen-Übertragung« kann insofern irreführend sein, als sie einen kausal-linearen Prozess suggeriert, so, als folge die Gegenübertragung des Analytikers auf die Übertragung des Patienten. Doch sie ist etwas anderes als die bloße emotionale Antwort des Analytikers auf die Übertragung des Patienten. Sie lässt sich als Teil eines dynamisch-zirkulären Prozesses begreifen, als Teil der analytischen Beziehung, in der *beide* von Beginn an wechselseitig ein ganzes Spektrum an unbewussten und bewussten Gefühlen, Phantasien und Zuständen evozieren. In diesem Sinn hat der Begriff der analytischen *Beziehung* seinen Platz in der Literatur gefunden. Auf der anderen Seite ist es sinnvoll und notwendig, an der Begrifflichkeit von »Übertragung und Gegenübertragung« festzuhalten, weil sonst der Blick auf den Hauptakteur im analytischen Prozess verloren zu gehen droht, der Patient nämlich, der seine infantilen Konflikte und Objektbeziehungen in der Übertragung inszeniert.

Auch das Konzept der projektiven Identifizierung gestattet beide Blickrichtungen: In der analytischen Situation lässt sie sich als ein unbewusstes Beziehungsgeschehen zwischen Patient und Analytiker verstehen; zuallererst ist die projektive Identifizierung jedoch ein kompliziertes unbewusstes Abwehrgeschehen im Patienten, was dazu dient, sich vor unerträglichen Gefühlen und Zuständen zu schützen. In seiner einfachsten Ausformung projiziert der Patient unerträgliche Gefühle (z. B. seine gefährliche Aggressivität) oder unerträgliche Teile seines Selbst auf den Analytiker (z. B. eine vernichtende Selbstentwertung). Unter dem »Druck … (des Patienten), der Projektion zu entsprechen« (Ogden 1979, 1988, S. 1) nimmt der Analytiker diese Gefühle oder abgespaltenen Selbstanteile per Identifikation auf, bewahrt sie in sich, hält sie also im Sinne der von Bion beschriebenen Container-Contained-Funktion (vgl. Bion 1959, 1962, 1963) und gibt sie später an den Patienten in Form einer verträglichen Deutung zurück. In gelungenem Fall kommt es zu einer Reintrojizierung im Patienten und damit zu einer schrittweisen Integration von Aggression oder anderer bis dahin unerträglicher Selbstanteile.

Sandler (1976) und Sandler und Sandler (1999) haben das Konzept der projektiven Identifizierung um das zur »Bereitschaft zur Rollenübernahme« (role-responsiveness) erweitert, eine in deutscher Sprache etwas unglückliche Übersetzung, weil der Begriff der »Rolle« als soziologischer und sozialpsychologischer Begriff eher an bewusst eingenommene Rollen denken lässt. Es geht jedoch gerade um unbewusste Prozesse, in denen der Patient versucht, den Analytiker in einer Sitzung in eine seinen aktuell wirksamen inneren Objekten gemäße »Rolle« zu manövrieren, und der Analytiker sich dann auch so fühlt und zum Teil auch so verhält. Wegen des unbewussten Charakters dieser Prozesse kommt es häufig dazu, daß der Analytiker sich dieser »eigenen Reaktionen und Einstellungen (erst dann) bewusst wird, *nachdem diese in Handeln umgesetzt worden sind*« (Sandler und Sandler 1999, S. 81).

Die Container-Funktion bezeichnet mehr als das, was Winnicott in der gerade zitierten Formulierung »etwas auf Eis legen« nennt. Der Analytiker bewahrt und konserviert nicht einfach nur die unerträglichen Gefühle des Patienten, sondern er wandelt sie in einem aktiven Prozess des Fühlens und Nachdenkens in sich um, um sie auf diese Weise verträglicher, verdaulicher zu machen. Gefährliche, schwer erträgliche Gefühle werden, indem sie vom Analytiker erlebt und reflektiert werden, mit Libido gemischt und auf diese Weise für den Patienten tolerabel. Die Beimischung von Libido geschieht vor allem durch das Nachdenken über die Gefühle und Phantasien in der Gegenübertragung, d. h. über die Frage, inwieweit und auf welche Weise sie etwas über die aktuelle unbewusste seelische Situation und Konflikthaftigkeit des Patienten aussagen. Es geht um ein Nachdenken, das dem Analytiker im günstigen Fall gestattet, in frei schwebender Aufmerksamkeit seine Gegenübertragungen mit weiterem Detailmaterial der Stunde und seinem Wissen über den Patienten zu einer möglichen Bedeutung zusammenzufügen: die Art der Begrüßung, Traumsequenzen, die Abfolge der Einfälle, Details aus der Genese und vieles mehr. Ich halte gerade dieses Nachdenken für etwas außerordentlich Libidinöses, weil es ein Versuch ist, die aktuelle seelische Dynamik des Patienten zu verstehen und das Material zu einer Deutung zusammenzufügen, die zu einer Entschärfung von gefährlichen Affekten, Zuständen und Phantasien führen kann. Destruktiven Affekten und Phantasien kann dann etwas von ihrer bedrohlichen Vernichtungskraft genommen werden, zerstörerischer Neid oder grausame Selbstentwertungen können für den Patienten tolerabel werden. Das Libidinöse des Nachdenkens dient außerdem der Erhaltung der seelischen Funktionsfähigkeit des Analytikers. Darüber nachzudenken, warum der Patient nicht anders kann, als den Analytiker grausam zu behandeln, hilft ihm, aus der bloßen Position des »Aushaltens« herauszufinden. Eine Patientin zum Beispiel, die mit dem Symptom des Schweigens zu mir kam und in etwa 80 % der Stunden vollständig schwieg, hätte ich wegen der sadomasochistischen Inszenierung ohne eine sehr aktive Analyse meiner oft schwer erträglichen Affekte, Zustände und meiner ausgiebigen Reverien gar nicht behandeln können. Diese Gegenübertragungsanalyse half mir, Deutungen zu formulieren, die mir aus dem quälenden Schweigen heraushalfen, die mich gleichzeitig aber auch wegen des Schweigens der Patientin, mit der sie solche Deutungen in der Regel beantwortete, in der Spannung zurückließen, ob ich überhaupt etwas von der inneren Situation der Patientin verstanden hatte. Denn schweigende Patienten fordern den Analytiker in ganz ausgeprägter Weise heraus, den paradoxen Zustand des Nicht-Wissens und dennoch Deutens zu tolerieren.

Das Konzept des Containments ist behandlungstechnisch gerade in Bezug auf feindselige Affekte so hilfreich, weil die Ich-Toleranz für diese Affekte bei seelisch schwer kranken Patienten wegen der unbewusst befürchteten zerstörerischen Dynamik und der unerträglichen Schuld- und Schamgefühle oft sehr schwach ausgebildet ist. Der Analytiker muss diese Affekte deshalb manchmal auch längere Zeit in sich aufbewahren und modifizieren, ehe er eine Deutung findet, mit der der Patient arbeiten kann; oder er muss schrittweise Möglichkeiten finden, dem Patienten einen Teil dieser Gefühle zu deuten. Gibt er sie zu undosiert oder zu früh zurück, überschwemmt er den Patienten mit dessen abgewehrten bedrohlichen Triebwünschen, Phantasien und Affekten; Angst und Abwehr steigen. Ein zu frühes Zurückgeben kann zum einen damit zu tun haben, daß der Analytiker das Material nicht mehr »erträgt«, weil seine aktuelle Spannungstoleranz nicht ausreicht. Es könnte aber auch zusätzlich von Bedeutung sein, ob der Analytiker die projektive Identifizierung überwiegend oder ausschließlich als einen Abwehrvorgang versteht, oder als »... eine kommunikative(n) Funktion und als wichtige Grundlage menschlicher Entwicklung (Plenker 2005, S. 703) begreift. Plenker vermutet,

»... dass Analytiker, die die projektive Identifizierung eher unter dem Abwehraspekt sehen, diese aktiver, schneller und konfrontativer deuten, was – wie von Bion beschrieben – die Verwendung der projektiven Identifizierung eher verstärken wird und damit die Probleme verschärft, die dann wieder forciert analysiert werden; ein Ablauf, der eskalieren kann. Wird sie dagegen mehr in ihrer kommunikativen Funktion und als wichtige Grundlage menschlicher Entwicklung begriffen, wird der Analytiker versuchen, diese aufzunehmen, die Projektionen in sich zu bewahren ... Dabei kann er sich allerdings von intensivsten Empfindungen überwältigt fühlen. Diese zu ertragen und zugleich mit den hilfsbedürftigen und auf Unterstützung angewiesenen Seiten des Patienten verbunden zu bleiben, kann zu einer immens schwierigen Aufgabe werden ... Gerade diese Erfahrung kann dem Analytiker aber verdeutlichen, mit welchem inneren Dilemma der Patient zu tun hat und zurechtkommen muss« (Plenker 2005, S. 703 f.).

In solchen Stunden und Phasen ist der Analytiker in Bezug auf seine eigene seelische Balance aufgefordert, seine guten, libidinösen Kräfte in sich zu mobilisieren, um auf diese Weise die gefährlichen destruktiven Kräfte und das Ausmaß an Angst zu binden. Bion spricht von der »negative capability« (Bion 2006, S. 143), der Fähigkeit, Desintegration und Zerfall zu ertragen.[1]

Diese Fähigkeit wird um so besser ausgebildet sein, je zuverlässiger der Analytiker in sich auf eine gute innere Selbst- und Objektwelt zurückgreifen kann. Doch in solchen Stunden, in denen das destruktive Material und die Angst des Patienten so groß sind, dass er sich nicht anders zu helfen weiß, als den Analytiker in massiver Weise in emotionale Turbulenzen zu bringen, ist ein Nachdenken in der Stunde selbst manchmal kaum möglich. Dann kommt es zu dem beschriebenen Teufelskreis, in dem der Patient versucht, die projizierten Affekte »mit erhöhter Verzweiflung und Gewaltsamkeit« in den Analytiker »hinein-

[1] Bion verweist hier auch auf die Herkunft dieses Begriffs: in einem Brief des englischen Dichters John Keats aus dem Jahr 1817 spricht Keats über »eine Eigenschaft, die Shakespeare in so überaus reichem Maße besaß – ich meine die *Negative Fähigkeit*, das heißt, wenn jemand fähig ist, das Ungewisse, die Mysterien, die Zweifel zu ertragen, ohne alles aufgeregte Greifen nach Fakten und Verstandesgründen«. Ich denke, dass Bions Theorie nahelegt, von »Negative Capability« auch dann zu sprechen, wenn es um die Fähigkeit geht, Desintegration und Zerfall zu ertragen.

zuzwängen« (Bion 1990, S. 122). Bion hat beschrieben, dass Patienten, die in der Analyse von der projektiven Identifizierung häufig Gebrauch machen, im frühen Kontakt mit der Mutter um diesen wichtigen Mechanismus »betrogen« wurden, weil die Mutter nicht in der Lage war, zum Beispiel die unerträgliche Todesangst des Babys aufzunehmen (Bion 1990, S. 123). Segal (1975) hat diesen für die psychische Reifung so wichtigen Entwicklungsvorgang sehr klar beschrieben:

»Wenn ein Säugling unerträgliche Angst hat, versucht er, sie durch Projektion in die Mutter zu bewältigen. Die Reaktion der Mutter besteht darin, die Angst zu erkennen und alles zu tun, was nötig ist, um das Leiden des Säuglings zu lindern. Der Säugling erlebt dies, als habe er etwas Unerträgliches in sein Objekt hineinprojiziert, das aber in der Lage ist, es in sich zu bewahren und damit fertig zu werden. Er reintrojiziert dann nicht seine ursprüngliche Angst, sondern eine Angst, die dadurch, daß die Mutter sie in sich aufgenommen hat, modifiziert worden ist. Er introjiziert gleichzeitig ein Objekt, das fähig ist, Angst zu bewahren und mit ihr fertig zu werden. Ein solches »Containment« der Angst durch ein äußeres verstehendes Objekt ist die Grundlage psychischer Stabilität« (Segal 1975 S. 134 f., zitiert in Hinshelwood, R. D. 1993, S. 353 f.).

Die Beeinträchtigung dieses Prozesses hat nach Segal entweder mit der seelischen Unmöglichkeit der Mutter zu tun, diese Angst in sich aufzunehmen, oder aber mit »exzessiven destruktiven Omnipotenzphantasien des Säuglings« (ebenda).

Der Vorgang der projektiven Identifizierung, in dem der Patient zum Beispiel seine Feindseligkeit projiziert, der Analytiker sich damit identifiziert und der Patient sie schließlich in verwandelter Form reintrojiziert, wirft die Frage auf, um wessen Feindseligkeit es eigentlich geht. Es ist ein immer wieder zu beobachtendes Missverständnis des Begriffs der projektiven Identifizierung, die Feindseligkeit allein im Patienten zu orten, ein in Gruppen und stationären Psychotherapien häufiges Phänomen. Dann heißt es in Teambesprechungen: »Der Patient X hat wieder seine ganze Aggression auf uns gepackt und deshalb streiten wir uns jetzt so heftig.« Versucht man hingegen, die projektive Identifizierung als ein unbewusstes *Beziehung*skonzept zu verstehen, dann ist die Feindseligkeit immer bei beiden (oder im Fall einer Institution in der gesamten Gruppe). Der Analytiker könnte die Feindseligkeit des Patienten in sich gar nicht aufnehmen und spüren, wenn er nicht selber in sich Bereitschaften hätte, feindselig zu sein. Wenn der Analytiker sich mit der Feindseligkeit des Patienten identifiziert, ist das auch *seine* Feindseligkeit und nicht allein die des Patienten.

Melanie Klein selbst, die »Schöpferin« des Begriffs der projektiven Identifizierung (Klein 1946) hat auf ein weiteres Missverständnis hingewiesen, und diese von Segal (1982) tradierte Sequenz aus einer Supervision zeigt auch, weshalb Melanie Klein diesem Begriff gleichzeitig skeptisch gegenüberstand. Sie hatte die Gefahren einer simplen Transformation im Blick, in der alles, was der Analytiker fühlt, als Ausdruck der inneren Welt des Patienten erscheint. So soll sie einem Kandidaten, der seine eigene Verwirrung als Ausdruck der Verwirrung des Patienten verstanden hatte, gesagt haben: »Nein, mein Lieber, Sie sind verwirrt«, um ihn auf seine Schwierigkeit, den Patienten zu verstehen, aufmerksam zu machen (Bott Spillius 1991, Bd. 2, S. 11). Dieses Beispiel wird häufig dann herangezogen, wenn es um die Gefahr eines inflationären, missverständlichen Gebrauchs dieses Begriffs geht. In diesem Beispiel tarnt der Analytiker dann möglicherweise unbewusst seine unliebsamen Gefühle oder Unzulänglichkeiten und projiziert sie auf den Patienten.

Ich habe bisher unspezifisch von Feindseligkeit, Aggression oder Hass in der Gegenübertragung und in der analytischen Beziehung gesprochen. Ich will zunächst eine phänomenologische Differenzierung dieser Begriffe vornehmen und zwischen *aggressiven* Affekten wie zum Beispiel Ärger, Wut, Entwertung, Rache, Sadismus, Ekel oder Neid auf der einen Seite und *destruktiven* Affekten auf der anderen Seite unterscheiden, die auf Beseitigung und Zerstörung abzielen. Beseitigungswünsche können in Gestalt einer ständigen Sorge des Analytikers erscheinen, der Patient könne sich umbringen, was dann nicht mit einer ernsthaften Gefährdung zu tun hat, sondern damit, dass der Analytiker das Ausmaß der destruktiven Inszenierungen nicht mehr erträgt oder der Prozess auf quälende Weise erstarrt ist, dass er den Patienten am liebsten loswerden will. Diese destruktiven Phantasien und Affekte sind vermutlich schwerer zu tolerieren als aggressive und unterliegen deshalb häufiger der Abwehr.

Maltsberger und Buie (1974) haben in ihrer Arbeit über Gegenübertragungshass in der Behandlung suizidaler Patienten eine Gegenübertragung beschrieben, in der Tötungswünsche des Therapeuten dem Patienten gegenüber verborgen sind: ständige Gedanken und eine ständige Sorge, der Patient könnte sich umbringen. Kind (1992, S. 148) erinnert an Andriola (1973), der diese Hypothese zuspitzte und geradezu von einer unbewussten Ermunterung zur Selbsttötung durch den Therapeuten sprach (»encouraging patients to kill themselves«, Andriola 1973, S. 213). Hier geht es also um unbewusste Vernichtungswünsche des Therapeuten in Gestalt einer gefährlichen Reaktionsbildung.

Aber auch aggressive Manifestationen wie zum Beispiel Ekel, heftiger Neid oder Sadismus sind für den Analytiker oftmals eine große Herausforderung und unterliegen der Abwehr. Das führt mich über diese zunächst phänomenologische Differenzierung hinaus zu der für den analytischen Prozess entscheidenden Frage, ob es dem Analytiker gelingt, seine noch so heftigen aggressiven oder destruktiven Gegenübertragungen wahrzunehmen und den Kontakt zum Patienten zu halten, oder ob das Material und die Inszenierungen des Patienten so schwer erträglich und von Zerfall bedroht sind, daß die »negative capability« des Analytikers nicht ausreicht; dann kann er in eine unbewusste Angst geraten, die ihn zur Abwehr seiner schwer erträglichen Affekte, Phantasien und Triebwünsche zwingt, und er verliert unbewusst den Kontakt zum Patienten, gibt ihn auf oder vernichtet ihn in sich.

In diesem Kontext ist wichtig und manchmal nicht leicht zu diagnostizieren, um welche Art der Aggression es in den unbewussten Phantasien des Patienten geht, die er in der Übertragung projiziert. Geht es um eine primäre Aggression, mit der der Patient unbewusst den Analytiker vernichten will, etwa in Form einer grausamen anal-sadistischen Zerstörungslust oder einer narzisstischen, bezwingenden Liebesübertragung, in der der Analytiker keine eigene Existenz haben darf? Oder geht es um eine Aggression, die damit zu tun hat, dass der Patient im analytischen Prozess von inneren grausamen Objekten überschwemmt und gequält wird, die er nicht ertragen kann und die er projizieren *muss*, weil er sonst von Angst überflutet wird? Dann wird er zwar auch den Analytiker angreifen oder quälen, doch der Analytiker kann dann, wenn er diese bedrohliche Angst im Patienten spürt und erkennt, die Angriffe auf ihn als notwendige Abwehr verstehen und eventuell deuten. Im Fall einer primären Aggression jedoch sind die projizierten Affekte für den Analytiker weitaus schwerer zu ertragen, weil er sich in fundamentaler Weise bedroht fühlt; er kann das Material nicht mehr halten und transformieren und entwickelt die unbewusste Phantasie, den Patienten zerstören zu wollen.

Die Gegenübertragung der Langeweile – Gefahren »leiser« Feindseligkeit

Auch Langeweile als Gegenübertragung kann zunächst eher unspektakulär erscheinen, ist aber häufig, vor allem im Falle einer sehr starken »tödlichen Langeweile« mit der Gefahr verbunden, dass der Analytiker sich vollständig vom Patienten abwendet. Fenichel (1934) verweist darauf, dass in der Langeweile »große Quantitäten von Sadismus gebunden sein können« (S. 280), mit denen der Patient den Analytiker quält. Etwas ähnliches gilt für bleierne Müdigkeitsreaktionen, was Zwiebel in seiner Arbeit über den »Schlaf des Analytikers« (Zwiebel 1992) dargelegt hat. Winnicott (1972) verweist auf eine schwere seelische Erkrankung bei Patienten, die ihre Umgebung ermüden und langweilen. »The Boring Patient«, das heißt der, der alle langweilt, versucht, so Khan (1975) in seinem Nachwort zu Winnicott

»omnipotente Kontrolle über seine innere Realität aufrecht zu erhalten, indem er seine Sprache und seine Inhalte zwanghaft überkontrolliert. Seine Schilderung ist ein versteinerter Raum, in dem nichts geschehen kann. Das Äußerste, was diese Patienten tolerieren, ist das Halten der klinischen Situation und des klinischen Raumes« (Khan 1996, S. 493).

Zustände tödlicher Langeweile im Analytiker sind mit der Gefahr verbunden, den Patienten in sich aufzugeben. Winnicott spricht vom »Zucken« (1970, S. 251), einem plötzlichen körperlichen Erschrecken des Analytikers, kurz bevor er einschläft. Das Zucken ist ein Warnsignal, dass der Analytiker den Patienten aufgeben, nicht mehr halten will. Ich habe in meiner Arbeit »Zur Psychodynamik der Langeweile« (Kreuzer-Haustein 2001, S. 114) die Notwendigkeit beschrieben, dass der Analytiker seine Präsenz und seinen Beziehungswunsch nicht aufgibt und trotz ständigem Missglücken auch immer wieder benennt. Sonst bleibt es bei einer bloßen Reinszenierung einer »toten Beziehung«, die der Patient in seiner Not immer wieder herstellt, um den traumatisierenden Primärbeziehungen zu entgehen. Winnicott macht deutlich, dass der Analytiker seine Wachheit und Beziehungsfähigkeit zu solchen Patienten am ehesten dann bewahren kann, wenn er paradoxerweise diese Langeweile als etwas zu dieser Beziehung Dazugehöriges zu tolerieren versucht. Gelingt ihm das nicht, kann es passieren, dass der Analytiker in diese Patienten gewaltsam eindringen will und dann provozierend-sadistische Deutungen macht, weil er die quälende Langeweile oder bleierne Müdigkeit nicht mehr erträgt; und vielleicht auch, weil er die Abhängigkeit vom Patienten schwer erträgt; eine Abhängigkeit, in der der Patient ihn lähmt und narkotisiert, oder ihn auch in einen inneren Zustand eines hilflosen, um Kontakt bettelnden Kindes bringt, eine projektive Identifizierung, in der der Patient dem Analytiker Gelegenheit gibt, zu spüren, wie hilflos der Patient sich im frühen Kontakt mit einem Objekt gefühlt hat, was emotional nicht erreichbar war (vgl. Zwiebel 1992, S. 56). Kann der Analytiker diese projektiven Identifizierungen nicht mehr halten und analysieren und kommt es zu einem Enactment in Gestalt invasiver oder sadistischer Deutungen, kann er dieses Enactment jedoch im günstigen Fall nachträglich erkennen und zu einer analytischen Haltung zurückfinden. Im Moment des Enactments sind zwar auch die analytischen Funktionen beschädigt oder vorübergehend außer Kraft gesetzt, weitaus gefährlicher ist jedoch eine vollständige Abwehr jeglicher Feindseligkeit dem Patienten gegenüber, die den Analytiker unbewusst in einen vollständigen Rückzug vom Patienten treibt.

Ich will also auf ein paradoxes Phänomen aufmerksam machen: nicht die kräftigen, »lauten« feindseligen Gegenübertragungen sind per se gefährlich; vielmehr können in den »leisen«, unspektakulären Ausformungen von Gegenübertragung unbewusste Vernichtungswünsche verborgen sein. Wenn der Analytiker Rache, Verletztheit, Wut, Sadismus verspürt, ist er, auch im Fall eines ungünstigen Enactments, in einem lebendigen Kontakt zum Patienten. Dann ist etwas ganz Wesentliches noch nicht angegriffen: seine *Fähigkeit, den Kontakt zum Patienten zu halten*. Wenn der Analytiker jedoch Affekte und Phantasien, den Patienten in sich vernichten zu wollen, abwehren muss, dann ist die Gefahr eines Rückzugs vom Patienten groß. Dann sind die libidinösen Kräfte im Analytiker ernsthaft angegriffen, die ihm helfen, über die Beziehung und die innere Not des Patienten nachzudenken, sie zu deuten und damit die Verbindung zu ihm halten.

Die Entstehung von Aggression – zwei verschiedene Konzepte

Hier wird die Frage wichtig, an welchen Konzepten/Theorien über die Entstehung von Aggression sich der Analytiker (bewusst und unbewusst) orientiert. Orientiert er sich an einem Modell, in dem Aggression ausschließlich als Folge selbst erfahrener Aggression verstanden wird, dann geht es um ein Konzept *reaktiver* Aggression: der Patient ist aggressiv, weil er bisher selbst nur Aggression und Demütigungen erfahren hat. Wenn Aggression nur als eine Antwort auf selbst erfahrene Aggression erscheint, dann kann die Feindseligkeit des Analytikers ebenfalls als eine Antwort auf die Aggression des Patienten verstanden werden: der Patient ist es, der ihn angreift oder der seine Feindseligkeit in ihn »hineinverlagert«. Hier ist das schon erwähnte Missverständnis der projektiven Identifizierung angesiedelt: wenn der Patient seinen

Hass auf den Analytiker projiziert, und dieser dann den Hass identifizierend in sich aufnimmt, dann ist das *sein* Hass, der Hass ist in ihm und in der Beziehung; das heißt: in ihm, dem Analytiker, ist eine potentielle Bereitschaft zu hassen angelegt, er könnte diesen Hass gar nicht ohne diese Bereitschaft erleben.

Diese Perspektive legt nahe, über ein Modell einer nur reaktiven Aggression hinauszugehen und über die Existenz einer autochthonen Aggression nachzudenken, wie Freud sie in seiner Metapsychologie des Todestriebs entfaltet hat (Freud 1920, 1930, 1933). Die psychoanalytische, zum Teil heftige Kontroverse über den Todestrieb (Alexander 1929, Bergler, Jekels 1934, Bernfeld, Feitelberg 1930, Bernfeld 1932, Düe 1987, Eissler 1971, Federn 1930, Fenichel 1935, Ferenczi 1929, Freud, A. 1972, Fromm 1973, Gillespie 1971, Kimmerle 1988, Le Soldat 1986, Limentani 1990, Reich 1932, Rosenfeld 1971, Schmid Noerr 1987, Schmidt-Hellerau 1995, Thomä, Kächele 1985, Weiss 1935, Widmer 1984) macht nicht nur die Kompliziertheit dieses Konzepts deutlich, sondern zeigt auch, dass die Idee, dass ausgerechnet ein (lebendiger) *Trieb* Tod und Zerstörung zum Ziel haben soll, rasch zu Einwänden führt, die manchmal eher die ethisch-weltanschaulichen Haltungen als die wissenschaftlichen Argumente erkennen lassen. A. Freud (1972) und Gillespie (1971) verweisen darauf, daß die bisherige Rezeptionsgeschichte des Todestriebs immer wieder zu Polarisierungen geführt hat und durch zum Teil irrationale und affektive Reaktionen geprägt ist. So wird der Todestrieb manchmal zu einer Glaubensfrage. So »glaubte Heimann (1965) noch lange an den Todestrieb« (Thomä, Kächele 1985, S. 95). Winnicott »... kann einfach in der Vorstellung von einem Todestrieb nichts Wertvolles finden« (zit. nach Nedelmann 1982, S. 386). Fromm (1974) kann sich im Kontext seiner Auseinandersetzung mit dem Thema Nekrophilie mit Freuds »theoretischer Erklärung (zum Todestrieb, d. Verf.) ... nicht befreunden« (1974, S. 301). Thomä und Kächele (1985) polemisieren gegen Melanie Klein:

> »Ganz anders hat Klein ihren psychoanalytischen Säugling an die mütterliche Brust gelegt. Freuds Todestrieb stand Pate und sorgte für eine Bösartigkeit, deren frühe Manifestationen ihresgleichen suchen ... das weitere Leben ist deshalb wahrhaft tragisch ...« (Thomä, Kächele 1985, S. 51).[2]

[2] Im gegenwärtigen analytischen Diskurs wird der Todestrieb ohnehin sehr rasch mit Kleinianischen Traditionen verbunden, was natürlich damit zu tun hat, dass Melanie Klein und ihre Nachfolger dieses Konzept aufgenommen

Die Konfrontation mit dem Bösen unterliegt erfahrungsgemäß einer rasch einsetzenden Abwehr. Die zum Teil polemisierende Auseinandersetzung mit dem Todestrieb ist meiner Einschätzung nach auch – neben der wissenschaftlichen Kritik – in dieser Abwehr begründet. Eine Auseinandersetzung mit diesem Konzept erscheint mir jedoch sinnvoll, solange Modelle über eine ausschließlich reaktive Aggression einige Rätsel ungelöst lassen. Denn wenn die Aggression ausschließlich als Antwort auf selbsterfahrene Demütigungen verstanden wird, woher kommt dann – das erste Rätsel – die Grausamkeit derer, die diesen Patienten diese Traumata zugefügt haben? Woher also kommt die Grausamkeit der Täter? Wenn diese Grausamkeit wiederum nur eine Antwort auf selbsterfahrene seelische Verletzungen wäre, dann hätten wir es mit einer rückwärts gewandten Generationenkette ohne Ende zu tun.

Und wie lässt sich – das zweite Rätsel – die Ubiquität von Destruktivität in allen sozialen Strukturen und Kulturen erklären, also das beträchtliche Ausmaß an Mord, Völkermord, alltäglicher Gewalt, Inzest und vieles mehr? Mord und Inzest bleiben für Freud im Unterschied zum Kannibalismus die beiden der drei Formen von Destruktivität, an denen die Zivilisierung des Menschen bisher gescheitert ist. Er folgert: »Denn die Kindlein, sie hören es nicht gerne, wenn die angeborene Neigung des Menschen »zum Bösen«, zu Aggression, Destruktion und damit auch zur Grausamkeit erwähnt wird« (Freud 1930, S. 479).

Todestrieb und reaktive Aggression – zwei kompatible Modelle

In der Auseinandersetzung um den Todestrieb gab es empirisch klinische Beweisversuche wie zum Beispiel die von Bernfeld (1930), die ich jedoch für ungeeignet halte, weil sie die Ebene der wissenschaftlichen Argumentation nicht treffen, auf der Freud den Todestrieb angesiedelt hat: ein metapsychologisch-philosophisches Modell, das sich aus der Geschichte der trieb- und strukturtheoretischen Überlegungen Freuds entwickelt hat. Schmidt-Hellerau (1995) hat das in ihrer Arbeit »Lebenstrieb und Todestrieb« sorgfältig herausgearbeitet. Als Metapsychologie

und weiterentwickelt haben. Doch die originäre Quelle dieser Triebtheorie stammt aus Freuds Feder. Meinem Eindruck nach wird die Verknüpfung Todestrieb/Kleinianer in manchen Debatten benutzt, Vorbehalte gegen beide Traditionen wechselseitig zu verstärken.

eröffnet das Konzept des Todestriebs klinisch relevante Perspektiven und Erkenntnisse, die für das Verständnis und die Bearbeitung aggressiver und vor allem destruktiver Manifestationen nutzbar zu machen sind.

Es ging Freud bei der Entfaltung des Todestriebs nicht nur um die Beschreibung dessen, was als Nirwana-Prinzip in die Literatur eingegangen ist: ein rückwärts gewandtes Drängen zum vorgeburtlichen Zustand, in dem völlige Spannungslosigkeit herrscht. Er nahm darüber hinaus eine triebhafte Destruktivität an, die als mächtiger Gegenspieler des libidinösen Triebreservoirs ständig nach Befriedigung drängt. Destruktivität, Hass, Gewalt, negative therapeutische Reaktion, Sadismus und Masochismus sind als Abkömmlinge eines eigenständigen Todestriebs zu verstehen. In der bis dahin formulierten Triebtheorie der Ich- und Selbsterhaltungstriebe und der Sexualtriebe gab es zwar auch Spielarten primärer Aggression: oraler Kannibalismus, anale Bemächtigung und Zerstörung, phallisch-narzisstische Macht waren Ausformungen der psychosexuellen Entwicklung. Auch die primäre Aggression als Selbsterhaltung war formuliert. Das Konzept des Todestriebs jedoch ist weitreichender. Der Todestrieb wirkt mit einem eigenständigen Triebreservoir gegen die Lebenstriebe und fordert Befriedigung. Die Hypothese, dass ein autochthoner Zerstörungstrieb auf Befriedigung dränge, dass Zerstörung Befriedigung sein kann, – dieses provokante Kernstück des Konzepts über den Todestrieb stößt erwartungsgemäß auf heftige Widerstände. Eissler schreibt 1992 in einer Auseinandersetzung mit Mitscherlich: »Wenn Mitscherlich schreibt, Hass befriedige nicht, so sehe ich darin seine Weigerung, eine erschreckende Wahrheit über den Hass zur Kenntnis zu nehmen« (Eissler 1992, S. 56). Eissler erinnert an Freud, der schrieb:

»noch in der blindesten Zerstörungswut läßt sich nicht verkennen, daß seine Befriedigung mit einem außerordentlich hohen narzißtischen Genuß verknüpft ist« (Freud 1930, S. 480).

Der narzisstische Triumph, der in der Zerstörung eines Objektes liegt, dient der Abwehr der Ohnmacht angesichts des eigenen Todes.

»Das Selbst«, so Eissler, »verspürt in diesem Augenblick (der Zerstörung eines Objekts, d. Verf.) ein grenzenloses Gefühl der Allmacht; für eine beträchtliche Weile ist es sogar in der Lage, die zermürbende Erfahrung der verrinnenden Zeit, die stets an den Tod erinnert, zu ignorieren« (Eissler 1992, S. 57).

Dieses Zitat zeigt, dass das Konzept des Todestriebs zweifellos in der Nähe zum destruktiven Narzissmus anzusiedeln ist. Autoren wie Kernberg (1979, 1988, 1997) und viele andere, die sich mit dem destruktiven Narzissmus beschäftigt haben, greifen jedoch nicht explizit auf Freuds Konzept des Todestriebs zurück, vermutlich deshalb, weil ihr Hauptaugenmerk letztlich doch auf eine ausschließlich reaktive Aggression gerichtet ist. Diese Differenz ist qualitativ jedoch sehr bedeutsam, weil Freud von einer gleichsam anthropologischen Ausstattung des Menschen mit dem Todestrieb ausgeht: jeder Mensch ist potentiell befähigt, zu zerstören und Zerstörung lustvoll zu erleben. Ich halte jedoch das Konzept einer reaktiven Aggression mit dem einer autochthonen Aggression für kompatibel, beide Konzepte heben einander nicht auf. Denn was in der kritischen Auseinandersetzung mit dem Todestrieb leicht aus dem Blick gerät, sind Freuds Überlegungen zur Macht der Libido und zum Konzept der Triebmischung, so, als enthalte Freuds Annahme eines Todestriebs den Entwurf eines »anthropologischen Monsters«. Die jedem Menschen innewohnende Bereitschaft zur Destruktivität geht selbstverständlich in der Lebensgeschichte vielfältige, komplizierte Legierungen mit der Libido ein, die darüber entscheiden, ob die destruktiven Bereitschaften zur aktiven, handelnden Ausgestaltung kommen oder nicht. An dieser Stelle ist der Blick auf die reaktiven Entstehungsbedingungen von Destruktivität angesiedelt. Und die Macht der Libido ist es auch, die manche Kritiker des Todestriebs vergessen, wenn sie behaupten, die Annahme eines Todestriebs versetze den Analytiker in eine resignative Position oder verführe dazu, destruktive Phänomene zu verharmlosen; anzunehmen, der Mensch sei primär destruktiv, führe zu Gleichgültigkeit gegenüber destruktiven Phänomenen, weil dann ein anthropologisches Faktum gesetzt werde, das nicht veränderbar sei. Ich halte das Gegenteil für wahrscheinlicher. Freuds Antwort auf Einsteins Brief »Warum Krieg?« (1932) ist ein bewegendes Beispiel dafür, dass die Akzeptanz triebhafter menschlicher Destruktivität nicht in Resignation und Gleichgültigkeit mündet, sondern gerade umgekehrt aufklärerische Bemühungen auf den Plan ruft:

»... ich glaube, der Hauptgrund, weshalb wir uns gegen den Krieg empören ist, daß wir nicht anders können. Wir sind Pazifisten, weil wir es aus organischen Gründen sein müssen« (1932, S. 25).

Die organischen, triebhaften Gründe liegen im antagonistischen Kampf zwischen Eros und Thanatos. Und in der »Neuen Folge« schließt Freud seine XXXII. Vorlesung zum Thema »Angst und Triebleben« versöhnlich:

»Zum Glück sind die Aggressionstriebe niemals allein, immer mit den erotischen legiert. Diese letzteren haben unter den Bedingungen der vom Menschen geschaffenen Kultur vieles zu mildern und zu verhüten« (Freud 1933, S. 118).

Klinische Relevanz

Das Konzept einer autochthonen Aggression erleichtert die analytische Bearbeitung aggressiver und destruktiver Triebwünsche, Affekte und Phantasien. Wahrnehmungsmöglichkeiten und Toleranz für aggressive und destruktive Übertragungen und Gegenübertragungen sind größer, die Deutungsarbeit fruchtbarer, wenn der Analytiker die Existenz einer primären Aggression für wahrscheinlich hält. Wenn er dieses Modell wie eine metapsychologisch-philosophische Hintergrundannahme zur Verfügung hat, werden Aggression und Destruktivität im analytischen Prozess selbstverständlicher und alltäglicher. Der Analytiker rechnet viel eher damit und der Blick dafür verschärft sich. »Der Mensch ist so ..., böse, grausam, und feindselig« – diese Annahme ist zwar schwer zu tolerieren, wirkt jedoch der Gefahr entgegen, Destruktivität zu verleugnen. Wenn der Analytiker diese Bereitschaften als jedem Menschen innewohnend annimmt, so ist diese Annahme insgesamt entlastend. Auch kann er dann seine noch so heftigen Gegenübertragungsgefühle wie Hass, Verachtung, Sadismus oder Ekel besser tolerieren.

Darüber hinaus ist die Frage interessant, ob sich Freuds späte Triebtheorie aus der heutigen Perspektive nicht wie eine metapsychologische Basis für die projektive Identifizierung, das Containment und die Role-Responsiveness lesen lässt. In der »Neuen Folge« schreibt Freud (1932),

»daß der Masochismus älter ist als der Sadismus« (S. 112), und: »... es sieht wirklich so aus, als müßten wir anderes und andere zerstören, um uns nicht selbst zu zerstören, um uns vor der Tendenz zur Selbstdestruktion zu bewahren« (ebd.).

Wie alle Triebregungen ist der Todestrieb im Ich und Es angesiedelt. Die primäre und ausschließliche Wirkungsstätte des Todestriebs ist also zunächst das eigene Selbst, d. h. die Destruktion richtet sich auch zunächst gegen das eigene Selbst. Die Möglichkeit der Abfuhr nach außen in einem 2. Schritt beschreibt er am Beispiel des Masochismus.

Der Masochismus hat, wenn man »für den Augenblick von seiner erotischen Komponente ab(sieht)« (ebd.), zweifellos die Selbstzerstörung zum Ziel. Das bringt Freud zu der Aussage, daß der Masochismus älter ist als der Sadismus. Die gegen das Selbst gerichtete Aggression kann in einem 2. Schritt als Sadismus nach außen abgeführt werden. Dort stößt die Aggression jedoch

»... auf reale Hindernisse ... Sie wird dann vielleicht zurücktreten, das Ausmaß der im Inneren waltenden Selbstdestruktion vermehren ... *Verhinderte Aggression scheint eine schwere Schädigung zu bedeuten; es sieht wirklich so aus, als müßten wir anderes und andere zerstören, um uns nicht selbst zu zerstören, um uns vor der Tendenz zur Selbstdestruktion zu bewahren.* Gewiß eine traurige Eröffnung für den Ethiker!« (Freud 1932, S. 112) (kursiv v. Verf.).

Freud hat diese Ausführungen ganz im Rahmen seiner triebtheoretischen Überlegungen angestellt und damals keine Verbindung zu der Frage geknüpft, was das für die Übertragungen des Patienten bedeuten kann. Doch diese Dynamik ist zweifellos in den von mir dargestellten Konzepten enthalten. Der Patient, der in der Beziehung zum Analytiker versucht, viele Spielarten destruktiver Triebregungen unbewusst zu projizieren, und der Analytiker, der diese unbewussten Bewegungen aufzunehmen und zu transformieren versucht, das sind Prozesse, die etwas von den triebtheoretischen Überlegungen Freuds auf einer ganz anderen Ebene deutlich machen, der Ebene der Objektbeziehung und der Übertragungs-Gegenübertragungs-Dynamik. Ich habe deutlich gemacht, dass vor allem schwer kranke Patienten den Analytiker quälen müssen, um sich nicht selbst noch mehr zu zerstören. Stößt der Patient beim Analytiker auf Hindernisse, weil der Analytiker die Destruktion nicht hält, wird der Patient, so Freud, »das Ausmaß der im Innern waltenden Selbstdestruktion vermehren«, d. h. – auf die Ebene der analytischen Beziehung übersetzt – kommt es zu der beschriebenen Spirale von vermehrter Destruktion im Innern des Patienten und zwischen ihm und dem Analytiker.

Frau A. – Verachtung, Sadismus und Ekel in der Gegenübertragung

Frau A., eine 62jährige Patientin, Anwältin in eigener Kanzlei, kam vor 5 Jahren mit einer überwiegend depressiven Symptomatik zu mir. Sie fühlte sich unlebendig und unfähig im Kontakt mit Menschen, reizbar und unzufrieden. Sie spürte, dass sie am Ende ihrer inneren Kräfte war, ihren eigenen Hunger damit zu stil-

len, dass sie andere füttert und andere Menschen ständig in aufdringlicher Weise mit Geschenken und Angeboten überschüttet.
Die Patientin lebt allein, sie hat keine Kinder, und ist mit ihren 4 Geschwistern in losem Kontakt, eine Schwester ist 1,5 Jahre jünger. Sie hatte nie eine befriedigende Beziehung zu einem Mann, sie wurde nach kurzer Zeit von den Männern verlassen. Ihren Vater, ebenfalls ein erfolgreicher Anwalt, verlor sie mit 4 Jahren. Die Legendenbildungen um ihn sind beträchtlich, weil nicht klar ist oder verheimlicht wird, ob er ein Widerstandskämpfer war oder als Soldat gefallen ist. Die Mutter verehrte ihn wie eine Ikone. Sie war mit ihren 5 Kindern als sehr junge Frau völlig überfordert. Sie dekompensierte häufig, schlug die Kinder und drohte mit Suizid. Die Patientin hockt dann vor der Kammer, in der die Mutter sich eingeschlossen hat, hat schreckliche Angst und ist erleichtert, wenn sie Rauchzeichen wahrnimmt, weil die Mutter sich eine Zigarette angezündet hat und also noch lebt. Insgesamt hat die Patientin das Lebensgefühl, sich nicht rühren zu dürfen, um der Mutter keinen Kummer zu machen, auszuharren, Angst zu ertragen und nichts zu fordern. Nur einmal, am Tag ihrer Trennung von der Mutter zu Beginn ihres Studiums erlaubt sie sich einen emotionalen Ausbruch: von panischer Angst erfasst, wirft sie sich flehentlich vor die Füße der Mutter und bettelt darum, noch einen Tag bei ihr bleiben zu dürfen.
Lange Zeit verblieb die Patientin in einem beziehungslosen Raum zu mir, um sich vor einem tieferen Kontakt zu schützen. Ich war eine professionelle Person, die man 50 Minuten in Anspruch nimmt, der man aber nicht nah kommen darf, von der man nichts fordern darf. Unterbrechungen nahm sie hin, kommt nach den Urlauben pünktlich und macht weiter, als sei nichts gewesen. Averbal erreicht sie mich mit einem großen Hunger nach Kontakt und Nähe. Ich sage ihr, dass da eine Sehnsucht in ihr sei, mit mir in einen tieferen Kontakt zu kommen, aber auch eine große Angst, weil Sie fürchte, mich zu stören, mir zu nahe zu treten, aber vielleicht auch eine Angst, weil ein wirklich lebendiger Kontakt so fremd für sie sei.
Wir arbeiteten lange Zeit über die schmerzliche Erkenntnis eines inneren dunklen Verlieses (ein Bild der Patientin). In dieses Verlies hatte sie die enttäuschenden Objekte gesteckt, Männer, aber auch Frauen, an die sie ihre Sehnsüchte geheftet hatte, und deren Getrenntheit, d. h. deren eigenständiges Leben sie nicht ertrug. Sie hatte diese Objekte in sich vernichtet und verstand mit großem Schmerz, weshalb sie sich oft so leer und furchtbar einsam fühlte. Mich, die Beziehung zu mir schützte sie vor diesem Verlies, indem sie mich einerseits, wie skizziert, zu einer neutralen Person machte und auch Getrenntheit und Trennungen verleugnete. Andererseits hatte sie von Anfang an unbewusst Phantasmen über mich und unsere Beziehung entwickelt, die erst nach und nach erkennbar wurden und die zu einer entscheidenden, aber auch für beide sehr schwierigen Phase führte.
Die Patientin entwickelte nämlich eine für mich sehr abstoßende Idealisierung, die ich kaum ertrug. Jeden Satz saugte sie wie eine phantastische Nahrung in sich auf, ihre Augen guckten mich auf unangenehme Weise verliebt, fast verherrlichend an; je großartiger ich wurde, um so mehr schmolz ihr eigenes Selbst

dahin, sie fühlte sich, so waren später ihre Worte, manchmal wie »ein kleines Würmchen«. Sie quälte mich damit, und ich spürte Lust, sie zu beschimpfen und schlecht zu behandeln. Es war für mich sehr schwer, mein ganzes Ausmaß an sadistischen, verachtenden und vernichtenden Gefühlen wahrzunehmen, weil mich diese Gefühle sehr beschämten und erschreckten. So hatte ich einige Male das Bild eines braunen kleinen Würmchens vor Augen, das vor mir auf dem Boden kroch, um ein paar gute Worte von mir zu bekommen, und ich hatte den Gedanken, den Wurm mit dem Fuß totzutreten.

Betty Joseph (1987) hat in Anlehnung an Melanie Klein das »Hineingelangen in ein Objekt« (Bott Spillius 1990, S. 175) als eine Spielart der projektiven Identifizierung beschrieben: der Patient versucht auf diese Weise Besitz vom Analytiker zu nehmen, zum Beispiel »um seine Fähigkeiten zu übernehmen und zu den eigenen zu machen« (S. 175) oder »um alle Gefühle des Getrenntseins vermeiden zu können« (S. 175). Der Analytiker kann sich diesem Geschehen schwer entziehen, häufig fühlt er sich abgestoßen und hat das Gefühl, dass der Patient sich seiner in parasitärer Weise bemächtigt. Ich spürte in dieser Phase ein heftiges abstoßendes Gefühl bis hin zu Ekel, was mich auch manchmal nach den Stunden nur schwer losließ. Ich fühlte mich gequält. Nach und nach verstand ich, dass die Patientin damit unbewusst einen perversen Beziehungsmodus herstellte:

1. Sie nistete sich in mir ein, so dass wir auf diese Weise ungetrennt und immer im Kontakt blieben;
2. sie nistete sich ein, um ganz so zu werden wie ich;
3. sie inszenierte eine sadomasochistische Beziehung, indem sie sich mir in masochistischer Weise unterwarf und mich gleichzeitig damit quälte.

Mit dieser sadomasochistischen Inszenierung machte sie mich aber auch zu einem Objekt, das die Gefühle spürte, die sie selber zu spüren nicht ertrug. Sie projizierte ihre unerträgliche Selbstverachtung auf mich, mit der ich mich identifizierte und sie im Sinne des Containments in mir aufnahm und umwandelte. *Ich* musste eine Weile für sie fühlen, wie schrecklich es ist, sich so jämmerlich und abstoßend zu fühlen wie ein Wurm. Mein Ekel, mein Abscheu ihr gegenüber waren ein Teil ihres Selbst, Ausdruck ihrer vernichtenden Selbstverachtung. Das Ausmaß dieser Selbstverachtung war der Patientin bis dahin nicht bewusst. Sie konnte erst nach und nach während dieser sehr langen Phase damit arbeiten und fand sich in beschämender Weise in einer literarischen

Figur des »Alten Kindes« (Erpenbeck 1999) wieder, ein plumpes, immer unbeweglicher werdendes namenloses Findelkind, was in provozierender Weise alles erduldet und seinen Platz nicht findet.

Ohne meine Gefühle und Phantasien des Ekels, der Abscheu hätte ich das ganze Elend ihrer Selbstverachtung, ihres Selbsthasses nicht erschließen können. Und ich hätte außerdem nicht erfahren, dass Trennungen für die Patientin eben nicht nur schrecklich waren, was ich schon immer vermutet hatte, sondern eine Katastrophe. Sie musste sich in mir einnisten, um immer mit mir verbunden zu bleiben und deutlich werden zu lassen: Trennungen sind eine Katastrophe. Das hat damit zu tun – und darüber konnten wir dann später gemeinsam nachdenken –, dass sie mit Trennungen die unerträgliche Angst verbindet, ohnmächtig vor der zugeschlossenen Kammer zu sitzen, hinter der die Mutter sich vielleicht umbringt; und natürlich auch mit der Erfahrung, dass der geliebte Vater plötzlich verschwindet, keiner spricht darüber und statt der Trauer wird eine Ikone verehrt.

Indem ich also diese sehr unangenehmen Gefühle von Abscheu, Sadismus und Ekel und auch mein eigenes Gequältsein zugelassen und als Beziehungsinszenierung der Patientin nach und nach verstanden hatte, konnte ich das Material deuten. Ich sagte ihr – das alles über eine sehr lange Zeit verteilt – dass Trennungen, Getrenntheit für sie schrecklich sein müsse und dass sie versucht, das so zu bewältigen, indem sie meine Worte aufsaugt wie etwas Wunderbares, dass sie manchmal vielleicht sogar in mich hineinkriechen möchte, um auf diese Weise immer mit mir verbunden zu sein. Und ich konnte ihr sagen, dass all das auch Ausdruck ihrer Verzweiflung über ihre eigenen Gefühle der Wertlosigkeit ist, und darüber, auf ein bisher zu großen Teilen ungelebtes Leben zu blicken, eine Verzweiflung, die sie dadurch bewältigt, dass sie in mir das Phantasma eines vollkommenen Menschen entwickelt. In einer Stunde sagte ich ihr: »Sie haben in sich das Bild eines vollkommenen Menschen von mir gezeichnet und haben die Hoffnung, wenn Sie nur lange bei mir bleiben, sich mir ganz unterwerfen, dann werden Sie so, wie Sie denken, dass ich bin, dann werden Sie ganz heil.« Das Wort heil, ein Wort aus der Kindersprache, verstand sie sofort und entdeckte mit sehr viel Scham, dass diese innere Vorstellung wahr war. Sie hatte tatsächlich in sich ein Bild von mir entwickelt, das Züge eines Kunstprodukts hatte: wunderbar, phantastisch und über alle Kräfte der Welt verfügend, ein Phantasma, in dem sie auch das idealisierte väterliche Objekt wiedererkannte. Sie merkte auch die damit verbundenen inneren Hindernisse für eine lebendige Beziehung zu mir, die in diesem

Phantasma lagen, und war traurig und beschämt. Es begann ein sehr schmerzlicher Prozess der Trauer: dass ich sie nicht heil machen kann, dass sie in einem Alter ist, in dem sie keine eigene Familie mehr gründen kann, dass auch ihr langjähriges Verbleiben bei mir ihr kein neues Leben geben wird. Eine innere Grenze zwischen Selbst und Objekt begann zu entstehen.

Ich habe diese Fallsequenz ausgewählt, um deutlich zu machen, wie schwer es für den Analytiker sein kann, in Kontakt mit seinen feindseligen Affekten in der Beziehung zum Patienten zu kommen und sie zu verstehen. Ich war in manchen Stunden so überwältigt und orientierungslos, daß es mir kaum gelang, Distanz zu meinen Gefühlen zu bekommen und meine analytische Rolle zu wahren. Inzwischen denke ich, daß die destruktive Lust der Patientin, mich mit ihrer abstoßenden Unterwerfung zu quälen, zum einen das unbewusste Ziel hatte, mich so zu manipulieren, daß ich sie sadistisch behandeln und in mir vernichten sollte. Zum anderen wollte sie sich an mir rächen, weil sie die Eigenständigkeit meiner Existenz nicht ertrug, und inszenierte eine destruktiv-possessive Liebesübertragung, mit der sie die Szene wiederholte, in der sie sich als 18-Jährige vor die Füße der Mutter warf und darum bettelte, noch einen Tag bei ihr bleiben zu können, bevor sie mit ihrem Studium begann.

Das Heraustreten aus heftigen feindseligen Gefühlsverstrickungen ist für den Analytiker manchmal kaum möglich, weil diese Gefühle in einer Dyade entstehen, in der er sich von den Übertragungsstürmen des Patienten ganz gefangen fühlen kann. Ich habe einige psychoanalytische Modelle wie die projektive Identifizierung, Bereitschaft zur Rollenübernahme und Containment skizziert, weil sie wie ein drittes Objekt Orientierung bieten, die analytische deutende Rolle zu wahren. Ebenso wichtig scheint mir aber die Frage zu sein, an welchem Aggressionsmodell der Analytiker sich orientiert. Ich habe die klinischen Vorteile eines Konzepts einer autochthonen Aggressivität beschrieben und Freuds Metapsychologie des Todestriebs in Erinnerung gerufen, in der Freud die »angeborene Neigung des Menschen »zum Bösen«, zur Aggression, Destruktion und damit auch zur Grausamkeit« (Freud 1930, GW S. 479) dargelegt hat. Etwas, was »die Kindlein« zwar nicht gerne hören, was dem Analytiker aber behilflich ist, wachsam mit seiner potentiellen Grausamkeit und der des Patienten zu rechnen.

Literatur

Andriola, J. (1973): A note on the possible iatrogenesis of suicide. Psychiatry 36, S. 213–218.

Balint, A. und M. Balint (1939): On transference and countertransference. Internat. J. Psychoanal. 20, S. 223–230.

Bernfeld, S. und S. Feitelberg (1930): Der Entropiesatz und der Todestrieb. Imago 16, S. 187–206.

Bion, W. R. (1959): Angriffe auf Verbindungen. In: Bott Spillius, E. (Hg.) (1990): Melanie Klein heute. Entwicklungen in Theorie und Praxis. Stuttgart: Klett-Cotta, Bd. 1, S. 110–129.

– (1962): Lernen durch Erfahrung. Frankfurt a. M.: Suhrkamp 1992.

– (1963): Elemente der Psychoanalyse. Frankfurt a. M.: Suhrkamp 1992.

– (2006): Aufmerksamkeit und Deutung. Tübingen: edition diskord.

Bott Spillius, E. (Hg.): (1990 und 1991): Melanie Klein heute. Entwicklungen in Theorie und Praxis, 2 Bde., Stuttgart: Klett-Cotta.

Dittrich, K. A. (1995): Zur Frühgeschichte des Gegenübertragungsbegriffs bei Freud und seinen ersten Schülern. Luzifer-Amor 15, S. 7–30.

Eissler, K. R. (1971): Todestrieb, Ambivalenz, Narzißmus. Frankfurt a. M.: Fischer 1990.

Erpenbeck, J. (1999): Geschichte vom alten Kind. Berlin: Eichborn.

Feldman, M. (1997): Projective identification: The analyst's involvement. Internat. J. Psychoanal. 78, S. 227–41.

Fenichel, O. (1934): Zur Psychodynamik der Langeweile. Imago 20, S. 270–281.

Freud, A. (1972): Comments on aggression. Internat. J. Psychoanal. 53, S. 163–171.

Freud, S. (1910d): Die zukünftigen Chancen der psychoanalytischen Therapie. GW VIII, S. 103–115.

– (1912e): Ratschläge für den Arzt bei der psychoanalytischen Behandlung. GW VIII, S. 375–387.

– (1915a): Bemerkungen über die Übertragungsliebe. GW X, S. 305–321.

– (1920g): Jenseits des Lustprinzips. GW XIII, S. 1–69.

– (1930a): Das Unbehagen in der Kultur. GW XIV, S. 419–506.

– (1932): Neue Folge der Vorlesungen zur Einführung in die Psychoanalyse. GW XV.

– (1932): Warum Krieg? GW XVI, S. 11–27.

Fromm, E. (1973): Anatomie der menschlichen Destruktivität. Stuttgart: Deutsche Verlagsanstalt 1974.

Gillespie, W. H. (1971): Aggression and instinct theory. Internat. J. Psychoanal. 52, S. 155–159.

Gutwinski-Jeggle, J. (1995): Zum Verhältnis von Gegenübertragung und projektiver Identifikation. Luzifer-Amor 8, S. 61–83.

Heimann, P. (1950): Über die Gegenübertragung. Forum Psychoanal. 12, S. 179–184 (1976).

– (1956): Dynamics of transference interpretations. Internat. J. Psychoanal. 37, S. 303–310.

Joseph, B. (1987): Projektive Identifizierung – Klinische Aspekte. In: Bott Spillius, E. (Hg.), (1990): Melanie Klein heute. Entwicklungen in Theorie und Praxis. Stuttgart: Klett-Cotta, Bd. 1, S. 174–190.

Kemper, W. W. (1969): Übertragung und Gegenübertragung als funktionale Einheit. Jb. Psychoanal. 6, S. 35–68.

Kernberg, O. F. (1975): Borderline-Störungen und pathologischer Narzißmus. Frankfurt a. M.: Suhrkamp 1979.

– (1984): Schwere Persönlichkeitsstörungen. Theorie, Diagnose, Behandlungsstrategien. Stuttgart: Klett-Cotta 1988.

– (1992): Wut und Hass. Über die Bedeutung von Aggressionen bei Persönlichkeitsstörungen und sexuellen Perversionen. Stuttgart: Klett-Cotta 1997.

Khan, M. R. (1975): Nachwort. In: Winnicott, D. W.: Blick in die analytische Praxis. Stuttgart: Klett-Cotta 1996, S. 471–496.

Kimmerle, G. (1988): Verneinung und Wiederkehr. Eine methodologische Lektüre von Freuds »Jenseits des Lustprinzips«. Tübingen: edition diskord.

Kind, J. (1992): Suicidal. Die Psychoökonomie einer Suche. Göttingen: Vandenhoeck & Ruprecht.

Klein, M. (1946: Bemerkungen über einige schizoide Mechanismen. In: Klein, M. Das Seelenleben des Kleinkindes. Stuttgart: Klett-Cotta 1983, S. 131–163.

Kreuzer-Haustein U. (2001): Zur Psychodynamik der Langeweile. Forum Psa. 17, S. 99–117.

Maltsberger, J. und D. H. Buie (1974): Countertransference hate in the treatment of suicidal patients. Arch. Gen. Psychiatry 30, S. 625–632.

Morgenthaler, F. (1978): Technik. Zur Dialektik der psychoanalytischen Praxis. Frankfurt a. M.: Syndikat.

Nedelmann, C. (1982): Zur Vernachlässigung der psychoanalytischen Kulturtheorie. Psyche 36, S. 384–400.

Ogden, T. H. (1979): Die projektive Identifikation. Forum Psychoanal. 4, S. 1–21, (1988).

Plenker, F. P. (2005): Zum Konzept der Gegenübertragung – Ursprünge und Grundzüge kleinianischer Weiterentwicklungen. Psyche 5, S. 685–715.

Racker, H. (1959): Transference and countertransference. New York: Int. Univ. Press.

Reimer, C. und H. B. Jurkat (2001): Lebensqualität von Psychiatern und Psychotherapeuten. Schweizerische Ärztezeitung 92, S. 1733–1738.

Rosenfeld, H. (1971a): Zur Psychopathologie psychotischer Zustände: Die Bedeutung der projektiven Identifizierung für die Ich-Struktur und die Objektbeziehungen des psychotischen Patienten. In: Bott Spillius, E. (Hg.) (1990). Melanie Klein heute. Entwicklungen in Theorie und Praxis. Stuttgart: Klett-Cotta, Bd. 1, S. 148–173.

– (1971b): Beitrag zur psychoanalytischen Theorie des Lebens- und Todestriebs aus klinischer Sicht: eine Untersuchung der aggressiven Aspekte des Narzißmus. In: Bott Spillius, E. (Hg.), (1990): Melanie Klein heute. Entwicklungen in Theorie und Praxis. Stuttgart: Klett-Cotta, Bd. 1, S. 299–319.

– (1987): Sackgassen und Deutungen. Therapeutische und antitherapeutische Faktoren bei der psychoanalytischen Behandlung von psychotischen, Borderline- und neurotischen Patienten. Stuttgart: Internationale Psychoanalyse 1997.

Sandler, J. (1976): Gegenübertragung und Bereitschaft zur Rollenübernahme. Psyche 30, S. 297–305.

– (1987): Projection, identification and projective identification. London: Karnac.

Sandler, J. und A.-M. Sandler (1999): Innere Objektbeziehungen. Entstehung und Struktur. Stuttgart: Klett-Cotta.

Schmidt-Hellerau, C. (1995): Lebenstrieb und Todestrieb. Libido und Lethe. Ein formalisiertes konsistentes Modell der psychoanalytischen Trieb- und Strukturtheorie. Stuttgart: Internationale Psychoanalyse.

Segal, H. (1975): A psychoanalytic approach to the treatment of schizophrenia. In: The work of Hanna Segal, S. 131–136. New York: Aronson 1981.

Sonnenmoser, M. (2003): Ständige emotionale Beanspruchung. Wissenschaftler untersuchen derzeit die Gründe für die relativ hohen Suizidraten bei Psychiatern und Psychotherapeuten. Deutsches Ärzteblatt für psychologische Psychotherapeuten und Kinder- und Jugendlichenpsychotherapeuten, hrsg. von der Bundesärztekammer und kassenärztlichen Bundesvereinigung. Selbstverlag Köln 11, S. 511–12.

Winnicott, D. W. (1949): Hass in der Gegenübertragung. In: Winnicott, D. W. (1983):Von der Kinderheilkunde zur Psychoanalyse, München: Kindler, S. 77–90.

– (1972): Bruchstücke einer Psychoanalyse, mit einem Vorwort von Masud Khan. Stuttgart: Klett-Cotta 1983.

Zwiebel, R. (1992): Der Schlaf des Analytikers. Die Müdigkeitsreaktion in der Gegenübertragung. Stuttgart/München: Internationale Psychoanalyse.

Thomas Reitter

Zum Spannungsverhältnis zwischen Verstehen und Nicht-Verstehen in psychoanalytischen Behandlungen – Konsequenzen für die Behandlungstechnik*

alles schmerzt sich einmal durch bis auf den eigenen Grund
und die angst vergeht
schön die scheune die nach längst vergangenen ernten
leer am wegrand steht

Jan Skácel (1922–1989)

1. Einleitung

Die Problematik von Verstehen und Nicht-Verstehen begleitet die Entwicklung der Psychoanalyse als Wissenschaft und Therapeutik von ihren Anfängen an. Der Prozess des Verstehens ist ein komplexer und leicht störbarer Vorgang, dessen Gelingen an ganz bestimmte emotionale Voraussetzungen gebunden ist, und der Veränderungen im psychischen Gefüge zur Folge hat (und haben soll). Verstehen und Verstandenwerden sind die Grundlagen für eine gelungene psychische (kindliche) Entwicklung, die immer nur partiell gelingen kann. Allerdings ist das, was wir als Analytiker mit unserem Verständnis bewirken wollen, nämlich Einsicht in bisher unbewusst gebliebene Zusammenhänge, die Aufhebung von Spaltungen, die Rücknahme von Projektionen usw., ein schmerzlicher Vorgang, der etwas mit dem Auftauchen von Getrenntheit und Erfahrungen von Verlust und Alleinsein zu tun hat. Psychische Entwicklung ist insofern immer mit Angst verbunden (Trimborn 2002). Wir können deshalb nicht ohne weiteres davon ausgehen, dass Verstehen und Verstandenwerden *per se* »gute« Erfahrungen sind, die vom Patienten ausschließlich herbeigewünscht werden.

* Diese Arbeit wäre nicht ohne die vielen nützlichen Hinweise und Korrekturvorschläge meiner Supervisorin und Lehrerin, Frau Dr. med. Erika Krejci, Freiburg entstanden. Herzlicher Dank gebührt auch allen anderen Kolleginnen und Kollegen, die mir mit Rat und Tat während der Verfassung des Textes zur Seite standen.

Besonders in der psychoanalytischen Behandlung von schizoiden, narzisstischen und Patienten mit Borderline-psychotischen Merkmalen machen wir häufig die Erfahrung, dass den Bemühungen des Analytikers zu verstehen zum Teil erhebliche Widerstände entgegengesetzt werden, oder dass auf ein vielleicht sogar besonders gelungenes Verstehen eine überraschende negative Reaktion einsetzt, die wir seit ihrer Beschreibung durch Freud in »Das Ich und das Es« (1923b) als negative therapeutische Reaktion (im Folgenden: NTR) zu bezeichnen gewohnt sind. In extremen Fällen sind wir sogar mit einem regelrechten Hass auf unsere Fähigkeit zu verstehen konfrontiert.

Aber auch auf Seiten des Analytikers kann es zu Störungen im Prozess des Verstehens kommen, besonders wenn projektive Identifizierungen zu einer Verschmelzung von Subjekt und Objekt und damit zu einer (partiellen) Aufhebung der Grenzen zwischen innen und außen führen. Oft lenkt das emotional hochgradig aufgeladene Material mit seiner Fähigkeit, sich an eigene, noch nicht ausreichend verdaute und verstandene Emotionen und Konflikte im Analytiker zu heften, diesen aus seiner verstehenden Position heraus, die erst durch ein Stück Selbstanalyse oder Supervision wiedererlangt werden muss.

Um zwischen Eigenem und Fremdem differenzieren zu können, muss man eine Weile lang Nicht-Wissen ertragen und sich von vorgefassten Meinungen und ausgetretenen Theoriepfaden lösen können. Darüber hinaus müssen wir des Unterschiedes zwischen Verstehen und *Verständigung* gewahr sein und unser Verstehen in eine Form bringen, die der Funktionsweise und der Persönlichkeit des Patienten entspricht, wollen wir nicht unser Ziel verfehlen, ihm aus seiner inneren Notlage herauszuhelfen. Die dem Prozessgeschehen der psychoanalytischen Kur innewohnende Konflikthaftigkeit bringt es mit sich, dass das *Einverständnis* des nach Verstandenwerden und besserem Selbstverständnis strebenden Patienten mit dem erklärenden Vorgehen des Analytikers zerbrechen kann (Loch 1994).

Das unbewusste Zusammenspiel der gegen Verstehen und Verstandenwerden gerichteten Bewegungen auf Seiten des Patienten *und* des Analytikers kann zu Missverstehen und Blockierungen des Verstehensprozesses und schließlich zu einer Situation führen, in der der Analytiker unter Umständen geneigt ist, seine gesamte »Deutungsmacht« aufzufahren, um den Patienten doch noch zu verstehen, der sich von dieser Bemühung penetriert fühlen und fürchten wird, dass er in der analytischen Situation einst als traumatisch erlebten Gewaltverhältnissen erneut ausgesetzt ist.

2. Die mentalen Voraussetzungen für den Prozess des Verstehens und dessen Störbarkeit

Bion hat uns mit seiner Theorie des Denkens ein wertvolles Instrument an die Hand gegeben, mit dem sich der Prozess des Verstehens und Verstandenwerdens in seiner ganzen Komplexität und Ambiguität (Widersprüchlichkeit) beschreiben lässt. Wesentlich ist dabei die Tatsache, dass Verstehen ein *wechselseitiger* Prozess ist, der sich zwischen zwei Personen mit ihrer jeweiligen psychischen Ausstattung ereignet, und dass das Gelingen dieses Prozesses an die Fähigkeit, mentale Inhalte zu verarbeiten, d. h. an die Alpha-Funktion gebunden ist. Noch ungenügend verarbeitete oder »verdaute« seelische Inhalte, die Beta-Elemente, bedürfen in diesem Modell eines Behälters, der stellvertretend diese Funktion übernimmt und diese Inhalte, die sich ansonsten nur dazu eignen, aus dem psychischen Organismus ausgestoßen zu werden, in akzeptable und integrierbare Elemente verwandelt. Der Patient introjiziert mit jeder Erfahrung des Verstandenwerdens die Behälterfunktion des Analytikers und erwirbt dadurch die Fähigkeit, Abwesenheit und Mangel zu denken statt der Empfindung, der Anwesenheit eines bösen Objekts ausgeliefert zu sein (Krejci 1999). Die diesem Modell der analytischen Begegnung zu Grunde liegende menschliche Erfahrung ist die Stillsituation mit allen ihr inhärenten Implikationen, besonders was die Abhängigkeit der körperlichen und seelischen Entwicklung von einem nährenden bzw. verstehenden und Sinn spendenden Objekt als einer Grundtatsache des Lebens (Money-Kyrle 1971) angeht.

Bereits die Feststellung der eigenen Unvollständigkeit kann in bestimmten Situationen eine destruktive Attacke auf den Wahrnehmungsapparat auslösen, wenn die Phantasie einer Fusion mit einem allmächtigen und allwissenden Objekt in Frage gestellt wird und die eigene Begrenztheit und Angewiesenheit auf schmerzliche Weise ins Blickfeld rückt.

Allgemeiner ausgedrückt lässt sich sagen, dass Entwicklung den archaischen Narzissmus kränkt, weil sie nur in Anwesenheit eines anderen stattfinden kann und abhängig macht. Dadurch wird die omnipotente Vorstellung von Selbstgenügsamkeit in Frage gestellt, was heftige Angriffe gegen das wahrgenommene Objekt wie gegen das wahrnehmende Selbst zur Folge haben kann, wie dies H. Segal (1993) in ihrer Arbeit über den klinischen Nutzen des Todestriebkonzepts so eindrücklich beschrieben hat.

Etwas Ähnliches hatte Bion (1959) im Sinn, als er in den von ihm so genannten *Angriffen auf Verbindungen (attacks on linking)* die Hauptursache für die Entstehung und Aufrechterhaltung von gestörten Denkprozessen sah. Sie richten sich insbesondere auf das K-Bindeglied, das Erkennenwollen, welches bereits von Freud als *Wisstrieb* bezeichnet und von Melanie Klein als *epistemophilic instinct* weiter konzeptualisiert wurde. Das K-Bindeglied charakterisiert eine ganz bestimmte emotionale Verbindung zum Kind bzw. zum Patienten, welches für die Wahrnehmung und Transformation von archaischen Zeichenprozessen notwendig ist (Krejci 2001). Es ist neben den durch Liebe (L) oder Hass (H) geschaffenen Verbindungen *das* Bindeglied, das die psychoanalytische Beziehung repräsentiert und Verstehen überhaupt erst möglich macht.

Die dem Prozess des Erkennens inhärente Unlust und das Bedürfnis, sie zu vermeiden, sind dagegen die Grundlage für Verbindungen, die durch Missrepräsentationen und Nicht-Verstehen, also durch Missverstehen gekennzeichnet sind und durch die Umkehrung des Vorzeichens, –K, repräsentiert werden. Ihr wichtigstes Merkmal ist der neidische Hass auf jede neue Entwicklung der Persönlichkeit, »als ob die neue Entwicklung ein Rivale wäre, der zerstört werden muss« (Lernen durch Erfahrung, S. 156). Die Angriffe auf die K-Verbindung zielen darauf ab, ein Wissen über sich selbst zu vermeiden, das zu schmerzlich wäre, als dass es ertragen werden könnte.

Freud (1911) hat in seiner grundlegenden Arbeit über die zwei Prinzipien des psychischen Geschehens dargelegt, welche Aufgaben den Funktionen der Aufmerksamkeit und des Merkens bei der Verarbeitung von Sinneseindrücken zukommt, die sowohl von der Außen- als auch von der Innenwelt herstammen. Im Gegensatz zur bloßen motorischen Abfuhr von *Reizzuwächsen* sind das Merken und das Deponieren der Ergebnisse der Aufmerksamkeit entscheidend für die Funktion der Urteilsfällung, welche wiederum ein zweckmäßiges und zielgerichtetes Handeln ermöglicht.

Bion bezeichnet diese Funktion des Merkens als *notation* und stellt ihr in seinem Raster der Elemente der Psychoanalyse (auf der horizontalen Achse, der Achse der Verwendungen von Gedanken) die Kategorie der falschen Hypothesenbildung (Psi) entgegen, die ebenfalls zur Entwicklung des Denkens gehört. Damit ist gemeint, dass psychoanalytische Theorien auch dazu dienen können, das Erkennen der psychischen Wahrheit zu verhindern, die wegen ihrer Brisanz und der Konsequenzen für das Denken nicht zu ertragen ist.

Bion (1970) nennt als Beispiel die Aussage, dass die Sonne auf- oder untergeht, die sich hinterher als falsche Hypothese erweist. Sie gehört aber zur Entwicklung der Gedanken dazu.

3. Verstehen, dreidimensionaler Raum und ödipale Struktur

Andererseits sind wir natürlich auf Theorien und Modelle angewiesen, wie die des Ödipuskomplexes und der ödipalen Situation, die ein Referenzsystem darstellen, ohne das wir nicht in der Lage sind, die klinischen Phänomene, die uns in der analytischen Situation begegnen, einzuordnen und mit ihnen zu arbeiten. Wir sind auf ein erklärendes Objekt angewiesen, um zu erkennen, wer und wie wir sind. Dadurch ist die triadische (ödipale) Struktur des Prozesses des Verstehens bereits beschrieben. Ohne diesen Bezugsrahmen kann kein Raum entstehen, innerhalb dessen ein Nachdenken über das, was wir in der Begegnung mit unseren Patienten erleben, möglich ist. Diesen Raum müssen wir durch die Analyse der Übertragungssituation aber erst noch konstruieren (Weiß 2005).

Das Denken von Patienten, die gewohnheitsmäßig Spaltungsmechanismen zu Abwehrzwecken einsetzen, ist dagegen oft flach und zweidimensional, ihm fehlt die Tiefendimension, die unbewusst wegen der Unkontrollierbarkeit und Unvorhersagbarkeit der nicht ohne weiteres zugänglichen Emotionalität gefürchtet wird. In der Arbeit mit diesen Patienten haben wir es mit Bereichen des Seelischen zu tun, die ihnen, aber auch uns selbst buchstäblich *un-heimlich* sind und deren Eindringen in das Bewusstsein aus Angst, von einem archaischen Über-Ich verurteilt, bestraft und verstoßen zu werden, als katastrophaler Einbruch in das Ich gefürchtet wird.

Eine Patientin, die nach einem schweren depressiven Zusammenbruch in meine Praxis kam, konnte sich zum Beispiel zu Beginn ihrer dann viele Jahre andauernden Analyse nur dann in ihrer Wohnung einigermaßen sicher fühlen, wenn sie alle Rollläden herunterließ und ihre Wohnungs- und Balkontür sorgsam abschloss. Sie hatte panische Angst vor Einbrechern und konnte nachts nicht richtig schlafen, weil sie befürchtete, jemand könne in ihre Wohnung eindringen und sie ermorden. Diese Ängste standen in engem Zusammenhang mit der beginnenden Arbeit in der Analyse und waren auch in der analytischen Situation deutlich spürbar, da die Patientin, sobald sie auf der Couch lag, ebenfalls »die Rollläden herunterließ« und mir keinen Einblick in ihre innere Welt ermöglichen wollte.

Dieses Beispiel zeigt meines Erachtens sehr anschaulich, welche Bedrohung der durch unser Verstehen entstehende psychische Raum für das psychische Gleichgewicht darstellt, so dass es häufig Anlass für heftige Angriffe wird, die darauf abzielen, den vertrauten Zustand *quo ante* wiederherzustellen. Henry Rey (1979) hat in seiner Arbeit über schizoide Phänomene beim Borderline-Syndrom für dieses Oszillieren zwischen dem Wunsch, aus der erstickenden Enge einer flachen und bedeutungsarmen Welt herauszukommen, und der Angst, sich in der Weite eines unübersehbaren Raumes zu verlieren, die treffende Metapher des agoraklaustrophobischen Dilemmas gefunden.

Wegen der Überdeterminiertheit der sprachlichen und besonders der nicht-sprachlichen Äußerungen und der Komplexität dessen, was in der analytischen Begegnung der Fall ist, können wir nicht wissen, welche Bedeutung vorrangig ist. Daher ist es schwer, in überzeugender Weise mit dem uns dargebotenen Material zu arbeiten. Wir brauchen unsere eigene Phantasie und die Bereitschaft, auf die in uns erzeugten »Resonanzen« zu hören, müssen aber auch bereit sein, sie wieder stehen zu lassen und weiterzuschauen, um nicht auf die Ebene der falschen Hypothesen (Psi-Ebene) zu geraten.

Im Mittelpunkt muss daher die Arbeit an der Realitätswahrnehmung und damit an den Ich-Grenzen der Patienten stehen (Krejci 2005), wollen wir uns nicht im Dickicht eines unüberschaubaren Gemenges von sich oft widersprechenden Bedeutungen verlieren. Durch diese Arbeit wird eine Unterscheidung zwischen Selbst und Objekt, zwischen innen und außen und damit eine Abgrenzung von den Primärobjekten erst möglich. Dies begründet eine Gewichtsverlagerung zugunsten von Interventionen, die eine definierende Qualität haben und auf Aufmerksamkeit und Merken ausgerichtet sind, eine Arbeit an der Alpha-Funktion also (Krejci, a. a. O.). Die »eigentliche« Deutungsarbeit ist ein zweiter Schritt, dessen Güte davon abhängt, ob trotz des »Beschusses« durch die Affekte des Patienten, aber auch die in uns erzeugten emotionalen Resonanzen, so etwas wie ein *binokulares (zweiäugiges) Sehen* möglich ist. Dieser Begriff von Bion (1990, S. 141) meint die Fähigkeit, zwei Ansichten, nämlich die bewusste und die unbewusste Ansicht desselben (psychoanalytischen) Objekts in Korrelation zu bringen. Ein solcher Gebrauch des Bewussten und des Unbewussten gegenüber dem psychoanalytischen Objekt entspricht dem Gebrauch beider Augen bei der visuellen Untersuchung eines materiellen Objekts, das erst dadurch optisch dreidimensional wahrgenommen werden kann. Durch sein zweiäugiges Sehen wird dem Analytiker eine sinnvolle und lebendige Sichtweise dessen, was in der psychoanalytischen Situation geschieht, möglich. Erst dann kann der Analytiker ein sozusagen stereoskopisches Bild davon entwerfen, wovon der Patient spricht.

4. Verstehen und die Angst vor einer katastrophischen Veränderung

Wie bereits eingangs erwähnt, muss die Erfahrung, von einer anderen Person verstanden bzw. in der eben beschriebenen Weise gesehen zu werden, aber nicht zwangsläufig eine »gute Erfahrung« sein. Im Gegensatz zu Alltagskommunikationen handelt es sich in der psychoanalytischen Situation um Inhalte, die aus guten Gründen vom Bewusstsein abgespalten sind und hinter einem Wall von Abwehrmanövern, die nicht mehr in Frage gestellt werden oder sich gänzlich unbewusst ereignen, eine Art Eigenleben führen. Zu diesen Inhalten gehören die unbewussten Phantasien und die mit ihnen verbundenen, oft sehr archaischen Affekte, aber auch Erinnerungsreste an als traumatisch erlebte Erfahrungen, die zu einer Überforderung des Fassungsvermögens des seelischen Organismus geführt haben.

Durch die mit der Erfahrung des Verstandenwerdens (oder eines ausreichenden *containings*) durch den Analytiker einhergehende Aufhebung der Spaltung werden erhebliche Mengen an bisher in der starren Abwehrorganisation gebundener Unlust (*pain*) freigesetzt, was zu heftigen Gegenmaßnahmen führen kann, die darauf abzielen den psychischen Organismus vor dem Auftauchen eines unerträglichen psychischen Schmerzes zu schützen. Diese wie eine psychische Katastrophe gefürchtete Situation, in der das Ich des Patienten wehrlos von primitiven Affekten überschwemmt zu werden droht, findet sich in unserer Gegenübertragung und der Fassungslosigkeit wieder, mit der wir reagieren, wenn wir unerwartet und wie aus heiterem Himmel Angriffen ausgesetzt sind, die gerade unsere Fähigkeit, uns einzufühlen und das vom Patienten eingebrachte Material zu verstehen, massiv beeinträchtigen und in der Lage sind, uns zutiefst zu verstören.

Diese Angriffe auf die Behälter-Funktion des Analytikers sind nicht nur Manifestationen eines zerstörerischen Neides, sondern auch Ausdruck einer sich abzeichnenden psychischen Katastrophe, die mit der Integration von bisher abgespaltenen psychischen Inhalten einhergeht. Bion spricht in diesem Zusammenhang von *catastrophic change*, also einer Veränderung, die für den Patienten eine katastrophale Qualität besitzt.

Da unser Verstehen die narzisstische Omnipotenz in Frage stellt und damit der Verlust des idealisierten Objekts droht, können wir nicht von einem bedingungslosen Einverständnis unserer Patienten ausgehen, da sie unsere Bemühungen oft als Angriff und Anmaßung erleben. In der paranoid-schizoiden Position ist die innere Welt von furchtbar ängstigenden, z. T. auch bizarren Objekten beherrscht (z. B. der sog. vereinigten Elternfigur), so dass wir mit unseren Bemühungen, Spaltungen aufzulösen, Projektionen rückgängig zu machen und den illusionären Charakter von omnipotenten Lösungen aufzuzeigen, an einem dünnen kognitiven Firnis kratzen, der etwas sehr Fremdartiges und Beängstigendes überdeckt. Daher haben unsere Patienten nicht das Gefühl, dass wir ihnen helfen, wenn wir aus unserer Sicht versuchen, etwas zu verstehen. Wahrhaftiges Verstehen, das von dem Anliegen geprägt ist, sich selbst besser verstehen zu wollen, und auch bittere Wahrheiten nicht ausschließt, gehört zur depressiven Position. In der P/S-Position gibt es dagegen ein Verbot, vom Baum der Erkenntnis zu essen, dessen Übertretung mit der Vertreibung aus dem (narzisstischen) Paradies sanktioniert ist.

Ein weiterer, entwicklungspsychologisch später anzusetzender, aber dennoch äußerst wirksamer Faktor beim Zustandekommen von solchen, in einem weiteren Sinne als NTR zu bezeichnenden klinischen Phänomenen, ist die Angst vor einer unerträglichen Bloßstellung, Demütigung und Beschämung, wenn Patienten Fortschritte in der Behandlung machen und aus dem Versteck ihrer narzisstischen Abwehrorganisation auftauchen.

John Steiner hat in seinen letzten Arbeiten (2000, 2002, 2006) beschrieben, wie demütigend die Erfahrung sein kann, von einem mit narzisstischer Allmacht ausgestatteten und deshalb als arrogant und überlegen erlebten Objekt (und so erleben uns narzisstische Patienten oft auf Grund der Projektion ihrer eigenen Omnipotenz) in seiner ganzen Hilf- und Machtlosigkeit und Abhängigkeit gesehen zu werden. Dies führt zu den häufig zu konstatierenden, abrupten Bewegungen zurück in die P/S-Position bzw. zu einer erneuten Zufluchtnahme in den seelischen Rückzugsort, der gerade erst aufgegeben werden konnte, wenn es dem Patienten für eine Weile gelungen war, sich aus der Umklammerung durch seine omnipotente Abwehr zu befreien und sich von Gedanken und Gefühlen berühren zu lassen, die der depressiven Position zugehörig sind (also Schuld, Bedauern und Verzweiflung angesichts der eigenen Destruktivität bzw. der der primären Objekte). Diesen Zusammenhang hatte bereits 1936 Joan Riviere in ihrer umfassenden Arbeit über die NTR beschrieben.

Ein Weg, um diese Situation für den Patienten erträglicher zu machen, ist die subtile Provokation des Analytikers durch Äußerungen, die ihn veranlassen, Dinge zu sagen, die seine Neutralität in Frage stellen, weil sie eine moralische Verurteilung oder Kritik enthalten. Meistens verraten sie mehr über seine eigene Befindlichkeit und emotionalen Schwierigkeiten in der Behandlung, als dass sie seine Fähigkeit, den Patienten zu verstehen, unter Beweis stellen. Auf diese Weise holt der narzisstische Patient den Analytiker sozusagen von dem Thron herunter, auf den er ihn selbst gesetzt hat. Ist dieser durch solche Manöver in seiner Bedeutung für den Patienten wieder geschmälert, ist der frühere Gleichgewichtszustand erreicht, dessen Kehrseite allerdings die Angst des Patienten ist, die Fähigkeiten des Analytikers, ihn zu verstehen, so nachhaltig ge- oder zerstört zu haben, dass er ihm nicht mehr helfen kann.

Einer der wichtigsten Gründe für ein blockiertes Verstehen liegt nach Money-Kyrle (zitiert bei Weiß 2003) in dem Moment, in dem der Patient für einen noch nicht ausreichend verstandenen Aspekt im Analytiker selbst steht. Der Patient kann dann zu einer irreparablen oder verfolgenden Figur werden. Ist der Analytiker außer Stande, diese Zustände zu tolerieren, kann er seinerseits zu defensiven Projektionen und Interpretationen Zuflucht nehmen, die dann die Bedeutung gewinnen, den unverstandenen Patienten wieder aus seinem Inneren auszuschließen. Ferro (1996) nennt solche Deutungen *evakuative* Deutungen, durch die der Analytiker versucht, seine eigene Verstörung (z. B. durch den Neid des Patienten oder durch sein Nicht-Verstehen) wieder in den Patienten zurückzuschieben. Dies kann zu einer äußerst verwirrenden Situation führen, in der die eingangs beschriebene Stillsituation auf den Kopf gestellt zu sein scheint. Der Container des Patienten wird dann, zusätzlich zu den eigenen, durch die Beta-Elemente des Analytikers belastet. An diesem Punkt ist die *negative Fähigkeit* des Analytikers gefragt, die wir nach Bion (1970) entwickeln müssen, um Nicht-Wissen und Nicht-Verstehen ertragen zu können. Sie stellt sozusagen das Antidot gegen eine Idealisierung des Verstehens dar, die unreflektiert auch zu einer Gefahr für die Psychoanalyse werden kann.

5. Fallbeispiel

Als Herr A., ein junger Wissenschaftler am Anfang seiner beruflichen Karriere, zum ersten Mal in meine Praxis kam, war ich zunächst von seiner physischen Erscheinung irritiert: sein zu einer Glatze geschorener Kopf wirkte in seiner Nacktheit brutal und provozierend auf mich und stand in krassem Kontrast zu seinen fein geschnittenen, fast feminin wirkenden Gesichtszügen und den großen Kinderaugen, mit denen er mich eigentümlich leer anschaute. In den zunächst im Gegenübersitzen stattfindenden Therapiesitzungen hielt er die Augen meistens halb geschlossen und sprach in einer monotonen, einschläfernden Weise wie jemand, der ganz weit entfernt zu sein schien. Seine Sprechweise war unterlegt mit schneidender Verachtung und wirkte außerordentlich herablassend. Dazu grinste er mich in einer provozierenden Weise an, die mich an der Ernsthaftigkeit seines Wunsches zweifeln ließ, mit mir und seiner inneren Welt Kontakt aufnehmen zu wollen. Vielmehr fühlte ich mich zu einer Art perversen Spiel eingeladen, dessen Regeln er bestimmte und bei dem von vorne herein feststand, dass ich der Verlierer sein würde. Mit leiser Stimme berichtete er mir von Zwangsvorstellungen, bei denen Leute ihren Kot essen oder Frauen sich Kot zwischen die Beine schmieren würden, die er als abartige und abnormale Phantasien bezeichnete. Seine Wahrnehmung der Außenwelt war ausschließlich auf deren ästhetische Aspekte zentriert, was immer wieder zu schwierigen Entscheidungssituationen führe.

So war die Farbe eines Buches oder das Aussehen einer Straßenbahn entscheidend dafür, ob er ein bestimmtes Buch las oder mit einer bestimmten Straßenbahn fuhr. Ließ es sich einmal nicht vermeiden, die ästhetischen Aspekte hintanzustellen, geriet er in Panik und wusste sich nicht mehr zu helfen. Dies alles führte zu einem Zustand völliger Erschöpfung. Obwohl er oft mehr als 10 Stunden schlief, war er tagsüber meistens müde, musste sich immer wieder zurückziehen und sich entspannen. Dies machte ihm große Angst, weil er befürchtete, auf diese Weise den Anforderungen seiner beruflichen Tätigkeit, mit der er vor einem Jahr recht erfolgreich begonnen hatte, nicht gewachsen zu sein und mit seinem Leben zu scheitern. Als er sich einmal in eine Mitarbeiterin verliebte, kam es zu einer Intensivierung seiner Zwangsvorstellungen, die ihn dazu veranlasste, sich wieder zurückzuziehen, worauf er in einen Zustand geriet, in dem er überhaupt nichts mehr empfinden konnte. In dem Erleben, sich selbst entfremdet zu sein und von panischer Angst überflutet zu werden, wandte er sich zunächst an seine Hausärztin, die ihn dann schließlich an mich weiterleitete.

Ich stellte nach einigen Vorgesprächen die Indikation für eine psychoanalytische Psychotherapie mit mehreren Sitzungen pro Woche über einen längeren Zeitraum. Herr A. wollte sich zunächst nicht auf eine zeitlich unbefristete Behandlung einlassen und begründete dies mit einem längeren Auslandsaufenthalt, den er schon lange geplant habe. Ich verstand dies als Ausdruck seiner Angst, sich auf eine nähere Beziehung zu mir und natürlich auch zu sich selbst und seinen Problemen einzulassen, und akzeptierte die von ihm vorgeschlagene Kurzzeittherapie. Als die 20 vereinbarten Sitzungen vorüber waren, gab er seine Pläne, ins Ausland zu gehen, auf und entschied sich für eine Fortsetzung der Behandlung in dem von mir anfänglich vorgeschlagenen Setting.

In dieser Phase berichtete er folgenden Traum: Es war Krieg. Ein Angriff stand bevor, der Patient flüchtete sich in eine Kirche, wo er sich vor den Angreifern zu verstecken versuchte. Dort begegnete er mir. Ich gab ihm den Auftrag, eine Glocke in Sicherheit zu bringen, was sehr gefährlich war, weil er auf einem Gerüst stand und mitsamt der schweren Glocke in die Tiefe zu stürzen drohte. Dies wäre auch fast geschehen, wenn er die Glocke nicht schließlich losgelassen hätte, die darauf hinunter fiel und mit lautem Getöse in 1000 Stücke zersprang.

Dann befand er sich in einer ihm unbekannten Stadt, wo er vor einem Kaufhausfenster stand. Hinter der Scheibe konnte er eine tote Frau und mehrere Kinder sehen, die ebenfalls tot zu sein schienen. Daneben stand ein verrückt wirkender Mann, der die Frau und die (ihre?) Kinder offenbar gerade getötet hatte und sich nun anschickte, sie zu verbrennen. Er wirkte wie ein perverser Nazi, der aus purer Lust am Töten die Frau und die Kinder umgebracht hatte, gleichzeitig aber auch wie ein Kind, das einer Fliege die Flügel ausreißt.

Wir konnten uns in einer ersten Annäherung darauf einigen, dass der Traum von seiner katastrophalen Angst handelte, was sich in der sich nun intensivierenden Analyse ereignen und in welche Abgründe der menschlichen Natur er noch schauen würde. Ich hatte darüber hinaus im Stillen den Eindruck, dass es in der Analyse um die notwendige Zerstörung einer Glocke (ich musste sofort an den Roman »Die Glasglocke« von Silvia Plath denken, als er mir den Traum erzählte) gehen würde, die den Patienten mit ihrem tonnenschweren Gewicht schier erdrückt, also um eine katastrophale Trennung von einer ihn erdrückenden und alle Kreativität erstickenden Omnipotenz, die ihn bisher vor der schmerzlichen Wahrnehmung seiner psychischen Realität bewahrt, aber auch von der Realität mit allen ihren verschiedenen Aspekten, den schönen wie den hässlichen, den guten wie den schlechten, isoliert hatte.

Im weiteren Verlauf begann er mich und die ganze Behandlung, die bereits zu einer deutlichen Besserung seines Zustands geführt hatte, vor allem aber meine Behandlungsmethode, die er als »freudianisch« identifizierte, in Frage zu stellen und zu entwerten. Wiederholt zitierte er Freud in einer fast schon grotesken Weise, um mir zu demonstrieren, dass es sich bei den in Frage stehenden Äußerungen um baren Unsinn handele.

Parallel dazu, aber ohne jegliche Verbindung zu seiner entwertenden Aktivität in den Sitzungen, berichtete er mir von seinem Drang, sich pornographische Filme anzusehen, die er als ekelhaft und moralisch verwerflich verurteilte. Es gelang ihm mehrmals, mich in fruchtlose Diskussionen zu verstricken, ob das Betrachten von Pornofilmen wirklich so verdammenswert sei oder nicht, um mich dann dafür heftig anzugreifen, dass ich völlig gleichgültig gegenüber der obszönen Ausbeutung von Frauen durch die Produzenten solcher Filme sei, wenn nicht sogar dies heimlich gutheißen würde.

Diese Art, mich zunächst auf seine Seite ziehen zu wollen, um mich dann für meine vermeintliche moralische Fragwürdigkeit zu geißeln, hatte eine ausgesprochen perverse Qualität und wiederholte sich über Wochen in immer neuen Wendungen. Es schien immer nur eine Perspektive möglich zu sein, die sofort die andere herausforderte: entweder war er ein unschuldiges Opfer seiner Triebe und ich ein unbarmherziger Verfolger, der darauf aus war, ihn seines perversen Treibens zu überführen und seiner gerechten Strafe zuzuführen, oder er war ein Monster, dessen wahres Gesicht ich nicht sehen wollte, und ich jemand, der lieber wegschaute oder – schlimmer noch – heimlich darauf hinarbeitete, ihn noch mehr zu verderben.

Mir schienen die heftigen Attacken mit fast vorhersagbarer Regelmäßigkeit immer dann aufzutreten, wenn es mir gerade gelungen war, etwas von der verwirrenden Emotionalität aufgenommen und verstanden zu haben, die Herrn A. so zu peinigen schien. Hatte ich ihm zum Beispiel beschreiben können, wie er wie in einem Kippbild extreme und sich völlig widersprechende Aspekte seiner als auch meiner Person für das Ganze nahm, und dies mit seinen Schwierigkeiten in der Analyse und in seinem Leben verbunden, wirkte er auf einmal wie ausgewechselt. Seine verächtliche und höhnische Weise zu sprechen machte einer überraschend offenen und zugewandten, ja fast liebevollen Seite Platz, die er kurz danach als Ausdruck seiner Gutgläubigkeit und Naivität mir und meinen Absichten gegenüber abtat. Er schien der Gutartigkeit unseres Kontaktes zutiefst zu misstrauen und zu fürchten, von seiner Sehnsucht nach einem solchen Kontakt so geblendet zu werden, dass er die bereits geschehenen Verletzungen durch mein scheinbares oder tatsächliches Nicht-Verstehen (oder gerade *durch* mein Verstehen) vergessen würde und weiteren Verletzungen hilflos ausgeliefert wäre wie ein Käfer ohne Panzer. Tatsächlich manifestierten sich diese Ängste besonders häufig im Zusammenhang mit kürzeren oder längeren Unterbrechungen der Analyse, zum Beispiel am Wochenende, aber auch während der Arbeitswoche an den Tagen, an denen keine Sitzungen stattfanden, wovon er aber nichts wissen wollte.

Schließlich ergab sich eine für beide Beteiligten gleichermaßen schmerzliche und paradoxe Situation, aus der es kein Entrinnen zu geben schien: je weiter die Analyse fortschritt und je mehr sich neues Verständnis entwickeln konnte, desto heftiger und sadistischer wurden die Angriffe des Patienten, der mir nach Stunden, in denen neues Material auftauchte und eine angenehme Atmosphäre herrschte, völlig unvermittelt seinen ganzen Hass auf mich und die Analyse entgegen schleuderte und mit mir in einer Weise buchstäblich abrechnete, die mich in ihrer Schärfe, Unbarmherzigkeit und Unverschämtheit an Szenen aus dem Volksgerichtshof denken ließen.

Ich fühlte mich oft ebenso hilflos und gedemütigt wie die Frauen in seinen Pornofilmen, die abstoßende und ekelerregende Dinge über sich ergehen lassen mussten, weil sie sich nun einmal auf die Situation eingelassen hatten und quasi selber Schuld waren, dass auf eine so entwürdigende Weise mit ihnen umgegangen wurde. Aber auch der Patient schien meine Interventionen, wenn nicht gar meine bloße Präsenz als unerträgliche Provokation, Penetration und Grenzüberschreitung zu erleben. Ich war in diesen Situationen manchmal kaum noch in der Lage, einen klaren Gedanken zu fassen, und hatte das Bedürfnis, mich gegen die – wie mir schien – »ungerechten« Angriffe des Patienten zu verteidigen. Ich fühlte mich zwischen Resignation und Rebellion hin- und hergerissen. Um nicht ganz als Analytiker »unterzugehen«, versuchte ich Deutungen zu formulieren, die auf die offensichtlich perversen Elemente in der Übertragung abzielten, aber auf Grund meiner emotionalen Verwicklung entweder inhaltlich oder nur im Ton eine Kritik oder Verurteilung enthielten, die der Patient sofort zum Anlass nahm, mich weiter anzuklagen und mit dem Abbruch der Behandlung zu drohen. Gleichzeitig hatte ich den Eindruck, dass er in solchen Situationen heimlich über mich triumphierte und auf eine seltsame Weise durch diese Abweichung von meiner »neutralen« Haltung beruhigt zu sein schien, war es ihm doch gelungen, mich aus meiner analytischen Haltung herauszumanövrieren und mich in meiner Bedeutung für ihn auf ein erträgliches Maß zu reduzieren. Geschah dies zum Beispiel an einem Freitag, schien er sich leichter über das Wochenende von mir trennen zu können.

6. Kommentar und behandlungstechnische Überlegungen

Die Darstellung dieser durch Fehlkonzeptionen und Missrepräsentationen und folglich durch Missverstehen ständig bedrohten Behandlung veranschaulicht meiner Ansicht nach besonders eindrücklich das Spannungsverhältnis zwischen Verstehen und Nichtverstehen im psychoanalytischen Prozess. Der Patient, über dessen Behandlung ich hier berichtet habe, scheint gleichermaßen Angst vor Verstehen und Nicht-Verstehen, vor Verstandenwerden und Nicht-Verstandenwerden zu haben.

Nicht-Verstandenwerden bedeutet die Wiederholung eines infantilen Traumas, heißt, dem Wiederholungszwang ausgeliefert und verurteilt zu sein zu einem Leben, das durch eine phobische Angst vor dem eigenen »So-Sein«, durch eine Flucht vor sich selbst gekennzeichnet ist. Die Angst, mit unerwünschten Selbstanteilen in Kontakt zu kommen, bei sich selbst etwas Böses (oder etwas Hässliches, das den ästhetischen Sinn verletzt) zu entdecken und dafür von einem archaischen Über-Ich grausam verurteilt und vernichtet zu werden, ist so groß, dass jeder Weg recht ist, um diesem Schicksal zu entkommen. Spaltungsvorgänge, projektive Mechanismen und omnipotente Verleugnung stülpen sich wie eine Glocke über alles, was den Patienten zu einem Menschen machen würde: seine Fehlbarkeit, seine Verwundbarkeit, seine Abhängigkeit von der *Barmherzigkeit* eines verstehenden, wohlwollenden (gütigen) Objektes (interessanterweise gebraucht Joan Riviere in ihrer Arbeit über die NTR diesen religiös anmutenden Begriff).

Verstandenwerden geht mit einer Infragestellung der eigenen Omnipotenz einher und verweist auf die Existenz von etwas, das außerhalb des eigenen Selbst liegt und das Nahrung für die Seele bedeutet. Bion schreibt an einer Stelle in »Lernen aus Erfahrung« (S. 107), dass der seelische Organismus in ähnlicher Weise auf Wahrheit angewiesen ist, um wachsen zu können, wie der Körper auf Nahrung. Er spricht von *mental starvation*, seelischer Aushungerung, wenn das Versagen der Alpha-Funktion zu einer Unfähigkeit führt, aus Erfahrung zu lernen. Der Wahrheit über uns selbst (und unsere Objekte) können wir uns aber nur in der Auseinandersetzung mit einem signifikanten Anderen nähern.

Das Bild des Patienten von der Frau, die sich Fäkalien zwischen die

Beine schmiert, ist eine fäkalisierte Darstellung des elterlichen Verkehrs und dient offenbar dazu, die ödipale Wut und Gefühle des Ausgeschlossenseins und der Abhängigkeit von der Kreativität des Elternpaares abzuwehren. Die Fäkalisierung dessen, was der Andere zu geben in der Lage ist, des Zeugungsakts und der Nahrungsaufnahme, scheinen mir mit der Gewalt der Verzweiflung aufgeladene Versuche zu sein, die schmerzliche Erkenntnis der eigenen Begrenztheit und Angewiesenheit, die Abhängigkeit alles Kreativen von einem Zeugungsakt, vom dem man zugleich abhängt und ausgeschlossen ist, die Tatsache der Endlichkeit und letztendlich des Todes verleugnen zu können.

Diese Vorgänge sind Ausdruck eines negativen Narzissmus (Green 1993), dessen Ideal die Null ist, und der die regressive, vernichtende Aufhebung der eigenen Zeugung zum Ziel hat.

Welche Konsequenzen lassen sich aus dem Gesagten nun für die *Behandlungstechnik* ableiten? Bei Patienten, wie dem von mir geschilderten, spüren wir manchmal fast körperlich, wie Zusammenhänge zerrissen sind. Ihre Vorstellung von dem, was »einheitlich« heißt, ist ganz einseitig und auf Polaritäten wie »nur gut« und »nur schlecht« beschränkt. Die Realität mit ihren vielen verschiedenen Aspekten, die Ambivalenz der Gefühlsregungen werden in arroganter Weise außer Acht gelassen und beiseite geschoben. Wir müssen deshalb vordringlich an der gestörten Alpha-Funktion solcher Patienten, d. h. an ihren Denkstörungen arbeiten. Dies geschieht primär, indem man das Problem zu beschreiben und zu benennen versucht, und nicht, indem man Inhalte deutet. E. Krejci (2006) bezeichnet dieses Vorgehen, das sich deutlich von einer klassischen Deutungstechnik unterscheidet, deren Ziel es ist, Unbewusstes bewusst zu machen, eindrücklich als »Vertiefung in die Oberfläche«. So versuchte ich meinem Patienten beispielsweise zu zeigen, welch rigide Vorstellungen er davon hat, was richtig und was falsch ist, dass er meint, dass ich entweder alles gleich ganz richtig verstehe oder überhaupt nichts verstehe (und auch in Zukunft nicht verstehen werde), und dass dieses Konzept wenig mit der Realität zu tun hat (denn so funktioniert Verstehen nicht). In seiner Welt gibt es keine Vorstellung von Entwicklung: die Dinge sind so, wie er sie in einem bestimmten Moment erlebt, und dieses Erlebnis steht für das Ganze, ist jeglicher Zusammenhänge entkleidet. Wo die Alpha-Funktion fehlt oder nur unzureichend vorhanden und der Kontakt zur Realität gestört ist, gibt es auch keine Schranke zwischen *bw* und *ubw*, weshalb Deutungen ins Leere laufen, die darauf abzielen, den Mitteilungen des Patienten einen verborgenen Sinn abzuringen.

Dasselbe gilt bei diesen Patienten auch für den Umgang mit Träumen, die die Eigenschaft haben, sich in der Übertragungssituation zu ereignen und dort ihren zumeist traumatischen Charakter zu entfalten, wenn sie wie symbolisches Material behandelt werden. Da diese Träume häufig mit dem Ziel übermittelt werden, die Übertragungssituation zu manipulieren und den Analytiker in komplexe *enactments* hineinzuziehen, hat die Interpretation dieser *enactments* Vorrang vor der Deutung des Trauminhalts (ausführlich bei Weiß 2002, 2004).

Wenn sich Patienten hauptsächlich durch projektive Identifizierung mitteilen, kommt es zu eindrucksvollen Veränderungen im psychischen Funktionieren des Analytikers. Bion sagt, dass der Behälter die Emotionen wechseln kann. Er hat uns geholfen, diese Veränderungen, die Money-Kyrle Abweichungen von der normalen Gegenübertragung (Money-Kyrle 1956) genannt hat, nicht als Versagen des Analytikers zu begreifen, sondern als Bereitschaft, etwas von der verwirrenden Emotionalität des Patienten in sich aufzunehmen und diese so lange in sich zu behalten und durchzuarbeiten, bis es gelingt, sie in einer annehmbaren und verdauten Form zu reprojizieren.

Das Denken bekommt seine Potenz erst durch das Durcharbeiten der depressiven Konflikte und der Anerkennung der ödipalen Situation. Ohne diesen Prozess, den ich mit einem Wort aus dem Gedicht des tschechischen Dichters Jan Skácel als ein »Durchschmerzen« bezeichnen möchte (Bion selbst spricht von *Wachstumsschmerzen*) bleibt das Denken impotent und ist von einem sterilen Hin- und Herwechseln zwischen gegensätzlichen Positionen bestimmt. Der psychische Schmerz, von dem Bion hier spricht, ist noch kein Kummer, aber ein wichtiger Schritt hin zu der Fähigkeit, so etwas wie Kummer zu empfinden und Leiden zu ertragen.

In der paranoid-schizoiden Welt wird die Zeit angehalten und es kommt zu einer Verabsolutierung von Momenten. Dann wird Hilflosigkeit und Angewiesensein, wie bei meinem Patienten, nicht als Selbstkonzeption, als Teil dessen, was ihn ausmacht, verstanden, sondern ist Ausdruck eines schmählichen Versagens, einer vernichtenden Niederlage, die ihn einer unerträglichen Beschämung preisgibt. Um (eine befriedigende wie auch eine unbefriedigende Situation) denken zu können, bedarf es der Paarung einer Präkonzeption (die Erwartung einer Befriedigung) mit einer Realisierung, und für diese Paarung ist die elterliche Alpha-Funktion erforderlich. Dann kann man sich erinnern, man kann erforschen, was gut und was schlecht war und ist, und man kann sich etwas wünschen, weil man denken kann, was einem fehlt (Krejci

1999). Dies ist Bions Sicht auf Ödipus, der bei ihm ein intellektueller Ödipus ist (Bléandonu 1990).

In der P/S-Position ist dieses Forschen verboten. Dort hat das Richtige und das Falsche eine völlig andere Bedeutung als in der depressiven Position. Wie in der Welt der Magie, die Freud in seinen Arbeiten über die Zwangsneurose so eindrücklich beschrieben hat, bedeutet es auch in der P/S-Position Unheil, wenn nicht alles so gemacht wird, wie es das Ritual vorschreibt. Dies weist auf eine ungeheure Angst vor Desintegration bei regressiven Bewegungen bei diesen Patienten hin, denen wir mit unseren Interventionen an der Stelle begegnen müssen, wo Teile ihrer Person verloren gegangen sind, als wären sie nicht existent, und bei denen wir von einer unzureichenden oder gar fehlenden Integration von höchst gegensätzlichen Selbstanteilen auszugehen haben.

7. Schlussbemerkung

Die Offenheit gegenüber den eigenen Gedanken und Emotionen und deren sorgfältige Analyse (Was gehört zu mir und meinen Schwierigkeiten, was ist Ausdruck und Kommunikation der Schwierigkeiten des Patienten? Wie sind beide miteinander verwoben?), die Anerkennung der Macht und bisweilen Gewalttätigkeit, die sich gegen das Verstehen richtet, wenn es gilt, eine befürchtete psychische Katastrophe zu verhindern, die Beobachtung, wie Sprache eingesetzt wird, um bestimmte Aspekte der Realität zu verschleiern, anstatt über sie zu sprechen, eine gesunde Skepsis gegenüber der eigenen Bereitschaft, Dinge schönzureden, die in Wirklichkeit nicht schön, sondern hässlich sind, die Bereitschaft, das in uns projizierte seelische Unvermögen (*mental impotence* bei Money-Kyrle 1956) zu ertragen und uns vorschneller Deutungen zu enthalten, die hauptsächlich der eigenen Entlastung dienen, aber auch die Fähigkeit, die Liebe, den Wunsch nach Wiedergutmachung, die kleinen Veränderungen im Text wahrzunehmen, die auf eine Erweiterung des psychischen Raums und eine Bewegung hin zu ambivalenten Gefühlsregungen hinweisen –, dies alles zusammen scheint mir die Voraussetzung für das Gelingen eines Unternehmens zu sein, das oft einer Gratwanderung entspricht, aber auch den Weg frei machen kann zu einem erweiterten Denkraum und einer psychischen Integration von bisher fremd gebliebenem Eigenem.

Literatur

Bion, W. (1959): Angriffe auf Verbindungen. In: E. Bott Spillius (Hg.) (1990): Melanie Klein heute. Entwicklungen in Theorie und Praxis. Bd. 1. München/Wien: Verlag Internationale Psychoanalyse, S. 110–129.

– ([1962] 1990): Lernen durch Erfahrung. Übersetzt und eingeleitet von Erika Krejci. Frankfurt a. M.: Suhrkamp.

– ([1970] 2006): Aufmerksamkeit und Deutung. Übersetzt von Elisabeth Vorspohl. Tübingen: edition diskord.

Bléandonu, G. (1990): Wilfred Bion. His Life and Works 1897–1979. London: Free Association Books.

Ferro, A. ([1992] 2003): Das bipersonale Feld. Konstruktivismus und Feldtheorie in der Kinderanalyse. Gießen: Psychosozial-Verlag.

– ([1996] 2005): Im analytischen Raum. Emotionen, Erzählungen, Transformationen. Gießen: Psychosozial-Verlag.

Freud, S. (1911): Formulierungen über die zwei Prinzipien des psychischen Geschehens. GW VIII, S. 229–238.

– (1923b): Das Ich und das Es. GW XIII, S. 235–289 (Kapitel V: Die Abhängigkeiten des Ichs).

Green, A. (1993): Le travail du négatif. Paris: Les éditions de minuit.

Krejci, E. (1999): Zusammenkommen und Zerfallen. Das Modell des Behälters und die PS-D-Bewegung als Brennpunkte von Bions Theorie des Geistes. Forum Psychoanal. 15, S. 25–41.

– (2001): Zur Wahrnehmung und Transformation von projektiven Identifizierungen in der Übertragung. Das Wachstum eines Begriffs. In: W. Bohleber u. S. Drews (Hg.): Die Gegenwart der Psychoanalyse – die Psychoanalyse der Gegenwart. Stuttgart: Klett-Cotta.

– (2005): Die »Vertiefung in die Oberfläche«. Unveröff. Vortragsmanuskript DPV-Herbsttagung 2005.

Loch, W. (1994): Wie verstehen wir Fühlen, Denken, Verstehen? In: Jb. Psychoanal. 32, S. 9–39.

Money-Kyrle, R. (1956): Normale Gegenübertragung und mögliche Abweichungen. In: C. Frank u. H. Weiß (Hg.) (2003): Normale Gegenübertragung und mögliche Abweichungen. Zur Aktualität von R. Money-Kyrles Verständnis des Gegenübertragungsprozesses. Tübingen: edition diskord, S. 19–36.

– (1971): The Aim of Psycho-Analysis. In: Roger Money-Kyrle. Collected Papers.

Rey, H. (1979): Schizoide Phänomene im Borderline-Syndrom. In: E. Bott-Spillius (Hg.): Melanie Klein heute. Entwicklungen in Theorie und Praxis, Bd. 1. Beiträge zur Theorie. München/Wien: Verlag Internationale Psychoanalyse, S. 253–287.

Riviere, J. (1936): Ein Beitrag zur Analyse der negativen therapeutischen Reaktion. In: L. Gast (Hg.) (1996): Joan Riviere. Ausgewählte Schriften. Tübingen: edition diskord, S. 138–158.

Segal, H. (1993): On the Clinical Usefulness of the Concept of Death Instinct. Internat. J. Psychoanal. 74, S. 55–61.

Skácel, J.(1982): wundklee. Gedichte, ins Deutsche übertragen von Reiner Kunze. Frankfurt a. M: Fischer

Steiner, J. (1996): The Aim of Psychoanalysis in Theory and Practice. Internat. J. Psychoanal. 77, S. 1073.

– (2000): Containment, enactment and communication. Internat. J. Psychoanal. 81, S. 245.

– (2002): Fortschritte in einer Analyse. Verlegenheit und Empörung. In: Weiß, H. u. Frank, C. (Hg.): Pathologische Persönlichkeitsorganisationen als Abwehr psychischer Veränderung. Tübingen: edition diskord, S. 67–88.

– (2006): Narzisstische Einbrüche: Sehen und Gesehen werden. Scham und Verlegenheit bei pathologischen Persönlichkeitsorganisationen. Hg. v. H. Weiß und C. Frank. Stuttgart: Klett-Cotta.

Trimborn, W. (2002): »Ich lasse mich nicht zerstören«. Zur Dynamik von Gewalt bei narzisstischen Störungen. In: A.-M. Schlösser u. A. Gerlach (Hg.): Gewalt und Zivilisation. Erklärungsversuche und Deutungen. Gießen: Psychosozial-Verlag.

Weiß, H. (2002): Reporting a dream accompanying an enactment in the transference situation. Internat. J. Psychoanal. 83, S. 633–645.

– (2003): Verstehen als Wiedergutmachung – Deutung als Reprojektion. Zur Aktualität von R. Money-Kyrles Verständnis der Gegenübertragung als Transformationsprozess. In: C. Frank u. H. Weiß (Hg.): Normale Gegenübertragung und mögliche Abweichungen. Zur Aktualität von R. Money-Kyrles Verständnis des Gegenübertragungsprozesses. Tübingen: edition diskord, S. 158–173.

– (2004): Gefühle von Unwirklichkeit in Traum und Übertragung am Ende einer Analyse. (Unveröff. Vortrag an der J. W. Goethe-Universität aus Anlass des 10-jährigen Bestehens des Instituts für Psychoanalyse der Deutschen Psychoanalytischen Gesellschaft).

– (2005): Wenn das Geschehene erst dann geschieht, wenn wir es denken können – Überlegungen zur Konstruktion des inneren Raums und zur zeitlichen Rekonstruktion. Psyche 59, (Beiheft 2005), S. 65–77.

1.3 Praxis: Lösungen durch Momente der Begegnung

Wulf Hübner

Verwandlungserfahrungen und Augenblicke der Wahrheit

Psychoanalyse hat, wie das Schauspiel, mit Verwandlungserfahrungen zu tun und mit Wahrheit, mit Sinn und mit Sinnlichkeit; mit der Als-ob-Realität des im Spiel symbolisch Dargestellten und mit der physischen Realität der Akteure und Zuschauer, ihrer realen, leiblichen Präsenz. Patienten wie Schauspieler versuchen, mit ihren je zur Verfügung stehenden Mitteln, den Zuschauer bzw. Analytiker zu berühren, zu verwandeln und in ihr Spiel hineinzuziehen. Diese gehen ihrerseits, wenn auch aus verschiedenen Motiven, das Risiko ein, – vorübergehend – ihr Selbstgefühl zu verlieren.

In der gegenwärtigen Diskussion wird dieses Phänomen (bekannt aus der Behandlung früh gestörter, traumatisierter Patienten) meist einseitig nur als Folge des »Drucks« verstanden, der von dem sogenannten averbalen Verhalten der Patienten ausgeht und nicht etwa auch als ein Element unserer eigenen Wahrnehmung, wenn wir uns auf das sinnliche Erleben der *körper*sprachlichen Präsenz der Patienten einlassen.

Auch unsere Patienten sind mit solchen »Präsenzerfahrungen« konfrontiert, dann etwa, wenn wir uns, ungewollt, mit spontanen Gesten für sie anwesend und wirklich machen. Solche Gesten öffnen, da es sie *auf der Bühne* nicht geben *kann*, für einen Moment die Tür zur Welt außerhalb des Theaters, zur Alltagsrealität.[1] Das ist zum Beispiel deswegen von entscheidender Bedeutung, weil es »Anerkennung«, im gewichtigen Sinn des Wortes, nur in der Alltagsrealität geben kann, wenn

[1] Das Wort ›Alltagsrealität‹ verwende ich in dem Sinn, in dem Freud von »Realität« in seinem gesamten Werk, philosophisch unproblematisiert, spricht und auf dessen Hintergrund sich etwa Neurose und Psychose unterscheiden lassen: Erstere wolle von der Realität nichts wissen, Letztere verleugne sie und suche sie zu ersetzen (1924, S. 365). Zur Alltagsrealität gehört, in diesem Verständnis, das Unterscheiden-Können von Spiel und Wirklichkeit, die Einnahme der dritten, selbstreflexiven Position.

sich beide dort treffen. Herr Erlich hat gestern gefragt, ob es einen Ort *innerhalb* der analytischen Situation für den Einfluss der sogenannten Realität gäbe. Ich meine ja, – es ist der Ort, wie sich zeigen wird, der durch Anerkennung, verstanden als Sprechakt, seinerseits konstituiert wird.

Nachdem erst Übertragung, dann Gegenübertragung und schließlich Enactment als legitime oder besser konstitutive Bestandteile psychoanalytischer Praxis akzeptiert worden sind, scheint es mir an der Zeit, das Vorkommen von Momenten der Alltagsrealität *in* der analytischen Situation entsprechend zu würdigen. Ich glaube, dass wir alle das Phänomen ohnehin kennen und nur öffentlich ein traditionell eher verschämtes Verhältnis dazu pflegen.

Bevor ich am Ende auf dieses Treffen in der Alltagsrealität zu sprechen komme, will ich von Verwandlungserfahrungen reden und nehme Freuds einschlägige Metapher auf, die wir als Titel für den Schwerpunkt des heutigen und letzten Tages der Tagung gewählt haben.

Feuerlärm

Die spezifische Wirkung jedes Schauspiels hänge davon ab, ob es gleichzeitig als Realität und als Phantasieschöpfung erlebt werde, schrieb Loewald (1974, S. 344) bei seinem Vergleich von Übertragungsneurose und Drama (S. 343). Diese »Doppelgesichtigkeit« sei auch »ein wichtiger Bestandteil der Erfahrung des Analytikers in der analytischen Situation« (S. 344).

Davon handelt Freuds dramatischer Vergleich vom Feuerlärm mit der in die analytische Situation – wie ein »Elementarereignis« (Freud 1915, S. 307) – hereinbrechenden Liebe:

> »Es gibt einen völligen Wechsel der Szene, wie wenn ein Spiel durch eine plötzlich hereinbrechende Wirklichkeit abgelöst würde, etwa wie wenn sich während einer Theatervorstellung Feuerlärm erhebt. Wer dies als Arzt zum erstenmal erlebt, hat es nicht leicht, die analytische Situation festzuhalten und sich der Täuschung zu entziehen, daß die Behandlung wirklich zu Ende sei« (S. 310).

Dann folgt im Text ein Absatz.

»Mit etwas Besinnung«, so geht es nach dem Atemholen weiter, »mit etwas Besinnung findet man sich dann zurecht« (ebd.).

Das kann uns deswegen so lapidar, kurz wie treffend, gesagt werden, weil ›mit etwas Besinnung‹ jenes in seinen Wirkungen so außerordentlich bedeutsame Quentchen Selbstbesinnung gemeint ist, das zu dem Unterschied zwischen Mitspielen und Betrachten verhilft.

Freuds fiktive, verliebte Patientin unterscheidet nicht. Sie, »auch die bisher fügsamste« (S. 309), »hat plötzlich Verständnis und Interesse für die Behandlung verloren, will von nichts anderem sprechen und hören als von ihrer Liebe, für die sie Entgegnung fordert« (ebd.).

Aber auch der Analytiker, »[b]esonders der jüngere und noch nicht fest gebundene Mann«, so warnt Freud die Kollegen, »mag die Aufgabe als eine harte empfinden ... sich innerhalb der ihm von Ethik und Technik vorgeschriebenen Schranken zu halten« (S. 319), d. h. abstinent zu bleiben und die dritte Position zu wahren. Denn von dem »Weib«, das »um Liebe wirbt« und mehr noch »von einer edlen Frau, die sich zu ihrer Leidenschaft bekennt, geht trotz Neurose und Widerstand«, so verrät Freud, »ein unvergleichlicher Zauber aus« (ebd.) und bringt vielleicht die Gefahr mit sich, »Technik und ärztliche Aufgabe über ein schönes Erlebnis zu vergessen« (ebd.). Allzuleicht ist es um den Analytiker geschehen, allzuleicht ist er um den analytischen Verstand gebracht. Er verliert, wenn er sich vom Spiel stärker gefangen nehmen lässt, »den Blick auf sich selbst als eine Person, die ... in einer bestimmten Geistes- oder Gemütsverfassung ins Theater [sprich: in die analytische Situation; W. H.] gegangen ist« (Loewald 1974, S. 352).

Man habe kein Anrecht, resümiert Freud in seinen *Bemerkungen über die Übertragungsliebe*, »der in der analytischen Behandlung zutage tretenden Verliebtheit den Charakter einer ›echten‹ Liebe abzustreiten« (1915, S. 317). Aber in dem Versuch, an ihr festzuhalten und sie als etwas Unreales, zur analytischen Situation und also zum Spiel Gehöriges zu behandeln (S. 314) – hier taucht die erwähnte »Doppelgesichtigkeit« wieder auf –, in dem Versuch, die Kur durch die Liebesübertragung hindurch fortzusetzen, sie also weder zu befriedigen noch zu beschwichtigen, nur sie zu deuten, in diesem Versuch droht der Analytiker zu scheitern (S. 311); vielleicht deswegen, weil, um im Bilde zu bleiben, das Liebesfeuer auf eine Weise entfacht wird, die ihn glauben macht, er *müsse* etwas *tun*.

Suppenlogik und Knödelargumente

Freud hat in dem schon zitierten Aufsatz die Übertragungsliebe bekanntlich von der Liebesübertragung unterschieden und letztere »einer Klasse von Frauen« (Freud, S. 315) zugeordnet, »deren elementare Leidenschaftlichkeit ... keine Surrogate verträgt« (ebd.), er bezeichnet sie als »Naturkinder, die das Psychische nicht für das Materielle nehmen wollen« (ebd.); die nur die Wahl lassen zwischen »Gegenliebe zeigen oder die volle Feindschaft des verschmähten Weibes auf sich laden« (ebd.); es sind Frauen, »die nach des Dichters Worten nur zugänglich sind für ›Suppenlogik mit Knödelargumenten‹« (ebd.). Schließlich kennzeichnet Freud diese Verliebten als gewalttätig und fragt zweifelnd, »wie sich die Fähigkeit zur Neurose mit so unbeugsamer Liebesbedürftigkeit vereinigt« (ebd.).

Das klingt resignativ, und wenn man die Quelle aufsucht, aus der Freud geschöpft hat, dann kann man den Eindruck bekommen, dass seine befremdliche Redeweise an dieser Stelle auch Ausdruck eines verzweifelt hilflosen und vielleicht wütenden Gegenübertragungswiderstands ist. Freud bezieht sich nämlich, worauf Eickhoff hingewiesen hat, auf ein Heine-Gedicht mit dem Titel *Die Wanderratten*: eine Tierfabel von »bösem Witz«, die sich mit der gescheiterten Revolution von 1848 befasst, eine »unheimliche Vision vom Triumph der hungrigen über die satten Ratten – des Proletariats über die Bourgeoisie« (Eickhoff 1993, S. 57), ein Gedicht, das auch die Ohmacht des politischen Arguments reflektiert:

> »Heut' helfen euch nicht die Wortgespinste / Der abgelebten Redekünste«, heißt es in der vorletzten Strophe, »Man fängt nicht Ratten mit Syllogismen, / Sie springen über die feinsten Sophismen. // Im hungrigen Magen Eingang finden / Nur Suppenlogik mit Knödelgründen, / Nur Argumente von Rinderbraten, / Begleitet mit Göttinger Wurstcitaten« (Eickhoff S. 56 f.).

Nicht umsonst hatte Freud seine Bemerkungen *Über die Übertragungsliebe* mit der Überzeugung eingeleitet, »dass die einzigen wirklich ernsthaften Schwierigkeiten« (1915, S. 306) für jeden Anfänger der Psychoanalyse »bei der Handhabung der Übertragung anzutreffen« (ebd.) seien. Aber auch der Erfahrene drohe an dem »Elementarereignis« (Freud S. 307), dem Auftauchen der Liebesübertragung, ohnmächtig zu scheitern; jedenfalls dann, wenn die dadurch verursachte Unzugänglichkeit für Übertragungsdeutungen kein regressionsbedingt vorübergehendes (dann spricht Freud von Übertragungsliebe), sondern ein strukturelles Phänomen ist; wenn diese Patienten das Psychische nicht für das Materielle nehmen *können*, weil sie, wie wir sagen, an Symbolisierungsstörungen leiden; und, nicht zuletzt, wenn sich der Analytiker in der Handhabung der Übertragung darauf seinerseits nicht einstellen würde.

Das Bild von den Ratten in Heines Gedicht, unser Wissen von der Verbreitung der Tiere, die aus Zentralasien kommend, nach einem Erdbeben im Herbst 1727 bei Astrachan in großen Haufen über die Wolga setzten und sich von hier auf ihrer Weltwanderung rasch nach Westen hin verbreiteten, in Deutschland waren sie schon 1780 überall häufig zu finden, und schließlich Freuds wenig charmanter Vergleich, geben uns einen dramatischen Eindruck von der Art einer Übertragung, die konkrete Befriedigung fordert. ›Invasion‹, ›Überfremdung‹, ›gewaltsames Eindringen‹, ›Fressen oder Gefressen werden‹, ›Identitätsverlust‹ – das sind Ausdrücke, die assoziativ mit den Folgen einer Übertragung verknüpft sind, die der Patient, wie Fairbairn (1959) formuliert hatte, zum Mittel nimmt, um »seine Beziehung zum Analytiker ... in das geschlossene System der [eigenen; W. H.] Innenwelt zu drängen« (zit. bei Feldman 1999, S. 992).

Nun ist es doch aber so, dass in analytischen Therapien, von Ausnahmen abgesehen, »nichts anderes vorgeht als ein Austausch von Worten« (Freud 1917, S. 9).

Welche Mittel hat Freuds fiktive Patientin, um auf der analytischen Bühne ein Liebesfeuer entfachen zu können, dessen Wirklichkeit den Analytiker zu verzehren droht und ihn zum Geliebten oder zum Verschmähenden macht? Freud schreibt: »sie will von nichts anderem sprechen und hören als von ihrer Liebe«. Wenn diesem Sprechen die reflexive Distanz der dritten Position fehlt, dann wird es selbst zum Lieben (vgl. Strasser 1998, S. 60) und *verkörpert* die elementare Leidenschaft, führt sie auf, statt über die Liebe zu reden, (weil *darüber* nicht geredet werden *kann*).

Wenn Sprache aufgeführt wird, in Gedichten, literarischen Texten, Dramen oder eben in der »konkretisierenden Liebesübertragung« (Eickhoff S. 58), kommt es auf die Materialität der Sprache an, auf das Sprechen selbst. Dieses *verweist* dann nicht auf ein Begehren, sondern *vollzieht* es.

Solches Sprechen folgt einer »Suppenlogik mit Knödelgründen« (und ist solchen auch nur zugänglich), einfach deswegen, weil es wirken soll und weil ihm die reflexive Distanz fehlt; für Semmelknödel etwa sind Petersilie und etwas Majoran gute ›Gründe‹, Schnittlauch hingegen ein schlechtes ›Argument‹; in dieser ›Logik‹ ist das praktische Wissen darüber enthalten, was den Gaumen reizt, dem Magen ein Wohlgefühl bereitet und darüber hinaus satt macht, wie zum Beispiel »Rinderbraten begleitet mit Göttinger Wurstzitaten« oder »schweigender Stockfisch in Butter gesotten«, denn der behagt den »radikalen Rotten« (Eickhoff S. 57).

Sprechen auf der Ebene der Suppenlogik *ist* ein dramatisches Phänomen, welches das »Elementarereignis« Liebesübertragung mitsamt der unbeugsamen Liebesbedürftigkeit in Szene setzt, sie sinnlich gegenwärtig macht und den Analytiker »in die Dinge« oder »ins Spiel« hineinziehen (Feldman 1999, S. 999 u. S. 1001), d.h. verwandeln soll. Bei dieser Aufführung von Sprache geht es nicht um ein nachahmendes Spielen der Wirklichkeit, wie im Fall der Übertragungsliebe etwa dann, wenn auch die gegenwärtige Verliebtheit laut Freud »infantile Vorbilder wiederholt« (Freud 1915, S. 317). Jetzt geht es um einen anderen Aspekt, es geht um die Wirklichkeit des Spielens selbst.

Die Wirklichkeit des Spiels

Diese Betrachtung des von Freud unter dem Titel »Feuerlärm« gezeigten Bildes vom Übertragungs- und Gegenübertragungsgeschehen rückt die Wahrnehmung der sinnlichen, leibhaftigen Präsenz der Patienten in den Mittelpunkt: Diese Wahrnehmungseinstellung ist in der Diskussion innerhalb der Psychoanalyse eher ganz ungewöhnlich, obwohl sie dasjenige zum Gegenstand nimmt, was für den Analytiker *tatsächlich sinnlich gegeben* und in diesem Sinne *real* ist, ihn beeindruckt und in den Bann zieht, wenn er sich darauf einlässt: die *Wahrnehmung* des sogenannten averbalen oder körpersprachlichen Verhaltens der Patienten, ihre Mimik, Gestik, Körperhaltung und die Art und Weise, wie sie sprechen, ihre Stimme und deren Tonlagen, Rhythmus, Klangfarbe, Lautstärke, Deutlichkeit der Artikulation und dergleichen mehr (Kolesch 2001, S. 260).

Im Zusammenhang mit dem Phänomen projektive Identifikation, welches das Verständnis von Übertragung und Gegenübertragung in den vergangenen Jahrzehnten so nachhaltig verändert hat, ist viel über die Beeinflussung des Analytikers durch das averbale Verhalten des Patienten nachgedacht worden.

Das wiederkehrende Wort »Druck« in den einschlägigen, besonders postkleinianischen Texten artikuliert den Sog, der von den Mitteilungen ›Jenseits der Worte‹ (O'Shaughnessy 1982, S. 188) des Patienten ausgeht und Veränderungserfahrungen auf Seiten des Analytikers induziert. Diese haben alle etwas damit zu tun, in das Spiel des Patienten *tatsächlich* hinein- oder einbezogen zu werden.

Denn analog der Situation des sehr kleinen Kindes angesichts eines ihm ganz unzugänglich erscheinenden Objekts gäbe der Patient erst

Ruhe, so die Erfahrung von Feldman, »wenn ihm die psychische und physische Wirkung auf den Analytiker *vor Augen steht*« (1999, S. 999).

Ich habe vom Sog gesprochen, der von der Übertragungsinszenierung des Patienten ausgeht, weil ich glaube, dass das Wort ›Druck‹ allzu sehr mit der Vorstellung einer quasi mechanisch wirkenden Macht assoziiert ist und den Analytiker zu sehr in die Nähe der Position eines hilflosen Opfers der Projektionen des Patienten rückt.

Tatsächlich, so meine ich, lassen wir uns, wesentlich auch, auf die leibliche Präsenz der Patienten, auf ihre Inszenierung von Sprache und auf die Gestik ihrer Wörter und das heißt auf ein ästhetisches Erleben ein, das uns verwandelt. Dabei sind zwei Ebenen zu unterscheiden.

Betrachten wir etwa folgende Situation (die sich der amerikanische Sprachphilosoph Donald Davidson ausgemalt hat, bei seinem Nachdenken über den Zusammenhang von Kontext einer Äußerung und ihrer kommunikativen Funktion):

> Im Theater spielt ein Akteur eine Szene, in der ein Feuer ausbrechen soll (z. B. Albees Tiny Alice). Seine Rolle verlangt, dass er möglichst überzeugend jemanden darstellt, der andere vor einem Feuer zu warnen versucht, »Feuer!« ruft er, und vielleicht fügt er auf Anweisung des Autors hinzu: »Ich meine es ernst! Seht doch, der Qualm« usw. Und nun bricht ein wirkliches Feuer aus und der Schauspieler versucht vergebens, das wirkliche Publikum zu warnen. »Feuer!« ruft er, »ich meine es ernst! Seht doch, der Qualm!« usw. (Zit. bei Wirth 2002, S. 23).

Während der ersten Hälfte dieses kleinen Dramas ist die Aufmerksamkeit des Zuschauers auf Teilnahme an und Entschlüsselung der vom Schauspieler dargestellten Handlung oder Geschichte gerichtet. Auch sein körpersprachliches Verhalten wird als äußeres Zeichen für seine innere, psychische Realität wahrgenommen und zu verstehen versucht, ebenfalls im Hinblick auf die von ihm dargestellte Szene. Das ist das uns vertraute, hermeneutische Verstehen von Sinn und Bedeutung des vom Patienten präsentierten Materials. Freuds Traumdeutung ist für dieses hermeneutische Sinnverstehen paradigmatisch. Die affektive Teilnahme des Zuschauers an der erlebten Szene stellt sich über Einfühlung her, er lässt sich »auf versuchsweise Identifizierungen mit dem Patienten, das heißt mit den Darstellern und den Vorgängen des [analytischen; W. H.] Schauspiels ein«, er ist, so schreibt Loewald weiter, von dem Spiel berührt, indem er stellvertretend an der Handlung teilnimmt (S. 344). Wenn er sich berühren und in das unbewusste Spiel einbeziehen lässt, dann ist diese Erfahrung *Folge seiner Phantasie und seiner Imaginationskraft*.

In der zweiten Hälfte des Dramas benimmt sich der Schauspieler nicht anders als im ersten Akt, meint es nun aber *ernst*, sein Verhalten ist keine mimetische Darstellung einer Szene. Er versucht vielmehr, *seinen* Affekt gegenwärtig zu machen, und zwar durch seine leibliche Präsenz. Ort des Dramas ist sein Körper, den er in seiner Materialität (nicht Zeichenhaftigkeit!) zum Erscheinen bringt. Seine Körpersprache und die Art und Weise, wie seine »Feuer«!- und anderen Warn-Rufe auch für das stehen, wovon mit ihnen die Rede ist (diese Wendung verdanke ich Seel 2000, S. 208), könnten einen Zuschauer endlich dazu bewegen, aufzustehen und Wasser zu holen, wenn er nicht doch an seiner Überzeugung festhalten würde, er säße im Theater und der Rauch, den er riecht, gehöre zum Stück. Es kann im Theater, auf der Bühne, keine Gesten geben, die den Theaterrahmen sprengen. Das Publikum ist für den Schauspieler, der es in dem genannten Sinn *ernst* meint, ein unzugängliches Objekt. Das moderne, avantgardistische Theater thematisiert diesen komplizierten Zusammenhang von Kunst und Leben und versucht die traditionelle Trennung zu sprengen – auf der Bühne. – »Mit etwas Besinnung findet man sich dann zurecht« (Freud).

Wir müssen uns darauf besinnen, dass die Wirklichkeit des unbewussten Spiels, die Wirklichkeit der analytischen Situation, durch die Gleichzeitigkeit von Sinn und Sinnlichkeit, von Sinneffekten und Präsenzeffekten charakterisiert ist, die eben behelfsweise auf zwei Akte verteilt waren.

Dementsprechend ist das ästhetische Erleben dieser Wirklichkeit »mit der Spannung oder dem Oszillieren zwischen Sinn und Präsenz konfrontiert«, wie Gumbrecht in seinem Buch *Diesseits der Hermeneutik* schreibt (Gumbrecht 2004, S. 130).

Die spezifische Wirkung jedes Schauspiels, so hatte ich anfangs Loewald zitiert, hänge von der »Doppelgesichtigkeit« des Spiels ab, davon, ob es gleichzeitig als Realität und als Phantasieschöpfung erlebt werde. »Phantasieschöpfung«: das ist der andere Ausdruck für den Als-ob-Charakter des Dargestellten (vgl. Loewald S. 342), während die »Realität« des Dramas in der sinnlichen, leibhaftigen Gegenwart und der Inszenierung von Sprache der darstellenden Person selbst sich offenbart, wenn wir uns darauf einlassen.

Die Form der Wahrnehmung, die mit dem hermeneutischen Interpretieren des Sinns einhergeht, führt zu einem Erleben aus identifikatorischer Teilnahme am Geschehen. Dieser Anteilnahme wird durch das Erleben der Präsenz des Geschehens auf so nachdrückliche Weise der Weg gebahnt, dass sie als Druck, an einer unbewussten Inszenierung teilzunehmen, gespürt wird. Was heißt »sich einlassen« in diesem Zusammenhang?

Zuhören, den Gesang fressen

»Ich weiß nicht, was ich vorziehe«, so beginnen vier Zeilen von Stevens, die Evelyne Schwaber ihrem Aufsatz *Das Ringen ums Zuhören* vorangestellt und in dem sie sich für das *wörtliche* Zuhören entschieden hat (2006, S. 31):

»Ich weiß nicht, was ich vorziehe,
Die Schönheit der Modulationen
Oder die angedeutete Schönheit,
Das Pfeifen der Amsel
Oder die Sekunde danach«.

Der Sprecher schwankt, welcher Moment ihm lieber ist und mehr Genuss bereitet, das Vernehmen von Melodischem oder das flüchtige Erscheinen von Prachtvollem, das Gewahrwerden des Erzeugenden dieser Eindrücke: es ist eine Amsel, die pfeift oder die Sekunde danach: das Empfinden des Selbst in seinem Bezug zur Welt.

Der Sprecher schwankt, welchen der Momente er vorzieht, das atmosphärische Spüren der Anwesenheit von etwas (noch) Unbestimmtem, das ihn erfüllt, indem er sich auf das Wahrnehmen der Atmosphäre, das ist ein leibliches Spüren, einlässt. Denn die von Objekten erzeugte Atmosphäre oder Stimmung regt uns immer an, sie zu teilen, ihr Wahrnehmen ist ein Empfinden und *ist* Betroffensein und verschmelzender Mitvollzug (Böhme 1995, S. 29). Oder bevorzugt der Sprecher, prosaisch gesagt, den Moment der Zuschreibung von Sinn, die Identifizierung der Quelle dessen, was ihn mit-sich-genommen hatte, das Pfeifen einer Amsel? Dann sind Subjekt- und Objektpol der Wahrnehmung wieder getrennt, das Subjekt hat sich besonnen und eine reflexive Distanz zu seinem dyadischen, ästhetischen Erleben gewonnen.

In der Sekunde danach (wieder etwas prosaisch gesagt) kann die Auseinandersetzung mit einer solchen Art Weltaneignung einsetzen, deren Modus durch Worte wie ›In-sich-Aufnehmen‹, ›Kosten‹, ›Verzehren‹ oder ›Fressen‹ bezeugt wird. Im Spüren der Anwesenheit von etwas, im Spüren der Atmosphäre, die ein Objekt erzeugt, teilen wir für einen Moment die affektive Wirklichkeit mit dem Objekt, nehmen sie in uns auf oder in uns herein und werden verwandelt.

In der Sekunde danach können wir auch den selbstbezüglichen Charakter der vier Zeilen Poesie erkennen und auch, dass sie wie eine Partitur die Mehrstimmigkeit ästhetischen Erlebens gegenwärtig machen und uns spüren und erkennen lassen, (so formuliert Seel) »wie *sehr* und jedes Mal anders: *wie* unser bewusstes Leben ein sprachliches Leben ist« (Ästhetik des Erscheinens 2000, S. 210).

Zusammengenommen kann man nun sagen, dass das Erleben der Wirklichkeit des Spiels auf der analytischen Bühne den Analytiker mit dem Oszillieren oder der Spannung zwischen Präsenz- und Sinneffekten konfrontiert und mit einer Situation »provozierender Instabilität und Unruhe« (Gumbrecht 2004, S. 128).

Er schwankt zwischen dem Sinnverstehen des Materials der Patientin und den Präsenzeffekten der Materialität ihres körperlichen Erscheinens. Er schwankt zwischen dem Entziffern der Bedeutungen und dem Vernehmen der oft nicht so wohlklingenden Modulationen. Seine Haltung der gleichschwebenden Aufmerksamkeit macht ihn anfällig, der Stimme und Körpersprache zu folgen, d. h. der Spur des erotischen Körpers in Sprache und *Körper*sprache der Patientin, die deren Rede verschweigt (vgl. Krämer 2002, S. 340). In der Haltung der gleichschwebenden Aufmerksamkeit oder auch seiner Bereitschaft zur Rollenübernahme ist der Analytiker bereit, sich auf ein Spiel einzulassen, das ihn verwandeln wird.

Freuds fiktive Patientin »will von nichts anderem sprechen und hören als von ihrer Liebe, für die sie Entgegnung fordert«, ihr Sprechen verkörpert ein brennendes Verlangen, ihn, den Analytiker, wenn nicht auf ihr Lager, so doch in ihr Spiel zu ziehen.

Es mag sein, dass dieser konkretistische Charakter der Liebesübertragung es war, der Freud die etwas widerwilligen Worte in den Mund gelegt hatte, im Unterschied zur edlen Frau, die sich zu ihrer Leidenschaft bekenne, sei das Verlangen dieser Patientin »grobsinnig«, wirke eher abstoßend und rufe alle Toleranz auf, um es als natürliches Phänomen gelten zu lassen (Freud 1915, S. 319).

Die Patientin jedenfalls, um wieder Feldman zu zitieren, gibt erst Ruhe ..., »wenn ihr die psychische und physische Wirkung auf den Analytiker *vor Augen steht*«, d. h. wenn sie ihn als einen *von ihr Ergriffenen, Berührten erlebt.*

Anders als im Theater, das mit Bildern, Klängen oder auch Bewegungen ›an die Schmerzgrenze‹ seines Publikums gehen (vgl. Seel 2000, S. 302), das der Zuschauer aber nach seinem Belieben verlassen kann, kann der Analytiker der analytischen Situation und ihrer Zumutung, seinem Berührt-Werden, nicht entrinnen. Er kann sich der seinen inneren Raum besetzenden Macht der Präsenzeffekte, auf die er sich eingelassen hat (wiederholt abgelöst von der Nötigung zu einem Erleben, das sich identifikatorischen Prozessen verdankt), nicht entziehen. ›Invasion‹, ›Überfremdung‹, ›gewaltsames Eindringen‹, »Erleben der eigenen Gegenübertragungsreaktion wie eine fremde Gewalt« (Gabbard 1999, S. 976), sind immer noch die Ausdrücke, die mit derartigen Übertragungsinszenierungen früher Formen des Erlebens assoziativ verknüpft sind; »Gewalt und Sexualität als die beiden Ernstfälle der leiblichen menschlichen Begegnung« (Seel 2000, S. 299), des Berührens und Berührt-Werdens, tauchen in der Phantasie auf. Freud hatte klargemacht, der Gegensatz zum Spiel sei nicht Ernst, sondern Wirklichkeit (1908, S. 214). »... wie wenn ein Spiel durch eine plötzlich hereinbrechende Wirklichkeit abgelöst würde, etwa wie wenn sich während einer Theatervorstellung Feuerlärm erhebt« (Freud): So bricht die Liebesübertragung in Gestalt der Einlösung des Sinnverstehens im identifikatorischen Erleben und, als Folge der gleichschwebenden Aufmerksamkeit, als das Sich-Einlassen auf die Präsenzeffekte, in die analytische Situation herein.

Ästhetische Erfahrungen kann es nicht ohne ein Moment von Gewalt geben. »Diese ... tritt nicht als solche auf, sie greift an beim Unbewussten«, schreibt Gernot Böhme, und »[o]bgleich sie im Bereich des Sinnlichen operiert, ist sie doch unsichtbarer und schwerer fassbar als jede andere Gewalt« (1995, S. 39).

Augenblicke der Wahrheit

So viel zu den Verwandlungserfahrungen. So viel zu den normalen Zumutungen der unheimlichen Wirklichkeit der Übertragung. Nun gilt es, in dieser Normalität unserer analytischen Arbeit Augenblicke der Wahrheit zu finden, die wir kennen und die uns versichern, dass es einen Ort gibt, wo wir so sind, wie wir in unserer *eigenen* Vorstellung existieren, wie Stern sagen würde (1998, S. 995).

Die Theatermetapher legt nahe, diesen Raum außerhalb der Spielstätte zu suchen. Von draußen, von der Strasse aus kann der Analytiker das ganze Theater in Augenschein nehmen und er kann feststellen, dass das Hauptthema, welches dort in den verschiedenen Szenen und unterschiedlichen Rollen, um nicht zu sagen Stimmen, variantenreich widerhallt, »Antun und Erleiden« heißt, wie Frau Benjamin sagt, Fressen und gefressen werden, auf ein fremdes Lager sich ziehen lassen oder zum

Verschmähenden werden. Übrigens will auch der Patient sich nicht so ohne weiteres ins Lager einer alternativen Objektbeziehung mitnehmen lassen, »wie beruhigend auch immer dies in unseren Augen für ihn sein könnte« (Feldman 1999, S. 1000), wie Feldman scheinbar erstaunt feststellt.

Die Theatermetapher legt auch nahe, sich mit der Realität der beiden Beteiligten zu beschäftigen, und zu unterscheiden: die Realität des Schauspielers auf der Bühne und die Realität, die entsteht, wenn er – ich erinnere an den kleinen Zweiakter – »es ernst meint«, weil ein wirkliches Feuer ausgebrochen ist, vor dem er wirklich zu warnen versucht. Diese Realität will ich »Alltagsrealität« nennen. Ein Zuschauer, der nicht an seiner Überzeugung festhielte, es handle sich um Theaterfeuer, würde im Rahmen seiner Alltagsrealität reagieren und etwa Wasser holen, wenn ihm das in der gegebenen Situation angemessen erschiene. Er hat, kann man auch sagen, aufgehört, sich von dem Spiel *auf der Bühne* gefangenhalten zulassen.

Mir scheint also, ein Treffen von Analytiker und Patient in der Alltagsrealität ist wünschenswert. Vielleicht müssen sie sich nicht wirklich auf der Strasse treffen, aber an so einem Ort wie draußen. Mindestens virtuell. Damit meine ich, dass der Analytiker, draußen auf der Strasse und in seinem Gefühl, in seiner Alltagsrealität wirklich und er selbst zu sein, sich ein Bild machen kann von seinem Patienten als einem realen Menschen, einem aus Fleisch und Blut (anstelle einer Art Behälter für innere Objektbeziehungen, unbewusste Phantasien, Triebregungen oder für die Ich-Funktionen, die alle zu ihm gehören). Dieser Aspekt findet gewöhnlich weniger Beachtung. Aber die Wirklichkeit, oder bescheidener: die Alltagsrealität, ist nur ganz zu haben.

Vertrauter ist uns das Nachdenken über Situationen, in der uns der Patient außerhalb des Theaters in unserer Alltagsrealität sieht, hört oder spürt, sei es wirklich auf der Strasse, oder beim Begrüßen oder Verabschieden oder sonst in der analytischen Situation, wenn wir, wie es heißt, *spontan* reagieren.

Spontane Reaktionen belegen, so lehrt die philosophische Tradition, unsere pragmatische Selbstständigkeit: Spontan nämlich handelt, wer etwas tut, wozu er nicht von außen bestimmt wird (Aristoteles). In diesem Sinne sind spontane Reaktionen solche, die aus dem Kontext, in dem sie vorkommen, gewissermaßen herausfallen und durch ihn nicht bestimmbar sind. Spontane Reaktionen gehören, so denke ich, in die Alltagswelt, in der wir so sind, wie wir in unserer eigenen Vorstellung existieren. Unsere spontanen Reaktionen mögen uns selber dann und wann erstaunen, wenn wir überrascht sind, dass wir so sind, wie sie uns zeigen. Und natürlich sind auch diese Handlungen intern, d. h. unbewusst, determiniert. Sie sind durch irgendein Detail der Umgebung, in der sie auftreten, *ausgelöst*, aber von außen eben nicht bestimmt. Im Gegenteil gibt es Umgebungsbedingungen, die das Vorkommen spontaner Reaktionen erheblich einschränken. Dazu gehören alle rituellen Handlungsvollzüge, dazu gehört auch die analytische Kur mit ihrem Grundsatz, »sie solle in der Entbehrung durchgeführt werden« (Freud 1915, S. 313). Insofern spontane Reaktionen des Analytikers etwas von ihm aus seiner Alltagsrealität zeigen, zeigen sie zuviel. Da sie durch die kommunikative Umgebung nicht vorherbestimmt sind und da wir unser Unbewusstes nicht kennen, sind spontane Reaktionen nichts, was wir produzieren, sie geschehen uns. Auch das ist zuviel, vor allem deswegen, weil spontane, unwillkürliche Reaktionen andere Beteiligte anregen, ihnen zu folgen und den bestehenden Kontext oder Rahmen zu verlassen. Spontane Reaktionen des Analytikers öffnen die Tür des Theaters und laden die Patientin ein, ihn in der Alltagswelt zu treffen bzw. das Alltagswirklichkeits*gefühl* zu teilen.[2]

»Wo fahren Sie eigentlich hin?«

Ein kleines Beispiel: Es ist die letzte Stunde vor den Sommerferien im letzten Jahr; die Patientin und ich waren dabei, uns zu verabschieden; während wir uns die Hand geben, sagt sie plötzlich »Wo fahren Sie eigentlich hin?« – Nun geschieht mit mir Merkwürdiges. Ich habe das

[2] Bollas hat aus der Not – spontane Reaktionen geschehen dem Analytiker – eine Tugend gemacht, indem er »ausgewählte subjektive Zustände offen leg[t], um sie dann gemeinsam mit dem Patienten zu betrachten und zu analysieren (1987, S. 239): »Der Analytiker muss dafür gerüstet sein, gegenüber seinen Patienten in ausgewählten Aspekten rein subjektiv zu sein, damit sie sich ihre eigenen, im Entstehen begriffenen subjektiven Zustände zunutze machen können« (S. 215). Bollas weiß, dass die Scheu vor diesem Bereich der psychoanalytischen Technik beinahe phobische Züge trägt und beeilt sich zu beteuern, dass man solche Interventionen in Maßen und nur dann einsetzen solle, um den psychoanalytischen Prozess zu fördern (S. 239). Aber Bollas weiß auch, dass man »wenn man sich ihrer nicht bedient, ... zu manch einem Analysepatienten niemals durchdringen (wird), sodass der analytische Prozess ihm auch nicht helfen wird« (ebd). Zum Zusammenhang von Deutung und Anerkennung vgl. Daser (2005).

Gefühl, mir habe sich der Boden unter meinen Füßen entzogen, ich fühle mich in einem leeren Raum; die Wirklichkeit war hereingebrochen und ich bin noch im Theater, das Abschiedsritual findet ja standardgemäß dort, innerhalb des analytischen Rahmens statt. Ich fühle die dringende Notwendigkeit etwas zu tun, weiß aber nicht was. Ohne zu erwägen, antwortete ich »Erst nach Südfrankreich, wandern, dann nach Italien«. Sie strahlt mich an: »Jetzt habe ich mich das erste Mal getraut, Ihnen eine Frage zu stellen.«

Natürlich kann man das Strahlen als Zeichen des Triumphs lesen, mich erfolgreich verführt und sich ein Gefühl von Wirksamkeit verschafft zu haben, als sei es ihr gelungen, die psychische und physische Wirkung ihrer Übertragungsinszenierung vor Augen gestellt zu bekommen. Und man kann sich über die eigene, offensichtlich gewordene Verführbarkeit grämen, ertappt fühlen, sich darob ärgern oder auch die Seiten wechseln und die Patientin innerlich zu ihrem beeindruckenden Erfolg beglückwünschen, usw.

Man kann das Strahlen aber auch als flammende Erleichterung wahrnehmen, sich so wirklich zu fühlen, wie das Strahlen im Moment wirklich ist. In meiner spontanen Antwort (und angesichts meiner Verblüffung) bin ich der Patientin außerhalb des Theaters erschienen, als eine reale Gestalt aus Fleisch und Blut. Dadurch, so meine ich, konnte sie sich ihrerseits für diesen Moment als alltags-wirklich erfahren und ihr Fragen (dem es ja nicht auf den Inhalt angekommen war) nachträglich als Vollzug ihres Begehrens erleben, mich in ihrer Alltagswelt getroffen und berührt zu haben. In einer Realität, die auch meine ist. Die Realität des Spiels hat nicht aufgehört zu existieren, aber sie ist, mit ihren Übertragungs- und Gegenübertragungseinstellungen und -gefühlen, nicht Thema in diesem Augenblick.

Meinerseits hat mich die Wahrnehmung der Materialität ihres Strahlens, etwas spröde gesagt, in die Wirklichkeit vor das Theater einbezogen, ich wurde gewahr, *dass ich sie sehe*. Ich hatte nun aufgehört, mich auf die innere Realität ihrer archaischen Objektbeziehungsphantasien einzulassen. Das eine folgt auf das andere, und umgekehrt.

Damit meine ich, dass wir in der Zeit danach erkennen können, dass das Sich-wirklich-Fühlen, welches mit der Realität außerhalb des Schauspielhauses einhergeht, ebenfalls ansteckend wirkt, wenn man sich darauf einlässt. Der Patient, der etwas derart Komisches sagt, dass der Analytiker und dann auch er selber in schallendes Gelächter ausbrechen, ist inzwischen zum geläufigen, feststehenden Bild geworden (z. B. Stern 1998, S. 991). Das Gelächter findet in einem Moment von

Alltagsrealität statt, im Lachen treffen sie sich dort. Neben der Identifizierung von Sinn, die etwas Gesagtes oder eine Geste als komisch entziffert, sorgt die Wahrnehmung der spontanen leiblichen, lachenden Präsenz des jeweils anderen dafür, einander in dem von Bollas eingeführten Sinn als Verwandlungsobjekte zu erleben. Diese Wahrnehmung stiftet spontane Reaktionen an.

Zwei Dinge sind mir, abschließend, noch wichtig.

Für die Patientin bedeutet das Treffen in der Alltagsrealität tatsächlich eine Wunscherfüllung. Denn all jene Manöver, die den Namen projektive Identifikation tragen, dienen dem Zweck, sich mit dem Analytiker »eins« zu fühlen. In dem Modell von Ogden gehört dieser Wunsch zur ersten, seine Verwirklichung, durch die Ausübung von interpersonalem Druck, zur zweiten Phase. Freud hat gemahnt, »[d]ie Kur muss in der Abstinenz durchgeführt werden« (1915, S. 313), und meinte dabei die »körperliche Entbehrung«, nicht aber die »Entbehrung von allem, was man begehrt, denn das würde vielleicht kein Kranker vertragen« (ebd.). Treffen in Momenten der Alltagsrealität und das darin verwirklichte Begehren nach dem Analytiker gehören, so meine ich, dazu.[3]

Alles, was *man* begehrt: Da ist der Analytiker einbezogen. Was für die Patientin eine bekömmliche, notwendige Wunscherfüllung ist, ist für den Analytiker unentbehrlich, um seine Arbeit tun zu können, nämlich sich immer wieder lebendig und so zu fühlen, wie er in *seiner* Vorstellung existiert.[4]

3 Dieses Begehren wird im Übrigen auch erfüllt, wenn der Analytiker *eine Einsicht vermittelnde Deutung gibt*, weil solche Deutungen aus der dritten Position erfolgen. Diese, die reflexive Position, gestattet es z. B., das Beziehungsgeschehen zwischen Analytiker und Patient von außen betrachten und verstehen zu können, wie beide sich gegenseitig als Objekt verwenden oder verwendet haben. Die Einnahme der dritten Position ist verbunden mit dem Akzeptieren können von Ambivalenz und Getrenntheit und tritt *real* u. a. dadurch in Erscheinung, dass sich der Analytiker (wieder) lebendig und »als Subjekt im Sinne einer eigenständigen Urheberschaft« (Benjamin in diesem Band) fühlt. Interventionen, die aus der dritten Position erfolgen, teilen diese Lebendigkeit in ihrer sprachlichen Geste als einen subjektiven Zustand des Analytikers mit – auch seinen Zustand der Getrenntheit (von der Patientin). In diesem Zustand ist er mit den Anderen, etwa seiner professionellen Bezugsgruppe, verbunden.

4 In diesem Sinn meint Bollas, es sei bei der Arbeit mit schwer gestörten Patienten immer wieder notwendig, das Empfinden der eigenen Realität als Person wiederherzustellen (1987, S. 238).

Wenn der Analytiker die suggestive, sinnliche Macht seiner Worte bedenkt, weiß er, dass er mit seinen Deutungen und Interventionen dem Patienten *immer auch* »Knödelargumente« serviert. Er kann den Ton seiner Stimme nicht abstellen. Bisweilen ist der gekränkt, begütigend, distanziert, ironisch, beleidigt, enttäuscht, überschwänglich oder sonstwie sinnlich spürbar real und *ist ein Zeichen für etwas*, für eine Befindlichkeit des Analytikers, die zu *seiner* inneren Szene gehört. Das kann dem Patienten etwas antun, was nicht Folge einer schwer erträglichen Einsicht ist, die durch das Akzeptieren des Inhalts einer Deutung zustande gekommen war; aber wir können dieses Antun ebenso wenig verhindern (Benjamin).

Wenn davon die Rede sein kann, dass wir dem Patienten auf der analytischen Bühne etwas angetan haben, dann ist es ein Gebot der Alltagsmoral, der wir spontan folgen, wenn wir – um Frau Benjamins Ausdruck zu verwenden – das eingestehen und bedauern.[5] Das soll nicht ohne Bedacht geschehen, aber auf dem Boden der Alltagsrealität. Dann sind solche Eingeständnisse keine Selbstoffenbarungen, kein Gegenübertragungsagieren, es sind keine Deutungen im herkömmlichen Sinn, sondern Akte alltagsrealer Fürsorge, Aufmerksamkeit und sie zeugen von Respekt. Es sind aber auch, emphatisch gesagt, Akte der Anerkennung: wie die tatsächlich spontanen Reaktionen des Analytikers, die seine Alltagsrealität gegenwärtig machen und die das Wirklichkeitsgefühl der Patientin, so mein Beispiel eben, anerkennen, besser: beglau-

[5] Damit wird nicht etwa einer moralischen Begründung psychoanalytischen Handelns das Wort geredet. ›Alltagsmoral‹ bezieht sich auf eine Haltung, die für Freud in seinem gesamten Werk unhinterfragt gilt, nach der sich »das Moralische immer von selbst versteht« (so zitiert Freud Vischer) und der Arzt ein »integrer Charakter« sein muss (1905, S. 25), von dem »strengste Wahrhaftigkeit« (1915, S. 312) gefordert wird. ›Alltagsmoral‹ und ›Alltagsrealität‹ – diese Ausdrücke gehören so selbstverständlich zusammen, wie für Freud unfraglich »die analytische Beziehung auf Wahrheitsliebe ... gegründet« (1937, S. 94) ist, »d. h. auf der Anerkennung der Realität« (ebd.). Bei Benjamin (in diesem Band) kann man verfolgen, welche Konsequenzen sich daraus ergeben: Wenn der Analytiker anerkennt, dass seine (notwendige) Teilnahme am Enactement ihn (ebenso zwangsläufig) zu einem »verwundenden Heiler« (Ferenczi) *macht*, dann bedeutet die Anerkennung dieser Realität zugleich die Notwendigkeit, für das, was er dem Patienten angetan hat, die Verantwortung zu übernehmen. Man kann auch sagen: Indem er Verantwortung übernimmt, versteht der Analytiker sich in einem reflektierten Sinn als Person.

bigen, ihre Echtheit bestätigen. Anerkennung ist keine abstrakte Kategorie, sondern ein Vollzug, ein Sprechakt, ein Aufführen von Sprache, das die Lebendigkeit des Sprechers verkörpert und den anderen in gewisser Weise mit-lebendig macht, wenn er sich darauf einlässt. Anders kann es Anerkennung nicht geben. Das sind Augenblicke der Wahrheit. Wir kennen sie. Und wir sind auch damit vertraut, dass die Arbeit auf der analytischen Bühne immer wieder unterbrochen oder vielleicht richtiger: begleitet ist, von solchen Momenten, in denen die Alltagsrealität ins Spiel kommt. Und das ist gut so.

Literatur

Böhme, G. (1995): Atmosphäre. Frankfurt a. M.: edition suhrkamp.

Bollas, Ch. (1987): Der Schatten des Objekts. Stuttgart: Klett-Cotta 1997.

Daser, E. (2005): Anerkennung als interaktionelles Moment in der Psychoanalyse. Forum Psychoanal. 2, Heft 2, S. 168–183.

Eickhoff, F.-W. (1993): Sigmund Freuds »Bemerkungen über die Übertragungsliebe«, wiedergelesen im Jahre 1992. In: E. S. Person et al. (Hg.): Über Freuds Bemerkungen über die Übertragungsliebe. Stuttgart-Bad Cannstatt: frommann-holzboog 2001, S. 43–71.

Feldman, M. (1999): Projektive Identifizierung: Die Einbeziehung des Analytikers. Psyche 53, 9/10, S. 991–1014.

Freud, S. (1905): Über Psychotherapie. GW V, S. 11–26.

– (1908): Der Dichter und das Phantasieren. GW VII, S. 211–223.

– (1915): Bemerkungen über die Übertragungsliebe. GW X, S. 306–321.

– (1917): Vorlesungen zur Einführung in die Psychoanalyse. GW XI.

– (1924): Der Realitätsverlust bei Neurose und Psychose. GW XIII, S. 361–384.

– (1937): Die endliche und die unendliche Analyse. GW XVI, S. 57–99.

Gabbard, Glen. O. (1999): Gegenübertragung: Die Herausbildung einer gemeinsamen Grundlage. Psyche 53, 9/10, S. 972–990.

Gumbrecht, H. U. (2004): Diesseits der Hermeneutik. Die Produktion von Präsenz. Frankfurt a. M.: edition suhrkamp.

Kolesch, D. (2001): Ästhetik der Präsenz: Theater-Stimmen. In: J. Früchtl und J. Zimmermann (Hg.): Ästhetik der Inszenierung. Frankfurt a. M.: edition suhrkamp, S. 260–275.

Krämer, S. (2002): Sprache – Stimme – Schrift: Sieben Gedanken über Performativität als Medialität. In: U. Wirth (Hg.): Performanz. Zwischen Sprachphilosophie und Kulturwissenschaften. Frankfurt a. M.: Suhrkamp Verlag, S. 323–346.

Loewald, H. W. (1974): Psychoanalyse als Kunst und der Phantasiecharakter der psychoanalytischen Situation. In: Ders.: Psychoanalyse. Aufsätze aus den Jahren 1951–1979. Stuttgart: Klett-Cotta 1986, S. 341–363.

O'Shaughnessy, E. (1982): Durchsprechen und Durcharbeiten. In: E. Bott Spillius (Hg.): Melanie Klein Heute, Bd. 2, Anwendungen, Stuttgart: Verlag Internationale Psychoanalyse [2]1995, S. 186–204.
Seel, M. (2000): Ästhetik des Erscheinens. München, Wien: Hanser.
Schwaber, E. (2005): Das Ringen ums Zuhören: Fortgesetzte Reflexionen, verweilende Paradoxien und Gedanken über den Wiedergewinn von Erinnerungen. Psyche 60, 2006, S. 31–56.
Stern et al. (The Boston Change Process Study Group) (1998): Nicht-deutende Mechanismen in der psychoanalytischen Therapie. Das »Etwas-Mehr« als Deutung. Psyche 56, 2002, S. 974–1006.
Strassberg, D. (1998): Sprechen und Sprache. In: O. Knellessen et. al. (Hg.): Übertragung und Übertretung. Tübingen: edition diskord, S. 51–68.
Wirth, U. (2002): Der Performanzbegriff im Spannungsfeld von Illukotion, Iteration und Indexikalität. In: Ders.: (Hg.): Performanz. Zwischen Sprachphilosophie und Kulturwissenschaften. Frankfurt a. M.: Suhrkamp, S. 9–60.

Gabriele Poettgen-Havekost

Manifestationen des impliziten Beziehungswissens in der Übertragung

Einleitung

Das Übertragungs-Gegenübertragungsgeschehens wird als ein komplexer interaktiver Prozess in der analytischen Behandlungssituation verstanden. Er wird bestimmt durch die Selbstregulierung beim Patienten und beim Analytiker sowie durch die interaktive Regulierung beider. Die Austauschprozesse sind unter dem Aspekt einer »dynamischen Balance« (Beebe und Lachmann 2004) zu sehen. In diesem »gemeinsamen Beziehungsraum« (Scharff 1998) inszenieren sich in einem expliziten und impliziten Modus (Beziehungswissen), verbal und körperlich handelnd, zentrale Beziehungserfahrungen (vgl. Benecke 2005). Der implizit prozedurale Anteil wird durch präsymbolische Handlungs-Affektmuster bestimmt, in denen pathogene Überzeugungen auf dieser Ebene enthalten sind (Stern 2002). Letztere aktualisieren sich in »Störungen der Körperhaltung, der Bewegungskoordination, der Körperwahrnehmung und des Körperempfindens« (Hüther 2005) und innerhalb eines körperlich affektiven Dialogs zwischen Analytiker und Patient. Sie sind zunächst nicht bewusst und sprachlich nicht vermittelbar. Sie verändern sich innerhalb eines Rekategorisierungsprozesses (Leuzinger-Bohleber 1998), auch wenn immer wieder relativ stabile »Erwartungsmuster« existieren. Anhand von Fallbeispielen wird versucht, die Bedeutung des impliziten Beziehungswissens in seinen spezifischen Ausdruckskonfigurationen für die Übertragung zu erfassen. Das Verstehen von »Handlungsdialogen« (Heisterkamp 2002), in denen sich implizites Beziehungswissen manifestiert, erfordert eine therapeutische Antwort, die diese Ebene erfassen kann, ein präsentisches oder operatives Verstehen, aus dem sich eine symbolisierte Bedeutungszuweisung erst entwickeln lässt. In diesem Zusammenhang ist die Entdeckung der Spiegelneuronen (vgl. Bauer 2005) von Interesse. Sie scheinen bei Gewahrwerden von motorisch affektiven Ausdrucksformen des Gegenübers innere Handlungssimulationen über einen identifikatorischen Prozess auszulösen. Die durch Patienten ausgelösten Handlungsimpulse oder symptomatischen körperlichen Antworten in der Gegenübertragung werden so auf einer neuronalen Ebene verstehbar.

Das implizite Beziehungswissen beinhaltet grundsätzliche, nicht sprachlich repräsentierte Erfahrungen über das Zusammensein mit anderen. Es ist im präreflexiven Sinne unbewusst und in Form von sensumotorischen Schemata im prozeduralen Gedächtnis gespeichert. Es manifestiert sich in gestischen, mimischen, motorischen Äußerungen, unterschiedlich ausgestalteten Bewegungen und Handlungsabläufen, in einer damit verbundenen »vegetativ-affektiven Aktivierung« (Ermann 2005, S. 8) innerhalb der Interaktion mit anderen. Diese zentralen nonverbalen interaktiven Beziehungsmuster bezeichnet Stern als »schemata of being with« (Stern 1996). Bauer (2005) beschreibt sie auf dem Hintergrund neuronaler Entwicklungen und Prozesse als präverbal erlernte interne Arbeitsmodelle, »nach denen Menschen in der Welt handeln und ihre sozialen Abläufe miteinander regeln« (S. 69). Diese »Arbeitsmodelle«, die sich schon in ihrer grundsätzlichen Ausformung während des ersten Lebensjahres über den Prozess wechselseitiger Regulierung mit den Bezugspersonen herausbilden, bleiben oft für das weitere Leben bestimmend, auch wenn sie immer wieder durch neue Erfahrungen Reorganisationsprozessen unterworfen sind. Es sind Prototypen, die die Grundlage für symbolische Formen der interaktiven Beziehungs- und Selbstregulierung darstellen.

Bucci (1985) geht davon aus, dass ein Leben lang ein verbales und ein nonverbales Repräsentationssystem bestimmend bleibt. Die präsymbolischen, nonverbalen Erfahrungsmuster werden dabei nicht unbedingt im Zuge der Symbolentwicklung übersetzt. Assoziativ sind sie über Wahrnehmungskanäle erreichbar, die über, wie Beebe und Lachmann (2004) es ausführen, »Bilder, Laute, Gerüche, Berührungen und Temperatur« (S. 169) aktiviert werden können. So bleiben diese Erfahrungen das »ungedachte Bekannte«, um einen Begriff von Bollas (1997) zu verwenden.

Auch der von Stolorow und Atwood (1989) entwickelte Begriff des »unvalidated unconscious«, ursprünglich durch die Bezugspersonen nicht genügend markierte, kommentierte und damit nicht symbolisierte Äußerungen des Kindes, ist in diesem Zusammenhang erwähnenswert, wobei es hier um blasse Repräsentanzen geht aufgrund einer mangelhaften oder fehlenden Beantwortung. Das Selbsterleben des Erwachsenen bleibt, wie Damasio (2003) es ausführt, an diese neuronalen Muster, an frühe sensorische und motorische Assoziationsareale, gebunden, nicht an die Funktion der Sprache, wenngleich diese eine differenziertere Subjektivität ermöglicht, indem sie verbale Erzählungen aus nonverbalen entwickelt. »Das Substrat der Gefühle sind neuronale Muster, die einen bestimmten Körperzustand darstellen und aus denen ein mentales Bild des Körperzustandes gebildet wird« (S. 107).

In jeder Begegnung mit einem anderen Menschen gibt es einen Austausch von Informationen auf einer nonverbalen Ebene, der im Sinne einer Objektbezogenheit das Ziel einer wechselseitigen Regulierung und einer Passung verfolgt. In ihr manifestiert sich das implizite Beziehungswissen beider Beteiligten und die daraus resultierenden Erwartungen.

Die Fähigkeit, auf einer nonverbalen Ebene andere zu verstehen und zu beantworten ist eine grundsätzliche (übrigens nicht nur menschliche) Fähigkeit und lässt sich unter dem Begriff des »Resonanzphänomens« subsumieren. Es sind auch neuronal erforschte Möglichkeiten zur »identifikatorischen Beantwortung« (Meltzoff und Gopnik 1993), die mit der Aktivität der Spiegelneuronen zusammenhängen. Die Spiegelung passiert simultan, unwillkürlich und ohne jedes Nachdenken, es wird eine neuronale Kopie hergestellt und die Beobachtung löst eine »innere Simulation« aus. Es ereignet sich ein Verstehen – ohne Nachzudenken – was der andere tut (Bauer 2005, S. 26/27) und tun wird.

Dieses neurobiologische Resonanzphänomen wurde zunächst durch Pizalotti bei einem Affen entdeckt. »Nervenzellen, die im eigenen Körper ein bestimmtes Programm realisieren können, die aber auch dann aktiv werden, wenn man beobachtet oder auf andere Weise miterlebt (auch über sprachliche Vermittlung, Anmerk. d. Verfasserin), wie ein anderes Individuum dieses Programm in die Tat umsetzt, werden als Spiegelneuronen bezeichnet« (ebd., S. 23). Der Prozess ereignet sich auch, wenn nur ein Teil einer Handlungssequenz beobachtet wird.[1]

Hier liegt auf der neurobiologischen Ebene eine Erklärung für das Funktionieren eines gemeinsamen intersubjektiven Handlungs- und Bedeutungsraumes vor. »Die Wahrnehmung der Emotionen und Gefühle eines anderen Menschen ergeben sich aus einer Rekonstruktion der körpersprachlichen Zeichen, die er aussendet. Die Zusammenführung und Bewertung dieser Zeichen auf Seiten des Beobachters erfolgt durch das optische Aufbereitungs- und Interpretationssystem (STS)« (ebd., S. 85/86).

Die Antizipation der Handlungsabläufe umfasst die propriozeptive, motorische sowie die Ebene der allgemeinen körperlichen Befindlich-

[1] Umilta, 2001 (zit. nach Bauer 2005) spricht in diesem Zusammenhang von »hidden conditions«. Der Beobachter, der nur einen Teil der Handlung sieht, kann trotzdem den weiteren Verlauf antizipieren nach dem Motto: »I know, what you are doing.«

keit, die mit einer Handlung einhergeht. »Dies erklärt, warum die Gegenwart eines anderen Menschen …, manchmal dazu führen kann, dass wir unterschiedliche, teilweise massive Veränderungen unseres körperlichen Befindens erleben« (ebd., S. 46).

Eine solche Erscheinung würden wir in der Therapie unter dem Konstrukt der körperlichen Gegenübertragung fassen. Beebe und Lachmann (2004) beschreiben diese Begegnung als intersubjektives Feld, in dem kontinuierlich, reziprok und wechselseitig aufeinander Einfluss genommen wird, indem die eine Person durch die andere kontextualisiert wird (S. 13). Die sich daraus entwickelnde Gestalt bezeichnen sie als Kokonstruktion, die einem ständigen Wandel unterliegt und die Transformation der Bindung impliziert. Das Erfassen und Begreifen des impliziten Beziehungswissens in der Therapiesituation erschließt sich über eine Wahrnehmungseinstellung, die sich auf den körperlichen Ausdruck, die leiblich szenischen Inszenierungen einstellt und die die eigenen körperlichen Reaktionen im Miteinander mit dem Patienten als Ausdruck dieser basalen Formen des Zusammenseins mit einschließt.

Mit der Wichtigkeit der Integration dieser Ebene, von der wahrnehmenden bis zur handelnden Antwort in der Therapie, haben sich bereits mehrere Autoren beschäftigt, wie Günter Heisterkamp, Jörg Scharff, Joachim Küchenhoff, Robert Ware, Gisela Worm, Tilman Moser, Thomas Reinert und andere. Auch mich beschäftigt dieses Thema seit mehreren Jahren. In einer Arbeit mit dem bezeichnenden Titel »Ich kann es nicht fassen – Körper und Sprache im konkret-symbolischen Handlungsfeld der inszenierenden Interaktion« beschreibt Scharff (2002), wie die Einschränkung des Handlungsraums in einer Analyse mit klassischem Setting bei einer Patientin zu einer Verstärkung ihrer »defensiven Negativität« (S. 471) führen kann. Der in ihrer traumatisierenden Geschichte begründete »ritualisiert erfahrungsfeindliche« Umgang mit der analytischen Situation verbindet sich in unguter Weise mit dem zunächst vorgegebenen Setting und kann erst mit dem Angebot, in einem konkret-symbolischen Handlungsraum zu agieren, allmählich überwunden werden.

Im Zusammenhang mit der sich hier anschließenden grundsätzlichen Frage, welchen Behandlungs- und Bewegungsraum wir zusammen mit den Patienten benötigen, möchte ich Ihnen an dieser Stelle ein Beispiel aus dem Anfang einer analytischen Behandlung geben, das durch die besondere Intensität meiner körperlichen Reaktion auf die Patientin besticht und das zudem im Miteinander ein implizites Beziehungswissen der Patientin deutlich in Szene setzt. Ein Aspekt der Beziehungsgeschichte der Patientin, die von intergenerativer Traumatisierung geprägt ist, beinhaltet das Fehlen der Erfahrung, im Zusammensein mit anderen Gleichberechtigung und Gleichwertigkeit, bzw. ein Gefühl von eigenem Spielraum in Gegenwart eines anderen erleben zu können.

In der jetzt beschriebenen Begegnung mit ihr steht sie mir zu Stundenbeginn gegenüber und sagte mir, dass »das Frontale« in ihr eine ungeheure Spannung auslöse, es fühle sich an wie ein Kampf, der kaum auszuhalten sei. Ich selbst merkte einen Druck im oberen Bereich der Brust, Herzklopfen und ein Engegefühl. Während die Patientin noch damit beschäftigt ist, wie sie aus dieser unerträglichen Position herausfinden könnte und ihr einfällt, dass es am besten zu lösen sei, indem sie auf die Knie gehe, sie dies aber auch nicht wolle, spüre ich auf einmal einen mächtigen Sog nach unten, der mich buchstäblich fast in die Knie zwingt, eine für mich völlig überraschende Reaktion. Die existentielle Dimension des bisher gelebten »Schemas of being with«, wie Stern es nennt, das nur Unterwerfung oder Dominanz im Miteinander zulässt, wird auf einer körperlichen Ebene unmittelbar und ohne die Möglichkeit, sich dem zu entziehen, erlebbar.

Im Zusammenhang mit der Heftigkeit der Reaktion sind Untersuchungsbefunde von Benecke und Krause (2005) zu nennen, die innerhalb von Patient-Therapeuten-Dyaden ein hohes Verwicklungspotential bei schwerer gestörten Patienten über die gemeinsame Regulierung des Gesichtsausdrucks herausfanden. Die pathologischen impliziten Beziehungsmuster aktualisieren sich stärker, was sie ursächlich mit dem interaktionellen Druck verbinden.

Hier und auch aus anderen Zusammenhängen kann ich sagen, dass sich eine ganz andere Erlebensdimension für mich als Analytikerin und für den Patienten eröffnet, wenn diese körperlichen Begegnungsmöglichkeiten mehr ins Bewusstsein gelangen können, wobei es in der geschilderten Situation eigentlich nur um das Zulassen eines etwas längeren Verharrens in der Begrüßungssituation geht, damit sich diese Szene entfalten kann.

Das sensumotorische Handlungsmuster, das sich auf der nonverbalen Ebene entfaltet, kann dann in Worte gefasst werden. Die Symbolisierung oder Mentalisierung entwickelt sich an dieser Stelle wie auch innerhalb der Entwicklung des Kindes über die Kommentierung und die damit verbundene Markierung eines intentionalen Ausdrucks. In der therapeutischen Arbeit ist dabei bemerkenswert, wie sich aus der Handlung und den Gesten die Worte unwillkürlich und zwangsläufig entwickeln.

In diesem Zusammenhang bietet es sich an, auf die Entwicklung während des ersten Lebensjahres zu verweisen, in der eine Parallelität von motorischen Abläufen, Rhythmen, Gesten, Lautbildung und Benennung zu beobachten ist. Allmählich verdrängt dann die Sprache die Gestik. Die Sprache hat somit ihre Wurzeln in den handelnden sensorischen interaktiven Erfahrungen.[2]

Die Verknüpfung von Erfahrungen auf einer sensumotorischen Ebene, dem damit verbundenen Affekt und der sprachlichen Bedeutungsgebung erweisen sich, wie auch aus der Gedächtnisforschung bekannt, als besonders tragfähig und wirksam.

Wenn die Verbindung zwischen dem impliziten Ausdruck und der mentalen Bedeutung gestört ist bzw. schwer gestört ist – Fonagy beschreibt dies als Auseinanderklaffen der primären und sekundären Repräsentationen –, kann es in der Psychotherapie von essentieller Bedeutung werden, diese Verbindung wieder herzustellen bzw. neu zu finden. Dabei ist gerade das Verstehen der körpersprachlichen Mitteilungen und Inszenierungen ein wichtiger Ausgangspunkt für die nachholende Mentalisierungsarbeit.

Ich gebe Ihnen ein weiteres Beispiel aus der Behandlung der schon erwähnten Patientin. Wichtig ist mir auch hier wieder, wie sich in einer hochexplosiven Szene ein implizites Beziehungswissen der Patientin ausgestalten kann, dieses für sie mental zugänglich wird und sich gleichzeitig eine neue Erfahrung mit der Analytikerin ereignen kann. Zu diesem Zeitpunkt geht es in der Analyse um heftige Konflikte der Patientin in Bezug auf ihre Weiblichkeit und damit verbundene Erinnerungen an das Verhalten ihrer Mutter während ihrer Pubertät. Die Reaktionen auf ihre sexuelle Entwicklung erlebt sie einerseits verteufelnd, andererseits voller obszöner Anspielungen. Ihre Wut ist für mich schon im Hereinkommen zu Beginn der Stunde körperlich spürbar und ich habe die Fantasie, dass sie mir ein Messer in den Unterleib stechen könnte.

Die hochexplosive Stimmung entlädt sich dann, indem sie wie wild auf die Couch einschlägt. Dabei kniet sie davor und das Schlagen wird von heftigen Vor- und Zurückbewegungen des Oberkörpers und des Kopfes begleitet. Ich stehe währenddessen von meinem Sessel auf und stelle mich zunächst neben sie, weil sie mir in ihrer Wut ohne ein körperlich spürbares und präsentes Gegenüber verloren zu gehen droht. Sie

[2] »Die Spiegelneuronen des handlungssteuernden prämotorischen Systems liegen beim Menschen in einem Hirnareal, in dem sich auch jene Nervenzellnetze befinden, die Sprache produzieren« (Bauer 2004, S. 25).

schreit außer sich vor Wut: »Ich möchte etwas in mir töten oder die Mutter.«

Ich gehe auf die andere Seite der Couch, die nun zwischen uns steht, auch wie ein Schutz, um sie direkt anschauen zu können. Für einen Moment hört sie auf zu schlagen und sinkt in sich zusammen.

Ich frage sie: »Können Sie mich anschauen?«, denn in der erschöpften Resignation scheint sie mir wieder verloren zu gehen und innerlich kein Gegenüber zur Verfügung zu haben. Sie schaut mich an und die Wut wird wieder stärker. Sie schreit mich an: »Ich bin wütend auf Sie, weil Sie eine Frau sind und Spaß haben daran, gesund sind.«

Nach dieser Szene, die hier sehr verkürzt dargestellt ist, ist die Patientin völlig erschöpft und etwas schwindelig, der Kopf schmerzt.

Die folgende Stunde beginnt sie mit der Bemerkung, dass sie sehr froh sei, mich zu sehen. Dann berichtet sie: »Mir tat alles weh, mein Kopf hing herunter, ich musste ihn stützen auf dem Rad, als ich nach Hause fuhr und konnte ihn nicht mehr drehen. Dann hab ich den ganzen Tag geschlafen und musste kämpfen, um mich nicht selbst zu verletzen, mich nicht bis auf die Knochen aufzuschneiden. Was mich davon abgehalten hat, war ihr Blick voller Verständnis, ich kann dies kaum mit Worten beschreiben, der ging so tief in mich hinein, er hat mich gehalten, als ich so wütend war und sie anschaute, den habe ich immer vor mir gesehen.

Auf dem Nachhauseweg fiel mir zu meiner körperlichen Verfassung ein, dass meine Mutter mich manchmal ganz furchtbar durchschüttelte, das kann gefährlich werden für kleine Kinder. Es war so, als hätte ich mich selbst so durchgeschüttelt.«

Die Patientin inszeniert zunächst diese gewaltvolle körperliche Erfahrung mit der Mutter, und zwar mit dem eigenen Körper, wendet aber dann ihre Wut, die sie nie im Kontakt ausleben und mit einem Gegenüber regulieren konnte, gegen mich, indem sie auf meine Couch schlägt und mich verbal angreift. Sie spürt durch ihr körperliches Agieren, dass sie dieses gewaltsame Miteinander in sich trägt.

Meine körperliche Präsenz und mein Blick ermöglichen ihr eine Veränderung des ursprünglichen impliziten Beziehungswissens, das ja beinhaltet, dass die Wut gegen die Mutter eine existentiell bedrohliche handelnde Antwort nach sich zieht. Ihre Wut darf und muss sich zeigen und lässt uns beide überleben.

Meine Phantasie zu Stundenbeginn weist für mich darauf hin, dass der Patientin kein Spielraum zur Verfügung stand, ihre Wut in einem spielerischen Als-ob-Modus (Fonagy u. a. 2004) auszuleben. Ich denke dabei an kleine Kinder, die wütend mit ihrem Kopf oder den Fäusten in den Bauch der Mutter boxen und wie wichtig es ist, dass dies in Grenzen zugelassen wird.

Nach der Stunde träumt sie, dass Metallteile unter der Haut zum Vorschein kommen und herausfallen. Wir verstehen diese Mitteilung als weitere Veränderung ihrer bisherigen, auch körperlichen Panzerung, die durch diese gemeinsame entängstigende Erfahrung möglich wird, in der der Hass nicht zwangsläufig zur Vernichtung führen muss. So kann das drohende Verlorengehen in der Wut, wie zu Anfang beschrieben, das einer interaktiven Fehlregulierung entspricht, durch die handelnde Antwort der Analytikerin verändert werden und in Folge zu einer verbesserten Selbstregulierung führen. Der interaktive Regulationsprozess kann an dieser Stelle wiederhergestellt werden[3].

Stern (2004) weist darauf hin, dass die Aktualisierungen der impliziten Beziehungsmuster in der analytischen Behandlung bisher viel zu wenig Beachtung gefunden haben, obwohl sie von essentieller Bedeutung für basale Veränderungen in der Behandlung sind. Seine Ausführungen legen nahe, dass es fortwährend um interaktive regulierende Bewegungen innerhalb eines gemeinsamen Handlungsraumes geht. Er redet von Vor- und Zurückbewegungen, in denen Nähe und Distanz, Vermeidung und Provokation, die Variation des Arousals und des Affektlevels zu beobachten sind.

Die Möglichkeit der genauen Abstimmung ist ein Indikator für die Entwicklung eines positiven Therapieprozesses jenseits der deklarativen Ebene. Solch eine gemeinsame Bewegungsabstimmung wäre in mikroanalytisch auswertbaren Videoaufnahmen nachzuvollziehen, die wir aus der Säuglingsforschung kennen und aus Gesprächsaufzeichnungen, die die Affektforscher zur Verfügung stellen können (Krause et al.) Die Abstimmungsarbeit, die letztlich ein neues Erleben in Bezug auf die im impliziten Beziehungswissen verankerten alten Überzeugungen bewirken kann, nennt er »now moments«. Diese Interaktionsprozesse lassen sich nie vollständig bzw. nur unzureichend in Narrativen abbilden und gehen oft behandlungstechnisch gesehen einher mit ungewöhnlichen, von der üblichen Methodik abweichendem Vorgehen des Analytikers.

Ich möchte ihnen ein weiteres Beispiel aus einer Behandlung geben, das ich an anderer Stelle ausführlich beschrieben habe (Poettgen-Havekost 2004).

3 Beebe und Lachmann, 2004 sprechen von den Prinzipien der Unterbrechung und Wiederherstellung.

Eine Patientin leidet in einer krisenhaft zugespitzen Trennungssituation an unerträglichen Kopfschmerzen. Sie setzt sich auf die Couch und wippt wie ein hospitalisiertes Kind vor und zurück, hält ihren Kopf an der Stirn, so dass ihre Augen von den Händen teilweise verdeckt sind. Sie ist durch Deutungen nicht zu erreichen. Als ich sie nach einem Körperbild frage, wie es sich anfühle, dieses Halten des Kopfes, antwortet sie, es fühle sich an, als halte sie verletzte Hörner.

Als Hintergrundinformation scheint es mir an dieser Stelle wichtig, dass die Patientin während ihrer ersten Lebensjahre von der Mutter abgelehnt bei der Großmutter in einem anderen Land aufwächst und mit Schulbeginn zur Mutter kommt, mit der sie immer wieder traumatisierende Erfahrungen macht, die bei ihr die Überzeugung hinterlassen, dass das Erleben und Ausleben der eigenen Intentionalität lebensbedrohlich sein kann. Ihre Lösung ist es, sich selbst die Hörner zu kappen, sich im vitalen Sinne zu beschneiden und zu verstümmeln. Der Veränderungsprozess in der Stunde entwickelt sich über eine Gegenübertragungsphantasie, die ich der Patientin mitteile. Als sie mir das mit den Schmerzen verbundene Körperbild mitteilt, sehe ich das Bild einer kleinen, gehörnten springenden und raufenden Ziege vor mir, ein Bild aus besseren Tagen, vielleicht aus Erfahrungen mit der Großmutter stammend, oder ein Bild, was ein Gegengewicht zu der defizitären Erfahrung der Patientin im Zusammensein mit der Mutter beleuchtet.

Mein Bild scheint in ihr eine Bewegung aus dem unerträglichen Zustand, in dem sie sich befindet, zu initiieren. Mit den spontanen Worten – das möchte ich ausprobieren – stemmt sie sich innerhalb einer längeren Sequenz, in der sie sich körperlich mit dieser kleinen Ziege identifiziert und mich dabei auch mit meiner körperlichen Präsenz als Gegenüber nutzt, mit ihrer Stirn gegen meine ihr entgegengestreckten Hände.

Neben einer spontanen Symptomverbesserung in dieser Stunde ist mir im Kontext meines Themas der folgende Einfall der Patientin in der nächsten Stunde wichtig. Sie erinnert etwas, was sie nur aus Erzählungen weiß, und das sich neben den traumatisierenden Erfahrungen mit der Mutter als körperlich gespeichertes implizites Beziehungswissen herauskristallisiert. Sie erinnert, dass ihre Großmutter ihr erzählte, dass sie als Baby im Stubenwagen solange hin- und herschaukelte, bis sich dieser in Richtung der anderen in Bewegung setzte. So kommt der schaukelnden Bewegung zu Anfang der Stunde die Bedeutung zu, dass die Patientin darin ein Wissen transportiert, wie man in einen lebensnotwendigen Kontakt kommen kann und dass ich genau darauf in unserem gemeinsamen sich entwickelnden Handeln antworte. Wir knüpfen an ein altes implizites Beziehungswissen an, das anscheinend nur präverbal zur Verfügung steht.

Im Verlassen der vermeintlich herkömmlich analytischen Wege, im Fluss eines nonverbalen Austauschprozesses, entwickelt sich eine neue Gestalt, eine Co-Konstruktion, die aus den Intentionen und Zuständen beider Beteiligten hervorgeht und die zu einem wichtigen »now moment«, wie Stern (2004) ihn nennt, wird. »Die Stimmigkeit der relationalen Schritte wirkt somit in der AnalytikerIn-PatientIn-Interaktion wie auch in der Mutter-Säuglingsinteraktion als Katalysator für Veränderungen. Eine Übereinstimmung wird unentwegt in einem Austauschprozess abgeschätzt und überprüft (ebd., S. 948) ... Dabei determiniert das implizite Beziehungswissen, was für den Betreffenden in Beziehungen innerlich möglich ist« (ebd., S. 948/949).

In der Therapie werden alte Überzeugungen, die im impliziten Beziehungswissen repräsentiert sind, destabilisiert, was gleichzeitig eine Beziehungssicherheit voraussetzt, um somit stärker integrierte, flexiblere und kohärente Formen des Zusammenseins zu konstruieren. Dabei scheint es manchmal unerlässlich, sich mit dem Patienten in einem interaktiven handelnden Raum zu bewegen, der uns die Möglichkeit gibt, für das Erfahrene Worte zu finden und andere Begegnungen zu ermöglichen.

Literatur

Bauer, J. (2005): Warum ich fühle, was du fühlst. Intuitive Kommunikation und das Geheimnis der Spiegelneurone. Hamburg: Hoffmann und Campe.

Beebe, B. & Lachmann, F. M. (2004): Säuglingsforschung und die Psychotherapie Erwachsener. Stuttgart: Klett-Cotta.

Benecke, C. (2005): Sprachinhalt und mimischer Affektausdruck in der therapeutischen Interaktion. In: Geißler, P. (Hg.), Nonverbale Interaktion in der Psychotherapie, S. 65–71, Gießen: Psychosozial-Verlag.

Benecke, C.; Krause, R. (2005): Facial affective relationship-offers of patients with panic disorder. In: Psychotherapy research, 15 (3), S. 178–187.

Bollas, Ch.(1997): Der Schatten des Objekts. Stuttgart: Klett-Cotta.

Bucci, W.(1985): Dual coding: A cognitive model for psychoanalytic science. In: J. Amer. Psychoanal. Ass. 33, S. 571–608.

Damasio, A. R. (2003): Der Spinoza Effekt. München: List.

Ermann, M. (2005): Explizite und implizite psychoanalytische Behandlungspraxis. In: Forum Psychoanal. Band 21, Heft 1.

Fonagy, P. et al. (2004): Affektregulierung, Mentalisierung und die Entwicklung des Selbst. Stuttgart: Klett-Cotta.

Heisterkamp, G. (2002): Basales Verstehen. München: Pfeiffer.

Leuzinger-Bohleber, M.(1998): Erinnern in der Übertragungsvergangenheit in der Gegenwart? Psyche, 52. Jg., Sept./Okt., S. 884–918.

Melzoff; A. N.; Gopnik, A. (1993): The role of imitation in understanding persons and developing a theory of mind. In: Baron-Cohen, S.; Tager-Flusberg, H.; Cohen, D. (Hg.): Understanding other minds: Perspectives from Autism. New York, S. 335–366.

Poettgen-Havekost, G. (2004): Die Bedeutung von Körperinszenierungen in der analytischen Psychotherapie – Überlegungen zur Modifikation des Settings. In: Psychoanalyse & Körper Nr. 5, 3. Jg., Heft 2, S. 5–27.

– (2006): »Traurigkeit wie Tinte im Wasser, sie überrollt mich wie eine wortlose Welle«. Entwicklungsschritte zur Mentalisierungsfähigkeit im Behandlungsprozess von Borderline-Störungen. In: Springer, A.; Gerlach, A.; Schlösser, A.-M. (Hg.): Störungen der Persönlichkeit. Gießen: Psychosozial-Verlag.

Scharff, J. (2002): »Ich kann es nicht fassen« – Körper und Sprache im konkretsymbolischen Handlungsfeld der inszenierenden Interaktion. Selbstpsychologie, Heft 10, S. 465–480.

Stern, D. N. (1996): Die Lebenserfahrung des Säuglings. Stuttgart: Klett-Cotta.

– u. a. (2002): Nicht deutende Mechanismen in der psychoanalytischen Therapie. Das ›Etwas-Mehr‹ als Deutung. In: Psyche, 56. Jg., Sept./Okt., S. 974–1006.

Stolorow, R. & Atwood, G.(1989): The unconscious and unconscious fantasy: An intersubjective-developmental perspective. In: Inquiry 9, S. 364–374.

The Boston Change Process Study Group (2004): Das Implizite erklären: Die lokale Ebene und der Mikroprozess der Veränderung in der analytischen Situation. In: Psyche, 58. Jg. Sept./Okt.

Diana Pflichthofer

Sich anstecken lassen – Das Unheimliche der Leibhaftigkeit

Zumutungen, davon gibt es in unserem Leben, in dem unser Beruf nur einen Teil darstellt, so allerlei. Auch *Unheimliches*, sogar *Übertragungen* gibt es zahlreiche, auch außerhalb der Analyse. Nicht umsonst verweist der Arbeitstitel der DPG-Jahrestagung 2006 *Zumutungen – Die unheimliche Wirklichkeit der Übertragung* darauf, dass es besonders unheimlich zu werden droht, wenn die *Wirklichkeit* der Übertragung spürbar wird, sie das analytische Paar leiblich erfasst. Meine Vermutung ist, dass für uns Psychoanalytikerinnen und Psychoanalytiker eine besondere Zumutung darin besteht, unsere *leibliche Präsenz* und ihre Wirkung auf unsere Analysanden in den Blick zu nehmen. Die sich dann einstellende Wirklichkeit kann in der Tat unheimlich sein.

Zu Beginn meiner Überlegungen möchte ich uns eine Art »Wegweiser«, ein Zitat von Michel Serres, mitgeben:

> »komm, letztes Menschenkind, das hören und sehen kann, komm, fühle und taste, du wirst die Wissenschaft noch früh genug lernen, ganz sicher wirst du sie lernen.« (Michel Serres, Die fünf Sinne)

Dies ist ein dringlicher Aufruf dazu, die Welt leiblich-sinnlich zu erfassen, sie sich ästhetisch anzueignen. Alles andere, so kann man Serres verstehen, wird sich dann schon fügen. Eine Selbstverständlichkeit also? Doch vor allem traumatisierten Menschen ist die Vermeidung leiblich-sinnlichen Erlebens häufig zum Überlebenskonzept geworden, aus verständlichen Gründen. Denn, so der Psychoanalytiker Leonard Shengold, diese Menschen »lernten als Kinder, daß emotionale Offenheit, der leidenschaftliche Wunsch nach etwas, der Anfang der frustrierenden Qual war« (Shengold 1989, S. 376). Darum, so Shengold weiter, hängt alles »von der Fähigkeit und Bereitschaft des Patienten ab, die Art und Weise, wie Gefühle erfahren werden zu verändern« (ebd., S. 375).

Wie nun der psychoanalytische Prozess dazu verhelfen kann, Gefühle anders zu erfahren, und das heißt unter Umständen nicht weniger, als diese überhaupt zu fühlen, sie in ihrer Bedeutung für das eigene Leben zu erfassen, und was genau wir darin als »ästhetische Aneignung« verstehen können, diesen Fragen möchte ich im Folgenden nachgehen.

In dem, wie ich finde, wunderbaren Roman des Philosophen Peter Bieri »Nachtzug nach Lissabon«, veröffentlicht unter seinem Pseudonym Pascal Mercier, wird der Protagonist Raimund Gregorius, ein unglaublich gelehrter Altphilologe, der eingehüllt, aber auch eingeschlossen in der Welt der Wörter, in der Welt der alten Literatur lebt, durch ein einziges Wort *angesteckt*. Allerdings liest er dieses Wort nicht, sondern es wird ihm gewissermaßen aufgeführt, von einer realen, leiblich präsenten Person, einer schönen Frau, die es an einem Wintermorgen auf einer Brücke in Bern ausspricht. Die Frau, mit der es bis auf einige kleine, unabsichtlich scheinende Berührungen, keine spektakulären körperlichen Kontakte gibt, folgt ihm in sein Klassenzimmer; seine Schüler sind irritiert. Zu seinem großen Erstaunen aber vermag Gregorius seine Gefühle zu genießen. Es war etwas mit ihm geschehen, etwas Unheimliches. Kurze Zeit später geht die Frau, ohne ein weiteres Wort, mit einem Lächeln. Gregorius gerät in eine Krise: »Von diesem Augenblick an hörte Gregorius nichts mehr von dem, was die Schüler sagten. Ihm war, als sei er ganz allein und von einer betäubenden Stille umschlossen« (ebd., S. 19). Ein ihm an sich vertrauter Zustand, aber die *Ansteckung* zeigt Wirkung: Nicht lange danach nimmt Gregorius seinen Mantel, lässt seine geliebten Bücher liegen und geht. Er tritt seine Reise an, die natürlich nicht nur nach Lissabon führt, sondern zu ihm selbst. Die Begegnung mit der Frau, seinem »Verwandlungsobjekt« (Bollas 1987) ist sein *Kairos*, »eine Klarheit ohne Begriff«, so der Philosoph Dieter Mersch (Mersch 2002b, S. 62), ein ästhetisches Erlebnis oder mit den Worten Daniel Sterns ein »Gegenwartsmoment«. »Gegenwartsmomente bilden sich um Vorgänge herum, die das Gewöhnliche durchbrechen oder ein erwartetes reibungsloses Funktionieren vereiteln« (Stern 2004, S. 52). Ein Gegenwartsmoment »[...] ist nicht die verbale Schilderung einer Erfahrung. Er ist eine ursprünglich gelebte Erfahrung [...]« (ebd., S. 50) und ist mit einem »Sicheinlassen auf die Welt« (ebd., S. 52) verbunden. Am Ende der Reise ist Gregorius ein anderer und es war ein einziges, gesprochenes Wort, das ihn aufbrechen ließ, ihn ansteckte, sich noch einmal auf die Welt einzulassen.

Wie ist eine solche *Ansteckung* möglich? Unheimlich!

Das Unheimliche, so wissen wir von Freud, ist »jene Art des Schreckhaften, welche auf das Altbekannte, Längstvertraute zurückgeht« (Freud 1919, S. 231) und »daß es nämlich oft und leicht unheimlich wirkt, wenn die Grenze zwischen Phantasie und Wirklichkeit verwischt wird, wenn etwas *real* [Hervorhebung D. P.) vor uns hintritt, was wir bisher für phantastisch gehalten haben [...] (ebd., S. 258). »Das

Unheimliche des Erlebens kommt zustande, wenn *verdrängte* (Hervorhebung i. O.) infantile Komplexe durch einen Eindruck wieder belebt werden […]« (ebd., S. 263).

Das Unheimliche für Gregorius ist die Wiederkehr der vergessen geglaubten Bedeutung der sinnlich-leiblichen Präsenz eines Menschen, dessen leibliche Erscheinung, sein Ausdruck, die Präsenz eines Gegenübers und die damit verbundene lustvolle, sinnliche Fülle der Welt.

Keinem Analysanden bleibt diese Begegnung mit dem Unheimlichen erspart, denn mit dem Gewahrwerden des Leibes seiner Analytikerin kommt etwas Unheimliches in die Übertragung, nämlich die vorsymbolische »Erinnerung« des ursprünglichen Ausgeliefertseins an den Leib[1] der Mutter. In der vorsprachlichen Zeit, so Wulf Hübner in seinen Überlegungen, gehe die symbolische Macht von der Mutter aus (Hübner 2001, S. 460), und so sei denn auch die Aufgabe, die jedermann zu erledigen habe, »die Lösung aus der narzißtischen Gebundenheit an die Mutter und ihren ›rätselhaften Leib‹« (ebd.). Die Mutter wende sich immer auf eine doppelte Weise an das Kind: »(kognitiv) wortsprachlich und leibgebunden« (ebd., S. 462), wobei »ihr wort- und körpersprachliches Ausdrucksverhalten stets durch die ihr selber unbewussten ›Vorstellungen‹ kontaminiert ist« (ebd.). Daraus ergibt sich für Hübner die logische Forderung nach der »Hereinnahme des *Leibes der Mutter* [kursiv i. O.] und des Vaters in die Theorie, weil deren unbewusste Phantasien leibgebunden sind und sich körpersprachlich darstellen« (Hübner 2006, S. 335).[2]

Denn von diesem, insbesondere leibgebundenen Unbewussten wird das Kind (zwangsläufig) *angesteckt*, aber eben auch der Analysand,

1 Wenn im Folgenden von *Leib* und *Körper* die Rede ist, beziehe ich mich damit im Wesentlichen auf die Unterscheidung von *Leib sein* und *Körper haben*. Darunter verstehe ich hier die psychische Gebundenheit an den *Leib* einerseits, die auch nicht durch einen Akt der Selbstreflexion aufgehoben zu werden vermag, während der *Körper* andererseits eher ein Gegenstand der Fremd- und Selbstbeobachtung ist. Der Begriff *Leib* soll damit zugleich auch die stärker sinnliche Ausdrucks- und Wahrnehmungsweise, die von ihm ausgehende Atmosphäre, beinhalten, während der Begriff *Körper* eher auf besser diskriminierbare, sichtbare Strukturen und Funktionen verweist. (»Er ist sehr groß« im Gegensatz zu: »Er wirkt auf mich sehr mächtig«).

2 So lautet auch die Hauptthese von Jutta Gutwinski-Jeggle: »[Den] Verlust des Körpers der Mutter psychisch zu realisieren und zu konzeptualisieren, ist die lebenslange Herausforderung und *Aufgabe* [kursiv im Orig.] im doppelten Sinn« (Gutwinski-Jeggle 2003, S. 1059).

diesmal vom Leib seiner Psychoanalytikerin. Diesen Vorgang möchte ich jetzt näher erläutern und ich möchte die Fragen zu klären versuchen:

- Inwieweit kann diese neuerliche Ansteckung den Beginn davon darstellen, den Analysanden zum ästhetischen Erleben (wieder?) zu befähigen?
- Wie vermag dieser (Wieder-)Beginn sinnlichen Empfindens zu einer inneren Veränderung zu führen?

Gelingt dies – und ermessen wir die Dimensionen dieses Prozesses –, können wir (wohl) von einem Erfolg sprechen. Denn jene Veränderung besteht in dem neuerlichen Versuch, sich auf die Welt einzulassen, und das heißt, durch die Objekte der Welt berührt zu werden und diese seinerseits berühren zu können. Nur dann, um ihre sinnliche Dimension erweitert, lassen sich Objekte auch als »Ganze« wahrnehmen und psychisch besetzen. Freud spricht hier von der »Aussendung« der Libido auf Objekte und benutzt das anschauliche »leibliche« Bild der Protoplasmatierchen, die ihre Pseudopodien, »in welche sie ihre *Leibessubstanz* [kursiv D. P.] hinüberfließen lassen« (Freud 1917, S. 431), ausstrecken können. Aber genau dieser Schritt ist für den traumatisierten Patienten mit existentiellen Ängsten und Risiken verbunden, denn seine Erfahrung ist die Erfahrung des »Zuviel«, des Zuviel an *Ansteckung*, des »Zuviel« an sinnlichen Empfindungen.

Wie kann man nun den Begriff der *Ansteckung* in diesem Zusammenhang verstehen?

Ansteckung: Übertragung durch Kontakt – Leibsein in der Psychoanalyse

Ansteckung, so die Philosophin Mirjam Schaub und die Kunsthistorikerin Nicola Suthor in ihrer gemeinsamen Arbeit, ist eine »Übertragung durch Kontakt« (Schaub/Suthor 2005, S. 9). Übertragung, ein prominenter Begriff für uns, verweist auf einen Vorgang zwischen zwei Subjekten, überhaupt auf ein *zwischen*, auf ein *von* ... *nach* ..., auf eine Bewegung. Kontakt heißt, dass etwas *zusammen* kommt, es gibt eine *Berührung*. Der Begriff der *Ansteckung* verweist auf die notwendige Anwesenheit von leiblichen Existenzen als conditio sine qua non. Unter *Berührungen* verstehe ich hier jene sinnlichen Wahrnehmungen, die leibliche und psychische Empfindungen zur Folge haben. Eine Chance, sich nicht anzustecken, hat man nur unter »Quarantäne«, d. h. der vollständigen Isolierung. *Ansteckung* ist meistens negativ konnotiert; man versucht sie zu meiden; sie geschieht einem im Zustand der »Schwäche«, der mangelnden »Abwehr«, es braucht eine Disposition, der eine steckt sich an, der andere nicht. Ansteckung verweist auf ein Innen-Außen-Verhältnis: Es kommt etwas von außen nach innen, stiftet dort allerlei Unruhe, macht »krank« und fordert einen heraus, Maßnahmen zu ergreifen, um das Eigene zu schützen. Das Besondere: Das Fremde bleibt integriert, aber umschlossen vom Eigenen; und es bleiben Spuren der Auseinandersetzung erkennbar. Aber wofür soll das nun gut sein? In der Medizin kennt man die »entschärfte« Form der Ansteckung bei der Impfung, eine »Ansteckung« unter (fast) kontrollierten Bedingungen. Fast, weil es immer den Rest eines Risikos gibt, der Leib sich (trotz all unserer Bemühungen) der Kontrolle letztendlich immer entzieht.

Vielleicht ist es eben diese *Unverfügbarkeit* des Leibes, die immer wieder Verdrängungsbemühungen zur Folge hat.

So ist in der soziologisch-psychologischen Diskussion gegenwärtig von einem *somatic turn* die Rede, in dem die Thematisierung des Körpers geradezu wieder Mode werde (Schroer 2005, S. 10), nachdem der Körper bzw. Leib lange Zeit ignoriert wurde.

Diese *absent presence* (Shilling 1993, zitiert nach Schroer 2005, S. 19) des Leibes scheint sich auch in der psychoanalytischen Theorie wiederzufinden, hier allerdings insbesondere in Bezug auf den Körper der Psychoanalytiker. Ihre leibliche Präsenz, deren sinnliche Erscheinung und Wirkung auf den Patienten sowie ihre *leibliche Verletzlichkeit*, scheinen, anders als im Falle des Patienten, ein Schattendasein zu führen. So schreiben bereits Almuth Massing und Hartmut Wegehaupt in ihrem mutigen Text zur sexuellen Gegenübertragung:

> »Da infantile Erfahrungen überwiegend leiblich-sinnliche Erfahrungen sind, und orale, anale, urethrale und phallisch-genitale Wünsche und Ängste sich nicht ›im Kopf‹ abspielen, sondern konkret am Körper erfahren werden, wird der Analytiker seine leibliche Existenz, das, was sein Körper ihm sagt, dazunehmen müssen, um die körperlichen Erfahrungen des Patienten mit in die Analyse einbeziehen zu können. Die Begegnung mit dem ›Leibhaftigen‹, die gleichermaßen gefürchtet – wie theoretisch häufig unbegriffen [...] ist notwendig, weil wir am Ende sonst noch übersehen, daß der Patient einen Körper hat [...]« (Massing/Wegehaupt 1987, S. 59).

Wir sprechen ganz selbstverständlich von oralen und analen Wünschen und halten sie uns vielleicht gerade mit dieser Terminologie »vom

Leib«. So wirkt auch manch moderne psychoanalytische Sprache, sei es die der Objektbeziehungstheorie, der Bindungstheorie, ja sei es sogar die der Säuglingsforschung merkwürdig »leibgereinigt«. Da ist von »*Mentalisierung, reflexiver Kompetenz, metakognitiver Steuerung oder dyadischer Interaktion*« (Fonagy 1996, S. 31–44) die Rede. Dies nimmt besonders in der Säuglingsforschung Wunder, da der Leib der Mutter gewissermaßen das Universum des Säuglings ist, aber irgendwie scheint er – zumindest sprachlich – verschwunden.[3] Könnte es sein, dass die zu Freuds Zeiten so überaus wirksame Verdrängung der Sexualität als allzeit gegenwärtige, uns strukturierende Macht heute in einer bemerkenswerten Entkoppelung, um nicht zu sagen Spaltung, wiederzufinden ist? Es klingt paradox: Wir sind zwar sexuelle Wesen, aber keine leiblichen? »Das Sexuelle« vielleicht im Dienste der Abwehr des Leibseins?

Dazu ein kleines Beispiel: In einer Gesprächsrunde, in der es um die Einrichtung von Behandlungszimmern ging, sagte eine Kollegin, sie achte sehr genau darauf, dass ihr Sessel in so großem Abstand hinter

[3] In der Diskussion zu diesem Vortrag ergab sich die Frage, ob hier eine Kritik an der Objektbeziehungstheorie »durchschimmere«. Ganz im Gegenteil, es geht vielmehr darum, diese ernst zu nehmen. Denn bevor das Objekt als Repräsentanz erscheinen kann, muss es leiblich anwesend sein, bevor es nach *innen* kommt, muss es *außen* wahrgenommen worden sein. Das implizite Gedächtnis ist älter als das deklarative und das heißt ganz konkret: Bevor es eine *Mentalisierung* oder *reflexive Kompetenz* gibt – zweifelsohne wichtige Entwicklungsschritte – wird das Objekt leiblich gespürt: seine Wärme, sein Widerstand, sein Geruch; es wird synästhetisch aufgenommen, indem es befühlt, besabbert, gezupft, gestoßen und dergleichen mehr wird. Wird dieses Kennenlernen des Objekts durch die übermäßige leibliche Präsenz des Objekts selbst gestört, sodass die Erkundung in Überwältigung umschlägt, dann ist es leicht vorstellbar, dass die Leugnung und Vermeidung jeglicher äußeren leiblich-sinnlichen Präsenz eine notwendige Schutzmaßnahme darstellt. Daher ist es verständlich, dass notwendige Begriffe etwas handhabbar machen und dieses zugleich auch auf Distanz halten können, in diesem Falle das Bewusstsein der Unabdingbarkeit leiblicher Existenz und die damit in Zusammenhang stehenden Konflikte. Es geht also nicht um eine Kritik an der Objektbeziehungstheorie, sondern darum, sich ins Bewusstsein zu rufen, dass jede Theorie etwas zu fassen sucht und gleichzeitig etwas ausklammert. Dies entspricht dem, was Adorno als das »Nichtidentische« bezeichnet, das mit keinem Begriff vollständig fassbar ist und zu dem man sich dennoch angemessen verhalten kann: indem man sich von ihm berühren, betreffen und irritieren lässt.

der Couch stehe, dass der Analysand sie auch nicht »zufällig«, zum Beispiel wenn er sich plötzlich im Liegen strecken würde, berühren könnte. Dazu Dieter Mersch:

»Es liegt ein geheimnisvoller Abstand zwischen den Menschen, der ihnen von ihren Körpern diktiert wird [...]. (Er) zeugt von der leiblichen Verletzlichkeit, die nicht nur darin besteht, dass wir uns Wunden zufügen können, sondern weit subtiler in der Übertretung der nirgends markierten Distanz [...] (Mersch 2002b, S. 61).

Die Kollegin hatte, mehr oder weniger bewusst, etwas von der eigenen leiblichen Verletzlichkeit aufgenommen, die eben nicht nur darin liegt, dass der Analysand sie physisch berühren könnte, sondern bereits darin, dass die ihr eigenen (für den Analysanden nicht sichtbaren!) Grenzen überschritten werden, und diese Überschreitung bedeutet hier: das Bewusstwerden ihrer leiblichen Existenz.

Möglicherweise bedeutet auch für uns Psychoanalytikerinnen und Psychoanalytiker das Gewahrwerden unseres »Leibseins« in Anwesenheit unserer Patienten eine Bedrohung, die mit schambesetzten Phantasien von Kontroll- und Intimitätsverlust verbunden ist.

»Leiblich existieren«, so Bernhard Waldenfels, »heißt, dass man im Blick der Anderen und unter dem Zugriff der Anderen existiert. Mein leibliches Verhalten hat immer schon eine öffentliche Seite« (Waldenfels 2000, S. 240).

Denn was »tut« der Leib einer Analytikerin? Natürlich genau das, was alle anderen Leiber auch »tun«: Er nimmt Raum ein, macht Geräusche, ist zu sehen, zu hören, zu fühlen und zu riechen. Und: Er kann gehen, schlagen, küssen, streicheln. So schreibt Gernot Böhme, der sein neues Buch entsprechend *»Leibsein als Aufgabe«* nennt, denn auch ziemlich drastisch: »Der Leib ist nicht nur unbekannt, sondern [...] er wird auch verdrängt. Er wird verdrängt, weil er sich unangenehm bemerkbar macht, weil er ekelhaft ist, hinfällig und überhaupt fremd« (Böhme 2003, S. 32).

Nach Mersch wohnt dem Zeigen der Leiblichkeit eine *»Entblößung«* inne (Mersch 2002b, S. 59). Stellen wir uns einmal eine Situation vor, in welcher der Analysand gerade über seine große Wut auf jemanden spricht. In einem Moment der Stille dann knurrt laut hörbar der Magen der Analytikerin. Meistens ist der erste Affekt: Scham. Wir können nun viele Phantasien über die durch das Magenknurren ausgelösten Phantasien des Patienten haben: Sie sorgt nicht für sich, hat nicht gut gefrühstückt. Sie ist auch wütend. Auf mich? Mit mir? Oder noch archaischer:

Sie will mich fressen? Was aber in jedem Falle für beide unleugbar und möglicherweise schamauslösend ist, ist das plötzliche Bewusstwerden der leiblichen Beschaffenheit und Anwesenheit der Analytikerin. Das Skandalöse des Körpers, so Dieter Mersch, »seine Anstößigkeit ist sein Entzug, seine Unfügsamkeit – aber auch seine Unverfügbarkeit« (Mersch 2002b, S. 59). Diesen »Skandal« psychisch in sich beherbergen zu können – das ist die erste Voraussetzung dafür, sich *anstecken* zu lassen. Diesen Schritt muss die Analytikerin ihrem Analysanden gewissermaßen vorausgehen können.

Der Leib der Psychoanalytikerin: Entzug – Sehnsucht – Bedrohung

Meine These ist nun, dass unsere konkrete *leibliche* Anwesenheit eine erhebliche Wirkung auf die Übertragungs-Gegenübertragungsdynamik ausübt, möglicherweise umso mehr, je weniger sie Beachtung findet, denn: »Die Gegenwart der Anderen«, so Mersch, »nötigt [...], sie versetzt in Zugzwang, besticht oder verletzt« (Mersch 2002b, S. 62).

Das gilt auch für die Gegenwart der Psychoanalytikerin, aller *freien* Assoziation zum Trotz; auch ihr Leib *versetzt* den Analysanden *in Zugzwang*. Das Unheimliche liegt in der Wiederbegegnung mit einem real präsenten Leib, der nicht mehr nur Phantasie ist, und dies besonders in einer Phase der tiefen Abhängigkeit, für die es nach Winnicott kennzeichnend ist, dass man Fürsorge nicht bewusst wahrnehmen kann (Winnicott 1965, S. 111), aber gleichzeitig auf »Anpassung« des anderen so zwingend angewiesen ist. Man darf nicht »im Stich gelassen« werden (ebd., S. 110), ein hochprekärer Zustand also. In diesem Moment kann, je nach Vorerfahrungen, das Gewahrwerden des Leibes zur existentiellen Bedrohung werden, eben darum muss die leibliche Anwesenheit der Analytikerin, ihre sinnliche Präsenz geleugnet werden.

So brachte es eine meiner Analysandinnen auf den Punkt:

»*Wenn Sie sich bewegen oder Ihr Fuß mal die Couch berührt, dann werden Sie so real. Sonst sind Sie nichts Körperliches, nur eine Stimme. Oder aber wenn Ihre Stimme näher kommt, weil Sie sich anders hinsetzen, dann haben Sie plötzlich einen Körper. Dann werde ich kleiner, ziehe mich zurück.*«

Hier wird die Abspaltung der Sinnlichkeit besonders deutlich: Zunächst *nur Stimme* – ohne Körper – werde ich plötzlich dadurch, dass meine Stimme ihr *näher* kommt (und ganz gewiss beschreibt das nicht lediglich eine räumliche Distanz) zum *Körper*, und zwar in dem Moment, als sich die Patientin von meiner Stimme sinnlich berührt fühlt. Dann droht Gefahr, sie zieht sich zurück.

Die Bedrohung liegt in der *Potentialität* des *realen* Leibes. Denn auch wenn wir versuchen, das Gefühl der Bedrohung für den Analysanden durch psychoanalytische Haltung, Technik und das Setting zu minimieren, es ist ja doch so: Die Analytikerin *könnte* einfach gehen, sie *könnte* den Analysanden anbrüllen, schlagen, küssen, streicheln usf. Dass sie es *nicht* tut, liegt *allein* in ihrer Verantwortung, auf die sich der Analysand verlassen muss; er hat gar keine andere Wahl. Das ist der große Unterschied zu einer *virtuellen* Therapie, wenn es denn so etwas überhaupt gibt. Dort fehlt, so Mersch, diese Dimension des »Sich-aussetzens, die für Beziehungen überhaupt konstitutiv ist« (Mersch 2002a, S. 104). Das Gewahrwerden der Potentialität des Leibes, das Anerkennen der tatsächlichen Unverfügbarkeit der Analytikerin sowie das Gewahrwerden ihrer leiblichen Verletzlichkeit – auch ihres Umgangs damit – das ist es, was eine Trennung ermöglicht. (Und die Analytikerin lässt ihren Analysanden dabei nicht »im Stich«.)

Das Drama des traumatisierten Patienten besteht im Besonderen darin, dass auch er sich durch die leibliche Präsenz seiner Analytikerin *anstecken* lassen muss, dies aber gerade als existentielle Bedrohung fürchtet. Er muss sich anstecken lassen, weil das sinnliche Erleben die Voraussetzung für eine neue psychische Repräsentanz darstellt, und dies ist ein erster Schritt auf dem Wege zur Bildung neuer Symbole, denen immer auch eine sinnliche Dimension zu eigen ist. Der Soziologe Dirk Hülst spricht von *Selbstaffektion*, die in dem Begriff der Ansteckung, wie ich ihn hier verstehe, notwendig enthalten ist:

»Wird der symbolisch ausgedrückte Gegenstand in eine andere Sprache ›übersetzt‹, geht Entscheidendes verloren: die Tiefendimension ästhetischer [...] Erfahrung des Subjekts. Die Übersetzungsversuche beispielsweise der vielfältigen Lexika zur Symbolik müssen sich darin erschöpfen, Hinweise auf abgesunkene Interpretationsmöglichkeiten zu geben, und bringen nicht die Saite zum Klingen, die bei symbolbezogener Kontemplation immer mitschwingt und erwünscht ist, – die *Selbstaffektion* [kursiv D. P.] des Interpreten, die nicht allein durch subtile Gedanken, Assoziationen oder differenziert beschriebene Gefühle hervorgerufen und ausgedrückt werden kann« (Hülst 1999, S. 350).

Symbole können also nicht, wie etwa Vokabeln, erlernt werden, indem man Interpretationsmöglichkeiten aufgezeigt bekommt, sondern sie müssen sinnlich erfahren und erlebt werden. So bedeutet natürlich das Wort »Mutter« für uns alle in bestimmten Punkten das Gleiche, aber je nach den erlebten Erfahrungen hat dieses Wort auch für verschiedene Menschen ganz unterschiedliche symbolische Bedeutung. Diese Bedeutungen wieder zu verändern, gelingt nicht ohne jenes Moment der *Selbstaffektion*, welches in jeder Ansteckung enthalten ist. Ist der Analysand *affiziert*, dann fungiert die Analytikerin auch als Symbol, allerdings nicht nur, indem sie auf eine Bedeutung verweist, sondern auch, indem sie etwas sinnlich präsent sein lässt. Diesen wichtigen Gedanken verdanke ich Hans-Georg Gadamer:

> »Das Symbolische verweist nicht nur auf Bedeutung, sondern läßt sie *gegenwärtig* [kursiv D. P.] sein: es repräsentiert Bedeutung. [...] Repräsentation meint [...] nicht, daß etwas stellvertretend oder uneigentlich und indirekt da ist, als ob es ein Substitut, ein Ersatz wäre. Das Repräsentierte ist vielmehr selber da und so, wie es überhaupt da sein kann« (Gadamer 1977, S. 46).

Die Analytikerin fungiert in der Übertragung auch als Symbol; sie steht *für* etwas und verweist auf einen Zusammenhang in einer Beziehung zwischen dem Analysanden und anderen Menschen, *verweist* auf seine Gefühle gegenüber wichtigen Bezugspersonen *und* ist dabei zugleich *gegenwärtig*, und zwar in der ganzen Fülle ihrer leiblich-sinnlich spürbaren Präsenz.

Nun soll sich der Analysand *anstecken*[4] *lassen*, eine an sich paradoxe Forderung, da es sich natürlich nicht um einen aktiven Vorgang handelt, sondern um ein »*Widerfahrnis*« (Mersch 2002a, S. 9), dem man sich bestenfalls überlassen kann. Der Analysand soll allmählich von der *Ansteckung* zur Empathie gelangen, zur Empathie mit *sich* selbst, genauer, zur Empathie mit den bisher abgespaltenen Gefühlen in ihm.[5]

4 Wenn hier von *Ansteckung* die Rede ist, dann verstehe ich diesen Begriff in einem größeren Kontext als Doris Bischof-Köhler. Sie hebt hervor, dass bei der Gefühlsansteckung sich ein Gefühl auf den Beobachter übertrage und von ihm Besitz ergreife, »seine Erlebniswelt einfärbt« (Bischof-Köhler 1996, S. 98), »ohne daß er sich dieser Ursache bewusst würde« (ebd., S. 87), während die Empathie sich gerade dadurch von der Ansteckung unterscheide, dass sie als ein »Du-Gefühl« (Bischoff-Köhler 1989, S. 81) und durch das Wissen geprägt ist, »daß eigentlich ein anderer primär betroffen ist« (ebd., S. 82). Empathie aber könne möglicherweise aus dem Mechanismus der Gefühlsansteckung resultieren, aber erst, »wenn ein Selbstkonzept ausgebildet ist, das die Unterscheidung von Ich und Anderem auf der Vorstellungsebene ermöglicht« (ebd., S. 57). Empathie ist demnach erst *nach* der Trennung von Selbst- und Objektrepräsentanz möglich.

5 Hier wird das Konzept der Empathie verinnerlicht; als ein Prozess, der sich

Eine erste Voraussetzung dafür klingt trivial: Der Analysand muss kommen und die körperliche Präsenz beider ertragen. Jeder von uns weiß, dass das keine Selbstverständlichkeit ist, aber wir neigen, glaube ich, dazu, es zu »vergessen«. Manchmal wird es uns deutlicher, zum Beispiel wenn eine Patientin in den Vorgesprächen vehement sagt, dass sie auf keinen Fall zu einem männlichen Analytiker möchte. Hier geht es ganz offensichtlich um Befürchtungen in Bezug auf die *leibliche Präsenz*.[6] Wie gesagt, diese will erst ertragen sein.

Der leibliche Spiegel – Verstehen durch sinnliche Wahrnehmung

Die leibliche Präsenz eines Anderen als Bedingung der Möglichkeit für den Erwerb impliziten Wissens; die Neurophysiologie lieferte mit einer »Zufallsentdeckung« eine interessante, biologische Bestärkung: Vittorio Gallese und Giacomo Rizzolatti entdeckten 1991 bei Makaken die sogenannten »Spiegelneuronen«, deren Existenz inzwischen auch für den Menschen nachgewiesen ist (Gallese 2003, S. 174). Diese Nervenzellen des praemotorischen Cortex, wo Bewegungsabläufe geplant und gesteuert werden, werden nicht nur dann aktiviert, wenn man selber eine Bewegung ausführt, sondern auch dann, wenn man einer anderen Person bei einer zielgerichteten Bewegung zusieht, gar wenn man die die Handlung begleitenden Geräusche nur *hört*. Es werden motorische Kreisbahnen aktiviert, *als ob* wir eine Handlung selber ausführten, wir simulieren die Handlung sozusagen intern. Dieser implizite, automatische und unbewusste Prozess einer *embodied simulation* soll uns, nach den Annahmen von Gallese, ermöglichen, die Welt eines Anderen zu erkunden, ohne explizit und bewusst darüber nachdenken zu müssen (ebd., S. 174).

Eine ganz neue Untersuchung zeigt, dass Hirnareale, in denen motorische Hand- und Fußbewegungen repräsentiert sind, ebenfalls aktiv werden, wenn man gesprochene Sätze hört, in denen von eben diesen hand- oder fußbezogenen Aktionen die Rede ist (Buccino et al. 2005). Darüber hinaus berichten Blakemore und Mitarbeiter von einer Frau mit einer speziellen Form von Synästhesie: Wenn die Frau sah, wie

ursprünglich *zwischen* zwei, sich als getrennt erlebenden Personen entwickelt hat, steht er dann intrapsychisch zur Verfügung.

6 Und so könnte es auch sein, dass Patienten eine Stunde versäumen, weil ihnen beispielsweise die Tatsache der *Leiblichkeit* der Psychoanalytikerin schlagartig ins Bewusstsein gerückt ist.

jemand an einer beliebigen Körperstelle berührt wurde, fühlte sie sich an entsprechender Stelle *ihres* Körpers berührt! Im Vergleich mit Personen ohne eine solche Synästhesie wurde festgestellt, dass zwar bei allen der somatosensorische Cortex aktiv war, jedoch bei der Frau mit der Synästhesie deutlich stärker (Blakemore et al. 2005). Es werden also bei der Beobachtung einer Berührung dieselben neuronalen Netzwerke angesprochen, als würde man selber berührt, nur werden sie im Normalfall nicht als Berührung gespürt, helfen uns aber möglicherweise bei dem Prozess, den wir »Einfühlung« nennen. Interessant ist, dass die Grenze zur Unterscheidung meine Berührung/deine Berührung unter Umständen nur von der Intensität der Aktivierung abhängt, die bei der Frau mit der Synästhesie deutlich höher ausfiel.

In jedem Falle aber, welcher Interpretation man sich auch anschließen mag, bleibt eines festzuhalten: Die körperliche/leibliche Präsenz eines anderen Menschen hinterlässt in uns leibliche Spuren. So versteht Gallese denn auch Empathie als zutiefst in der eigenen leiblichen Erfahrung verankert. Die Qualität unserer gelebten Erfahrungen mit der äußerlich-realen Welt sei von der Präsenz Anderer abhängig, Personen, die *wie wir* seien (Gallese 2003, S. 176), die aber dennoch ihre Alterität wahren könnten (Gallese 2006, S. 6). In Anlehnung an Husserl kommt er zu der Ansicht, dass es keine sinnliche Wahrnehmung ohne das Bewusstsein für einen handelnden Leib gebe (Gallese 2003, S. 176), und das meint sowohl ein Bewusstein des eigenen Leibes als auch eines für den fremden Leib.

Psychoanalyse als ästhetischer Aneignungsprozess

Mirjam Schaub und Nicola Suthor rufen uns eben diesen körperlichen und ästhetischen Aspekt des Begriffes der *Ansteckung* wieder in Erinnerung und möchten mit dem Begriff vor allem »die unfreiwillige Körperlichkeit ästhetischer Aneignungsprozesse erfassen« (Schaub/Suthor 2005, S. 9), sowie ihn als Analyseinstrument nutzen, »um die Übergänge und Transfers von sinnlich wahrnehmbaren Geschehnissen und ihrer *späteren* Bedeutungszuschreibung [Hervorhebung D. P.] besser erfassen zu können« (ebd.).

So lässt sich dieser Begriff auch zur Erfassung der *unfreiwilligen* Körperlichkeit im psychoanalytischen Prozess nutzen. Dieser ist ein »ästhetischer Aneignungsprozess« par exellence: Ästhetik verstehe ich hier im Sinne Gernot Böhmes nicht als Geschmacks- oder Urteilslehre, sondern als Theorie sinnlicher Erkenntnis, deren Ziele in »der Wiedergewinnung von Wirklichkeit, der Rehabilitierung der Subjektivität und der Anerkennung von Leiblichkeit als Grunderfahrung menschlicher Existenz« (Böhme 2005, S. 25) liegen.

Die Parallelität mit den Zielen einer psychoanalytischen Behandlung ist offensichtlich.

Vor der Erfassung der Bedeutung (vor dem Erlernen der Wissenschaft ...) steht die sinnliche Wahrnehmung!

»Sinnliche Wahrnehmung«, hier nach Mersch ebenfalls verstanden als *Aisthesis*, als »Anrührung durch eine Alterität, auf die es, gewahrend, zu antworten gilt« (Mersch 2002a, S. 10). Wahrnehmen, das ist hier das Entscheidende, untersteht dabei »der Begegnung mit einem ›Außer-mir‹, das in der Tendenz steht, meine Begriffe [...] zu entgrenzen oder zu verwirren oder umzustürzen« (ebd., S. 27).

Es ist dies die Begegnung mit dem Unheimlichen, von der vorhin die Rede war, mit dem Unheimlichen der leiblichen Erscheinung der Analytikerin, als ein *Außen*, dessen Bedeutung vom Analysanden unter Umständen zunächst nicht erfasst werden kann, von dem er sich aber entmächtigt fühlen und von dem er sich *anstecken* lassen kann.

Die Psychoanalyse bietet die Möglichkeit einer »entschärften« Form der Ansteckung, allerdings, wie gesagt, nicht ohne den Rest eines Risikos. Wenn alles gut geht, soll man anschließend geschützt sein, und zwar dadurch, dass das Eigene zur Auseinandersetzung mit dem Fremden gezwungen wurde, unter (fast) »kontrollierten Bedingungen«, d. h. beides muss anwesend, präsent sein und es ist der Begriff der *Performanz*, der diese Tatsache festhält.

Eine performative Handlung, so der Sprachwissenschaftler Paul Zumthor, ist eine »kommunikative Handlung als solche. [Sie] verweist auf einen Zeitpunkt, der als Gegenwart erfahren wird, wie auch auf die konkrete Anwesenheit von Teilnehmern [...]« (Zumthor 1988, S. 703/704).

Zwar sieht der Analysand die wenigste Zeit etwas vom Körper seiner Analytikerin, d. h. aber keineswegs, dass er ihren Leib nicht wahrnehmen, ihre Präsenz nicht spüren könnte. Sie spricht und es ist vor allem ihre Stimme, die ihren »Körper in den Raum der Performanz [...] projiziert«, so Zumthor noch einmal (ebd., S. 711).

»Der mündlich produzierte Text stemmt sich in dem Maße, in dem er sich einer körpergetragenen Stimme verdankt, mehr als der geschriebene Text gegen jede Wahrnehmung, die ihn [...] aus den Umständen, unter denen er gehört wird, lösen möchte« (ebd., S. 707).

Im performativen Akt fallen Produktion und Rezeption zeitlich ineinander. Die Deutung der Analytikerin wird gleichsam durch ihre Stimme kommentiert und der Patient erlebt und deutet sie, *während* sie spricht. Es ist also viel schwerer, die gehörten Wörter aus dem Erlebenskontext herauszulösen, sie beliebig zu behandeln. »Die Stimme«, so Waldenfels, »verschafft sich, wie jede leibliche Äußerung eine Stätte (Waldenfels 2004, S. 197), »sie erhebt einen Anspruch« (ebd., S. 191), indem sie »erwiderungsbedürftig« ist. Letztlich ist es Sache des Analysanden, wie er die gehörten Wörter versteht und empfindet, auch wenn das durchaus nicht nur auf seinem bewussten Willen beruht, aber ausgesprochen sind sie dann einmal. Es gibt eine Art »Fixpunkt«, einen Moment, einen Ort, auf den man sich berufen kann: »Nein, so habe ich das nicht gemeint«, oder: »Ich habe das in anderem Zusammenhang gesagt.« Das sind die Sätze, die man entgegenhalten kann und die auf die reale Anwesenheit eines zweiten Subjektes hinweisen. Darin liegt auch der Grund, warum wir den Deutungen im »Hier und Jetzt« solch eine Wirkungskraft zuschreiben, denn es ist gerade die Stimme der Analytikerin, von der »die Verführung zur sinnlichen Wahrnehmung ausgeht, die Verführung, den eigenen und den fremden Leib sinnlich zu erfahren« (Pflichthofer 2005, S. 348), und das bedeutet »ästhetische Aneignung«. So auch Gutwinski-Jeggle: »Beim Benennen [der Gefühlsqualitäten ihres Kindes, D. P.] hat anfangs die Stimme der Mutter als Zeichen ihrer Präsenz und psychischen Gestimmtheit Vorrang vor dem Inhalt der Mitteilung« (Gutwinski-Jeggle 2003, S. 1063).

So ergeht es auch dem regredierten Analysanden, der auf den Klang der Stimme seiner Analytikerin hört: Untrügliches Zeichen ihrer Präsenz, lädt sie ein und verführt ihn, auch dazu, Bedeutungen zu erfassen.

Das Unheimliche, der »infantile Komplex«, von dem bei Freud die Rede war, ist also die zunächst unbewusste Wiederbegegnung mit dem Leib der Mutter des Analysanden, der (auch) in ihrer Stimme aufgehoben ist und der ihm nun in der Stimme der Analytikerin wiederbegegnet (Pflichthofer 2005, S. 348). Damit verbunden ist die unheimliche Wiederbegegnung des Ausgeliefertseins an ihren Leib, ihre sinnliche Präsenz. Und es ist der Leib der Mutter, der dem Säugling sinnliches Empfinden zuallererst ermöglicht, wenn er denn als »gut genug« erlebt werden kann. Nur dann kann die *Ansteckung* zu einem kreativen Prozess im Säugling führen.

Ansteckung, so Fischer-Lichte, verwandele den Zuschauer in einen empfindenden Menschen (Fischer-Lichte 2005, S. 39), und der solchermaßen »Infizierte« ist »zu Reflexion und nachvollziehendem Verstehen ganz unfähig. Die Ansteckung versetzt ihn in einen leidenschaftlichen bzw. empfindsamen Zustand, der sich in körperlichen Veränderungen artikuliert« (ebd., S. 41). In diesem Zustand befindet sich auch der regredierte, »infizierte« Analysand in einer Krise, an einer »Schwelle zwischen dem Nicht-mehr und dem Noch-nicht-Gültigen« (ebd., S. 48). Es ist Sache des betroffenen Subjektes, ob dies zu Veränderungen der Selbst- und Wirklichkeitserfahrungen, zum »Neubeginn« (Balint 1968, S. 175), zu einem *Sich-Einlassen auf die Welt* führt. Ich möchte Sie im Folgenden einladen, sich mit mir ein sehr altes, aber prominentes Beispiel für eine solche Schwellenerfahrung anzusehen:

Selig sind, die fühlen (dürfen) und verstehen ...

Als ich das Bild einer Skulptur mit dem Titel *Das Wiedersehen* von Ernst Barlach bei einer Freundin sah, war ich zunächst vom Ausdruck dieser Szene beeindruckt, die für mich das emotionale Überwältigt-Sein durch etwas Nicht-für-möglich-Gehaltenes und nun doch Eingetretenes darstellt, durchaus auch mit einem Hauch von Schuldgefühl, dass man es bisher nicht für möglich gehalten hat. Mir war zunächst überhaupt nicht klar, um welches prominente *Wiedersehen* es sich da handelt; ich war einfach fasziniert. Erst später realisierte ich, dass es sich um die Wiedersehensszene zwischen Jesus und seinem (bis dahin) ungläubigen Jünger Thomas handelt.

Was erfahren wir über Thomas? Er wird eingeführt (Joh. 11,16) als einer, der Jesus nicht versteht, aber dennoch bereit ist, ihm in den Tod zu folgen. Als Jesus sich in Gefahr begeben will, um durch die Auferweckung des toten Lazarus den Glauben seiner Jünger zu stärken (Joh. 11,15), hat Thomas sozusagen »die nackten Tatsachen« im Auge, nämlich die Bedrohung des Lebens Jesu. Einen weiteren Hinweis zu Thomas erhalten wir durch seinen Beinamen »Didymus«, die griechische Übersetzung für »Zwilling«[7]. Die Namensgebung ist sicher nicht zufällig, so könnten wir denn unter Einbeziehung seiner Bereitschaft, Jesus in den Tod zu folgen, in unsere psychoanalytische Sprache übersetzt, sagen, Thomas befindet sich gegenüber Jesus in einer »Spiegelübertragung« (Kohut 1971, S. 140)[8]. Jesus ist in diesem Sinne sein »Selbstobjekt« und eine Trennung von diesem kann Thomas nur als gleichbedeutend mit dem eigenen Tod phantasieren. Er ist also in der Position des zutiefst abhängigen, unwissenderen kleinen Kindes. Der Weggang Jesu von seinen Jüngern, die Trennung von seiner leiblichen Präsenz ist gleichbedeutend mit »Geburtswehen«, die Jünger werden als »symbolische Neugeborene« verstanden (Busse 2002, S. 254).[9] *»Und*

[7] Die deutsche Übersetzung, »Thomas, der Zwilling genannt wird« (Joh. 11,16) soll eine sachlich zutreffende Übersetzung des aramäischen Namens sein (Dschulnigg 2000, S. 220).

[8] Dieses Größenselbst erhält vermutlich durch die Tatsache, zu den auserwählten zwölf Jüngern zu gehören, Zufuhr.

[9] Busse weist darauf hin, dass der Aufbau des Johannesevangeliums der Kategorie eines *Übergangsritus* (»rites de passage«) entspreche. Solche Übergangsriten würden sich, nach A. van Gennep in *Trennungsriten*, *Schwellen- bzw. Umwandlungsriten* und *Angliederungsriten* gliedern (Busse 2002, S. 398, Fußnote 421). Im *Übergangsritus* durchlaufe der Initiand eine neue, aber

wo ich hingehe, den Weg wisst ihr«, sagt Jesus (Joh. 14, 4) und meint natürlich, dass er auf dem Weg zu Gott ihnen voraus geht. Aber Thomas zeigt sich verständnislos: »*Herr, wir wissen nicht wo du hingehst; wie können wir den Weg wissen?*« (Joh. 14, 5). Er hat gar nichts verstanden; er kann nicht über den Tod Jesu hinausdenken; er hat, wenn man so will, noch keinerlei Vorstellung eines stabilen »inneren Objektes«. Jesus antwortet Thomas energisch mit einem der berühmten Ich-bin-Sätze: »*Ich bin der Weg und die Wahrheit und das Leben; niemand kommt zum Vater denn durch mich*« (Joh. 14, 6). Aber Thomas scheint damit wenig anfangen zu können; für ihn ist die Trennung vom realen Objekt gleichbedeutend mit dem Tod. Dann geschieht das Unfassbare: Jesus wird gekreuzigt, Thomas erlebt den traumatisierenden Verlust seines Selbstobjektes. Wir erfahren nichts darüber, was in Thomas vorgegangen sein mag. Das lässt sich nur aus seinen nachfolgenden Reaktionen erschließen. Denn es geschieht erneut etwas Unfassbares, Unheimliches: Die Auferstehung Jesu! Um seine Jünger von der Auferstehung zu überzeugen, zeigt Jesus leibliche Präsenz, gibt sich sinnlich erfassbar; er wird hier lediglich nicht berührt. Die Jünger berichten dann Thomas, der bei dieser Wiedersehensszene nicht anwesend war, von ihrem Erlebnis, legen Zeugnis ab: »Wir haben den Herrn gesehen« (Joh 20,25). Thomas aber reagiert nachvollziehbar: Er glaubt ihnen kein Wort, schon gar nicht vom bloßen Hörensagen. Dieses Verhalten wird ihm fortan den Namen »Ungläubiger Thomas« eintragen. Sein tiefes Misstrauen ist jedoch aus dem zuvor Gesagten verständlich: Nicht noch einmal einen solchen Schmerz erleben müssen wie zuvor, beim Verlust seines »Selbstobjektes«; nicht noch einmal in einer Phase der tiefen Abhängigkeit verlassen werden, nicht noch einmal diese Verzweiflung, diese Angst vor Selbstverlust, diese Todesangst spüren müssen. Nein, dann doch lieber gar nicht glauben, misstrauisch bleiben, vorsichtig sein, lieber nicht mehr hoffen. Es ist die Angst des traumatisierten Kindes! So besteht er denn, fast trotzig scheinend, darauf, dass er die Nägelmale in den Händen *sehen* und *fühlen* will, wenn er überhaupt etwas glauben soll. Worte, bloße Zeugnisse reichen ihm nicht. Er lässt sich von der Freude der anderen Jünger und ihrem Zeugnis nicht anstecken.

instabile Gemeinschaftsform (ebd., S. 399). Dies ist vergleichbar mit der vorhin erwähnten Krise, der Schwelle zwischen dem »*Nicht-mehr und dem Noch-nicht-Gültigen*« bei Fischer-Lichte, jenem Moment, in dem sich eine neue, verändernde Erfahrung anbahnt.

Jesus zeigt Verständnis für den Zweifelnden, zeigt sich ihm und fordert ihn auf, sich sinnlich zu überzeugen: »*Reiche deinen Finger her und sieh meine Hände und reiche deine Hand her und lege sie in meine Seite und sei nicht ungläubig, sondern gläubig!*« (Joh. 20, 27). Es geschieht nun abermals etwas Überraschendes: Thomas, überwältigt von diesem Angebot, bekennt Jesus seinen Glauben, allerdings, und das ist überraschend, ohne der Aufforderung Jesu, ihn zu berühren, nachzukommen. Die grenzüberschreitende Berührung, man stelle sich vor, die Hand in eine offene Wunde zu legen, scheint nun nicht mehr nötig; ihm genügt die leibliche Präsenz, die sinnliche Erfahrbarkeit des realen Leibes, was eine *mögliche* Berührung impliziert. Eben das schafft die Gewissheit, dass es sich um ein reales Objekt handelt und eben nicht um ein Objekt der bloßen Phantasie. Thomas hat, so würden wir sagen, nun die Trennung überwunden, indem er das gute Objekt verinnerlichen konnte; dies ging aber nur über den Umweg der sinnlichen Erfahrbarkeit des Objektes. Dafür wird er dann auch sogleich von Jesus getadelt: »*Weil du mich gesehen hast, Thomas, darum glaubst du. Selig sind, die nicht sehen und doch glauben!*« Der wahre Glaube, heißt das, bedarf nicht eines solchen Wunders (Schulz 1997, S. 247)[10]. Jesus antwortet verbal, wenn man so will, mit dem christlichen Ich-Ideal, mindestens mit dem, welches das Johannesevangelium aufrichtet: Der wahre Glaube braucht keine sinnfälligen Beweise, sondern begründet sich auf dem mündlichen und schriftlichen Zeugnis, dem Wort eben. »Eigentlich, mein lieber Thomas«, scheint Jesus zu sagen, »solltest du solche Beweise nicht nötig haben. Du hättest den anderen einfach glauben müssen«. Oder mit unseren Worten gesprochen: »Du musst mich doch als Objekt verinnerlichen können, um nicht mehr auf meine reale Präsenz angewiesen zu sein!« Ja, aber diese »Verinnerlichung« geschieht nur auf dem Umweg über das real anwesende Objekt, und zwar jenes, das *fühlbar* ist, d. h. nicht, dass es einfach berührt wird, sondern dass seine Anwesenheit als getrenntes Objekt empfunden und ausgehalten werden kann.[11] Und das geht eben gerade nicht im regressiven Zustand. Aber

[10] So ist »die empirische Wahrnehmbarkeit eigentlich nur eine Konzession an den schwachen Glauben« (Keil 1997, S. 247).

[11] Die Szene zwischen Thomas und Jesus mit der Aufforderung Jesu, ihn zu berühren, wird häufig als Widerspruch zu der Szene mit Maria von Magdala beim Grab Jesu gesehen, in der er zu ihr sagt: »Rühre mich nicht an!« (Joh. 20, 17). In diesem Zusammenhang ist der Hinweis von Busse bedeutsam, nachdem die grammatische Konstruktion des »Rühre mich nicht an!« im Griechischen eher so zu verstehen sei, dass sie den Abbruch einer durativen

auf der Handlungsebene verhält Jesus sich weniger streng; er scheint zu spüren, dass Thomas ihn in sinnlich präsenter Form braucht, und kommt ihm entgegen. Wenn man so will, hat Jesus auf der Handlungsebene die Regression des Thomas akzeptiert, ihm so zum *Neubeginn* verholfen, der Thomas fühlen lässt, was für ihn zunächst durchaus überwältigend ist. Später aber wird er zeigen, dass der Verinnerlichungsprozess, die *ästhetische Aneignung* gelungen ist, wenn er nämlich Zeugnis ablegt, von dem im Thomas-Evangelium und in den Thomas-Akten zu hören ist.

Joyce McDougall nennt den »Affektentzug« als Lösung im Kampf gegen Affektüberflutung und seelischen Schmerz (McDougall 1995, S. 342). Es ist dies eine »Anästhesierung des Leidens durch Abbruch aller psychischen Beziehungen« (ebd.).[12] Dies ist die »Quarantäne«, die vor Ansteckung schützen soll.

Aber: »In der Regression auf die präverbale Welt der frühen Kindheit hat die um die Wortvorstellungen gebrachte Psyche keinerlei Schutz mehr vor der dynamischen Gewalt der von Freud sog. ›Sachvorstellungen‹« (ebd.).

Deshalb ist die Regression die Disposition dazu, sich von der leiblichen Präsenz *anstecken* zu lassen. »Die ›Gefühlsansteckung‹, so Roland Barthes, »geht von den anderen aus [...]. Der Körper, der geliebt werden wird, ist im voraus durch das Objektiv eingekreist [...]« (Barthes 1977, S. 149). Das bedeutet: Die ursprüngliche psychische Besetzung, sowohl die des eigenen als auch die des fremden Leibes muss von *außen* kommen, man muss sich davon *anstecken* lassen.

Lässt sich der Analysand anstecken, dann befindet er sich in einem Zustand *»ästhetischen Erlebens«* (Gumbrecht 2004, S. 120), jenem *Schwellenzustand*, so der Literaturwissenschaftler Hans Ulrich Gum-

Handlung fordere und somit kein aktuelles Berührungsverbot ausspreche (Busse 2002, S. 254, Fußnote 723). Der Satz wäre dann eher als ein »Halte mich nicht (länger) fest« zu verstehen (Dschulnigg 2000, S. 301, Fußnote 25). Damit würde diese Aufforderung ebenfalls eher auf die Trennungsproblematik, denn auf ein generelles Berührungsverbot hinweisen.

12 Bereits 200 Jahre zuvor beschreibt Dennis Diderot diesen Vorgang so überaus treffend: »Das Übermaß des Schmerzes führt manchmal zur *Unempfindlichkeit* – vor allem in den ersten Momenten. Das Gemüt, zu heftig betroffen, wird durch die Größe seiner Verletzung gleichsam betäubt; es bleibt zuerst unbewegt, und die Empfindung ertrinkt, wenn man so sagen darf, für einige Zeit in der Flut der Leiden, von der die Seele überwältigt wird« (Diderot 1765, S. 404).

brecht, »in dem einerseits eine rein physische Wahrnehmung bereits stattgefunden hat«, bevor »eine aus Akten der Weltinterpretation resultierende Erfahrung [folgt]« (ebd., S. 121). Dieser *Schwellenzustand* ist für einen traumatisierten Menschen besonders bedrohlich, denn *etwas* spüren, bedeutet eben noch nicht zu wissen, *was* es für einen bedeutet.

Und wofür soll das nun gut sein? Warum sollte sich ein Analysand dem aussetzen? Wenn man den analytischen Prozess als einen »*ästhetischen Aneignungsprozess*« versteht, dann gibt Gumbrecht darauf eine gute Antwort: »Es hat [...] Sinn zu hoffen, daß uns das ästhetische Erleben zumindest ein Gefühl des in-der-Welt-Seins zurückgibt [...]« (Gumbrecht 2004, S. 136).

Denn natürlich sind unsere Analysanden bereits *angesteckt*, wenn sie zu uns kommen. Diese erste *Ansteckung* erfolgte jedoch zu einem Zeitpunkt, als es noch zu wenig Eigenes gab, das das Fremde hätte umschließen können oder die Macht dazu gehabt hätte, in der Situation der »*Urverführung*«, im Sinne der Allgemeinen Verführungstheorie Jean Laplanches (Laplanche 1988, S. 224). Deshalb treibt es als übergroßes Fremdes im Eigenen sein Unwesen und hindert die Betroffenen am eigenen In-der-Welt-Sein. Und wenn sie sich auf die Couch legen, sollen sie sich noch einmal *anstecken* lassen. Das ist das Unheimliche in der Übertragung, das Unheimliche der Leibhaftigkeit.

Der Körper der Mutter (und etwas später der des Vaters) war Quelle der Befriedigung und Sehnsucht, des Erotischen und Sexuellen, sowie die Quelle des Fremden und damit der Trennung und der Angst. So sind unsere Patienten auf unsere reale leibliche Präsenz – bei gleichzeitiger Abstinenz – angewiesen, um von der *An-aisthesie* zur *Aisthesis* zu gelangen, sie erleben unsere Präsenz dennoch als Bedrohung. Doch bevor etwas verbalisiert und damit angeeignet werden kann – das ist unser Anliegen in der Psychoanalyse – muss es wahrgenommen werden, in seiner ganzen sinnlichen Präsenz.

Die Forderung, die sich daraus ergibt, ist einfach formuliert, aber vielleicht nicht immer leicht umzusetzen: Der Analysand, der sich *anstecken* lassen soll, braucht eine Analytikerin, die sich ihres Leibseins bewusst ist, die »ihre Leiblichkeit als Grunderfahrung menschlicher Existenz« anerkennt, eine Analytikerin, die *in* der Welt ist. Dann vermag sie ihn vielleicht mit ihrer Hoffnung, die sie in diese Welt setzt, *anzustecken*. Und das kann psychisches Überleben bedeuten.

Literatur

Balint, M. ([1968] 1997): Therapeutische Aspekte der Regression. Die Theorie der Grundstörung. 2. Aufl., Stuttgart: Klett-Cotta.

Barthes, R. ([1977] 1988): Fragmente einer Sprache der Liebe. Frankfurt a. M.: Suhrkamp.

Bischof-Köhler, D. (1996): Ichbewußtsein und Zeitvergegenwärtigung. Zur Phylogenese spezifisch menschlicher Erkenntnisformen. In: Barkhaus, A./Mayer, M./Roughley, N./Thürnau, D. (Hg.)(1999): Identität, Leiblichkeit, Normativität. Neue Horizonte anthropologischen Denkens. 2. Aufl., Frankfurt a. M.: Suhrkamp, S. 78–108.

– (1989): Spiegelbild und Empathie. Die Anfänge der sozialen Kognition. Bern: Hans Huber.

Blakemore, S. J./Bristow, D./Bird, G./Frith, C./Ward, J. (2005): Somatosensory activations during the observation and a case of vision-touch synaesthesia. In: Brain 128 (7) 2005, S. 1571–1583.

Bollas, C. ([1987] 1997): Der Schatten des Objekts. Das ungedachte Bekannte. Zur Psychoanalyse der frühen Entwicklung. Stuttgart: Klett-Cotta.

Buccino, G./Riggio, L./Melli, G./Binkofski, F./Gallese, V./Rizzolatti, G. (2005): Listening to action-related sentences modulates the activity of the motor system: A combined TMS and behavioral study. In: Cognitive Brain Research 24, 2005, S. 355–363.

Böhme, G. (2005): Phänomenologie oder Ästhetik der Natur? In: Anna B. (Hg.): Zur Phänomenologie der ästhetischen Erfahrung. Freiburg/München: Karl Alber, S. 17–25.

– (2003): Leibsein als Aufgabe. Leibphilosophie in pragmatischer Hinsicht. Zug/Schweiz: Die graue Edition.

Busse, U. (2002): Das Johannesevangelium. Bildlichkeit, Diskurs und Ritual. Leuven/Belgium: Leuven University Press.

Diderot, D. ([1765] 1967): Unempfindlichkeit (Moralphilosophie), [Band VIII der Enzyklopädie]. Zit. nach: Diderot, Dennis: Philosophische Schriften, Bd. 1, Frankfurt a. M.: EVA, S. 403–405.

Dschulnigg, P. (2000): Jesus begegnen. Personen und ihre Bedeutung im Johannesevangelium. Münster: Lit.

Fischer-Lichte, E. (2005): Zuschauen als Ansteckung. In: Dies. (Hg.): Ansteckung. Zur Körperlichkeit eines ästhetischen Prinzips. München: Fink, S. 35–50.

Fonagy, P. (1996): Die Bedeutung der Entwicklung metakognititver Kontrolle der mentalen Repräsentanzen für die Betreuung und das Wachstum des Kindes. In: Fonagy, P./Target, M. (2003): Frühe Bindung und psychische Entwicklung. Beiträge aus der Psychoanalyse und Bindungsforschung. Gießen: Psychosozial, S. 49–69.

Freud, S. (1919): Das Unheimliche. In: GW, Bd. XII.

– (1917): Vorlesungen zur Einführung in die Psychoanalyse. In: GW, Bd. XI.

Gadamer, H.-G. ([1977] 2003): Die Aktualität des Schönen. Stuttgart: Reclam.

Gallese, V. (2003): The Roots of Empathy: The Shared Manifold Hypothesis and the Neural Basis of Intersubjectivity. In: Psychopathology 36, 2003, S. 171–180.
– (2006): Intentional attunement: A neurophysiological perspective on social cognition and its disruption in autism. In: Cognitive Brain Research 1079, 2006, S. 15–24.
Gumbrecht, H. U. (2004): Diesseits der Hermeneutik. Die Produktion von Präsenz. Frankfurt a. M.: edition suhrkamp.
Gutwinski-Jeggle, J. (2003): Netze und Gefäße zum Bergen von Abwesendem und Verlorenem. Gedanken zur Rolle der Sprache im Rahmen einer psychoanalytischen Theorie der Symbolbildung. In: Psyche 57, 2003, S. 1057–1085.
Hübner, W. (2001): Verführung und Verführbarkeit. Überlegungen zur metapsychologischen Bedeutung der Allgemeinen Verführungstheorie von Jean Laplanche. In: Zschr. Psychoanal. Theor. Praxis 4, 2001, S. 444–465.
– (2006): »Jenseits der Worte«. Versuch über projektive Identifizierung und ästhetische Erfahrung. In: Psyche 60, 2006, S. 319–348.
Hülst, D. (1999): Symbol und soziologische Symboltheorie. Untersuchungen zum Symbolbegriff in Geschichte, Psychologie und Soziologie. Hemsbach: Leske+Budrich.
Keil, G. (1997): Das Johannesevangelium. Ein philosophischer und theologischer Kommentar. Göttingen: Vandenhoeck & Ruprecht.
Kohut, H. ([1971] 1997): Narzißmus. Eine Theorie der psychoanalytischen Behandlung narzißtischer Persönlichkeitsstörungen. 10. Aufl., Frankfurt a. M.: Suhrkamp.
Laplanche, J. (1988): Die allgemeine Verführungstheorie und andere Aufsätze. Tübingen: edition diskord.
Massing, A./Wegehaupt, H. (1987): Der verführerische und der verführte Analytiker. Bemerkungen zur sexuellen Gegenübertragung. In: Weber, I./Massing, A. (Hg.): Lust und Leid. Sexualität im Alltag und alltägliche Sexualität. Berlin. Heidelberg/New York: Springer, S. 55–78.
McDougall, J. ([1995] 1997): Die Couch ist kein Prokrustesbett. Zur Psychoanalyse der menschlichen Sexualität. Stuttgart: Verlag Internationale Psychoanalyse.
Mercier, P. (2004): Nachtzug nach Lissabon. München/Wien: Carl Hanser.
Mersch, D. (2002a): Ereignis und Aura. Untersuchungen zu einer Ästhetik des Performativen. Frankfurt a. M.: edition suhrkamp.
– (2002b): Was sich zeigt. Materialität, Präsenz, Ereignis. München: Fink.
Pflichthofer, D. (2005): Hörräume – Klanghüllen. Die Stimme als ästhetisches Element in der analytischen Aufführung. In: Forum Psychoanal. 21, 2005, S. 333–349.
Serres, M. ([1985] 1998): Die fünf Sinne. Eine Philosophie der Gemenge und Gemische. Frankfurt a. M.: Suhrkamp.
Shengold, L. ([1989] 1995): Soul Murder. Seelenmord – die Auswirkungen von Mißbrauch und Vernachlässigung in der Kindheit. Frankfurt a. M.: Brandes & Apsel.

Schaub, M./Suthor, N. (2005): Einleitung. In: Fischer-Lichte, E. (Hg.): Ansteckung. Zur Körperlichkeit eines ästhetischen Prinzips. München: Fink, S. 9–21.

Schroer, M. (2005): Einleitung. Zur Soziologie des Körpers. In: Ders. (Hg.): Soziologie des Körpers. Frankfurt a. M.: Suhrkamp, S. 7–47.

Schulz, S. (1987): Das Evangelium nach Johannes. In: Friedrich, G./Stuhlmacher P. (Hg.): Das Neue Testament Deutsch. Tb. 4. 16. Aufl., Göttingen/Zürich: Vandenhoeck & Ruprecht.

Stern, D. N. ([2004] 2005): Der Gegenwartsmoment. Veränderungsprozesse in Psychoanalyse, Psychotherapie und Alltag. Frankfurt a. M.: Brandes & Apsel.

Waldenfels, B. (2000): Das leibliche Selbst. Vorlesungen zur Phänomenologie des Leibes. Frankfurt a. M.: Suhrkamp.

– (2004): Phänomenologie der Aufmerksamkeit. Frankfurt a. M.: Suhrkamp.

Winnicott, D. W. ([1965] 2002): Reifungsprozesse und fördernde Umwelt. Gießen: Psychosozial.

Zumthor, P. (1988): Körper und Performanz. In: Gumbrecht, H. U./Pfeiffer, K. L. (Hg.) (1995): Materialität der Kommunikation. 2. Aufl., Frankfurt a. M.: Suhrkamp, S. 703–713.

2 »Trauma«
Der Einbruch das Traumas in die Übertragungsbeziehung

Mercedes Dohrn-van Rossum

Einführung zum Verständnis des Traumas in der psychoanalytischen Behandlung

Menschen mit traumatischen Erfahrungen stellen erhöhte Anforderungen an die Behandlungstechnik; an die Einhaltung des analytischen Rahmens, an die Aufrechterhaltung des analytischen Raumes, an das Verständnis der Übertragungs- und Gegenübertragungsbeziehung, an die Fähigkeit, Enactments reflexiv wenden zu können, an die Containing-Funktion traumatogener Affekte. Die Arbeiten von S. Erlich, J. Haustein, G. O. Gabbard und A. Bringmann beschreiben und reflektieren jeweils verschiedene Aspekte des Einbruchs des Traumas in den analytischen Prozess. Sie geben Hinweise für das Auftauchen »verdeckter« Traumatisierungen, die außerhalb der analytischen Situation oder in der Übertragung agiert werden müssen, und sie machen deutlich, wie sehr das Gelingen oder Scheitern der Integration des Traumas von der Fähigkeit des Analytikers abhängt, einen empathischen Bezug zu dem Trauma herstellen und darüber denken zu können.

Darüber hinaus regen die Texte zum Nachdenken über das Wesen des Traumas an, das gerade dadurch gekennzeichnet ist, dass es psychisch nicht repräsentiert werden kann. Gleichwohl organisiert schweres Trauma das psychische Leben, wie die geschilderten Fallvignetten eindringlich zeigen. Die kollektive wiederkehrende Erfahrung der Bedrohung des Lebens durch Terror formt und prägt die individuelle innere Welt und nimmt Einfluss auf den analytischen Raum (S. Erlich). Das Unvermögen, seelischen Schmerz, Gefühle von Hilflosigkeit und Ohnmacht zu erleben, führt zu psychosomatischen Störungen, die invasive ärztliche Maßnahmen und schmerzhafte Untersuchungen nach sich ziehen. Zugleich ermöglicht die berufliche Spezialisierung einen ständigen Kontakt mit Traumatisierten (J. Haustein). Ein psychisch nicht repräsentiertes dissoziiertes Trauma ist bestimmend für Berufswahl und berufliches Scheitern (G. Gabbard). Chronisches Beziehungstrauma wird perpetuiert in einem Zustand von Zeitlosigkeit, der die Erfahrung von psychischer Wirklichkeit und Subjektivität leugnet. Daneben erfordert der Beruf einen täglichen Umgang mit körperlich und geistig behinderten Kindern (A. Bringmann).

In der Psychoanalyse gibt es zwei gebräuchlich Traumadefinitionen, auf die sich auch J. Haustein in seiner Einführung bezieht: Das Trauma, das Freud unter dem ökonomischen Gesichtspunkt beschrieb als ein überwältigendes Ereignis, das innerer wie äußerer Art sein kann, welches die psychische Verarbeitungskapazität des Individuums überfordert und zu einem Versagen des Reizschutzes führt und das Ich in einen Zustand massiver Angst und Hilflosigkeit versetzt. Entscheidend ist das »Zuviel« an psychischer Erregung, die nicht mehr gebunden werden kann. Diese Traumadefinition eignet sich besonders für das Verständnis psychosomatischer Symptome, die häufig eine Folge traumatischer Erfahrungen sind und den Zweck haben, die Erregung des traumatischen Zustandes physiologisch zu binden. Auch die Sexualisierung als Abwehr gegen Retraumatsierung von außen und innen lässt sich mit diesem Traumamodell erfassen. Auf die zweite Traumadefinition, das Trauma unter objektbeziehungstheoretischer Perspektive, stützt sich J. Haustein in seinen kasuistischen Beispielen. Ferenczi verwies als erster auf die traumatisierende Bedeutung des Objekts. Für Balint ist in der Folge der Bruch des Vertrauens durch das traumatisierende Objekt zentral. Im Falle infantiler Traumatisierung befindet sich das Kind in einer vertrauensvollen Abhängigkeit von einem Erwachsenen, die jäh durch einen Übergriff oder Angriff unterbrochen wird. Der Erwachsene verweigert die Anerkennung für das Geschehene, es gibt keine Beruhigung, keinen Trost, was aber notwendig wäre, um das überwältigende Ereignis psychisch integrieren zu können. Dieser Ansatz ermöglicht das Verständnis von Inszenierungen und Enactments in der analytischen Beziehung. Er betont die Notwendigkeit des Containments schwer erträglicher Affekte, zum Beispiel von Ohnmacht, Hoffungslosigkeit und Hilflosigkeit, die durch das Auftauchen des Traumas aktualisiert werden, sowie die Anerkennung der durch den Analytiker hervorgerufenen »Retraumatisierung«. Andere, das Trauma häufig begleitende Abwehrmaßnahmen, die in der analytischen wie auch in der außeranalytischen Beziehung greifen, sind die Wendung von passiv in aktiv und die Sexualisierung. Beide verfolgen das Ziel, erfahrene Seelenblindheit, Dehumanisierung und Ohnmacht durch die Phantasie omnipotenter Kontrolle über das Objekt zu bewältigen. J. Haustein und A. Bringmann beschreiben, wie im perversen Modus der Traumabewältigung der Status quo mit Hilfe der Sexualisierung aufrechterhalten werden kann. Die Identifizierung mit dem Angreifer mit der Folge der Introjektion von Scham- und Schuldgefühlen, um im Sinne einer Notfallreaktion die Bindung an das traumatisierende Objekt erhalten zu können, wurde schon von Ferenczi beschrieben. G. Gabbard führt aus, in welchem Umfang

Therapeuten, die selbst traumatisiert wurden, durch unbewusst introjizierte Scham- und Schuldgefühle des Täters ihre heroischen Rettungsbemühungen um den Patienten steigern, um eine Identifizierung mit dem schlechten Introjekt zu vermeiden. Gerade dieser Vorgang führt dazu, dass immer mehr Grenzverletzungen rationalisiert und toleriert werden.

Was bedeutet es, dass traumatische Erfahrungen nicht repräsentiert werden können? M. Oliner (1999 S. 1118 ff.) unterscheidet zwischen Repräsentationen und Präsentationen.

Repräsentationen entstehen aus der Überarbeitung seelischer Erfahrungen, insbesondere affektiver Erfahrungen. So können beispielsweise aktuelle Erlebnisse mit bereits bestehenden verinnerlichten Konfliktmustern verglichen und symbolisiert werden. Traumatische Erfahrungen hingegen erschüttern oder zerstören die psychische Fähigkeit, Repräsentationen zu bilden. Es können in der Folge keine Symbole entstehen, die eine assoziative Vernetzung mit anderen seelischen Bereichen erlauben. Gleichwohl gibt es oftmals sehr genaue Erinnerungen an das traumatische Geschehen. Diese Erinnerungen, die Präsentationen, sind nackt, leer, sie sind nicht mit Bedeutungen verbunden. Mit Hilfe der Dissoziation werden die überwältigenden, unbegreifbaren affektiven Erfahrungen von den Wahrnehmungen isoliert oder abgekapselt. So haben traumatisierte Menschen zwar sehr präzise Erinnerungen an das Geschehen, sie können sich aber zu den Erfahrungen nicht in Beziehung setzen, sie können sich darin nicht selbst verstehen. Dieses psychische Unvermögen hat eine Entsprechung auf hirnphysiologischer Ebene.

Die biopsychosozialen Effekte und Folgen traumatischer Erfahrungen fasst J. Küchenhoff (2004, S. 821) zusammen: »... die Ereignisse während der Traumatisierung ... werden nicht auf dem verbal-symbolischen, sondern auf subsymbolischen Kanälen prozessiert. Die Affektivität wird von der Sprachfunktion getrennt ... 1. Durch schwere Traumatisierungen wird die Amygdala, der Mandelkern im Hirnstamm, sehr stark aktiviert; die Amygdala ist für die Vergenwärtigung der Affekte zuständig. Zugleich sind Hippocampus und Gyrus cinguli gehemmt, die die affektiven Impulse zu Raum, Zeit und ursächlichen Zusammenhängen verknüpfen und sie dadurch an symbolische Systeme anzuknüpfen erlauben. 2. Die funktionelle Verbindung der Hirnhemisphären wird beeinträchtigt, mit dem gleichen Erfolg, nämlich daß die Verbindung der rechtshirnig prozessierten Emotionen mit der linkshirnig zentrierten kognitiven Verarbeitung unterbrochen wird. ... 3. Die

Streßhormone werden in einen Alarmzustand versetzt, der das traumatische Ereignis selbst überdauert.«

Trauma, Dissoziation und Wiederholungszwang sind eng miteinander verknüpft. Dissoziation und Wiederholungszwang gehören bereits zur Traumaverarbeitung. Mit Hilfe der Dissoziation werden die überwältigenden unverarbeitbaren affektiven Erfahrungen isoliert oder abgekapselt. Die Dissoziation schafft die Möglichkeit, dass das Leben mit mehr oder weniger Beeinträchtigung weitergehen kann. Der Wiederholungszwang, mit dem die traumatische Erfahrung aktualisiert und zumeist ohne Variationen agiert wird, stellt den Versuch dar, die unbegreifbare Erregung repräsentieren zu können.

Die beiden genannten Traumamodelle erklären auf verschiedene Weise die Erschütterung oder Zerstörung der Repräsentationsfunktion im traumatischen Zustand: Unter ökonomischer Perspektive besteht der Kern der traumatischen Erfahrung in der Überflutung des Ich mit automatischer Angst und in der massiven Hilflosigkeit des Ich. Die Angst ist durch Unbestimmtheit und Objektlosigkeit gekennzeichnet. Baranger, Baranger und Mom (1988, zit. nach Bohleber 2007, S. 306, 307) bezeichnen diese Situation als das »reine Trauma«. Der Traumatisierte versucht nun, das Trauma in abgeschwächter Form zu wiederholen, um es antizipieren und benennen zu können, um es gewissermaßen in den Griff zu bekommen. Solange wie das Trauma intrusiv und fremd bleibt, muss es wiederbelebt und wiederholt werden, ohne dass es begriffen werden kann. Versuche, die jeweiligen Wiederholungen mit Erklärungen zu verknüpfen, müssen wie Deckerinnerungen behandelt werden. Es ist notwendig, dass sie im analytischen Prozess als solche erkannt werden, da sie den authentischen Kern nicht erfassen.

Die Zerstörung der Repräsentationsfähigkeit wird im objektbeziehungstheoretischen Traumamodell mit dem Versagen der Einfühlung der Umwelt in das traumatische Ereignis erklärt. Hier führt nicht so sehr das traumatische Ereignis selbst zum Verlust der Repräsentationsfähigkeit, sondern die Nichtverfügbarkeit von Empathie und Verständnis. Angemessenes Containment des traumatischen Zustands schafft Repräsentationen. Im Falle einer Täter-Opfer-Konstellation oder im Falle eines chronischen Beziehungstraumas ist die Überwältigung der physischen und psychischen Grenzen des Traumatisierten, seine Dehumanisierung gleichzusetzen mit einem groben Versagen der Empathie. So beschreibt D. Laub (2000, S. 862) den Besetzungsabzug und das Abreißen der empathischen Verbindung zur Zeit des Traumas als das stärkste Kennzeichen schwerer Traumatisierung. Der Besetzungsabzug des Traumatisierenden führt dazu, dass das traumatisierte Individuum keine empathische Verbindung zu sich selbst aufrechterhalten kann. Das Versagen der empathischen Bindung führt zum Verlust der Repräsentationsfähigkeit, zur Unfähigkeit, das Trauma zu erfassen und zu erinnern. Das traumatisierte Individuum kann sich selbst und anderen die eigene Geschichte nicht erzählen.

Diese Ausführungen machen deutlich, welche Abwehrbemühungen der traumatisierte Patient aufwenden muss, um der Angst vor einer Retraumatisierung entgegenzuwirken. Andererseits ist eine Wiederbelebung der traumatischen Situation im analytischen Prozess notwendig, damit sich überhaupt Repräsentationen bilden können. J. Haustein beschreibt diese für den Analytiker schwierige und notwendige Gratwanderung zutreffend: »Einerseits sollte er versuchen, das Anerkennen eines traumatischen Geschehens in der analytischen Beziehung zu ermöglichen – andererseits sollte er erfassen, dass er gleichzeitig Mitakteur eines möglicherweise retraumatisierenden Geschehens ist« (S. 285).

Demgegenüber wird einem bei der Lektüre von G. Gabbard, »Die Rolle des Traumas des Analytikers bei der Pathogenese professioneller Grenzverletzungen«, beklemmend klar, wie stark Trauma, Introjektion von Scham- und Schuldgefühlen, Dissoziation und Wiederholungszwang entgegen guter Absicht und professioneller Ausbildung das Leben eines Menschen beherrschen und teilweise zerstören können. Frau Dr. F. konnte keine Repräsentationen für ihre epresserische, ausbeutende und vernachlässigende Muttererfahrung entwickeln, dem erpresserischen Druck ihrer Patienten begegnete sie im repetitiven Muster. Die Arbeit von G. Gabbard ist tiefgründig, sie stellt professionelle Ichideal- und Überichidentifizierungen schnell in Frage und konfrontiert uns mit unserem Interesse an der Psychoanalyse, unserem Interesse an den unbewussten Seelenvorgängen.

S. Erlich erweitert das individuelle Trauma um die Dimension des kollektiven Traumas. Wie greifen kollektive Traumatisierung und individuelles Trauma- und Triebschicksal ineinander? Lässt sich unter dem Einfluss von Terror und Gewalt überhaupt ein analytischer Raum aufrechterhalten? An den praktizierenden Psychoanalytiker werden in einer solchen dauerhaften Ausnahmesituation außerordentliche Anforderungen gestellt. Er hat nicht nur die Aufgabe, die innere Welt seines Patienten zu reflektieren und die jeweilige Bedeutung eines Terroranschlages herauszuhören. Als Mitglied einer traumatisierten Gemeinschaft ist er unweigerlich in die kollektive Dynamik einbezogen, die sich beispielsweise äußert in einem stärkeren Bedürfnis nach schützender, empathischer Verbindung oder in Konflikten um Loyalität und Verrat oder Überlebensschuld. Können diese Konfliktfelder auch in ihrem Widerstandspotential erkannt werden? Fast beruhigend wirkt die überraschende Beobachtung, dass die Patienten die analytische Situation kaum dazu nutzen, um über die traumatischen Ereignisse zu sprechen. Als würde die Dissoziation es erlauben, sich der inneren Welt zuzuwenden.

Literatur

Bohleber, W. (2007): Erinnerung, Trauma und kollektives Gedächtnis – Der Kampf um die Erinnerung in der Psychoanalyse. Psyche 4.

Küchenhoff, J. (2004): Verlust des Selbst, Verlust des Anderen – die doppelte Zerstörung von Nähe und Ferne im Trauma. Psyche 9/10.

Laub, D. (2000): Eros oder Thanatos? Der Kampf um die Erzählbarkeit des Traumas. Psyche 9/10.

Oliner, M. M. (1999): Analytiker stellen sich dem Holocaust. Das ungelöste Rätsel »Trauma«. Die Auswirkungen des Holocaust auf die Sexualität. Psyche 11.

Shmuel Erlich

Terror innen, Terror außen. Der Analytiker zwischen unheimlicher und faktischer Realität

Freud (1915) stieß bei seiner Bemühung, dem Problem der Übertragungsliebe zu begegnen und die Grundzüge des Phänomens zu bestimmen und zu beschreiben, auf ein schwieriges Problem. Er wollte – so seine erklärte Absicht – dem mit massivem Übertragungsgeschehen konfrontierten Analytiker helfen, seine analytische Haltung, seine selbstauferlegte Abstinenz und seine deutende Position bewahren zu können. Um in der Lage zu sein, seinen Blick weiterhin auf das übergeordnete Ziel des analytischen Prozesses und dessen veränderndes Ergebnis richten zu können, müsse dem Analytiker geholfen werden, nicht den der Übertragung innewohnenden Versuchungen zu erliegen – seien es diejenigen, sich zu verlieben oder diejenigen, seine Aggression am Patienten abzureagieren.

Freuds Versuch, dem angesichts stürmischer Verliebtheit und erotisch aufgeladener Reize um die Wahrung seiner analytischen Haltung bemühten Analytiker helfend unter die Arme zu greifen, geht von zwei grundlegenden Prämissen aus: dass die Liebe des Patienten als Repräsentation des Widerstandes etwas *Unreales* ist; und dass die Liebe des Patienten eine agierte Manifestation infantiler Liebe darstellt und insofern abermals *unreal* ist. Kurz, Freud weist den Analytiker warnend darauf hin, dass das in der Übertragung heran- und herausgebildete und ihm schließlich offenbarte Phänomen im Grunde nicht echt, vielmehr eine Schöpfung der Behandlungssituation ist, an dem sich weder beteiligt noch dem nachgegeben werden darf, sondern welches analysiert werden muss.

Die Schwächen seiner Argumentation scheinen Freud nicht lange verborgen geblieben zu sein: Wenn die Übertragungsliebe *unreal* ist, verdient dann die Liebe im wirklichen Leben das Attribut »*real*«? Wenn man der wirklichen Liebe dieselben Mängel ankreiden kann wie der Übertragungsliebe (z. B. Wiederholung infantiler Wünsche und Verhaltensmuster, schwache bzw. verzerrte Wahrnehmung des Objekts) – wie *un*real ist dann die Übertragungsliebe? Wie kann man zwischen den beiden Arten von Liebe eine halbwegs sichere Unterscheidung treffen?

Ein wenig widerwillig räumt Freud ein, dass Liebe im realen Leben und Übertragungsliebe im Grunde nicht wirklich verschieden und nicht ohne weiteres voneinander abzugrenzen sind, und dass er keinen theoretischen Lackmustest anbieten kann, mit dem die illusionären, überschätzenden oder irrationalen Kennzeichen zweifelsfrei bestimmt werden könnten, welche die eine von der anderen Liebe unterscheiden. Freud stieß hier auf altbekannte epistemologische Probleme, freilich aus einem psychoanalytischen, nicht aus einem philosophischen Blickwinkel. Er musste sich auseinandersetzen – und wir müssen es mit ihm – mit dem Gegensatz Faktizität versus Subjektivität der äußeren Realität; wie auch mit der Realität und Aktualität von psychischer Wahrnehmung und innerer Realität. Einen halbherzigen Versuch, wieder festen Boden unter die Füße zu bekommen, machte er mit dem Kommentar: »Wir haben der Patientin die Wahrheit gesagt, aber doch nicht die ganze« (Freud, 1915a, S. 317). Das ist überraschend für jemanden, der einst versichert hatte, »daß die *psychische Realität* eine besondere Existenzform ist, welche mit der *materiellen* Realität nicht verwechselt werden soll« (Freud 1900a, S. 625), und »Das Unbewußte ist das eigentlich reale Psychische, *uns nach seiner inneren Natur so unbekannt wie das Reale der Außenwelt*« (ebd., S. 617). Wir haben eine Anzahl nicht sehr überzeugender Versuche kennengelernt, die Übertragung von der »realen Beziehung« abzugrenzen. Auch wenn wir die eminent wichtige Frage nach der Realität der Übertragung beiseite lassen, bleiben wir mit einer Reihe von Dilemmata zurück: Ist *alles*, was sich in der Behandlung zuträgt, eine Übertragungsäußerung? Gibt es einen Ort innerhalb der analytischen Situation für den Einfluss der sogenannten Realität? Wie sieht die Rolle des Analytikers aus, angesichts des Sich-Offenbarens und des Eindringens der äußeren Realität? Wie stark wird er/sie davon in Mitleidenschaft gezogen? Inwieweit sollte oder sollte der Analytiker nicht den Schiedsrichter über die Realität spielen? Was würde das an analytischer Neutralität und Abstinenz kosten?

Bei dem Versuch, im Hinblick auf Verliebtheitsgefühle und Liebe eine klare und scharfe Demarkationslinie zwischen der Behandlungssituation und dem »realen Leben« zu ziehen, blieb Freud in Schwierigkeiten stecken. Seine Ausführungen regten in der Folgezeit zahllose Autoren an, sich – zumeist hinsichtlich technischer Aspekte – mit der Frage nach Manifestationen der Realität in der analytischen Situation auseinanderzusetzen (Greenson und Wechsler 1969). Es gibt jedoch zwei Situationen, für die man annehmen darf, dass in ihnen der Einfluss von Geschehnissen des realen Lebens unstreitig fern aller subjektiven Bedingtheit steht: das externe Trauma und das Leben inmitten von Terroranschlägen. Ich werde im Folgenden einen Versuch machen, die Einwirkung dieser zwei Einflussgrößen (die, je nachdem, ein und dieselbe Sache, aber auch ganz verschiedene Dinge sein können) auf den analytischen Raum auszuloten. Ich werde zu zeigen versuchen, dass auch sie in die Verlegenheit führen, in die Freud mit der Übertragungsliebe geriet, und dass die Wirkung von Terror und Trauma – nicht anders als im Fall der Übertragungsliebe, wenngleich im Zusammenhang mit einer ganz anderen Dynamik und ganz anderen Gründen – die Fähigkeit des Analytikers, die analytische Situation aufrechtzuerhalten, auf eine harte Probe stellt.

Lassen Sie mich mit einer persönlichen Reminiszenz beginnen. Während des letzten Golfkriegs sahen wir uns in Israel der ungewissen Bedrohung durch irakische Raketen gegenübergestellt, die womöglich mit bakteriologischen oder chemischen Kampfstoffen bestückt wären. Ungewiss, weil niemand mit Sicherheit hätte sagen können, ob der Irak über solche Kampfstoffe verfügte und dazu über die technischen Mittel, sie effektiv einzusetzen. Die Ungewissheit machte alles nur noch schlimmer, denn sie heizte Befürchtungen und die Phantasietätigkeit an. Man wies uns an, eine Gasmaske mit uns herumzutragen und »hermetisch verschließbare Räume« vorzubereiten und uns im Ernstfall dort in Sicherheit zu bringen. Einige von Angst und nervöser Anspannung geprägte Wochen lang hielt sich die Bevölkerung an diese Instruktionen, die sich zu guter Letzt als überflüssig erweisen sollten. Wenn die Luftschutzsirenen aufheulten, schnappten wir uns unsere Gasmaske und flüchteten uns in den »hermetischen Raum«.

Da in Israel die meisten Analytiker und Psychotherapeuten in der eigenen Wohnung praktizieren, trat unter den geschilderten Umständen ein bisher unbekanntes Dilemma auf: Der »hermetische Raum« diente der ganzen Familie und nicht selten auch noch schutzsuchenden Verwandten und Bekannten als Zuflucht. Diese Räume waren im Normalfall klein und gerammelt voll, die Menschen waren aufgeregt, oft nur halb angezogen, Kinder weinten und bockten, und der Aufenthalt dauerte unter Umständen endlos lange Stunden. Sie können sich vorstellen, dass dies keine Situation war, in die man sich gern mit seinem Patienten begeben würde. Und auch der Patient könnte sich in ihr sicherlich nicht besonders wohl fühlen, auch wenn (oder weil) dies die Erfüllung des Wunsches mit sich bringen mochte, den Analytiker mitsamt Familie einmal in seiner »häuslichen« oder privaten Umgebung zu beobachten.

Vor diesem Hintergrund machte ich eine Erfahrung, aus der ich eine Menge gelernt habe. In Anbetracht der problematischen Gegebenheiten erschien es mir nach meinem damaligen Verständnis der Analyse zunächst undenkbar, irgendeinem meiner Patienten den Aufenthalt in dem kleinen hermetischen Raum meiner Familie zuzumuten. Vielmehr schaffte ich als Ausweichmöglichkeit einen »hermetischen Schutzanzug« an, den ich – zum Glück – nur ein einziges Mal zum Gebrauch anbot. Die Reaktion der Patientin war für mich überaus lehrreich: Sie war schockiert und gekränkt – nicht etwa, weil sie sich von mir aus dem »privaten«, dem Familienleben vorbehaltenen Teil meiner Wohnung ausgesperrt gefühlt oder den Schutzanzug gegenüber dem Schutzraum als minderwertige Lösung betrachtet hätte –, sondern weil mein Angebot bedeutete, dass ich, sollte irgend etwas passieren, zu meiner Familie davoneilen und sie allein im Behandlungsraum zurücklassen würde. Und deswegen rügte sie mich mit scharfen Worten. Nach einigem Überlegen musste ich ihr recht geben. Der Vorfall warf ein Schlaglicht auf mein Dilemma: Sollte ich unter der Drohung von Trauma und Desaster bei meinen Patienten ausharren oder mich zu meiner Familie gesellen? Er rückte das ethische Dilemma dessen in den Blickpunkt, der sich im Zwiespalt zwischen professioneller und persönlicher Verantwortung, Loyalitätspflicht und existentieller Bindung befindet. Er machte mir die Zartheit und Zerbrechlichkeit der psychoanalytischen Situation und die Notwendigkeit einer Rückbesinnung auf die Bedeutung des Begriffs »psychoanalytischer Raum« evident.

Es scheint mir wichtig, bevor ich mit meinen Überlegungen zum psychoanalytischen Raum beginne, über die derzeitige Situation in Israel zu sprechen. Widrige Umstände sind für die Israelis nichts Neues, sie haben schon zahllose Kriege und Terroranschläge erlebt. Kennzeichen der 57jährigen Geschichte unseres Staatswesens sind Kampf und Überleben. Genau genommen erstrecken sich die harten Zeiten über eine Spanne von mehr als hundert Jahren jüdischer Wiederansiedlung im Land – eine Vergangenheit, die heute verdunkelt wird vom schwarzen Schatten der Schoah und der Wiederkehr uralter Konstellationen jüdischer Geschichte. Zur Zeit sind wir ein Gemeinwesen, das nicht nur von dem Grauen des täglichen Mordens und Blutvergießens heimgesucht ist, sondern sich auch drängenden Fragen nach seiner Vergangenheit und seiner Zukunft gegenüber sieht, Fragen nicht nur nach dem Leid, das uns angetan wird, sondern auch nach dem, das wir den Palästinensern antun, Fragen, die unser fundamentales Existenzrecht und die trostlose Aussicht auf ein Leben unter niemals endendem Terror betreffen.

Der Wirkungsbereich eines Terroranschlags lässt sich graphisch als eine Gruppe konzentrischer Kreise darstellen: Der innerste Kreis umschließt die von dem Anschlag *unmittelbar Betroffenen* (Tote, Verwundete und deren nächste Angehörigen), der zweite Kreis die als *Zeugen* eines Terrorakts Viktimisierten, der dritte Kreis die durch berufsbedingten Kontakt mit den Opfern Traumatisierten. Der äußerste Kreis umfasst die *Gesellschaft insgesamt*, in der alle von einer Art »aktiver Passivität« befallen sind: Die Menschen reduzieren ängstlich ihre alltäglichen Bewegungen außer Haus, sorgen sich um das eigene Schicksal wie um das ihrer Kinder, Verwandten und Bekannten und sind häufig nicht in der Lage, zu arbeiten und sich zu konzentrieren.

Die Arbeit mit den Personen aus dem ersten Kreis besteht in der Betreuung der direkten Opfer massenhafter Traumatisierung – eine schwierige Aufgabe, auf die ich hier nicht weiter eingehe. Meine Ausführungen basieren auf den Erfahrungen, die ich und andere in der psychoanalytischen oder psychotherapeutischen Praxis beim täglichen Umgang mit Personen aus der letzten Gruppe, *nicht direkt Viktimisierter bzw. Traumatisierter*, gemacht haben. Sie kommen zur Sitzung nach oder bei dem Lärm von detonierenden Bomben und heulenden Sirenen, nach oder während Zeitspannen, in denen alle Welt mit gespannter Aufmerksamkeit den Radionachrichten über Opferzahlen und den Schauplatz des jüngsten Unheils lauscht und sich dann müht, den momentanen Aufenthaltsort von Angehörigen und Freunden herauszubekommen in der Hoffnung, dass sie zu weit weg vom Ort der Katastrophe sind, um in sie hineingeraten zu sein.

Meine Praxis in Jerusalem befindet sich in der Nähe des Mount Scopus-Hadassah-Krankenhauses und des Polizeihauptquartiers, oberhalb einer Hauptverkehrsader. Die Ruhe der Sitzungen wird häufig von den Sirenen der Rettungs- und Polizeiwagen durchbrochen, die drunten zum Ort eines Unfalls oder Terroranschlags rasen oder von dort zurückkommen. Meine Patienten und ich haben die Erfahrung gemacht, dass mehr als dreimaliges Sirenengeheul dieser Art in kurzen Abständen einen Terroranschlag signalisiert. Das Reale der Außenwelt ist in den psychoanalytischen Raum eingedrungen.

Das Wesen des psychoanalytischen Raums

»Die psychoanalytische Situation«, schreibt Arlow (Arlow 1987, S. 382), »ist unter allen Beiträgen Freuds zur Erforschung der Psychologie des

Menschen vielleicht der bedeutendste und originellste.« Das vielleicht Einmalige an der psychoanalytischen Situation ist ihre Eignung zum »potentiellen Raum« (Winnicott 1971), zu einem Zwischenreich des Erlebens, in dem das Individuum sich einen veränderten Bewusstseinszustand gestatten darf, währenddessen ihm das analytische Setting und die Gegenwart des Analytikers »Halt« geben, zu einem Übergangsraum, der als Selbst wie als Nicht-Selbst erlebt wird« (vgl. Bromberg 1996, Aron und Bushra 1998).

Der »psychoanalytische Raum« ist die *Schöpfung* der beiden Beteiligten, die die psychoanalytische Situation in den psychoanalytischen Raum umwandeln (Viderman 1979). Er ist ein aus dem Spiel der Kräfte, Motive und Absichten geschaffener hermeneutischer Rahmen und Kontext, den beide nutzen können. Der psychoanalytische Raum ist nirgends sichtbar und dennoch psychische Realität.

»Psychische Realität« heißt nicht: von jeglicher Beziehung zur äußeren Realität abgeschnitten. Wie das Ich zuallererst ein Körperich, ist psychische Realität im wesentlichen eine Ausarbeitung unserer Wahrnehmung und Konstruktion der physischen Realität. Wir haben uns hier *nicht* zwischen Dualismus und transzendentaler Einheit zu entscheiden. Geben wir uns im Ausdruck wie in der Praxis bescheidener: Der psychoanalytische Raum ist ein von Analytikern angewandter *Transformationsmodus*. Wir werden zu »Experten« für die Transformation physischer, konkreter Fakten in bedeutsames psychisches Erleben.

Individuelles und gemeinschaftliches Trauma: eine Abgrenzung

Ich sehe einen Unterschied zwischen dem individuellen Trauma und der Traumatisierung, die eine ganze Gemeinschaft trifft. Das Individuum erlebt die Traumatisierung allemal als etwas einzigartig Personales. Allein, wenn das individuelle Trauma Teil eines gemeinschaftlichen Traumas ist, bleibt es früher oder später nicht aus, dass letzteres das erstere in bedeutendem Maße formt und prägt. Schrecknisse wie 9/11 oder der israelische Alltag im Zeichen des Terrors wirken sich auf den psychoanalytischen Raum erheblich anders aus als ein einzelnes, klar umschriebenes traumatisierendes Erlebnis wie etwa, Opfer eines Raubüberfalls geworden oder in einen Verkehrsunfall verwickelt worden zu sein. Von diesen Einzelfall-Traumata, die den Analytiker nicht unmittelbar betreffen, unterscheiden sich die Fälle, mit denen wir uns hier befassen, insofern, als sie *Elemente traumatisierter Gemeinschaften bzw.*

Sozialkörper sind, denen auch der Analytiker angehört. In der traumatischen Einwirkung und ihrer Verarbeitung kommt deshalb zwangsläufig mancherlei Dynamik von sozialen und Gruppenprozessen zum Tragen. Das hat folgende Konsequenzen:

1. Da sowohl der Analytiker wie der Patient Mitglied der traumatisierten Gruppe oder Gesellschaft sind, sind *beide* gleichermaßen von dem Trauma betroffen.
2. Die Traumaerfahrung definiert die äußere Realität um – sie gibt dem zukünftigen Erleben eine gesellschaftlich beglaubigte neue gemeinsame *Basis*.
3. Die geteilte Traumaerfahrung, in die Patient wie Analytiker eingebunden sind, wird zur Grundlage neuer Gruppenbindungen und sozialer Gliederungen. Daneben gründen solche neuen sozialen Formationen auch auf der geteilten Überlebensschuld, und Wiedergutmachung und zuweilen auf gemeinsamer Hoffnung.
4. Die neu gezogenen Gruppengliederungen und -abgrenzungen sind potentiell problematisch für Analytiker und Patient. Sie stellen sie vor die Wahl, sich zu der »Kameradschaft« zu bekennen oder sie abzulehnen und zu leugnen.
5. Analytiker und Patient können auf entgegengesetzten Seiten des politischen oder ideologischen Grenzzauns beheimatet sein und sich gegenseitig beschuldigen und für »verantwortlich« erklären. Ein israelisches Beispiel für dieserart Gegenübertragungsproblematik haben wir, wenn der Analytiker sich mit der politischen Linken und der Friedensbewegung identifiziert, und sein Patient ein Siedler vom rechten Flügel ist, der in den besetzten Gebieten lebt. Solche Reizthemen sind immer virulent, in den Hintergrund verbannt und unter Umständen auch entschärft. Das gemeinsame Trauma katapultiert sie jäh in den Vordergrund.

Einer verbreiteten Annahme zufolge müsste die Auswirkung von Terrorakten im Behandlungsraum ein Standardthema sein. Nicht nur ich selbst, sondern auch viele Kollegen machten jedoch die merkwürdige Beobachtung, dass viele, wenn nicht die meisten Patienten wenig oder überhaupt nicht über die traumatischen Ereignisse sprechen. Das ist ganz bestimmt nicht leicht zu verstehen und scheint ziemlich rätselhaft. Es erinnert an die Erfahrung, die Winnicott während des Zweiten Weltkriegs machte, als er »kaum etwas vom ›Blitzkrieg‹ mitbekam, weil ich die ganze Zeit mit der Analyse von psychotischen Patienten beschäftigt war, die ja bekanntermaßen blind und taub für Bomben, Erdbeben und

Sturmfluten sind« (Winnicott 1945). Ich spreche jedoch nicht von psychotischen Patienten. Vielleicht wird unter den Bedingungen einer psychotischen äußeren Realität der psychoanalytische Raum zu einer Oase der geistigen Gesundheit und personalen Integration. Möglich auch, dass zwischen Analytikern in dieser Hinsicht deutliche Unterschiede bestehen – manche mögen eher zum Reden über die äußere Realität »einladen« als andere.

Ich habe mich – meist ohne Erfolg – bemüht, in dem Material von Sitzungen nach besonders grauenhaften Attentaten Anhaltspunkte für die äußeren Ereignisse auszumachen. Die Patienten machen allenfalls am Anfang der Sitzung eine kurze Bemerkung über die schreckliche Lage und befassen sich dann eingehend mit dem, was ihnen »wirklich« Sorgen macht. Nur wenige haben dabei Schuldgefühle, weil sie sich ihren vor diesem Hintergrund unbedeutenden persönlichen Angelegenheiten und Schmerzen zuwenden. Ich will damit nicht sagen, dass die Terroranschläge diese Patienten kalt lassen. Ich möchte vielmehr daran erinnern, dass wie in jeder Analyse auch hier die Grenze zwischen dem, was »Innen«, und dem, was »Außen« heißen könnte, extrem fließend, wechselhaft und persönlichkeitsbedingt ist. Lassen Sie mich das mit einigen Fallvignetten veranschaulichen.

1. Eine Analysandin in den 50ern kam zur Sitzung wenige Minuten, nachdem auf einer Jerusalemer Straße eine Autobombe hochgegangen war und zwei unschuldige Passanten getötet hatte. Ihre Tochter war gerade in eine Wohnung um die Ecke vom Ort der Explosion eingezogen, und dort waren die Fenster zersplittert. Zur Eröffnung der Sitzung sprach sie mit zittriger Stimme von diesem Umstand und äußerte sowohl Besorgnis als auch Erleichterung. Gewöhnlich machte sie sich große Sorgen um diese Tochter – wegen ihres Bedürfnisses nach Selbständigkeit, ihrer Beziehung zu ihr, der Mutter, ihrer Männerbeziehungen usw. Aber die reale äußere Gefahr, kurz erwähnt und dankbar ad acta gelegt, schien im Vergleich zu ihren inneren Besorgnissen »unwirklich« oder uninteressant zu sein.
2. Ein hochgradig narzisstischer junger Mann kam im Anschluss an ein Wochenende der Gewalt und des Terrors, verlor jedoch kein Wort darüber. Er redete über das Chaos in seinem Leben und seiner Umgebung – sein Auto, seine Wohnung, sein Studium. Er möchte Philosophie studieren, ein Fach, welches alles umfasst, hat aber nicht die Fähigkeit seines Vaters, sich einer Sache ganz zu widmen. Er ist auf der Suche nach einer Idee, an die er sich anschließen kann, die es ihm ermöglicht, Nägel mit Köpfen zu machen. Er fragt sich,

ob ich auch nur im mindesten verstehe, was er meint. Vielleicht ist es das beste, vom Leben nichts zu verlangen? Aber so leben wie er, *ist* schon vom Leben nichts verlangen. Während ich ihm zuhöre, denke ich an Terror und die Seele des Terroristen (Erlich 1993) und entdecke Parallelen zwischen meinen Überlegungen und dem, was er sagt. Ich weise auf sein enormes Bedürfnis hin, »Nägel mit Köpfen zu machen« und etwas »Reines« und Größeres als er selbst inmitten von Chaos und Schlammassel zu finden, und auch auf sein lebenslanges Dilemma »leben oder nicht leben?« Den Terrorakt erwähnt keiner von uns auch nur mit einer Silbe, er scheint aber im Raum zu stehen. Lange nach dieser Sitzung spricht derselbe Patient über die Rückschritte, die er häufig macht, und die Rückschläge, die ihm widerfahren. Dabei sagt er: »Diese Einbrüche sind genau wie ein Terrorakt – man hat sie nicht unter Kontrolle.«

3. Ein zwangsneurotischer, von Schuldgefühlen geplagter und depressiver Mann mittleren Alters fühlte sich froh und glücklich während eines ungewöhnlich schlimmen, an Zwischenfällen reichen Wochenendes mit einer noch nie dagewesenen Zahl von Toten, sowohl auf israelischer wie auf palästinensischer Seite. Seine Frau meinte, er sei anscheinend der einzige glückliche Mensch in Israel. Sein Beruf bringt ihn in Kontakt mit Menschen und Problemen beider Seiten. Er deutete seine gute Stimmung als »unrealistisch« und verrückt und schrieb sie seinen neurotischen Bedürfnissen zu: Die schrecklichen äußeren Umstände mindern seine Schuldgefühle. Es stellte sich heraus, dass er mit führenden Köpfen auf beiden Seiten gesprochen hatte und eigentlich ihre Geistesklarheit bewunderte. Ich äußerte die Vermutung, dass er, weit entfernt davon, lediglich neurotische Bedürfnisse zu befriedigen, ein winziges Stückchen gesunder Vernunft und Hoffnung in sich trage, die er aus seinen konkreten Erfahrungen gewonnen habe und die anderen nicht zu Gebote stünde. Er begriff, dass mehr Menschen, wenn sie seine speziellen Erfahrung geteilt hätten, gut auch seinen Optimismus und seine gute Stimmung hätten haben können.
4. Ein hochgradig intelligenter, kreativer und neurotisch depressiver Mann verließ seinen gewohnten Aufenthaltsort im akademischen Elfenbeinturm, um sich politisch zu engagieren. Sein Entschluss führte ihn unter anderem zur direkten Unterstützung palästinensischer Bauern bei der Abwehr brutaler Übergriffe jüdischer Siedler, die sich ihres Ackerlandes bemächtigen wollten. Er setzte mit diesen Aktivitäten seine Gesundheit ernsthaften Risiken aus, er fühlte sich

höchst einbezogen und befriedigt. In der Analyse durchleuchtete und hinterfragte er seine politische Aktivität. Sie schien verschiedene Bedeutungen zu haben, beispielsweise Auflehnung gegen den Vater und die Weigerung, sich ihm und den Herrschenden masochistisch zu unterwerfen; aber in der Übertragung ließ er mich auch seinen Zorn auf mich und seine moralische Überlegenheit über meine scheinbar neutralere, weniger engagierte politische Einstellung fühlen. Die analytische Erkundung verlief in diesen vertrauten Interpretationsbahnen, doch flossen in diesem Fall äußere und innere Realität eindeutig ineinander.

Diese Vignetten unterscheiden sich stark voneinander, doch spielen alle vor dem gemeinsamen Hintergrund desselben äußeren Schreckens und Terrors. Alle gehen sie auf die äußere Realität ein, freilich auf sehr verschiedene Weise: Die erste Patientin, indem sie ihr kurz Reverenz zollt, um sich dann in ihre Innenwelt zu begeben. Der zweite Patient nimmt nie bewusst oder offenkundig Bezug auf sie. In symbolischer Form und unbewusst ist sie jedoch gegenwärtig in seiner Sehnsucht nach einem höheren, »reinen« Zustand, mit dem er verschmelzen könnte und außerhalb dessen das Leben nicht wirklich gespürt wird. Ich sehe dieses Streben auch in terroristischen Aktionen aktualisiert und es mag auch in denen hervorgerufen werden, die wegen einer persönlichen Pathologie darin mitschwingen. Der dritte Patient bezieht sich auf die äußere Realität, aber interpretiert sie im Rahmen seines neurotischen Konflikts und der intellektuellen Abwehr. Meine Deutung erweiterte diese Realität, sodass er sich weniger isoliert und mehr als Teil der Gesellschaft fühlt und so, dass er seine eigene Stimme findet. Der vierte Patient bringt seine Beteiligung an einer aggressiven und gefährlichen äußeren Realität freimütig in die Analyse, und das wird Bestandteil der Übertragungsbewegungen, die mit persönlichen Bezügen in Szene gesetzt und interpretiert werden.

Diese Fälle sollen nicht präzise umschriebene Varianten oder vorgeschriebene Methoden des Umgangs mit einer schrecklichen äußeren Realität repräsentieren. Sie unterstreichen die unerschöpfliche, reichhaltige und rätselhafte Variation, in der die äußere Realität ihren Weg in den analytischen Raum findet und zeigen, wie dort mit ihr gearbeitet werden kann. Dieser »Raum« ist nicht immer dieselbe alles überwölbende Entität aus einem Guss, die jedem der vier Patienten zugewiesen wird. Er ist in jedem Einzelfall der von diesem speziellen Paar geschaffene singuläre Raum, bei dem der Analytiker die Verantwortung dafür übernimmt, dass er hergestellt und aufrechterhalten wird, nicht aber die Verantwortung für seine unverwechselbare Farbe und Struktur. In jedem spezifischen psychoanalytischen Raum wird die äußere Realität anders behandelt und gewertet. Sinn wird nicht aus den *Fakten* hergenommen, die der Patient berichtet, sondern erwächst aus der Fähigkeit der beiden, des Patienten wie des Analytikers, sich zu diesen Fakten in phantasievoller, nicht völlig realistischer Weise zu verhalten. Sinn und Bedeutung scheinen sich aus dem zu entwickeln, was in der momentanen Atmosphäre des analytischen Raums an Unheimlichem ist, nicht aus dem, was der Analytiker und der Analysand schon wissen und verstehen und für selbstverständlich halten.

Die Verantwortung des Analytikers für das Wohl des Patienten – real oder imaginär?

Der psychoanalytische Raum drückt im Endergebnis Technik und Kompetenz des Analytikers aus. Außerdem verkörpert er die Verantwortung des Analytikers, nämlich: sein Bestmöglichstes zu tun, dem Patienten zu helfen, sich einen Reim auf die Wechselfälle äußerer Einwirkung und innerer Motive und Phantasien machen zu können. Aber zusätzliche Fragestellungen zeigen sich: die Einschätzung und Verantwortung für die Fortführung psychoanalytischer Arbeit im Angesicht gefährlicher Bedingungen; die durch Analytiker und Patient getragene relative Verantwortung dafür, was passieren kann; und die technischen Fragen die daraus resultieren. Wenn zum Beispiel die An- und Abreise zu seiner Sitzung den Patienten einem Risiko aussetzt, weil er Gefahrenzonen durchqueren muss – sollte der Analytiker dann die Aufmerksamkeit darauf lenken? Ist es einzig des Patienten Entscheidung, weiterhin zu kommen? Was, wenn dies zum Ausdruck von Selbstdestruktivität wird? Stellen wir Patienten Honorare für Ausfallstunden, die durch gefährliche Umstände verursacht wurden? Wann verhalten wir uns eigentlich einvernehmlich mit den aggressiven Phantasien des Patienten oder mit dessen Phantasien eigener oder von unserer Unzerstörbarkeit. Wie weit reicht unsere Verantwortung in der Frage, dem Patienten zu erlauben oder zu verbieten, uns weiterhin aufzusuchen? Halten wir den Gang zu Therapie und Analyse unveränderlich immer für den psychisch gesündesten und konstruktivsten Weg?

Das von mir erwähnte Beispiel aus dem Golfkrieg hebt die ethische und professionelle Haltung hervor, die ich mir zu eigen gemacht habe:

So lange ich praktiziere und Patienten einlade, mich aufzusuchen – so lange bin ich auch verantwortlich für deren Wohlergehen, während sie bei mir sind. Mein zwar verstehbarer Konflikt zwischen der Fürsorge für meine Familie und für meinen Patienten spielt sich dennoch am falschen Ort ab: Meine primäre Verpflichtung – jedenfalls während ich praktiziere – besteht gegenüber meinem Patienten, nicht gegenüber meiner Familie. Dies stellt die Grundlage meiner professionellen Einstellung und Verantwortung dar. Sollte ich diese Verpflichtung verändern müssen, um bei meiner Familie zu sein – sei es, um Schutz zu gewähren oder um Schutz zu finden – so muss ich vorübergehend meine Arbeit einstellen. Ganz sicher sollte ich nicht meine Patienten mit diesem Konflikt beladen. Das Dilemma besteht darin, ob es möglich ist unter solchen Umständen fortzufahren, als therapeutischer Container zu fungieren und den psychoanalytischen Raum zu erhalten. Dieses Dilemma erlaubt ganz offensichtlich keine vereinheitlichte Antwort oder Lösung, und es muss unter den jeweils spezifischen Umständen vornehmlich im Inneren des Analytikers gehalten werden.

Verbrüderung unter Bedrohung durch externe Gefahr

Die gemeinsam erfahrene äußere Bedrohung und die durch das Gewahrwerden des gemeinsamen Überlebens erregten Gefühle der Freude und der Schuld befördern wiederum Gefühle von Kameradschaft und Bruderschaft bei Analytiker und Patient. Ein spezielles Band knüpft sich zwischen ihnen durch das überstandene Durchleben derselben schrecklichen Ereignisse, dadurch dass sie »Waffenbrüder« sind. Während der Analyse kann diese Verbrüderung eine Flucht aus der Übertragung in die faktische Realität hinein in Gang setzen, und, paradoxerweise, zur Unterminierung des psychoanalytischen Raumes führen. Gleichzeitig muss der Analytiker bereit und in der Lage sein, die beunruhigenden Erfahrungen anzuerkennen, die er und der Patient gemeinsam durchlebt haben. Es ist ein schmaler Grat, auf dem mit Wärme, Verständnis und Sympathie – jedoch ohne Preisgabe des übergeordneten analytischen Unterfangens – gewandelt werden muss.

Der Analytiker kann das Bedürfnis empfinden, seine Erfahrung mit dem Patienten zu teilen und insofern Trost vom Patienten zu empfangen. Wir sprechen nicht oft über die Einsamkeit des Analytikers (Erlich 1998). Analytischen Raum zu erschaffen und anzubieten ist ein Akt der Großzügigkeit, der den Analytiker dennoch häufig in Gefühlen der Einsamkeit und Isolation zurücklässt. Unsere Patienten können uns dann als Verbindung mit der Außenwelt und der sozialen Realität dienen. Sie vermitteln Information, menschliche Präsenz und Wärme sowie ein Gefühl von Gemeinschaft. Das Bedürfnis danach intensiviert sich beträchtlich während Phasen äußerer Bedrohung und realen Unglücks, wenn unsere Einsamkeit unerträglich wird und uns mehr denn je anfällig macht, bedürftig zu sein, unsere Patienten als Verbindungen und Kanäle zur Außenwelt zu brauchen.

Um analytischen Raum herstellen zu können, ihn zu erhalten und darin vollständig präsent zu sein, entwickelt der Analytiker eine spezielle Fähigkeit, sich vorübergehend seiner gewohnten menschlichen Bedürfnisse nach Kontakt mit der äußeren Realität zu enthalten, im Dienste größerer Offenheit für den Kontakt mit dem Unheimlichen, dem Schrecklichen und dem Furchteinflößenden der inneren Realität. Aber diese außergewöhnliche Fähigkeit hat ihre Grenzen. Der Analytiker muss sein eigenes Bedürfnis nach Kontakt mit der faktischen Realität, mit Familie und Freunden, mit dem sozialen Netzwerk respektieren und beachten. Dieses Bedürfnis aus einem überhöhten Gefühl der Grandiosität oder therapeutischen Omnipotenz heraus zu missachten, führt schließlich dazu, es durch seine Patienten zu beantworten und zu befriedigen. Letztlich ist dies genau das, wovor Freud in seiner Arbeit zur Übertragungsliebe gewarnt hat.

Zusammenfassung

Als Analytiker sind wir in unserer Wahrnehmung genauestens auf einen Anteil der Realität eingestimmt, der für Andere als unbrauchbar und unsachlich erscheint, der Stoff, aus dem Träume gemacht sind. Ihnen allen meine Überlegungen darzulegen, geschieht mit dem Ziel, die Aufmerksamkeit auf den Einfluss harter und grausamer Realitäten wie Terror und Gewalt auf uns als Analytiker und auf unsere Patienten und auf den Raum, in welchem wir uns begegnen und zusammen arbeiten, zu lenken. Müssen wir den psychoanalytischen Raum oder unsere Technik ändern, modifizieren oder erweitern? Oder sind sie bereits auf eine Weise durch die äußeren Umstände verändert, die wir anerkennen und untersuchen müssen? Aus meiner Sicht ist es nicht der psychoanalytische Raum, der eine Überarbeitung benötigt. Angesichts entsetzlicher Realitäten sollte er eigentlich erhalten und verstärkt werden, weil er einem Ziel und einer Funktion dient wie nichts Anderes. Aber wir müssen wachsam sein gegenüber den Vielschichtigkeiten, Gefahren und der sozialen Dynamik, innerhalb welcher wir uns bewegen. Wir müssen uns dem zuwenden, was tatsächlich vom Patienten in der analytischen Situation präsentiert wird. Wir müssen uns sorgfältig dagegen wappnen, unseren Patienten unsere Sicht der Realität als gefährlich, grausam oder harmlos überzustülpen. Unsere gemeinsame Erfahrung kann uns dann zu wichtigen Überarbeitungen von Theorie und Praxis hinführen.

Literatur

Arlow, J. (1987): The dynamics of interpretation. In: Psychoanalysis: Clinical Theory and Practice. Madison, CT: International Universities Press, 1991, S. 381–396.

Aron, L. and Bushra, A. (1998): Mutual regression: altered states in the psychoanalytic situation. J. Amer. Psychoanal. Ass. 46, S. 389–412.

Bromberg, P. M. (1996): Standing in the spaces: The multiplicity of self and the psychoanalytic relationship. Contemp. Psychoanal. 32, S. 509–535.

Erlich, H. S. (1998): On loneliness, narcissism, and intimacy. Amer. J. Psychoanal. 58, S. 135–162.

– (2003): Reflection on the Terrorist Mind. In: Varvin, S. and Volkan, V. (Hg.), Violence or Dialogue: Psychoanalytic Insights on Terrorism. London: The International Psychoanalytical Association, S. 146–152.

Freud, S. (1900a): Die Traumdeutung. GW II/III.

– (1915a): Bemerkungen über die Übertragungsliebe. GW X, S. 305–321.

Greenson, R. R. and Wexler, M. (1969): The Non-Transference Relationship in the Psychoanalytic Situation. Internat. J. Psychoanal. 50, S. 27–39.

Viderman, S. (1979): The analytic space: meaning and problems. Psychoanal. Quart. 48, S. 257–291.

Winnicott, D. W. (1945): Primitive Emotional Experience. In: Von der Kinderheilkunde zur Psychoanalyse. Frankfurt a. M.: Fischer.

– (1971): Vom Spiel zur Kreativität. Stuttgart: Klett-Cotta.

Jochen Haustein

Traumatische Episoden in der analytischen Beziehung

Die Arbeit untersucht die Frage, welche Wege Traumatisierungen in der Entwicklung unserer Patienten nehmen und wie sich Traumatisierungen in der analytischen Beziehung niederschlagen können, das heißt:
- Wie nimmt das Trauma auf die analytische Beziehung Einfluss?
- Welche Modalitäten nutzen Patienten, um durch Gestaltung der Beziehung eine Stabilisierung ihres seelischen Gleichgewichtes zu erreichen?
- Welche Möglichkeiten hat der Analytiker, die spezifischen Formen der Traumaverarbeitung zu erkennen und durchzuarbeiten?

Wie Bohleber (2000), Dreher (1998) und Sandler (1983) aus unterschiedlichen Perspektiven darstellen, ist »Trauma« kein präzise definierter Begriff. Daher möchte ich zunächst erläutern, wie ich mit dem Konstrukt »Trauma« arbeite.

Zur Konzeption des Traumabegriffs

In den »Vorlesungen zur Einführung in die Psychoanalyse« (1916/1917) beschreibt Freud das Trauma als ein das Ich überwältigendes Ereignis, das ebenso exogener wie endogener Natur sein kann. War es bei Freud ursprünglich die Vorstellung einer traumatischen inneren oder äußeren Verführung, die das Ich überwältigte, sprach er seit »Jenseits des Lustprinzips« (1920g) eher von einem Versagen eines Reizschutzes. Das schützende Angstsignal der Kastrationsdrohung nimmt einen überwältigenden Charakter an und das Kind wird in einen Zustand der »Hilflosigkeit« versetzt. In »Hemmung, Symptom und Angst« schreibt er, dass das Ich angesichts einer unerträglichen Erregung in der traumatischen Situation als absolut hilflos erscheint und von »automatischer Angst« überflutet wird (1926d). Entscheidend ist für Freud das Zuviel an Erregung und ein gelähmtes Ich, das außer Stande ist, den seelischen Spannungszuwachs abzuführen oder psychisch zu binden. Bei Freud ist Hilflosigkeit der Hauptwesenszug des traumatischen Ich-Zustandes.

Ferenczi knüpft an den Freudschen Gedanken an und setzt einen zusätzlichen Akzent, indem er die Objektbeziehung ins Spiel bringt: die Psyche des Kleinkindes wird überlastet und das Ich kann komplett gelähmt werden, wenn das Objekt durch »zu viel Gegenwart« oder »zu viel Abwesenheit« das Kleinkind überfordert. Das Trauma ist nach Ferenczi das Ausbleiben einer angemessenen Antwort des Objekts auf eine Situation der Hilflosigkeit (1931). Damit bringt Ferenczi die Beteiligung eines Objektes in Spiel, das das Trauma verursacht.

Balint greift Ferenczi auf und betrachtet die Objektbeziehung zum Verständnis des Traumas näher. In »Trauma und Objektbeziehung« (1970) untersucht er ein das »Trauma verursachendes Objekt«. Das Kind befindet sich zunächst in einer vertrauensvollen Abhängigkeit von einem Erwachsenen. Der Erwachsene macht dann etwas für das Ich des Kindes Unerwartetes: etwas Aufregendes, Erregendes, Schmerzhaftes oder Bedrohliches. Und schließlich in einer letzten Phase, die für Balint unerlässlich ist, verweigert der Erwachsene dem Kind die *Anerkennung* für das Geschehene: es gibt weder Anerkennung, noch Trost, noch Verständnis. Für Balint wird der Bruch des Vertrauens durch das Objekt in den Mittelpunkt seiner Trauma-Konzeption gerückt. Dadurch kann die Objektbeziehung an sich einen traumatischen Charakter erhalten.

Für meine Überlegungen ist Balints Ansatz deshalb von Bedeutung, weil es mir um Inszenierungen und Verwicklungen in der analytischen Beziehung geht, die ich unter seinem objektbeziehungstheoretischen Ansatz besser zu verstehen hoffe. Wenn wir das traumatisierte Ich in einer Beziehung sehen, ändert sich die Perspektive: das Ich ist überfordert, den Affekt stumm zu bewältigen, und die Welt der Objekte steht entweder nicht zur Verfügung oder sie retraumatisiert, indem sie das Trauma nicht anerkennt. Solche Entwicklungen sind bei psychischen Traumata auch in der analytischen Situation zu erwarten. Durch intensive Verwicklungen entsteht leicht eine Konstellation, in der das Trauma nicht mehr bewahrt werden kann: entweder wird das Ausmaß der Traumatisierung unterschätzt und ignoriert, oder das Trauma dringt mit einem retraumatisierendem Effekt in die Beziehung ein.

Allein ein Erinnern des Traumas bringt Patienten mit schwer erträglichen Affekten der Hoffnungslosigkeit und der Hilflosigkeit in Kontakt. Die Angst vor einer Retraumatisierung kann den analytischen Prozess lähmen, um sich dem affektiven Erleben nicht nähern zu müssen (Bergmann 1998).

In jüngster Zeit hat Raul Hartke (2005) in der Arbeit über »Die basale traumatische Situation in der analytischen Beziehung« betont, dass die analytische Beziehung einen ausschlaggebenden Anteil daran hat, ob und wie Traumatisierungen zu einer therapeutischen Verarbeitung kommen können. In seiner Sichtweise ist von Bedeutung, ob beide

Beteiligte über die Fähigkeit verfügen, der potentiell destruktiven Qualität der Emotionen zunächst einen Halt im Sinn von Bions Containment-Konzept (Bion 1990) zu geben, und ob sie in der Lage sind, die Emotionen nach einer geraumen Zeit zu modifizieren. Von dieser Fähigkeit hängt ab, ob es in der analytischen Situation zu einer Retraumatisierung kommt, oder ob es möglich ist, das Trauma zu reaktualisieren, um es dann durchzuarbeiten.

In der analytischen Beziehung kann also eine retraumatisierende Situation entstehen, wenn ein Übermaß an Angst und Erregung nicht verarbeitet werden kann, und *die analytische Beziehung* nicht mehr die Fähigkeit besitzt, den auftauchenden Affekten genügend Raum, Halt und Rahmen zu geben.

Ich denke, dass eine hilfreiche Bearbeitung des Traumas erreichbar ist, wenn in der analytischen Situation zunächst eine Reaktualisierung ermöglicht wird. Freud sagt zur Traumaverarbeitung (1926, S. 200): »Das Ich, welches das Trauma passiv erlebt hat, wiederholt nun aktiv eine abgeschwächte Reproduktion desselben, in der Hoffnung, deren Ablauf selbsttätig leiten zu können.« Sandler (1960) erweitert Freuds Gedanken und formuliert neben dem »Lust- und Realitätsprinzip« auch ein »Sicherheitsprinzip«, bei dem das Ich alle Anstrengungen unternimmt, um ein Minimum an Sicherheitsgefühl aufrechtzuerhalten (vgl. auch Sandler/Sandler 1999, S. 24). Für das traumatisierte Ich ist das eine sehr spezifische Form der Sicherheit. Um ein Sicherheitsgefühl zu erreichen, stellt das Ich eine paradox anmutende Vertrautheit wieder her, nämlich Vertrautheit mit der schrecklichen traumatisierenden Situation in abgeschwächter Form. Sandler und Sandler machen somit deutlich, dass Sicherheit eine schlimme Vertrautheit bedeuten kann, eine Sicherheit, die der Vertrautheit des Kerkers für einen Gefangenen ähnelt. Bei Patienten, die ein »reines Trauma« im Sinn von Baranger und Baranger (1988) erlitten, deren Traumatisierung also zur Überschwemmung durch Hilflosigkeit und automatischer Angst führte, kann das prekäre Folgen haben, wenn die Suche nach Sicherheit zu einem Wiederholungszwang führt, der die schreckliche Vertrautheit der traumatischen Situation repetitiv wiederherstellt.

Traumatische Episoden bringen für Patienten und Analytiker erhebliche Belastungen mit sich. Für den Analytiker ist dann eine schwierige Gratwanderung notwendig: einerseits sollte er versuchen, das Anerkennen eines traumatischen Geschehens in der analytischen Beziehung zu ermöglichen – andererseits sollte er erfassen, dass er gleichzeitig Mitakteur eines möglicherweise retraumatisierenden Geschehens ist. Die Fähigkeit des Analytikers, diese Situation im Sinne von Sandlers »Role-Responsiveness« (1976) zu erfassen, trägt entscheidend dazu bei, dass das Geschehen durchgearbeitet und verstanden werden kann, um eine Anerkennung des Traumas im Balintschen Sinne zu ermöglichen.

Neben der Gefahr der Überschwemmung des analytischen Paares durch Hilflosigkeit und automatischer Angst erschweren spezifische Formen der Trauma-Verarbeitung dem Analytiker, das traumatische Moment zu erkennen und zu halten. Die Gründe dieser Schwierigkeiten vermute ich darin, dass Traumatisierungen sehr oft durch einen perversen Modus verarbeitet werden. Zwei häufige Formen der Trauma-Bewältigung werde ich deshalb jetzt näher untersuchen.

Der perverse Modus in der Traumabewältigung

Das Objekt wird durch einen perversen Modus kontrollierbar.

Für Menschen, die mehrfachen Traumatisierungen ausgeliefert waren, stellt ein perverser Modus der Objektbeziehung einen stabilisierenden Faktor dar. Das als bedrohlich erlebte Objekt kann durch Sexualisierung fest an sich gebunden und gleichzeitig kontrolliert werden. Dadurch kann das ohnmächtige Gefühl des Ausgeliefertseins begrenzt werden. Allerdings ist es dem verwickelten Objekt, zum Beispiel dem Analytiker, dann nur schwer möglich, die Traumatisierung anzuerkennen. Dazu komme ich später.

Der eigene Körper wird als Objekt durch Funktionalisierung und einen masochistischen Modus kontrollierbar.

Psychosomatisch schwer Kranke sind mehrfachen Traumatisierungen durch den Körper ausgesetzt. Das bedrohliche Objekt ist der eigene Körper. Die ständige Bedrohung durch Krankheitsrezidive lässt das Ich den Körper abspalten, der so zu einem sadistisch verfolgenden Objekt wird. Wenn die innere Welt dabei so wenig Schutz und Sicherheit bietet, dass es dem Ich nicht möglich ist, seelisch unter den Bedrohungen zu leiden, stabilisiert sich die Beziehung zum eigenen Körper notdürftig durch einen sadomasochistischen Modus, der die Illusion vermittelt, den Körper als Objekt zu beherrschen. Die traumatisierende psychosomatische Krankheit wird dann wie eine grausam verfolgende Fehlfunktion ertragen. Eine Anerkennung des Traumas ist den Patienten unter diesen Umständen kaum möglich.

Diese Form der Trauma-Verarbeitung bei psychosomatische schwer Kranken durch masochistische Kontrolle des Körpers möchte ich anhand eines Falles erläutern.

Klinisches Material – Die masochistische Bewältigungsform

Bei Frau A. steht das Unvermögen, ihr Trauma »anzuerkennen«, im Vordergrund. Sie gehört zu jenen Menschen, von denen Bion sagt, dass sie nicht in der Lage sind, einen seelischen Schmerz zu erleben (1970, S. 9). Für sie ist Schmerz oder Frustration so unerträglich, dass sie den seelischen Schmerz als Erfahrung nicht entdecken kann.

Sie entwickelte in jungen Jahren eine heimtückische Autoimmunerkrankung, die mehrfach Leben und Gesundheit bedrohte: nach einer Herzmuskelerkrankung waren das Gehirn und ihre Denkfähigkeit bedroht, wegen des Befalls des Sehnervs musste sie wiederholt um das Augenlicht fürchten. Sie erlebte ihre psychosomatische Krankheit als etwas, was ihr von außen in einer sadistischen Weise zugefügt wurde. Das lässt sich auf dem Hintergrund ihrer Geschichte nachvollziehen: schon in ihrer frühkindlichen Entwicklung hatte sie keine ausreichend lebendige Beziehung zur Mutter, um schmerzliche Gefühle differenziert wahrnehmen zu können: die an Wasch- und Kontrollzwängen erkrankte Mutter idolisierte das Martyrium von Jesus Christus und stellte ihr Leben ganz in den Dienst eines christlichen Leidensideales. Das perfekte und saubere Funktionieren stand ganz im Vordergrund der Beziehungserfahrungen von Frau A. Das Familienklima der unterdrückten Affekte des Hasses, des Neides und der Rivalität, aber auch der Anhänglichkeit und der Bedürftigkeit bahnten sich in gefährlichen psychosomatischen Krankheiten mehrerer Familienmitglieder einen Weg.

Charakteristisch für die analytischen Sitzungen war die kontinuierliche Beschreibung von Situationen am Arbeitsplatz, die von Ausbeutung und Aufopferung gezeichnet waren, zu denen die Patientin aber kaum einen emotionalen Kontakt hatte. Ein weiterer Teil ihrer Schilderungen war immer wieder der quälenden Beschreibung von Situationen gewidmet, in denen sie sich den Schüben ihres Krankheitsprozesses, den ärztlichen Maßnahmen oder den schmerzhaften Untersuchungen ohnmächtig ausgeliefert fühlte. All diese Berichte waren aber ohne innere emotionale Beteiligung, und ohne dass der Eindruck entstand, dass die

Patientin ein Leiden erfahren hätte. Immer wieder, wenn wir uns den Gefühlen der Hilflosigkeit und der Ohnmacht annäherten, stellte sich eine Situation ein, die ihr anscheinend Sicherheit versprach, weil sie ihr vertraut war. Und vertraut war, so paradox dies klingt, die überwältigende Erfahrung des »Nichtanerkennens« von Gefühlen der Ohnmacht und der Hilflosigkeit.

Gleichzeitig suchte sie die Nähe zum Trauma, indem sie sich als Rechtsanwältin auf die Betreuung von traumatisierten Emigranten spezialisiert hatte. Sie opferte sich für Traumatisierte auf und war auf diese Weise ständig in Kontakt mit Hoffnungslosigkeit, Unterdrückung und Ausbeutung.

Zögernd entwickelte die Patientin im Laufe der Analyse Anmutungen von Neid, Scham, Ehrgeiz und ähnlichen Affekten. Die Wahrnehmung solcher Gefühle brachte sie immer wieder in psychosomatische Krisen: jeden als Besserung erlebten Fortschritt zahlte sie mit dem Preis des psychosomatischen Rückfalls: entweder mit Gesichtsfeldausfällen, oder entzündlichen Nervenschmerzen, die sie arbeitsunfähig machten u. a. m. Gelegentlich brachen schwer erträgliche Ängste ein zu erblinden, oder schon frühzeitig sterben zu müssen. Es war ihr nur selten möglich, wirklich zu fühlen, wie sehr sie sich ausgebeutet, unterdrückt und benutzt fühlte. Veränderungen ergaben sich interessanterweise dann, wenn sie sich *von mir* nicht anerkannt oder geachtet fühlte. Sie brauchte die analytische Beziehung, um zu erleben, in ihrem Leiden nicht gesehen und nicht geliebt zu werden.

Zum Zeitpunkt der Episode, die ich jetzt untersuche, befindet sie sich seit knapp vier Jahren in Analyse.

Mitten in einer Phase paranoiden Misstrauens berichtet die Patientin eigentümlich aufgeräumt, dass sie für ihre Tochter einen Vorteil erreichen konnte: sie bekam einen Platz in einem Kindergarten, der für die Förderung seiner Kinder besonders bekannt ist. Dann erzählt sie ähnlich aufgeräumt, dass sie wieder einmal eine Klientin mit einer schlimmen Traumatisierung herausgefischt habe.

Als ich ihr sage, dass es ihr wichtig sei, eine gute Mutter und Rechtsanwältin für ihre Klienten zu sein, fühlt sie sich völlig falsch gesehen und es gibt einen dramatischen Bruch in unserem Kontakt.

Sie empört sich moralisch und wirft mir mit Wut und Verzweiflung vor, dass ich sie in ihrer Todesangst nicht wahrnähme. Meine Versuche, ihre Wut und Verzweiflung zu verstehen, scheitern kläglich. Statt dessen versucht sie, mich mit moralischen Attacken zu quälen. Sie beharrt darauf, dass das Vertrauen empfindlich gestört sei, und startet einen wütend-gnadenlosen Rundumschlag: ich könne sie nicht verstehen und daher wolle sie die Therapie abbrechen.

Ich begreife zunächst nichts und fühle mich völlig ratlos.

Tatsächlich kommt sie zur nächsten Stunde nicht, sie ruft auch nicht an.

Als sie am übernächsten Tag wiederkommt, macht sie mir – jetzt im Sitzen – mit unerbittlichem Tonfall klar, dass sie bei einer Klientin ein Trauma entdeckt hatte, das sie an ihre eigenen Traumata, ihre Todesangst erinnerte. Dies hätte ich nicht wahrgenommen. Stattdessen unterstellte ich ihr, dass sie eine ehrgeizige Rechtsanwältin sein wolle. Die Erinnerung an die Traumata sei so etwas wie ein unerträglicher »flash-back« in ihre Schmerzen und ohnmächtigen Ängste, die sie in den Krankheitsschüben erlebt habe. Sie wird immer erregter und gipfelt schließlich in dem Vorwurf: »Sie haben mich falsch behandelt. Ich hätte erst einen Traumatherapeuten gebraucht und keine Analyse. Ihre Analyse ist retraumatisierend und Sie sollten eigentlich wissen, was Ihre Kollegen schreiben: dass eine Analyse für eine Traumapatientin kontraindiziert ist.«

Der emotionale Kontakt ist jetzt sehr intensiv, und ich gerate halb ungläubig, halb bedroht in einen Zustand der Angst um mich und um meine berufliche Situation: ein Gefühl der Beunruhigung vor einer sozialen Bedrohung als Analytiker macht sich breit, die Angst, von Kollegen gemieden zu werden, weil ich mit meiner Arbeit die Gesundheit der Patienten aufs Spiel setze, usw.

Ich spüre aber auch, wie unangemessen meine emotionale Reaktion ist, und sage, in der Hoffnung, sie emotional zu erreichen, dass die letzten Tage vermutlich sehr *bedrohlich* für sie gewesen seien.

Jetzt teilt sie mir mit, dass sie nach der letzten Stunde in einen Ausnahmezustand geraten sei, orientierungslos über eine dicht befahrene Straße gehen wollte und von ihrer Tochter zurückgehalten wurde. Die hupenden und schimpfenden Autofahrer holten sie aus einem Trancezustand heraus, und sie war nach diesem Ereignis überzeugt, dass die Analyse für sie der falsche Weg sei, ihr Schaden zufüge und sie auf die Dauer bedrohe – nicht nur sie, sondern auch ihre Tochter. Deshalb hatte sie die Stunde ausfallen lassen, um die Analyse abzubrechen.

Jetzt entsteht allmählich ein von ernsthafter Besorgnis geprägter Kontakt zwischen Frau A. und mir, der es ermöglicht, mit Hilfe einer *Deckerinnerung* das aktuelle Geschehen zu verstehen:

Sie fühlte sich in der Pubertät als Mädchen oft gedemütigt und erniedrigt – und fantasierte in einem psychosenahen Depersonalisationszustand einen sadomasochistischen Triumph über die sie unterdrückenden Eltern: sie löste sich aus ihrem Körper, betrachtete sich selbst und ihre Familie aus einer schwebenden Position und erlebte in der Überzeugung, jetzt sterben zu können, einen Triumph über die Eltern, die in ihrer Fantasie enorm unter ihrem Tod litten.

Diskussion des klinischen Materials

Analytiker und Patientin sind in dieser Episode *vorübergehend* nicht in der Lage, einen emotionalen Sturm zu ertragen: Das Ich der Patientin ist überfordert, die mit der De-Somatisierung verbundenen affektiven Belastungen auszuhalten, und der Analytiker ist nicht in der Lage, das Ausmaß der Bedrohungsgefühle ausreichend wahrzunehmen, um der Patientin einen Raum zu geben, in dem die Bedrohungsgefühle gehalten werden könnten. *Gleichzeitig* – und das ist das Paradoxe – hat das wiederkehrende »Nichtanerkennen« der seelischen Traumatisierung in der analytischen Situation einen das Ich stabilisierenden, masochistisch triumphalen Charakter. Die Patientin reagiert auf die Reaktualisierung des Traumas mit einer Regression und gerät in einen Ausnahmezustand. Sie stabilisiert sich, ähnlich wie in der Pubertät, mit Hilfe eines perversen Modus: im Zustand der Depersonalisation erlebt sie durch einen Beinaheunfall einen Triumph über den Analytiker, der in diesem Erleben durch Fehlbehandlung schuldig an ihrem Tod und dem der Tochter wäre.

Sie stabilisiert sich im Zustand des »masochistischen Triumphes«, weil sie das überzeugte Gefühl hat, moralisch im Recht zu sein und den Analytiker im Unrecht zu wissen. Der Triumph über den Analytiker gibt ihr ein vertrautes Gefühl von Sicherheit. Eine Sicherheit durch Vertrautheit im Sinne von Joseph Sandlers »Background of Safety«.

Ich habe den Eindruck, dass solche Verwicklungen hilfreich sind, um Traumaerfahrungen in der analytischen Beziehung zu reaktualisieren und dadurch ein Anerkennen der Hoffnungslosigkeit, der Hilflosigkeit und der Todesbedrohung zu ermöglichen. Als die Patientin den Analytiker der Fehlbehandlung anklagt, ist *er* das verfolgende Objekt und nicht mehr der traumatisierende Körper. Mit Hilfe von *dessen* Gegenübertragungsreaktion, kann das Erleben von Bedrohung und Angst vor sozialer Isolierung im analytischen Raum Fuß fassen.

In solchen behandlungstechnisch diffizilen Situationen ermöglicht es das Konzept der Role-Responsiveness, das Geschehen vorsprachlich zu erfassen: durch unsere Bereitschaft als Analytiker, mit den Affekten und Verhaltensweisen mitzuschwingen, die unsere Patienten per projektiver Identifizierung in uns installieren, können wir ermöglichen, dass Patienten, die ihre traumatischen Erfahrungen nicht verbalisieren können, sie doch wenigstens versuchen zu agieren, um ihre inneren Erfahrungen in der Beziehung zu aktualisieren.

Frau A. konnte in den kommenden Wochen und Monaten langsam erleben, wie sehr sie unter dem Bild eines Analytikers leidet, das von Bemächtigung, Verständnislosigkeit und Ausbeutung gezeichnet ist.

Stabilisierung im perversen Modus

Ich komme jetzt zu Formen der Traumaverarbeitung, in denen ein perverser Modus das Erleben des Ausgeliefertseins verhindert, in dem das Objekt durch Aufregung und Sexualisierung gebunden und die Beziehung beherrscht werden kann. Dadurch ist es dem verwickelten Objekten schwer möglich, die Traumatisierung anzuerkennen.

Ofra Eshel (2005) beschreibt in der Arbeit »Perversion, Überleben und analytisches Vergegenwärtigen«, wie sich Patienten in einer von Gewalt geprägten, traumatischen frühen Kindheit mit Hilfe perverser Mechanismen und dissoziativer Spaltungen im Dienste des psychischen Überlebens in einem zwanghaft agierten »Verlangen nach ritualisiertem Trauma« seelisch stabilisieren. Autodestruktive und sadomasochistische Wege der Stabilisierung sind weit verbreitet. Deshalb halte ich Überlegungen für wertvoll, die den gedanklichen Raum öffnen, über perverse Muster der Objektbeziehungen nachzudenken, die als Bewältigungsversuche von Traumatisierungen verstanden werden können.

Das Analytiker-Patienten-Paar ist dabei besonderen Belastungen ausgesetzt, weil Patienten mit traumatisierenden Erfahrungen oft einen mit perversen Elementen durchdrungenen Modus der Trauma-Bewältigung gebrauchen, der als mächtig wirksame internalisierte Objektbeziehung in der Analyse die Oberhand gewinnen und die analytische Beziehung in eine sadomasochistische Position bringen kann. In dieser Situation haben Impulse, Fantasien, Ängste, Abwehrvorgänge und Objektbeziehungen eine sadomasochistische Qualität und scheinen kaum auflösbar, weil dieser Charakter von Abwehrvorgängen konsolidierend wirkt und sich als stabilisierender Faktor durch das ganze Leben hindurch entfaltet.

In meiner Arbeit über »Perverse Elemente in der ödipalen Situation«

(Haustein 2005) habe ich geschildert, wie durch den Einfluss »perverser Mechanismen« die Situation entstehen kann, dass die Analyse als lebendiger Entwicklungsprozess nicht mehr *genutzt* wird. Stattdessen wird die analytische Beziehung *benutzt*, um einen Stillstand in einem seelischen Gleichgewicht herzustellen und zu erhalten.

Michael Parsons zeigt in seiner Arbeit über »Sexualität und Perversion« (Parsons 2000) auf, wie sexuell erregende Muster die Beziehung aufladen, um einen Zustand des seelischen Gleichgewichts herzustellen, der einerseits eine stabile Bindung ermöglicht, gleichzeitig aber den Einfluss des beteiligten Objektes auf die innere Welt des Patienten verhindert. Solche Beziehungsmuster bezeichnet er als perverse Formen der Objektbeziehung, weil sie zwar eine Quelle sexueller Erregung ermöglichen, dabei aber gleichzeitig das Objekt kontrollieren und eine Beziehung verhindern. Auf diese Weise wird eine stabile Bindung hergestellt und der traumatische Zustand der überwältigenden Hilflosigkeit und des Ausgeliefertseins vermieden.

Klinisches Material: Sexualisierung – perverser Modus und präverbale Kommunikation

Ich will jetzt anhand einer weiteren Vignette verdeutlichen, wie traumatisierende Erfahrungen erst dann in der analytischen Situation bearbeitbar werden, nachdem eine solche Episode dem Analytiker ermöglichte, buchstäblich am eigenen Leibe, stellvertretend für die Patientin, einen Teilaspekt des traumatisierenden Erlebens wahrzunehmen. Diese Episode zwischen Analytiker und Patientin ermöglichte es, einen bis dahin quälend künstlich und unecht erscheinenden Kontakt in der Beziehung authentisch werden zu lassen. Durch die belastenden Verwicklungen zwischen Analytiker und Patientin werden beide in die Lage versetzt, eine Änderung der analytischen Beziehung zu bewirken.

Frau B. hat traumatisierende Belastungen in der frühkindlichen Entwicklung durch Sexualisierung bewältigt. Sexualisierung beherrscht ihre Beziehungen und schränkt ihre Lebensqualität enorm ein.

Sie musste in ihrer frühen Kindheit immer wieder Trennungserlebnisse verarbeiten: Anfang der 40er Jahre in den Kriegswirren geboren, war sie als kleines Mädchen öfters krank: wegen eines Tbc-Verdachtes und einer Mangelernährung wurde sie mehrfach verschickt. Sie gehörte zu jenen Kindern, die öfter auf das Land gebracht wurden, um vor Bombenangriffen sicherer zu sein.

Trennungen waren oft auch Trennungen von der Mutter, die selbst nicht in der Lage war, aus ihrer eigenen Angst in den Kriegswirren dem Kind einen sicheren Halt zu geben. So entwickelte sich in dem Mädchen früh das Bild, dass sie sehr schwierig sei, und sie deshalb von der Mutter kaum ertragen werden könnte: das innere Bild, dass etwas Böses und Gemeines in ihr sei, weshalb sie weggeschickt werden müsse.

Eine erotisch aufgeladene Bindung an ihren Vater schien es ihr allerdings zu ermöglichen, eine gewisse Stabilität zu erreichen. Auch im weiteren Verlauf ihres Lebens stabilisierte sie sich darüber, in der Beziehung zu Männern eine gewisse Selbstachtung zu finden.

Als sie in einer Lebenskrise einen Psychotherapeuten aufsuchte, verliebte der sich in sie. Er gab ihrem narzisstisch bedürftigen Werben keinen therapeutischen Halt, sondern ging eine Liebesbeziehung zu ihr ein. Mit dem Scheitern dieser Beziehung erlebte sie sich als zunehmend abstoßend. Als sie mich aufsuchte, litt sie unter quälenden Selbstzweifeln und einem von Scham bestimmten Lebens- und Selbstwertgefühl. Nach ihrem Bild von sich selbst war sie nichts wert, verachtete sich und traute sich letztlich nicht mehr unter Menschen.

Die Analyse führte nach einer Phase der heftigen Idealisierung zu einer längeren Krise. Frau B. wurde zunehmend depressiv. Es wurde deutlich, wie sehr sie darunter litt, dass in der analytischen Beziehung die bislang stabilisierende Funktion der Sexualisierung keinen Effekt mehr hatte. Der Analytiker, von dem sich abhängig fühlte, war durch Sexualisierung kaum zu steuern. Sie musste sich ganz darauf verlassen, dass ich ihr ausschließlich im analytischen Rahmen Halt geben konnte und sie nicht auf den vertrauten Modus der Sexualisierung, der ihr bis dahin zur Verfügung stand, zurückgreifen konnte. Dies führte dazu, dass sie völlig verzweifelt wurde und ihre Gefühle des Unwert-Seins enorm zunahmen. Sie erlebte sich als unecht und entwickelte das Gefühl, mich anzuwidern. Zwar fühlte sie sich in diesen Zweifeln vom Analytiker wahrgenommen, das langsame Verstehen der Sexualisierung hatte aber auch den Charakter einer bemächtigenden Demütigung, und sie bekam Angst vor einer völligen Beschlagnahme durch den Analytiker.

Ich komme jetzt zu jenen Sitzungen, in denen ein Erleben von traumatisierenden Erfahrungen half, den analytischen Prozess zu verändern.

Frau B. ist sehr unruhig und legt sich erst nach längerem Zögern auf die Couch. Jetzt fühlt sie sich sehr unbehaglich: es ist ihr zunächst warm, dann kalt und schließlich überlegt sie, sich eine Decke zu nehmen.

Als sie langsam zur Ruhe kommt, bemerkt sie draußen in der Ferne das Brummen eines Rasenmähers. Sie bittet mich darum, das Geräusch abzuschalten – ob wohl irgendwo ein Fenster geöffnet sei.

Der Rasenmäher bestimmt allmählich das Geschehen und füllt zunehmend den analytischen Raum.

Ich selbst fühle, wie ich mich innerlich immer mehr isoliere. Ich verstehe die Diskrepanz zwischen dem Geräusch des Rasenmähers und der verstärkenden Aufregung letztlich nicht. Gleichzeitig werde ich in meinem eigenen Erleben unangenehm distanziert, abweisend und innerlich ganz kalt. Ich denke nüchtern über die bemerkenswerte innere Kälte in mir nach, finde die zunehmende Aufregung über den Rasenmäher unangemessen und bizarr. Ich werde dabei allerdings auch langsam hellhörig in dem Sinne, dass hier vermutlich etwas Bedeutsames geschieht. Schließlich kommt der Rasenmäher immer näher und die Patientin reagiert plötzlich vegetativ mit heftigem Magenrumoren. Sie spürt einen intensiven Würgereiz mit Übelkeit und springt schließlich in der Sorge auf, sich sonst auf der Couch übergeben zu müssen. Sie fährt mich vorwurfsvoll an, das Geräusch des Rasenmähers wäre der reine Terror und mir wäre anscheinend egal, wie beunruhigt und terrorisiert sie sich fühle. Ich unternähme einfach nichts dagegen.

Jetzt, selber unter Druck, mit dem Wunsch, etwas unternehmen zu wollen, an der Sachlage aber nichts verändern zu können, fühle ich in mir Zorn gegen den Betreiber des Rasenmähers aufsteigen, und ein unangemessenes Gefühl von Ohnmacht macht sich in mir breit. Aus diesem Gefühl heraus sage ich, dass sie sich vielleicht nicht nur von dem Rasenmäher sondern von der analytischen Situation und meinen Deutungen verunsichert und terrorisiert fühle. Sie stimmt mir zu, bleibt aber in einem vegetativ aufgewühlten und beunruhigten Zustand.

Erst als ich sage, dass sich da vielleicht so etwas wie ein Baby in ihr terrorisiert fühlt, ein Baby, das für Aufregung, Ängste oder Schmerz keinen Ausdruck hat wie ein erwachsener Mensch und sich eher über einen Magenkrampf oder Würgereiz Bedeutung verschaffen kann, beruhigt sie sich.

Damit schließt diese Stunde.

Aber, diese Art von Verstehen hat keine anhaltend beruhigende Wirkung. Schon am nächsten Tag spürt Frau B. etwas Fremd-Bedrohliches in sich und eine Diskrepanz führt zu Verwirrung: Sie hätte eher erwartet, in der Stunde weggestoßen und lächerlich gemacht zu werden. Dies blieb aber aus. Das Ausbleiben einer Demütigung hat aber nichts Beruhigendes, sondern in der Tat eher etwas Bedrohliches! Es wird langsam deutlich, dass da vermutlich etwas in ihr ist, das sie beschämend und lächerlich findet.

In der 4. und letzten Stunde dieser Woche ist Donnerstag. Ich bin in meinen Gedanken damit beschäftigt, dass ich nach London fliegen werde – London, wo ich ein wichtiges Wochenende vor mir habe.

Frau B. ist heute wieder sehr manieriert, gekünstelt kokett und macht es mir schwer, einen emotionalen Kontakt zu ihr herzustellen. Sie redet in einer eindringlichen, nicht unterbrechbaren Weise und fragt mich plötzlich, in ein Gefühl der Resignation, das sich in mir breit macht, hinein:

»Haben Sie schon von den Terroranschlägen in London gehört?«

Ich hatte noch nichts davon gehört, es aber schon öfter befürchtet.

Ohne eine Reaktion von mir zuzulassen erzählt sie jetzt kühl von den schlimmen Bombenattacken auf die Londoner U-Bahn. Der kalte, fast schon berechnende Ton, in dem sie das sagt, durchdringt mich und plötzlich spüre ich einen heftigen, schwer erträglichen affektiven Sturm in mir: ich habe ein Gefühl, als hätte man mir einen dumpfen Schlag in die Knochen versetzt. Mir wird übel, wie Übelkeit nach einem heftigen Schmerz, von dem man sich fast übergeben muss. Ich versuche mich zu beruhigen. Als mir dies langsam gelingt, versuche ich darüber nachzudenken, was hier geschehen ist.

Ich werde über das Wochenende nicht für die Patientin da sein. Gleichzeitig scheinen die affektiven Stürme so heftig, dass in ihr ein überzeugendes Gefühl ist, dass ihr niemand den Rahmen und den Halt geben kann, um diese affektiven Stürme der Angst und der Auslieferung zu stützen. Aus diesen Gedanken heraus formuliere ich in etwa:

»Ich habe den Eindruck, da ist etwas Bedrohliches in Ihnen und gleichzeitig eine Angst, die die Bedrohung noch schlimmer werden lässt – nämlich dass es keinen Raum und keinen Halt gibt für Ihre Angst, wenn Sie sich bedroht fühlen und befürchten müssen, dass Sie von diesen Gefühlen überwältigt werden.«

Jetzt ist die Patientin in der Lage, mir das mitzuteilen, was sie die Woche über, seit der Begebenheit mit dem Rasenmäher, beschäftigt habe, was ihr aber zu peinlich gewesen sei, mir zu sagen: natürlich könne Sie sich nicht daran erinnern, aber trotzdem hätte sie ein ganz dumpfes Gefühl gehabt, halt im Magen, das sich bis zu einer Übelkeit gesteigert hätte. Und das dumpfe Gefühl im Magen sei immer mit der Erinnerung verbunden gewesen, was ihre Eltern ihr erzählt hätten: wie ihre Mutter und sie im Bombenkeller gesessen hätten, und wie die Mutter sich an ihr festgeklammert hätte, wenn die Flieger gekommen wären und die

Bomben gebracht hätten. Aber das sei ja wohl nicht möglich, sie könne sich schließlich nicht daran erinnern. Sie fände solche Gedanken und Gefühle lächerlich und ganz peinlich, und sie hätte sich nicht getraut, mir das zu sagen.

Als sie mir dies mitteilt, bin ich ziemlich berührt. Ich habe den Eindruck, dass für einen Moment in der Angst eine intensive Bindung zwischen der Patientin und mir da ist. Ich bin ganz aktuell mit der Angst um den Bombenterror in London, wo ich hinfliegen werde, beschäftigt, und die Patientin ist im Kontakt mit ihrer Angst, nicht gehalten zu sein. Das gibt der analytischen Situation etwas Echtes, und ermöglicht einen authentischen Kontakt zwischen ihr und mir. Von Widerwille oder von Sexualisierung in der analytischen Situation ist im Moment keine Spur, sondern eher ein ernstes Bedauern darüber, wie unsicher der Raum und der Rahmen ist, in dem die Patientin sich befindet – und in dem auch wir uns befinden.

Diskussion des klinischen Materials: Perverser Modus – präverbale Kommunikation und Role-Responsiveness

Ich denke, Frau B. war mehrfach traumatisierenden Erlebnissen ausgesetzt: die frühen Trennungen hatten traumatisierenden Charakter – hinzu kommt das traumatisierende Erleben des Ausgeliefertseins und des mangelnden Haltes. Das dritte schwerwiegende Trauma war der sexuelle Missbrauch durch einen Therapeuten.

Viele dieser Erfahrungen sind nicht verbalisierbar und inszenieren sich zum großen Teil über vegetative und prä-symbolische Ausdrucksformen, die dem vorsprachlichen psychischen Bereich angehören. Nur mit Hilfe des Analytikers scheint es möglich zu sein, in diesen Verwicklungen eine sehr spezifische Form der Kommunikation zwischen Patientin und Analytiker zu verstehen. Christiana Cimino und Antonello Correale (IJPA 86, 2005) haben in ihren Überlegungen über »Projektive Identifizierung und Bewusstseinsveränderung« dargelegt, wie Patienten aktiv, wenngleich unbewusst und oft diskret, bestimmte Veränderungen im Zustand des Analytikers hervorrufen. Der Analytiker spürt eine plötzliche Veränderung seines allgemeinen Zustands.

Er ist einem Gefühl der Passivität und einer Veränderung seines Bewusstseinszustandes ausgeliefert, den er nicht verhindern kann. Das Aufmerksamkeitsfeld kann nach Ansicht dieser Autoren bis zu tiefgreifenden Veränderungen im Selbstgefühl des Analytikers hinein reichen.

Die Autoren vertreten die Theorie, dass diese Art der Kommunikation Ausdruck traumatischer Erfahrungsinhalte darstellt. Solche Fragmente psychischen Materials können weniger gedacht als vielmehr gefühlt werden. In der analytischen Beziehung ist es manchmal möglich, diese Bruchstücke psychischen Materials als Ausdruck traumatischer Erfahrungen zu verstehen. Das kann gelingen, wenn der Analytiker bereit ist, seinen veränderten Bewusstseinszustand zuzulassen, eine Zeit lang zu halten, um ihn manchmal erst viel später zu verstehen.

Tatsächlich war es mit Frau B. im weiteren Verlauf möglich, allmählich einen Kontakt herzustellen, der Zugang zu ihren Gefühlen der Ohnmacht und der Angst vor Auslieferung ermöglichte. Allerdings ist meiner Ansicht nach die Gefahr, dass solche Episoden in der analytischen Beziehung überwiegend retraumatisierenden Charakter haben, bei Fällen von mehrfachen Traumatisierungen leider recht groß. Dass die Veränderungen auch einen negativen Verlauf nehmen können, hängt damit zusammen, dass spezifische perverse Objektbeziehungsmuster die analytische Beziehung bestimmen und die Kapazitäten für das Wahrnehmen und Bewahren solcher Beziehungserfahrungen nur begrenzt sind.

Das hängt vermutlich auch damit zusammen, dass wir als Analytiker mit »Perversität« und »Perversion« negativ konnotierte Vorstellungen verbinden, die mit Abwertung oder Geringschätzigkeit verknüpft sind, wie u. a. Ruth Stein (2005) genauer darstellt. Dadurch wird die Bereitschaft, perverse Muster in der analytischen Beziehung zu erkennen, bedeutsam herabgesetzt.

Die *Empfänglichkeit* – im Sinn von Sandlers Role-Responsiveness – für perverses Geschehen in der analytischen Beziehung eröffnet aber die Möglichkeit, die eigenen Verwicklungen deutlicher wahrzunehmen und gemeinsam mit unseren Patienten Wege zur Verarbeitung traumatisierender Situationen zu eröffnen.

Dieser letzte Fall veranschaulicht, wie eine Patientin, die mehrfachen Traumatisierungen ausgesetzt war, mit Hilfe des perversen Modus in ihren Objektbeziehungen eine gewisse Stabilisierung erreichte. Als die Fähigkeit, das Objekt durch Sexualisierung zu kontrollieren, nicht mehr greift, kommt sie in die Lage, dem Analytiker auf dem Weg der projektiven Identifizierung das affektive Erleben des traumatischen Geschehens erlebbar werden zu lassen.

Ich bin allerdings auch der Meinung, dass die für den Analytiker vorübergehend selbst belastende Erfahrung *ebenfalls* perverse Elemente enthält: die Angst der Patientin und die Angst des Analytikers beim Thema »Bombenterror« können mit Stephen Purcell (2006) auch als gemeinsame Aufregung verstanden werden, in der sich das Analytiker-Patienten-Paar in ängstigender und aufregender Weise nah fühlt und sich dadurch eine gemeinsame Erregung inszeniert. Diese Situation macht vielleicht gut nachvollziehbar, dass sich Analytiker oft dagegen wehren, sich von ihren Patienten bemächtigen zu lassen und in schwer erträgliche Zustände von Aufregung, Angst oder sexualisierte Formen der Beziehung gezwungen zu werden.

Wenn wir als Analytiker mit traumatisierten Patienten arbeiten, arbeiten wir auch an den Grenzen. Wenn wir uns dem Trauma nähern, nähern wir uns einer Risikozone. Um zu beschreiben, was wir dabei bereit sind einzugehen, möchte ich abschließend Baranger, Baranger und Mom zitieren (1988, S. 127):

> »Es ist eine Risikozone, wo das Unheimliche regiert, wo die Gefahren keine Namen haben, wo der Analytiker nicht ohne Angst um seine eigenen Aktionen weiter vorangehen kann. Wir könnten sagen: die Zone des ungeborenen Traumas (ungeboren für beide, den Analytiker und seinen Analysanden). Beim Erreichen dieser Zone mag der Analytiker versucht sein, den analytischen Prozess zu bremsen und der Umwandlung des Prozesses in eine Endlosschleife (letztlich einer endlosen Analyse) den Vorzug zu geben – oder die Zone des Unbekannten zu vermeiden, indem er übereilt seine Zuflucht bei anderen therapeutischen Techniken der verschiedensten Arten sucht« (Übersetzung J. H.).

Zusammenfassung

Trauma-Erfahrungen sind oft nicht verbalisierbar und inszenieren sich in der analytischen Situation eher über vegetative, prä-symbolische und prä-repräsentative Ausdrucksformen, die durch interpersonelle Verwicklungen eine sehr spezifische Form der Kommunikation zwischen Patient und Analytiker herstellen. Das analytische Paar ist dabei besonderen Belastungen ausgesetzt, weil Patienten mit traumatisierenden Erfahrungen oft einen mit perversen Elementen durchdrungenen Modus der Traumabewältigung gebrauchen.

Für Menschen, die mehrfachen Traumatisierungen ausgeliefert waren, stellt ein perverser Modus der Objektbeziehung oft einen stabilisierenden Faktor dar. Das bedrohlich erlebte Objekt kann durch Sexualisierung oder sadomasochistische Interaktionsmuster fest an sich gebunden und gleichzeitig kontrolliert werden. Dadurch wird das ohnmächtige Gefühl des Ausgeliefert-Seins begrenzt. Das Objekt wird durch einen perversen Modus kontrollierbar. Der analytische Prozess droht dabei allerdings zum Erliegen zu kommen, weil einerseits spezifische, perverse Objektbeziehungsmuster die analytische Beziehung bestimmen und andererseits die Kapazität des Analytiker-Patienten-Paares für das Wahrnehmen und Bewahren perverser Beziehungserfahrungen nur begrenzt ist. Das hängt nicht zuletzt damit zusammen, dass wir als Analytiker mit »Perversität« und »Perversion« negativ konnotierte Vorstellungen verbinden, die mit Abwertung oder Geringschätzigkeit verknüpft sind.

Dadurch wird die Bereitschaft, perverse Muster in der analytischen Beziehung zu erkennen, bedeutsam herabgesetzt. Die Empfänglichkeit – im Sinn von Sandlers Role-Responsiveness – für perverses Geschehen in der analytischen Beziehung eröffnet die Möglichkeit, die eigenen Verwicklungen deutlicher wahrzunehmen, um mit unseren Patienten Wege zur Verarbeitung traumatisierender Situationen zu ermöglichen.

Literatur

Balint, M. (1969): Trauma und Objektbeziehung. Psyche 24, S. 346–358.

Bohleber, W. (2000): Die Entwicklung der Traumatheorie in der Psychoanalyse. Psyche 54, S. 797–839.

Baranger, M., Baranger, W. und Mom, J. M. (1988): The Infantile Psychic Trauma from Us to Freud: Pure Trauma, Retroactivity and Reconstruction. Internat. J. Psychoanal. 69, S. 113–128.

Bergmann, M. V. (1998): Die Angst vor Retraumatisierung und die Abwehrfunktion der negativen therapeutischen Reaktion. In: A. M. Schlösser und K. Höhfeld (Hg.): Trauma & Konflikt. Gießen: Psychosozial, S. 33–49.

Bion, W. R. ([1962] 1990): Lernen durch Erfahrung. Übers. von E. Krejci. Frankfurt a. M.: Suhrkamp.

– ([1970] 2007): Aufmerksamkeit und Deutung. Übers. von E. Vorspohl. Tübingen: edition diskord.

Dreher, A. U. (1998): Empirie ohne Konzept? Einführung in die psychoanalytische Konzeptforschung. Stuttgart: Klett-Cotta.

Eshel, O. (2005): Pentheus rather than Oedipus: On perversion, survival and analytic ›presencing‹. Internat. J. Psychoanal. 86, S. 1071–1097.

Ferenczi, S. (1931): Relaxation und Erziehung. In: Bausteine IV, Bern/Stuttgart: Huber, S. 239–242.

Freud, S. (1916/1917): Vorlesungen zur Einführung in die Psychoanalyse. GW XI.

– (1920g): Jenseits des Lustprinzips. GW XIII, S. 1–69.

Freud, S. (1926d): Hemmung, Symptom und Angst. GW XIV, S. 111–205.

Hartke, R. (2005): The basic traumatic situation in the analytical relationship. Internat. J. Psychoanal. 69, S. 113–128.

Haustein, J. (2005): Perverse Elemente in der ödipalen Situation. In: Wellendorf, F. / Werner, H. (Hg.): Das Ende des Ödipus. Tübingen: edition diskord, S. 217–229.

Parsons, M. (2000): Sexuality and Perversion a Hundred Years on. Internat. J. Psychoanal. 81, S. 37–49.

Purcell, S. (2006): The analyst's excitement in the analysis of perversion. Internat. J. Psychoanal. 87, S. 105–23.

Sandler, J. (1960): The Background of Safety. Internat. J. Psychoanal. 41, S. 352–356.

– (1976): Countertransference and Role-Responsiveness. Internat. J. Psychoanal. 3, S. 43–47.

– (1983): Die Beziehung zwischen psychoanalytischen Konzepten und psychoanalytischer Praxis. Psyche 37, S. 577–595.

Sandler, J. und Sandler, A.-M. (1999): Theorie der inneren Objektbeziehungen. In: J. Sandler und A.-M. Sandler: Innere Objektbeziehungen. Stuttgart: Klett-Cotta.

Stein, R. (2005): Why perversion?: ›False love‹ and the perverse pact. Internat. J. Psychoanal. 86, S. 776–799. Dt.: Warum Perversion? ›Verkehrte Liebe‹ und der perverse Pakt. In: Junkers, G. (Hg.) 2006: Verkehrte Liebe. Ausgewählte Beiträge aus dem *International Journal of Psychoanalysis*, Bd. 1, Tübingen: edition diskord, S. 17–54.

Glen O. Gabbard

Die Rolle des Traumas des Analytikers bei der Pathogenese professioneller Grenzverletzungen

Grenzen im analytischen Setting haben zugleich zwei Bedeutungen. Der Begriff wird häufig verwandt, um die Architektur des analytischen Rahmens zu beschreiben. Mit anderen Worten – aus welchen Elementen setzt sich die Umhüllung zusammen, in der die Behandlung stattfindet? Diese Dimension kann solche Dinge einschließen wie den Behandlungsort, das Honorar des Analytikers und die Anerkenntnis einer treuhänderischen Beziehung, Vertraulichkeit, Asymmetrie der Selbst-Enthüllung, eine festgelegte Zeit, zu der die analytische Arbeit stattfindet, Abstinenz im Bezug auf sexuelle Beziehungen und Grenzen gegenüber anderen Formen physischen Kontaktes.

Diskutiert man die Grenzen psychoanalytischer Technik, betritt man ein anderes Reich. Der Begriff wird auch gebraucht, um die Grenzen einer »erweiterten« psychoanalytischen Technik zu definieren. Man muß vorsichtig sein bei dem Versuch, die psychoanalytische Technik bei Patienten anzuwenden, die mehr Ich-stützende Interventionen benötigen. Die Schnittstelle der beiden Bedeutungen von Grenzen führt uns zu einem grundsätzlichen Paradox – nämlich, dass radikale Abweichungen vom analytischen Rahmen gerade bei der Behandlung hochgradig gestörter und traumatisierter Patienten rationalisiert werden. Mit anderen Worten, gerade die Patienten, die ein »containing«, aber klare Grenzziehungen brauchen, um Retraumatisierung und Grenzenlosigkeit der Kindheit zu vermeiden, sind diejenigen, mit denen Grenzen häufig aufgegeben werden.

In diesem Vortrag werde ich beschreiben, wie analytische Grenzen häufig durch eine Vielzahl intersubjektiver Faktoren, die mit Charakteristika des Patienten und des Analytikers verbunden sind, untergraben werden. Besonders beschäftigen werde ich mich mit solchen Analytikern und Therapeuten, die im Wesentlichen Individuen mit ethischen Grundsätzen sind, die mit einem bestimmten Patienten, unter Beteiligung einzigartiger Begleitumstände, in komplizierte Übertragungs-Gegenübertragungs-Aufführungen hineingezogen werden. Die Rolle, die dabei eine Vorgeschichte von Trauma im Leben des Analytikers spielt, wird hervorgehoben.

Ein flexibler Rahmen wurde lange als notwendig anerkannt für Patienten, die größere Defizite haben und andere Interventionen brauchen als Deutung (Gedo 1993, Gabbard und Lester 2003). Tatsächlich sind durch den analytischen Rahmen körperliche Grenzen errichtet, so dass sie psychologisch überschritten werden können. Um eine Begegnung herzustellen, die dem Analytiker erlaubt, den Patienten zu erreichen, müssen Analytiker die jeweiligen Grenzen mit den verschiedenen Patienten und sogar mit demselben Patienten während der Stunden variieren. Mitchell (1993) bemerkte einmal, das, »worauf es am meisten ankommt, ist weder die Wunscherfüllung noch die Frustration, sondern der Prozess der Aushandlung selbst, in dem der Analytiker seinen eigenen, besonderen Weg findet, die subjektive Erfahrung des Patienten zu bestätigen und daran teilzuhaben, und dennoch – im Verlauf der Zeit – seine eigene Präsenz und Perspektive auf eine Weise einführen kann, die der Patient eher als bereichernd, denn als zerstörerisch erleben kann (S. 196)«.[1]

Greenberg (1995) betonte außerdem, dass die Subjektivität des Analytikers ein Schlüsselfaktor bei der Errichtung eines flexiblen Rahmens ist. Einige Analytiker sind zum Beispiel von Natur aus mehr selbstenthüllend als andere. Manche benötigen größere Grade von Privatheit oder geringere Grade von Spontanität. Wie auch immer, man handelt die besonderen analytischen Grenzen mit dem jeweiligen Patienten aus – dennoch, es herrscht Übereinstimmung, dass sie die Funktion erfüllen, ein analytisches Objekt zu erschaffen. Die relative Asymmetrie und die Besonderheiten des Rahmens erlauben das Hervortreten eines Übertragungsobjektes oder von Abfolgen von Objekten, die dann analysiert und gedeutet werden können. Die Subjektivität des Analytikers kann nicht aus der Gleichung herausgehalten werden, und darum könnte man das analytische Objekt als eine gemeinsame Erschaffung beider beteiligten, sich gegenseitig durchdringenden, Subjektivitäten ansehen

1 Mitchell warnt hier vor der Gefahr am anderen Ende des Spektrums. Man kann bezüglich des Rahmens so rigide sein, dass man den Patienten verliert. Wir alle passen die Rahmenbedingungen innerhalb vernünftiger Grenzen an, um den Bedürfnissen der Patienten entgegenzukommen. Wir können mit dem einen Patienten lachen und scherzen, mit dem anderen nicht. Wir können mehr von unseren eigenen Gefühlen mit einem Patienten teilen als mit einem anderen. Wir können einem Patienten erlauben, über das Ende der Stunde hinauszugehen, wenn der Patient weint. Mit anderen Worten, wir verändern den Rahmen nicht bis zu dem Punkt, an dem Ausbeutung erfolgt, aber wir passen uns individuellen Unterschieden an.

(Gabbard und Lester 1993). In diesem Amalgam – welches in etwa dem dezentrierten Subjekt gleichkommt, auf das Ogden sich mit dem Begriff des »analytischen Dritten« (Ogden 1994) bezieht –, kommen zugleich die realen Charakteristika des Analytikers und die internalisierten Objektbeziehungen des Patienten zusammen.

Eine zeitgenössische Perspektive auf die analytische Theorie und Technik würde anerkennen, dass Gegenübertragungs-Aufführungen (Enactments) unvermeidlich sind und darum als mindere Formen von Grenzverletzungen die ganze Behandlung durchziehen (Gabbard 1995, Renik 1993). Folglich könnten wir differenzieren zwischen Grenzübertretung und Grenzverletzung (Gutheil und Gabbard 1993, 1998). Grenzverletzungen werden allgemein als eklatante, grobe »enactments« betrachtet, so wie zum Beispiel hartnäckig wiederkehrende sexuelle Beziehungen mit einem Patienten, die sowohl schädlich für den Patienten sind, als auch zerstörend auf die Durchführbarkeit der analytischen Behandlung wirken. Sie sind oftmals nicht Gegenstand der genauen analytischen Überprüfung und existieren somit außerhalb der analytischen Arbeit. Natürlich gibt es auch Verstöße – wie zum Beispiel sexuelle oder finanzielle Ausbeutung –, die nur einmalig vorkommen und ernsthafte Grenzverletzungen darstellen. Im Gegensatz dazu sind Grenzübertretungen gutartige und sogar hilfreiche Gegenübertragungs-»enactments«, die abgeschwächt sind – der Analytiker ertappt sich zum Beispiel während des ablaufenden »enactment«-Prozesses und reflektiert darüber. Sie treten wahrscheinlicher isoliert auf, sind Gegenstand der genauen analytischen Überprüfung und erweitern die analytische Arbeit in eine positive Richtung.

Diesbezüglich muss man also verhindern, eine allzu rigide Haltung einzunehmen, um analytische Grenzverletzungen zu vermeiden, und sich somit aller spontanen und flexiblen Reaktionen auf den Patienten zu berauben. Im Idealfall müssten Analytiker gleichzeitig an der Behandlung und an der Reflexion dessen, was passiert, teilnehmen.

Verwundbare Therapeuten

Durch meine Erfahrung mit über 150 Fällen grenzverletzender Therapeuten, bei denen ich als Facharzt, Evaluator oder Behandler involviert war, habe ich gelernt, dass es keine einfache Formel gibt, mit der sich Therapeuten beschreiben ließen, die Grenzverletzungen verübt haben. Eine Vielzahl verschiedener Arten von professionellen Behandlern lassen sich aus einer Unzahl von Gründen auf Grenzverletzungen ein. Die mit Abstand häufigste Geschlechterkonstellation ist die eines männlichen Therapeuten und einer weiblichen Patientin. Großangelegte Untersuchungen zeigen, dass bei etwa 20 % aller Grenzverletzungen weibliche Therapeuten und bei 20 % gleichgeschlechtliche Dyaden involviert sind (Schoener et al. 1989).

Vom pragmatischen Standpunkt aus betrachtet, sollten alle Therapeuten sich für verwundbar ansehen, schwerwiegender Grenzverletzungen fähig zu sein, ganz besonders unter Einfluss bestimmter Arten von Stress. Eine Scheidung, eine ernsthafte Erkrankung eines Familienmitgliedes, Tod eines Elternteils oder Partners oder der Suizid eines Patienten kann Therapeuten, die normalerweise ethisch fühlen und handeln, in Zustände verzweifelter Bedürftigkeit führen, in denen der Patient etwas Erlösung aus einem Zustand der Verzweiflung anzubieten scheint.

Ich habe es als nützlich erkannt, über grenzverletzende Therapeuten als zu einer von vier Kategorien einer psychoanalytisch begründeten Klassifikation zugehörig nachzudenken (Gabbard und Lester 2003):

1. Psychotische Störungen
2. Sexuell obsessive Psychopathie
3. Liebeskrankheit (pathologische Liebesbedürftigkeit)
4. Masochistische Unterwerfung.

Ich möchte mich im Besonderen mit den beiden letztgenannten Gruppen befassen, in denen grundsätzlich ehrliche und kompetente Therapeuten in ernste Probleme mit bestimmten Patienten hineingeraten. Eine Ansammlung gemeinsamer Themen kommt in den Evaluationen und Behandlungen dieser Individuen zum Vorschein. Viele dieser Themen stehen anamnestisch in Beziehung zu Traumen in der Kindheit des Analytikers. Eine Form von Omnipotenz stellt sich häufig ein, indem der Therapeut glaubt: »Nur ich kann den Patienten retten.« Diese Omnipotenzphantasie führt oft zu außerordentlichen Rettungsbemühungen, bei denen dann eine Grenze nach der anderen verletzt wird, bis der Abstieg – einen zwielichtigen Hang hinunter – unwiderruflich geworden ist. Der Analytiker mag sich – insbesondere dann, wenn er selbst ein Kindheitstrauma erfahren hat –, mit der Opferrolle des Patienten überidentifizieren und versuchen, den Patienten aus dieser Opferposition zu befreien.

Ein anderes vertrautes Thema bezeichnet, was ich als »Desidentifikation mit dem Aggressor« (Gabbard 1997, Gabbard 2003) beschrieben habe. Bei der analytischen Behandlung von Patienten, die schwere Kindheitstraumen erlitten haben, kann die Haltung des Analytikers einem verzweifelten Versuch entsprechen, jegliche Verbindung mit dem internalisierten schlechten Objekt – welches verantwortlich für den Missbrauch ist –, abzuwehren. Der Analytiker kann sich durch das missbrauchende Objekt besetzt fühlen und sich unbewusst mit ihm identifizieren. Diejenigen Analytiker, die selbst Traumaopfer sind, haben schon ein internalisiertes »schlechtes Objekt« und sind daran gewöhnt, diese Introjekte abzuspalten und abzuwehren. In einem verzweifelten Versuch, Aggression zu verleugnen, steigert der Analytiker unwissentlich seine heroischen Bemühungen, den Patienten zu retten. Dies führt dann letzten Endes durch die Verletzung der gewohnten Grenzen des analytischen Rahmens zu einer Retraumatisierung des Patienten. Folglich – und trotz der leidenschaftlichen Bemühungen des Analytikers, die Identifizierung mit dem schlechten Objekt zu vermeiden –, übernimmt das missbrauchende Introjekt die Kontrolle.

Unter dem Deckmantel liebeskranker Gefühle für den Patienten können eine Vielzahl aggressiver und sadistischer Gefühle hervortreten. Liebesbekundungen können dazu dienen, den Patienten eher durch einen Reparentifizierungsprozess heilen zu wollen als durch ein systematisches Verständnis seiner inneren Welt. Je mehr der Analytiker fürchtet, sich in den Patienten verliebt zu haben, desto mehr Aggression ist unterdrückt und abgewehrt und kann sich so auf heimtückische Weise ihren Weg bahnen, den analytischen Prozess zu korrumpieren. Wie Mitchell 1997 bemerkte, »Aggression ist der Schatten der Liebe«.

Steiner (2000) befand einmal, dass unsere Liebe für die Analyse ständig durch unseren unbewussten Hass auf die Analyse bedroht sei. Analytiker können die Rolle als derart einbindend und einschränkend erfahren, dass sie wünschten, alle Fesseln der analytischen Beherrschung sprengen zu können, um dem Patienten etwas geben zu können, was er oder sie in der Kindheit nicht erhalten hat. Ferenczi zum Beispiel war das Opfer kalter und schroffer Behandlung durch seine Mutter. In seinem Tagebuch bemerkte er, dass er versuchte, seinen Patienten etwas zu geben, was er von seiner Mutter nicht erhalten hatte (Dupont 1988). Insofern kann es Neid auf die Position des Patienten geben. Der Patient erhält die volle Aufmerksamkeit, gewährt durch die haltenden Umgebungsbedingungen des analytischen Settings, während der Analytiker relative Entbehrung fühlt, insbesondere dann, wenn es Stressoren im äußeren Leben des Analytikers gibt, die ihn oder sie in einem Gefühl der Vernachlässigung zurückgelassen haben.

Eine Wahrnehmung von Mangel ist ebenfalls ein Schlüsselfaktor bei vielen Grenzverletzungen. Der Analytiker kann überzeugt sein, dass ein Mangelzustand eine Bemühung erfordert, den Mangel eher durch außergewöhnliche Mittel als durch den Gebrauch gewöhnlichen analytischen Verstehens zu beheben. Dieser Versuch, den Mangel auszugleichen, kann die konkretistische Form annehmen, die Vagina mit dem Penis des Analytikers auszufüllen.

In anderen Fällen kann der Versuch, den Mangel zu beheben, schlicht in den Versuchen des Analytikers bestehen, ein bedingungslos liebender Elternteil zu sein, um die durch einen missbrauchenden Elternteil verursachten Beschädigungen zu reparieren. Ein klinisches Beispiel wird einige dieser Themen illustrieren:

Dr. F. war eine Analytikerin[2] in den Fünfzigern, die mich zu einer Konsultation aufsuchte. Mit gerade noch kontrollierter Emotion in ihrer Stimme erzählte sie mir, sie sei kurz davor, ihren Verstand zu verlieren. Sie erklärte, mit einer Patientin »festzuhängen«. Sie gab eine quälende Beschreibung ihrer Behandlung von Cathy, einer chronisch suizidalen 29jährigen Patientin, die sich über die letzten zehn Monate erstreckt hatte. Cathy kam ursprünglich zu Dr. F., nachdem eine sechs Monate andauernde sexuelle Beziehung mit ihrem männlichen Therapeuten beendet war. Sie war entschlossen, sich umzubringen, wollte aber zunächst der Behandlung bei Dr. F. eine Chance geben. Sie erzählte Dr. F., eine inzestuöse Beziehung mit ihrem Vater gehabt zu haben, aus der sich die lebenslange Überzeugung entwickelt hatte, sie sei deswegen ein schlechter Mensch. Cathy zufolge hatte die Mutter von dem Inzest gewußt, aber empfunden, es sei hilfreich, wenn die Tochter die Aufgabe übernehme, die sexuellen Bedürfnisse ihres Ehemannes zu befriedigen, weil sie selbst ja durch die Versorgung von Haus und Kindern chronisch erschöpft war.

Cathy erzählte Dr. F., sie hätte eine Pistole erworben und beabsichtigte, sie in sieben Monaten, an ihrem 30. Geburtstag zu benutzen. Dr. F. fühlte, wie es ihr kalt den Rücken hinunterlief. Einen Monat vor dem ersten Treffen mit Cathy hatte sie einen anderen Patienten durch Suizid verloren. Sie dachte bei sich, sie werde es nicht ertragen, noch-

2 Die Therapeutin war eine voll ausgebildete Analytikerin mit Kenntnis der analytischen Behandlungstechnik. Sie hatte ein umfassendes Wissen über Grenzen und Grenzverletzungen. Vor langer Zeit bereits lernte ich, dass Ausbildung und Wissen allein nicht ausreichen, um Grenzverletzungen zu verhüten.

mals die gleiche Erfahrung zu machen. Selbst den Beruf aufzugeben und sich vorzeitig berenten zu lassen, hatte sie erwogen. Sie versuchte, Cathy an einen Kollegen zu vermitteln, aber ihre Anwort war: »Niemand wird mich jetzt wollen. Ich bin beschädigte Ware,« anspielend auf die sexuelle Beziehung mit ihrem vorherigen Therapeuten.

Cathy erzählte Dr. F., Selbstmord sei immer in ihren Gedanken. Obwohl sie eigentlich noch keinen Versuch unternommen habe, sich umzubringen, fühle sie, dass es nur eine Frage der Zeit sei. Dr. F. fühlte, sie müsse alles in ihrer Macht Stehende tun, um den Suizid zu verhindern. Sie empfand dies als Chance, sich von dem vorangegangenen Selbstmord – für den sie sich verantwortlich fühlte –, zu lösen. Ein anderer Anteil in ihr wollte Cathy loswerden, aber sie fürchtete, sie fallenzulassen, würde einem Suizid Vorschub leisten. Jedenfalls war sie in Besitz genommen und gequält durch das Trauma des kurz zurückliegenden Suizids.

Sie begann mit einem Behandlungsverlauf mit drei Terminen pro Woche, obwohl Cathy sich das kaum leisten konnte. Dr. F. reduzierte ihr Honorar drastisch. Inhaltlich drehte sich vieles um den entsetzlichen Missbrauch und die Verwahrlosung in Cathys Ursprungsfamilie, und Dr. F. dachte, dass nur eine Form von elterlicher Zuwendung Cathy davon abbringen könnte, Hand an sich anzulegen. Dr. F. erzählte mir, von Loewald und Winnicott beeinflusst zu sein, die beide Psychoanalyse als etwas ansahen, was viel mit elterlichem Zuwenden und Halten gemeinsam hat. Sie war sich außerdem bewusst, bis zum 30. Geburtstag der Patientin nur wenig Zeit zur Verfügung zu haben, und fühlte sich unter Druck, eine liebevolle Beziehung gewähren zu müssen, die Cathy ein Gefühl geben könnte, ihr Leben als lebenswert zu empfinden.

Um ihre Strategie zu rechtfertigen, verwandte sie Margaret Littles Bericht ihrer Behandlung mit Winnicott, hielt die Hand der Patientin und sagte ihr, dass sie sie liebe. Die Patientin jedoch sprach fortgesetzt in jeder Sitzung über Suizid. Cathy erklärte Dr. F., ihre Liebesbekundungen seien leer und unaufrichtig, weil sie ja dafür bezahlt werde, das zu sagen. Sie meinte, ja schon früher von Therapeuten getäuscht worden zu sein, und könne ihr nicht trauen. Cathy fuhr fort und gab an, das Geld gehe ihr aus und sie könne Dr. F. sowieso nicht weiter aufsuchen. Dr. F. versprach, sie ohne Honorar zu behandeln.

Um Cathy zu versichern, dass ihre Liebe aufrichtig sei, umarmte Dr. F. sie nach jeder Sitzung fest. Diese Umarmungen waren enorm befriedigend für Cathy, und sie sagte zu Dr. F.: »Wenn Sie mich umarmen, fühlt sich das an, als würde eine Droge in meine Venen injiziert.

Ich werde süchtig danach. Ich komme ohne das nicht mehr zurecht. Es gibt mir einen Grund zu leben.«

Wie bei allen abhängig machenden Drogen entwickelte Cathy bald eine Toleranz in Bezug auf die Umarmungen und wollte mehr von ihrer Therapeutin. Dr. F. nahm Cathy mit auf Einkaufsbummel und begründete das mit dem Hinweis, sie gewähre eine Art von Mutter-Tochter-Beziehung, die Cathy niemals erfahren hätte. Während dieser Einkaufstouren kaufte sie Cathy regelmäßig Kleidung, und sie gingen in Restaurants, um einen Happen zu essen. Gelegentlich schauten sie sich nach einem Tag voller Einkäufe einen Film an und Cathy erzählte ihr, erstmals in ihrem Leben fühle sie, eine Mutter zu haben, die sie liebte. Cathy erzählte Dr. F., sie wolle, dass sie ihre *richtige* Mutter sei. Dr. F. hingegen erklärte, das Beste was sie tun könne, sei *wie* eine Mutter zu sein.

Cathy fühlte sich zurückgewiesen. Ihr Gefühl der Abgelehntheit verstärkte sich, als Dr. F. ihr mitteilte, sie könne sie während einer der kommenden Wochen nicht sehen, da ihre Tochter, die in einer anderen Stadt lebte, kommen würde, um sie zu besuchen. Cathy war empört und aufgebracht bei dem Gedanken, jemand würde ihren Platz einnehmen. Sie ging zu Dr. F.s Haus und beobachtete sie durch ein Fenster, während sie mit ihrer Tochter das Abendessen zubereitete. Sie wurde wütend und rief Dr. F. über ihr Mobiltelefon an. Dr. F. sagte ihr, sie brauche ihre Privatsphäre. Cathys Antwort war: »Auch gut. Dann bring' ich mich eben um.« Dr. F. beschwor sie, nicht nach ihren Impulsen zu handeln und als Erstes am nächsten Morgen in ihre Praxis zu kommen.

Cathy erschien in der Praxis, und Dr. F. entschuldigte sich überschwenglich wegen ihrer abrupten Art am Vorabend. Sie sagte der Patientin, sie würde alles tun, um sie davon abzubringen, sich zu töten. Sie erklärte, vor kurzem einen Selbstmord in ihrer Praxis gehabt zu haben und diese Erfahrung nicht noch einmal ertragen zu können. Cathy schlug einen Handel vor – wenn sie beide zumindest einen Tag des Wochenendes an jedem Wochenende miteinander verbrächten, dann würde sie sich nicht umbringen. Dr. F. sagte ihr, sie könne auf einen solchen Handel nicht eingehen, da sie etwas Privatsphäre brauche. Sie erklärte weiter, Cathy habe ihr Privatleben übernommen, brauche aber auch andere Beziehungen. Sie schlug vor, ihre Begegnungen auf die drei Therapiesitzungen pro Woche zu beschränken. Außerdem sagte sie, dass die Umarmungen aufhören müssten, weil sie ihren Zustand verschlechterten. Cathy schrie sie an: »Sie können nicht von mir erwarten, auf kalten Entzug zu gehen. Ihre Umarmungen sind meine Medikation. Sie können die Uhr nicht zurückdrehen. Sie können mir nicht etwas geben und es dann wegnehmen.«

Nachdem ich diese Geschichte gehört hatte, fragte ich Dr. F., ob sie daran gedacht hatte, die Patientin in eine Klinik einzuweisen, sodass sie die Vorteile eines Behandlungsteams hätte nutzen und mit ihr daran hätte arbeiten können, wie sie sich aus der Beziehung herausziehen könnte. Sie erklärte, Cathy habe eine Klinikeinweisung abgelehnt und gedroht, sie bei der lizenzgebenden Kammer anzuzeigen, falls sie versuchen würde, sie einzuweisen. Sie sagte, sie würde allen über Dr. F.s unethisches Verhalten berichten und ihre Karriere zerstören. Dr. F. fühlte sich in Geiselhaft genommen. Obwohl beide sich bereits die meiste Zeit furchtbar fühlten, glaubte sie keine andere Wahl zu haben, außer damit fortzufahren, Cathy dreimal pro Woche in ihrer Praxis zu sehen und einen Wochenendtag außerhalb der Praxis mit ihr zu verbringen.

Ich fragte Dr. F., wie sie sich überhaupt in die gegenwärtige Lage hineingebracht habe. Sie berichtete, mit einer suizidalen Mutter aufgewachsen zu sein, die sie im Keller mit einer Pistole auf dem Schoß habe sitzen sehen, wo sie über Selbstmord nachgedacht habe. Sie war tief traumatisiert durch die Angst, ihre Mutter würde sich töten, und dann niemanden mehr zu haben, der sie versorgt. Sie berichtete, dass diese Erfahrungen sie dazu bewogen hatten, sich zu entschließen, Therapeutin zu werden, um zu versuchen Menschen zu helfen, die sich in solcher Verzweiflung befanden. Sie war nicht in der Lage, ihre Mutter letztendlich vom Selbstmord abzuhalten, aber sie fühlte, ihre Patienten vor der Selbsttötung retten zu müssen. Dr. F. erzählte mir, die Patientin bringe sie um den Verstand, und sie sei verzweifelt auf der Suche nach einem Ausweg. Folglich hatte Dr. F. es gleichzeitig sowohl mit dem kürzlich zurückliegenden Trauma des Selbstmordes ihres Patienten als auch mit dem lange bestehenden Trauma des mütterlichen Suizides zu tun. Ihre Berufswahl war ein nicht mentalisiertes »enactment« welches die Phantasie einschloss, ihre Mutter zu retten.

Diskussion

Dr. F. versuchte eindeutig, sich vom Aggressor zu desidentifizieren und jegliche Verbindung mit einem vernachlässigenden oder missbrauchenden Elternteil mit der internalisierten Repräsentanz eines schlechten Objektes abzuerkennen. Wir können uns in die innere Verfassung hineinversetzen, in welcher sie die Behandlung von Cathy begann, und können etwas von uns selbst wiedererkennen, was vorzieht, die negative Übertragung zu vermeiden, insbesondere im Zusammenhang mit dem kurz zurückliegenden Verlust eines ihrer Patienten durch Suizid. Dr. F. versuchte, eine Erfahrung bedingungsloser elterlicher Liebe zu gewähren, indem sie sich an Wochenenden für die Patientin verfügbar machte, die Patientin umarmte und sie sogar behandelte, als wäre sie ein Kind.

Ein Grund, warum diese Strategie scheitert, ist die Suche des Patienten nach einem Objekt, welches »schlecht genug« ist (Rosen 1993, Gabbard 2000). Wenn wir es nicht zulassen, uns in die Rolle des schlechten Objektes hineinverwandeln zu lassen, wird der Patient seine Forderungen steigern müssen, bis er so wütend und aufgebracht wird, dass wir anfangen, »den Verstand zu verlieren«, wie es Dr. F. tat, und dem Patienten eröffnen müssen, wie wütend wir sind und unmöglich weitermachen können in unserem Bemühen, ein wirklicher Elternteil zu sein.

Dr. F.s Situation repräsentiert außerdem ein weiteres häufiges Thema bei ernsten Grenzverletzungen – nämlich das einer besonderen Passung zwischen der inneren Welt des Patienten und der des Analytikers. Dr. F. war wegen ihrer privaten Besorgnis, ihre Mutter und den vorherigen Patienten im Stich gelassen zu haben und dadurch zu beider Suizid beigetragen zu haben, besonders verwundbar, sich vom Aggressor zu desidentifizieren. In ihrem Herzen glaubte sie, sie hätte ihre Mutter und ihren früheren Patienten umgebracht. Sie wollte tun, was immer sie konnte, um zu beweisen, dass sie keine Mörderin war. Dr. F.s Angst bezüglich Cathys Potential, sich umzubringen, wurde von Cathy sofort erspürt, die überdies genau wusste, welche Knöpfe zu drücken waren, um sicherzustellen, dass ihre Therapeutin auf ihre Bedürfnisse antworten musste. Dr. F. berichtete mir, dass sie überaus besorgt über die suizidalen Ideen und Impulse von Cathy war und dass sie – jedesmal, wenn sie sich trafen – versucht hatte, Cathy zu überreden, nicht mehr suizidal zu fühlen.

Dr. F.s Angst darüber, ob die Patientin handeln würde oder nicht, schwächte ihre Fähigkeit klar zu denken und über die Bedeutung von Cathys Suizidalität zu reflektieren. Sie erfuhr – ähnlich wie die Patientin – ein Versagen der Mentalisierung und einen Zusammenbruch des analytischen Raumes (Gabbard 2003). Ihre eigene Empfindung von notwendigem Spielraum für die Behandlung ging in einer aufgeregten Besorgnis darüber unter, was an konkreter Aktion erfolgen sollte, um den Selbstmord zu verhindern. Darüberhinaus schuf Dr. F. selbst die

Bedingungen für das heranziehende Unheil, indem sie die Patientin konkret ermutigte, sie als immer verfügbaren wirklichen Elternteil anzusehen. Dieses implizite Versprechen erfüllte die Patientin mit falschen Hoffnungen und mußte letztendlich zerschmettert werden.

Prävention

Das Ziel, Grenzverletzungen zu verhindern, umfasst eine weltfremde, idealistische Dimension. Zu Psychoanalyse und Psychotherapie gehört eine radikale Ungestörtheit, die eine einzigartige Verwundbarkeit erschafft. Wir werden niemals im Stande sein, alle Fälle destruktiver Ausbeutung von Patienten zu verhindern. Ausbildung und eine persönliche analytische Erfahrung für alle Behandler sind hilfreich, aber stoßen an Grenzen. Wir neigen zur Überidealisierung des vorbeugenden Wertes unserer eigenen Ausbildungsanalysen. Freud, andererseits, hatte eine eher bescheidene Auffassung darüber, was Analyse für den Analytiker erreichen kann. Wir Analytiker sind Meister der Selbsttäuschung. Egal, wie gründlich wir Grenzverletzungen verstehen, egal, wie ausgeprägt unsere persönlichen analytischen Erfahrungen sein mögen, wir können uns dennoch selbst vormachen, dass unsere Abweichungen vom Rahmen im besten Interesse des Patienten lägen und aufgrund unserer Erfahrung und unseres Wissens über psychoanalytische Arbeit handhabbar blieben.

Die bei weitem beste vorbeugende Maßnahme ist folglich die regelmäßige Konsultation eines Kollegen oder einer Gruppe von Kollegen. Dennoch, Kräfte innerhalb unseres eigenen Fachgebiets verschwören sich gegen diese Praxis. Wir haben einen eigentümlichen Begriff von Autonomie in unserem Fachgebiet. Wir sind ausgebildet im Kontext einer Triade von Patient, Analytiker und Supervisor. Nach der Abschlussprüfung jedoch gehen wir auf uns selbst gestellt in die Kälte, und es wird erwartet, dass wir alleine fliegen können. Die analytische Dyade enthält eine inzestuöse Qualität. Zwei Menschen interagieren hinter verschlossener Tür ohne Beisein einer dritten Partei. Die Einführung eines Beraters stellt ein »Drittes« bereit, welches entscheidend ist, um die inzest-artige Qualität der Dyade zu unterbrechen.

Wir sind außerdem darin ausgebildet, das, was im Behandlungsraum geschieht, abzuteilen, und halten es getrennt vom Rest unserer Psyche. Wenn wir von der Couch vertrauliche Informationen über einen Kollegen erhalten, wissen wir, wir können sie nicht verwenden.

Also lagern wir solche Informationen in einer privaten Abteilung ab und bemühen uns sicherzustellen, dass sie nicht in die gewöhnliche Konversation hineingeraten, während wir mit Freunden und Kollegen tratschen. Wenn wir also erst einmal anfangen, das, was wir eigentlich mit Patienten tun, abzukapseln – damit uns die Kollegen nicht anmahnen, es zu beenden oder unseren technischen Zugang zu verändern – dann können wir folglich ganz leicht auf einen zwielichtigen, abschüssigen Hang geraten. Alle Kandidaten müssen unterwiesen werden, dass sie schon dann in Schwierigkeiten stecken, wenn es irgendetwas gibt, was sie tun, sie sich aber schwer tun, einem Supervisor oder Berater davon zu berichten. Sie müssen einen Supervisor ansprechen und alles erzählen, bevor das Unheil seinen Lauf nimmt.

Weiterhin müssen wir die mächtigen Gruppenkräfte beachten, die in psychoanalytischen Organisationen wirken und das unsichtbar machen, was vor unseren Augen liegt. Wir neigen dazu, einander zu schützen. Außerdem ist es wahrscheinlicher, dass wir die psychodynamischen Themen, die den Grenzverletzungen zugrunde liegen, verstehen wollen, als dass wir einem Kollegen sagen: »Laß' es sein!« Um die Integrität der Psychoanalyse zu schützen, müssen wir manchmal den Mut aufbringen, unanalytisch zu sein.

Schließlich sollten wir auch nicht die Sorge um uns selbst vernachlässigen. Wenn jemand als Lebensretter oder als Lehrer für Sicherheit im Wasser ausgebildet ist, wird ihm der folgende Grundsatz beigebracht: bevor Sie den ertrinkenden Schwimmer retten, sorgen Sie dafür, dass sie selbst gesichert sind. Wir Analytiker sollten dasselbe tun.

Aus dem Englischen von Klaus Poppensieker

Literatur

Dupont, J. (ed.) (1988): The Clinical Diary of Sandor Ferenczi (übers. von M. Balint und M. G. Jackson). Cambridge, MA: Harvard University Press.

Gabbard, G. O. (1995): Countertransference: the emerging common ground. Internat. J. Psychoanal. 76, S. 475–485.

– (1997): Challenges in the analysis of adult patients with histories of childhood sexual abuse. Can. J. Psychoanal. 5, S. 1–25.

– (2000): On gratitude and gratification. JAPA 48, S. 698–716.

– (2003): »Miscarriages of psychoanalytic treatment in suicidal patients.« Internat. J. Psychoanal. 84, S. 249–261.

– und Lester, E. (2003): Boundaries and Boundary Violations in Psychoanalysis. Washington, DC: American Psychiatric Press.
Gedo, J. U. (1993): Beyond Interpretation: Toward a Revised Theory for Psychoanalysis (Revised Edition). Hillsdale, NJ: Analytic Press.
Greenberg, J. R. (1995): Psychoanalytic technique and the interactive matrix. Psychoanal. Quart. 64, S. 1–22.
Gutheil, T. G. und Gabbard G. O. (1993): The concept of boundaries in clinical practice: theoretical enriched management dimensions. Am. J. Psychiatry 150, S. 188–196.
– (1998): Misuses and misunderstandings in boundary theory in clinical and regulatory settings. Am. J. Psychiatry 155, S. 409–414.
Mitchell S. A. (1993): Hope and Dread in Psychoanalysis. New York: Basic Books.
– (1977): Psychoanalysis and the degradation of romance. Psychoanal. Dial. 7, S. 23–42.
Ogden T. H. (1994): Subjects of Analysis. Northvale, NJ: Jason Aronson.
Renik, O. (1993): Analytic interaction: conceptualizing technique in light of the analyst's irreducible subjectivity. Psychoanal. Quart. 62, S. 553–571.
Rosen, I. (1993): Relational masochism: the search for a bad-enough object. Presented to the Topeka Psychoanalytic Society, 21 January 1993.
Schoener, G. R., Milgrom J. H., Gonsiorek J. C., Luepker E. T., Conroe R. M. (1989): Psychotherapists' Sexual Involvement with Clients: Intervention and Prevention. Minneapolis, MN, Walk-In Counseling Center.
Steiner, J. (2000): Book review of A Mind of One's Own: A Kleinian View of Self and Object by R. Caper. JAPA 48, S. 637–643.

Alfred Bringmann

»Der Weg durch die Eiszeit«. Erfahrungen von Zeitlosigkeit und Ohnmacht in der analytischen Arbeit

Behandlungsabschnitte einer hochfrequenten Langzeitanalyse

Einleitung

Frau A. kommt seit mehr als 1000 Stunden zur analytischen Behandlung und wurde u. a. über fünf Jahre viermal pro Woche behandelt. Sie hat ein Borderline-Syndrom mit psychosenahen Episoden und perversen und autistischen Anteilen. Es war das unbewusste Ziel der Patientin, über eine außergewöhnliche Änderungsresistenz eine Zeitlosigkeit herzustellen, auf die sie sich immer zurückziehen konnte, wenn der Kontakt mit der psychischen Realität zu schmerzlich oder zu bedrohlich wurde, und auf die sie heute noch manchmal zurückgreift, aber es ist besprechbar. Sie suchte dabei unbewusst sich gegenseitig stabilisierende, pathologische Orte des seelischen Rückzugs auf. Ich habe diese Behandlung im Nachhinein passager als *zeitlos* und mich in diesem Sinne *ungetrennt* neben der Patientin erlebt. Ich wurde in die innere Welt von Frau A. hineingezogen, ich fühlte mich teilweise meiner bemächtigt und dann wieder völlig ausgeschlossen. Ich habe mit Hilfe von theoretischen Überlegungen und einer Gegenübertragungskonzeptualisierung um eine Gestalt gerungen, das Erlebte als Beziehung besser in mir halten zu können. Ich konnte meine Stagnation und Ohnmacht schrittweise wahrnehmen und akzeptieren und daraus einen Übergangsprozess aus der auch seelisch-missbräuchlichen Beziehung mit Frau A. gestalten.

Meine theoretischen Überlegungen beziehen sich auf Beobachtungen von J. Steiner (1999, S. 18–23) über hochkomplexe pathologische Organisationen von Abwehr, die geflechtartig ineinandergreifen und sich gegenseitig stabilisieren.

F. Tustin (1988, S. 274) und Th. H. Ogden (2000, S. 62 f.) schildern die Zielsetzung von Zeitlosigkeit und Unveränderbarkeit im autistischen System, die der Therapeut als quälend erlebt. W. Trimborn (2003, S. 1045) beschreibt die narzisstisch-inzestuöse Struktur als »radikalste Abwehr«. Nach seinem Verständnis von Perversion missbraucht der Patient Deutungen und Verhalten des Analytikers zur eigenen sexuellen

Erregung. Aus omnipotenten Erregungsgefühlen heraus zerstört er triumphierend die Intention und das gefühlshafte Angebot des anderen.

Der Beginn der Behandlung

Die jetzt 46-jährige, mittelgroße, anfänglich eher verhärmt, verschlossen bis unnahbar wirkende, ledige Frau A. kam wegen chronischen schmerzhaften Verspannungen des Bewegungsapparats. Sie arbeitete in einem sozialpädagogischen Beruf.

Im Laufe der Behandlung wurde deutlich, wie massiv und direkt sich bei ihr mentale Prozesse körperlich ausdrückten und wie ein wesentlicher Teil ihrer Kraft damit beschäftigt war, die groben inneren Spannungen zu regulieren. Sie wirkte einerseits ängstlich-depressiv, klagte über diffuse, ihr unverständliche Angstzustände und depressive Verstimmungen, andererseits war sie distanziert und wenig bemüht, intensiver über sich zu erzählen. Ihr Schmuck sind bis heute lange dunkelbraune Haare, gelegentlich überraschte und berührte sie mich mit einem kindlich-weichen Gesicht.

Unter vielen Menschen entwickelte sie einen massiven Druck im Brustkorb, verbunden mit panischer Angst, zu ersticken. Erst Jahre später wird sie mir über den Ausdrucksgehalt und ihren Umgang mit diesem Symptom einen wesentlichen Teil ihres inneren Selbstbildes enthüllen: »Ich ersticke an mir selbst, drücke innerlich so dagegen, dass ich keine Luft mehr bekomme. Ich hätte in die Psychiatrie gemusst, weil ich die Menschen nicht aushalte, ich müsste aus dem Verkehr gezogen werden, ich müsste sediert werden.«

Ohne bewussten Zugang zu der angedeuteten inneren Welt der Patientin empfahl ich ihr, sich bei einer Entspannungs- und Atemtherapeutin vorzustellen. Frau A. bekam dort in der dritten Sitzung eine psychosenahe, sie desintegrierende Angstreaktion mit Wahrnehmungsverzerrungen, halluzinatorischen Gewaltszenen und elementarem Ausgeliefertsein. Die Berührung ihres Brustbeins durch die Therapeutin und die von ihr geschilderte Stimmung, die Therapeutin könnte ihre Mutter sein, lösten einen intensiven Beziehungswunsch und entsetzliche Bedrohung aus. Die Mutter der Patientin hatte ihr während ihrer starken Angstzustände häufig die Hand auf den Bauch gelegt, dabei entstand ein tiefes warmes, durchdringendes Gefühl. Die Hoffnung auf eine gute Mutter weckte offensichtlich auch die Erinnerung an eine sich ihrer bemächtigenden Mutter. Sie sah das Gesicht der Therapeutin als

Fratze und entwickelte ungeheuere Angst. »Ich gehe dort nie wieder hin.« Die Menschen auf der Straße wirkten verzerrt, sie wurden in einen U-Bahnschacht hereingezogen. Wenn die Patientin die Augen schloss, sah sie blutüberströmte Gesichter. Frau A.: »Ich versuchte, mich dagegen zu stemmen und dachte: Ich halte es aus«, und dann sagte sie, alles Jahre später, »vielleicht hat mir meine Allmacht dagegen geholfen.« Frau A. fühlte sich allmächtig, ihre Wirklichkeit zu verändern. »Ich kann etwas glauben, und dann ist es so, und ich kann Gefühltes und Geschehenes wegwischen, und dann ist es nicht mehr da.« Was sie zu einer mich häufig verwirrenden Schmerz- und Angstbewältigung einsetzte, wird sie später als zerrissene und konfuse Innenwelt beschreiben: »als ob mein Kern sich dreht, manchmal bin ich so, dann so, ich erlebe mich auch so, ich muss mir dann von anderen sagen lassen, was richtig und was falsch ist, mir fehlt etwas, der Kern ist nicht gut, ich bekomme kein Bild für Konstanz.« Jahre nach der oben beschriebenen Entgrenzung wird Frau A. zu mir sagen:

»Nach der Körpertherapeutin wusste ich, dass ich bei Ihnen bleiben werde. Sie werden mein Psychotherapeut.«

Im Verlauf des Berichts werde ich auf meine Gegenübertragungssituation zurückkommen. Damals fühlte ich mich verantwortlich, aber auch überrascht und ratlos, ich entschied mich für eine Kurzzeittherapie zur Indikationsabklärung. Im Rückblick betrachtet versuchte ich, mich dem mir irgendwie nicht geheueren Zugriff der Patientin zu entziehen, indem ich Grenzen einbaute. Die Analyse bedeutet, im Nachhinein gesehen, für Frau A. einen schweren Konflikt zwischen dem Wunsch einerseits, massive körperliche und seelische Anspannungen und Verlorenheitsgefühle zu mildern, und der Angst andererseits, durch das, was sie über sich erfahren würde, mit unerträglichen Verfolgungs- und Schuldgefühlen konfrontiert zu werden. So hatte sie mir damals nur beiläufig berichtet, dass sie vom 13.–28. Lebensjahr in einer Glaubensgemeinschaft war, die ihrer späteren Schilderung nach einer autoritären, übergriffigen Sekte entspricht und zu der sie von ihrer Mutter zur Bewältigung ihrer massiven Angstzustände mitgenommen wurde. Ausmaß und Dauer von innerer Verwahrlosung und Verlorenheit haben sich erst im Laufe des letzten Analysedrittels enthüllt. Es blieb zunächst ein rätselhafter, irgendwie blander und doch sehr kranker Eindruck von dieser Frau, den ich weitgehend unreflektiert und ohne beunruhigtes Nachspüren hinnahm. Der psychosenahe Beginn war im Laufe der Zeit nicht mehr prägend für mein Bild von ihrer inneren Selbst- und Objektwelt. Dazu gehört, dass es für den Beginn der Behandlung keine sprechende Szene zwischen der Patientin und mir gab. Heute sehe ich darin einen wichtigen Hinweis für die Art der Verwicklung von Frau A. und mir. Ich war in den Bann einer Abkapselung mit Frau A. geraten, Teile der erlebten Beziehung mit ihr waren vom Gefühl her ausgelöscht. Ich lernte erst in einem längeren Prozess, dass ich ohne die neugierige Mithilfe meiner Patientin analytische Funktionen ausüben musste: zu erinnern und zu merken, aufmerksam wahrzunehmen und genau zu untersuchen. Es gab aber auch keine aggressiven Gegenübertragungsreaktionen in einem Ausmaß, die die Analyse beendet hätten. Ich wurde, ohne es zunächst wahrzunehmen, in das Grundthema dieser Patientin, einer stagnierenden und damit misslungenen Separations- und Individuationsentwicklung hineingezogen.

Ich werde Ihnen zeitliche Sprünge und Vorgriffe zumuten, die die Spannung und Willkür ihrer inneren Selbst- und Objektwelt, aber auch meine Verwicklung widerspiegeln. So entspricht der collagenhafte Aufbau der Verlaufschilderung der Zerrissenheit in der Behandlung.

Es gab in der Patientin keinen dritten Raum für Urlaub, tiefere Freundschaften oder häufigere familiäre Kontakte, auch nicht als besprochene Phantasie, es gab auch seit über 14 Jahren keine Partnerschaft. Seelisches Erleben, insbesondere Wut und Erregung, drückten sich in den Stunden häufig über Schmerzen, schwere körperliche Anspannung aber auch über geschilderte sexuelle Erregung direkt leiblich aus. Über Jahre geht die Patientin vor und nach der Sitzung auf die Toilette, beschämt wird sie später berichten, dass sie einige Male vor den Sitzungen masturbiert hat. Im Nachhinein kommentierte Frau A.: »Ich hatte damals Angst zu zerfallen.« Und im späteren Verlauf der Analyse: »Ich brauche Sie als Stütze, wie meine Mutter, weil ich mich nicht aushalten kann. Ich verletze mich dauernd, Sie müssen mich vor mir schützen.«

Es war mein hautnahes Erleben, wie die Patientin mich in meiner Sprache imitierte, konkretistisch meine Anwesenheit benötigte, massiv aggressiv ablehnend bis hin zu Impulsen von Körpergewalt mir gegenüber auf Wochenendtrennungen reagierte, sodass ich mich 2001 um eine regelmäßige Supervisionsmöglichkeit, einzeln und in einer Gruppe, bemühte. Diese Supervision half mir, mein analytisches Selbstgefühl gegenüber dem eindringenden und dem sich meiner fast bemächtigenden Beziehungswunsch von Frau A. zu stärken. Frau A. hatte mich mit ihrem auf mich projizierten Selbstbild: Ich bin Außenseiterin, ich gehöre nicht zur Menschheit, vorübergehend vereinnahmt. Ich hatte mich in meiner Arbeit mit ihr, ohne Austausch, isoliert.

Frau A. gehört zu einer der wenigen in ihrem Berufsfeld, die es geschafft haben, halbwegs selbstständig zu bleiben. Ihr Verdienst reicht für ihren Lebensunterhalt und für die Bezahlung der Analyse. Sie kümmert sich um einzelne körperlich und geistig behinderte Kinder. Sie kann sich so, ohne auf regelmäßigere Gruppenkontakte angewiesen zu sein, ihre Arbeit einteilen. Ihr hilft die Identifizierung mit der Mutter, die auch schwerkranke, fremde Kinder betreute und pflegte.

Zwei Schwerpunkte der Biographie von Frau A.

Zum besseren Verständnis von ihr und des Analyseverlaufes schildere ich Aspekte der ersten unaufgehobenen und wirren, aber gleichzeitig auch erregenden Lebensjahre sowie einige Einzelheiten ihrer »Sekten«-mitgliedschaft vom 13.–28. Lebensjahr. – Die bei Geburt 18-jährige Mutter der Patientin nennt die Zeugung eine Vergewaltigung und berichtet ihr von mehreren Abtreibungsversuchen. Erst im Laufe der Analyse kann Frau A. die Flucht mit ihrer Mutter aus dem ehelichen Haushalt nach Westdeutschland, das ständige Hin und Her zwischen Berlin und Hessen und den häufigen Wechsel von Männern bei ihrer Mutter schildern: Frau A.: »Plötzlich war der Liebhaber meiner Mutter weg, er hatte sich nicht von mir verabschiedet, dann teilte *ich* wieder das Bett mit meiner Mutter.« Sie habe versucht, die Männer bei Mutter zu ersetzen. Später wird sie beschämt berichten, dass sie heimlich ihre Scheide an dem Bein der Mutter gerieben hat, in der mütterlichen Familie hat es erotisch aufgeladene Pfand- und Entkleidungsspiele auf Partys gegeben. – In der sexualisiert-erregenden und übergriffigen familiären Atmosphäre wurde die Verlorenheit des Mädchens eher aushaltbar, und klangen nicht gleichzeitig grenzenlose Macht- und Besitzphantasien mit an? Die beiden »Frauen«, eine Formulierung, die mir beim Schreiben »untergerutscht« ist, die ich dann aber bewusst stehen gelassen habe, stabilisieren und tyrannisieren sich, ohne dass ein Dritter eine Rolle spielt: Sie haben eine körperliche Geheimsprache, die Augen der Mutter erfassen nicht nur alles an ihrer Tochter, sondern wie die Patientin in den letzten Monaten berichtet: »Wenn ihr Blick böse war, war ich böse, wenn ihr Blick gut war, war ich gut.«

Diese Hellsichtigkeit reinszenierte sich in der Behandlung: Ich empfand als unheimlich, dass mir der Beginn einer eigenen schwerwiegenden Infektion mit Krankenhausbehandlung entgangen war, den Frau A. aber an mir wahrgenommen hatte. Sie wusste lediglich von meiner krankheitsbedingten Abwesenheit und sagte nach meiner Rückkehr: »Sie hatten am letzten Tag eine heiße Haut und eine schnelle Atmung.« Im Nachhinein glaube ich, dass ich mich vor dieser hellsichtigen, sich meiner fast bemächtigenden Seite der Mutterübertragung durch eine Art inneres Nicht-wahrhaben-Wollen, ähnlich wie die Patientin, geschützt habe und so unbewusst unsere Nähe regulierte und kontrollierte. – Es waren eine Reihe von Erlebnissen und Reflexionsschritten notwendig, bis ich die Sehnsucht nach Entgrenzung, die Bedrohung durch Entgrenzung und den daraus entstehenden fast allgegenwärtigen Kontrollwunsch der Patientin über mich als inneres Bild von Frau A. in mir halten konnte.

Als Frau A. zehn Jahre alt war, heiratete die Mutter einen Mann mit zwei eigenen Kindern.

Frau A. schilderte im vorletzten Jahr einen Traum, in dem sie, zum Teil wie ein Baby oder Kleinkind, bildhaft die Verlorenheit ihrer Kindheit und Zeitlosigkeit und Unrast ihrer inneren Welt ausdrückte.

Traum: Ich sehe gar nichts, es gibt kein ruhiges Bild, es ist alles ganz dicht um mich, Häme, Lust, abschätziges Lächeln, ich durchschaue den anderen, dass er lügt, ich habe Freude, dass er leidet, ich sehe nicht, aber ich spüre atmosphärisch, ich bin wie im Fieber, die Menschen können da sein oder sind nur Einbildung, das Ganze ist wie eine unruhige Kameraeinstellung, es wechselt dauernd, es gibt kein klares Bild. Jemand sagt mir etwas, oder ich denke es nur. Denke ich da an Sie? Ich weiß es nicht. (Traumende)

In einer unruhigen und flackernden Welt schützen Häme, Abwertung, Erregung, aber auch gnadenlose Verfolgung vor dem Fall in ein Nichts, es gibt keine Entwicklung. Traum und Schilderungen der Patientin sprechen für psychischen Missbrauch und massive Missachtung ihrer Subjektivität. Wenige Stunden später bringt sie, für mich überraschend, Fotos ihrer Mutter vor der Geburt der Patientin mit: eine hübsche, lockend anziehende und doch irgendwie unschuldig aussehende junge Frau. Frau A.: »Die Mutter sah zehn Jahre später noch genauso aus, ein sauberes Mädchen, aber immer einen Schlag bei Männern.« Zehn Jahre später bedeuten die ersten zehn Lebensjahre von Frau A., nach Aussagen haben sie bei der Mutter keine Spuren hinterlassen. Die Mutter ist wie spurenlos, und so wird Frau A. ihrer Mutter kaum als Container für die Verlorenheit und gleichzeitige Reizüberflutung erlebt haben.

Der etwas ältere Vater, von Beruf Polsterer und Dekorateur, hat mehrfach versucht, mit Frau A. Kontakt aufzunehmen. Die letzte persönliche Begegnung mit 12 Jahren, ein überraschender Besuch in der Schule der Patientin, führte zu dramatischen Konsequenzen: Frau A. entwickelte eine Angstsymptomatik und blieb über Monate zu Hause, ohne dass sich die Symptomatik besserte, der Kontakt mit dem Vater war von der Mutter längst verboten. – Die Begegnung mit einem eigenständigen Dritten als Alternative, als Schaffung eines dritten Raumes, war für die Patientin bedrohlich, weil er Separation, Loyalitätsbruch der Mutter gegenüber und damit etwas Lebensgefährliches in den Augen der Patientin bedeutete. So habe ich u. a. auch verstanden, dass Frau A. viele Stunden damit begann, es sei noch etwas zu klären zwischen uns, dann wurde sie ausschweifend, füllte die Leere mit Worten und Satzhülsen, wurde angespannt und verlor den Kontakt zu ihren ursprünglichen Anliegen. Ein Thema als Drittes war zu gefährlich.

Der Heiler, die Sekte und die Heilerübertragung

Im Patientenalter von 13 Jahren nimmt die Mutter ihre Tochter wegen der weiterhin starken Angstsymptomatik in eine relativ kleine, offiziell mit der evangelischen Kirche liierte Glaubensgemeinschaft mit, von der Patientin »Sekte« genannt. In Anwesenheit der Mutter wiederholen sich religiöse Heilungsrituale, in denen ein älterer Heiler seine Hand, fast spürbar, über die Brust der Patientin hält, es besteht eine enorme Spannung, ein erotisch aufgeladener Kontakt. Sehr viel später erzählt die Patientin, dass sie dieses Ritual selber, zum Teil sich dem Heiler aufdrängend, wieder angestrebt hatte. Frau A. war entlastet und dankbar, dass wir neben ihrer Selbstaufgabe in der Sekte und der götzenhaften Überhöhung dieser Glaubensgemeinschaft auch gemeinsam betrachteten, dass sie damals durch die Sekte einigermaßen sozial stabilisiert werden konnte und ihr Halt gegeben wurde, ihre sozialen Berufsausbildungen abzuschließen.

Der Eintritt in die Sekte war sicher eine Mehrfachentlastung für die Beziehung zwischen der Mutter und der Patientin. Sie teilten eine erregende und für sie religiös heilbringende Erfahrung mit einem Dritten. War es nicht wie ein grenzenloses, geheimes und nicht zu überbietendes Phantasma? Die Beziehung zum Heiler brachte Entlastung in den Bemächtigungswunsch der Patientin der Mutter gegenüber. Frau A.: »Mir konnte nichts passieren, da ist Gott vor.« Der Heiler konnte, so Frau A., Böses übernehmen, in sich halten und in Gutes verwandeln. Er hatte sie als Predigerin vorgesehen, da sie Träger des »Mediums« sei, einer

Fähigkeit, Böses im anderen aufzuspüren und zu übernehmen. Dieser Lebensentwurf war ihrem Selbstgefühl: »So wie ich bin, werde ich weggeschickt,« vollkommen entgegensetzt. Es ist die ungeschminkte Heilererwartung an mich, wenn sie im August 2005 rückblickend sagte: »Sie sollten mit mir leben wie der Heiler, und ich werde gut. Ich bin so apathisch, als wenn ich keinen Einfluss auf mich haben würde.« In der Gegenübertragung war die Rollenannahme des Heilers zunächst fremd bis abstoßend, dann unangenehm, ich fühlte mich missbraucht, in dieser Rollenerwartung bündelte Frau A. den Drang nach Ungetrenntsein und den Selbstobjektwunsch an eine väterliche Figur. Andererseits war ich durch meine zeitweilig unzureichende Reflexion über die Rollenerwartung der Patientin und über mein Erleben von Zeitlosigkeit längst in die Heilerübertragung eingebunden. Später begann ich mich mit meinen Ohnmachtsgefühlen in dieser Behandlung auseinander zusetzen und mit der Frage, in welchem Ausmaß die Patientin mich ausschließlich als Ersatz für Heiler und Sekte benutzt oder ob sie Erfahrungen aus der analytischen Beziehung mit mir als eigenes festhalten kann. Ich verstand auch, dass die analytische Arbeit für die Patientin mit einem Loyalitätsbruch dem Heiler gegenüber verbunden war, voller Angst vor Bestrafung. Im Frühjahr 2005 benannte sie den Unterschied in der Beziehung zwischen ihr und dem Heiler und ihr und mir, indem sie über ihren Gott sprach: »Ich löse mich in diesem Gott auf, ich werde schmerzfrei und unberührbar, aber ich bin auch ein Loch, ich muss Abschied nehmen von diesem kalten Gott. Ohne ihn hätte ich mich früher umgebracht, helfen Sie mir, diesen Gott zu betrachten, damit ich abschließen kann. Ich muss ihn hierher bringen, sonst flüchte ich zu ihm.« Im Gegensatz zum Heiler versuche ich, meine Verwicklung in Ungetrenntheit und mein Gefühl, missbraucht zu werden, innerlich zu bearbeiten, um dann Wesentliches mit ihr zusammen zu verstehen.

Erfahrung von Zeitlosigkeit und Ohnmacht in autistischen und perversen Beziehungsmodi

Wie ist solch eine Patientin über Jahre auszuhalten? Was hat die Patientin über Jahre an mir ausgehalten? Im Nachhinein erlebte ich mein Denken über Phasen unkonzentriert, zerstückelt wie das der Patientin. Ich dachte, und es blieb ohne Folgen, ich vergaß es wieder, ich entsprach zum Teil dem Denken und Handeln von Frau A. in ihrer inneren und äußeren Realität.

Die Patientin hatte Teile von sich und mir abgekapselt und der Begegnung mit mir entzogen. So habe ich folgende Schilderung von ihr als *autistische Stabilisierung* verstanden: »Ich hätte gerne eine Hand von Ihnen, dann wären Sie zerstückelt, die Hand könnte mir die Spannung nehmen«, oder »Wenn ich Ihren Atemrhythmus übernehme, entsteht in mir körperliche Wärme«. An anderer Stelle: »Als wäre da ein Loch in meinem Bauch, ich lege den Teddy drauf, ich drücke ihn drauf, dann ist da ein Abschluss.« Nachts drücke sie die Hand an den Hals, sonst könne sie nicht einschlafen. Und dann der Bezug zur Erregung: »Wenn ich erregt bin, sind die Löcher nicht wahrnehmbar. Frau A.: »Ich bin wie ein Regisseur, der sich eine eigene Welt schafft, wie eine Sucht.« ... In den Stunden vor und nach Trennungen ist sie noch angespannter als sonst. Später beschrieb sie sich in einer großen Röhre, eingezwängt, nicht bewegungsfähig, die Klopfzeichen gehen nicht nach außen, und es kommt auch nichts von außen rein, mag sich der andere noch so sehr bemühen.

Trennungen sind für Menschen mit psychogen-autistischen Anteilen elementare Katastrophen, für die erst in langer therapeutischer Arbeit eine Sprache gefunden werden muss und die die Patienten als »davonfließen, auslaufen« beschreiben. Die Patienten halten mit großer Kraft, bis hin zur Gewalt, an stets verfügbaren Handlungen, wie zum Beispiel Druck auf die eigene Haut oder Selbstbefriedigung fest und ersetzen so das Angewiesensein auf die Mutter zugunsten selbsterzeugter Empfindungen.

Frau A. kommt regelmäßig, der Rahmen der Analyse ist wie eine zweite Haut. Sie geht zum Fußende der Couch, setzt ihren schweren Rucksack ab, der ihrem Rücken erfahrbare Begrenzung gibt, liegt über Jahre wie unverändert auf der Couch, hat in der langen Zeit nur eine Stunde versehentlich verpasst, war seltenst krank, bringt regelmäßig Träume mit und lässt gleichzeitig über Jahre einen großen Teil ihrer Phantasiewelt, ihrer Beziehung zur Mutter und ihrer Sektenerlebnisse außen vor. Sie schafft und erhält sich ein jederzeit abrufbares, durch keinen menschlichen Kontakt zuverlässiger zu gestaltendes Stabilisierungssystem, aber sie scheut auch offenere menschliche Begegnungen und hemmt damit wesentliche Entwicklungsschritte. Als Frau A. mir ihre Innenwelt später schilderte, hatte sie Teile eines vorsprachlichen Stadiums verlassen: »Das schlimmste ist, dass ich mich nicht einfühlen kann, dann schließe ich mich aus. Ich nehme Ihre Atmung wahr, aber dann entziehe ich mich, so entwickeln sich auch keine Ohren zum Hören und keine Augen zum Sehen, dann bekomme ich nichts mehr mit …« Frau A. löst sinnliche Elemente aus meinen Deutungen, erlebt sie als sexuell erregend und fühlt sich in der Beziehung zu mir omnipotent und vom Inhalt der Deutungen unberührt. Von anderen Deutungen wird sie, wie in dem Bild der Röhre, gar nicht erreicht: ein zeitloser, unzuverändernder Zustand stellt sich her. Frau A.: »Ich könnte ewig so kommen.«

Es gab einen eingekapselten, nahezu unerreichbaren Persönlichkeitsanteil, der mit zu dem Eindruck beitrug, dass sie niemals bereit sein wird, die Analyse zu beenden. Die Analyse war, und vielleicht ist sie es auch noch in Teilen, zu einem Element ihres autistischen Korsettes geworden. Ich habe mich diesem eingekapselten Teil von Frau A. gegenüber ohnmächtig gefühlt, die Röhre als quälend undurchdringlich erlebt, mich in meinen Deutungen wiederholt, um u. a. den sadistischen Anteil von Frau A. mir gegenüber nicht wahrnehmen zu müssen, aber auch ohne zu verstehen, worum es in der Welt der Patientin ging. Die beschädigten Überreste unseres Dialoges zu bemerken und zu untersuchen war eine schwierige und streckenweise unangenehme analytische Arbeit. Mein aggressives Gegenübertragungsagieren, manchmal eine Tendenz zu haben, die Patientin etwas später in die Stunde zu holen, gehört auch wie eine eigene, von der Patientin aktivierte Abschottungsmaßnahme hier hin. Ich war häufig wütend, ich hätte sie schütteln können. Die Patientin sagte in den letzten zwei Jahren einige Male, wie hoch sie mir anrechnet, dass ich nicht ausfällig geworden wäre oder sie rausgeschmissen hätte, dass ich versucht hätte, den Respekt vor ihr zu bewahren. Mit dieser Anerkennung zeigte mir die Patientin, dass im Rahmen der Analyse die autistischen Objekte nicht mehr nur für sich stehen, sondern ihre Bedeutung verändert haben. Das Ziel des autistischen Rückzugs, sich der Notwendigkeit und dem Bedürfnis nach Objekten zu entledigen, war zeitweise aufgehoben.

Mit diesem gewachsenen Verständnis ergab sich eine weitere Bedeutung der untergründig anhaltenden Feindseligkeit zwischen Frau A. und mir: Sie versuchte, eine notdürftige Abgrenzung zu halten. Gab es nicht als eine basale Mutterübertragung eine andauernde Bewegung von Bemächtigungs- und Erregungswunsch einerseits und aggressiv negativer Abgrenzung andererseits? Erst später erkannte ich, dass meine Besorgnis, ob die Patientin überhaupt in der Lage ist, etwas zu introjizieren und für sich anzunehmen, hier eine ihrer Wurzeln hat. Erregung, meistens perverse Erregung, gab der Patientin ein zusammenhängendes Selbstgefühl. Diese »Sucht« nach Erregung, die die Patientin über Jahre mit dem Bild des »Saugens« in Verbindung brachte, war durch Einsicht kaum zu regulieren. Ich möchte mit wenigen Bemerkungen den Perversionsbegriff erläutern, den ich, G. Fornari Spoto (2003, S. 31), Th. H. Ogden (2000, S. 168) und J. Steiner (1999, S. 31–32) folgend, hier aufgreife. Die Autoren verstehen unter Perversion sexualisierte narzisstische Angriffe auf die Realität von Andersartigkeit, sie entstehen aus der Intoleranz gegenüber diesen Unterschieden mit der Absicht, über eine sexualisierte, omnipotent machende Erregung eine alternative Realität zu schaffen. Die triumphale Zerstörung von belebtem Eigenem und der Realität des Objektes, zum Beispiel des Denkens des Anderen, ist hoch erregend, häufig sexualisiert, sie kann eine süchtige Qualität haben (Wilde 2003, S. 61).

Getrenntheit und damit Schuld und Scham sollen nicht wahrgenommen werden. Teile dieses psychischen Raumes werden in den Analytiker projiziert, dieser ist in die Rückzugsorganisation mit einbezogen.

Für der Analytiker kommt es darauf an, sich im Durcharbeiten der Gegenübertragung aus der entstandenen Verwicklung herauszulösen. Ich meine u. a. die längere Phase von Unentschiedenheit und Sprachlosigkeit in der Analyse, in der ich vieles von der Patientin nicht verstand und wir uns im Kreis drehten. Ich hatte sie unbewusst zu einem Teil meiner Arbeit gemacht. Nahm ich ihr nicht jede Eigenständigkeit, wenn ich mir ein Getrenntsein für sie von mir über längere Zeit nicht vorstellen konnte? Bei den autistischen und perversen Modi war ausschlaggebend, dass ich verstehend oder sozusagen aus der Verwicklung heraus eine eigene abgrenzende Position bezogen hatte, die die Patientin enorm wütend machte.

Die sich andeutenden Trennungsschritte waren für Frau A. ein Kampf auf Leben und Tod, ein Ringen mit aller Macht für Ungetrenntheit und Erregung. Dazu ein szenisches Bild von Frau A.: »Da ist eine Frau, ich glaube, ich bin das, die steht auf den Gleisen, der Zugführer der U-Bahn, das sind Sie, rast auf die Frau zu, es gibt einen kurzen Augenkontakt, dann überfährt er sie. Ein unschuldiger Mensch wird hereingezogen, und er muss sich ein Leben lang mit dieser Situation beschäftigen.« Und dann geht Frau A. einen Schritt weiter und sagt: »Es ist eine Gemeinheit Ihnen gegenüber, dieser Spaß geht nicht spurlos an Ihnen vorbei. Ich bin so, ich schäme mich vor Ihnen, aber ich vertusche es nicht. Ich weiß, dass Sie sich schützen können.« Ich spüre die Gewalt, sich meiner zu bemächtigen und sage: »Soll ich nicht auch mich schuldig machen, um ähnlich zu fühlen wie Sie, um mich so an Sie zu binden.« Frau A.: »Ich werde überfahren von mir selber, ich will das nicht ansehen, ich bin blind auf diesem Auge, Sie sehen etwas, deswegen muss ich Ihnen etwas antun. Was soll ich mit mir machen, wenn ich mich sehe?«

Im Dezember 2004, einem späteren Behandlungsabschnitt, können der Verlust des Objektes und die sexualisierte Abwehr bearbeitet werden: Für die Patientin ganz ungewöhnlich ließ sie die Freitags- und Dienstagsstunde wegen einer hoch fieberhaften eitrigen Angina mit Antibiotikaeinnahme ausfallen. Vor dieser Trennungssituation schildert Frau A. tiefe Zerrissenheit: »Ich drücke Sie weg, ich habe die Macht, einen Dritten ausschließen zu können, deswegen bin ich so unberührbar.« Und wenig später schluchzt sie: »Ich kann das Baby in mir nicht schützen, ich wusste nicht, dass ein Mann das kann, dass ein Mann Wärme geben kann.« In der Mittwochsstunde, also nach der Trennungssituation, berichtet sie, sie habe sich während des Fiebers sehr viel weicher gefühlt: »Ich fühlte mich traurig, alleine, Sie sollten da sein.« Frau A. bedauerte, dass sie das Gute, was sie in der Analyse von mir bekommen würde, nicht dankbar beantworten könne. Während sie ein Bad nimmt, vielleicht um ihre Bedürftigkeit zu lindern, vielleicht aber auch als Reinigungsritual, fällt ihr nach vielen Jahren eine Badewannenszene mit ihrer Mutter, eine Deckerinnerung, ein: Beide liegen in der Badewanne; Frau A. greift, damals 8–10-jährig, erregt nach der Brust der Mutter. Sie sagt dazu, Mutter habe sich so bewegt, das war erregend, ich hatte ein Eroberungsgefühl, ich habe Mutter an die »Brüste« gefasst, ich wollte sie befriedigen wie ein Mann. Mutter sei für einen Moment zufrieden gewesen, dann habe sie gesagt, jetzt sei es genug, sei aufgestanden und raus gegangen. Die Patientin schluchzt und sagt: »Was bin ich für ein Mensch, ich gehöre nicht zur Menschheit, ich schäme mich so.«

Weich und berührbar durch ihre Angina greift Frau A. nach etwas, was ihre tiefe Bedürftigkeit stillen und den Objektverlust ersetzen soll. Einerseits erreicht sie statt Milch perverse Erregung, u. a. erregt sie Mutter, die sie dann wieder verlässt, andererseits kommt dieser Einfall im Zusammenhang mit mir als auch gutem Objekt, welches sie nicht konkret zur Verfügung hat. Im weiteren Stundenverlauf äußert Frau A.: »Sie sollen mein Partner sein.« Wir sprechen darüber, dass eine sexuelle Beziehung das Ende der Analyse bedeutet, dass dann, wie in einer Wiederholung, sexuelle Macht und Besitzergreifen von Mutters Brust für Wohlwollen und Geborgenheit stehen würden. Einige Tage später kommt Frau A. auf diese Stunde zurück und sagt, dass sie mich jetzt unbefangener mit unter Menschen nehmen könne. Die gemeinsame Betrachtung und meine Deutung schaffen für die Patientin psychischen

Entscheidungsraum, sie nimmt mich mit und die vor allem mit der Übergriffigkeit verbundene soziale Angst und Scham werden weniger.

Frau A. kann, wenn auch mit großen Ängsten, das Angebot einer pädagogischen Arbeit in einer Institution annehmen, diese berufliche Veränderung bedeutet für sie ein weiteres ökonomisches Standbein, sie erlangt auch erstmalig soziale Integration in ein Team. Die bisherige Arbeit, ein eher geschlossenes Modell von Betreuer und Kind, meistens ohne Eltern, wird erweitert.

Im Sommer 2005 differenzierte Frau A. die inneren Objekte und ihre Beziehungen zu ihnen genauer: Aus einer allgegenwärtigen Somatisierung entwickelte sie die Fähigkeit, Gefühle, aber auch Konflikte deutlicher wahrzunehmen und zu benennen. Frau A. bedauerte: »Ich habe Ihnen auch die Funktion des Heilers, mir Spannungen und Böses abzunehmen, gegeben, aber Sie machen nicht mit. In gewisser Weise mache ich andere verrückt auf meine Art, das hat mir meine Mutter immer wieder vorgeworfen, aber Sie sind anders als sie, Sie sehen die Realität.« Bestätigt mir Frau A. nicht ihre Erfahrung, dass ihre Projektionen bei mir angekommen waren, dass sie auch ankommen mussten, um ihr selbst ein Gefühl der *Erreichbarkeit* durch einen anderen Menschen zu geben und dass diese Projektionen mich nicht grundlegend und andauernd außer Kraft gesetzt haben?

Schlussgedanken

Wie sehen Verläufe längerer Therapien solcher Patienten aus? Wenn der Analytiker noch mehr erreichen will, wenn er unbewusst unendliche Analyse anstrebt, zum Beispiel um eigene Scham und schuldbesetzte Verwicklungen im seelischen Missbrauch nicht zu erfahren, kann eine Trennung nicht betrauert werden. So lange die Analyse läuft, gibt es Hoffnung, die Begrenzung muss nicht gefühlt werden. Wenn ich mich auf analytische Eigenständigkeit, auf Trennung einstelle, muss ich auch bleibende Beeinträchtigungen und Fehleinschätzungen annehmen. Die Vorbereitung dieses Berichts war ein Teil meiner Arbeit. Seit dem Frühjahr 2005 sprechen wir auch über die Beendigung der Analyse, über den jetzt laufenden, letzten Abschnitt der Analyse, über die Angst und die Wut von Frau A., dass es eine Begrenzung gibt.

Im März diesen Jahres berichtete Frau A., zögernd, nach Worten suchend und beschämt über eine sie seit Monaten aggressiv erregende Phantasie, in der sie mich moralisch vernichten wollte: Sie gehe zur

Bildzeitung, sie sei nicht gesund geworden, die Analyse sei zu lange gewesen, ihr Analytiker habe ihr Hoffnung gemacht und nur an ihr verdient. Frau A.:« Das hätten Sie nicht machen dürfen. Sie wissen, wie schlecht ich bin und ich werde Sie als Scharlatan darstellen.« Dann schluchzte sie, und ich sagte: »Sie schluchzen.« Frau A.: »Na ja, die können nicht wissen, wie gut es für mich war, dass ich zum ersten Mal in nicht sexualisierter Form Geborgenheit erfahren habe, ohne mich sexualisiert zu fühlen. Am liebsten hätte ich Sie übergriffig gemacht.« Ich antwortete, dass ich durch das lange Therapieangebot in ihr auch eine große Hoffnung und einen Sog nach einer ungetrennten Beziehung, wie zur Mutter, verstärkt habe. Frau A.: »Wenn Sie es mir früher gesagt hätten, hätte ich mich besser trennen können.« Und nach einer kleinen Pause: »Eigentlich stimmt das nicht, nur so konnte ich mich einlassen und verändern.« Die Drohung der Patientin hatte mich weniger beunruhigt als betroffen gemacht und irgendwie auch erleichtert: Aus einer ursprünglich unmittelbaren und wie automatisiert auftretenden libidinösen und aggressiven Erregung hatte Frau A. Zweifel entwickelt, ob ihre Phantasien ihr und mir angemessen waren.

Frau A. suchte nach einer Sprache für einen von ihr noch nie erlebten, beginnenden Trennungsprozess: Frau A.: »Ich brauche ein Abschiedsbild von diesem kalten Gott, zu dem ich mich zurückziehe: es war ein Weg durch die Eiszeit.« Dann ihr Einfall zur Analyse: »Die Eskimos haben einen Ritus, wenn sie von einem Rastplatz aus weiterziehen: sie lassen schöne Holzfiguren zurück, was bedeutet, es war eine gelebte Zeit.«

Die verbleibende analytische Arbeit wird sich noch mehr auf die Frage zentrieren, in welchem Ausmaß uns eine ausreichend gute Trennung gelingen kann und inwieweit Frau A. an einer Beziehungsform mit mir festhält, in der Ungetrenntheit und Zeitlosigkeit überwiegen.

Literatur

Eckardt, M. E. (1995): Durcharbeiten im psychoanalytischen Prozess. Zschr. Psychoanal. Theor. Prax. 10, S. 424–441.

Fornari Spoto, G. (2003): »In Benommenheit schwelgen«. Die Analyse eines narzisstischen Fetischs. In: Jb. Psychoanal. 46, S. 29–46.

Hinz, H. (2004): Narkotisieren, Zertrümmern, Ent-Sorgen. Zur leisen Arbeit an der Vernichtung lebendiger Bedeutung. In: Jb. Psychoanal. 48, S. 51–68.

Kernberg, O. F. (1983): Borderline-Störungen und pathologischer Narzissmus. Frankfurt a. M.: Suhrkamp.

Ogden, Th. H. (2000): Frühe Formen des Erlebens. 2. Auflage, Wien/ New York: Springer.
Rey, J. H. (1995): Schizoide Phänomene im Borderline-Syndrom. In: Bott Spillius, E. (Hg.), Melanie Klein Heute. Bd. 1. Stuttgart: Verlag Internationale Psychoanalyse, S. 253–287.
Riesenberg Malcolm, R. (2004): Bedeutsames Vergessen: Eine klinische Untersuchung. In: Jb. Psychoanal. 44, S. 9–26.
Rosenfeld, H. (1995): Beitrag zur psychoanalytischen Theorie des Lebens- und Todestriebes aus klinischer Sicht: Eine Untersuchung der aggressiven Aspekte des Narzissmus. In: Bott Spillius, E. (Hg.): Melanie Klein Heute. Bd. 1. Stuttgart: Verlag Internationale Psychoanalyse, S. 299–319.
– (1997): Sackgassen und Deutungen. 2. Auflage, Stuttgart: Verlag Internationale Psychoanalyse.
Steiner, J. (1999): Orte des Seelischen Rückzugs. 2. Auflage, Stuttgart: Klett-Cotta.
Tustin, F. (1988): Autistische Barrieren bei Neurotikern. Frankfurt a. M.: Nexus. Neuauflage (2005): Rev. Übersetzung von E. Vorspohl. Tübingen: edition diskord.
Trimborn, W. (1995): Die Gefahr der Heilung. Pathologische Identifizierungs- und Mentalisierungsprozesse als Grenzen therapeutischer Möglichkeiten. In: Schneider, G. u. Seidler, G. H. (Hg.), Internalisierung und Strukturbildung. Wiesbaden: Westdeutscher Verlag, S. 181–203.
– (2003): Der Verrat am Selbst – Zur Gewalt narzisstischer Abwehr. Psyche 57, S. 1033–1056.
Weiß, H. (2004): Pathologische Hoffnung und Allwissende Verzweiflung. Zur Rolle von Zeitlosigkeit im Borderline-Glaubenssystem. In: Gerlach, A. u. Schlösser, A. M. u. Springer, A. (Hg.), Psychoanalyse des Glaubens. Psychosozial-Verlag, S. 159–174.
Wilde, K. (2003): Die ewige Wiederkehr des Gleichen. Aspekte einer Perversion. In: Jb. Psychoanal. 46, S. 47–64.

3 »Feuerlärm« Liebesübertragungen

Wilfried Ruff

»Wer verliebt ist, ist demütig.« Übertragung und Widerstand im Lieben

»Sie werden mich sicher vergessen.« Mit diesen Worten drücken Patienten nicht selten vor Urlauben des Therapeuten, aber auch dann, wenn sie sich zu minderwertig fühlen, um gemocht zu werden, ihre Angst vor Trennung oder Ablehnung aus. Sie scheinen zu befürchten, im Gedächtnis ihres Therapeuten nicht existent bleiben und nicht mehr in ihm überleben zu können. In der Gegenübertragung des Therapeuten lösen sie damit ein Bedürfnis aus, dem Patienten das Gegenteil zu versichern. Das aber wäre nicht lange wirksam, weil das innere Bild vom Therapeuten bei diesen Patienten instabil ist. Manchmal verblasst es schon von einer Therapiestunde zur nächsten und geht während des Urlaubs oder während Enttäuschungen durch den Therapeuten ganz verloren. Eine Übertragungsliebe entwickelt sich bei diesen Patienten nur mühsam und ist in Gefahr, psychotisch zu entgleisen.

Kasuistik: Frau I.

So wie manche Menschen ihre erste Liebe nicht vergessen können, so erinnere ich mich noch heute an meine erste Patientin, die ich vor etwa vier Jahrzehnten behandelt habe. Ich arbeitete damals auf der offenen Psychiatrie/Psychotherapiestation eines Allgemeinkrankenhauses und hatte meine psychoanalytische Ausbildung noch nicht begonnen. Aber ich hatte kurz zuvor »Die Trennung der Liebenden« von Igor Caruso gelesen, was mir bei jener Behandlung half.

Die 18jährige, noch recht mädchenhaft wirkende Frau I. war nach einem Suizidversuch mit Schlaftabletten eingeliefert worden. Als ich sie das erste Mal sah, war sie noch schläfrig und wollte mit mir nicht sprechen. Beim zweiten Mal bemerkte ich, dass sie geweint hatte; sie drehte sich in ihrem Bett ostentativ zur Wand weg. Sie wollte mit mir offensichtlich nichts zu tun haben, wohl weil sie mich als Teil einer Welt erlebte, die sich ihr so feindlich gezeigt hatte. Ich fragte sie, ob ich mit ihrem Teddybär sprechen dürfe, den sie im Arm hatte. Ich dachte an den Beziehungsbeginn zwischen dem »Kleinen Prinzen« und dem

Fuchs bei Antoine de Saint-Exupéry: es braucht Zeit und Geduld, um sich im jeweiligen Anderssein miteinander vertraut zu machen (1946, S. 64–70). Auf das grimmige Brummen von Frau I., das ich als erste Spur einer Kontaktbereitschaft verstand, erzählte ich ihrem Bär, was ich hier tue und dass ich mir Sorgen um Frau I. mache, weil ich gar nicht wisse, was sie so bekümmere und wie ich ihr dabei helfen könne. Langsam drehte sich die Patientin zu mir hin, und nach und nach erfuhr ich von ihr unter vielen Tränen, dass sie so unglücklich und verzweifelt sei, weil sich ihre sieben Jahre ältere Freundin von ihr getrennt habe und eine Beziehung zu einer anderen Frau eingegangen sei. Weil sie ihre Freundin aber weiter so sehr liebe, an nichts anderes als an sie denken könne und die Trennung so weh tue, wolle sie sterben. Bei diesem Geständnis dachte ich an einen eigenen Liebeskummer einige Jahre zuvor, was mir erleichterte, den Trennungsschmerz der Patientin zu verstehen. Ich fragte, ob auch der Teddybär sterben wolle. Frau I. meinte nach längerer Pause: »Ich weiß nicht.« Es stellte sich heraus, dass er ein früheres Geschenk ihrer Freundin war. Er hielt die Gedanken an ihre Freundin wach, an ihn klammerte sie sich sehnsüchtig. Ich ließ mir zunächst die Vorzüge des Teddys schildern. Die Patientin beschrieb ihn als ganz anders, als sie selbst sei. Mir wurde deutlich, dass sie darin ihre idealisierte Freundin beschrieb und dass sie diese liebte, weil ihre Freundin all jene Vorzüge besaß, die sie selbst nicht hatte, aber so sehr zu besitzen wünschte.

Ihr narzisstischer Schmerz bezog sich auf den Verlust eines wesentlichen Teils ihres Ich-Ideals. Aufgrund ihrer Identifizierung mit ihrer Freundin hatte sie ihre ohnehin geminderte Eigenidentität eingebüßt. Caruso (1968) ging davon aus, dass nicht nur das Objekt, sondern auch die Liebe zu diesem geliebt werde (S. 37). Die Bedrohung des Ichs hielt er deswegen für so schmerzlich, weil damit die Vorstellung des Vergessenwerdens durch den anderen verbunden ist: es ist »das Erlebnis meines Todes im Bewusstsein des anderen« (ebd., S. 27). Der Verlassene leidet, weil sich sein »Ich bis zur völligen Verarmung« entleert hat (Freud 1916, S. 440).

Ich begann mit der Patientin ihre dreijährige Beziehung zu ihrer Freundin zu untersuchen und entdeckte mit ihr manches, worin ihre Freundin von *ihr* profitiert hatte, zum Beispiel in der für ihre Freundin erstmals befriedigenden Sexualität. Dabei half mir immer wieder, dass ich bei scheinbaren Erinnerungslücken von Frau I. den Teddy befragte, worüber ihr vieles wieder einfiel, insbesondere ihre eigenen positiven Beiträge zu ihrer Beziehung. Damit zielte ich auf die Rücknahme der

Projektionen, die auf das Liebesobjekt gerichtet waren, damit sie das Liebenswerte in sich zu sehen vermöge. Allerdings bemerkte ich immer wieder, wie ich in Gefahr geriet, mich ihr als Beispiel und Vorbild anzubieten und somit zum Ersatzobjekt für ihre Freundin zu werden. Frau I. fing an, auch mehr Streitigkeiten und Eigenschaften, die ihr an ihrer Freundin nicht gefallen hatten, zu erinnern. Das Bild ihrer Freundin, das sich im Teddy repräsentierte, wurde zunehmend differenzierter, so dass Frau I. in einer Therapiesitzung schließlich stöhnte: »Wie konnte sie mir das mit der neuen Freundin nur antun!« Mein Mitgefühl entlastete sie im Hinblick auf die nun wachsenden aggressiven Gefühle gegen ihre frühere Freundin und ermöglichte ihr, Mitgefühl für sich in ihrem Trennungsschmerz zu erleben. Als sie einmal in Gefahr war, ihre Wut auf ihre Freundin gegen den Teddy zu richten, aber bei dieser Vorstellung Angst vor sich und Scham über sich bekam, schlug ich ihr vor, den Teddy bei mir zu lassen, wo ich auf ihn achtgeben könne. In der nächsten Sitzung stellte die Patientin fest, dass sie wohl zusammen mit ihrer Freundin nicht genug um ihre Beziehung besorgt gewesen sei. Ihr sei jetzt klar geworden, dass sie auf sich selbst jetzt achtgeben wolle. Als ich sie bei ihrer Entlassung fragte, ob sie den Teddy wieder haben möchte, meinte sie: »der ist bei Ihnen gut aufgehoben.« Sie sollte rechtbehalten: ich habe ihn bis heute geachtet und ich hoffe, dass auch Frau I. auf sich achtgegeben hat.

Kasuistik: Frau U.

Viel belastender für mich erwies sich dagegen die Liebesübertragung einer anderen gleichaltrigen Patientin, Frau U., während meiner analytischen Ausbildung. Auch sie, die sich wie ein Junge gab, war nach einem Suizidversuch in die Klinik gekommen. Der Anlass dafür war ihr Versagen in der Schule, was Frau U. als Kränkung durch ihre gesamte Umwelt verstand. Ihr Leben habe sie schon immer als nicht lebenswert angesehen. Sie wolle überhaupt nicht leben, zumindest solange sie nicht studiert und eine Ärztin geworden sei. Als einziges Kind habe sie ihre Mutter nur fordernd erlebt, ohne sie je zufrieden stellen zu können. Ihr Vater, ein bekannter Musiker, habe sich nach mehrjährigen Depressionen in ihrem elften Lebensjahr erhängt. Er habe sie wohl geliebt, aber sich kaum um sie gekümmert. Mit seinem Tod sei ihr eigenes Leben gestorben. In ihrer Kindheit waren ihre Eltern unfähig gewesen, auf ihre Eigenart einzugehen und ihr Bedürfnis nach einer liebevollen Beziehung zu erwidern. So blieben in ihrer Biographie auch andere Menschen ohne Bedeutung für sie. Erotisches Begehren oder gar sexuelle Phantasien verneinte sie mit verachtender Empörung. In der Klinik war sie unter ihren Mitpatienten weitgehend isoliert, weil sie als impulsiv, leicht gekränkt und rücksichtslos ihre Interessen vertretend erlebt wurde. Die Welt ihrer inneren Objektbeziehungen war gespalten in idealisierte und verfolgende Gestalten, so dass ich eine Borderline-Organisation bei infantiler Persönlichkeit diagnostizierte.

Mir war von Anfang der Behandlung an klar, dass ich mich nicht nur auf eine lange, sondern sehr schwierige und vielleicht auch erfolglose Therapie einlassen müsste. Denn Frau U. hatte weder Verwandte noch andere Personen, mit denen sie in Kontakt stand – ein Umstand, der mir erst im Therapieverlauf als Kontraindikation für eine tiefenpsychologische oder analytische Psychotherapie klar wurde. Deutlich war mir nur, dass ich in eine Vaterübertragung geraten könnte, die sich aufgrund zu vermutender primitiver Idealisierung mit archaischen Gefühlen schwer handhaben lassen würde. Während der stationären Behandlung starb ihre Mutter an Krebs und hinterließ Frau U. ein kleines Vermögen, das ihr ein Weiterleben finanziell sicherte. Kurz vor ihrem Tod hatte mich die Mutter angerufen, um mir ihre Tochter »ans Herz zu legen«. Durch diese Übertragung von Verantwortung fühlte ich mich einerseits narzisstisch aufgewertet, andererseits erschreckte sie mich, weil ich mich über meine therapeutische Beziehung hinaus in diffuser Weise verpflichtet erlebte – eine Ambivalenz, die mich über den ganzen Therapieverlauf mehr oder weniger bewusst begleitete.

Die Patientin schien über den Tod ihrer Mutter erleichtert. Auf mich entwickelte sie eine instabile Übertragungsbeziehung mit wechselnden Partialobjekten: entweder wurde ich zu einem anal-fordernden Mutter-Objekt oder zu einem lebensnotwendigen, aber enttäuschenden Vater-Objekt. Sobald ich einen anderen als ihren eigenen Gesichtspunkt einbrachte, reagierte sie sogleich gekränkt-verletzt, oft mit den Worten: »mein Leben hat ja doch keinen Sinn«. Ihre anfänglichen Versuche, sich dann selbst zu verletzen, gab sie jedoch auf. Nach einem halben Jahr war die Höchstdauer einer stationären Behandlung erreicht. Trotz bestehender latenter Suizidalität schien ihre Entlassung aus der stationären Behandlung gerechtfertigt, sofern eine weitere ambulante Therapie erfolgte. Ambulant wollte die Patientin aber nur mit mir weitermachen, obwohl sie zwei Autostunden entfernt ihre Eigentumswohnung hatte. Nach Rücksprache mit meinem Supervisor bot ich ihr eine stützende, haltgebende Psychotherapie von zunächst

2 Wochenstunden an, während der sie ihr Abitur auf einer Abendschule machen wollte.

Nach dreijähriger ambulanter Behandlung sah Frau U. ein, dass sie das Abitur nicht würde schaffen können, obwohl sie währenddessen nicht berufstätig war und ich sie stützend-bestätigend begleitet hatte. Ihre Lernschwierigkeiten beruhten auf ihrer schweren narzisstischen Störung, aufgrund derer sie jedes eigene Nichtwissen als Kränkung erlebte und deswegen im Aufnehmen von neuem Wissen gehemmt war. Sie hatte immer wieder von mir erwartet, dass ich sie bei jedem schulischen Misserfolg weiter in ihren grandiosen Vorstellungen bestätige, statt mit ihr das tatsächlich Erreichte wertzuschätzen und die ihr eigenen Möglichkeiten zu überlegen. Sie konnte ihr Berufsziel nicht aufgeben und sich nicht gleichsam »mit kleineren Brötchen« anfreunden.

Nach ihrem Scheitern in der Abendschule entwickelte sich die von mir anfangs befürchtete archaische Liebesübertragung auf mich: ich wurde in einer Spiegelübertragung (mit der sie – wie ich jetzt vermute – heftige Neidgefühle abwehrte) zu *dem* Anteil von ihr, der alles erreicht hat, was sie sich selbst wünscht. Zugleich würde ich ihr in einer nicht-therapeutischen Beziehung ein Leben ermöglichen können, das sie sich immer erträumt hatte. Christian Maier hat das treffend ausgedrückt: »Der Liebeswahn fungiert dabei wie ein imaginärer Spiegel, der dem grandios-exhibitionistischen Selbst eine Bühne schafft« (1997, S. 218). Da half auch nicht, dass ich sie auf meine Lebenssituation eines gut Verheirateten hinwies und auf der Notwendigkeit einer therapeutischen Beziehung bestand. Damit fühlte sie sich als Person abgelehnt und entwertet. Diese Kränkung »verarbeitete« sie mit einer projektiven Identifizierung, indem sie meinte, dass ich sie doch lieben würde, es aber nicht zugeben könne, weil ich sonst meinen Beruf wegen der Beziehung zu ihr verlieren würde. Ich schien für sie existentiell auf keinen Fall so unerreichbar werden zu dürfen wie ihr bisheriger Berufswunsch, den sie abspaltete und durch mich als ihrem neuen Ziel ersetzte, auf das sie sich jetzt fixierte.

Nach einer der nächsten Therapiestunden wollte sie mich umarmen, dann versuchte sie, mir das »Du« anzubieten. Trotz meiner Zurückweisung schrieb sie mir außerhalb der Therapiestunden seitenlange Briefe, in denen sie mich dennoch duzte. Nur wenn ich ihre Gefühle erwidere, könne ich sie mit ihren Lebensvorstellungen und in ihrer Selbsteinschätzung verstehen. In wirren Liebeserklärungen beschrieb sie sich als hilfloses Produkt meiner Mütterlichkeit und zugleich als Mittelpunkt für mein Leben. Wenn ich fragte, ob sie mir in Zuständen tiefer

Verzweiflung und Verlassenheit schreibe, um damit die Beziehung zu mir aufrechterhalten zu können, antwortete sie nur: »Kann sein«. Das leitete dann ihren Rückzug in ein leeres Schweigen ein, in dem es unmöglich war, auf den Inhalt ihrer Briefe zu kommen. Vielleicht versuchte sie damit eine Schutzbarriere gegen mich zu errichten. Nach William R. D. Fairbairn (1952) haben derartige Patienten Angst vor ihrer Liebe, weil sie sie selbst als destruktiv erleben.

Otto F. Kernberg (1995) hat anhand einer anderen Patientin beschrieben, dass Borderline-Patienten »auf einer primitiven Ebene in der Lage (sind), sich zu verlieben; ihre Idealisierung des Liebesobjekts ist derart realitätsfern, dass sie es nie in einer tiefergehenden Weise wahrnehmen ... Diese intensive erotische Idealisierung idealisierter Objekte hat die Funktion, das aggressive Segment verinnerlichter Objektbeziehungen zu verleugnen und zu verhindern, dass Aggression die idealisierte Beziehung vergiftet« (S. 105). Aufgrund ihres Unvermögens, Ambivalenz auszuhalten, schlagen bei diesen Patienten die aggressiven Impulse jedoch immer wieder durch. Sobald im Anderssein des Anderen Grenzen für ihre eigenen Sehnsüchte erlebt werden, wird das idealisierte Objekt zu einem verfolgenden Objekt, das mit einer ebenso starken Intensität gehaßt und verflucht wird wie zuvor das andere geliebt und ersehnt worden war. Dann wird das Objekt des Begehrens zum Objekt der Rache, als ob es schuld daran sei, dass es begehrt wurde (Mitchell 2002, S. 144). In beiden Beziehungsformen wird die Objektbeziehung mit allen Kräften zu erhalten gesucht, wie sehr sie auch mit Leid – mit Kränkung, Scham und Demütigung – verbunden ist. Denn das Objekt wird einerseits als unentbehrlich zum Leben erlebt, andererseits wird es ständig frustrierend erfahren, indem es Lebensnotwendiges vorenthält. Das verstärkt den Wunsch, es sich gewaltsam anzueignen oder es wenigstens ebenfalls leiden zu lassen.

Frau U. begann mich zunächst mit nächtlichen Telefonanrufen, in denen sie sich nicht zu erkennen gab und schwieg, zu quälen. Wenn ich ihr in den Therapiesitzungen sagte, wie belastend das für mich sei, leugnete sie, die Anruferin gewesen zu sein. Stattdessen wollte sie zusätzliche Termine bei mir, ohne mir erklären zu können, welchen Nutzen das für sie haben könnte. In einigen Briefen hatte sie meine Fragen oder Bemerkungen in vorangehenden Stunden als »Therapie-bla-bla« abgetan. Als ich ihr nun keine zusätzlichen Stunden gab, kam sie auch außerhalb der vereinbarten Termine und setzte sich stundenlang ins Wartezimmer vor meiner Tür. Einerseits wollte sie sich wohl meiner Gegenwart vergewissern. Andererseits erlebte ich sie wie ein unersättliches und unerbittliches Kind, das sich das verschaffen will, worauf es glaubt, ein Anrecht zu haben, und deswegen mein Tun, mein Kommen und Gehen zu kontrollieren versucht.

Auch Kernberg (1995) fand bei Patienten mit Borderline-Persönlichkeitsstruktur »besonders starke Wünsche geliebt zu werden, erotische Ansprüche, die mit nachdrücklichen Bemühungen verbunden sind, den Therapeuten zu beherrschen, und sogar Suiziddrohungen, um vom Therapeuten gewaltsam Liebe zu erzwingen« (S. 172). Obwohl meine Patientin häufig von Suizid sprach und mich damit unter Druck setzte, unternahm sie keinen weiteren. Später warf sie mir vor, dass die Therapie bewirkt habe, sich nicht mehr umbringen zu können. Hatte sie ein dauerhafteres Bild von ihrem Therapeuten bilden können, das ihr mehr Halt gab? Und hatte ihr Ich durch ihre libidinös-aggressiven Kämpfe mit mir zu einer gewissen Identität finden können, in der die Patientin ein etwas stabileres Selbstbild zu entwickeln vermochte? Denn Identitätsdiffusion ist ein für die Borderline-Pathologie typisches Syndrom (Kernberg 1995).

Aber ich habe vorgegriffen. Die Patientin sprach immer weniger von ihrem Alltagsleben, schwieg vermehrt oder stotterte und kämpfte mit Tränen; sie beklagte die Ungerechtigkeiten, die ihr in ihrem Leben widerfahren waren, und verzweifelte an der Sinnlosigkeit ihres Daseins. Sie klagte, dass ich sie nicht verstehe, weil ich ihre Ängste und ihre Verzweiflung nicht wie sie erlebe. War das der Grund, warum sie mich quälte und leiden ließ? Heute vermute ich eher, dass es ihr Neid auf mich war, den ich nicht erkannte und von dem sie gefangen gehalten wurde. Nach Helen Schoenhals Hart greifen Neidattacken das gute Objekt an, »das ein gesuchtes Containment bieten und das Denken, Fühlen und Erleben begünstigen könnte« (2006, S. 212). Die internalisierten Repräsentanzen des guten Objekts werden dadurch unwirksam.

Hatte sie schon früher alle Bekannte schnell durch ihre Unbeherrschtheit und Sturheit vergrault, so zog sie sich noch mehr in ihre Wohnung zurück und vernachlässigte sich im Essen und in ihrer Kleidung. Wenn ich das mit Besorgnis ansprach und meine Hilfe anbot, wehrte sie verärgert und resigniert ab. Auch Medikamente oder gar einen Klinikaufenthalt lehnte sie empört ab. Stattdessen machte sie deutlich, dass ich schuld an ihrem Zustand sei und dass sie die Bedrängnis durch mich nicht aushalte. Ich dachte zunächst, sie meinte ihre sie bedrängenden Gedanken an mich. Doch sie glaubte tatsächlich, ich verfolge sie mittels hypnotischer oder ähnlich nicht für sie real fassbarer Einflüsse. Auf meine Hinweise auf das Irreale ihrer Ideen und auf meine

Beteuerungen, dass ich sie weder bedrohe noch verfolge, sondern ihr in ihrer Erkrankung helfen wolle, reagierte sie mit der direkten Frage, ob ich sie liebe. Wenn ich dies nicht tue, dann könne ich ihr nur Böses wollen – dazwischen gab es keine Alternative, wie Sigmund Freud es 1926 plastisch beschrieb: »Die Liebe des Patienten ... wird anspruchsvoll, verlangt zärtliche und sinnliche Befriedigungen, fordert Ausschließlichkeit, entwickelt Eifersucht, zeigt immer deutlicher ihre Kehrseite, die Bereitschaft zu Feindseligkeit und Rachsucht, wenn sie ihre Absichten nicht erreichen kann« (S. 257). Die Liebeswünsche meiner Patientin drängten auf unmittelbare Erfüllung, ohne dass ich eine Möglichkeit zu erkennen vermochte, wie ich das mit ihr klären und durcharbeiten könnte. Sie suchte eine »Heilung durch Liebe« (Freud 1914, S. 169), wobei sie sich jedoch vom Liebesobjekt durchdrungen, manipuliert und gedemütigt fühlte.

Derartige Übertragungspsychosen bei Borderline-Patienten hat Kernberg von pathologischen Übertragungen psychotischer Patienten abgegrenzt. Entsprechend beschränkte sich bei meiner Patientin der Verlust der Realitätsprüfung auf mich, wobei es zu keinen Verschmelzungserlebnissen kam. Allerdings schien meine Patientin nicht mehr immer zwischen Persönlichkeitsanteilen von ihr und mir unterscheiden zu können, wenn beispielsweise sie als Verfolgerin mich als verfolgend erlebte. Wie Kernberg verstand ich ihren Liebeswahn als eine »regressive Übertragungskonstellation ... mit einer vehementen Aktivierung sehr früher konflikthafter Objektbeziehungen« (1975, S. 97f.). Sie ereignete sich trotz positiver Übertragungskomponenten aus der stationären Behandlung und obwohl ich die therapeutische Situation – entsprechend einer stützenden Psychotherapie – entschieden zu strukturieren bemüht war. Es wurde mir damit deutlich, dass die typischen Abwehrmechanismen von Borderline-Patienten – Spaltung, projektive Identifizierung, primitive Idealisierung, Allmachtsphantasien und Verleugnung – nun zum Vehikel der Übertragungswiderstände geworden waren (ebd., S. 99). Es war mir nicht gelungen, die ambitendente Bindung der Patientin an ihren toten Vater mittels einer Übertragungsliebe zu lösen, in der bei dosierten Enttäuschungen »hilfreiche Introjekte bzw. Modifikationen früherer Objektrepräsentanzen erhalten bleiben« (Soeder 1997, S. 138). Am liebsten hätte ich an dieser Stelle die Therapie beendet, aber ich wusste nicht wie – es sei denn, ich hätte die Patienten in eine psychiatrische Klinik wegen ihrer Selbstgefährdung eingewiesen.

Solche Distanzierungswünsche auf Seiten des Therapeuten versteht Christian Maier als eine Gegenübertragung, die der Liebeswahn bewirke;

dies sichere dem Patienten »den erforderlichen Raum zur relativ angstfreien Entfaltung seiner Liebesgefühle« (1997, S. 218). Das Ausagieren der Übertragung innerhalb der Behandlung befriedigt somit präödipale libidinöse und aggressive Triebanteile, was ich daran merkte, dass meine Patientin häufig am Ende der Sitzung zufrieden wirkte. Ich versuchte meine weitere Bereitschaft zur Therapie an das Einhalten bestimmter Vereinbarungen vonseiten der Patientin zu knüpfen, auch um meine eigene Arbeitsfähigkeit zu erhalten. Hinsichtlich ihrer nahezu täglich mich erreichenden Briefe gelang eine Begrenzung zwar zeitweise; dafür nahmen die anonymen Anrufe zu, die sie weiterhin abstritt. In den Therapiesitzungen steigerten sich ihre früheren Klagen zu wütenden Anklagen und Beschimpfungen wegen meiner Grenzsetzungen, durch die sie sich erniedrigt und im Stich gelassen fühlte. Als ich weitere zusätzliche Terminwünsche von ihr ablehnte, versuchte sie zwischen den Terminen gewaltsam Zutritt zu mir zu bekommen.

Die Übertragungspsychose war zu einer destruktiven psychosenahen Regression geworden, in der sie mir schrieb: »Sie manipulieren mich und spielen Gott, ohne entsprechend denken, empfinden und handeln zu können. Ihnen und Ihren verbrecherischen Marionetten bin ich nur theoretisch liebenswert und es ist Ihnen gleichgültig, was aus mir wird.« Daraufhin sagte ich ihr, dass ich sie nicht mehr weiter behandeln könne, weil sie die für eine Therapie und für mich notwendigen Grenzen nicht mehr einzuhalten vermöge. Ich riet ihr erneut zu einer stationären psychiatrische Behandlung. Auch das akzeptierte sie nicht, so dass ich ihr Hausverbot erteilen und sie zweimal durch die Polizei abholen lassen musste. Aus einer psychiatrischen Klinik wurde ich anschließend angerufen, weil man Hinweise auf eine Psychose oder eine Selbstgefährdung nicht hatte feststellen können. Die Annahme ihrer Briefe, die sie weiterhin schickte, verweigerte ich konsequent, so dass sie ebenso wie die anonymen Anrufe im Laufe der Zeit verebbten. Aber immer wieder erhalte ich nach manchmal jahrelanger Abstinenz Briefe von ihr. Wenn ich so unvorsichtig bin, die Annahme der Briefe nicht zu verweigern, sondern einen Brief aus Neugier doch öffne, schlägt mir wieder die volle Wucht der wahnhaften Liebesübertragung entgegen, beispielsweise: »ich fühle mich von Ihnen wie von meiner Mutter *gelebt*«. Dabei spaltet sie weiterhin zwischen mir als dem geliebten Mann, der sie wie ihr Vater im Stich gelassen habe, und mir als dem frustrierenden Therapeuten, der wie ihre Mutter eine Marionette seiner Umwelt sei, aber sie manipuliere und verfolge.

Erst »wenn die Ichbesetzung mit Libido ein gewisses Maß überschritten habe« – meinte Freud –, werde das Seelenleben genötigt, »über die Grenzen des Narzißmus hinauszugehen und die Libido auf Objekte zu setzen«; dann »endlich muß man beginnen zu lieben, um nicht krank zu werden, und muß erkranken, wenn man infolge von Versagung nicht lieben kann« (1914, S. 151 f.). Zwei Formen von libidinöser Objektbesetzungen unterschied Freud (ebd., S. 154 f.):

1. den *Anlehnungstyp*, der aufgrund seiner Erfahrungen mit primären Bezugspersonen um Objektliebe werbe und sich in seinem Lieben vom Objekt abhängig mache; ein Beispiel dafür zeigt meine erste Kasuistik von Frau I.;

2. den *narzisstischen Typ*, der sich selbst liebt und geliebt werden will, weswegen er sich des geliebten Objekts zu bemächtigen sucht, um es zu besitzen. Das trifft in meiner zweiten Kasuistik auf Frau U. zu, die eine Heilung durch Liebe statt durch Therapie suchte mit der Folge, dass sie in eine drückende dauernde psychische Abhängigkeit von ihrem Liebesobjekt geriet.

Daraus folgerte Freud, »daß im Liebesleben das Nichtgeliebtwerden das Selbstgefühl erniedrigt, das Geliebtwerden dasselbe erhöht« (ebd., S. 165). Über das Lieben stellte er fest: »wer verliebt ist, ist demütig« (ebd., S. 166, vgl. 1921, S. 124). Die Abhängigkeit vom Objekt bewirke nämlich, dass »das Lieben an sich, als Sehnen, Entbehren, ... das Selbstgefühl« herabsetze. Denn der Liebende »hat sozusagen ein Stück seines Narzißmus eingebüßt und kann es erst durch das Geliebtwerden ersetzt erhalten« (ebd., S. 166 f.). Allerdings werde das Selbstgefühl des narzisstischen Typs auch dann gemindert, wenn er sein eigenes Unvermögen zu lieben wahrnehme.

Obwohl Freud keinen Zweifel daran ließ, dass Sehnsucht nach einer liebevollen Beziehung ein grundlegendes Bedürfnis des Menschen ist, war *Liebe* für ihn ein schwieriger Begriff. Vielleicht grenzte er deswegen die Übertragungsliebe nie klar von anderen Formen der Liebe ab. Immerhin beschäftigte er sich mit »Liebe« über 100mal in seinem Werk, ganz im Gegensatz zu seinen Nachfolgern, die das Wort »Liebe« meiden. Unter »Liebe« fasste Freud 1907 zunächst »alle die mannigfaltigen Komponenten des Sexualtriebes« zusammen (S. 118 f.). – 1915 ist Liebe für Freud dann nicht mehr Ausdruck der ganzen Sexualstrebungen (1915a, S. 225 f.); vielmehr ist sie »die Relation des Ichs zu seinen Lustquellen«, eine »Lustbeziehung des Ichs«, die sich an die Sexualobjekte fixiere (S. 228). – 1917 spricht Freud eingrenzend von Liebe, »wenn wir die seelische Seite der Sexualstrebungen in den Vordergrund rücken und die zu Grunde liegenden körperlichen oder ›sinnlichen‹ Triebanforderungen zurückdrängen oder für einen Moment vergessen wollen« (S. 341). – 1921 sind alle »Liebestriebe« (1938) Ausdruck von »Triebregungen, die zwischen den Geschlechtern zur geschlechtlichen Vereinigung hindrängen«, auch wenn sie in anderen Verhältnissen »von diesem sexuellen Ziel abgedrängt oder in der Erreichung desselben aufgehalten werden« (S. 98).

In einer solchen Zielablenkung erkannte Freud »einen Beginn von Sublimierung der Sexualtriebe« (1921, S. 155). Bei der Sublimierung, die eine Folge der Errichtung der Inzestschranke sei und durch Vermittlung des Ichs geschehe (1923, S. 274), werden Objekt und Ziel gewechselt, »so daß der ursprünglich sexuelle Trieb nun in einer nicht mehr sexuellen, (sondern) sozial oder ethisch höher gewerteten Leistung Befriedigung findet« (1923, S. 231). Beispielsweise werden Kulturleistungen (vgl. 1921, S. 112; 1930, S. 462), aber auch die Denkarbeit »durch Sublimierung erotischer Triebkraft bestritten« (1923, S. 274). Zielgehemmte Sexualtriebe (»desexualisierte Libido«, ebd.) haben gegenüber den ungehemmten den großen funktionalen Vorteil, dass sie sich besonders dazu eignen, *dauernde* Bindungen zu schaffen, wie beispielsweise Freundschaften. Aber auch in derartigen Beziehungen suche der Freund oder Verehrer »die körperliche Nähe und den Anblick der nur mehr im ›paulinischen‹ Sinne geliebten Person« (1921, S. 155). Damit bezog sich Freud auf den 1. Korintherbrief (13, 4–7) des Apostels Paulus:

»Die Liebe ist langmütig, die Liebe ist gütig.
Sie ereifert sich nicht, sie prahlt nicht, sie bläht sich nicht auf.
Sie handelt nicht ungehörig, sucht nicht ihren Vorteil,
Sie läßt sich nicht zum Zorn reizen, trägt das Böse nicht nach.
Sie freut sich nicht über das Unrecht, sondern freut sich an der Wahrheit.
Sie erträgt alles, glaubt alles, hofft alles, hält allem stand«.

Die Poetik dieses Hohelieds der Liebe lässt an eine Bemerkung von Kernberg (1995) denken: »Zweifellos haben Dichter und Philosophen die Vorbedingungen und Komponenten der reifen Liebe besser beschrieben, als eine psychoanalytische Zergliederung das je könnte« (S. 57). Interpretiere ich Paulus sinngemäß, so versteht er Liebe als eine Bereitschaft, sich auf eine Abhängigkeit von einem anderen und dessen Anderssein einzulassen oder sich ihm schenkend auszuliefern, Enttäuschungen und Leid auszuhalten, sowie darauf zu vertrauen, dass seine Liebe nicht missbraucht wird, der Andere also verantwortungsbewusst und sorgsam sein wird.

Was dabei zu kurz kommt, ist das Konflikthafte in der Liebe zu einem Anderen. Denn Liebe sucht zwar eine totale Zuwendung und Hingabe zu einem Objekt, sehnt sich aber auch nach tieferen Beziehungen zu anderen Objekten. Im Streben nach Ausschließlichkeit gerät sie in Gefahr, den Anderen in seiner Individualität vereinnahmen zu wollen. In der Sehnsucht nach Anderen ist sie von Untreue zum Liebesobjekt bedroht. Léon Wurmser (2006) sah darin einen Balanceakt, in den auch noch das sexuelle Begehren, das in Konflikt zur Liebe stehe, zu integrieren sei. Zeichen reifer Liebe sei: »Je mehr, je breiter und tiefer man in seiner Liebe und seinem Liebesbedürfnis erfüllt wird, desto besser ist man seinem Nächsten gegenüber – verständnisvoller, geduldiger, ja, liebevoller, und v. a. umso weniger vorwurfsvoll und intolerant« (S. 19).

Nächsten- und Feindesliebe

Gegen das »undurchführbare« Gebot der Nächstenliebe, »das wahrscheinlich jüngste der kulturellen Über-Ich-Gebote«, meldete Freud 1930 dagegen erhebliche Bedenken an (S. 503). Liebe müsse zwischen Objekten auswählen (ebd., S. 461). Und nicht alle Menschen seien liebenswert, insbesondere wenn sie »mir nicht die geringste Rücksicht« bezeigen (ebd., S. 469). Damit wird aber Lieben auf einen Tauschhandel von »do ut des« reduziert. Entsprechend meinte Freud: »Ja, wenn jenes großartige Gebot lauten würde: Liebe deinen Nächsten wie dein Nächster dich liebt, dann würde ich nicht widersprechen« (ebd.). Mit dem Einwand beim Evangelisten Lukas »Wenn ihr nur die liebt, die euch lieben, welchen Dank erwartet ihr dafür?« (6, 32) setzte sich Freud nicht auseinander, weil ihm die transzendente Dimension, die Verbindung von Nächsten- und Gottesliebe, nicht zugänglich war. Noch unfaßbarer empfand Freud das christliche Gebot der *Feindes*liebe, was er deswegen letztlich mit dem der Nächstenliebe gleichsetzte (1930, S. 469). Gegen derartige »ethische Forderungen des Kultur-Über-Ichs« wandte er ein: »dies kümmert sich nicht genug um die Tatsachen der seelischen Konstitution des Menschen, es erläßt ein Gebot und fragt nicht, ob es dem Menschen möglich ist, es zu befolgen.« Denn es nehme an, »daß dem Ich die unbeschränkte Herrschaft über sein Es zusteht« (ebd., S. 503). Jedoch gehen ethische Forderungen gerade von der menschlichen Unvollkommenheit aus und beanspruchen nur, Richtlinien hin zu einem glücklicheren Leben zu sein. Als regulative Ideale beinhalten sie also Idealziele, die *anzustreben* sich lohnt und sind damit vergleichbar Freuds Forderung: »wo Es war, soll Ich werden« (1933, S. 86). Doch warum soll nicht auch das Bemühen um das Gebot der Nächsten- und Feindesliebe als eine Form von Kulturarbeit vergleichbar sein mit der Trockenlegung der Zuydersee? 1934, also zwei Jahre später, schien Freud schon anders gestimmt zu sein. In seiner Schrift »Warum Krieg?« empfahl er zwei Arten von Gefühlsbindungen zwischen Menschen, die zur Bekämpfung von Krieg dienen könnten: »erstens Beziehungen wie zu einem Liebesobjekt, wenn auch ohne sexuelle Ziele« und zweitens Beziehungen »durch Identifizierung«, welche »bedeutsame Gemeinsamkeiten unter den Menschen herstellt« (S. 23).

Erich Fromm (1956) hielt die Nächsten- und Fremdenliebe für die fundamentalste Art von Liebe, weil sie sich aus einem respektvollen Mitfühlen mit dem Hilflosen entwickle. Im Gegensatz zur erotisch-sexuellen Liebe sei sie nie exklusiv. In Abgrenzung zur Fairness, die beim Tauschhandel auf Tricks und Betrug verzichtet, beruht Lieben auf Empathie und ist bereit, für das Reifen und Wohl des Anderen Mit-Verantwortung zu übernehmen. Allerdings gestand Fromm zu, »daß wir bewußt zwar Angst haben, nicht geliebt zu werden, daß wir uns aber in Wirklichkeit – wenngleich meist unbewußt – davor fürchten zu lieben« (S. 127). Denn »Lieben heißt, ... daß wir uns der geliebten Person ganz hingeben in der Hoffnung, daß unsere Liebe auch in ihr Liebe erwecken wird« (S. 128). Und vor der Enttäuschung dieser Hoffnung ängstigen wir uns, weil wir uns dann zurückgewiesen und gekränkt fühlen.

Reife Liebe

Reife Liebe bedeutet also: sich selbst zurückstellen können, sich in den Dienst eines Anderen nehmen lassen und dessen einzigartige Individualität bestätigen. Im Wissen um die eigene Bedürftigkeit vermag sich der Liebende auf einen Anderen einzulassen, was ich als *tätige Demut* bezeichnen möchte. Dafür sind neben Ich-Stärke eine begrenzte Kontrollverlustangst und eine Affekttoleranz erforderlich. Tätige Demut verträgt sich nicht mit dem Anspruch, andere besitzen und sich deren Liebe sichern zu wollen. Abzugrenzen ist sie von einer *unterwürfigen* Form von *Demut*, die – im Gegensatz zur tätigen Form – auf einem geringen

Selbstwerterleben gründet und noch das »Selbstgefühl herabsetzt«, wie Freud es formulierte.

Im analytischen Beruf »heißt demütig sein, seine Sympathien und Antipathien fein zurückstellen, wenn man erfahren will, was in dieser Welt real ist« (Freud 1916/17, S. 146). Freud meinte damit eine Haltung möglichst großer Vorurteilsfreiheit, in der Wohlgefallen oder Abstoßung nicht das Motiv für ein wissenschaftliches Urteil sind. In der Dezentrierung der eigenen Perspektive ist sie bereit, sich auch mit Unangenehmem, Beschämendem und Widerwärtigem zu beschäftigen. Eine Haltung also, in der sich der Therapeut als Objekt für Übertragungen und Widerstände von seinem Patienten gebrauchen lässt, um ihn auf seinem Weg zu weniger Leiden und zu mehr Freiheit zu begleiten. Denn erst wenn ich mich ergreifen lasse, vermag ich zu begreifen (vgl. Staiger 1955, S. 8).

Janine Chasseguet-Smirgel (1975) ging davon aus, dass in der (romantischen) Liebe das Ichideal auf das geliebte Objekt projiziert werde. Als »mystische Vereinigung von Ich und Ich-Ideal« (S. 62) mindere Liebe nicht das Selbstgefühl, sondern führe zu einer Bereicherung des Ichs, womit die Selbstachtung wachsen könne: »Liebe ist Begeisterung, Verzückung, Überschwenglichkeit des Ichs, auch dann, wenn die Liebe nicht geteilt wird« (1976, S. 356). Während man früher ganz in Liebe entbrannte und im Verliebtsein »Feuer und Flamme« war, spürt man heute bloß »Schmetterlinge im Bauch«. Entsprechend fiel mir in den letzten Jahren auf, dass sowohl bei meinen männlichen wie weiblichen Patienten die Angst vor Liebesgefühlen und der Widerstand gegen erotische Übertragungen zunehmen. Übertragungsliebe scheint heute selten »Feuerlärm« (Freud 1915b, S. 310) zu machen. Eher ist sie ein schwelendes Feuer, das sorgfältig zu hüten ist, damit es wenigstens auf kleiner Flamme brennt. Auch darin erlebe ich mich abhängig von meinen Patienten. Doch Demütigsein gehört ebenso zum Alltag des Analytikers wie Lieben, wenn er sich auf die komplexen Übertragungs-Gegenübertragungs-Vorgänge einlässt.

Literatur

Caruso, I. A. (1968): Die Trennung der Liebenden. Kindler 1974.

Chasseguet-Smirgel, J. (1975): Das Ichideal. Psychoanalytischer Essay über die »Krankheit der Idealität«. Frankfurt a. M. 1987: Suhrkamp-Tb. 682.

– (1976): Some Thoughts on the Ego-Ideal. In: Psychoanal. Quart. 55, S. 345–371.

Fairbairn, W. R. D. (1952): Psychoanalytic Studies of the Personality. London: Tavistock Publ.
Freud, S. (1907): Der Wahn und die Träume in W. Jensens »Gradiva«. GW VII, S. 29–125.
– (1914): Zur Einführung des Narzißmus. GW X, S. 38–170.
– (1915a): Triebe und Triebschicksale. GW X, S. 209–232.
– (1915b): Bemerkungen über die Übertragungsliebe. GW X, S. 305–322.
– (1916): Trauer und Melancholie. GW X, S. 427–446.
– (1916/17): Vorlesungen zur Einführung in die Psychoanalyse. GW XI, S. 1–482.
– (1918): Aus der Geschichte einer infantilen Neurose. GW XII, S. 27–157.
– (1921) Massenpsychologie und Ich-Analyse. GW XIII, S. 73–161.
– (1923): »Psychoanalyse« und »Libidotheorie«. GW XIII, S. 209–233.
– (1923): Das Ich und das Es. GW XIII, S. 235–289.
– (1926): Die Frage der Laienanalyse. GW XIV, S. 207–296
– (1930): Das Unbehagen in der Kultur. GW XIV, S. 421–506.
– (1933): Neue Folge der Vorlesungen zur Einführung in die Psychoanalyse. GW XV, S. 3–197.
– (1934): Warum Krieg? GW XVI, S. 11–27.
Fromm, E. (1956): Die Kunst des Liebens. GA. Bd. 9, S. 439–518, Stuttgart 1980: Dt. Verlags-Anstalt.
Kernberg, O. F. (1975): Borderline-Störungen und pathologischer Narzißmus. Frankfurt a. M. 1978: Suhrkamp.
– (1995): Liebesbeziehungen. Normalität und Pathologie. 2. Aufl. Stuttgart 1999: Klett Cotta.
Maier, Ch. (1997): Wer liebt wen? Ein Schicksal der Übertragungsliebe in der psychotischen Regression. In: K. Höhfeld und A.-M. Schlösser (Hg.): Psychoanalyse der Liebe, S. 209–224, Gießen: Psychosozial-Verlag.
Mitchell, S. A. (2002): Kann denn Liebe ewig sein? Psychoanalytische Erkundungen über Lieben, Begehren und Beständigkeit. Gießen 2004: Psychosozial-Verlag.
Saint-Exupéry, A. de (1946): Der Kleine Prinz. Düsseldorf 1956: Karl Rauch Verlag.
Schoenhals Hart, H. (2006): Angstneurose heute. Psyche 60, S. 193–214.
Soeder, Th. (1997): »Ich kann Sie einfach nicht lieben«. Überlegungen zur Übertragungsliebe. In: K. Höhfeld und A.-M. Schlösser (Hg.): Psychoanalyse der Liebe, S. 133–146. Gießen: Psychosozial-Verlag.
Staiger, E. (1955): Die Kunst der Interpretation. Studien zur deutschen Literaturgeschichte. S. 7–28. München 1971: dtv.
Wurmser, L. (2006): Pathologische Eifersucht. Dilemma von Liebe und Macht. Forum Psychoanal. 22, S. 3–22.

Wilhelm Brüggen

»A fool for love and love is blind ...«[1]. Über unsere Schwierigkeiten mit den Überschwänglichkeiten der Liebe

Im folgenden Text soll es um Schwierigkeiten und Verwicklungen gehen, in die wir bei der analytischen Arbeit geraten, weil sich das Bild der Liebe in unserer Gesellschaft verändert hat. Gleichzeitig werde ich viel über das Phänomen der Freiheit sprechen – ein Gesichtspunkt, der in psychoanalytischen Diskussionen bisher eine eher untergeordnete Rolle spielte. Dadurch erscheinen die Liebe und der Ödipuskomplex in einem neuen, vielleicht etwas gewöhnungsbedürftigen Licht.

Während sich das leidenschaftliche Verliebtsein noch zu Freuds Zeiten auf die Phase des jugendlichen Kennenlernens beschränkte, besteht heute der Anspruch, derartige Gefühle immer neu zu erleben – auch in Beziehungen, die auf längere Dauer angelegt sind. Verführung und Rausch werden dadurch zum prägenden Medium libidinösen Erlebens.

Offenbar trat die Liebe schon von jeher in zweierlei Gestalt auf: Da sind zum einen die unterschiedlichen Formen der institutionell gesicherten Liebe, wie zum Beispiel die Ehe, die Gottes- oder Vaterlandsliebe, die Wahrheitsliebe oder die Eltern- und Geschwisterliebe. Auf der anderen Seite gibt es die verschiedenen Spielarten der leidenschaftlichen Liebe, das eigentliche Verliebtsein.[2]

Da die analytische Beziehung für die leidenschaftliche Liebe nur wenig Raum bietet, besteht die Gefahr, dass alle libidinösen Übertra-

1 Refrainzeile aus einem gleichnamigen Song von Bryan Ferry.

2 In seinem für den modernen Begriff der Liebe maßgeblichen Essay »De l'amour« neigt Stendhal dazu, nur diese Form der Liebe gelten zu lassen (Stendhal 1822), während Ortega y Gasset die gegenteilige Haltung einnimmt, und die Passion d'Amour für eine eher oberflächliche, nicht so sehr ernst zu nehmende Spielart der eigentlichen, institutionell verankerten Liebe erklärt (Ortega y Gasset 1933). Eine ähnliche Tendenz findet sich auch bei den meisten psychoanalytischen Autoren (u.a. Abraham 1924, S. 98ff., S. 137f.). Freud wirkt in dieser Frage unentschieden (Freud 1921 S. 122ff.), schlägt dann aber selbst eine Unterteilung der unterschiedlichen Formen der Liebe vor, die große Ähnlichkeiten zur hier getroffenen Einteilung aufweist (vgl. Fußnote 13).

gungsimpulse in das Korsett der institutionell gesicherten, der familiären Liebe gezwungen werden. Bekanntlich wies schon Freud darauf hin, dass diese Form der Liebe eine unverzichtbare Basis der analytischen Kur bilde, während die romantische, auf Verführung und Rausch zielende Liebe dazu tendiere, jede analytische Arbeit zu unterminieren (Freud 1915, S. 315 f., Freud 1914, S. 169). So gerät die Psychoanalyse – angesichts der wachsenden Bedeutung der leidenschaftlichen Liebe – immer mehr in die Rolle einer etwas blaustrümpfig-freudlosen Heilkunst, die dazu tendiert, den modernen Glücksversprechen mit altklugem Kulturpessimismus zu begegnen. Deshalb scheint es mir wichtig, darüber nachzudenken, wie es gelingen kann, der leidenschaftlichen Liebe in der psychoanalytischen Arbeit mehr Raum zu geben.

Aus psychoanalytischer Sicht handelt es sich bei beiden Grundformen der Liebe um zwei verschiedene Wege, in das verlorene Paradies der frühen Kindertage zurückzukehren.[3] Aus unseren eigenen Behandlungserfahrungen wissen wir, mit welch enormen Abhängigkeitsängsten diese regressiven Prozesse regelmäßig verbunden sind. Offenbar wird es als unerträglich erlebt, erneut in die alten Abhängigkeiten einzutauchen, solange der Andere seine Freiheit, sich diesem oder jenem zuzuwenden, aufrechterhält.

Dabei gibt es zwei Möglichkeiten, diese Ängste zu begrenzen – durch Verführung und Rausch, oder durch Raub, Macht und Besitznahme. Entweder wird der Andere durch Ehevertrag, finanzielle Verpflichtungen und gesellschaftliche Normen gebunden oder er muss verführt werden, seine eigene Freiheit dem Rausch des eigenen Begehrens zu opfern. Verführung und Rausch stehen für den Weg der leidenschaftlichen Liebe, während die familiäre Liebe sich auf traditional legitimierte institutionelle Bindungen verlässt. In der Regel besteht die Liebe aus beidem. Trotzdem gibt es in modernen Gesellschaften eine wachsende Tendenz, leidenschaftliche Liebe stärker zu gewichten – als einzig noch glaubwürdig erscheinende Gegenwelt gegen das im Äußeren längst allmächtig gewordene Regime zweckrationaler Wahlentscheidungen (Sigusch 2001, 2005, S. 189 f., Schmidt 2000).

Während die leidenschaftliche Liebe aus der ödipalen Fähigkeit schöpft, den Anderen zu verführen, stützt sich die familiäre Liebe auf die unbewusste Reziprozitätsannahme, die Zuwendung des Objektes dadurch erhalten zu können, dass man sich dessen Forderungen unter-

[3] Balint zeigt, wie sehr es auch bei der sog. reifen genitalen Liebe um die Wiederkehr des präödipalen Erlebens geht (Balint 1965).

wirft (vgl. Freud 1926, S. 169 f.). Genau genommen besteht dieser, für das Freudsche Über-Ich so sehr konstitutive und in den tradierten gesellschaftlichen Institutionen fixierte »unbewusste Vertrag« darin, auf Verführungsversuche zu verzichten, die in der Lage wären, die Abwehr des maßgeblichen Anderen zu labilisieren, während sich der Andere umgekehrt bereit findet, die eigene Willensfreiheit einzuschränken und den beschränkenden Regeln bestimmter gesellschaftlicher Institutionen zu folgen – wie zum Beispiel den ehelichen Pflichten oder den Regeln der familiären Fürsorge.

Wir sehen, wie sehr sich beide Formen der Liebe wechselseitig ausschließen, wie sehr die institutionelle Liebe darauf beruht, dem Verführenden zu entsagen, während die romantisch-leidenschaftliche Liebe ohne Verführung zum unerträglichen Martyrium zu werden droht, sich vom Anderen ganz und gar abhängig zu fühlen, ohne dass dieser veranlasst werden kann, auf die eigene Willensfreiheit zu verzichten. Sicher ist das der Grund, warum die Institutionalisierung eines leidenschaftlichen Liebesverhältnisses in der Regel mit der Austrocknung jener romantischen Verliebtheit einhergeht, so dass sich die Liebenden vor die Aufgabe gestellt sehen, vom Modus der leidenschaftlichen Liebe zur familiären oder institutionellen Liebe zu wechseln.

Unter modernen posttraditionalen Verhältnissen aufgewachsene Menschen, für die die leidenschaftliche Liebe zum eigentlichen Maßstab einer erfüllten Partnerschaft geworden ist, stoßen deshalb auf große Schwierigkeiten, ihre Liebesbeziehungen auch dann noch aufrecht zu erhalten, wenn sie unter den wachsenden Einfluss der üblichen Ritualisierungs- und Institutionalisierungsprozesse geraten. Möglicherweise ist das der Grund, warum moderne Verhältnisse dazu tendieren, der leidenschaftlichen Liebe dadurch mehr Dauer und Tiefe zu verleihen, dass die Wahlfreiheit nie ganz suspendiert und immer neu wieder aufgerufen wird (Illouz 2003, S. 176 ff.). Offenbar dient jene Wahlfreiheit dazu, jene Ritualisierungs- und Institutionalisierungsprozesse immer von neuem zu unterbrechen und rückgängig zu machen.

So entsteht die etwas paradox klingende Situation, jene eigentlich so sehr gegen die Willensfreiheit des Anderen gerichtete leidenschaftlich-romantische Liebe nur dann wirklich aufrecht erhalten zu können, wenn es umgekehrt auch der Willensfreiheit gelingt, sich den Verführungen dieser Liebe wieder zu entziehen und zur Möglichkeit der Wahlentscheidung zurückzukehren.

So wird der ödipale Kampf um die Verführung des Anderen zur entscheidenden Matrix moderner Liebeskunst. Deshalb kommen wir nicht umhin, uns der Freudschen Theorie des Ödipuskomplexes von neuem zuzuwenden – zumal es inzwischen eine ganze Reihe entwicklungspsychologischer Befunde gibt – ich denke hier vor allem an die Emotional-Regulation- und die Theory-of-Mind-Forschung[4] – die die Freudsche Ödipusgeschichte auf ein neues, empirisch gut abgesichertes Fundament stellen. Sie legen die Vermutung nahe, dass das ödipale Drama weniger durch ein plötzliches, körperlich andrängendes genitales Begehren als vielmehr durch eine ziemlich abrupt einsetzende Veränderung des kindlichen Weltbildes ausgelöst wird: Mit der am Ende des vierten und zu Beginn des fünften Lebensjahres sich herausbildenden Theory of Mind verbindet sich die Einsicht, dass es sich beim Anderen um ein prinzipiell freies Individuum handelt, das die eigenen inneren Muster durch freie Willensakte suspendieren kann. Plötzlich wird deutlich, auf welch fragilem Grund die bisher so fraglos verinnerlichten Objektbeziehungsmuster stehen.

Am Anfang der ödipalen Phase beginnen die Kinder also zu ahnen, dass sie sich keinesfalls darauf verlassen können, ihr Lachen mit Lächeln und ihr Weinen mit Trost beantwortet zu sehen. Die in diesem Alter häufig aufgeworfenen Fragen, ob man nicht vielleicht doch ein adoptiertes Waisenkind sei, ob man bei der Geburt verwechselt wurde oder doch zumindest einen anderen Vater habe, all diese traurigen Grübeleien zeigen, welch existenzielle Verunsicherung für die Drei- bis Vierjährigen von jener Einsicht ausgeht.

Sie geraten in eine ganz ähnliche Lage wie unsere in der Analyse regredierenden Patienten, von jemandem ganz und gar abhängig zu sein, von dem sie zugleich wissen, dass es sich bei diesem Anderen um ein prinzipiell freies Individuum handelt, das seine Gunst jederzeit abwenden kann. Deshalb scheint auch ihnen nichts anderes zu bleiben, als ihm seine so sehr bedrohlich erlebte Willensfreiheit durch Verführung und Rausch wieder zu nehmen. So ist es die am Ende des vierten und zu Beginn des fünften Lebensjahres dämmernde Einsicht in die Freiheit des Anderen, von der das ganze ödipale Drama seinen Ausgang nimmt.[5]

4 Für zusammenfassende Darstellungen beider Forschungsrichtungen siehe Sodian 2003 und Holodynski 2006.

5 Eine ausführlichere Darstellung der These, dass der ödipale Kampf nicht

Leider ist dieser von der Willensfreiheit des Anderen ausgehenden Bedrohung in den bisherigen psychoanalytischen Debatten nur wenig Aufmerksamkeit geschenkt worden.[6] Während die Notwendigkeit, den Anderen in seiner Selbständigkeit und Unabhängigkeit akzeptieren zu müssen, schon von jeher im Mittelpunkt unserer entwicklungspsychologischen Überlegungen stand, geriet die am Ende des vierten und zu Beginn des fünften Lebensjahres auftretende, mindestens ebenso schmerzliche und ungleich bedrohlichere Einsicht, dass es sich bei dem Anderen um ein freies Individuum handelt, immer mehr aus dem Blick – eine Tendenz, die vor allem durch die objektbeziehungstheoretische Neuausrichtung der Psychoanalyse bestärkt wurde. Überhaupt geht

von einem plötzlich besonders stark andrängenden genitalen Begehren, sondern von der dämmernden Einsicht in die Freiheit des Anderen seinen Ausgang nimmt, findet sich bei Brüggen 2005. Zu ähnlichen, meine Hypothesen stützenden Ergebnissen kommen Fischer und Watson. Sie heben hervor, dass Kinder erst im vierten Lebensjahr ein so weitgehendes Verständnis für soziale Rollen entwickeln, dass sie erst jetzt erkennen können, wie sehr die Liebesbeziehung der Eltern mit ihren eigenen Ansprüchen konkurriert. Zudem seien Kinder in diesem Alter noch nicht in der Lage, den zeitlichen Verlauf der Rollenverteilungen zu verstehen, so dass sie die Hoffnung hegen, ihre Mutter bzw. ihren Vater vom Alter her einholen und heiraten zu können. Hinzu komme, dass bis zu fünfjährige Kinder regelmäßig davon ausgehen, dass Eltern ihre Gedanken lesen könnten. So würden für sie auch die unausgesprochen feindseligen Impulse gegen den gleichgeschlechtlichen Elternteil zum Problem und steigern die Angst vor dessen Racheimpulsen. All das führe – so argumentieren Fischer u. Watson –, zu der typisch ödipalen Haltung der Drei- bis Fünfjährigen. Später im sechsten bis siebten Lebensjahr gehe der Ödipuskomplex u. a. daran zugrunde, dass sie aufgrund ihres weiterentwickelten Zeitverständnisses einsehen müssten, dass es für sie keine Chance gebe, Vater oder Mutter altersmäßig einzuholen und den gleichgeschlechtlichen Elternteil zu verdrängen (Fischer und Watson 1981).

6 Da von Freiheit in vielerlei Hinsicht gesprochen werden kann, möchte ich – um möglichen Missverständnissen vorzubeugen – klarstellen, dass hier jene Willensfreiheit gemeint ist, die sich aus unserer Fähigkeit ergibt, emotionale Bewertungs- und Handlungsmuster durch verstandesmäßig begründete Argumente, Urteile oder Überzeugungen zu revidieren. Ich folge damit einer Definition, die u. a. von Bieri vorgeschlagen wurde (vgl. Bieri 2005, 125). Willensfreiheit ist also das Gegenteil von all den Zuständen, in denen wir uns nicht durch unsere Urteile, sondern durch die überwältigende Macht der Gefühle leiten lassen (vgl. ebd.), so dass die Verführung in der Tat als wohl wirksamster Feind der Freiheit erscheint – zumindest was die modernen Verhältnisse angeht.

jene Sicht, unsere psychische Struktur vor allem als Niederschlag verinnerlichter Objektbeziehungen zu betrachten, notwendigerweise davon aus, dass die individuelle Entscheidungsfreiheit dabei eine zu vernachlässigende Größe bilde.[7] Der Andere kommt nur insofern in den Blick, als sich an ihm bestimmte, relativ invariante Muster oder Eigenschaften erkennen lassen. Die Seite seiner Freiheit, d. h. die Tatsache, sich jederzeit auch ganz anders verhalten zu können, bleibt ausgeklammert[8] – was für die Mutter-Kind-Interaktion des ersten Lebensjahres sicher angemessen ist, die späteren Entwicklungsschritte aber in ein allzu einseitiges Licht setzt.[9]

Auf jeden Fall sehen sich die ödipalen Kinder angesichts jener neuen,

7 Gödde und Hegener arbeiten heraus, dass schon Freud – ähnlich wie Nietzsche – die freie Willensentscheidung für eine Illusion gehalten habe (Gödde, Hegener 2004). Insofern kann sich die Objektbeziehungstheorie an diesem Punkt durchaus auf Freud berufen. Möglicherweise ist das auch der Grund, warum Freud zwar die Gefahr, von den Eltern oder ihren gesellschaftlichen Nachfolgern verstoßen zu werden, immer wieder als den wohl größten und unerträglichsten, u. a. in der Kastrationsangst zum Ausdruck kommenden Schrecken beschreibt (u. a. Freud 1930), sie aber nie als Angst vor der Freiheit des Anderen thematisiert. Dies hat sicher auch viel damit zu tun, dass Freud dazu tendierte, die durch das Phänomen der Willensfreiheit in die Welt gekommenen Brüche, Trennungen und Kämpfe unter der Kategorie des Todestriebes abzuhandeln (siehe auch Fußnote 13). Im Gegensatz zum wissenschaftstheoretischen Umfeld des ausgehenden 19. Jahrhunderts scheinen sich rein deterministische Positionen trotz der teilweise recht marktschreierischen Ankündigungen weder in der zeitgenössischen Neuropsychologie noch in der Affektpsychologie wirklich durchsetzen zu können (u. a. Solms et al. 2004, Holodynski 2006). Andererseits gibt es durchaus Tendenzen, der Metakognition bei der psychischen Selbstregulation wieder einen größeren Stellenwert einzuräumen (ebd., Fonagy et al. 2002, S. 13 ff.). Für die ödipale Dynamik sind diese Fachdiskussionen aber gar nicht so sehr entscheidend. Hier kommt es vor allem auf den subjektiven Eindruck an, dass es so etwas wie Willensfreiheit gibt.

8 Um diesen Aspekt der inneren Objektbeziehungen zu betonen, greifen Sandler und Sandler (1999, S. 62 ff., 90 ff.) auf den Freudschen Begriff der Wahrnehmungsidentität zurück. Innere Objektbeziehungen verkörpern ihrer Auffassung nach die Tendenz, ehemals reale Objektwahrnehmungen in identischer Form immer neu zu evozieren.

9 Ich vermute, dass das ein Grund ist, warum sich die objektbeziehungspsychologische Psychoanalyse vor allem für die ersten beiden Lebensjahre interessiert, während die unbewussten Konflikte und neurotischen Verstrickungen des bewusst urteilenden Individuums wenig Beachtung finden.

so sehr erschreckenden Erkenntnis gezwungen, ihr auf Zärtlichkeit und Bewunderung zielendes Werben durch weitergehende verführende oder berauschende Verlockungen zu ergänzen, damit der Andere sich hinreißen lässt, seine Willensfreiheit dem eigenen Begehren zu opfern. Da die Vier- bis Sechsjährigen ahnen, dass die großteils unbewussten sexuellen und narzisstischen Begierden der Eltern dafür den noch immer wirksamsten Anknüpfungspunkt bilden, sehen sie sich veranlasst, auf diesem Feld all ihr Können in die Waagschale zu werfen.[10] Für die Mädchen geht diese Situation nicht selten mit einem Objektwechsel einher. Da sie den Müttern auf dem Gebiet der sexuellen Verlockungen weniger zu bieten haben als ihre Brüder, liegt es nahe, dass sie sich stärker ihren Vätern zuwenden.

So wird die Objektliebe, die libidinöse Besetzung des Objektes, irgendwann in der Zeit zwischen dem fünften und siebten Lebensjahr durch ein Begehren nach dem Begehren des Anderen überformt, weil nur so, durch die Inbesitznahme des anderen Begehrens, der von der Freiheit des Anderen ausgehende Schrecken wieder getilgt werden kann.[11]

10 Ich denke hier an die in den infantilen Sexualphantasien nur mühsam und höchst unvollständig übersetzten bzw. bewusst gewordenen Niederschläge der rätselhaften, mit unbewussten sexuellen Begierden durchsetzten Botschaften des Erwachsenen, von denen Laplanche so häufig spricht (Laplanche 1988) und die beim Kind zu einem intuitiven und teilweise unbewussten Wissen darüber führen, welche Angebote sie machen müssen, wenn es darum geht, den Erwachsenen zu verführen. Dabei unterstellt Laplanche einen Begriff der infantilen Libido, der diese sehr deutlich von den rein physiologischen Genitalfunktionen unterscheidet, die Laplanche im Unterschied zur Libido als Instinkt bezeichnet – eine Sichtweise die durch neuere physiologische und entwicklungspsychologische Ergebnisse untermauert wird (Laplanche 2003) und die die hier vertretene These bestärkt, dass es bei der Liebe nur in zweiter Linie um die körperlich sexuellen Funktionen sondern viel mehr um einen gegen die Freiheit des Anderen gerichteten Bindungsstatus geht.

11 Leider gibt es bei vielen objektbeziehungstheoretisch orientierten Psychoanalytikern die Tendenz, Liebe auf das Ringen um die Begrenztheit des Objektes zu reduzieren und die Tatsache ihrer Freiheit unbeachtet zu lassen. Meine Kritik an dieser Haltung entspricht der Kritik, die schon Spinoza gegen die Platonische Definition der Liebe vorbrachte. Überhaupt kann sich die hier vertretene Sicht, bei der leidenschaftlichen Liebe handele es sich um die Lust an der Überwindung der Freiheit des Anderen durchaus schon auf Spinoza und dann noch deutlicher auf Proust stützen. Während Platon den

Offenbar erleben Kinder aus eher enttraditionalisierten Milieus diesen, von der Entdeckung der Freiheit des Anderen ausgehenden Schrecken sehr viel intensiver als all diejenigen, die in einem traditionalen Umfeld aufwachsen. Sie können sich eher darauf verlassen, dass die Macht der Tradition sie davor bewahrt, das gleiche Schicksal zu erleiden wie Ödipus, Hänsel und Gretel oder der biblische Moses, von ihren Eltern ausgesetzt oder verstoßen zu werden.[12] Offenbar gelingt es

Mythos des Aristophanes zurückweist und die Liebe vor allem durch die hervorragenden Eigenschaften des geliebten Objektes zu begründen sucht (Platon, Symposium 205 E), stellt Spinoza die im Liebenden, in seiner Unvollkommenheit zu verortende Ursache jenes Wunsches in den Mittelpunkt (Spinoza E3 Def 6 u. Ex1). Während sich in den Augen Platons die eigentliche Liebe vor allem durch die vollkommene Hingabe an das Objekt auszeichnet, betont Spinoza die egoistische, von der eigenen Unvollkommenheit ausgehende Seite der Liebe. Dies habe – so argumentiert Spinoza – zur Folge, dass die Liebe notwendigerweise in den Wunsch einmünde, jenes Objekt auch zu besitzen, und zwar unter Ausschluss eines jeden Anderen. Gelinge dies nicht, schlage Liebe regelmäßig in Hass um (ebd., E3P35D1 u. C1) – was bei einem freien, letztendlich weder käuflichen noch zu versklavenden Liebesobjekt dem Liebenden nur die eine Wahl lässt, dessen Willenfreiheit durch Verführung aufzuheben. Diese, für die modernen enttraditionalisierten Lebensverhältnisse charakteristische Konsequenz wird meines Wissens zum ersten Mal von Proust in aller Deutlichkeit dargestellt. Für ihn – der nur die leidenschaftliche, auf Verführung zielende Liebe gelten lässt – besteht die Liebe in genau jener Bewegung der Annäherung, der schrittweisen Aufhebung der Freiheit des Anderen die – und da geht er über Spinoza hinaus – mit ihrem eigenen Erfolg zum Erliegen kommt. Für ihn bilden Unergründbarkeit und Unkontrollierbarkeit des Anderen, seine Freiheit und die sich daraus ergebenden Hass- und Eifersuchtsgefühle sowohl den Ausgangspunkt wie den unverzichtbaren Grund der leidenschaftlichen, auf die Aufhebung dieser Freiheit zielenden Liebe (Proust 1994, u. a. S. 285 ff.), die wir nur deshalb als derart berauschend erleben, weil es sich – wie wir ebenfalls schon bei Proust nachlesen können – bei ihr um die Wiederkehr der »verlorenen Zeit« unserer frühen Kindheit handelt (ebd., u. a. S. 15 ff.). Freud beschreibt diese beiden, die Platonische wie die Spinozistische Sichtweise der Liebe, als zwei verschiedene Typen der Objektwahl – als Wahl nach dem Anlehnungstypus und als narzisstische Wahl, wobei er sich, was die eigenen Wertungen angeht, als relativ dogmatischer Platoniker erweist (vgl. Fußnote 13).

12 Überhaupt scheint die hier vorgeschlagene Sichtweise dem historischen Stoff sehr viel besser gerecht zu werden. Im antiken Ödipusmythos ist vom plötzlich auftauchenden, körperlich-genitalen Begehren keine Rede, stattdessen

ihnen deshalb auch im späteren Leben sehr viel besser, an den institutionell gebundenen familiären Formen der Liebe Gefallen zu finden, als die ganz und gar vom ödipalen Kampf Geprägten, für die das Begehren des Anderen zur entscheidenden Größe wurde, weil ihnen alle äußerlich-formellen Macht- oder Besitzansprüche als allzu flüchtig, als allzu unglaubwürdig erscheinen.

Der ödipale Kampf gegen die Freiheit des Anderen – eine unnötige Übertreibung?

Vor diesem Hintergrund sollte unsere therapeutische Aufgabe eigentlich darin bestehen, beiden Formen der Liebe mit ähnlich positiver Haltung zu begegnen. Das scheint aber keineswegs der Fall zu sein. Offenbar bietet das klassische Setting der familiären Objektliebe sehr viel mehr Raum, weil es den Analytiker in einen engen institutionellen Rahmen einbindet, während sich die wechselseitige Dynamik von Verführung

geht es ständig um den unbewussten Wunsch, das Trauma zu heilen, das von der Freiheit der Eltern ausgeht, emotional verankerte und traditional gesicherte Verhaltensmuster willkürlich aufzukündigen. So gewinnt man den Eindruck, als handele es sich bei den Taten des Ödipus, beim Vatermord wie beim Mutterinzest in der Tat nur darum, die in der Aussetzungsszene so traumatisch erlebte Freiheit seiner Mutter wieder aufzuheben. Otto Rank hat gezeigt, dass fast alle bekannten Heldenmythen – egal welchem Kulturkreis sie entstammen – vom Ausgesetztwerden des noch kindlichen Helden ihren Ausgang nehmen (Rank 1922, S. 77). Dies spricht dafür, dass der von der Freiheit des Anderen ausgehende Schrecken ein kulturell weit verbreitetes Phänomen ist – gerade wenn es um die mythologische Verarbeitung geschichtlicher Aufklärungs- oder Enttraditionalisierungserfahrungen geht. Ähnlich wie Otto Rank haben die meisten Psychoanalytiker – auch Lacan – den historischen Ödipusmythos bisher so interpretiert, dass es in ihm u. a. um die Trennung von der Mutter, also im Grunde um die Geburt gehe. Das entspricht in gewisser Weise auch dem Freudschen Konzept der Kastrationsangst, wie er es in »Hemmung, Symptom und Angst« ausführt (Freud 1926, S. 160). Die spezifische Bedeutung der in fast allen Heldenmythen vorkommenden Aussetzungsgeschichte wird dabei aber übergangen. Sie wird auf das Phänomen der Getrenntheit reduziert. Dabei geht es in der Aussetzungsgeschichte ja nicht nur darum, dass die eigentlich zuständigen Eltern oder Pflegepersonen nur begrenzt zur Verfügung stehen, sondern dass sie sich durch ihre eigene freie Willensentscheidung gegen ihre eigenen, emotional verankerten traditionalen Handlungsmuster stellen.

und Rausch schon aus Gründen der Abstinenz nur schwer entfalten kann.

Bekanntlich verbindet sich das analytische Setting mit der Selbstverpflichtung des Analytikers, von seiner Freiheit nur begrenzt Gebrauch zu machen – indem er sich zu einer möglichst hohen und möglichst verlässlichen Stundenfrequenz verpflichtet, indem er die Behandlungsdauer bewusst offen hält und sich um eine gleichschwebende Aufmerksamkeit bemüht, die bestrebt ist, eigene Urteile und Vorannahmen hintan zu stellen. Dadurch wird die Hoffnung geweckt, als könne es gelingen, die anfänglichen, durch die Freiheit des Anderen so sehr bedrohten Objektbeziehungsmuster doch wieder in ihre alte Geltung zurückzuversetzen – zumindest was die analytische Situation betrifft. So kann der Eindruck entstehen, als habe es sich bei all den ödipalen Kämpfen gegen die Freiheit des Anderen nur um eine große Übertreibung gehandelt, als gehe es eigentlich nur darum, die Angst vor der eigenen Bedürftigkeit und Abhängigkeit zu überwinden.

All dies führt zu der weit verbreiteten Tendenz, die auf Rausch und Verführung zielenden Spielarten der Übertragungsliebe als »Suppenlogik mit Knödelargumenten« (Freud 1915a, S. 315) abzutun, sie als Widerstands- oder Abwehrstrategien wegzuanalysieren.

Möglicherweise ist das auch ein Grund, warum die für großstädtische Singlemilieus so charakteristischen Schwierigkeiten, zu befriedigenden Partnerbeziehungen zu kommen, in unserer klinischen Literatur eine so geringe Rolle spielen, bestenfalls unter pejorativen Rubriken abgehandelt und als Indizien für den »Tod des Ödipus« (Zizek 2001), »die vaterlose Gesellschaft« (Mitscherlich 1965) oder »den narzisstischen Sozialisationstyp« (Lasch 1979) gewertet werden.

Auf jeden Fall scheinen all die Patienten, die der leidenschaftlichen Liebe einen besonders hohen Stellenwert einräumen, größere Schwierigkeiten zu haben, ihre Sehnsüchte zu verwirklichen. Schnell gewinnt man den Eindruck, als neige ihre Art zu lieben dazu, genau das zu zerstören, wonach sie sich sehnen. Wir alle kennen die stereotypen Klagen, nur dort lieben zu können, wo die Liebe unbeantwortet bleibt oder doch auf große Hindernisse stößt, während die erwiderte Liebe dazu tendiere, rasch zu ermüden.

So sieht sich die leidenschaftliche, auf das Begehren des Anderen zielende Liebe immer neu auf jenes Zwischenreich verwiesen, in dem die Freiheit unter dem Ansturm der Verführungen zu fallen droht ohne wirklich schon aufgegeben worden zu sein – eine Konstellation, die eigentlich von je bestens bekannt ist, zum Beispiel aus der Liebesliteratur: Stellen wir uns vor, Romeo und Julia, Scarlett O'Hara und Rhett Butler oder Werther und Charlotte hätten ohne größere Probleme zueinander gefunden – da bliebe nicht viel.

Ganz anders im realen Leben: da erwarten wir von den Protagonisten, dass sie immer dann, wenn sich ihre leidenschaftliche Liebe zu erfüllen droht, in der Lage sind, vom romantischen zum familiären Konzept der Liebe zu wechseln.

Den Patienten, denen dieser Wechsel besonders schwer fällt, ist wenig geholfen, wenn wir ihre Fixiertheit auf den Modus der leidenschaftlichen Liebe als bloße Abwehr deuten, als Angst vor Hingabe und Abhängigkeit. Weil ihre Mütter oder Väter dazu neigten, die institutionelle Bindung an den Ehepartner und die gesellschaftlichen Normen weniger ernst zu nehmen als andere traditional stärker gebundene Eltern, scheint ihnen diese Form der libidinösen Bindung wenig glaubwürdig – eine Einstellung, die im späteren Erwachsenenleben nur noch schwer zu ändern ist, da sich die emotionale Bedeutung traditionaler Institutionen und Normen aus willkürlich nur schwer zu beeinflussenden Über-Ich-Strukturen ergibt (Brüggen 2003). Deshalb macht es auch wenig Sinn, diesen Patienten im Nachhinein den besonderen Wert traditionaler Institutionen nahebringen zu wollen.[13]

[13] Die hier getroffene Unterscheidung zwischen der leidenschaftlichen und der familiären Liebe weist viele Parallelen zu der Freudschen Unterscheidung zwischen der »narzißtischen Objektwahl« und der »Objektwahl nach dem Anlehnungstypus« auf, wobei die nach dem Anlehnungstypus wählende Liebe der hier sog. familiären Liebe entspricht, während die narzisstisch wählende Liebe unserem Begriff der leidenschaftlichen Liebe nahe kommt. Genau wie in der hier vorgeschlagenen Unterscheidung spricht auch Freud davon, dass die narzisstisch orientierte Liebe vor allem auf das Begehren des Anderen ziele (Freud 1914, S. 155), während er von der nach dem Anlehnungstypus wählenden Liebe sagt, dass sie – ganz analog zur familiären Liebe – auf die infantilen Objekte und »die in Reihe von ihnen ausgehenden Ersatzpersonen« (ebd., S. 154, S. 157) ziele. Entsprechend zeichne sich die narzisstisch wählende Liebe vor allem durch den Wunsch aus, den anderen zu verführen, während die auf das Objekt zielende Liebe häufig mit einer bis zum Äußersten gesteigerten Selbstentleerung, Selbstentwertung und Selbstunterwerfung einhergeht (Freud 1926, S. 123 ff., Freud 1914, S. 154 f.).
Der Vergleich mit der Freudschen Begrifflichkeit zeigt, dass meine Benennung der beiden Formen der Liebe etwas unglücklich ist. Freud weist natürlich zu Recht darauf hin, dass es sich auch bei der hier so genannten »familiären Liebe« um einen sehr leidenschaftlichen Vorgang handeln kann.

Bevor wir der Frage weiter nachgehen, welche anderen Optionen denkbar wären, ist es jedoch sinnvoll, sich zunächst zu vergewissern, was wir überhaupt meinen, wenn wir in unseren Falldiskussionen von Liebesübertragung reden. Erinnern wir uns: Von der präödipalen Welt hatten wir gesagt, dass sie sich aus einem schrittweise sich ausdifferenzierenden Geflecht verschiedenster intersubjektiver Beziehungsmuster aufbaut, welche der Ganzheitlichkeit und Unabhängigkeit der Objekte immer mehr Raum geben und in den psychoanalytischen Diskussionen häufig als Objektbeziehungsmuster bezeichnet werden – eine Welt, die dann durch die Entdeckung der Freiheit des Anderen zum Einsturz gebracht wird. Bis zum Untergang dieser Welt scheinen sich Gefühl und Ratio noch in vollkommenem Gleichklang zu befinden. Der für das

Obwohl sich Freud sonst in libidinösen Dingen um wissenschaftliche Neutralität bemühte, lässt er bei der Unterscheidung zwischen den beiden Liebes- oder Objektwahltypen keinen Zweifel, welchen er für den Höherstehenden hält. Sicher hat er damit den Grundstein für die besondere Wertschätzung gelegt, die die familiäre Liebe innerhalb der psychoanalytischen Bewegung von jeher genoss, während man – wie gesagt – der leidenschaftlichen Liebe sehr zwiespältig begegnete.
Eine Haltung, die sicher auch dadurch bestärkt wurde, dass Freud die narzisstisch Liebenden für nur sehr schwer oder gar nicht behandelbar hielt. Von dem so liebenden Patienten behauptet er, er suche … »die Heilung durch Liebe, welche er in der Regel der analytischen vorzieht. Ja, er kann an einen anderen Mechanismus der Heilung nicht glauben, bringt meist die Erwartung desselben in die Kur mit und richtet sie auf die Person des ihn behandelnden Arztes. Diesem Heilungsplan steht natürlich die Liebesunfähigkeit des Kranken infolge seiner ausgedehnten Verdrängung im Wege. Hat man dieser durch die Behandlung bis zu einem gewissen Grade abgeholfen, so erlebt man häufig den unbeabsichtigten Erfolg, daß der Kranke sich nun der weiteren Behandlung entzieht, um eine Liebeswahl zu treffen und die weitere Herstellung dem Zusammenleben mit der geliebten Person zu überlassen. Man könnte mit diesem Ausgang zufrieden sein, wenn er nicht alle Gefahren der drückenden Abhängigkeit von diesem Nothelfer mit sich brächte« (ebd., S. 169).
Meine im Folgenden näher dargestellten Behandlungserfahrungen scheinen diese Darstellung zu bestätigen, mit dem einzigen Unterschied, dass ich mich der Freudschen Skepsis in Bezug auf den »Nothelfer Liebe« nur schwer anschließen kann. Was können wir unseren Patienten besseres wünschen, als dass sie ihre »weitere Herstellung dem Zusammenleben mit einer geliebten Person« überlassen, auch wenn das manchmal schwer erträgliche

spätere Erleben so charakteristische Kampf zwischen Überzeugungen und Gefühlen hat für die bis zu Fünfjährigen noch keine Bedeutung. Sollte zwischen beiden ein Gegensatz auftauchen, neigen sie dazu, ihn auf verschiedene Realitäten zu verteilen. Ist dieser Ausweg nicht möglich, greifen sie zum Mittel der Verdrängung. Aus diversen Untersuchungen wissen wir, dass sich Kinder bis zum sechsten Lebensjahr an Vorstellungen, die sie verwerfen mussten, nicht mehr erinnern und stattdessen überzeugt sind, schon immer anderer Meinung gewesen zu sein.[14]

Das ändert sich im Verlauf des sechsten bis siebten Lebensjahres. In diesem Alter gewinnen Kinder die Fähigkeit, Verdrängung durch Verneinung zu ersetzen. Sie können bestimmte gefühlsbesetzte Vorstellungen, die sie verwerfen mussten, als solche, d. h. als negierte Vorstellungen denken und erinnern (Sodian 2003). Das bedeutet: Sie werden sich der Möglichkeit bewusst, die eigenen verinnerlichten Objektbeziehungsmuster einer willkürlichen und bewussten Steuerung zu unterwerfen – auch wenn das in der Regel nur sehr unvollständig gelingt und im allgemeinen mit schmerzhaften Verzichts- und Trauerprozessen einher geht (ebd., Holodynski 2006, S. 144 f., S. 153 f.) und den bisher so vollkommenen Einklang von Gefühl und Ratio zum Einsturz bringt.

So leben wir wohl alle mit der Vorstellung eines ursprünglichen Paradieses, in dem die Macht des Negativen noch keine Bedeutung zu haben schien, weil es für uns Trug, Lüge und Verrat noch nicht gab – eine Erfahrung, an die all unsere späteren Sehnsüchte, Träume oder Glücksphantasien erinnern. Zugleich scheinen wir sehr genau zu wissen, dass es der Ungehorsam, die Auflehnung, also kurz die Willensfreiheit war, die dieses Paradies zerstörte, so dass es nur allzu gut verständlich ist, wenn es in uns eine starke, lebenslange Sehnsucht gibt nach einer Welt jenseits der Willensfreiheit – eine Sehnsucht, die wir Liebe nennen.[15]

Abhängigkeiten mit sich bringt, und warum sollte es nicht auch die Aufgabe der Psychoanalyse sein, sie auf diesem Weg ein Stück weit zu begleiten, damit sie mit jenen – durch die ödipale Konstellation vorgezeichneten – Abhängigkeiten und Abhängigkeitsängsten besser zurechtkommen – aber dazu später mehr.

14 Für einen Überblick über die diesbezüglichen empirischen Befunde vgl. Brüggen 2005.

15 Ganz ähnlich beschrieb schon Loewald die Überwindung des Ödipuskomplexes als eine Vertreibung aus dem Paradies (Loewald 1986, S. 388), wobei er aber zu unterschätzen scheint, wie sehr schon das Essen vom »Baum der

Vielleicht mag es etwas erstaunlich klingen, die frühe Kindheit als einen derart paradiesischen Zustand beschrieben zu bekommen – wissen wir doch allzu gut, welch existenzielle Nöte und Verzichtsleistungen unsere Kinder zu bewältigen haben. Und doch geht dieser Einwand an der Sache vorbei. Entscheidend ist nicht, was wirklich war, sondern was bewusst erinnert wird – nicht als persönliche oder biographische Erinnerung – die gibt es ja in diesem Alter noch nicht – sondern als Erinnerung an eine untergegangene Welt. Genau das ist ja der Grund, warum sich die Erinnerungen der ersten fünf Jahre in uns nicht als persönliche Erfahrungen, sondern in der Form einer Erzählung ohne Erzähler, d. h. als Ursprungsmythos ablagern – weil wir bis zum sechsten

Erkenntnis« alles Weitere determiniert. Offenbar ist es dieser verbotene Erkenntnisakt, durch den Gott plötzlich in einem ganz anderen Licht erscheint. Er wird als ein freies Individuum erkennbar und wandelt sich dadurch von einem gütigen, alles zum Besten einrichtenden Vater zu einem in seinen Einstellungen und Handlungen unberechenbaren, inkonsequent-willkürlichen Wesen, was die Bibel u. a. durch die Vertreibungsepisode und noch eindrücklicher in der Kain und Abel-Geschichte zum Ausdruck bringt. Die Freiheit, bisherige Regeln jederzeit wieder brechen zu dürfen, erscheint hier als kennzeichnendes Merkmal göttlicher Größe und Allmacht.
Noch deutlicher ist der Zusammenhang mit dem präödipalen Erleben in dem u. a. von Hesiod beschriebenen Mythos des »goldenen Zeitalters« erkennbar, an den die mittelalterlichen Vorstellungen vom Schlaraffenland anknüpfen: Neben den bekannten Bildern von den Flüssen aus Milch und Honig hebt Hesiod vor allem hervor, dass es zu dieser Zeit keinerlei Bedarf gegeben habe für eine, vom unwillkürlichen Fluss der Emotionen sich abhebende Form des rationalen Urteilens (zitiert nach Nussbaum 2001, S. 185). Überhaupt erinnern all diese Erzählungen vom anfänglichen Goldenen Zeitalter, vom Paradies oder vom Schlaraffenland genau wie die dazu gehörenden Vertreibungs- und Aussetzungsgeschichten an die u. a. von Bischof formulierte Vermutung, dass es sich bei den Mythen in der Tat vor allem um die Erinnerungen handele, die vor der Entstehung eines konsistenten Zeitbegriffes und vor der Herausbildung eines biographischen Gedächtnisses, d. h. vor Beginn der ödipalen Phase abgespeichert wurden. Diese Erinnerungen nehmen – so argumentiert Bischof – notwendigerweise die Form einer Erzählung an, die sich auf Zustände vor dem Beginn der Zeit beziehen (Bischof 1989). Die daran anschließenden Vertreibungsgeschichten würden dann den mit der Einsicht in die Freiheit des Anderen beginnenden Zerfall dieses glücklichen Urzustandes markieren.
In der psychoanalytischen Entwicklungspsychologie werden diese Paradies-, Schlaraffenland- oder Golden Age-Vorstellungen häufig mit dem Lustprinzip, der Tendenz zur halluzinatorischen Wunscherfüllung und den ganz

Lebensjahr noch in einer Welt lebten, in der es das eigene Getrennt- und Selbstsein noch nicht gab und es deshalb Erfahrung als ein persönliches und subjektives Phänomen noch nicht geben konnte.[16]

Vor diesem Hintergrund verstehen wir nun auch besser, welch überwältigende Glücksversprechen und Angstvisionen den Liebenden umtreiben und warum es sich hier um das »wohl am schwersten zu erziehende« (Freud), um ein letztendlich durch kein rationales Urteil wirklich zu bändigendes Gefühl handelt.

Und in der Tat sind es genau diese beiden Kriterien – die Abwesenheit der Freiheit und der paradiesische Gleichklang von Gefühl und Ratio – durch die sich Liebe von den übrigen Beziehungsformen unter-

frühen Omnipotenz- und Allmachtsimpulsen in Zusammenhang gebracht. Diese Verknüpfung beruht aber – wie gezeigt – auf einer Verwechslung der äußeren Beobachterperspektive mit der Perspektive des Säuglings oder Kleinkindes selbst. So lange ihm seine Verzichtsleitungen noch nicht bewusst sind, befinden sich die Kleinkinder – was ihr bewusstes Selbsterleben angeht – noch in genau diesem paradiesischen Zustand, auch wenn wir von außen sehr deutlich sehen, welch ungeheuerlichen Verzichts- und Anpassungsleistungen sie dabei zu vollbringen haben. Dass diese Verzichtsleistungen ihnen in der Tat noch nicht als solche bewusst sind, sehen wir schon daran, dass sie auf erlittenen Objektverlust weniger mit Trauer als vielmehr mit Protest, Wut und Vergessen reagieren.

16 Ich denke, dass es an dieser Stelle sehr wichtig ist, drei Ebenen voneinander zu unterscheiden. Da gibt es zum einen die aus einer Außenperspektive vorgenommene Beschreibung der in der Kindheit zu bestehenden Anforderungen und Krisen – eine Perspektive, die uns viel Bewunderung vor den zu bewältigenden Entwicklungsleistungen abfordert. Dann gibt es auf einer zweiten Ebene die Art und Weise, wie die Kinder diese Anforderungen bewusst erleben. Auch hier wird uns ihre enorme Leidensfähigkeit und vor allem ihr ungeheurer Mut, den vielen existenziellen Bedrohungen zu widerstehen, großen Respekt einflößen. Auf der dritten Ebene geht es darum, wie jene Erfahrungen bewusst erinnert werden. Aus dieser Perspektive ist von all der Not, Unsicherheit und Angst fast nichts mehr zu sehen, weil all jene emotional besetzten Vorstellungen oder inneren Objektbeziehungen, die sich irgendwann als nicht mehr zutreffend erwiesen haben, verdrängt wurden, so dass zwar weiterhin diese oder jene Bedrohungen, diese oder jene Mangelzustände erinnert werden, zugleich aber immer auch ein vollgültiges Muster zur Verfügung steht, der Bedrohung auszuweichen und den Mangel zu beheben. Wirkliche Trauer, d.h. ein biographisch erinnertes Leid und die bewusste Erinnerung, verstoßen zu sein, kommen dagegen erst dort auf, wo dieses im Rückblick so sehr verklärte präödipale Paradies einzustürzen beginnt.

scheidet. Liebe macht blind. Sie wird gefühlt und lässt andere rational-kognitive Gesichtspunkte nur gelten, insofern sie mit den Gefühlen übereinstimmen. Und sie macht nicht nur blind, Liebe macht auch hörig – das wussten Spinoza, Stendhal, Freud und die vielen, vielen anderen, die sich zu diesem Thema äußerten. Deshalb haben Paul Schilder, Ortega y Gasset und auch Freud Recht, wenn sie den Zustand der Verliebtheit mit dem der Hypnose, der religiösen und politischen Ekstase vergleichen. Immer geht es um die wie ein großes Glück erlebte Auslöschung der Freiheit – der eigenen wie der des Anderen. Und natürlich gilt das nicht nur für die leidenschaftliche Liebe. Selbst bei der Wahrheitsliebe handelt es sich letztendlich ja doch um nichts Anderes als um die Sehnsucht, dem Objekt seine Freiheit abzuringen, indem wir es in seiner gesetzlichen Determiniertheit zu erfassen suchen.[17]

So wird verständlich, wie es zu einem derart weitschweifigen Begriff wie dem der Liebe kommen konnte und was er eigentlich bedeutet. Gleichzeitig hat sich eine gut falsifizierbare Definition ergeben. Unsere Alltagssprache befleißigt sich hier einer erstaunlich präzisen Begrifflichkeit: In der Tat sprechen wir überall dort von Liebe, wo die beiden eben genannten Bedingungen gegeben sind: die Abwesenheit der Freiheit und der spontane Einklang von Gefühl und Ratio, während wir alle anderen positiv konnotierten Beziehungsformen, die diese Kriterien nicht erfüllen, mit Begriffen wie Solidarität, Achtung, Anerkennung oder Freundschaft zu umschreiben suchen.[18]

17 Der hier thematisierte Antagonismus von Freiheit und Liebe taucht bei Freud unter ganz anderen Vorzeichen als Triebdualismus von Todes- und Lebenstrieb oder von verbindender und trennender Kraft wieder auf. Bekanntlich verknüpft Freud den Lebenstrieb mit Sexualität und Liebe, während sich der Todestrieb vor allem in all den Persönlichkeitsmerkmalen äußert, die sich mit der Anerkennung der Freiheit des Anderen verbinden (Freud 1920).

18 Offenbar handelt es sich bei der Liebe – ähnlich wie bei Scham und Schuld um eine Art Metagefühl. Möglicherweise steht die Liebe dabei für die Sehnsucht, dass emotionale Bewertung und reale Erfahrung übereinstimmen mögen. Dazu passt, dass das Gefühl der Liebe neuropsychologisch durch die Aktivierung des sog. Suchsystems angestoßen und durch die Aktivierung derjenigen Bahnen, die eine erfolgreich abgeschlossene Aktivierung des Suchsystems anzeigen, befriedigt wird. Das ist vor allem deshalb bemerkenswert, weil es sich bei diesem Suchsystem um genau die neurophysiologischen Strukturen handelt, die uns veranlassen, nach jener Übereinstimmung zwischen den vorgeprägten emotionalen Mustern und der realen Erfahrung zu suchen (Solms et al. 2004, S. 130 ff.).

Und natürlich finden wir all dies auch bei unseren Patienten wieder, sobald sie eine Liebesübertragung entwickeln. Sie beginnen, sich in ganz besonderer Weise für unsere Person zu interessieren und nehmen sich das Recht, sie mit weit ausgreifenden, träumerisch-sehnsüchtigen Gefühlen zu verbinden. Dabei wird die reflexiv urteilende Betrachtung dieses emotionalen Geschehens als zunehmend störend erlebt und scheint sie immer weniger zu erreichen. Überhaupt gewinnt man den Eindruck, als seien sie vor allem mit einem beschäftigt – mit dem Kampf gegen unsere Freiheit. Bei den eher familiär liebenden Patienten äußert sich das in den endlos sich wiederholenden Auseinandersetzungen um den Rahmen, um die 50 Minutenbegrenzung, die Ferien- oder Wochenendpausen, unsere Aufmerksamkeitsschwankungen und all die anderen äußeren Bedingungen.

Die stärker auf das Mittel der Verführung setzenden Patienten sehen sich dagegen zu einem eher verdeckten und impliziten Vorgehen gezwungen – schon wegen all der negativen Gefühle, die sich seit dem Untergang des Ödipuskomplexes mit diesen Impulsen verbinden. So erkennt man ihre Verliebtheit häufig nur daran, dass sie ständig mit unserem bewussten oder unbewussten Begehren beschäftigt sind, herauszuhören versuchen, wo unsere eigentlichen Träume und Sehnsüchte liegen, und alles daran setzen, in ein häufig unsichtbar-indirektes, manchmal aber durchaus offenes Bündnis mit ihnen einzutreten – in der Hoffnung, dass sich unsere narzisstischen, unsere sexuell-libidinösen, unsere aggressiven oder rivalisierenden Impulse als so mächtig erweisen, dass wir uns verführen lassen, zu ihren Gunsten auf unsere Willensfreiheit zu verzichten.

Bei der familiären Liebesübertragung bekommen wir deshalb schnell das Gefühl, mächtigen emotionalen Zuschreibungen ausgesetzt zu sein, die uns wie von außen übergestülpt werden, während wir im Falle der leidenschaftlichen Liebe regelmäßig von innen, durch unsere eigenen bewussten und unbewussten Impulse unter Druck geraten – ein Gegenübertragungsgefühl, das wir häufig als projektive Identifizierung beschreiben.

Wobei auffällt, dass in den gängigen Definitionen der projektiven Identifizierung der Zwangscharakter dieses Vorganges betont wird. Dadurch erscheint der projizierende Patient als der aktive, als der Täter, während sich der Analytiker in der eher passiven Rolle desjenigen wähnt, mit dem etwas getan wird. Da liegt die Vermutung nahe, dass uns eine Verführung immer dann als projektive Identifizierung erscheint, wenn wir sie uns einerseits durchaus gefallen lassen, die eigene Lust, das angesprochene eigene Begehren uns aber als solches nicht bewusst ist.[19]

An dieser Stelle habe ich mich sehr an eine kritische Bemerkung von Jessica Benjamin erinnert gefühlt: Natürlich wäre es fatal, wenn wir diese, vom Patienten in uns geweckten Gefühle so betrachten, als habe er sie in uns hineingelegt. Häufig scheint genau das Gegenteil der Fall zu sein: die Patienten bringen eine enorme Anpassungsleistung auf, sie fühlen sich gezwungen, sich an unser unbewusstes Begehren anzuschmiegen (Benjamin 2007).

So müssen wir also darauf gefasst sein, in unserer klinischen Arbeit immer häufiger auf einen Patiententypus zu treffen, für den die gelingende Verführung zu einem unverzichtbaren Bestandteil des Behandlungsprozesses geworden ist, weil seine Regression ihn sonst in unerträgliche Abhängigkeitsängste stößt. Er scheint keinen anderen Weg zu kennen, den freien Anderen zu binden. Mit all den übrigen gesellschaftlichen Institutionen wie Familie, Ehe oder Religion hat offenbar auch der von uns angebotene institutionelle Behandlungsrahmen seine Glaubwürdigkeit verloren.

Zum Beispiel Frau A. ...

Nehmen wir das Beispiel der Frau A., einer 33jährigen Filmjournalistin, die zu mir kam, weil wieder mal einer ihrer vielen Beziehungsversuche gescheitert und sie darüber depressiv geworden war. Schon recht bald gestalteten sich unsere Begegnungen wie eine psychoanalytische Lehrstunde, in der all das auftauchte, was wir nach den gängigen Konzepten in unseren Behandlungen zu finden hoffen: wunderbar bilderreiche Assoziationsketten, Träume voller tiefgründiger Symbolik, sexuelle Verführungs- und Überwältigungsphantasien und eine große Konzentration auf das Hier und Jetzt des Übertragungsgeschehens. Dabei fiel auf, dass Frau A. über sexuelle Dinge so redete, als handele es sich um eine Filmbesprechung – persönlich distanziert aber voll bilderreicher, teils

[19] Da ist es sehr wohltuend, wenn neo-kleinianische Autoren neuerdings betonen, dass bei der projektiven Identifizierung auch derjenige, auf den projiziert wird, durchaus auch mit eigenen Anliegen im Spiel ist (z. B. Ogden 2006, S. 58 f.).

symbolisch, teils impressionistisch gemeinter Details. Auch das Deuten schien wie von selbst zu gelingen, wobei sie sich als kreative Kennerin psychoanalytischer Konzepte erwies und deutliche Tendenzen zeigte, den eigenen Fall zu einer Art Forschungsexempel zu stilisieren.

So stand das erste Behandlungsjahr ganz im Zeichen einer optimistisch entspannten Arbeitsatmosphäre, die eigentlich viel zu beschwingt und leichtfüßig daher kam, als dass es nur um Arbeit hätte gehen können.

Während all dieser beseelt-tiefschürfenden Gespräche nahm die Patientin eine auffällig unfrauliche, mädchenhaft-androgyne Haltung ein, kam immer sehr sportlich gekleidet, erzählte mit großem Engagement und eindringlicher Mimik, so als gehe es um nichts anderes als nur um das reine Gespräch, die reine Redekur – wobei trotzdem eine durchaus erotische Atmosphäre aufkam, deren besonderer Reiz aber wohl darin lag, sich ganz in der Sphäre der großen Ideen und des tiefen ideellen Einvernehmens zu bewegen. Offenbar wirkte das Körperlich-Erotische gerade durch seine unübersehbar-anwesende Verborgenheit so sehr fesselnd.

Während ich mich zunächst durch unsere, in theoretisch-besinnlicher Abgeschiedenheit sich entfaltende große analytische Produktivität begeistern ließ, fiel mir doch irgendwann auf, wie schwer ich mich tat, die allzu heroische, vor radikalen Selbstentblößungen nicht zurückschreckende »analytische Arbeitshaltung« der Patientin selbst zum Thema zu machen. An diesem Punkt wirkte sie sehr verletzlich. All meine zunächst vorsichtig und schließlich immer energischer vorgetragenen Versuche, ihr eigenes Sichanalysieren zum Gegenstand unserer Betrachtungen zu machen, wurden von ihr – wie ich leider erst zu spät herausfand – als eine unerträgliche Zurückweisung erlebt. Frau A. hatte sich mit all ihrer Kraft darauf geworfen, mich durch ihre sinnlich-bilderreiche psychoanalytische Produktivität – kombiniert mit einigen, weit ausgreifenden theoretischen Spekulationen – für sich zu gewinnen –, eine sicher eher ungewöhnliche Verführungsstrategie, die aber offenbar recht sensibel auf meine eigenen Vorlieben einging. Das führte dazu, dass unsere Stunden über weite Strecken das Flair von etwas ganz einzigartigem, beinahe Heiligem erhielten.

Ich denke, dass sich diese Erfahrungen durchaus verallgemeinern lassen, dass wir es regelmäßig, wenn unsere alltägliche analytische Arbeit durch eine Atmosphäre gemeinsam geteilter Einzigartigkeit und Tiefgründigkeit behindert wird, mit einer Art Liebesübertragung zu tun haben. Die analytische Beziehung erscheint als etwas unberührbar

Heiliges und löst in uns das Gegenübertragungsgefühl aus, ihr mit profanisierenden Deutungen, die auf eine intellektuelle Reflexion dieser Beziehungskonstellation zielen, nicht mehr gerecht werden zu können.

Wir sehen, wie auch in diesem Fall die beiden eben für die Liebesübertragung genannten Kriterien erfüllt waren – der in dem hoch manipulativen Arrangement zum Ausdruck kommende Kampf gegen die Freiheit des Analytikers und der Versuch, den Gegensatz von Gefühl und Ratio durch das implizite Reflexionsverbot auszublenden.

Über lange Zeit war ich ganz von der Idee eingenommen, die Patientin suche in mir so etwas wie einen rettenden Vater, der sie im Sinne einer frühen Triangulierung aus der allzu fesselnden und erdrückenden weiblichen Umklammerung befreien und den Weg in die Welt weisen sollte – eine Interpretation, die sie bereitwillig aufnahm und dazu veranlasste, viel über ihre unerfüllt gebliebene Vatersehnsucht zu sprechen.

So hatte sie sich zum Beispiel über lange Zeit mit der Hoffnung getragen, dem Vater durch ein gemeinsames Studium christlicher Mystiker näher zu kommen, deren Bücher sie vor vielen Jahren bei ihm fand. Er – dieser Vater – war der jüngste, sehr an seine Mutter gebundene Sohn einer Bauernfamilie, den man schon früh auf eine Priesterlaufbahn vorbereitet hatte, der sich gegen Ende seines Theologiestudiums dann aber anders besann und die Mutter der Patientin heiratete. Frau A. berichtete, dass die Mutter ihres Vaters noch vor dessen Hochzeit verstarb – offenbar aus Gram über seinen Sinneswandel. Der wohl schon immer eher schwermütig wirkende Vater geriet darauf in eine noch bedrücktere Stimmungslage, suchte in der Tat im Studium christlicher Mystiker Trost und zeugte mit seiner Frau drei Töchter.

Angesichts der anhaltenden Schwierigkeiten, eine exzentrische Position zu finden, von der aus die zwischen uns sich konstellierende verführerische Beziehungsdynamik als solche in den Blick hätte genommen werden können, geriet ich in wachsende Schwierigkeiten und begann meinen eigenen Eindrücken zu misstrauen. Schließlich flüchtete ich mich in die Vorstellung, dass es sich bei jener Vaterimago um eine Art Maske handeln müsse, die nur durch die in ihr steckende und durch sie verdeckte Mutter belebt werde. Mir schien, als gehe es eigentlich doch nur um sie, als handele es sich auch in unserer Beziehung um eine ursprünglich an die Mutter adressierte Sehnsucht. Eine Forderung, die die Patientin offenbar als so sehr drängend erlebte, weil es für sie dabei zugleich um die eigene Maskerade, ihre eigene Lebenssehnsucht zu gehen schien. Ich fühlte mich an die von Rupprecht-Schampera als pseudoödipal oder pseudohysterisch beschriebenen Vaterbeziehungen erinnert, in denen es eigentlich doch nur um einen Ersatz, ein Surrogat für die nicht wirklich erreichbare Mutter geht (Rupprecht-Schampera 1996). So stellte ich mich darauf ein, dass es auch in unserer Beziehung um eine derart belebende und bergende Erfahrung gehen und hoffte, dass uns diese heuristische Idee helfen würde, unsere emotionalen Verstrickungen besser zu verstehen.

Faktisch lief diese Haltung darauf hinaus, die Liebesübertragung dadurch zu »handhaben«, dass ich sie in das Feld frühkindlicher Unschuld verschob – wobei die Unschuld weniger darin bestand, dass das Sexuelle hier noch nicht in Betracht kam, als vielmehr in der Tatsache, dass ich das Überwältigende und innerlich Gefangennehmende ihrer Verführungsversuche weniger ernst nahm und wohl auch ein ganzes Stück weit mitging.

Leider erwies sich dieser Weg im Fall der Frau A. als wenig fruchtbar. All meine Versuche, ihre so sehr spürbare Angst und Sehnsucht aufzugreifen, in einen näheren Kontakt zu mir zu kommen, mich zu erreichen, meine Nähe und Sorge zu gewinnen, wurden zwar aufmerksam aufgenommen, stachelten sie aber doch nur zu noch größeren selbstanalytischen Entblößungen, zu noch radikaleren Verführungsversuchen an, so dass wir in einen sich immer weiter beschleunigenden Zirkel gerieten, in dem all meine Bemühungen wie in einer Art Hase-und Igel-Spiel durch noch radikalere, noch selbstkritischere, noch umfassendere Selbstaufklärungen überboten wurden – bis die Patientin schließlich, angesichts meiner zu Ende gehenden Sommerferien, derart unter Druck geriet, dass sie sich für einige Tage stationär behandeln ließ.

Die Aussicht, dass der sie letztendlich völlig überfordernde Kampf um meine Verführung wieder von neuem beginnen würde, hatte sie derart unter Druck gesetzt, dass sie einen Krankenhausaufenthalt vorzog. Dies wiederholte sich weitere zwei Mal. Wieder und wieder entstand diese enorm dichte Atmosphäre, in der ich das Gefühl hatte, als versuche die Patientin mich von innen heraus zu erobern, mein Ich-Ideal, mein Über-Ich, meine Ängste und Träume in ihren Dienst zu stellen. Trotz aller Deutungsversuche: Ihre Angst blieb mächtiger. Die Patientin bestand darauf, im alten Stil weiterzuarbeiten – andernfalls müsse sie gehen, müsse die Therapie beenden. Alle Versuche, mit mir auf einer anderen Ebene in Kontakt zu kommen, führten immer wieder in panikartige Angstzustände, von mir benutzt und fallengelassen zu werden. Am Ende muss ihr wohl klar geworden sein, dass sie es nicht ertragen würde, mich nicht verführen zu können – was die Patientin in große Wut und Verzweiflung stürzte. Sie brach die Therapie ab.

Offenbar fand Frau A. keine ausreichend tragfähigen inneren Anknüpfungspunkte, die es ihr erlaubt hätten, sich auf den von mir angebotenen Weg der familiären Liebe einzulassen. Ihre Mutter hatte – eventuell wegen ihrer eigenen Ambivalenz und den daraus sich ergebenden Schuldgefühlen – darauf verzichtet, klare Besitzansprüche an den Vater geltend zu machen. Möglicherweise erlebte sie es sogar als Entlastung, wenn er sich mit seinen in der Ehe unerfüllt gebliebenen Wünschen an seine Töchter wandte. So entbrannte unter ihnen ein subtil aufs Ganze gehender Konkurrenzkampf um das wenig gebundene, sich spontan mal dieser und jener zuwendende väterliche Begehren, wobei es vor allem darum ging, durch möglichst selbstlos-heroische Angebote gegen das linksintellektuell-katholisch geprägte Über-Ich des Vaters aufzukommen. So wurde Frau A. durch ihre eigenen ödipalen Erfahrungen veranlasst, bei der Liebe weniger auf Verzicht und Tugend als vielmehr auf Verführung und Rausch zu setzen.[20]

Inzwischen gibt es eine ganze Reihe weiterer Fälle, sowohl aus mei-

[20] Wobei sie sich am väterlichen Ideal der christlich spätmittelalterlichen »unio mystica« zu orientieren schien, durch den bloßen Fluss der Worte eine Beziehung voll sinnlich-körperlicher Erlebnisse einzugehen. So suchte sie ihrem Vater und wohl auch mir die Möglichkeit zu geben, in eine körperlich-sinnliche Beziehung mit ihr zu treten, die auf der Ebene der realen Berührungen doch aus nicht mehr als aus Worten bestand. Offenbar ist es diese so sehr ungleiche Verteilung der Rollen, bei der es den Patienten zukommt, unsere Worte in sinnliches Erleben, in »Fleisch und Blut« zu verwandeln, die den Inzest genau dorthin trägt, wo wir ihm mit fester Haltung zu begegnen scheinen. Wir ahnen, warum jene Praktiken christlicher Mystik eine so tiefe Faszination auf all die Analytiker ausübten, die sich weigerten, die Liebesübertragung allzu schnell ins unverfänglich Institutionelle abzuschieben (Lacan 1975, Kristeva 1983, Irigaray 1980). Die überlieferten Beschreibungen jener spirituellen Erlebnisse vermitteln den Anschein, als gebe es doch einen Weg, über alles zu reden, auch über die Liebe – bis hin zu den intimsten körperlich-sinnlichen Details. Aber – täuschen wir uns nicht: Letztendlich ist es die Unwissenheit über das eigentlich Gesagte, die jene auf uns so merkwürdig schamlos wirkenden Schilderungen über die körperliche Vereinigung mit Gott erst ermöglichten (Rinke 2007). Da ging es den spätmittelalterlichen Mystikerinnen wohl ganz ähnlich wie den Hysterikerinnen des ausgehenden 19. Jahrhunderts, denen es ebenfalls »die Sprache verschlug«, als die eigentliche Bedeutung ihrer symbolisch-körperlichen Inszenierungen zum Allgemeingut geworden war. Mir scheint, dass wir in unseren Behandlungen etwas Vergleichbares erleben, sobald wir den Mut gefasst haben, von der Verführung wirklich zu reden.

ner eigenen Praxis wie aus meiner Supervisionsarbeit, von denen ich im Nachhinein sagen muss, dass sie ebenfalls an dieser Schwierigkeit scheiterten, wobei der Behandlungsabbruch eher die Ausnahme bildete. Meistens nahm die Enttäuschung der Patienten einen eher verhaltenen Verlauf, äußerte sich in gelegentlich aufflammenden Protesten und endete nicht selten in stiller Trauer und innerer Emigration.

So stehen wir also wieder vor der Frage, wie wir all den Patienten gerecht werden können, für die es keinen anderen Weg in das verlorene Paradies des präödipalen Erlebens gibt als den der wechselseitigen Verführung.

... so läuft alles darauf hinaus, das Bewusstwerden der ödipalen Liebe durch den Wechsel des Objektes von ihrer Durcharbeitung zu trennen

Wahrscheinlich ist es eine vergebliche Hoffnung, die leidenschaftliche Liebe im Hier und Jetzt der Übertragung nicht nur bewusst machen, sondern auch durcharbeiten zu wollen – weil es keinen Raum gibt, sie auch zu leben und weil das Darüber-Reden dazu tendiert, sie zu zerstören. Die impliziten Verführungsversuche mit all den zugehörigen Sehnsüchten und Ängsten zum Gegenstand der expliziten Reflexion zu machen bedeutet, sie schon aufgegeben zu haben, weil eine angekündigte, in all ihren Verwicklungen und Risiken schon besprochene Verführung natürlich keine Verführung mehr ist. Und natürlich wissen wir das längst und lassen es deshalb häufig bei vorsichtigen Andeutungen, Fremdbeispielen, dezenten Hinweisen und all den vielen anderen verschämten Vorsichtigkeiten bewenden, weil es gerade in diesen Dingen so verdammt schwer fällt, unverschämt zu sein. Aber auch dann, wenn wir uns irgendwann doch zu einer klareren Sprache durchringen, stoßen wir regelmäßig auf merkwürdig taube Ohren, müssen unhöflich und penetrant werden, weil die Patienten ausweichen, entrüstet abwiegeln, wütend protestieren. Offenbar können sie auf unsere Deutungen erst dann eingehen, wenn es ihnen gelingt, sich in das durch unsere Rede Vorgegebene zu fügen und die Verführung aufzugeben. Sie verfallen in das Imperfekt, werden immer trauriger und sprachloser.[21]

[21] Wenn Krutzenbichler und Essers in ihrem sehr informativen Buch über die Übertragungsliebe in durchaus sympathischem Trotz daran festhalten, dass es doch möglich sein müsse, die volle leidenschaftliche Liebe im Hier und Jetzt der Übertragung durchzuarbeiten, unterstellen sie eine Liebeskultur,

Für diese Patienten ist die Regression auf ödipale oder präödipale Erlebnisdimensionen mit schwer aushaltbaren Ohnmachts- und Verlorenheitsängsten verbunden. Sie geraten in die unerträgliche Situation, abhängig zu sein von jemandem, der selber unabhängig und frei ist und sich durch seine offene Rede erneut als unabhängiges und freies Subjekt setzt – eine Situation, in der es ein Verweilen nicht geben kann. Leider wird diese Konstellation in unseren klinischen Diskussionen häufig als »Autonomie-Abhängigkeitskonflikt« thematisiert, so als handele es sich bei all diesen Ängsten nur um eine neurotische Übertreibung, als wüssten wir einen Weg anzugeben, in dieser Konstellation zu bestehen. Da kann man gut verstehen, dass sich unsere Patienten unverstanden und alleingelassen fühlen, und vielleicht war es ja genau dieses Unverständnis, das zu dem eben beschriebenen Behandlungsabbruch führte.

Was hätte ich besser machen können, was wäre die Alternative gewesen? Vielleicht ist es an dieser Stelle hilfreich, sich an die Balintsche These zu erinnern, dass es sich bei der vermeintlich so reifen genitalen Liebe immer auch um die Wiederkehr all der längst überwunden geglaubten präödipalen Sehnsüchte oder Fixierungen handelt. Im Nachhinein bin ich überzeugt, dass es meiner Patientin ganz ähnlich ging. In sofern war es sicher nicht falsch, wenn ich den Eindruck bekam, dass sich hinter ihrem verführerischen Werben sehr viel regressivere Sehnsüchte verbargen. Gleichzeitig wird aber auch erkennbar, wie unangemessen es war, das Ödipale einfach beiseite schieben zu wollen, um auf die dahinter liegenden »eigentlichen Sehnsüchte« einzugehen. Vielleicht hätte ich – statt all der fruchtlosen Versuche, ihr ihre Abhängigkeitsängste zu nehmen – der Patientin konzedieren sollen, dass es sich bei ihren Gefühlen um etwas ganz schwer Erträgliches und eigentlich Unmögliches handelt. Vielleicht hätten wir so doch noch eine Chance bekommen, den in unserer Beziehung ständig präsenten Verführungszwang als solchen zu verstehen – indem wir ihn als Faktum, als unhintergehbare Tatsache anerkennen. Möglicherweise wäre ihr bewusst geworden, welch tiefe kindliche Sehnsüchte und Ängste sich hinter ihrer leidenschaftlichen Liebe verbergen und wie sehr die leidenschaftliche Liebe, die Verführung, für sie zur ganz und gar unverzichtbaren Bedingung all jener tiefen Gefühle geworden ist.

die es heute immer weniger zu geben scheint: Eine Liebe, der es mehr um das Objekt, um den Anderen, als um das Begehren des Anderen geht, die sich zeigen und darin verharren kann, im Analytiker libidinöse, sexuelle und erotische Gefühle auszulösen, wohlwissend, dass er sich nicht verführen lässt (Krutzenbichler, Essers 2001, S. 157f.).

Möglicherweise hätte sie sich dann gezwungen gesehen, damit aufzuhören, hätte einsehen müssen, dass es ein Weiterso, einen nächsten Verführungsversuch nicht mehr gibt – eine Situation, die schon deshalb – wie auch immer sie ausgeht – einen wirklichen »Neubeginn« hätte bedeuten können, weil sie mit wirklicher Trauer, mit einer wirklichen Ablösung libidinöser Besetzungen beginnt.

Meine Vermutungen, die ich hier zur Diskussion stellen möchte, gehen also dahin, dass wir in all diesen Fällen nicht umhin kommen, durch unser Deuten schon relativ früh das Phantasma der impliziten Liebe zu zerstören, was dann mit einer gewissen Zwangsläufigkeit in eine tiefe Trauer einmündet und bei glücklichem Ausgang eine libidinöse Außenwendung nach sich zieht – ein Weg, den schon Freud beschrieb (vgl. Fußnote 14). So entsteht eine Übertragungskonstellation, bei der die Binnenübertragung wie eine Art Schutzraum genutzt werden kann, um den bisher verdrängten libidinösen Sehnsüchten in den Außenbeziehungen mutiger nachgehen zu können. Die Analyse wird dadurch zu einer Art »zweiten Adoleszenz«[22]. Der Therapeut agiert – wie Strachey sagen würde – in der Funktion eines Hilfsüberichs, weil er die im Rahmen der pubertären und adoleszenten Ablösungskämpfe bei den Eltern sonst regelmäßig auftretenden Angst-, Trauer- und Neidimpulse zurückstellen und die partielle Außenwendung des Patienten akzeptieren kann.

Der entscheidende Unterschied zwischen der infantilen und der erwachsenen Situation, seine Partner frei wählen zu können – was bei den Eltern bekanntlich nicht der Fall war – träte dadurch stärker in den Blick. Nicht das Aushalten der infantilen Abhängigkeits- und Ohnmachtsgefühle, sondern die Erfahrung ihrer Unangemessenheit geriete so in den Mittelpunkt der Kur.

Fortan müssten die entsprechenden Außenübertragungen nicht mehr als Übertragungswiderstand gedeutet, sie können als zusätzliches Arbeitsfeld akzeptiert werden. So läuft alles darauf hinaus, die Bewusst-

[22] Einen Begriff, den ich zum ersten Mal bei Erdheim gelesen habe (Erdheim 1993). Ähnlich wie Loewald betont er zugleich, wie sehr der Bruch mit den Eltern der infantilen Vorzeit zur unverzichtbaren Voraussetzung für eine gelingende Adoleszenz geworden ist (ebd. 2001) – zumindest was die modernen enttraditionalisierten Gesellschaften angeht. Wenn es bei der Analyse darum geht, so etwas wie die Chance auf eine zweite Adoleszenz zu bekommen, dann wird sich jener Bruch auch in der analytischen Beziehung wiederholen müssen.

machung der präödipalen und ödipalen Impulse durch den zwischenzeitigen Wechsel des Objektes von ihrer Durcharbeitung zu scheiden, weil die unhintergehbare Verknüpfung der präödipalen Sehnsüchte mit der ödipalen Verführung dazu führt, dass sie in der analytischen Beziehung nur auftauchen, nur bewusst, nicht aber real werden können.

Die Befürchtung, dass das Übertragungsgeschehen durch die Einbeziehung der Außenübertragung ausgetrocknet und auf Nebenschauplätze abgedrängt wird, halte ich für wenig realistisch. Häufig ist das Gegenteil der Fall. Für die Patienten eröffnet sich ein neuer Raum, ihre unbewussten inneren Konflikte mit dem Therapeuten als intersubjektives Beziehungsdrama zu reinszenieren. So kann es zum Beispiel geschehen, dass sich der Therapeut angesichts seiner weniger strengen Haltung in die Rolle des Halbseiden-Triebhaften gedrängt sieht, während sich der Patient ganz auf die Seite seines eigenen, pharisäerhaft unerbittlichen Über-Ichs schlägt – eine für uns Therapeuten sicher etwas ungemütliche Konstellation, die aber doch den großen Vorteil mit sich bringt, dass jener, bisher im Inneren des Patienten eingeschlossene Wunsch-Abwehrkonflikt jetzt die Form eines gemeinsamen empirischen Gegenstandes annimmt, der bewusst gemacht und bearbeitet werden kann.

Zum Beispiel Herr D. ...

Nehmen wir das Beispiel des Herrn D., ein damals 46-jähriger Koch, der in meine Therapie kam, nachdem zuvor eine sehr ambivalente Fernbeziehung zu Ende gegangen war, der daraufhin in eine tiefe Depression geriet und eine klassische Panikstörung entwickelte. Herr D. war offenbar aufgrund seiner ödipalen Mutterfixierung zu engeren partnerschaftlichen Beziehungen nicht in der Lage. Auch gelang es ihm nicht, den lange geplanten Schritt in die berufliche Selbständigkeit zu wagen. Stattdessen verharrte er in der nicht mehr ganz altersgemäßen Position eines zwar hoch gelobten, aber schlecht bezahlten Küchenchefs.

Nachdem der Patient mich zunächst sehr idealisierte und wir uns über viele Monate in seine passiv-sehnsüchtigen Rettungsphantasien vertieft hatten, kam es nach eineinhalb Jahren zu einer recht abrupten Wende. Als ich dem Patienten deutete, dass er sich vielleicht eine homosexuelle Liebesbeziehung mit mir wünsche, reagierte er tief erschrocken und zeigte sich höchst erbost. Nach und nach schlug der anfängliche Schrecken in Wut, Trotz und in Trauer um. Der Patient wurde noch passiver, beklagte sich, dass er nicht wisse, worüber er noch reden solle, dass ihn nichts mehr interessiere und dass ich ihm wohl auch nicht helfen könne. Später begann er – trotz seines traurigen Rückzugs – über das Internet verschiedene sexuelle Begegnungen zu suchen – zunächst ohne mit mir darüber zu sprechen.

Offenbar hatte auch Herr D. eine romantische Liebesübertragung entwickelt, reagierte dann aber auf die von meiner Seite ausgehende deutende Zerstörung unserer verschwiegenen Liebe mit Trauer, d. h. mit einem teilweisen Abzug der libidinösen Objektbesetzung, die eine Aufspaltung des Übertragungsgeschehens ermöglichte. Im Nachhinein wurde deutlich, dass er in einer ihm selbst unbewussten Art und Weise wie selbstverständlich davon ausging, dass ich ihm all meine Zuwendung und Liebe schenken würde, wenn es ihm gelänge sich mir als hochbegabter und vielversprechender Jüngling zu präsentieren, der erst durch meine Liebe wachgeküsst und ins Leben eingeführt werden müsse.

Ein Traum, aus dem er durch meine Deutung unvermittelt herausgerissen wurde. Auf jeden Fall muss ihm plötzlich klar geworden sein, in welch unerreichbares Phantasma er sich mit seinen Verführungsphantasien verstrickt hatte – was bei ihm zu einer Aufspaltung der Liebesobjekte führte, wie sie eigentlich für den Beginn der Pubertät charakteristisch ist, wenn sich die aus der ödipalen Verdrängung auftauchenden sinnlichen Strebungen exogamen Partnern zuwenden, weil sie in den familiären Konstellationen keinen Raum finden.

Und natürlich traten mit den libidinösen Bestrebungen auch die zugehörigen ödipalen Ängste wieder ganz in den Mittelpunkt – Ängste, entweder verstoßen, oder verschlungen und erdrückt zu werden. So träumte er wenige Wochen nach der oben beschriebenen Deutung davon, in einem Swimmingpool von einer »mittelalterlichen Frau« intim berührt und unter Wasser gezogen zu werden. Zunächst habe ihm das gar nichts ausgemacht, dann sei ihm aber plötzlich klar geworden, dass er keine Luft mehr bekomme, habe aber keinen Weg mehr nach oben gefunden und sei wohl erstickt – so genau wisse er das nicht mehr. Anschließend habe er sich in einer Hotellobby wiedergefunden, wo er mit einer Gruppe junger Mädchen flirtete. Seine Einfälle ließen erkennen, dass die Swimmingpoolsequenz einer Szene aus Houellebecqs Roman »Elementarteilchen« entlehnt war. Im Gegensatz zum Romanhelden war Herr D. aber offenbar noch nicht so weit, sich auf eine intime Bindung mit einer gleichaltrigen oder sogar etwas älteren Frau einzulassen, weil das seine ödipalen Ängste mobilisierte. Gleichzeitig schien der Ausgang des Traumes anzudeuten, in welche Richtung er die Lösung seines

Problems suchte. Für die Bewältigung seiner Ängste war offenbar entscheidend, zwischen mehreren Frauen wählen zu können.

Als der Patient mir zum ersten Mal von seinen ›Internet-Eskapaden‹ erzählte, war er tief beschämt und versuchte sich dadurch zu entlasten, dass er es wie eine Art Sucht darstellte, der er bedauerlicherweise heillos verfallen sei. Von mir verlangte er, dass ich ihm im Kampf gegen dieses neue Leiden beistehen möge – zumal es durch die Therapie mitverursacht sei. Als ich mich jedoch zu keinen kurativen Interventionen hinreißen ließ und stattdessen eine bewusst neutrale Haltung einnahm, zeigte er sich zunächst verunsichert, begann eine etwas mitleidig-ironische Haltung einzunehmen und warf mir verschiedenste fachliche Verfehlungen vor, so als sei er ganz irritiert, auf einen derart haltlos-hedonistischen Therapeuten zu treffen.

Bei unserer Auseinandersetzung mit dieser Übertragungskonstellation erwies es sich als sehr hilfreich, Situationen voller Unverständnis, Wut oder Abneigung auch mal stehenlassen zu können. Das im Zusammenhang mit der anfänglichen Liebesübertragung deutlich gewordene Beziehungs- oder Verführungsmuster wirkte wie ein gemeinsamer äußerer Bezugsrahmen, auf den wir im Verlauf unserer Gespräche immer wieder zurückkamen und der uns half, die aktuellen Verwirrungen und Sprachlosigkeiten zu überbrücken.

So gelang es dem Patienten zusehends besser, die eigenen inneren Konflikte und Ängste zu verstehen. Indem er sich immer neu – wie auf einer Art Maskenball – hinter den Schutzwall der Internetanonymität zurückzog, ging er dem scheinbar so erdrückenden Zugriff der Anderen aus dem Weg. Schrittweise und unter großen emotionalen Anstrengungen fand er den Mut, auf diese Maskerade zu verzichten und sich auf persönlichere Beziehungen einzulassen, wobei es sich aber regelmäßig um Dreiecksbeziehungen handelte. Sobald er versuchte, sich für nur eine Partnerin zu entscheiden, begann die eigene Liebe zu verschwinden. Wieder interpretierte er sein Verhalten als eine Art Sucht. Wieder überhäufte er mich mit Vorwürfen, wie ich dazu komme, gegenüber diesem so sehr schändlichen Verhalten eine derart neutrale Haltung einzunehmen. Offenbar war es die in der Dreieckskonstellation symbolisierte Wahlfreiheit, die den Unterschied gegenüber der infantilen Situation markierte und die Herrn D. davor bewahrte, die neue Beziehung mit der alten Mutter-Kind-Konstellation zu verwechseln.

So ging es im letzten Behandlungsabschnitt vor allem darum, wie es gelingen könne, Trennung, Trauer und Freiheit als notwendige Kehrseite der leidenschaftlichen Liebe zu akzeptieren, ohne dass das in immer neue Beziehungsabbrüche führen muss. Dies war zugleich die Phase, in der all die Sehnsüchte, Ängste und Enttäuschungen, die der Patient im Anschluss an meine erste Deutung seiner Übertragungsliebe durchlebt hatte, eigentlich erst zur Sprache kamen. Noch einmmal vertiefte er sich in seine damals bewusst gewordenen so sehr ambivalenten Gefühle, die er erst jetzt, vor dem Hintergrund des nunmehr über dreijährigen Behandlungsverlaufes besser akzeptieren konnte, so dass er am Ende zwar mit viel Trauer und Unsicherheit, aber auch mit Optimismus und Dankbarkeit ging. Inzwischen war er mit seiner Freundin zusammengezogen und hatte seinem Chef dessen Betrieb abgekauft.

So paradox dies klingt: Offenbar war es die gegen den kränkenden Einspruch des Ich-Ideals durchgesetzte Wahlfreiheit, die es Herrn D. ermöglichte, sich auf eine dauerhaftere Partnerschaft einzulassen, auf die Position des geliebten Wunderknaben zu verzichten und beruflich erwachsen zu werden. Inzwischen bin ich überzeugt, dass es sich hier um eine häufig auftretende Konstellation handelt. Sollte diese Annahme zutreffen, würde die Fähigkeit zur Trauer noch mehr in den Mittelpunkt unserer analytischen Arbeit treten, weil für diese Patienten alles davon abhängt, in ihren Beziehungen Raum für Trauer und Trennung zu behalten, so dass sie ihre Begegnungen wie eine immer neue Verführung erfahren können. Dies in der Beziehung zum Analytiker durchleben zu können – mit all den wohl unumgänglichen Ängsten, Sprachlosigkeiten und Verlassenheitsgefühlen – das scheint mir den entscheidenden Wendepunkt der Kur zu markieren, wobei die eigentliche Schwierigkeit wohl darin besteht, im Moment größter Angst und Verlassenheit mit genau demjenigen über all diese Gefühle nur schwer reden zu können, weil dessen Unerreichbarkeit ja gerade die Ursache für diese quälenden Erfahrungen ist – eine Schwierigkeit, der Herr D. dadurch aus dem Weg ging, dass er seine in der Beziehung zu mir erlebte Trauer erst im Nachhinein, im Zusammenhang mit dem Ende der Therapie, zum Thema machte. Mich erinnerte diese Konstellation an pubertierende Kinder, deren regressive Sehnsüchte wir abweisen müssen, ohne den Protest, den Schmerz und die Trauer über das Ende ihrer Kindheit mit ihnen wirklich teilen zu können.

Literatur

Abraham, K. (1924): Versuch einer Entwicklungsgeschichte der Libido aufgrund der Psychoanalyse seelischer Störungen. In: Neue Arbeiten zur ärztlichen Psychoanalyse, Heft 11. Leipzig / Wien / Zürich: Internationaler Psychoanalytischer Verlag, S. 1–96.

Altmeyer, M.; Thomä, H. (2006): Die vernetzte Seele. Die intersubjektive Wende in der Psychoanalyse. Stuttgart: Klett-Cotta.

Balint, M. (1965): Über genitale Liebe. Zitiert nach Taschenbuchausgabe 1988, München: dtv / Klett Cotta, S. 121–133.

Benjamin, J. (2006): Tue ich oder wird mir getan? Ein intersubjektives Triangulierungskonzept. In: Altmeyer, M.; Thomä, H. (Hg.): Die vernetzte Seele. Die intersubjektive Wende in der Psychoanalyse. Stuttgart: Klett-Cotta, S. 65–107.

– (2007): Unser Treffen in Theben. Anerkennung und Angst, den Patienten zu verletzen. In diesem Band.

Bieri, P. (2003): Das Handwerk der Freiheit. Über die Entdeckung des eigenen Willens. Frankfurt a. M.: Fischer.

Bischof, N. (1989): Das Rätsel des Ödipus. München: Piper.

Brüggen, W. (2003): Das Unbehagen in der Moderne. In: Brüggen, W.; Jäger, M. (Hg.): Brauchen wir Feinde? Feindbildproduktion nach dem 11. September in sozialpsychologischer und diskursanalytischer Sicht. Berlin: Edition Freitag, S. 226–261.

– (2005): Der Ödipuskomplex – Kernkomplex aller Neurosen? Über die entwicklungs- und kognitionspsychologische Wiederkehr eines verdrängten Konzeptes. In: Wellendorf, F.; Werner, H. (Hg.): Das Ende des Ödipus. Entwertung und Idealisierung ödipaler Konzepte in der Psychoanalyse heute. Tübingen: edition diskord, S. 113–135.

– (2007): Über die älter werdende Psychoanalyse und die geheimen Verführungen der Moderne. In: Schlösser, A. M. et. al. (Hg.): Psychoanalyse heute? Gießen: Psychosozial-Verlag. Im Druck.

Brumlik, M. (2006): Sigmund Freud. Der Denker des 20. Jahrhunderts. Weinheim: Beltz.

Dornes, M. (2000): Die emotionale Welt des Kindes. Frankfurt a. M.: Fischer.

Ehrenberg, A. (2004): Das erschöpfte Selbst. Depression und Gesellschaft in der Gegenwart. Frankfurt a. M.: Campus.

Erdheim, M. (1993): Psychoanalyse, Adoleszenz und Nachträglichkeit. In: Psyche, 47, S. 934–950.

– (2001): Zur Notwendigkeit des Generationskonfliktes. Die Anerkennung des Gesetzes in der Adoleszenz. In: Arbeitshefte Kinderpsychoanalyse 29/30, S. 13–32.

Fischer, K. W.; Watson, M. W. (1981): Explaining the Oedipus Conflict. In: New Directions for Child Development. Vol. 12, S. 79–92.

Fonagy, P.; Gergely, G.; Jurist, E. L.; Target, M. (2002): Affect Regulation, Mentalization, and the Development of Self. New York: Other Press.

Freud, S. (1914): Zur Einführung des Narzißmus. In: GW X, S. 137–170.
– (1915a): Bemerkungen über die Übertragungsliebe. In: GW X, S. 306–321.
– (1920): Jenseits des Lustprinzips. In: GW XIII, S. 1–69.
– (1926): Hemmung, Symptom und Angst. In: GW XIV, S. 111–206.
– (1930): Das Unbehagen in der Kultur. In: GW XIV, S. 419–506.
Gödde, G.; Hegener, W. (2004): Zur Bedeutung des Willens in der Psychoanalyse und Psychotherapie. In: Petzold, H. G., Sieper, J., (Hg.) Der Wille in der Psychotherapie. Band 1: Tiefenpsychologische und humanistische Verfahren. Göttingen: Vandenhoeck & Ruprecht.
Green, A.; Kohon, G. (2005): Love and Its Vicissitudes. London / New York: Routledge.
Holodynski, M. (2006): Emotionen – Entwicklung und Regulation. Heidelberg: Springer Medizin.
Illouz, E. (2003): Der Konsum der Romantik. Liebe und die kulturellen Widersprüche des Kapitalismus. Frankfurt a. M.: Campus.
Irigaray, L. (1980): Speculum. Spiegel des anderen Geschlechts. Frankfurt a. M.: Suhrkamp.
Kristeva, J. (1983): Histoires d'Amour. Zitiert nach: Übersetzung von Hornig, D.; Beyer. W. (1989), Frankfurt a. M.: Suhrkamp.
Krutzenbichler, S. H.; Essers, H. (2002): Muß denn Liebe Sünde sein? Zur Psychoanalyse der Übertragungs- und Gegenübertragungsliebe. Gießen: Psychosozial-Verlag.
Lacan, J. (1975): Les Seminaires XX. Encore 1972–1973. Zitiert nach: Übersetzung von Haas, N; Haas V.; Metzger, H.: 2. korrigierte Auflage 1991. Weinheim/Berlin: Quadriga.
Laplanche, J. (1988): Von der eingeschränkten zur allgemeinen Verführungstheorie. In: Laplanche, J.: Die allgemeine Verführungstheorie und andere Aufsätze. Übers. von Gunter Gorhan. Tübingen: edition diskord, S. 199–233.
– (2003): Trieb und Instinkt. In: Forum der Psychoanalyse, Bd. 19, Heft 1, März 2003, S. 18–27.
Lasch, C. (1979): Das Zeitalter des Narzißmus. Zitiert nach Ausgabe von 1995, Hamburg: Hoffmann und Campe.
Loewald, H. W. (1986): Das Dahinschwinden des Ödipuskomplexes. In: Loewald, H. W.: Psychoanalyse. Aufsätze aus den Jahren 1951–1979. Stuttgart: Klett-Cotta, S. 377–400.
Mitscherlich, A. (1965): Auf dem Weg in die vaterlose Gesellschaft. Ideen zur Sozialpsychologie. München: Piper.
Nussbaum, M. C. (2001): Upheavals of Thought. The Intelligence of Emotions. Cambridge: Cambridge University Press.
Ogden, T. (2006): Das analytische Dritte, das intersubjektive Subjekt der Analyse und das Konzept der projektiven Identifizierung. In: Altmeyer, M.; Thomä, H. (Hg.): Die vernetzte Seele. Die intersubjektive Wende in der Psychoanalyse. Stuttgart: Klett-Cotta.
Ortega y Gasset, J. (1933): Über die Liebe. Zitiert nach Neuauflage (2002), München: DVA.

Platon (1979): Das Gastmahl. Oder von der Liebe. Übertragen von Kurt Hildebrandt. Stuttgart: Reclam Verlag.

Proust, M. (1994): Auf der Suche nach der verlorenen Zeit. Unterwegs zu Swann. Band I. Zitiert nach Ausgabe von 2004, Frankfurt a. M.: Fischer.

Rank, O. (1922): Der Mythos von der Geburt des Helden. Nachdruck der zweiten Auflage von 1922. Wien: Turia + Kant.

Rinke, St. (2006): Liebeskonzepte der Mystik und die Differenz der Geschlechter im psychoanalytischen Werk von Jacques Lacan, Luce Irigaray und Julia Kristeva. In: Psychoanalyse, Texte zur Sozialforschung, 10. Jg., Heft 2, S. 197–213.

Rupprecht-Schampera, U. (1996): Hysterie: eine klassische psychoanalytische Theorie? In: Seidler, G. (Hg.): Hysterie heute. Stuttgart: Enke.

Sandler, A.; Sandler, J. (1999): Innere Objektbeziehungen. Stuttgart: Klett-Cotta.

Schmidt, G. (Hg.) (2000): Kinder der sexuellen Revolution. Kontinuität und Wandel studentischer Sexualität 1966–1996. Eine empirische Untersuchung. Gießen: Psychosozial-Verlag.

Sigusch, V. (2001): Kultureller Wandel der Sexualität. In: Volkmar Sigusch (Hg.): Sexuelle Störungen und ihre Behandlung. 3., neu bearb. und erweit. Aufl. Stuttgart / New York: Thieme, S. 16–52.

– (2005): Neosexualitäten. Über den kulturellen Wandel von Liebe und Perversion. Frankfurt a. M. / New York: Campus.

Sodian, B. (2003): Die Entwicklungspsychologie des Denkens – Das Beispiel der Theory of Mind. In: Herpertz-Dahlmann, B.; Resch, F.; Schulte-Markwort, M. (Hg.): Entwicklungspsychiatrie. Biopsychologische Grundlagen und die Entwicklung psychischer Störungen. Stuttgart: Schattauer, S. 85–97.

Solms, M.; Turnbull, O. (2004). Das Gehirn und die innere Welt. Neurowissenschaft und Psychoanalyse. Düsseldorf / Zürich: Walter.

Spinoza, B. de (1999): Ethik in geometrischer Ordnung dargestellt. Übersetzt von Wolfgang Bartuschat. Hamburg: Maier-Verlag.

Stendhal (1822): De l'amour. Zitiert nach: Übersetzung von Walter Hoyer (1975) Frankfurt a. M.: Insel Taschenbuch 124.

Zizek, S. (2001): Die Tücke des Subjekts. Frankfurt a. M.: Suhrkamp.

4 Kunst und Übertragung

Martina Müller

Einführung zum Verhältnis von Kunst und Psychoanalyse

In diesem Kapitel kommen zwei Autoren zu Wort, die mit unterschiedlichen Konzeptionen Kunst Bedeutungen abgewinnen. Beide vermitteln aber, wie bei diesem Prozess individueller und persönlicher Bedeutungsfindung Übertragungsvorgänge die Quelle latenter Erinnerungen und Zumutungen sind.

Im Mittelteil dieses Kapitels ist die Kunstausstellung bildlich repräsentiert, die auch während der Jahrestagung der DPG in Hamburg 2006 gezeigt wurde. Die drei Künstler Eckhard Koenig, Till Leeser und Torsten Maul provozieren mit künstlerischen Mitteln regelrecht dazu, einen Übertragungsraum zwischen dem Betrachter und dem Kunstobjekt herzustellen. Im Betrachter entsteht Irritierendes, Zumutungen, Unruhe, Unerträgliches, etwas Unsicheres, was nach Interpretation verlangt; oder es wird auch ein »unbekümmertes Gefühl von damals« geweckt, welches eine vorangehende Stimmung verwandelt. Die Kunstkritikerin Ursula Herrndorf stellt die Künstler mit ihren Arbeiten ausführlich vor.

Die Beziehung zwischen Kunst und Psychoanalyse sieht auf eine lange Tradition seit Freuds »Der Moses des Michelangelo« (Freud 1914) und »Eine Kindheitserinnerung des Leonardo da Vinci« (Freud 1910) zurück (vgl. Reiche 2001, 2006, Grubrich-Simitis 2006).

Keine Bildhauerkunst hat Freud so fasziniert und ergriffen wie die Moses-Statue des Michelangelo; über viele Jahre hat er sie immer wieder aufgesucht. Das, was an dem Werk eines Künstlers oft auf rätselhafte Weise eine Wirkung auslöse, meint Freud, entstehe dadurch, dass die künstlerische Absicht im Werk prägnant ausgedrückt sei und so Besitz vom Betrachter ergreife. Der Betrachter und Interpret muss diese künstlerische Absicht entschlüsseln und in Worte fassen. Nach vielen Überlegungen kommt Freud zu der Erkenntnis, dass in den in Marmor festgehaltenen Bewegungen vom Arm, Bart und Oberkörper des Moses keine Geste der Gewalt gegenüber dem ungläubigen Volk Israels zu sehen sei, sondern die des »Niederringens der eigenen Leidenschaft [...] im Auftrage einer Bestimmung, der man sich geweiht hat«. In den Augen Freuds leistet der Moses des Michelangelo im Verzicht auf die Befriedigung seines Affekts höchste Sublimierungsarbeit und verkörpert das im Freudschen Werk enthaltene psychoanalytische Ideal der Affektbeherrschung (vgl. neuere Interpretationen: Grubrich-Simitis 2004, Raguse 2005). Die verborgene Mosesfigur interpretiert Freud (1914, S. 194) dann mit folgenden Worten: »... er wird jetzt so sitzen bleiben in gebändigter Wut, in mit Verachtung gemischtem Schmerz.« Obwohl Freud zu diesem Zeitpunkt noch nicht das Mittel der Gegenübertragungen im analytischen Verstehensprozess konzeptualisiert hatte, lässt sich sagen, dass dieses methodische Vorgehen Freuds im Kern die Analyse der Gegenübertragungsmanifestationen kennzeichnet. Durch diesen Freudessay hat sich die systematische Nutzbarmachung der Gegenübertragung für die Analyse von Kunstwerken als eine von mindestens vier psychoanalytischen Zugangsweisen zu Kunst etabliert.

Wie Psychoanalyse und Kunst interagieren und was als Grundlage der Erkenntnisgewinnung für dieses Zusammenspiel dient, dazu gibt es unterschiedliche Auffassungen. Eine Meinung scheint trotz aller Veränderungen innerhalb der Liaison zwischen Kunst und Psychoanalyse Bestand zu haben: Kunsthistoriker und Psychoanalytiker schätzen gleichermaßen an Freuds Vorgehensweise, dass er bei der Transformation seiner Beobachtungen in Deutungen die von dem Künstler eingesetzten Formelemente zum zentralen Bezugs- und Ausgangspunkt genommen hat. Konsens scheint inzwischen darin zu bestehen, dass die Komplexität klinischer Begrifflichkeiten und ihre klinischen Funktionen, wie es auch die Gegenübertragungsanalyse darstellt, nicht in allen Aspekten auf die Kunstinterpretation zu übertragen ist, und auch die »wilde« Anwendung von Gegenübertragung einer Kunstbetrachtung nicht gerecht werden kann. Dennoch lässt sich allgemein sagen, wir benutzen als Kunstanalytiker einen selbstreflexiven Vorgang, wie wir ihn aus der klinischen Arbeit, insbesondere der Gegenübertragungsanalyse gewohnt sind. Die Selbstreflexion ist das zentrale Mittel, mit dem das untersucht wird, worauf der Betrachter des Kunstwerkangebots reagiert. So nimmt der Betrachter im Sinne einer Übertragungsreaktion das Kunstwerk mit seiner inneren Konflikthaftigkeit wahr, ergänzt es und wird durch es verändert. Dadurch gewinnt es persönliche Bedeutung. Für das Verhältnis zwischen Literatur bzw. Text und Leser haben Vogt und Vogt (1997) eine Untersuchungsmethode entwickelt, die eine Analogie zu dem beschriebenen bewussten und unbewussten interaktionellen Verhältnis zwischen Kunstwerk und Rezipient aufweist. Sie unterziehen ihre Gefühle und freien Assoziationen, die sich spontan bei der Auseinandersetzung mit einem Buch (Goldhagen 1996) und anderen Texten einstellen, einer Analyse in Form von Selbstreflexionen. Es kann darüber hinaus auch darüber nachgedacht werden, inwieweit es neben einem persönlichen auch einen kollektiven Hintergrund (der Abwehrprozesse) gibt. Über die Analyse der Assoziationen, Gefühle und Wahrnehmungen, die bei der Beschäftigung mit einem Kunstwerk auftreten, reduzieren wir die Notwendigkeit von Abwehrprozessen und können uns der Thematik annähern, gegebenenfalls der Intention des Künstlers nähern und unsere eigene Position genauer beschreiben.

Standen in den frühen Jahren der Anwendung von Psychoanalyse auf die Kunst hauptsächlich die biographischen Aspekte und ihre neurosenpsychologischen Bewertungen im Blickfeld der Kunstbetrachtungen, so ist im letzten Jahrzehnt eine Entwicklung in der psychoanalytischen Kunstanalyse zu beobachten, bei der vor allem Zugänge gesucht werden, die die formale und ästhetische Gestalt des Kunstwerkes aufnehmen, um die Eigenständigkeit der Bilder zu erfassen. Darin spiegelt sich auch der seit Mitte der 1980er Jahre vollzogene wissenschaftliche Diskurswandel bei der Anwendung der Psychoanalyse in den Kulturwissenschaften, ein Wandel vom Inhaltstransfer zum Methodentransfer.

Beispielhaft stehen hier die Ansätze von Frank (2001) und Reiche (2001) für Kritik und Entwicklungen auf dem Gebiet der angewandten Psychoanalyse auf zeitgenössische Kunst in der neueren Zeit.

In ihrem Aufsatz über Giacomettis Skulpturen zeigt Frank sehr offen, anschaulich und minutiös, wie sie zu ihren Überlegungen aus der Gegenübertragung gelangt und aus welchen vielschichtigen Bestandteilen ihre Werkinterpretation besteht, angefangen mit einer Analyse der künstlerischen Form. Sie führt darin aus, dass das auslösende Moment, das die Gegenübertragung manifestiert, »ein gewisses Pendant in der klinischen Situation« finde. Hier wie da scheint es nach Frank etwas Unausgesprochenes zu geben, was doch sehr mächtig die Beziehung, die Atmosphäre bestimmt. Darüber hinaus sei das Reflektieren über die Analyse einer Patientin wegweisend dafür gewesen, Giacomettis Skulptur »Der unsichtbare Gegenstand« (1934) hinsichtlich der zweifachen Bedeutung und Funktionsweise der die Leere haltenden Hände, ihre »Impermeabilität«, zu verstehen und Giacomettis möglichen Verweis darauf zu entziffern. Wenn Frank biographisches Material einsetzt, dann nur, um die »ins Auge gefasste Dynamik plastisch zu machen«. Forschend verknüpft sie Plastik und klinisch-analytische Situation.

Nach der Auffassung von Reiche (vgl. 2001, S. 29) werde der formanalytische Aspekt bei den Untersuchungen, die mit Übertragungs- und Gegenübertragungsanalyse arbeiten, häufig nicht genügend berücksichtigt. Lange Zeit habe sich die psychoanalytische Kunstbetrachtung dem Dogma der biographischen oder psychopathographischen Zugänge über die Künstler-Psyche verschrieben. Diese Zugangsform leitet sich in ihren Ursprüngen aus Freuds Leonardo-Arbeit ab. Inzwischen greife diese Rückschlussmethode zu kurz, »werden Kunst und Künstler als einander gleich behandelt, Objekt und Subjekt regressiv miteinander in Deckung gebracht« (Reiche 2006, S. 309). Wenn die »Was-Fragen« und nicht die »Wie-Fragen« (zum Beispiel: was in der Kindheit des Autors weist auf eine pathologische Konfliktverarbeitung; was will der Künstler vermitteln) bei der Kunstbetrachtung dominieren, dann könne nach Reiche psychoanalytisches Wissen die Aussage eines Kunstwerkes in Bezug auf Wahrnehmung und Denkmöglichkeit sehr einengen. Sehr detailliert und mit großem kunsthistorischen Sachverstand stellt Reiche in »Mutterseelenallein« seine Formanalyse von Kunstwerken (vier Beispiele moderner Kunstrezeption) dar, die von einer »methodisch kontrollierten Erzeugung einer Strukturhomologie von Traum und Kunstwerk« ausgeht. Er orientiert sich an Morgenthalers »Traumseminar«, indem er das Kunstwerk wie einen manifesten Traum behandelt, von dem man nur den Traumtext und nichts weiter kennt. Über die Untersuchung der Regeln von Verschiebung, Verdichtung und Rücksicht auf Darstellbarkeit gelangt er zu der latenten, unbewussten Sinnstruktur des Kunstwerkes. Um die Autonomie des künstlerischen Objekts zu wahren und keine schnellen Schlüsse auf den unbewussten Gehalt der Kunst vorzunehmen, gibt Reiche Anleitungen für den Kunstinterpreten anhand der Installation von Bill Viola: »Der Betrachter muss den nicht geträumten Traum der Schläfer erst träumen, bevor er den Traum deuten kann. Und das Kunstwerk erst wiedererschaffen, bevor er das Werk interpretieren und es als Kunst genießen kann« (ebd. S. 77).

Diese beiden Konzeptionen der Kunstinterpretation haben auch in die Analyse von Filmen Eingang gefunden (vgl. Zeul 1994, Mahler-Bungers 2004, Gabbard 2001). Häufig kommen derzeitig in psychoanalytischen Filminterpretationen die von Reiche dargestellten Ansätze zur Anwendung: 1. Untersuchung biographischer, psychopathologischer Einflüsse, 2. Übertragungs-Gegenübertragungsanalyse, 3. Frage der künstlerischen Kreativität, 4. Formanalyse. Diese neueren Entwicklungen fasst Zwiebel (2005, S. 343–349) zusammen und erwähnt die Tendenz einiger Autoren, den formalen Ansatz für ihre Filmanalyse stärker zu berücksichtigen, da er das Spezifische des Mediums Film aufgreife. Seiner Meinung nach sei noch nicht systematisch ausgearbeitet worden, inwieweit »das Verfahren der methodisch erzeugten Strukturhomologie von Traum und Film auf das Verstehen von Filmen angewendet werden kann«. Die Analogie von Traum und Film sei sicher ein zentraler, aber auch umstrittener Topos der psychoanalytischen Filmtheorie. Im Gegensatz dazu führt Zwiebel sechs entscheidende Prämissen für seine Deutungsmethode eines Films auf (entwickelt mit der Deutung von Kieslowskis Film »Dekalog, 4«). Sehr verkürzt dargestellt verweist Zwiebel darauf, dass der Erkenntnisprozess des Filmanalytikers mit der »inneren Arbeitsweise des Analytikers während der Sitzung« und seiner nachträglichen Aufarbeitung zu vergleichen sei. In seinem Ansatz bezieht sich Zwiebel auch auf Zeul (1994), die in der theoretischen Konzipierung der Filmanalyse eine entscheidende Wende eingeleitet hat. Sie sieht in der unbewusst verankerten Gegenübertragung mit ihren Identifizierungsprozessen das Mittel der Wahl für die Erstellung einer Rezeptionsanalyse, die als »Folie für die psychoanalytische Interpretation des Mediums dient«. Sie verdeutlicht mit ihrem Verständnis, dass sie als Filminterpretin Gegenübertragungsreaktionen, »emotionale Reaktionen« nutzt, um erste Hypothesen in einer Art Distanzierungsschritt von unmittelbarer Beteiligung zu formulieren. Mit dieser Haltung fordert Zeul, den Zugang zum Film nicht über den symbolischen Gehalt oder den Inhalt des Films, sondern den über die Form zu wählen, um auf unbewusste Sinnzusammenhänge zu schließen. In meinem Text »Drive Blind«: Vergessen-Wollen, nicht Erinnern-Können« beziehe ich mich auf die Weiterentwicklungen des Gegenübertragungsverständnisses (vgl. Weiss 2007; Plenker 2005), die für die klinische Situation eine Differenzierung der Schwierigkeiten beim Durcharbeiten der Gegenübertragung ermöglichen. Sie stellen aber auch für den Filminterpreten eine Hilfe dar, die durch die Filmfiguren provozierten unerträglichen, schwer zu verstehenden Übertragungen und Identifizierungen in einen unerhörten neuen Kontext zu stellen.

Ich danke meinem Kollegen Torsten Maul für den wichtigen Gedankenaustausch zu meinem bearbeiteten Thema, dessen anregende Überlegungen in diesen Text eingegangen sind.

Literatur

Frank, C. (2001): Mains tenant le vide – Maintenant le vide. Überlegungen zu Giacomettis Skulpturen (von ca. 1947 bis ca. 1952) zum psychoanalytischen Prozeß. In: Jahrbuch der Psychoanalyse. Bd. 44, Stuttgart: frommann-holzboog.

Freud, S. (1914): Der Moses des Michelangelo. GW X, S. 172–201, Frankfurt a. M.: Fischer TB 1999.

– (1910): Eine Kindheitserinnerung des Leonardo da Vinci. GW VIII, S. 128–211, Frankfurt a. M.: Fischer TB 1999.

Gabbard, G. O. (2001): Psychoanalysis and Film. London: Karnac Books.

Goldhagen, D. J. (1996): Hitlers willige Vollstrecker. Ganz gewöhnliche Deutsche und der Holocaust. Berlin: Siedler.

Grubrich-Simitis, I. (2004): Michelangelos Moses und Freuds Wagstück. Frankfurt a. M: Fischer.

– (2006): Der Moses des Michelangelos (1914). In: Lohmann, H.-J., Pfeiffer, J. (Hg.): Freud Handbuch. Leben – Werk – Wirkung. Stuttgart/Weimar: Metzler.

Mahler-Bungers, A. (2004): Die Metamorphosen des Bösen. Roman Polanski und seine Filme. In: Merkur, 58. Jg., Heft 668, S. 1101–1110. Stuttgart: Klett-Cotta.

Raguse, H. (2005): Kritische Anmerkungen zu einer neuen Deutung des Moses des Michelangelo. In: Psyche 7, S. 663–668.

Reiche, R. (2001): Mutterseelenallein. Kunst, Form und Psychoanalyse. Frankfurt a. M.: Stroemfeld/Nexus.

– (2006): Kunst und Kunsttheorie. In: Lohmann, H.-J., Pfeiffer, J. (Hg.): Freud Handbuch. Leben – Werk – Wirkung. Stuttgart/Weimar: Metzler.

Plenker, F. P. (2005): Zum Konzept der Gegenübertragung – Kleinianische Weiterentwicklungen. In: Psyche 8, S. 685–717.

Vogt, B. und Vogt, R.(1997): Goldhagen und die Deutschen. Psychoanalytische Reflexionen über die Resonanz auf ein Buch und seinen Autor in der deutschen Öffentlichkeit. In: Psyche 6, S. 494–596.

Weiß, H. (2007): Ein mehrphasiges Modell der projektiven Identifizierung. In: Psyche 2, S. 151–173.

Zeul, M. (1994): Bilder des unbewussten. Zur Geschichte der psychoanalytischen Filmtheorie. In: Psyche 1, S. 65–73.

Zwiebel, R. (2005): Die doppelten Botschaften der Eltern. Überlegungen zum »Dekalog, 4« von K. Kieslowski. In: Das Ende des Ödipus. Entwertung und Idealisierung ödipaler Konzepte in der Psychoanalyse heute. Wellendorf, F., Werner. H. (Hg.), Tübingen: edition diskord.

Klaus Theweleit

Music In The Air. Der dritte Körper. Transference und Übertragung durch technische Medien*

Klangkörper Mutterleib

In einem schönen Buch zur *Psychoanalyse der Musik* gibt Sebastian Leikert einen Abriss der Bedeutung des Hörens für das Kind im pränatalen Stadium. Die erste Besonderheit der Musik liegt für Leikert darin, dass sie sich, anders als die Wörter, »nicht auf gesehene Objekte (Objektvorstellungen), sondern auf *erlebte Körperspannungen* bezieht«. Der Fötus lebt in einer akustischen Welt. Die erste Umgrenzung des Selbstgefühls im Mutterleib ist eine »Lauthülle«. Sie gibt, noch vor der Erfahrung der Haut, dem Fötus ein erstes Konsistenzgefühl. »Ab dem vierten Monat der Schwangerschaft ist das Gehör als erstes Sinnesorgan voll ausgebildet und spielt eine wichtige Rolle in der Beziehung von Fötus und Mutter. In der Stimme gewinnt die Mutter für das ungeborene Kind die erste fassliche Gestalt, die Mutter ist für das Kind zunächst die Stimme.«[1] Das Ungeborene entwickelt eine Beziehung zu dieser Stimme. »Zudem ist der auditive Kanal mit dem Körpertonus direkt verbunden. Das Gehör ist als Schaltstelle für die Muster der Innervation des Körpers verantwortlich, bestimmte Frequenzen sind für die Aktivierung der Hirnrinde und damit für den Körpertonus verantwortlich. Sowohl die psychische Aktivität als auch die Integration des Körpererlebens sind also mit der auditiven Beziehung eng verbunden.«

Der Fötus nimmt aber nicht nur die Stimme der Mutter wahr, er hört auch ihre Körpergeräusche, Darm, Pulsschlag, ihren Atemrhythmus, ihre Körperbewegung, die Rhythmik ihres Ganges. Die Mutterleibsgeräusche erreichen bis 84 Dezibel, das entspricht städtischem Straßenlärm. Ohne solche Gewöhnung würde das Baby nach der Geburt vermutlich an unerträglicher Lärmzufuhr sterben. Puls, Atem und Gang

* Dieser Text ist auch erschienen als Essay in dem Band *absolute(ly) Sigmund Freud*, herausgegeben von Klaus Theweleit und Martin Baltes. Freiburg: orange press 2006.

1 Leikert (2005), Zitate aus dem Kapitel »Linguistische und genetische Aspekte der Musikerfahrung«.

sind aber nicht nur körperliche Abläufe, sie finden sich parallel in den Abläufen von Musik. Das Ungeborene »versteht« Musik, weil sie die Physiologie des Mutterkörpers nachbildet. Weil sein eigenes Pulsieren mit dem Pulsieren des Körpers, der ihn umfängt, entsteht. Dem Herzrhythmus entspricht in der Musik das Metrum, der Beat; dem Atemrhythmus die Phrasierung und die Modulierung der Stücke. Während im Melodieverlauf und den Abläufen der Harmonik der ständige körperliche Wechselvorgang von Spannung und Entspannung wiederholt, bearbeitet, verändert, verschoben wird.[2]

Der Reiz der rhythmischen Verschiebungen, der Synkopierungen, besteht damit unter anderem darin, vom »Mutterbeat« abzuweichen, eigene Wege entlangzustolpern. Jede Abweichung, jede Verzögerung des erwarteten Lustgefühls, ist ein Stück Körpererweiterung und später Welterweiterung, Erprobung eines neuen Terrains. Marschmusik (wie alle Musik, die den Viertelbeat mit Betonung auf eins und drei durchzieht) wäre von daher »kontraphobisch«; eine Selbstversicherung, nicht vom Herzschlag des Trägertiers verlassen zu sein. Körper, die auf Marsch- oder die entsprechend gebaute Schlagermusik abfahren, haben sehr wahrscheinlich ein Fötalstadium in Angst hinter sich. Und erleben den Simpelbeat nun als *Versicherung* gegen diese. Blühen also auf, fühlen sich angstfrei und »legen los«. (Vorsicht geboten.)

Wobei nicht eine bestimmte Musikart entscheidend ist für die Auslösung bestimmter Körpergefühle des geborenen Kindes oder der erwachsenen Person. Entscheidend sind die Affekte, die die Mutter erlebt hat bei einer bestimmten Musik. Die Mutter überträgt diese Gefühle auf den Fötus. So ist die seit langem und immer wieder kolportierte Erzählung, dass Babys bei Mozartmusik leichter einschlafen und dann auch ruhiger schlafen würden als Babys bei Rock- oder Jazzmusik, unzutreffend. Es kommt darauf an, welche Musik die Mutter während der Schwangerschaft gehört hat und mit welchen Gefühlen. Auch dieser Bereich der Reaktionsfortsetzung bzw. -differenz zwischen Fötus und

2 Nach Leikert, S. 58. Leikert zitiert auch eine traumwandlerische Formulierung Richard Wagners. Wagner bezeichnete die Melodie als »formgebende Abgrenzung der äußeren Hauthülle«, und weiter, vom Körper her gesprochen: »Harmonie und Rhythmus sind Blut, Fleisch, Nerven und Knochen (...) die Melodie dagegen ist dieser fertige Mensch selbst, wie er sich unserem Auge darstellt.« Nicht etwa metaphorisch, nein: Harmonie und Rhythmus *sind.* [Anm. d. Hg.: Richard Wagner: *Oper und Drama, Erster Theil*, in: R. W., *Gesammelte Schriften und Dichtungen*, Bd. 3, Leipzig, 2. Aufl., 1881, S. 269–394, hier S. 381.]

Kleinkind ist inzwischen untersucht.[3] Ergebnis: Das Kind einer Harfenistin schläft leichter und ruhiger bei Harfenmusik. Sein Geschrei bei Unwohlsein kann mit Harfenmusik gestoppt werden. Während eine andere Musik sein Unwohlsein verstärkt. Während das Baby einer Mutter, die regelmäßig in der Disco war während der Schwangerschaft, von Harfenmusik nicht beruhigt wird. Im Gegenteil, es schreit stärker. Aber es schläft gut ein bei lauter Musik, die jener gleicht, die es als Fötus im Mutterleib gehört hat. Nicht nur gehört, sondern erlebt hat. Es wiederbelebt nach der Geburt die Gefühle, die die Mutter ihm übertrug bei Discokrach. Mit »Lautstärken« hat das nichts zu tun, wie alle Eltern, die mit lauter Musik umgehen, wissen. Bestimmte Lautstärken stören die schlafenden Kinder nicht, wenn sie die Klänge kennen und mögen; während schon ganz leise Geräusche, die von der üblichen Lautzusammensetzung der Wohnung abweichen, das Kind zum Aufwachen bringen können, beunruhigt.

Als ständige Orientierung dient dabei dem Fötus die Stimme der Mutter, die, zusammen mit den Musiken, die da öfter klingen, die Kraft hat, dem Fötus und später dem Kleinkind als das »gute Objekt« im Sinne Melanie Kleins zu erscheinen. Als »gute, nährende Brust«, im Gegensatz zu verfolgenden Objekten, die demzufolge nicht nur aus der Abwesenheit der Mutterbrust, sondern auch der Mutterstimme sich ableiten. Abwesenheiten, die den Kleinkindkörper mit Zerrissenheitsgefühlen bedrohen. Durch die Abwesenheit der Stimme der Mutter können sich erste Erfahrungen bedrohlichen Objektverlusts ausbilden. Stimme und Musik verkörpern demnach wie nichts anderes die glückliche Beziehung zum guten Objekt; ich habe das früher beschrieben an Stimme und Gesang meiner Ma. Beziehung zum »guten Objekt«, noch bevor dieses selbst sich als ganze Person in der Wahrnehmung des Kleinkinds ausgebildet haben muss: die Anwesenheit von Stimme und Musik als glückhafter Zustand, als Gleichgewicht, als Leichtigkeit, als *Abwesenheit* von Verfolgung. Musik führt immer etwas mit sich, zumindest die glücklichen Momente eines frühen Gehaltenseins, wenn es sie gab.[4]

Leikert zitiert in dem Zusammenhang einen weitreichenden Ge-

3 George Bernard, *Wie Baby die Welt sieht*, Video, arte 2005 [Hg.: Samstag, 03. 12. 2005, 20.40 Uhr].

4 »Das Erste, was Säuglinge an kommunikativem Verhalten zeigen, ist der Versuch, mütterliche Gesichtsausdrücke und den Klang ihrer Stimme zu ›spiegeln‹« (Bauer 2002, S. 12).

danken von Suzanne Maiello zum Spracherwerb des Kleinkindes bei *Abwesenheit* der Mutterstimme. Sollte diese Abwesenheit, aus welchen Gründen immer, eingetreten sein, könne dies den Spracherwerb des Kindes befeuern, indem die Stimme des Kindes selber versucht, die entstandene Leere zu füllen: »eine Erfahrung von einem entleerten Raum, in dem sich später das Denken entwickelt sowie die Sprache, die das verlorene Objekt re-evozieren, d.h., ihm ›die Stimme zurückgeben‹ kann«.[5] Die frühe Entwicklung von Gesangsfähigkeiten beim Kleinkind könnte dann umso mehr diese Funktion erfüllen. Die eigene Stimme als »gutes Objekt«, wie sie ja im onomatopoetischen Gesang – das ist dieses glückliche, wortlose Gebrabbel und Juchzen der Kleinkinder in der Wiege – gut wahrzunehmen ist, könnte sich entfalten als Versicherung gegen eine befürchtete oder tatsächliche Abwesenheit der Mutterstimme.[6]

Musik ersetzt aber nicht nur, sie tut mehr: sie verspricht die Fortsetzung der Erfahrung der Anwesenheit des guten Objekts auch unter den sich verändernden Bedingungen des In-der-Welt-Seins in späteren Lebensphasen. Zwischen dem Adoleszenten und den neuen Objekten der Außenwelt kommt es zu immer neuen Übertragungen; und Musik ist ein Leitmedium dieser Explorationen; für manche Kinder *das* Leitmedium.

5 Maiello (1999, S. 142), Leikert, a.a.O., S. 55.

6 »Für das Gelingen des Signalaustausches, des wechselseitigen Verstehens und Aufeinander-Eingehens zwischen Mutter und Säugling spielt ein besonderes, erst kürzlich entdecktes Nervenzell-System des Gehirns eine entscheidende Rolle: Das Gehirn besitzt Nervenzell-Netzwerke, die darauf spezialisiert sind, bei anderen Menschen wahrgenommene Signale so abzuspeichern, dass sie selbst nacherlebt und reproduziert werden können. Die Nervenzellen dieses von Giacomo Rizzolatti entdeckten Systems werden als ›Spiegel-Nervenzellen‹ (*mirror neurons*) bezeichnet. Dass der Säugling mütterliche Signale ›spiegelt‹, z.B. versucht, bestimmte Gesichtsausdrücke oder Laute zu imitieren, war aus der beobachtenden Säuglingsforschung schon längere Zeit bekannt. Die Entdeckungen Rizzolattis scheinen die erstaunliche, kurz nach der Geburt einsetzende Fähigkeit des Säuglings, empfangene Signale aufzunehmen und durch Imitation zurückzuspiegeln, nun aber auch neurobiologisch erklären zu können. (...) Nach den Erkenntnissen der modernen Säuglingsforschung ist dies wechselseitige, spiegelnde Hin- und Zurückspielen von einfachsten Signalen (Blicken, Gesichtsausdrücken, Lauten, Berührungen) das entscheidende ›Geheimnis‹ der frühen Mutter-Kind-Kommunikation« (Bauer a.a.O., S. 84).

Entsprechend kann, wenn die Mutterleibs-Erfahrung des Fötus, bedingt durch eine kranke, gestresste oder ablehnende Mutter überwiegend negativ ist, das primäre Objekt sich gleich als verfolgendes ausbilden. Ein Vorgang, der laut Lloyd deMause später zu den weltweit anzutreffenden Bildern von umschlingenden Kraken und anderen Meeresungeheuern führt (de Mause 2005). Die zugehörige Musik und die Mutterstimme würden dann die unglücklichen Momente einer frühen Bedrohung oder Vergiftung (Rauchen, Drogen) »mitführen«.

Körperspeicher

Auch nach Robert Jourdain, *Das wohltemperierte Gehirn. Wie Musik im Kopf entsteht und wirkt*[7], sind alle erlebten frühen Körperspannungen verbunden mit Tönen, mit Musik. Der Körper schwingt mit beim Empfang musikalischer Schwingungen. So wie der Körper des Instruments durch sein Mitschwingen den Ton der Saite erst richtig hörbar macht, sagt Jourdain, so ähnlich »nutzen wir unseren Körper als ›Resonator‹ für auditorische Erfahrungen. Der Zuhörer selbst wird zum Instrument, er legt seinen Körper in die Hände der Musik und lässt diese auf ihm spielen.«

Darum »drückt sich Musik bei uns durch Bewegungen aus und nicht zum Beispiel durch bildliche Vorstellungen«, bzw. tut sie das nur bei wenigen. »Es handelt sich um eine Sprache, bei der sich Klangobjekte koordiniert bewegen, genauso wie sich Körperteile koordiniert bewegen, wenn wir laufen. Kein Wunder, dass wir zur Musik tanzen wollen.« »Unser Körper ist nämlich Experte für das Timing und die Verschmelzung zeitlicher Abläufe«. »Interessanterweise beruht ein neuerer Trend in der Emotionstheorie auf der Idee körperlicher Repräsentationen kognitiver Prozesse. Diese *Hypothese der somatischen Marker*, die Antonio Damasio erst vor kurzem in seinem Buch *Descartes' Irrtum* populär machte, geht davon aus, dass das Gehirn auf alle Arten von Erfahrungen mit angenehmen oder unangenehmen körperlichen Reaktionen antwortet.«

Beispiel Tierwelt: »Die Gazelle empfindet einen positiven somatischen Marker, wenn sie schmackhafte Blätter im Gehölz entdeckt, aber auch einen negativen, weil sie Gebüsch mit Räubern assoziiert. Das

[7] Originaltitel: *Music, the Brain, and Ecstasy. How Music Captures Our Imagination.*

unbewusste Abwägen beider Marker führt unterm Strich zu dem ›Entschluss‹, dass die Blätter das Risiko nicht wert sind. Wir sind in einer vergleichbaren Situation, wenn wir überlegen, ob wir montags blaumachen sollen oder nicht. Besonders interessant an dieser Theorie ist, dass sie davon ausgeht, wir hätten evolutionsgeschichtlich alte neuronale Mechanismen, um Emotionen explizit in Muskelbewegungen auszudrücken.«

Seit ich in psychoanalytischen Zusammenhängen wahrnehme und denke, habe ich immer wieder behauptet, »der Körper« speichere; gestützt auf Selbstbeobachtung, auf Züge im »automatisierten« Verhalten soldatischer Männer, Körper-Reiz-gesteuert, und unterstützt von einigen Filmkritikern und französischen Analytikern, die Ähnliches wahrnahmen, aber ohne wirklichen Beweis. Die Formulierungen von Jourdain kommen in die Nähe eines solchen Beweises. Der Körper vergisst die musikalischen Enervierungen nicht, schreibt er, er bewahrt sie. Der Körper speichert musikalische Erfahrungen ab. »Wir benutzen unsere Muskeln anscheinend zur *Repräsentation* von Musik, wir ahmen die wichtigsten Eigenschaften musikalischer Muster durch kleine und große Bewegungen nach.« Jeder musikalische Reiz löst einen Körperreflex aus und der Körper speichert diesen Reiz.[8]

Es dürfte dieser körperliche Niederschlag von Musik sein, der das Gehirn zur Ausschüttung der opiatähnlichen Endorphine veranlasst, die den Musikgenuss erheblich steigern. Jourdain: »Seit langem haben Psychiater zur Behandlung Drogenabhängiger ein Medikament namens Naloxon verwendet, um die Opiatrezeptoren im Gehirn zu blockieren. Sind alle Opiatrezeptoren blockiert, können Opiate keine Wirkung mehr entfalten und der Drogensüchtige wird nach ihrer Einnahme nicht mehr ›high‹. Da auch die Wirkung von Endorphinen auf diese Weise blockiert werden kann, kam man auf die Idee zu untersuchen, ob Endorphine auch beim Musikhören wirksam werden. Man verabreichte einer Gruppe von Versuchspersonen Naloxon und spielte ihnen dann Musik vor. Wie üblich erhielten einige ein Plazebo als Kontrolle, um sicherzustellen, dass ein eventueller Effekt wirklich nur auf die Wirkung des Pharmakons zurückzuführen ist. Tatsächlich empfanden alle Versuchspersonen, die Naloxon erhalten hatten, einen deutlich verminder-

8 Jourdain, S. 393. »Da alles, was wir geistig tun, seelisch fühlen und in Beziehungen gestalten, seinen Niederschlag in körperlichen Strukturen findet«, macht eine Psychologie für »Seelen ohne Körper« keinen Sinn, schreibt Bauer (a.a.O., S. 8).

ten Musikgenuss, während die Kontrollgruppe die Musik so anregend wie immer empfand.« Womit zumindest nachgewiesen ist, dass der Auswurf von Endorphinen im Gehirn den Musikgenuss begleitet und intensiviert.

Musikhören: ein Rauschzustand, nicht nur metaphorisch. »Musik scheint von allen Künsten die zu sein, die uns am unmittelbarsten berührt, und ist daher auch die, die am leichtesten Ekstase hervorruft.« Beim Versuch, Ekstase genauer zu beschreiben, unterlaufen Jourdain interessante Wörter: »Ekstase verwischt die Grenzen unseres Seins, enthüllt uns die Bindungen zur Außenwelt und lässt uns in ein Meer von Gefühlen eintauchen.« Auflösung der Körpergrenzen, »eintauchen« in ein Medium, das er ein »Meer aus Gefühlen« nennt. Und dann: »Ekstase ist eine momentane Transformation der Person, die sie erlebt, nicht nur eine Transformation ihrer Erfahrung (obwohl außergewöhnliche Erfahrungen für Ekstase oft notwendig sind).« Eine momentane *Transformation der Person*; dichter war noch keine Formulierung an dem, was ich oben den »dritten Körper« genannt habe. Transformation ist etwas Materielles, keine Idee.

Medium im Raum. Dritter Körper

Es war die Beschreibung einer analytischen Situation als medialer Situation von D. W. Winnicott, die mich zu der Formulierung von einem »dritten Körper« verführte. Sie soll noch einmal genauer betrachtet werden. In seinem Kapitel »Zustände von Entrückung und Regression« berichtet Winnicott (1958) von einem Analysanden mit besonderen Abwesenheitszuständen.

»Wie so viele Patienten, versinkt auch dieser gelegentlich tief in die analytische Situation, und bei einigen wenigen, aber wichtigen Malen geriet er in einen Zustand der Entrückung. Während dieser Momente der Entrücktheit geschehen unerwartete Dinge, die er manchmal erzählen kann.« Winnicott notiert:

»In einem momentanen Zustand der Entrückung hatte der Patient das Gefühl, während er sich wie gewöhnlich auf die Couch legte, er sei *zusammengekrümmt und rolle über das Couchende hinunter*«. (...) »Als er davon sprach, dass er zusammengerollt gelegen hätte, deutete er mit Handbewegungen an, wie er sich in diesem seinem zusammengerollten Zustand irgendwie im Raume vor seinem Gesicht befunden und sich umherbewegt habe. Ich sagte darauf sofort: ›Wenn Sie davon sprechen, dass Sie zusammengerollt waren und sich umherbewegten, so setzt das doch etwas voraus, das Sie nicht beschreiben, da Sie sich dessen nicht bewusst sind, es setzt doch das *Vorhandenseins eines Mediums* voraus.‹ Nach einer Weile fragte ich ihn, ob er verstanden hätte, was ich meinte, aber ich merkte, dass er es sogleich verstanden hatte. Er sagte: ›Ja, so etwas wie Öl, in dem sich die Räder bewegen.‹«[9]

Ein anderer Entrückungszustand: »Er hatte das Gefühl, Leute gingen zu Türen hinein und hinaus. Ich deutete, dass dies mit dem Atem zusammenhinge, worauf er mit weiteren Assoziationen einfiel. Gedanken seien wie Atemzüge; sie seien aber auch wie Kinder, und wenn ich nichts für sie tue, so habe er die Empfindung, sie seien im Stich gelassen. Seine große Angst bezieht sich auf das verlassene Kind oder die nicht aufgenommene Idee oder Bemerkung oder die vergebliche Gebärde eines Kindes. Seine Abwehr ist um diese Furcht der vergeblichen Gebärde herum errichtet.«

Die nicht aufgenommene Idee oder die vergebliche Gebärde eines Kindes beziehen sich ganz deutlich ebenfalls auf das *tragende Medium* im Raum, das in dieser Szene aber fehlt: sie fallen zu Boden, gehen ins Leere, versickern. Dieser Patient fällt in die Entrückung, um das fehlende Medium im Raum zu erzeugen: Atem, Gedanken. Er wünscht, dass der Analytiker ihm darin entgegenkomme. Ein Moment, das Winnicott auch gern mit dem Wort »Containing« bezeichnet.

Ein andermal ist es ein Kopfschmerz des Patienten, der merkwürdigerweise außen sitzt. Winnicott deutet, da der Schmerz dicht außen am Kopf sitze, er repräsentiere das Bedürfnis, dass jemand ihm den Kopf halte, so wie man es bei einem Kinde tut, das sich in einem Zustand tiefer emotionaler Betrübnis befindet. Wieder geht es um eine Art Überbrückung des Raumes zwischen ihnen. Dem Patienten fällt dazu ein, dass dies bei ihm als Kind eher der Vater gewesen sei als die Mutter. Es geht sehr um die Wiederbelebung des Vaters in diesem Teil der Analyse und um Winnicotts Bemühen, nicht mit diesem Vater verwechselt zu werden. In einem weiteren Entrücktheitszustand stellt sich der Schoß des Analytikers (= die Couch) als die schützende Umgebung heraus, die der Patient in einer Fluchtphantasie verlässt. »Es war ein Aspekt der Analyse wiederaufgetaucht, der ihn besonders erschreckte, nämlich der homosexuelle Aspekt der Übertragung«, kommentiert Winnicott. »Nach

9 Dieses und die folgenden Zitate aus D. W. Winnicott (1958), Kapitel »Zustände von Entrückung und Regression«.

dem Tode des Vaters gab es niemanden, der ihm den Kopf gestreichelt hätte, wenn er unter einem Kummer zusammengebrochen wäre.«

»Ich verknüpfte nun meine Deutung mit jener Schlüsseldeutung von dem schützenden Medium, und allmählich bekam er das Gefühl, dass mein Gedanke von den Händen richtig war. Er berichtete, dass er in einem Moment der Entrückung das Gefühl gehabt hätte, ich besäße eine Maschine, die ich anstellen könnte und die Vorrichtungen für eine Art von Sympathie-Behandlung hätte.« Er wollte also durchaus nicht, dass der Analytiker ihm den Kopf streichle. Sondern: »*Die Hauptsache war, dass ich sofort verstand, was er brauchte.*«

Also: Öl, in dem Räder sich bewegen (= er fällt nicht zu Boden); Couch/Schoß des Analytikers (= Überbrückung des Raums zwischen Schoß und Couch); Angst vor der »vergeblichen Gebärde« des Kinds, aufgefangen in Atem, Gedanken; und schließlich ein realer Gegenstand zur Herstellung einer Verdickung der Raumatmosphäre, ein Maschinchen, das den Raum zwischen Analytiker und Analysand auf Knopfdruck anfüllt mit dem benötigten tragenden Medium »Sympathie«.

Für mein Gefühl geht diese Beschreibung weit über die Darstellung jenes Zustands hinaus, unter dem Winnicott die Sache schließlich abhandelt: eine bestimmte Sorte Regression – gut nutzbar zu machen für die Analyse, wenn der Analytiker den Moment ihres Eintritts nicht verpasst. Im Satz: »*Die Hauptsache war, dass ich sofort verstand, was er brauchte*«, liegt aber weit mehr und auch anderes. Denn dieser Patient brauchte nicht so sehr Deutungen regressiver Zustände, er brauchte offenbar die Wahrnehmung einer medialen Füllung des Raums zwischen Analytiker und ihm, hergestellt in einer gemeinsamen Produktion. Im Zusammenhang mit diesem *Medium im Raum* fällt das Wort »Übertragung«, aber sie, die Drohung einer »homosexuellen Übertragung« ist beiden bewusst und soll gerade vermieden werden. Es geht um etwas anderes im Raum: etwas drittes Körperhaftes, eine Art *dritter Körper*, der keine Imagination ist, kein eingebildetes Wesen, sondern etwas materiell Anwesendes, das beide spüren und zu dessen Existenz beide etwas beigetragen haben.

Es sind solche Wahrnehmungen vom gefüllten Zwischenraum, die Winnicott an anderer Stelle von einer »Membran« sprechen lassen, die er zwischen Analysand und sich empfindet. Ein Teilchen, das schwingt, wenn Wellen darauf treffen. Ein Teil, das sich in unserem Ohr wie auch an technischen Geräten befindet. Wir erinnern uns, dass Bell & Clarke, als sie 1874 den Prototyp des ersten Telefonhörers bauten, das Trommelfell eines menschlichen Ohrs als Membran benutzten. Über die

Membran im Raum, legt Winnicott nahe, geschieht eine Kommunikation mit der Person auf der Couch, die etwas anderes ist, als die der Worte und Deutungen; eine andere Art Übertragung.

»Momentane Transformationen der Person«, ob »Entrückungen« in der analytischen Übertragung, oder »Ekstase«, ausgelöst durch Musik, die nach Speicherorten im Körper suchen und ihn, laut Jourdain oder Bauer auch finden – werfen ein neues Licht: *Im Buch der Könige 1*[10] habe ich die merkwürdige Erfahrung beschrieben, dass Schallplatten, die man Jahre später wieder hört, dem emotionalisierten Hörer den Eindruck vermitteln, sie hätten in ihren Rillen die Gefühle gespeichert, die man vor Jahren beim ersten Hören hatte. Die Gefühle und die Situationen, aus denen sie kamen. »Auf manchen Mingus-Platten, bei Coltrane oder Billie Holiday, in Sun Ra's *Heliocentric Worlds*, in einigen Klavierkonzerten Mozarts, in vielen Rockstücken, auf Dylan-Platten, auf vielen anderen, sind bestimmte Gefühle, die ich beim Hören hatte, derart genau gespeichert, dass ich nicht zufrieden bin, das einfach ›Erinnerungen‹ zu nennen. Auch nicht ein Hilfsmittel zur Wiederbelebung. Die Platten haben etwas aufgezeichnet, während sie liefen; nicht nur etwas abgespielt« (S. 377). Rein »technisch« ist das natürlich Quatsch. Die Nadel selber gräbt nichts Neues in die Rillen. Merkwürdigerweise stoße ich aber auf wenig Widerstand, wenn ich diese Wahrnehmung äußere. Im Gegenteil: andere Menschen, für die bestimmte Musiken in bestimmten Lebensmomenten besonders wichtig waren, scheinen das Gleiche zu empfinden. Die offenkundige Irrationalität der Aussage stört sie nicht. Ihr Gefühl, dass das »irgendwie stimmt« ist stärker. Was ist denn nun dran?

Zieht man Robert Jourdains Befund vom speichernden Körper hinzu, ergäbe sich, dass bei späterem Hören, dass bei erneuerter Übertragung, wenn sie stark genug ist, die betroffenen muskulären Partikel ihr Gespeichertes »öffnen«, ihren Reiz ins limbische System zurücksenden und dieses die Wahrnehmungen »abruft«, die mit dem früheren Hören verbunden waren. Weitergeschickt zum Cortex erscheinen sie uns als exakte »Erinnerungen«, Bilder, Gesichter, Gerüche, Orte, Konstellationen und »das Herzzerreißende«, Wiederbelebung scheinbar untergegangener Gefühle.

Übertragen wird zwischen Geräten und Menschen, Geräten und Geräten, Menschen und Menschen, Gedanken werden übertragen und Krankheiten. Aufgaben und Ämter. Neue Fähigkeiten, die Menschen

10 Theweleit 1988.

irgendwo erwerben, »übertragen« sich auf merkwürdige Weisen. Eine Stimmung überträgt sich. Und Musik überträgt sich in den Körper und wird gespeichert in offenbar speziell dafür vorgesehenen Hirn- und Muskelarealen.

Ich glaube, dass mit noch einigen weiteren Feststellungen neuerer Hirnforschung sich ein tatsächlich weiterführender Zugang zu den angesprochenen Phänomenen ergibt.

Da ist an erster Stelle die permanente Veränderbarkeit unserer Hirnstrukturen, bedingt durch den Wechsel unserer Tätigkeiten und die wechselnden Erfahrungen unseres Beziehungslebens, betont besonders Joachim Bauer in seinem Buch *Das Gedächtnis des Körpers*, das den Stand der gehirnlichen Dinge bis zum Jahr 2002 zusammenzufassen sucht. Bauer ist Professor für Psychoneurobiologie in Freiburg. In seinen Vorlesungen hören Studenten Dinge wie diese: »Hätten wir die Möglichkeit, einmal im Jahr eine Reise in unser Gehirn zu machen und uns dort mit einem Elektronenmikroskop umzusehen, würden wir erheblich veränderte ›Landschaften‹ entdecken. Der Grund dafür ist, dass Ereignisse, Erlebnisse und Lebensstile die Aktivität von Genen steuern und im Gehirn Strukturen verändern« (S. 7). Nicht also: die Gene steuern unser Verhalten, wie es die panischen Boulevard-Versionen wollen. Bauer: »Erst in jüngster Zeit wurde außerdem entdeckt, dass individuelle Erfahrungen im Organismus Reaktionsmuster ausbilden können, die einen Einfluss auf die Regulation der Genaktivität in zukünftigen Situationen haben. Es wurde experimentell gezeigt, dass bestimmte genetische Reaktionsmuster durch Erlebnisse und Erfahrungen ›eingestellt‹ werden können« (S. 9). Besonders die Stress-Forscher haben sich in dieser Hinsicht hervorgetan. Bauer zitiert Leon Eisenberg, der bündig von der »sozialen Konstruktion des menschlichen Gehirns« spricht[11] (Bauer, S. 16).

Bauer nennt als Grundregel Nr. 1 zur Wahrnehmungstätigkeit, also zum Beispiel Musikhören: Bioelektrische Aktivierung verstärkt die

11 Nach übereinstimmenden Erhebungen verschiedener Hirnforscher ist die rechte Gehirnhälfte bei der Identifikation von Tönen überlegen. Weil das linke Ohr Musik besser aufnimmt und die Nervenfasern vom linken Ohr überwiegend zur rechten Gehirnhälfte gehen. Bei Profi-Musikern ist es seltsamerweise umgekehrt. Mit zunehmendem musikalischem Training »wandert« die zerebrale Dominanz für Melodien von der rechten in die linke Hemisphäre. »Dies deutet darauf hin, dass Profimusiker beim Hören von Musik eine Reihe erlernter Fähigkeiten anwenden, die den meisten Menschen fehlen« (Jourdain, a. a. O., S. 117).

synaptische Verknüpfung. Auf eine Formel gebracht natürlich von Amerikanern: *Cells that fire together wire together.* »Fire«, Feuern, nennt man das Aussenden bioelektrischer Signale der Neurone. Wer zusammen feuert, verkabelt sich auch zusammen. Grundregel Nr. 2: Synapsen, die nicht aktiviert werden, verlieren ihre Relevanz, lösen sich auf, schwächeln, verschwinden. Amerikanische Formel: *Use it or lose it.* Was nicht benutzt wird, schläft ein. »Die grundlegende Fähigkeit des Gehirns, durch sein Tätigwerden seine synaptischen Verschaltungen zu verändern und damit seine eigene Feinstruktur umzubauen, wird als ›synaptische Plastizität‹ bezeichnet« (Bauer, S. 78).

Der Bremer Neurobiologe Gerhard Roth, der in ähnlicher Weise Kompendien des laufenden Stands der Hirnforschungen erstellt, spricht in die gleiche Richtung. Er dokumentiert dabei eine bemerkenswerte Kehrtwendung, die Neurologen und Neurobiologen im Lauf des letzten Jahrzehnts vollzogen haben; nämlich eine sehr weitgehende Rehabilitierung der meisten Grundannahmen Freuds zum »psychischen Apparat«, die noch in den achtziger und neunziger Jahren von Hirnforschern überwiegend als Humbug verlacht wurden bzw. als »Voodoo«. Mehrere spekulative Grundannahmen Freuds sieht Roth durch die heutige Hirnforschung bestätigt. Besonders die Annahme unbewusster determinierender Prozesse sieht Roth als neurobiologisch erwiesen an.

»Schließlich haben die Neurowissenschaften zusammen mit der Psychiatrie und der Entwicklungspsychologie begonnen, die Folgen frühkindlicher traumatischer Ereignisse wie Störungen der Mutter-Kind-Beziehung, des sexuellen Missbrauchs und anderer stark belastender Geschehnisse auf neuronaler Ebene nachzuweisen (...) All dies erfüllt schon jetzt die Forderungen, die Freud nannte, nämlich eine ›Lokalisation der seelischen Vorgänge‹ zu erreichen und ›den anatomischen Ort des Systems *Bw*, der bewussten Seelentätigkeit, in der Hirnrinde zu erkennen und die unbewussten Vorgänge in die subkortikalen Hirnpartien zu versetzen ...‹« (Roth 2001, S. 433).[12]

»Man muss dabei bedenken, dass die Mikroelektroden-Technik, mithilfe derer man die Aktivität einzelner Neurone registrieren kann, sich erst im Laufe der fünfziger Jahre des 20. Jahrhunderts entwickelte. In den siebziger und achtziger Jahren kam die Immuncytochemie dazu, die überhaupt erst die neurochemische und neuropharmakologische Vielfalt des Gehirns enthüllte. Intrazelluläre Ableitungen und die Patch-

[12] Zitate aus dem Kapitel »Neurobiologie und Psychoanalyse. Oder: Hatte Freud Recht?«

Clamp-Technik revolutionierten unser Verständnis von den Prozessen, die bei Erregung und Hemmung an der Membran einer Nervenzelle stattfinden. In den neunziger Jahren des vergangenen Jahrhunderts kamen die bildgebenden Verfahren hinzu, die erstmals eine genauere Lokalisierung der Aktivitäten des gesamten menschlichen Gehirns bei ungeöffnetem Schädel ermöglichten, insbesondere von Aktivitäten im limbischen System. Durch Kombination all dieser Methoden begann erst vor rund einem Jahrzehnt die genauere Erforschung der neuronalen Grundlagen dessen, was Freud ›psychischen Apparat‹ genannt hat.«

Für Transformationszustände in den neuronalen Systemen, die uns hier besonders interessieren, befindet Roth, dass sie niemals nur »ausschließlich sprachlich« geschehen, »sondern nur in Verbindung mit der Erzeugung eines ›emotionalen Aufruhrs‹, der auf das Unbewusste eines Patienten einwirkt«.

Subcortex – limbische Zentren – Amygdala: für Roth und andere Hirnforscher ist es ausgemacht, dass diese die neuronalen Schauplätze aller unbewussten Vorgänge sind. Während das Bewusstsein in der Hirnrinde, im Cortex entsteht, ein Produkt der andersgearteten Zellen des Cortex ist. Bewusstes und Unbewusstes arbeiten in je verschiedenen Zellstrukturen. Ein einfacher Übergang aus der einen in die andere Zellstruktur ist nicht möglich. Es gibt also eine handfeste histologische Begründung für die Annahme Freuds, unbewusste Inhalte seien letztendlich nie bewusstseinsfähig; wörtlich: »daß die unbewußte Vorstellung als solche überhaupt unfähig ist, ins Vorbewußte einzutreten, und daß sie dort nur eine Wirkung zu äußern vermag, indem sie sich mit einer harmlosen, dem Vorbewußten bereits angehörigen Vorstellung in Verbindung setzt, auf sie ihre Intensität überträgt und sich durch sie decken läßt« (Freud 1900, S. 568).

Es geht also bei der Neubelebung der im Unbewussten gespeicherten Wahrnehmungen immer um *verschobene* Darstellungen von Unbewusstem (Deck-Erinnerungen und ähnliches). Es geht um die *Übertragung* von *Intensitäten* des Unbewussten, die im Bewusstsein aber andere *Inhalte* haben. Ein intensives Erleben von Musik im Bewusstsein kann also anstelle eines intensiven Erlebens im Unbewussten stehen, das mit Musik selber nichts zu tun hat; es kann zum Beispiel eine Abwesenheit ersetzen; kann den Raum, den eine Mutter (oder sonst jemand) leer gelassen hat, mit der *Füllung* durch das Material Musik beantworten; bewerkstelligt durch die Übertragung einer intensiv erfahrenen Leere im Unbewussten mittels einer Füllung durch intensiv erlebte Töne, Musik im Bewusstsein. Wobei das unbewusste traumatische

Erleben »leere Stelle der Mutter« und das bewusste Erleben »berauschende Fülle der Musik« verschiedene Zellstrukturen im Hirn hätten. Verbunden nur durch eine *Energiemenge*; durch die Übertragung dieser Energiemenge von einem Hirnareal in ein anderes. Die Arbeit des Analytikers in diesem Falle bestünde darin, den Weg dieser energetischen Übertragung zurückzuverfolgen; zu erspüren (oder zu *hören*), welche Leerstelle, welche traumatisierte Position im Unbewussten des Patienten sich in dieser für ihn typischen Weise zu Gehör bringt. Die Wahrnehmung davon, die sich im Analytiker vollzieht, – »Gegenübertragung«, »projektive Identifikation« oder Ähnliches – wäre materiell zu beschreiben als die Rück-Übertragung eines Energiequantums von einer Zellstruktur (Cortex) in eine andere Zellstruktur (limbisches System), bei gleichzeitigem Erspüren der geschichtlichen Konstellation, die diese Energieübertragung im Patienten ausgelöst hat.[13]

Wie aber soll dies passieren? Wie »verwandelt« sich der Analytiker in ein Wesen, das in seiner eigenen zerebralen Zellstruktur der Zellstruktur des Unbewussten des Patienten so nahe kommt, dass er nicht nur dessen Energiequantum erspürt – oder auffängt wie ein Radioempfänger die gesendeten Wellen – sondern diese gesendeten Wellen auch umwandeln kann in eine andere Daseins- bzw. Zellform: in eine gesprochene Deutung, in ein Bild, das er dem Patienten darbietet; in das Erspüren einer geschichtlichen Konstellation, die er dem Patienten gegenüber aussprechen oder andeuten kann oder sie so antippen, umschreiben und aufbereiten, dass der Patient selber eine Äußerungsform dafür findet, die etwas anderes wäre als die bei ihm – in diesem Fall – vorliegende Zwangsäußerung dieser Konstellation durch einen bestimmten Umgang mit Musik. Dieser bestünde bei ihm beispielsweise im

[13] »Ein Teilorgan des limbischen Systems ist der Mandelkern (Amygdala), der Erinnerungsspuren darüber abspeichert, ob Ereignisse der Situationen für den eigenen Organismus angenehm oder schädlich beziehungsweise unangenehm (aversiv) waren. Mit seinem ›Wissen‹ und seiner Fähigkeit, bei Bedarf tiefer gelegene Hirnzentren zu alarmieren, beteiligt sich der Mandelkern entscheidend an der Bewertung neuer Situationen und Ereignisse. Ebenfalls zum limbischen System gehört ein Hirnteil, der sich erst in den letzten Jahren als der vielleicht wichtigste Hirnteil unseres Menschseins herausgestellt hat: der Gyrus cinguli. Der Gyrus cinguli (deutsch: ›Gürtelwindung‹) läuft paarweise, rechts und links tief in der von vorn nach hinten laufenden Teilungsfurche des Gehirns. Er erwies sich aufgrund neuerer Untersuchungen als Sitz des Selbstgefühls, des Mitgefühls mit anderen Menschen und als Ort der Lebens-Grundstimmung« (Bauer, a. a. O., S. 72).

zwangsweisen *Auffüllen* einer traumatisch leergeräumten Stelle durch die ständige Zufuhr immergleicher Musik, durch immer dieselbe Mozart- oder Abba- oder Technoplatte. Eine Zufuhr, die immer wieder momentane Erleichterung und Befriedigung brächte, ohne aber das aus dem Unbewussten sendende Energiequantum, dessen ständiges (unglückliches) Strömen, zu mindern oder gar abzustellen. Wie verwandelt sich der Analytiker in solch ein Wesen?

Ich kann ja nun – wenn ich vom dritten Körper spreche – schwerlich behaupten, dass die Zellstrukturen beider Amygdalas aus ihrem je eigenen Schädel auswandern und sich im Raum, knapp über dem Teppich, treffen, um eine neue Gesamt-Amygdala zu bilden – eine mystisch-phantastische Gestalt, die in der Lage wäre, die Substrate des Unbewussten aller beider derart zu vermischen und zu verbinden, dass ein Austausch, ein gegenseitiges Erleben der Struktur des Unbewussten des jeweils anderen, im Analytikerzimmer nicht nur magisch, sondern körperlich-materiell stattfände. Und wenn ich es behauptete – wer würde mir glauben?

Nein, es genügt wohl, zu sagen, beide senden etwas aus, das sich im Raum verbindet.

Wenn behauptet wird, Liebespaare würden sich nach ihrem Geruch auswählen; und dies untermauert wird durch ganze Testserien; womit wir dann in unserem Liebesleben an erster Stelle eine Art Hunde wären; bloß diesen unendlich unterlegen, dann hat doch unser einfacher Reflex, der dazu sagt: glaub ich nicht, ganz sicher recht: »Kann doch nicht sein; die wollen mir erzählen, dass die ganze wahrgenommene Schönheit und Komplexität der Person, die ich liebe, nur ein Reflex meines (dazu noch unbewusst arbeitenden) Nasenwesens ist – nichts weiter als die unbewusste Übereinstimmung zweier ähnlich arbeitender Nasensysteme« – dann hat dieser Instinkt recht, weil er mehr ist als ein Instinkt, nämlich ein Wissen. Ja, wir können uns *riechen*. Aber der Geruch ist doch nur eine unter tausend anderen körperlichen Ausstrahlungen, die von den Versuchsleitern *nicht* gemessen wurden und werden.

Wir sind Figuren aus Licht und Wasser, einer Reihe von Säuren und ein paar Mineralien, und äußern uns in Wellen. Alle unsere Körperzellen nehmen ständig nicht nur Nahrung, sondern Licht und Wellen auf, mediale Reize und Reize aus der Luft, darunter eine ungeheure Menge an Reizen, die von anderen Körpern, von anderen Personen ausgehen. Nur für die gröbsten dieser Reize haben wir ein bewusst ausgearbeitetes Sensorium. Wir nehmen sofort die »Laune« von Personen wahr, wenn sie den Raum betreten; besonders von Personen, die wir gut kennen. Aber wenn wir sagen: »der oder die war aber *geladen*«, dann sind wir uns dessen sicher auch bei Personen, die wir kaum oder gar nicht kennen – und wie geht das? »Vorsicht! Explodiere gleich«. Einen Teil davon nehmen wir mit dem Auge wahr, Haltung, Gesichtsausdrücke. Vielleicht riechen wir auch hier (ohne es zu merken) die Wut. Aber die Person »strahlt auch aus«. Bestimmte Zellstrukturen ihres Körpers senden: Wut. Und bestimmte Zellstrukturen unseres Körpers, die dafür empfänglich sind, warnen uns: Vorsicht, Explosivstoff.

Wir lesen in der Zeitung, dass in Kalifornien Versuchsreihen mit Hunden in der Krebsfrüherkennung laufen. Hunde seien in der Lage, so die Hypothese, bestimmte Krebsarten bei Menschen in sehr frühen Stadien zu erschnüffeln; und, wenn darauf trainiert, ihr Missfallen bzw. ihre Unruhe wahrnehmbar zu äußern. Wir lesen das und denken nicht viel dabei. Aber was riecht der Hund denn? Er riecht Partikel, die die befallenen Körper absondern. Er riecht ein Material. Er riecht Körperzellen, Mikrostrukturen, die auf Wellen durch den Luftraum segeln, der die Körper umgibt. Sollten die Zellstrukturen, in denen sich unsere unbewussten Prozesse abspielen, nicht dazu in der Lage sein?

Wir verlieben uns wegen einer Reihe von Dingen, die uns unbewusst sind. Oder genauer: die unserem Bewusstsein nicht zugänglich sind. Was nicht sagt, dass unser unbewusstes Wissen nicht ganz genau weiß, was wir da tun. Ein Teil unserer Zellstruktur beschließt, sich mit einer anderen Person, ihrer korrespondierenden Zellstruktur wegen, zusammenzutun. Und nur die Zellen, die etwas grobschlächtig und sich wichtig nehmend in unserer Hirnrinde, wie Freud sagte – dem Cortex – herumtummeln, haben davon keine Ahnung und denken sich Dinge wie diese Geruchstests aus.

Es ist also anzunehmen, dass die Konfiguration, die ich den »dritten Körper« nenne, nicht nur in der analytischen Situation aus den mächtig sendenden Amygdala-Strukturen von Analytiker und Analysand im Raum entstehen kann, wenn beide die medialen Vorraussetzungen dafür geschaffen haben: nämlich die Wellenverdichtung im Raum derart zu konzentrieren, dass die Empfindung eines tragenden, umgebenden Mediums wie bei Winnicotts Patient entstehen konnte. In der Analyse liegt es nahe, dass dieser Zustand immer sehr dicht am primären Gehaltenwordensein oder Nichtgehaltenwordensein der zuständigen mütterlichen Figuren liegt. Aber das muss nicht unbedingt der Fall sein. In Fällen, wo es darum geht, dass die Beteiligten über sich hinaus wollen, aus sich heraus wollen, auf die weite Ebene neuer Erfahrungen gelangen wollen, wird diese Erzeugung eines »dritten Körpers« zwischen ihnen eher eine transgressive als eine regressive Tätigkeit sein.

Roth nennt Meditation, Drogen, Liebe als mögliche Auslöser des »emotionalen Aufruhrs«. Die zwangsläufige Beschränktheit des rein Sprachlichen begründet Roth mit dem »fatalen Deutungszirkel«, in dem sich der Patient einer Analyse, Ich-gesteuert, befindet. Anders der Analytiker: »Er hat einen parallelen Zugang zu den bewussten Äußerungen des Patienten *und* zu den Äußerungen des Unbewussten in Fehlleistungen, Träumen, Neurosen und Psychosen, und er kann in geduldiger therapeutischer Tätigkeit versuchen, die unbewussten psychischen Konflikte aufzudecken.« Dass dies nicht als simple Umsetzung geht, als das, was man relativ gedankenlos »Bewusstmachung« nennt, begründet Roth mit der differenten Struktur von Gehirnzellen: »Die Amygdala und die anderen limbischen Zentren verstehen Sprache als rein kognitives Kommunikationsereignis nicht, sondern nur die mit ihnen verbundenen emotionalen Komponenten wie Prosodie, Mimik und Gestik, oder sprachlich ausgelöste emotionale Zustände wie bildliche Erinnerungen oder Vorstellungen. Diese Emotionen können dann Veränderungen subcortikaler limbischer Zentren auslösen, zum Beispiel die gesteigerte Ausschüttung bestimmter Neuromodulatoren und Neuropeptide« (a.a.O. S. 438f.).

Ich würde zu Meditation, Drogen, Liebe die Zustände intensiver Freundschaft hinzufügen, weiter die Zustände von Berührung und Vermischung mit erregenden Produktionen der verschiedenen Künste, Musik, Malerei, Filmen, u.U. auch die Zustände von Auflösung gepanzerter Körperstrukturen durch extreme sportliche Anstrengungen. »Emotionaler Aufruhr«. Es geht um psychophysische Ausnahmezustände. Jener Moment, in dem das Unbewusste des Analytikers mit dem des Analysanden in die Schwingungskorrespondenz tritt, die sich »Übertragung« nennt, ist ein Ausnahmezustand; ein Sonderzustand feinstsensorischer bzw. feinstelektronischer Übertragungen, für den es sehr wahrscheinlich auch einen Messbarkeitsgrad gibt – wenn sich erst die Nanotechnologien, wo die Forscher von Molekülmaschinchen in Tausendstelmillimetergröße nicht nur phantasieren, sondern sie bauen und zur Anwendung bringen etwa in Blutbahnen zum Abbau von Arterienablagerungen, erst weit genug gediehen sein werden auf diesem fast noch ganz neuen Feld.

Musik. Medien. Übertragung. *Kein* Ausnahmezustand ist es, wenn das Küchenradio den ganzen Tag läuft, auf Unterlautstärke, und die Intervalle zwischen den Nachrichten- und Reklamesegmenten überbrückt. Wer sich akustisch in dieser Weise behandelt, bringt zum Ausdruck, dass er eines ganz sicherlich nicht wünscht: eine tiefgreifende Umstrukturierung oder Andersstrukturierung seiner momentanen Körperlichkeit. Wer sich durch Musik verändern will, braucht zwischen der Musik und sich den »dritten Körper«, der aus dem Zusammenprall der musikalischen Wellen und der ausgesendeten Wellen des eigenen Körpers besteht; dieser dritte Körper entsteht ganz spürbar im Raum, bei mir besonders durch elektrifizierte Musik, verschiedenste Formen des Rock. Bei anderen mag es Beethoven sein. Ein Teil des eigenen Unbewussten wandert sozusagen in ihn aus, trifft sich mit dem Wellenkörper der Musik, die auch ihr »Unbewusstes« hat, das nicht etwa aus irgendwie »unbestimmten, vagen Wünschen« besteht – ein großer Irrtum, das zu glauben.

Die Wünsche und Vorstellungen, die eine Musik transportiert, setzen sich sehr genau fest in meiner Empfindung. Was sich zwischen der Musik (die in diesem Falle der »Therapeut« ist) und meinem Körper abspielt, kann ich mir bewusst machen (oder es auch lassen). Aber wenn ich es tue, ist es genau die Umwandlungs- oder Übersetzungsarbeit, von der Hirnforscher wie auch Psychoanalytiker sprechen. In meinem Bewusstsein wird aus der Musik etwas anderes: Gedanken, Einsichten, Vorstellungen, Wünsche. Die primäre körperliche Sensationierung, die die Musik mit mir vornimmt – indem sie aus dem meinen und dem ihren einen dritten Körper bildet – wird etwas anderes, wenn ich sie mit meinem Bewusstsein verarbeite. Ich wandle die Mikrozellen der Musik, die sich mit den Mikrozellen meines unbewussten Systems verbunden haben, um in neue Zellkombinationen meines Cortex. Darüber hinaus bewahre ich etwas im Körper, im ganzen sensomotorischen System, das ein Ergebnis des Zusammenpralls mit der Musik ist. Das ist für mich das Entscheidende in einem ganz materiellen Sinn: bestimmte Teile der Zellstruktur meines Körpers haben sich verändert nach der Aufnahme bestimmter Musiken. Ich reagiere anders; nicht nur anders auf bestimmte Musiken; auch anders auf bestimmte Leute und anders auf die Zustände des Wirklichen überhaupt, mit denen ich zu tun habe. Ich behaupte – vorwiegend aus Selbstbeobachtung –, dass diese Veränderung nicht eintritt bzw. nicht von Dauer ist ohne Durchgang durch dies Gebilde des »dritten Körpers«, gebildet aus mir und einem stark sendenden Daseinszustand oder einem anderen Körper aus den wellenaussendenden Wirklichkeiten.

Es genügt eben nicht ein Spiegel, der einen nur selber zeigt. Es muss der Spiegel einer anderen Person oder einer sonstwie ausstrahlenden

Kraft sein; Spiegel der Liebe; Spiegel eines Kunstwerks; Spiegel eines wissenschaftlichen Rasens (wie er wohl bei Freuds so genannter Selbstanalyse eine große Rolle spielte); Spiegel eines Kindes, das man umsorgt (und das einen dabei verwandelt); oder Spiegel eines Meeres, in den man sich stürzt, optisch und mit seinem Körper und der einen dann »umwäscht«, einen anders den Wellen entsteigen lässt als man hineingestiegen ist, wie es Albert Camus beschrieben hat von seinem Körper in den Salzwellen des Mittelmeers vor der Stadt Algier. Eher ein Katalysator.

Während der Spiegel aus Glas, der nur einen selbst zeigt, sich immer, wenn man hinein- oder hindurchgeht, als Tor zum eigenen Tod erweist. Ob im Mythos des Narziss oder in Jean Cocteaus in diesem Punkt sehr genauen *Orphée*-Filmen: durch den Spiegel gelangt man ins Jenseits; aber in jenes, aus dem man nicht wiederkehrt, es sei denn, als Göttin des Todes selber.

Dritter Körper ist nicht Spiegel, sondern Metamorphosegerät.

In einem weitreichenden Abschnitt mit der Überschrift »Die Verschränkung der Stimmen im analytischen Gespräch« untersucht Sebastian Leikert in seinem Buch zur *Psychoanalyse der Musik* die Stimmen der Beteiligten unter dem Aspekt ihrer Objekthaftigkeit: »Die Stimme des Analysanden sucht die Stimme des Analytikers in die Präsenz zu rufen. Nicht um die Bedeutung zu affirmieren, sondern um sich seiner Anwesenheit zu versichern. Seine Gegenwart ist Anhalt der Hoffnung auf eine nicht erneut traumatische Wiederholung des unbewussten Szenarios.«[14] Wenn man dies mit Winnicott verbindet, ergibt sich: Was im Raum zwischen den beiden passiert, in einer akustischen Situation, ist die Herstellung einer Präsenz von Stimm-Körpern, die durch ihre verdichtete Anwesenheit die Wiederholung des Traumatischen ausschließen. Leikert: »Die analytische Situation kehrt das ›Primat des Optischen und der Vorrangigkeit des Visuellen‹ zugunsten der ursprünglichen ›Vorrangigkeit des Akustischen‹ um (Ruhs 1999). Die Stimme wird zur Stütze, zum Rahmen und zum Zeichen der Anwesenheit des Anderen. Der Körper bezieht sich auf die Stimme, wie die Stimme sich auf den Körper bezieht.« Dann folgt eine Formulierung, die an einen Ringkampf der Stimmen denken lässt: »Jeder Analytiker kennt die Belagerung

[14] Dies und alle folgenden Zitate aus Sebastian Leikert (2005), hier S. 146 f.

seiner Subjektivität durch den Ansturm der Stimme des Analysanden, er kennt jedoch auch das Gewicht, das seiner Stimme jenseits der manifesten Aussage zukommt. Er wird dem Gebrauch seiner Stimme eine besondere Bedeutung für den analytischen Prozess zuerkennen.«

»Belagerung« also. Und dann Invasion. Leikert: »In der Analyse geht es um den Versuch, das Gewicht des Traumatischen zu begrenzen.[15] Die Angestrengtheit des Analytikers beruht auf der Wirkung der invasiven Präsenz der Stimme des Analysanden im Körper des Analytikers.« Die Stimme dringt ein und der Analytiker muss sich ihrer erwehren. Leikert sieht die Präsenz der Stimme als Objekt gegeben und formuliert daraus bündig, wie einen Lehrsatz: »Die Stimme als Objekt des Begehrens ist Motor der Übertragungsbeziehung.« Das Senden der Amygdalas allein würde nicht reichen. Das Schweigen ist zwar nie nur Schweigen; die Stille nie nur Stille.[16] Aber ab und zu muss etwas Objekthaftes zwischen die Pole.

Von hier aus schließt Leikert dann den Bogen zurück zur intrauterinen Stimm-Situation, wenn er sagt: »Die Stimme des Anderen ist dem Subjekt eingeboren, sie ist gleichursprünglich mit der Beziehung überhaupt.« Wobei »eingeboren« nichts Genetisches bezeichnet, sondern das, was ich *gehört* habe als Fötus, in meiner »Lauthülle«. Dies ist mir »eingeboren«, mit diesem will ich eine Berührung herstellen, weil ich weiß, dass es meinen Körper füllt wie umhüllt in einer dehnbaren Hülle, weil es die akustische Versicherung der *Wirklichkeit* der Beziehung ist. Der Beziehung, die ich insgesamt unterhalte zur Blase »Welt«. Und von der ich bestimmt etwas bekomme oder auch realisiere in meiner Verbindung mit Stimme und Musik.

Die Lauthülle, die Stimme und Musik dem Körper zurückgeben, ist aber zugleich die Hülle, aus der man herauswächst, wenn man sich häutet. In der analytischen Situation, sagt Leikert, ist es dabei die Stimme des Analytikers in der Übertragung, die es ermöglicht, »die drohende Desorganisation der Körperlichkeit des Analysanden zu begrenzen«. Die Stimme also als das Medium im Raum, das einen nicht zu Boden stürzen lässt; das einen bewahrt vor der Körperzerreißung – ob in der analytischen Situation oder im eigenen Zimmer, in dem man sich, lie-

15 Fast alle Popsongs erzählen von Traumatisierungen, bzw. von ihren Transformationen in Aushaltbares, seien es Perversionen, seien es Phantasien reiner Lust.

16 Es gibt intensive Ausführungen zur Bedeutung des Schweigens in der lacanischen Analyse in Leikerts Buch.

gend oder tanzend, von einer Musik überschwemmen lässt. Seine Körpergrenzen von einer Musik austesten lässt, oder auch: sich einen neuen Körper übertragen lässt, den man nur empfangen kann, wenn man ihm in »emotionalem Aufruhr« entgegenwächst. Dies ist das Wort, das ich eigentlich suche, Entgegenwachsen.

Dies alles zusammengenommen, von der Psychoanalyse des Pränatalen und des Kleinkinds, Winnicotts Wahrnehmungen von der Medialität der Übertragungen (wohl ein Ableger der Übergangsobjekte), die praktische Beackerung dieses Felds durch Elektro-Pop, die Zellexplorationen der jüngsten Hirnforschung und die Verschlingungsakte des Lacanianers Leikert mit »der Stimme«, ergibt schon einen ganz ordentlichen Berg Bausteine zu einer neuen *Theorie der Musik*, zu einem erweiterten Verständnis der verschiedenen Arten von »Übertragungen«.[17]

Roth phantasiert in seinem Buch am Ende einige Psychotherapieformen, wie sie aus »neurowissenschaftlicher Sicht« in den hier besprochenen Punkten ablaufen könnten. Interessant für hier ist seine dritte. Sie könnte, »wie Le Doux (1998) zum Beispiel annimmt, darin bestehen, dass im Laufe einer Therapie aufgrund andersartiger, d. h. positiver emotionaler Erfahrung, in der Amygdala ›Ersatzschaltungen‹ angelegt werden, die die negativen Schaltungen einkapseln und an ihnen *vorbei* einen eigenen Zugang zur Handlungssteuerung erlangen. Therapie wäre dann die Induktion der Bildung dieser kompensatorischen Netzwerke. Der für die psychoanalytische Therapie wichtige Prozess der Übertragung und Gegenübertragung könnte hierfür günstige emotionale Bedingungen schaffen in dem Sinne, dass es dabei zu neurochemischen Zuständen kommt, in denen eine Neubildung von kompensatorischen Netzwerken in der Amygdala (und anderswo im limbischen System) ermöglicht wird. Es ist aber nicht auszuschließen, dass es

17 Zu der nicht zuletzt die gesellschaftsbildende Kraft der Musik durch gewöhnliches Singen gehört. In diesem omnipräsenten Singen das Wunder des Oktavsprungs. Er wird automatisch gemacht, überall auf der Welt, unabhängig von den jeweils kulturell geltenden Tonleitern. Kinder finden »denselben« Ton eine bis zwei Oktaven höher; Bässe den ihren in der Oktave tiefer. Und alle finden, es ist »derselbe« Ton. Das ist *nicht* eine Produktion des Gehirns, wie das Hören in Intervallen eine ist. Das ist eine klangliche Übereinstimmung der Schwingungsfrequenzen bei Verdoppelung oder Halbierung der Schwingungsfrequenz, die physikalisch da ist; sagen wir ruhig »naturgesetzlich«. *Einstimmung*, Beitritt zu einem umfassenderen Klangkörper.

in manchen besonders günstig verlaufenden Therapien doch zu einer langfristigen Veränderung in den primär ›erkrankten‹ limbischen Netzwerken kommt« (S. 440).

Die Vorstellung, dass eine Psychoanalyse dauerhaft die Verschaltung von Hirnstrukturen verändern kann – eine brennende Idee, die Freud verfolgte – ist keine Vorstellung mehr, sondern ein Faktum. Eine Veränderung, in deren Zentrum Roth den »Prozess von Übertragung und Gegenübertragung« sieht.[18] Hierzu, und zur Verbindung dieser Vorgänge mit *Schwingungsprozessen*, hat die Hirnforschung auch noch was zu sagen. Joachim Bauer:

»Die an einer momentanen Wahrnehmung oder Vorstellung beteiligten Nervenzell-Netzwerke befinden sich – im Moment der gemeinsamen Aktion – in einer *zeitgleichen (simultanen) phasengleichen (synchronen), rhythmischen bioelektrischen Aktivität*, zu der sie sich über ihre Verbindungen anregen. Die Frequenz dieser bioelektrischen Aktivität liegt bei etwa vierzig Hertz (vierzig Schwingungen pro Sekunde). Synchronisation, also Gleichzeitigkeit und Phasengleichheit der Aktivität, sind somit das ›Bindemittel und Ordnungsmerkmal‹ der Gehirntätigkeit, wie es der Frankfurter Hirnforscher Wolf Singer ausdrückte, der an der bahnbrechenden Entdeckung dieses Mechanismus führend beteiligt war. Nach einem kurzen Moment des simultanen, gemeinsamen ›Schwingens‹ verlässt das eine oder andere Teilnetzwerk den aktiven Verband, während einzelne neue Teil-Netzwerke hinzukommen und sich dem bioelektrischen Rhythmus des Verbandes anschließen. So entsteht ein kontinuierlicher, sich zugleich laufend wandelnder Denk- bzw. Wahrnehmungsstrom« (a. a. O. S., S. 76 f.).

[18] »Es ist unleugbar, dass die Bezwingung der Übertragungsphänomene dem Psychoanalytiker die größten Schwierigkeiten bereitet, aber man darf nicht vergessen, dass gerade sie uns den unschätzbaren Dienst erweisen, die verborgenen und vergessenen Liebesregungen der Kranken aktuell und manifest zu machen« (Freud 1912, S. 374). Von dieser und einer Reihe weiterer früher Definitionen Freuds, die die Übertragungsvorgänge noch in der Wiederbelebung der libidinösen Besetzung der Elternkörper durch das Kleinkind verorten; in denen also der Patient »den Arzt unbewusst die Rolle der geliebten oder auch gefürchteten Elternfiguren spielen lässt«, hat sich die analytische Praxis heute weit entfernt. Man würde auch nicht mehr von »Bezwingung« der Übertragungsphänomene sprechen, sondern von ihrer Nutzung für die Analyse. Siehe auch Person (2001): Freud heute. Wendepunkte und Streitfragen, Bd. 3. Über Freuds »Bemerkungen über die Übertragungsliebe«.

Simultan, synchron, rhythmisch auf einer Schwingungsfrequenz von vierzig Hertz arbeiten die Nervenzell-Netzwerke bei ihren Verschaltungen. Wenn das nicht Musik ist in meinen Ohren. Ein tiefer Basston – machte man ihn hörbar. Könnte sehr wohl sein, dass dies die Frequenz und Modalität ist, auf der »der dritte Körper« schwingt im aufgeladenen Raum. Vielleicht sollte man doch besser sagen »drittes Objekt« oder Zwischenobjekt oder vielleicht Schwingungsobjekt. *Für* diese Übertragung. Die Stimme schwingt auf höheren Frequenzen.

Im Programm *Wo Es war soll Ich werden* sieht Roth eine Freudsche Überschätzung der Instanz des Ich. »Wenn das Ich gar keinen direkten Kontrollzugang zum Handeln hat, sondern wenn ihm nur eine Beraterfunktion zukommt, dann ist es zwecklos, das ›Es‹ aufklärerisch zum ›Ich‹ machen zu wollen. Die Primärfunktion der Therapie muss es vielmehr sein, die ›Verknotungen‹ des Es im limbischen System zu beseitigen bzw. zu kompensieren und das Ich dazu zu bringen, seine konfabulatorischen Einflüsse einzustellen« (a. a. O., S. 440).

Klingt gut. Musik – als Transformator im emotionalen Aufruhr – ist ein guter Knotenlöser.

Freud Coda

Freud »Therapeut«? Es geht nicht um Freud als Therapeuten. Gut ausgebildete Analytiker mit einer ordentlichen Supervisorin oder Supervisionsgruppe heute sind bessere Therapeuten als Freud es war und sein konnte. Niemand käme durch mit einer »Selbstanalyse«, niemand würde die eigenen Kinder analysieren oder in der näheren und weiteren Verwandtschaft analytisch herumfuhrwerken, oder in Freundeskreisen. Wie die frühen KinderanalytikerInnen mit den eigenen Kindern umgegangen sind – mal benutzt, mal verlassen, verstoßen oder ausgesaugt – bewahre. Gerade deshalb aber kann mit der Figur Freud im populären Bereich nichts schiefgehen. Eine analytische Reputation ist nicht zu verlieren, die ist als ruiniert gegeben, wienerisch inzestuös und expressionistisch obskur. Stört aber keinen großen Geist. Tatsächliche Analytiker, die gegen dieses »Bild« protestieren, machen sich nur der eigenen Obskurität verdächtig. Freud im Pop ist von vornherein eine Figur ohne Reputation, ein Experimentator, Entdecker, Selbstbefreier, Befahrer neuer Meere, *ist genau jener Columbus*, als den er sich selber gerne sah. *Der alles von der Liebe weiß und den Abgründen des Unbewussten.* Dies Geschenk wird ihm gemacht, ohne weiteres. Er wird, da selbst nicht tätig an Piano, Guitar, Saxofon, ernannt zum Drummer hinter der Band, der Mann, der den Rhythmus klopft. Und ist auch der Reefer Man, der das Gras bringt zu den schwarzen Bands in New York, die ohne Dope und weißes Pulver so wenig spielen können und wollen, wie Doktor Freud selber in seinen Merck-Duos mit Charcot (von fern) und Wilhelm Fließ (von dicht). *Up to my surprise I opened my eyes.* Nasen- und Augenöffner. Die Seele sitzt gleich hinter den Öffnungen. Aber man kommt nicht leicht durch.

Körperöffnungen

Sie sind ein Hauptproblem. Freud weiß, dass er mit seinen Zigarrenwolken die schöne Öffnung oben zustinkt. Nichts für Küsse. Durchfahrt verboten, bzw. versperrt. Doppelöffnung Nase: gelber Dauerfluss abwärts infolge Dauerbepinselung mit Kokaintinktur. Gewaltiges Theorieaufkommen, zusammen mit *Fließ*, zur Bekämpfung der »unbegreiflichen« Dauer-Infektion. Öffnung unten hinten: da stinkts von selber. Da ist der Sitz der *Verdrängung*, erfährt Wilhelm Fließ brieflich. Öffnung unten vorn: Sitz der Kastration. Scheiße. Gegenmittel: geballte Entladungen, kontraphobisch. Selbst *coitus interruptus*, der ja der Ejakulation gar nichts nehmen muss, erscheint Columbus als krankmachend, *kränkend*. Überväter! Steht also vor der Welt und fordert mit Vehemenz den Gebrauch der Löcher. *Gleich hinter den Öffnungen sitzt die Seele.* Ohne Sexualität geht nichts! Segel setzen. Schleusen öffnen. Tore auf! (King of Pop).

Wo er doch so groß war im Verbergen alles Persönlichen? Ach, bewahre. Nebbich. Im Gegenteil. *Alles* sollte die Welt wissen. Nicht von seinen Patienten. Vielmehr: doch, von denen auch. Überall *entzifferbare* Verschlüsselungen. Aber vor allem von ihm. Alles sollte aufgedeckt werden, ans Licht kommen, raus aus den Löchern und Kisten und Koffern. Alles übertragen. Nicht unbedingt zu Lebzeiten, aber hinterher, alles. Alles. Und überreichlich hat er die Tafeln gedeckt für die Nachwelt, schön drapiert mit wegzuziehenden Schleiern und Truhen mit exakt beschrifteten Schlüsseln. Ein Zwang zum *Geheimnisverrat* geradezu. Truhen, die meist schnell wieder zugeschlagen werden von erschrockenen Nachweltlern. Philipp und Amalia! Armer Jacob! Ein gewisser nächtlicher Doktor! Narben unter Bärten! Ein toter Julius! Die Onkel in England! Die falschen Rubelnoten! Die Toten der Bewegung! Richtige Frauen auf falschen Couchen! O je o je. Ohauahauaha. Der

Schreck des beobachtenden Kleinkinds vor der sog. Urszene besteht nicht unbedingt im Schrecken vor dem, was Mama und Papa da machen, er besteht in der (Un)Gewissheit, ob es überhaupt Papa ist, mit dem Mama im Dunkeln zu tun hat. Steht alles *verschlüsselt* in den Büchern Dessen-der-alles-weiß. Hat aber kaum jemand ernsthaft dran gekratzt. Didier Anzieu hat, ein Stück weit, aber sehr dezent.[19] Und Derrida hat, *superverschlüsselt.* Wir *sollen* da rein sehen, ruft es aus allen Freudschen Poren, oder Löchern.

Und was kriegen wir? Lange Bücher über die Getroffenheit beim Tod des Vaters. Lebenseinschnitt. Überall nachgebetet. *Nein*, genau das nicht. Genau das hat die Popwelt, haben die Song Writer, haben die Filmpsychos, haben die Werbe-Wizards, haben die Comiczeichner, haben die infantilen Revolutionäre aller Branchen, die Surrealisten an der Spitze, genau richtig gespürt. Die Klavierklimperer, die er hasste. Gerade die. Und einen Song nach dem andern in seine Richtung gefeuert. In welchen Songs gibt es schon Darwin? Marx! Ein wirklicher Verberger. Schummler, wie alle Politiker. Nicht Freud. Ins Offene, Freund! Ins Zwielicht! In den Zwischenraum! *In hoc signo vinces!* (Nicht Kreuz. Nicht Stern.) Aus dem letzten Loch. Singmund Sigmund mit den Zigarren, zwanzig Stück am Tag, zum Bezeichnen der exorbitanten Übertretung. Signalfahne für die Bedeutung der Löcher. Und Trauerrauch zur kulturellen Notwendigkeit ihrer Verstopfung. Wo man nicht rein- oder rauskommt, muss es qualmen. Wenigstens. Und nicht bloß wie Pastor Stubenrauch in Thomas Manns Qualm-Novellen. Aber auch dieser ein großer (posthumer) Eröffner der umkämpften Löcher des eigenen Selbst.

Abhauen? »Help me help me help me sail away / Or give me two good reasons / Why I ought to stay.« *That's Pop*, Ray Davies, *The Kinks.* O ja, Freud *bleibt*. Und gibt nicht zwei, sondern drei*tausend* Gründe fürs Bleiben. Und sprengt doch mit jedem seiner Texte den Bleibeort, Berggasse 19, mit den ornamentierten Jugendstilscheiben im Treppenhaus, in der Wohnungstür. Der Ort ist so oft in die Luft geflogen, in Superzeitlupe, wie die Villa der *Businessmen* am Ende von Antonionis *Zabriskie Point.*

Die Songschreiber brauchten nicht »die Schlüssel« dazu. Die Schlüssel, mit denen Freud klingelte vor jedem zu knackenden Schloss. Alain Delon mit dem Schlüsselbund der 150 kleinen Schlüssel an der Tür der zu stehlenden Citroën Déesse im *Eiskalten Engel*. Ausnahmsweise mal

[19] Anzieu (1990).

keine schlechte Übersetzung für *Le Samouraï*. Schlüsselring, mit dem Freud winkt vor jedem neuen Mitglied oder Anhänger seiner Band. Ein richtiger Big Band Pack mit den Jahren. Big Band mit Dependancen auf fast allen Kontinenten. Asien nur angeknackst. Afrika blieb draußen. Eigene Musik. Aber Amerikas Ohr war weit offen. Das Ohr!! Einzige Öffnung ohne Stinkproblem. Absolut freier Eingang. »*Charcot sees. Freud hears*«, schlau, Steven Heath.

Ja, Freud hört. Er hört phantastisch und beobachtet gut. Das assoziative Vermögen aufgrund des Gehörten ist mehr als ungeheuer. Beste Verschaltung von akustischen Reizen zur Umwandlung in Gedanken und Wortgebilde. Freuds Selbstdefinition *Bücherwurm* – ein Deckwort für Ohr-Wurm. In seinem Empfangskasten ein Frühwarnsystem zu jeder Nuance von Wortabweichung oder Wortbesonderheit, Wortklang, Spezifität der Einzelstimme. Hocheinsatz von Aminosäure-Ketten, 20.000 Proteine tätig an der Hörfront. Freuds Beschreibung der Arbeit der feuernden Neurone im Hirn und der Arbeit der Neuro-Transmitter im *Entwurf einer Psychologie* (1895) ist, wie Gerhard Roth bewundernd feststellt, heute noch sensationell. Als hätte er nicht nur die Bücher gelesen, sondern den Neuronen zugeschaut mit imaginärem Elektronenmikroskop bei der Arbeit in seinem Kopf zwischen Hirnrinde und Hypothalamus. Schließlich war er Neurologe (von Beruf).[20] Das Weltohr! Nichts entgeht. In der Stille der Nacht dann alles aufgeschrieben. Für die Posaunisten von Jericho, die draußen warten, und in Übersee.

Ja. Und zu all dem gibt es dann bei Freud diese ganz besondere Besonderheit exzeptioneller Unmusikalität, Anti-Musikalität, »Amu-

20 »Man muss sich dabei vergegenwärtigen, dass erst wenige Jahre zuvor die für die heutige Neurobiologie grundlegende ›Neuronen-Doktrin‹ veröffentlicht worden war, nämlich die Anschauung, dass das Nervensystem wie der Körper insgesamt aus Nervenzellen, *Neurone* genannt, aufgebaut ist und dass die seit langem im Gehirn beobachteten ›Ganglienkugeln‹ und ›Fasern‹ zusammengehören und eben die Nervenzellen mitsamt Fortsatz (Axon) bilden. Völlig unklar war noch zu Freuds Studienzeiten die Frage, welche Art von Kontakten die Nervenzellen untereinander haben; der Begriff der ›Synapse‹ wurde erste einige Jahre später von Charles Sherrington geprägt. Von den elektrophysiologischen Vorgängen im Gehirn hatte man wenig, von den neurochemischen Vorgängen keinerlei Kenntnis. Hingegen wusste man über die anatomische Gliederung des menschlichen Gehirns einigermaßen Bescheid und hatte grobe Vorstellungen über die Funktion der einzelnen Gehirnzentren« (Roth, a. a. O., S. 43).

sie«. Rätsel! Das totale Rätsel. Gibt es einen Gehörgang für Wörter und einen andern für Musik? Nicht dass ich wüsste. War denn alles stumm drum herum während seiner Inkubation in Amalia Nathansons Leib? Nur ein beunruhigendes Herzwummern? Und erst als er draußen war, strömte erlösend süßer Hauch der Worte ins Geöffnete? Leider hat ihn niemand gefragt nach dieser psychophysischen Extravaganz. Die Songschreiber jenseits der Teiche im Land Pop hat es nicht gestört. *Her mit dem Kram.* Pop heißt Plündern. Alles was nach Gold glänzt. – Freud und Musik? Fragen Sie die Sphinx.

Vulgärpsychologie

Pop ursprünglich ist eine Sache der Ausgeschlossenen. Der vielen, die aber nicht teilnehmen dürfen an dem, was läuft in »der Welt«. Die ihren eigenen Rabbatz veranstalten, sobald sie die schlimmsten Ketten losgeworden sind. Freud, der mit der Schlüsselsucht, ist ein ursprünglich Ausgeschlossener. Ausgeschlossen von dem, was läuft drum herum, bei den großen Brüdern aus Vaters erster Ehe, was läuft im Elternschlafzimmer etc. Kleiner Judenjunge, Dorfjunge, ausgeschlossen vom größeren Leben, das etwas später identifiziert wird als »Kultur des Westens«. WIEN, die Wende. Star in der Schule. Griechisch! Gymnasialheros. Selbstentwurf als Sphinxbezwinger (Pop-Gestus). *Sein Leben lang nach Schlüsseln suchen kann nur ein genuin Ausgeschlossener.* Hollywood wurde erfunden von Juden, die Europa ausschloss, oder ausspuckte. Eine Mischung von Ausgeschlossenen, schwarzen und jüdischen Musikern, erfindet für die Big Bands der *Dance Hall die* Kultur des Swing. Ausgeschlossene Jugendliche erfinden zwar nicht die Rockmusik, aber die Rockkultur. Teils *White Trash*, teils Working Class, teils Middle Class. Die Musik John Lennons aus der Zeit nach den Beatles wird heute angeboten auf einer Doppel-CD unter dem Titel *Working Class Hero*. (Har Har.) Witz muss sein.

Wenn die Eindringlinge später etwas geworden sind, wenn sie groß geworden sind und *mitten drin*, Schlüsselträger, müssen sie was rauskriegen, *entschlüsseln*. Oder einen Sack Geld verdienen. Oder die Welt erlösen. Oder alles Drei. Jedenfalls exzeptionell. Jedenfalls nicht mehr ausgeschlossen. Oder nur noch demonstrativ, als Gestus. Pop-Gestus, Stolz. Zum Stolz gehört Verwerfung. Freud verwirft die Musik. Er kann sie verwerfen, und anderes auch, weil er so gut mit dem Wort-Ohr ist. Aber vielleicht *muss* er sie auch verwerfen, gerade deswegen. Denn

Freud *hört* nicht nur, hört nicht nur zu, er hört auch hin und hört auch ab. Was ist denn mit dem Ohr, das unbedingt mitkriegen muss, was im Nebenzimmer passiert, was in der Nacht passiert, wo alle Katzen grau sind?

Aber die Töne nicht. *Stimmen* kann man unterscheiden. Wem sie gehören und was sie sagen. Wenn man nicht gestört wird, durch Geklimper, durch Drehorgelspieler, Feuerwehrkapellen, Vögelgekreisch. Vögelgekreisch? Vögelgekreisch! Hör genau hin. Keine Musik, bitte! Eigenes Herz auf Hundertachtzig. Lebenslange Angst vor Herztod.

Ohr auf. Ohren auf. Wie muss man sich das vorstellen, später, beim erwachsenen Doktor: wenn alles auf Ohr ist, wenn alle Synapsen hochgradig feuern und besetzt sind mit *Wortwahrnehmungen*, mit deren Entzifferungen, mit dem Hören der Doppelbedeutungen, der unbewussten Bedeutungen, der Slips, der Stimmfärbung, der verborgenen Emotionen, wenn alle Kapazitäten aufgeboten werden müssen fürs Starten der Assoziationsketten und fürs *Memorieren* dieser Ketten und des Gehörten überhaupt. Denn Freud am Tag hat nicht die Zeit zum Notieren. Alle Fallgeschichten werden später aufgeschrieben, Stunden später, Tage später. Das Hirn muss die Worte speichern, und zwar bitte exakt. *No space for music!* Ausgeschlossen? Ich merke es ja beim Schreiben. Es geht mit Musik bei Routinearbeiten, beim Aufnehmen einfacher Texte, wunderbar. Aber Nachdenken, Erfinden, »Neues« produzieren, geht nicht mit Musik. Musik stört, sogar die liebste. Die Hirnzellen sind anders besetzt, die Synapsen verschalten anders.

Freud dürfte jemand gewesen sein, bei dem die spezielle Art der Zellaktivierung und Synapsenverschaltung für Wortwahrnehmung immer in Gang war; hoch ausgelastet, nie abgeschaltet, nie umgestellt. Grundregel zwei: *Use it or lose it.* Was nicht gebraucht wird, stirbt ab. Freud wird nicht »von Geburt« an amusikalisch gewesen sein. Aber schon das kleine Kind *muss* Musik abgewehrt haben. Wenn sie übertönte. Wenn sie das übertönte, was er hören musste. Die Abwesenheit von Mutter Amalias Gesang, diese *signifikante* Leere, ließ Raum für die Wahrnehmung all dessen, was man ihm – he was ja noch that small! – sowieso nicht zutraute, dass er es hörte. Aber – *What'd I Say* – fragen Sie die Sphinx.

Literatur

Anzieu, D. (1990): Freuds Selbstanalyse und die Entdeckung der Psychoanalyse. Stuttgart: Klett-Cotta.

Bauer, J. (2002): Das Gedächtnis des Körpers. Frankfurt/M.: Eichborn.

Freud, S. (1900): Traumdeutung. GW Bd. 2/3.

– (1912): Zur Dynamik der Übertragung. GW Bd. 8, S. 364–374.

Le Doux, J. (1998): Das Netz der Gefühle. München: Hanser.

Jourdain, R. (1997): Music, the Brain, and Ecstasy. How Music Captures Our Imagination. New York: Powells.

Leikert, S. (2005): Die vergessene Kunst. Der Orpheus-Mythos und die Psychoanalyse der Musik. Gießen: Psychosozial-Verlag, S. 54–56.

Maiello, S. (1999): »Das Klangobjekt. Über den pränatalen Ursprung auditiver Gedächtnisspuren«. In: Psyche 53, S. 137–157.

de Mause, L. (2005): Das emotionale Leben der Nationen. Klagenfurt: Drava.

Person, E. S. et. al. (Hg.) (2001): Über Freuds »Bemerkungen über die Übertragungsliebe«. Stuttgart-Bad Cannstatt: frommann-holzboog. (Freud heute. Wendepunkte und Streitfragen, Bd. 3.)

Roth, G. (2001): Fühlen, Denken, Handeln. Wie das Gehirn unser Verhalten steuert. Frankfurt a. M.: edition-suhrkamp, S. 430–441.

Theweleit, K. (1988): Buch der Könige, Bd. 1: Orpheus ~~und~~ Eurydike, Frankfurt a. M.: Stroemfeld/Roter Stern.

Winnicott, D. W. ([1958] 1983): Von der Kinderheilkunde zur Psychoanalyse. Frankfurt a. M.: S. Fischer, S. 208–220.

Kunstausstellung

Till Leeser

Gebäude, Rampen, Mauern, Plätze – bloß die Schemen davon treten in den Fotografien von Till Leeser in Erscheinung. Zerfließend in einer durchsichtig wirkenden Farbigkeit verweigern sich die Aufnahmen jedem Versuch der Fokussierung. Umsonst sucht das Auge nach einem Anhaltspunkt. Nimmt vielleicht das Bedrohliche einer schwarzen Fläche wahr, die Schärfe eines Lichtstrahls. Alles Materielle scheint aus diesen Bildern herausgenommen zu sein. Aber indem die großformatigen Fotografien den Blick des Betrachters umschließen, ist er aufgefordert, in dies Nebelreich einzutreten. Zugang gewährt allein die Empfindung, die eigene Erinnerung. Till Leeser hat dunkle Orte – Gedenkstätten ehemaliger Konzentrationslager – an offensichtlich freundlichen Tagen besucht. Damit siedelt er seine Fotografien in der Gegenwart an, verweist jedoch zugleich auf die Vergangenheit und auf die Zukunft. »Während der Begehung dieser Orte hatte ich immer das Gefühl, von gerade noch eingefangen und noch nicht ganz verschwunden«, schreibt er zu seinem Fotografie-Projekt »Displaced Memories«. Er verwirklichte es in den Jahren 2002 bis 2004. Die Unschärfe der Bilder gibt dem Gefühl des Verblassens, Entweichens von Erinnerung Ausdruck. Als Stilmittel in der Fotografie aber evoziert Unschärfe möglicherweise das Gegenteil. »Ein unscharfes Bild lässt das Auge nicht zur Ruhe kommen. Es sucht nach Indizien, die Aufschluss über das Unvorstellbare geben. Unschärfe provoziert die Fantasie, das Unvollständige zu vervollkommnen. Sie provoziert Erinnerung«, sagt Till Leeser. Im Verzicht auf Eindeutigkeit fordern diese Fotografien dazu auf, die Leerstellen mit Bildern aus dem eigenen Gedächtnis zu füllen. Anders als alle Aufnahmen, die das grauenvolle Geschehen an diesen Orten dokumentieren, vermeiden die Fotografien von Till Leeser eine Vereinnahmung des Betrachters. Sie schockieren nicht, sie schmerzen nicht. Dennoch ist die Trauer, die über diesen Orten liegt, deutlich zu spüren. Ihr Gestalt zu geben, vermag nur der Blick nach Innen. Auch wenn er vielleicht unheimliche Begegnungen mit der eigenen Vergangenheit auslöst.

Eckhard Koenig

Eckhard Koenig baut Skulpturen aus Ton. Manche zwirbeln sich spitz in die Höhe, andere ruhen massig, wieder andere sind gespickt mit Nägeln, Pinseln oder Kabelschnüren. Gemeinsam ist ihnen eine archaische Formgebung, aus der das Figürliche eben erst herauszutreten scheint. Wie Idole oder Fetische repräsentieren diese Figuren weniger Individualität als elementare Seinszustände des Menschen. In ihrer Unbestimmtheit regen sie an zum Dialog mit eigenen inneren Bildern. Eckhard Koenig bezeichnet die Figuren als »ideale Projektionsflächen«.

Für den Künstler aber sind sie außerdem Hüter der Erinnerung. Als Geschöpfe selbstversunkenen Arbeitens bewahren sie Spuren seines Wesens, die mitunter in Vergessenheit zu geraten drohen. Indem Eckhard Koenig über lange Zeiträume hinweg eine Skulptur immer wieder zur Hand nimmt und wenn es ihm notwendig erscheint, bildnerisch ergänzt, schafft er sich damit nebenbei auch Zugang zu früheren Empfindungen. Eine dunkle Stimmung relativiert sich vielleicht beim Anblick einer freudvollen Form. »Das unbekümmerte Gefühl von damals steigt dann wieder auf«, erzählt er.

Die Funktion als Gedächtnisspeicher nutzt der Künstler schließlich konkret, indem er den Figuren gefäßartige Sockel baut. Darin bewahrt er besondere Erinnerungsstücke auf. »Es ist ein guter Ort, um etwas loszuwerden,« beschreibt er die private Bestimmung dieser Werke. Erinnerung ist etwas Kostbares, manchmal auch Lästiges – diese privaten Gottheiten werden in jedem Fall gut darauf aufpassen.

Doch auch außerhalb des persönlichen Ansatzes entfalten die Figuren ihren Zauber. Einen sinnlich-haptischen mit ihrer strukturierten Oberfläche und der matt bis glänzenden Bemalung. Eckhard Koenig ist als Künstler vor allem Maler. In seiner plastischen Arbeit nutzt er die Chance, Malerei ins Dreidimensionale zu übertragen. Und wenn auf seinen Bildern häufig isolierte, amorphe Formen in Beziehung zueinander treten, so bilden die Skulpturen oft Gruppen. In der Gemeinsamkeit gewinnen die statischen Figuren dann an Dynamik.

Torsten Maul

Verdecken, in Erscheinung treten lassen, wieder verdecken. Torsten Maul lässt den Bildgegenstand in der Schwebe. Figürliches klingt an, manchmal sogar deutlich, um sich doch sogleich wieder in einen vielschichtigen Farbgrund zurückzuziehen. Den Maler interessiert das Latente. Und so verschließen sich seine Bilder dem unmittelbaren Erkennen und Einordnen. Sie wünschen, über das Emotional-Sinnliche den Betrachter zu erreichen. Assoziationen zu Körpern, Personen, Beziehungskonstellationen sind angelegt. Aber was sich da in zarter Äderung zu Köpfen und Gesichtern zu formieren scheint, könnte auch dem Zufall entsprungen sein. Im Wechselspiel von Auflösung und Verdichtung entstehen immer neue Gestalten. Welche, bleibt der Fantasie des Betrachters überlassen.

Zufällig aber sind diese Bilder ganz und gar nicht entstanden. Torsten Maul arbeitet manchmal mehrere Wochen an einem Bild. Im behutsamen Dialog mit seinem Material – pastose Ölfarbe und Spachtelmasse – lässt er das Unsagbare Gestalt gewinnen. Malen heißt für ihn »sich wartend in einen Prozess zu begeben«, so lange, bis ein möglichst hohes Maß an Verdichtung erreicht ist. Wenn hell und dunkel, spröde und weich, Gegenstand und Abstraktion keine Gegensätze, sondern eine fließende Einheit bilden.

In ihrer Komposition scheint diese Malerei auf ein großes Format angelegt zu sein. Kompakte Flächen, starke Kontraste und ein fast reliefartiger Farbauftrag sprechen dafür. Dennoch hat Torsten Maul nicht die Absicht, die Größe einer Postkarte in seiner Arbeit wesentlich zu überschreiten. Er schätzt die leisen Töne und sieht darin eine Entsprechung zu seinem Beruf als Psychoanalytiker: »Die Psychoanalyse ist auch nicht laut, aber sehr genau. Das Kleine beinhaltet viel vom Großen und Ganzen.«

Und wie die Psychoanalyse versucht, »Worte zu finden, für etwas, was sich in Stimmungen, Szenen, Auslassungen mitteilt«, so findet Torsten Maul in der Malerei für ebendies noch unbenannte Formen. Der Raum gewinnt dabei nicht selten an großer Bedeutung.

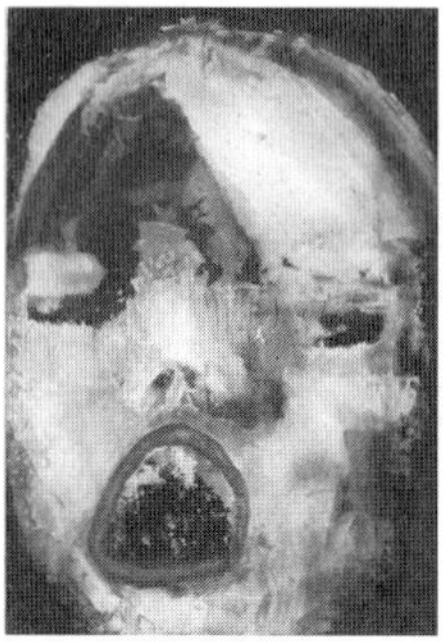
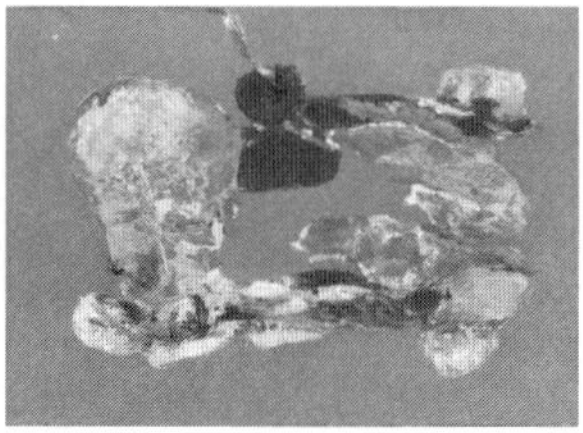
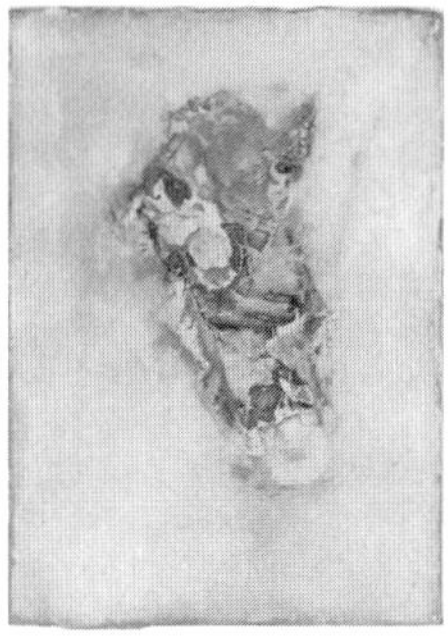
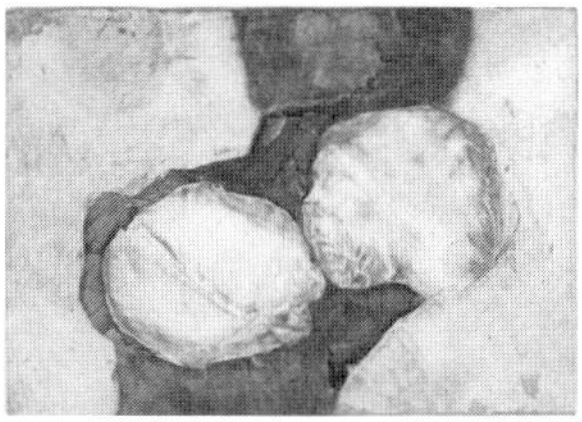
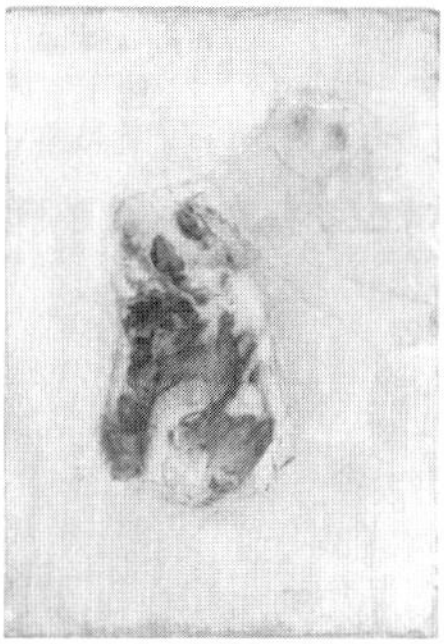
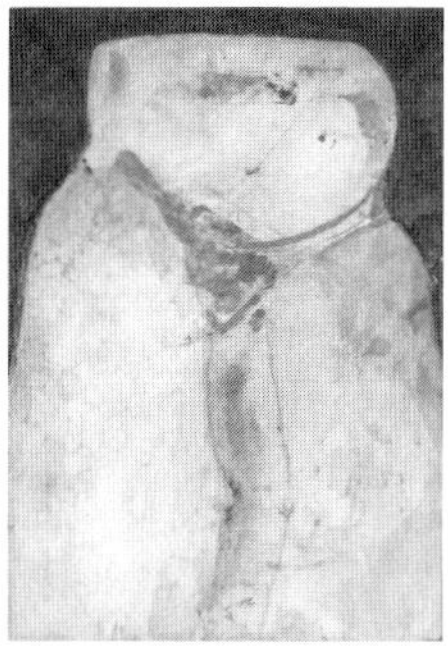
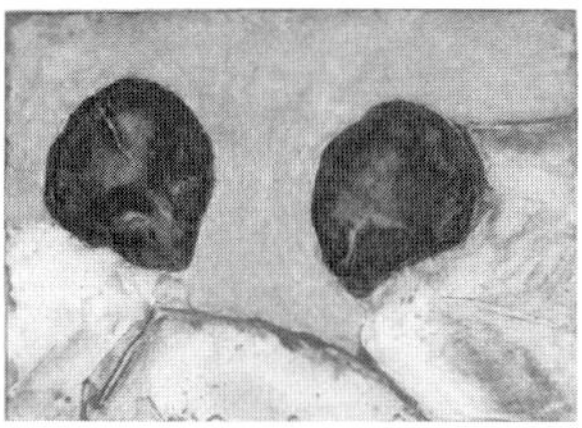
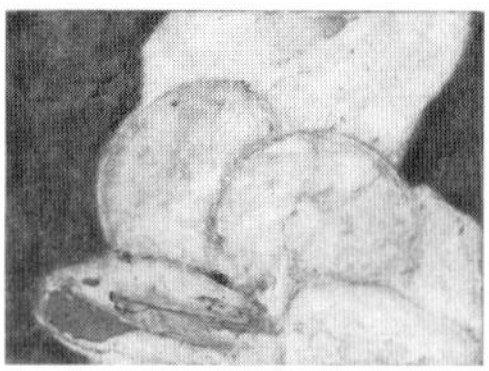
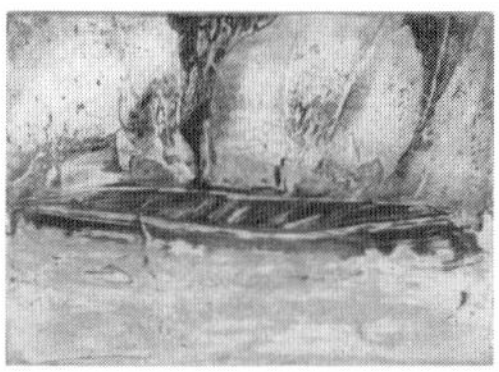
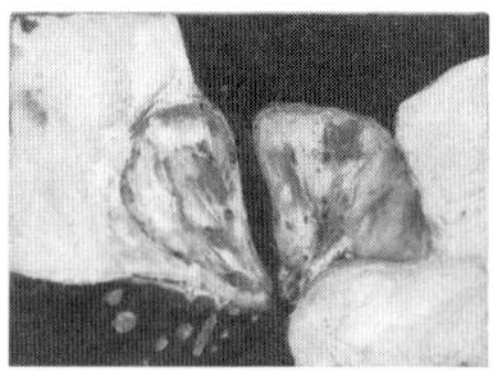

Martina Müller

»Drive Blind«: Vergessen-Wollen, nicht Erinnern-Können. Filmdiskussion zu »Mysterious Skin« von Gregg Araki

Einleitung

Mit »Mysterious Skin« hat der amerikanische Kultfilmer Gregg Araki 2004 eine weitere Low Budget Produktion herausgebracht. Anders als in seinen früheren Filmen[1], in denen es um Outsider und Rock 'n' Roll-Typen geht, will Araki mit diesem Film auf eine von ihm so genannte »verlorene Generation« aufmerksam machen, die sich von der Gesellschaft abkapselt. Ihm ist ein ungewöhnlich starker, »psychoanalytisch spitzfindiger« (Gabbard) und sensibel umgesetzter Film zum Thema sexuelle Gewalt gelungen. Die New York Times beschreibt ihn als einen Film, der »von bemerkenswerter Zärtlichkeit und Schönheit durchtränkt ist, ... ein großartiges, herzzerreißendes, völlig überzeugendes Kunstwerk«[2]. Der Film spielt im spießigen Vorstadtmilieu von Hutchinson (Kansas). Araki inszeniert einen unverarbeiteten, intensiven seelischen Schmerz, dem zwei »apokalyptische« Jugendliche, Brian und Neil, ausgeliefert sind. Beide sind von ihrem Baseballcoach als Kinder sexuell mißbraucht worden, sie verarbeiten ihr Trauma auf sehr unterschiedliche Weise. Neil scheint den unbewussten Wunsch zu verfolgen, alles was passiert ist, vergessen zu wollen, er ist homosexuell promiskuitiv, beziehungslos und cool. Brian leidet mehr oder weniger bewusst darunter, sich nicht erinnern zu können, er ist asexuell, depressiv und wirkt zurückgeblieben.

In dieser Arbeit möchte ich mich mit den unterschiedlichen Verarbeitungsweisen der Traumata näher auseinandersetzen. Dabei liegt es

[1] Filmographie (Ausschnitt): 1987: Three Bewildered People in the Night; 1993: Totally F ***ed Up; 1995: The Doom Generation: 1997: Nowhere; 2000: This is How the World Ends (TV); 2006: CrEEEEps!;

[2] Zit. n. Gabbard 2006. Der Film »Mysterious Skin« (OmU) wurde während der DPG-Tagung 2006 gezeigt. G. O. Gabbard hat die Diskussion geführt. Seine dazu ausgearbeiten Beiträge hat er der Autorin zur Verfügung gestellt; sie erscheinen als Zitate gekennzeichnet (Gabbard 2006) im Text.

fast schon auf der Hand, das filmanalytische Interesse darauf zu richten, wie Brian nach Erklärungen für seine Erinnerungslücke sucht und warum Neil in einem seelischen Zustand verharrt, der es ihm ermöglicht, die Augen vor inneren wie äußeren Realitäten zu verschließen. Es beeindruckt, wie es dem Regisseur Araki gelingt, die Abwehr unerträglicher Leidenssituationen darzustellen, indem er die Protagonisten mit ihrer inneren Leere und seelischen Taubheit zeigt, aber ohne daraus einen »Psychiatriefilm« (wie z. B. »Das weiße Rauschen«) werden zu lassen. Mit dieser Sichtweise des Films wäre die Traumaperspektive eingenommen, die besagt, dass etwas unter der Schicht der Verdrängung, »unter der Haut«, auf seltsame und unheimliche Weise weiterlebt. Wir können den Film genauso als Jugendlichendrama, ein Drama um Homosexualität sehen, in dem die Jugendlichen ihre spezifischen pubertären Konflikte um sexuelle Identität (Jungs fühlen sich zu Männern hingezogen) ausagieren. Auch dafür könnte die Metapher »Mysterious Skin« stehen. Andererseits gibt es auch eine abgekapselte, »verlorene Generation«, deren Prototypen Brian und Neil sind, die, auf einer tieferen Ebene gesehen, beziehungslos leben, ohne daran zu leiden. Sie können keine sexuelle Identität erlangen, weil ihre Beziehungslosigkeit dem Objektbeziehungsmodus des »Als-Ob«[3] (Helene Deutsch) entsprechen könnte. Daraus ergeben sich die traurig-herzzerreißenden Formen des Zusammenseins der Protagonisten, bei denen die unheimliche Angst spürbar wird, im Anderen restlos verloren zu gehen. Als besonders spannend, berührend, aber auch verwirrend habe ich den Film erlebt, weil er wie ein Wackelbild zwischen den eben beschriebenen Sichtweisen hin- und herkippt. So bin ich darauf gekommen, mich für die »Kipp-Bewegungen« (Shift) im Rahmen meiner Filminterpretation genauer zu interessieren.

[3] Nach Britton (2001) bilden Projektion und Introjektion während des ganzen Lebens einen kontinuierlich zyklischen Prozess. »Die Außenwelt erhält ihre Bedeutung meiner Ansicht nach normalerweise dadurch, daß sie projektiv mit psychischer Realität ausgestattet wird. Komplementär dazu entsteht die Vorstellung von einer inneren Substanz durch die Introjektion der »realen« Eigenschaften eines äußeren Objekts«. Damit ist auch gemeint, dass man im Beziehungsmodus des »Als-Ob« sich von der permanenten Anstrengung, zwischen Phantasien und Tatsachen, zwischen äußerer und psychischer Realität unterscheiden zu müssen, erholen kann. Andere Brgriffe: »Ruheort der Illusion« (Winnicott), »Retreat«. Bei meiner Filmanalyse untersuche ich die Prozesse aus dieser Perspektive.

Ich habe mich dafür entschieden, die Untersuchung des Films hauptsächlich aus dem Gegenübertragungserleben vorzunehmen, wobei ich zunächst von dem ausgehe, was manifest zu sehen und zu hören ist (Kameraführung, Schnitte, Soundtrack, Aufbau der Szenen, Brüche in der Erzählung), um zu der latenten Aussage des Films zu gelangen. Ich hoffe, auf diese Weise die verborgenen Aussagen des Regisseurs mit meinem analytischen Zugang verbinden zu können. Meine Aufmerksamkeit und Wahrnehmung richtet sich deshalb – ganz ähnlich der analytischen Situation in der Stunde – darauf, warum und in welchen Momenten sowohl die Filmfiguren als auch der Handlungsverlauf, wie von einer destruktiven Kraft getrieben, Veränderungen vollziehen, obwohl beispielsweise gerade hoffnungsvolle Entwicklungen in Gang gekommen sind. Aber auch der umgekehrte Vorgang ist für mich von Interesse, um die sich im Gegenübertragungserleben manifestierenden »schwierigen Punkte« (vgl. Frank 2001) zu erfassen.

Aus dem Verlauf dieser Untersuchungen möchte ich anhand einiger zentraler Szenen zeigen, wie sich ein verborgener Handlungsfaden entlang einer destruktiven Figur entfaltet, die »Drive Blind«[4] genannt werden kann.

Zum Inhalt des Films

1. Die Protagonisten des Films, Brian Lackey und Neil McCormick, sind zwei grundverschiedene Jugendliche. Neil ist homosexuell hyperaktiv, ein Adonis, der es bereits mit jedem eingermaßen attraktiven Mann aus Hutchinson im Park getrieben hat. Brian ist sexuell desinteressiert, verschüchtert und kindlich. Das einzige, was sie verbindet ist, dass sie als Kinder gemeinsam in der Little League »The Panther« Baseball gespielt haben. Neil ist der Star seiner Mannschaft und der Liebling des Trainers, Brian dagegen ist wenig heldenhaft, eher ängstlich und »the worst player« seines Teams. Nach jenem Sommerregen, der zum Abbruch des Spiels geführt hat, sehen sie sich über zehn Jahre nicht wieder. Brian wird von seiner Schwester Deborah mit blutender Nase

[4] »Drive Blind« (2004) ist ein Songtitel der Brit-Pop-Gruppe »Ride« und Soundtrack für »Mysterious Skin«. »Drive Blind« scheint auch Neils Lieblingssong zu sein, den er hört, wenn Veränderungen ihn verunsichern. Der Song erzählt von »crash-kids«, die bei illegalen Autorennen mit dem Tod spielen, als seien sie unsterblich.

im Keller seines Elternhauses aufgefunden, sichtlich verwirrt und unter Schock stehend. An die vergangenen fünf Stunden kann sich Brian nicht im geringsten erinnern. Nur plötzliche Ohnmachtsanfälle, Blackouts und das nächtliche Einnässen verraten noch, dass etwas Schlimmes passiert sein muß. Weder die Mutter, eine uneinfühlsame und kontrollierte Frau, noch der blasse und erfolglose Vater, der von seinem schwächlichen Sohn entäuscht ist, scheinen Verständnis für ihren Sohn zu haben. Zu sehr ist jeder mit sich beschäftigt. Später wird offensichtlich, dass sich die Eltern getrennt haben.

2. Brian sucht allein nach Erklärungen. Er wird zum ängstlichen und unruhigen Geist, der daran glaubt, von Aliens in einem UFO entführt worden zu sein. In diesem Glauben unterstützt ihn Avalyn Friesen, eine seltsam zurückgebliebene Frau mit offenbar ähnlich traumatischem Schicksal, die in einem Nachbarort noch bei ihrem Vater lebt. Sie hinkt. Beide verfolgen im TV Berichte von UFO-Gläubigen-Menschen, die ihre Narben zeigen, welche ihnen unter schrecklichen Qualen durch Außerirdische zugefügt worden seien. Die Suche nach seinem persönlichen Alien verfolgt Brian fast besessen weiter. Hilfreiche Wegweiser sind dabei seine Träume, die er in sein Tagebuch schreibt. Ein Traum handelt von einem Außerirdischen, der Turnschuhe trägt. Erst durch ein Foto der Baseball-Mannschaft, welches er unter Mühen aufgetrieben hat, stößt er auf den Namen N. McCormick und begibt sich auf die Suche nach ihm. Eine Suche, die ihn schließlich sich selbst finden lässt und zum Schlüssel seines Traumas wird.

3. In der Parallelgeschichte erzählt Neil von sich als dem besten Spieler der Mannschaft. Er verliebt sich in seinen Coach, der ihn verführt und über einen Sommer sexuell mißbraucht. Es sind Dinge geschehen, die Neil seiner Mutter niemals erzählen wird. Er wächst ohne Vater auf. Ähnlich wie seine Mutter, die ständig Sex und neue Affären im Sinn hat, sucht Neil bereits als 15-jähriger auf dem Autostrich mit seinen Freiern sexuelle Abenteuer, die für ihn oftmals mit brutaler Gewalt und unter die Haut gehenden Verletzungen einhergehen. Mit 18 Jahren ist er ein zynischer Stricher geworden. Nur die ein Jahr ältere Schulfreundin Wendy wird zu seiner Vertrauten. Sie kümmert sich mütterlich. Hilflos muß sie mit zusehen, wie er als 10-jähriger einen Jungen in Angst und Schrecken versetzt, ihm Feuerwerkskörper in den Mund steckt, sie anzündet und den Wehrlosen danach sexuell mißhandelt. Angstlust und Schrecken dieser Offenbarung schweißt beide unzertrennlich zusam-

men. Als Wendy und später auch Neil nach New York gehen, warnt sie ihn vor den Gefahren, denen ein Strichjunge dort ausgesetzt ist. Aber Neil macht sich aus Niemandem etwas und schlägt alle Warnungen in den Wind. Nur der Hass und ein wenig seine Freunde halten ihn am Leben. Wendy sagt über Neil: »Da wo andere Menschen ein Herz haben, hat McCormick ein tiefes schwarzes Loch.« Sein Freund Eric bewundert und liebt Neil wegen seiner gottgleichen Unerreichbarkeit. Für ihn ist er der Saturn, um den alle anderen kreisen müssen. Er ist in Gefahr, sich in den Untiefen dieser Freundschaft zu verlieren.

4. Für Brian kann die »außerirdische Höllenfahrt« – die eigentlich sein inneres Martyrium dastellt – erst dadurch ein vorläufiges Ende nehmen, dass er hofft, mit Neil das fehlende Stück Erinnerung zu finden. Diese Erwartung wird auf die Probe gestellt, denn zuvor muss er auf den inzwischen in New York lebenden Neil warten. Eric erleichtert ihm das Warten, indem er ihn freundschaftlich aufnimmt und bereits viel von Neil erzählt. Langsam verändert sich Brian zu einem Jugendlichen, der Fragen stellt und wissen will. An seinem 19. Geburtstag umarmt er Eric dafür, dass er ihm den schönsten Geburtstag seines Lebens bereitet hat. Am Abend macht er dem kurz hereinschauenden Vater eine lautstarke Szene und schreit verzweifelt, wo er an jenem Abend vor elf Jahren gewesen sei.

5. Im 1000 Meilen weit entfernten New York scheint sich für Neil ebenfalls ein Wendepunkt einzustellen. Zum ersten Mal lässt ihn die Begegnung mit einem Freier, einem Künstler aus Los Angeles, nicht kalt. Dieser hat Aids und sucht bei Neil nichts anderes, als dass er ihm die von Aids zerfressene Haut massiert. Das scheint sehnsüchtige Erinnerungen an den Coach zu wecken. Hastig und in Eile rennt Neil anschließend zu Wendy. Ihr gesteht er, wie abgöttisch er seinen Trainer damals geliebt hat. Noch bevor er den Flieger nach Hutchinson nimmt, um dort Weihnachten zu verbringen, folgt er dem Angebot eines Gays, mit ihm Sex zu machen. Dieser ist so voller blinder Wut, dass er sein Opfer, zu dem Neil geworden ist, halb totschlägt. Nur knapp entrinnt Neil dem Tod.

6. Als sich Brian und Neil dann begegnen – es bleiben nur noch 5 Filmminuten – beginnt sich langsam aus den düsteren Mosaikstückchen ein Kaleidoskop aus Alpträumen, Lust, Missbrauch, Schmerz, Körper- und Seelenqualen zusammenzusetzen. Beide kriechen zur Vergangenheits-

schau durch das Fenster der einstigen Wohnung des Trainers. Dort am Tatort erzählt Neil Brian, was nach jenem Sommergewitter passiert ist.[5]

Filmanalyse

1. Brian geht in den »Retreat«

In diesem Abschnitt der Filmanalyse möchte ich aus drei Szenen (Brian nach dem Trauma, Brian »taucht ab« und UFO-Szene; Plot: – 1 –; – 2 –) das traumatische Erleben und die inneren Wendungen Brians herausarbeiten, indem ich meine Gegenübertragung zu Rate ziehe. Mit dieser Haltung knüpfe ich an eine analytische Filminterpretation an, wie sie von Zwiebel (2005; 2007) ausgearbeitet wurde, der den Erkenntnisprozess des Filmanalytikers mit der »inneren Arbeitsweise des Analytikers während der Stunde« vergleicht[6]. Des weiteren sei dazu auf die Arbeiten von Zeul (1994; 1997) zur Filminterpretation verwiesen.

Bereits am Anfang des Films hat sich mir die Destruktivität vermittelt, mit der die Filmfiguren ringen. Dieses Gefühl entsteht daraus, dass ich als Zuschauerin zu nah an das Geschehen heran genommen werde. Die Kamera blickt ungeschönt in die Gesichter und verfolgt Vorgänge hautnah. Um diesen spezifischen Blick auf das, was unter die Haut gehen soll und auf den destruktiven Handlungsfaden richten und dann interpretieren zu können, erforsche ich die unausgesprochenen Beziehungen, in denen sich Brian und Neil bewegen wie Figuren einer inneren Beziehungslandschaft; manchmal denke ich mir »Brian« und »Neil« wie Selbstanteile einer Beziehungsdynamik innerhalb einer Analyse-

[5] In der Filmanalyse markiere ich die hier beschriebenen sechs Plots mit den entsprechenden Ziffern (– 1 –); (– 2 –) usw. bis (– 6 –).

[6] Zwiebels Position zur filmanalytischen Haltung: »Die Beschreibung der Übertragungs- und Gegenübertragungsdynamik als simulierte Mikrowelt – auf dem Boden einer realen, direkten Beziehung zwischen Analytiker und Analysand – stellt auch eine mögliche Verbindung zu Traum und Film her. Der Verstehensprozess des Analytikers in der Sitzung entwickelt sich aus einer spezifischen Haltung und Wahrnehmungseinstellung heraus, als deren Kern man eine multiple, widersprüchliche Bipolarität von »Persönlichem« und »Technischem« mit verschiedenen Teilaspekten und Funktionen, etwa gleichschwebende Aufmerksamkeit, teilnehmende Beobachtung, Assoziieren und Strukturieren, Erleben und Denken etc. beschreiben kann.«

stunde, um beschreiben zu können, wie das Schicksalhafte des »Blind Drive« seine gegen Entwicklung und Verstehen gerichteten Wendungen nimmt. Die Erschütterung und emotionale Verwirrung durch traumatisches Erleben setzt der Regisseur Araki mit filmischen Mitteln (subjektive Kamera[7], zweifache Erzählperspektive) um. Solche Elemente fließen in die analytischen Überlegungen ein. Hier erörtere ich jetzt die Frage: Warum wird aus Brians Trauma eine Situation des nicht Erinnern-Könnens?

Zu hohlen, sphärischen Klängen (Musik von H. Budd und R. Guthrie), die manchmal an den Klang unheimlichen, höhnischen Lachens erinnert, taucht ganz langsam von unten ein Jungenkopf auf: schwarze Haare, zu einem Bubikopf akurat geschnitten. Erst ist noch alles unscharf, konfettiähnlich flirren bunte Punkte um den Jungen, der seine klimpernden Augen geschlossen hält, aber sichtlich Vergnügen an dem bunten Treiben hat. Irgendetwas prasselt leise. Ist das Bild zur vollen Schärfe gelangt, erkenne ich in den verzerrten Punkten Kinderfrühstücksnahrung, »Crispies«, die durch die Luft fliegen. Ehe ich realisieren und mich dazu befragen kann, ob die Kinderfreude echt ist, werde ich mit einem dunklen, dumpfen Knall jäh aus dem Traum gerissen. Das Bild verschwindet im schwarzen Dunkel des Kinosaals.

Nach dem scharfen Cut setzt die traurig-monoton klingende Stimme eines jungen Mannes ein, der von seinem Blackout im Sommer 81 mit kurzen knappen Sätzen erzählt: »Mir fehlen 5 Stunden, einfach verloren, ohne jede Spur. Das letzte woran ich mich erinnern kann ist, wie ich auf einer Bank am Baseballplatz der Little League sitze, es fing an zu regnen und ich wurde mal wieder nicht abgeholt ... Was danach passiert ist, ist wie ein schwarzes Loch, Leere.« (– 1 –)

Mit dem Filmaufbau beider Bilder kündigt sich bereits an, was der Filmbetrachter dann auch später eindeutiger als verwirrend und unheimlich verstörend empfindet: Zunächst frage ich mich, wer ist wer? Ganz kurz nur werde ich mit Eindrücken zu zwei Jungen alleine gelassen. Der erste ist Neil als Junge mit gelöstem, vertrauensvollem Lachen. Das Bild erscheint mir wie ein Fragment aus einer heilen Welt. Noch in

7 »Subjektive Kamera« ist ein Begriff aus der Filmtechnik: Ein filmisches Mittel zur Verdichtung der Illusion, eine Kameraperspektive, die den Blickwinkel des Erzählers oder eines Protagonisten nachahmt. Es kommt eine frei von Hand bzw. am Körper getragene Kamera zum Einsatz, die in verschiedenen Bewegungsrichtungen geführt wird. Eine Kamera, die sich in Stimmung und Blickwinkel mit einer handelnden Person identifiziert.

dieses Bild hinein spricht der jugendliche Brian, der Icherzähler, der versucht, sich an etwas zu erinnern, was offenbar schrecklich gewesen sein muss. Durch dieses »Kippen« zwischen den Zeiten und Personen weiß ich nicht, mit welchem Gefühlszustand ich es zu tun habe, geht es um etwas Lustiges oder etwas Schreckliches? Ich fühle mich hin- und hergeschickt und weiß nicht, wie ich mich innerlich einstellen soll. Einmal ist der Zuschauer in die Abwehr der Opferrolle einbezogen und geht mit in das vergnügliche Gefühl, alles Unmögliche ist möglich, leicht und flirrend schön, wie die Crispies in der Luft.

Danach haben wir uns mit dem Bild unausgesprochener Verzweiflung und tiefer Angst auseinanderzusetzen. Ein zweiter, etwa gleich alter blondhaariger Junge schiebt sein blasses Gesicht ins Bild, das mit seiner schwarzen Baseballkappe und einer viel zu großen altmodischen Goldrandbrille unbeschreiblich traurig, fast verwaist, unbelebt, wie unter Schock aussieht. Aus der Nase läuft eine Blutspur bis zum Mund. Für Sekunden sehen wir den im Regen verloren und vergessen dasitzenden Jungen. Es donnert leise, während alle anderen Kinder einen Ort aufsuchen, an dem sie Schutz finden. (– 1 –)

Dadurch bin ich projektiv mit der Position des Opfers, eines Kindes, das depressiv festsitzt und in verzweifelter Wut mit dem Verlassensein konfrontiert ist, identifiziert. Einen winzigen Moment lang kann ich das Gefühl nachvollziehen, einsam und verloren, nah am Abgrund zu stehen. Harter Cut, Loch und Leere wecken die Phantasie unendlicher innerer Trostlosigkeit, abgeschnitten von der Außenwelt. Verschiedene Bilder im weiteren Verlauf setzen dieses Erleben fort: Brian bei Avalyn auf dem Land: bizarre, einsame Welt; Toilettenbesuche: trostloser Zustand um Neils Identität; Neil im Angesicht des Aidstodes; Neil blutig zusammengeschlagen auf der Straße vor dem Haus des Gays. Es überträgt sich ein Raum von Düsterkeit.

Die Anfangsbilder im Film überschlagen sich, es geht hastig weiter: Eine Tür im Hintergrund öffnet sich einen Spalt und eine Mädchenstimme ruft suchend: »Brian, Brian? Na, du Blödmann, was machst Du denn da im Keller? ... Hey, du blutest ja!« Das grellrote Blut fließt unerklärt vor sich hin, ähnlich wie der Wasserhahn stumm und stumpf im nächsten Bild vor sich hintropft, Tropfen, die verloren im Badewasser landen, in dem Brian von seiner Mutter gesäubert wird. Brian hört noch, wie die Mutter dem Vater vorwirft, dass die Idee mit dem Baseballspielen nichts für ihren »Liebling« sei, und dass der Vater antwortet: »Ich habe auch nicht gerade wie ein Profi gespielt, aber ich war wenigstens kein Weichei.« Mit den Worten »Entschuldigung Dad«

taucht der Sohn unbeteiligt unter Wasser. Er taucht wie ein Frosch (= kleines Kind) mit großen traurig-vorwurfsvollen Augen – sie blicken einen Moment starr in den Zuschauerraum – ab in seine »Gegen-Welt« (Britton 2001), aus der fortan Alpträume, Blackouts, die ihn wie einen Baum umfallen lassen, und Einnässen als Symptome externalisiert werden, wie stumme Schreie, wie Rätsel, die keiner enträtselt. Mit dieser Kameraeinstellung »Froschperspektive« vollzieht sich eine Rückwärtsbewegung (Baby-Frosch im Mutterbauch), eine innere unbewusste Wendung Brians in den »Retreat«. (– 1 –)

Ich untersuche nun diese Filmsequenzen zunächst nach ersten Eindrücken. Es stellt sich eine trostlose emotionale Landschaft aus einem eindimensionalen Zustand von Hoffnungslosigkeit und Leere her. Alle Ansätze, dem Leid, den Schmerzen eine mitfühlende Bedeutung zu geben, scheitern: Brian bleibt im Regen sitzen, Deborah, die Schwester, fragt ins Leere, die Sorge der Mutter hat keine Folgen im Sinne von Mitfühlen und Containing, es gibt eher Absichten ohne Bedeutung: Sie wollte ihren Sohn abholen, wollte nur halb wissen, wo Brian nach dem geplatzen Baseballtunier gewesen ist. Später erfahren wir, dass sie als schießwütige Mutter auftritt, ihre Gefühle abreagiert und in ihr »sauberes Zuhause« zurückkehrt.

Mit diesen Szenen lässt sich zu einer tieferen Aussage des Films gelangen; er veranschaulicht, wie Brian ohne die Hilfe seiner Eltern die Angst nicht symbolisch repräsentieren kann, er andererseits die Badesituation nicht ergreifen kann, um seine Angst, seine Erlebnisse loszuwerden. Die Verzweiflung bleibt unverstanden. Es sieht zwar so aus, als wäre Brians Mutter schon besorgt, als sie den aus der Nase blutenden und verschreckten Sohn in die Badewanne steckt. Gleichzeitig gibt es Anzeichen von Spannungen zwischen den Eltern. Heißt das, dass kein emotionaler Raum für den verstörten Jungen im Schock geöffnet ist, wodurch Unerträgliches symbolisiert werden könnte? Beide gehen nicht wirklich auf die Not ihres Kindes ein, scheinen desinteressiert. Verletzt reagiert die Mutter auf die Äußerung des Vaters, sie habe keinen Baseballstar als Sohn. Nach dem Disput der Eltern verschwindet der Vater von der Bildfläche. In der Geschichte geht er schlafen, im übertragenen Sinn verlässt er, aus der inneren Sicht Brians betrachtet, als Symbol und Bedeutung schaffender Repräsentant auch die innere Bühne der Gefühlsorganisation. Brian ist mit dem abwesenden Vater identifiziert; aus seinem Erleben sperrt er folglich Konflikte und Ängste um Sexualität und Gewalt als nicht existent aus.

Das »Abtauchen« von Brian soll verdeutlichen helfen, wie die Drehung in den Rückzug bereits einen Schatten auf das Beginnen wirft, so wie die Szenen mit Brian bei uns als Zuschauer eine emotionale Situation der Auswegslosigkeit von Anfang an herstellen. Die vitalen, hoffnungsvollen Lebenszeichen wie Abhängigkeit, Sorgen und Denken sind evakuiert. Stelle ich mir unter diesen »Vorzeichen« einen analytischen Prozess zum Beispiel am Anfang der Stunde vor, dann wäre denkbar, dass sich, projektiv identifiziert mit »stummen Schreien«, misslungener Sorge, keine gedeihliche Beziehung zwischen Container und Contained herstellen ließe. Weiß (2007, S. 154) schlüsselt die Transformationsprozesse der projektiven Identifikation auf und benennt drei Ursachen für ihr Scheitern. Erstens: Die Gewaltsamkeit der Projektion unter dem Eindruck von Neid (–K), zweitens: eine unzureichende Aufnahmebereitschaft und Umwandlungsfähigkeit des Containers, und drittens: durch Störungen der Reintrojektion. Ich greife hier auf das Konzept der projektiven Identifikation (vgl. Britton 2001) zurück, weil es veranschaulicht, wie Brian den Schmerz der Einsamkeit und die überwältigende Angst, verloren zu gehen, langsam und leise anästhesiert und so das Objekt sterben lässt. Alle Gefühle, die besorgt machen, die etwas Schlimmes zusammenfügen, können nicht als Hilfe herangezogen werden. Objekte scheint Brian so als unerreichbar und männermordend zu phantasieren.

Auch die Eindrücke aus der Gesamtsituation von Bild, Klang und Assoziationen beschreiben bereits etwas, was in der »Atmosphäre« des Anfangs enthalten ist. Mir fällt auf, dass Araki keine drastischen plakativen Bilder für die Bebilderung von Missbrauch benötigt, um mich spüren zu lassen, in welcher inneren Auswegslosigkeit sich Brian sieht. Es sind vielmehr die unsichtbaren ästhetischen Parameter – Geräusch des tropfenden Hahns, schnelle Schnitte, Sprachlosigkeit, stumpfe, tonlose Stimmen, etc. – die die unbewusste »Drive Blind«-Figur erläutern: Warten wird zum Trauma; es ist kein Wissen repräsentiert, dass das hilfreiche Objekt wiederkommt, sondern ein perverses Objekt introjiziert, durch das jegliche Trennung zum Abgrund wird. Mit »Drive Blind« verbinde ich eine empfindliche, verstörte aber auch rasende masochistische »Figur«, die keine Auseinandersetzung mit der Realität verträgt, nicht Ein und Alles der Mutter sein zu können. Diese innere Verfassung Brians erklärt, warum er sich oft unruhig, wie getrieben bewegt, er hastet wie ein unruhiger Geist durch den Film und wirkt unglaublich umständlich, nach Hilfe schreiend, sie aber als Bedrohung missdeutend. Alle wirken in dieser Anfangsphase hilflos in seiner Gegenwart. Dass der »Drive-Blind« des Brian hier in einer weniger aufdringlich erscheinenden Form auftritt, die Beziehungen zu den Objekten aber dennoch mächtig dominierend werden, können die weiteren Bilder zeigen. Sie besteht darin, dass bedeutungsvolle Beziehungen von einem generellen Abwehrsystem des »nicht Glauben-Wollens« (Britton 2001) zersetzt werden. Es steht für eine Art pathologische Trauer oder ein Blindsein für die Bedeutung von Verlust und psychischem Getrenntsein.

Für die Mutter zum Beispiel scheint das Nasenbluten unhinterfragt ein Baseballunglück zu bleiben. Das Familienleben kann so, unberührt dessen was geschehen ist, weitergehen: Der Fernseher läuft, Bruder und Schwester spielen brav am Tisch. Alles macht einen aufgeräumten Eindruck. Der Schein trügt. Als Brian aus dem Fenster schaut, wird die Übertragung im Fernsehen plötzlich gestört, das Bild flackert und im selben Moment, wir selbst können unseren Augen nicht mehr trauen, fliegt im gleißend-blaugelben Licht ein UFO dicht über das Haus und taucht die gespenstisch-erschrocken dreinblickende Restfamilie aus Mutter, Deborah und Brian in ein ebenso unwirkliches Licht. Wie sie von Mum eng umfasst starr nach oben wie in eine imaginäre Zukunft blicken, gleicht die kleine Gruppe einem einsamen, ängstlich zusammengeschweißten Familienstandbild. Ich verstehe dieses Bild als Teil der kindlichen Fantasie Brians: Wir gehören auf ewig zusammen, hier unter uns ist nichts Schlimmes passiert, alle bösen Gedanken und Gefühle, die sich gegen den enttäuschenden und abwesenden Vater richten, sind außerirdisch. Und, wie später ersichtlich, scheint diese unbewusste Phantasie über lange Zeit zu einer unhinterfragbaren inneren Überzeugung Brians zu werden. Von diesem Tag an glaubt Brian, von Aliens in einem UFO entführt und misshandelt worden zu sein.[8] Mit der UFO-Szene nehmen die unbewussten Erklärungsversuche Brians für seine traumatische Erinnerungslücke und seine Ohnmachtsanfälle ihren Ausgangspunkt. (– 2 –)

8 Die Abspaltung unerträglicher Gefühle sind bekannte Abwehrmechanismen von traumatisierten und missbrauchten Kindern. G. Araki will zeigen, dass die Projektion der Gefühle auf Außerirdische ganz typische Verhaltensweisen eines Großteils der amerikanischen konservativen Mittelschicht sind, Amerikanern, die zumeist sehr religiös sind. Nicht selten gibt es einen Zusammenhang dazu, dass die innerhalb der Familie bestehenden Konflikte (Missbrauch, Gewalt, Angst) nach außen verschoben werden, indem außerirdische Mächte dafür verantwortlich gemacht werden. Fernsehsendungen über UFOs und Aliens sind sehr beliebt. Besonders verbreitet sind diese Ansichten und Umgangsweisen mit Destruktiviät vom mittleren Süden bis

Hier werden wir als Zuschauer in das Verwirrspiel zwischen Nicht-wahrhaben-Wollen, Nicht-glauben-Können hineingenommen. Wir erleben einen Bruch zwischen dem Wunsch, uns einrichten zu wollen und dem Gefühl, weggerissen zu werden. Verwirrend ist nicht nur, dass wir uns auf Brian als Kind und gleichzeitig auf Brian, den 19-jährigen Erzähler einstellen, sondern dass auch noch die Erzählperspektive zwischen »Brian« und »Neil« hin- und herwechselt. Alle Halt gebenden Parameter einer guten Beziehung zur Realität sind auf den Kopf gestellt. An dem über das Haus fliegenden UFO manifestiert sich die Frage: Ist nur das wahr, was wir sehen oder auch das, was wir fühlen, aber was kann geglaubt werden? Ich vermute, dass der Regisseur Araki eine Übertragungsstörung im TV (ausgelöst durch das UFO) erfindet, um diesen fundamental gestörten Gefühlszustand darzustellen. Er kennzeichnet den Zusammenbruch der Realitätswahrnehmung, der sich im Tiefflug des UFOs über das Elternhaus Brians als bedrohlicher, unverständlicher Einbruch der fremden sexuellen Welt in die eigene Welt fortsetzt.

Wir erfahren von Brian selbst nicht viel darüber, wie er über seine familären Beziehungen denkt und fühlt; dennoch vermittelt sich der Eindruck, dass weder zwischen der Mutter und Brian, den Eltern, noch zwischen den Geschwistern Reibung und Differenzen ausgehalten werden können; Spannungen (sicher auch sexueller Natur) werden sofort beherrscht und unanfechtbar, rigide abgebrochen oder sie bleiben im »Keller« des Unbewussten hocken – so wie Brian nach seinen schrecklichlichen Missbrauchserfahrungen nicht aus dem Keller der Verzweiflung, Angst und Wut findet. Diese Gefühle sind für Brian unerträglich, wodurch plausibel wird, dass Verbindungen zwischen diesen Gefühlen und dem Objekt aus Angst vor ihrer Aufnahme nicht herstellbar sind. Sie sind in gefühllosen UFO-Objekten untergebracht. Feindseligkeit wird mit den Aliens Lichtjahre weit entführt, und Brian muss eigene feindselige Regungen nicht wahrhaben, die sich gegen den Vater-Trainer richten, um ubw Teil der exklusiven Beziehung zur Mutter bleiben zu können. Und er braucht sich kein neues Bild seines eigenen frustrie-

zum Nord-Westen Amerikas, dem sog. »Biblebelt«. Gabbard erläutert: »Susan Clancy, Doktor der Psychologie der Universität Harvard, führte eine systematische Studie mit Personen durch, die von sich behaupteten, dass Außerirdische sie entführt hätten. Sie stellte fest, dass diese ähnliche Merkmale aufwiesen wie Personen, die sich an sexuellen Missbrauch erinnerten …« (Gabbard 2006).

renden, beschämenden Unglücks mit einem anderen, von ihm unabhängigen, Bild über die Beziehung der Eltern zu erstellen. (Einfälle: Brian möchte ein Star wie Neil sein, neidet ihm seine auserwählte Beziehung zum Coach und wünscht die Eltern getrennt.) Brian wirkt als 18-jähriger noch retardiert, weltfremd, wir sehen ihn oft in seinem Zimmer auf dem Bett liegend, dort, umringt von seinen UFO-Plakaten, ist er mit sich und seinen unheimlichen Gedanken befasst, die er nur seinem Tagebuch anvertraut. Der unbewusste Wunsch Brians, konfliktfreie, übersinnliche, tote Sphären zu schaffen als zeitlose Gegenwelt gegen Bewältigung und Veränderung, wird in dieser Verleugnungsbewegung, diesem Hin und Her der Gefühle, nachvollziebar. Diese Erklärungsversuche, Blut und innere Organe raubende Aliens seien für den Verlustschmerz und seine erlittene Ohnmacht zuständig, bilden ein System wütender und omnipotenter Verleugnungen; neue Erfahrungen und nötige Hilfe durch die Objekte können nicht mehr introjiziert werden.

Das hat weitreichende Folgen, da über diesen psychischen Zustand offenbar nur in Form der pathologischen projektiven Identifikation zu kommunizieren ist. Schwerwiegende Ängste bleiben für Brian damit unverdaubar. Um die innere Szenerie zu verdeutlichen, zitiere ich Britton mit seinen Überlegungen zu »Benennen und containen«: »Die Angst vor dem containenden Objekt zeigt sich nicht nur in der Befürchtung, keinen Zugang zu erhalten oder nicht akzeptiert zu werden. Andere Ängste entstehen aus der Phantasie, daß das projizierende Selbst vom anderen zwar aufgenommen, aber dann zerstört wird, oder daß der andere einen voll verschlingender Neugier zwar aufnimmt, ... oder daß man zwar verstanden, aber bei diesem Vorgang gleichsam ausgelöscht wird« (Britton 2001, S. 42). Damit erklärt sich auch, warum eine Gegenwelt, mit der die projizierte Welt aus Aliens aufrechterhalten wird, so schwer aufgegeben werden kann. Filmbilder, die von Aliens handeln, erläutern diesen abgewehrten Angriff auf kreativ-sexuelle Beziehungen sehr anschaulich: Alien-Geschädigte zeigen Narben, verlangen nach Betasten, und man erzählt sich, sie verschlängen die zentralen inneren Organe, die in Berichten aber immer nur diffus der Sexualität zugeordnet werden.

Mit der inszenierten UFO-Szene fange ich an, mir vorstellen zu können, dass Araki einen weiteren Aspekt festsitzender innerer Überzeugungen mit der ängstlichen Brian-Figur kommuniziert. Diese Drehbewegung des Brian in den Rückzug verkörpert die abgekapselte »verlorene Generation«, die vielleicht tiefe Ängste vor der Verlorenheit in einer andersgearteten »fremden Welt« mit gierigen, nahen, konkreten Beziehungsphantsien abwehren muss. Ebenso zeigen empörte Reaktionen auf Arakis Film (Kinoverbot in Hutchinson), wie sich möglicherweise die »Bewohner des Bible-Belt«, von der Realität abkapseln, um sexuelle Gewalt, Bedeutungslosigkeit und Leere in ihren nahen Beziehungen nicht erkennen zu müssen.

2. *Neils Abwehrmodus: Tagtraum und Manie*

Mit der genaueren Betrachtung zweier Szenen (Urszenen-Szene; Missbrauchsszene) möchte ich eine weitere Form des »Drive Blind« herausarbeiten, die ich der subtilen Destruktivität entnehme, die diese Szenen vermitteln. So wie Araki diese Szenen aufbaut (schnelle Abfolge von Bildern, zerreißender Kontrast zwischen Bild und Stimmung, Blicke, die auf Ausschließlichkeit zielen, Räume, in denen zumeist nur zwei Personen vorkommen), können keine wirklichen, von Substanz getragenen Verbindungen entwickelt werden. Das Unheimliche, was der Film hier überträgt, besteht darin, dass die getrennte Existenz des Anderen und dessen Unverfügbarkeit durch süchtiges und manisches Verfügbarmachen verleugnet wird. So kommt Wendy zu der Überzeugung, dass Neil anstelle seines Herzens ein tiefes schwarzes Loch hat, in dem gute Erfahrungen haltlos verschwinden, und von daher kann Eric über Neil sagen, er ist Saturn, um den alle anderen kreisen. Dieser »Drive Blind« macht blind für Verzweiflung und Angst und, um es mit Weiß (2002) zu kommentieren, er verdeckt Formen der Destruktivität, die Zeit und Raum deformieren und den unendlichen »Anspruch auf Liebe, Einzigartigkeit und Unvergänglichkeit« verdecken.

In Neil erleben wir jemanden, der alle verachteten eigenen Anteile in Menschen nach draußen verlagern muss, wodurch er sich anderen überlegen fühlt, sie verachtet und sie nicht selten zwingen muss, ihm unterlegen zu sein. Im ersten Bild des zweiten Plots befindet sich Neil an so einem Ort der Überlegenheit: Wir sehen, wie Neil heimlich seine Mutter beobachtet, die gerade ein Schäferstündchen mit ihrem Lover Alfred im Garten hält. Wir werden zu Mitwissern der geheimen sexuellen Wünsche und Fantasien Neils, die ihn bereits als Kind drangsaliert haben.[9] Anfänglich ist die Szene ähnlich den Urszenenphantasien über

9 Hier weist Gabbard (2006) darauf hin, dass der Film nicht darauf reduziere, allen verdrängten Hass im erlittenen Trauma aufgehen zu lassen. »Es gibt keine allgemein gültigen Auswirkungen des sexuellen Traumas (im Film). Es ist vielmehr ein Teil der Charakterstruktur des Opfers, das einen Weg findet,

die Sexualität der Eltern aufgebaut: Wir sehen den acht Jahre alten Jungen mit einem schönen, fein geschnittenen, fast unschuldig dreinblickenden Gesicht, Sonnenstrahlen, die den im Schatten liegenden Beobachtungsposten erhellen. Seine harte, rauhe und unmoduliert-verwaschene Erwachsenenstimme im Hintergrund scheint so gar nicht zu dem Bild zu passen, das wir sehen. Dazu unpassend erscheint auch die romantische Stimmung im Garten. Mit schroffem Ton kommentiert Neil seine Leidenschaften älteren Männern gegenüber: »... ein Baum von Mann, als ich ihn sah, hilflos wie ein gefangenes Tier, konnte ich meine Augen nicht mehr von ihm lassen.« ... »Genau der Typ, den ich später meinen Typ nennen würde«. Wir sehen in das lustverzerrte Gesicht von Alfred, ein Finger der Mutter zur Lustvermehrung im Mund. Sekundenkurz wechselt die Kamera zum ebenso von Lust erregten Gesicht des Coach. Neil kommentiert: »Seit ich denken kann, habe ich an meinem Pimmel gespielt, in diesem Sommer spritzte ich zum ersten Mal ab«. »Im Sommer brachte mich meine Mutter zum Baseball-Club »Die Panther«, wahrscheinlich, um in Ruhe ficken zu können, ohne einen Babysitter zu brauchen. ...« (Schnitt). An der Hand der umwerfend schönen Hippie-Mutter gelangt das sexuell attraktive »ungleiche Paar« auf das Spielfeld, auf dem die anderen Jungs stehen, vor ihnen der Coach Hyder, uns den Rücken zugewandt. Neils ernstes, abweisendes, etwas ungläubig zur Seite geneigtes Gesicht ist mit einem schwarzen Strich auf den Wangen versehen, was ihn zu einem gefährlichen, sprungbereiten kleinen schwarzen Panther machen soll. Noch ahnt keiner, zu welchem nachtaktiven, Beute reißenden »Tier« sich Neil entwickeln wird. Wir können aber erschließen, welcher Vulkan der Leidenschaft in ihm ausbricht, als sich der Coach zu dem Neuankömmling umdreht und ihn mit seinem blendend weißen und verführerisch-werbenden Lachen begrüßt. Neil sagt: »Wie aus heiterem Himmel erfasste mich ein unbändiges Verlangen«. Nach außen erleben wir den jungen Helden zurückhaltend und verschämt. Rasend schnell aufeinanderfolgende Bilder von bodygestylten Feuerwehrmann-, Malboro-, Bademeister-Typen aus »Mums Playboyheften« verdeutlichen die innere Gefühlswelt des Jungen, der von einem Vater träumt, mit dem er ganz und gar Einssein und mit dessen Größe und Universalität er verschmelzen kann. Neil kennt seinen Vater nicht und auch die ständig wechseln-

sich diesem anzupassen und damit zu leben; entsprechend seiner bestehenden inneren Beziehung zum Objekt und seiner charakteristischen defensiven Konstellation.«

den Lover der Mutter sind nicht für konstante Erfahrungen mit einem väterlichen Objekt geeignet. (– 3 –)

Geheim, außen vor und doch dabei, unwirklich, unveränderbar, das sind die mit diesen Szenen vermittelten Ggegenübertragungsgefühle, und wenn ich mich identifiziert sehe mit dem kleinen, noch so unschuldig dreinschauenden »Panther«, dann möchte ich ihm vielleicht den Wunsch nicht verwehren, sich mit dem zu bedienen, was er gerade will. Diese Bilder wecken Eindrücke von zwielichtigen Tagträumereien Neils und die Anwesenheit eines halluzinatorischen, alle Wünsche erfüllenden Objekts. So als könne er sich selbst als Mutter mit einem Lover Alfred-Coach träumen und über alle kindlich-abhängigen Gefühle (das sind die »gefangenen Tiere«) triumphieren. Diesen Triumph führt uns Araki mit einem der Urszenen-Szene ähnlichen Szenenaufbau wiederholt vor. Immer ist Neil der aktive Part eines Paares, wir sehen ihn so gut wie nie alleine oder als Teil einer Gruppe: Sehr häufig wird Neil von Eric in dessen Auto herumgefahren, er umfasst seine Mutter beim leichten Tête-à-Tête vertraut um die Schulter, als sei er ihr Mann. Mit Wendy trifft er sich auf einsamen Plätzen (Spielplatz, Autokino) oder er fährt mit einem seiner Freier im Auto, eine Fahrt, die immer gleich im Schlafgemach endet. Neil scheint so mit der Mutter identifiziert – die ihre Freier und auch ihren Sohn kommen und gehen lässt, wie es ihre (Sehn-) Sucht braucht – dass er seine kindlich-abhängige Rolle leugnen muss.

Bei meiner Auseinandersetzung mit dem Konzept des »triangulären Raums« wurde mir deutlicher, dass hinter dieser komplexen Abwehr früher ödipaler Ängste stehen kann, dass alles, was das Primärobjekt tut, in einem dyadischen Modus geschieht: »es gibt keine Vorstellung von einer unabhängigen Beziehung zu einem dritten Objekt« (Britton 2001). Diese Überlegungen Brittons zu strukturellen unbewussten ödipalen Konflikten (vgl. 2001, Kap. 9) haben mir geholfen, die »Urzsenen-Szene« in ihren vielschichtigen, verdichteten Bedeutungszusammenhängen zu verstehen. Sie machen deutlich, wie der fast erwachsene Neil in den Versuchen, sein Trauma zu vergessen, die Hauptrolle entsprechend der dargestellten Urzenen-Phantasie unendlich in Szene setzen muss: Er ist und bleibt Saturn, um den alle anderen Planeten kreisen, wenn er, identifiziert mit der Mutter, den Platz, »den einer der Eltern in der Urszene einnimmt, usurpiert« (Britton). Wendy ist manchmal genervt, aber auch erschrocken, mit welcher abfälligen Überheblichkeit Neil einen Gay nach dem anderen mit ähnlicher Dramaturgie »verspeist«, ohne an der damit verbundenen Bewunderung satt zu werden. Ebenso verweist Neils manischer Beziehungswunsch und seine Erzählung über die unendlichen Masturbationsphantasien darauf, dass es keine psychischen Erfahrungen gibt, Objekte langsam und längerfristig kennenzulernen; er kann Objekte nicht so introjizieren, dass Konstanz entsteht. Für Neil gibt es offenbar weder sexuelle Latenz noch Zufriedenheit. Er ist ständig auf der Lauer nach Beute, wie der Panther. Seine Beziehungsformen sind erotisiert und oft nach demselben unbewussten Muster aufgebaut: gierig, überwältigend, unstillbar.

Aus den hier verdichtet aufgefassten Zuständen einer Traumwelt überträgt sich das Gefühl einer pervers-grenzenlosen und grandiosen Situation, die dazu dient, Gefühle von Ausgeschlossen-, Verloren-Sein abzuwehren. Anders als bei »Brian« deute ich diese »Neil-Figur« als eine manisch-perverse Abwehr-Figur, die beinhaltet: Sich Zugang zu den Objekten durch Erotisierung und Erregung zu verschaffen und identifiziert mit dem Aggressor, die Kontrolle über die Objekte zu erhalten; das beinhaltet auch, blind für die Hilfe anderer zu sein. Neil ist der »Beute-Reißer«, der seine Opfer quält, um über die abhängig machenden sehnsüchtigen Wünsche triumphieren zu können.

Araki hat sehr treffende Bilder für diese verdrehte Identität entwickelt: Neil fühlt sich von seiner Mutter zurückgewiesen, dadurch, dass sie ihn in den »Club« schickt, weil er sie lieber mit ihrem Lover zusammen phantasiert. So muss er sich auch in die homosexuelle Objektliebe drehen, um sich an der Mutter zu rächen. Wie Neil eine Tür nach der anderen zu einer pervers verdrehten Welt öffnet, veranschaulicht die Missbrauchs-Szene: Neil betritt mit dem Coach dessen Wohnung. In der Küche öffnet er den Küchenschrank, in dem sich ein unendlicher Vorrat verschiedenster Crispies befindet; statt die Crispies zu essen, ermuntert der Coach Neil, sie irre-lustig umherzuwerfen, beschämte Blicke Neils gehen darin unter. Im nächsten Raum kann sich Neil kaum an der ausufernden Atariwelt satt spielen, mit der er langsam dazu verführt wird, den perversen Wünschen seines Coach zu folgen. (– 3 –)

Diese Bilder helfen zu verstehen, wie wir uns Neils innere Verfassung in Identifikation mit dem Aggressor vorstellen können: Er versucht immer der zu sein, der aktiv »die Tür« zu dem öffnet, von dem er Bewunderung und Anerkennung sucht (Autostrich: er geht auf die Autos der Freier zu; er macht andere Jungs und Männer von sich sexuell abhängig; er bestellt Wendy auf den Spielplatz etc.). Wir sehen auch, wie für Neil eine Welt zusammenbricht, als der Coach ihm seine Liebe gesteht und ihn auf dem Fußboden vergewaltigt; Neil liegt dabei auf dem Fußboden, auf dem noch die Crispies vom lustigen Kinderspiel verstreut liegen. Diese traurige Szene symbolisiert die fragmentierte psychische Situation, bei der Realität nur ertragen werden kann, wenn man sich aus ihr entfernt und sich vor aller emotionalen Abhängigkeit verschließt. Sie symbolisiert das Kollabieren des triangulären Raums, mit dem Angst und Wünsche reflektiert werden.

Identifiziert mit dem ängstlichen kindlichen Fühlen stellt sich beim Zuschauer Ohnmacht und Ekel ein, als Neil mit dem Coach zu dessen Wohnung fährt. Er wirkt glatt, zu nah, ekelig nah und dicht, eigentlich abstoßend, denn er kennt keine generative Grenze. Aber für Neil gibt es letztlich kein Entrinnen, nur ein Retten aus der entsetzlichen Realität, indem er den Glauben an eine Zukunft, die Linderung bringen könnte, verliert. Neil hat im Gegensatz zu Brian kein Ziel, er lädt sich mit seinem Hass auf, ihm ist es gleichgültig, was aus ihm wird, seine Wahrnehmungen sind anästhesiert (Todestrieb) und er sucht einen mentalen und psychischen Ruheplatz auf, in dem es nicht zu wechselseitigen Beeinflussungen kommt, einen »Ruheplatz der Illusion« (Winnicott).

Welche verzerrte Wahrnehmung, welche innere Leere hinter dieser unbewussten Einstellung steht, vermittelt eine komisch wirkende, aber restlos traurige kleine Szene: Einmal verabredet sich Neil mit Wendy nachts auf dem Spielplatz, um ihr dringend etwas zu zeigen. Er führt sie zu einer grausam heruntergekommenen Toilette, zeigt auf seine Initialen, die er nach jedem »Kontakt« mit einem Gay dort neben dem Klo eingeritzt hat und sagt: »Das bin Ich«. (– 3 –)

Die herzzerreißenden Gefühle beim Film entstehen, weil Araki es versteht, filmisch Räume herzustellen, in denen die Versuche, über Schmerzliches in Kontakt zu gelangen, in die Leere gehen oder großspurig übersehen werden.

Brian begibt sich auf die Suche. Neil versucht zu vergessen

Im Mittelteil des Films erhält die Geschichte (der zweite Akt) nach meiner Perspektive ihre Dynamik dadurch, dass »Brian« sich auf die Suche nach der Enträtselung seines Traumas begibt, während Neil gute Erfahrungen in den Abgründen seines Herzens verschwinden lässt. So wie Araki Brian als den völligen Gegensatz zu Neil inzeniert, scheint er damit auch dessen Alter ego erfunden zu haben. Brian wird zu diesem Alter ego, das danach strebt, die unvereinbaren Gegensätze von Gut und Böse zu verbinden. Ein zweites latentes Thema des Films vermittelt sich, wodurch die Entwicklungen Brians (der Shift) zu einem »richtigen« Jugendlichen dargestellt werden.

Wie passt die schießfreudige Mutter, die treffsicher drei Flaschen zu Übungszwecken zerschießt, zu dem verschreckten Sohn? Die lauten Schüsse sind kaum verhallt und die grünen Glasscherben in Splitter zerborsten, da ruft Brian seine Mutter aufgeregt zu einer Sendung über Außerirdische, sie soll sie mitverfolgen. Ob Brian hofft, ihr Interesse für seinen unsagbaren Kummer wecken zu können? Aber die Mutter erscheint abwesend; möglicherweise kann sich Brian von einer Mutter »besser« (leichter) verabschieden, wenn er von ihr das Bild hat: starkes, kaltes, unangreifbares Idol ohne Sexualität?

Je mehr Brian die Welt der Jugendlichen erobern kann, desto überflüssiger wird die Mutter. Irgendetwas scheint in dem kindlich-naiv, zaghaft und verschreckt dreinblickenden Jungen wie »aufgeweckt«. Der inzwischen 18-jährige Brian scheut keine Mühe, er schreibt an Avalyn einen Brief. Sie ist eine der interviewten UFO-Zeugen aus dem TV-Bericht über Menschen, die durch Aliens misshandelt wurden: Ein erster Kontakt kommt zustande, erste zaghafte Beziehungswünsche scheinen geweckt, die aber ganz darin aufgehen, sich gegenseitig um das erfahrene Leid zu kümmern. Die Angst vor Nähe ist noch unüberwindbar, unbeholfen gehen sie mit sich um. Ganz allmählich entwickelt Brian Zutrauen zu sich, seine unverarbeiteten Gefühle loszuwerden. Er hat in Avalyn jemanden gefunden, der seine innere Bedrängnis und Not aufnimmt. (– 2 –)

»Wenn intensive, das Ich überfordernde Gefühle nicht in einer anderen Person untergebracht und dort untersucht werden können, wird – so Bion – die Neugierde gehemmt und das eigene Gefühlsleben unerträglich« (Plenker 2005, S. 701). Für die Filmentwicklung ist die rührende Szene, als Brian Avalyn aus seinem Traumbuch vorliest, bedeutsam. Was vorher undenkbar schien, wandelt sich, womit der Umschwung in einen anderen psychischen Funktionsmodus beschrieben sein könnte. Inzwischen ist das aufnehmende Objekt menschlich geworden, wodurch sich die Ängste mildern, das bahnt den Weg frei dazu, die traumatisierende Situation wiederzubeleben. Brian treibt der Wunsch zu wissen, was mit ihm geschehen ist, voran. Er möchte wissen, wer hinter dem Nasenbluten, den Ohnmachtsanfällen und dem Alien mit den Turnschuhen steckt. Deshalb folgt Brian der Aufforderung Avalyns, noch in der Nacht zu ihr zu kommen; sie müsse ihm etwas Schreckliches zeigen. Aufgeregt gehen sie über die Wiese zu einer toten Kuh. Avalyn erzählt Brian, dass Farmer seit einiger Zeit tote Kühe fänden und glauben würden, Teufelsanbeter hätten die Kühe verstümmelt. Ihrer Meinung nach können es nur die Außerirdischen gewesen sein: »Schau, die Sexualorgane sind nicht da, es gibt kein Blut, es wurde alles von ihnen ausgesaugt.« Brian fährt mit der Hand in die Kuh hinein, fällt dabei in Ohnmacht (eher ein hysterischer Angstanfall) und aus der Nase läuft wieder Blut. (– 2 –)

Hilfreiche Gesten und Erkennen, worin Destruktivität besteht, nehmen in dieser Szene ihren Ausgangspunkt. Die traumatische Situation wiederholt sich, aber gleichzeitig scheint sich daraus eine Repräsentanz für »Benennen und Containen« gebildet zu haben. Aus dieser Fähigkeit wächst der Wunsch zu Wissen (Bions +K). In diesem Bestreben Brians ist Kontinuität zu erkennen. Dadurch beginnt sich Brian ganz allmählich zu entwickeln und aus dem »Retreat« herauszubegeben. Es ist so, als würde er Schritt für Schritt seiner Entwicklungsangst auf die Spur kommen, je näher der Film auf die Begegnung mit Neil und die Aufdeckung des Traumas zuläuft. Auf den Wunsch Avalyns, Brian nicht nur emotional sondern auch sexuell nah zu sein, kann sich Brian nicht einlassen. Er begreift sich als Opfer, ist wütend auf den unzureichend ausstattenden Vater, der für Rivalität nicht zur Verfügung gestanden hat. Seine sozialen Kontakte erweitern sich. Mit seinem 19. Geburtstag findet er einen echten Freund in Eric, der aber weiter in Neil, den Unerreichbaren, verliebt ist.

Neil quält andere, unbewusst sieht er sich im Zentrum, er ist die treibende »böse Kraft«, mit perverser Lust daran, Beziehungen umzudrehen und in Identifikation mit dem Aggressor der Aktive zu bleiben. Er benötigt narzisstische Zuneigung, um eine zweifache Angst zu beruhigen. Die Angst davor, die eigene Feindseligkeit wahrzunehmen und zum Ausdruck zu bringen, sowie die Angst vor einer von außen kommenen Rache. Neil identifiziert sich mit dem Aggressor, das peinigende Objekt agiert jetzt in Neil. Zu sehen in der Szene mit Wendy und einem Opfer-Kind nach der Haloween-Party; Neil zündet im Mund des Opfers ein Feuerwerk; er zerstört somit den abhängigen Selbstanteil, den er projektiv in dem kleinen Jungen untergebracht hat. In seinem Beziehungsverhalten und seiner Sexualität versucht Neil in der Position desjenigen zu bleiben, der aktiv ist, über Macht verfügt und die Kontrolle über die Objekte behält. (– 3 –)

Der Hass Neils auf den Coach-Vater, der ihn aus dem Himmel der Bewunderung wirft, wird zu einem sich selbst verzehrenden und andere entwertenden, verletzenden Hass. Die einzige Person, die davon verschont bleibt, ist Wendy, eine Schulfreundin. Ihr Wissen um den Missbrauch und ihre Anwesenheit bei Neils Misshandlungen machen sie zur Mitwisserin, das schweißt sie zusammen. Aber Wendy kann sich, unabhängig von dem Schwur zu schweigen, Gedanken um den Grenzgänger Neil machen. Sie erkennt seine abweisende Kälte, hinter der er tiefe Verletzungen verbirgt, und kümmert sich mütterlich. Sie warnt ihn vor Gefahren der Prostitution, kann ihn erreichen, weil sie ihn nicht schont. Aber wie lange hält so eine Konstruktion? Sie erklärt Eric, wie Neil eigentlich ist: Er ist so kalt, da, wo andere Menschen ein Herz haben, hat er ein tiefes schwarzes Loch.

In manisch perverser Weise braucht Neil Erregung, nur so fühlt er sich unbewusst eins mit der Mutter, kann den ödipalen Rivalen, den Vater und Geliebten ersetzen. Die Mutter bietet sich nicht als beständiges Objekt an, kennt selbst keine Grenzen, ist selbst süchtig nach Objekten, die flüchtig bleiben. Introjektion von Objekten erscheint unmöglich.

Hiermit ist der tödliche Wiederholungszwang markiert, in dem Neil festsitzt und keine Veränderung zulassen kann. Die Szenen des Filmmittelteils bestätigen meine Auffassung, dass Neil agiert, um das Trauma zu vergessen. Brittons Überlegungen zu diesem komplexen Verleugnungsvorgang illustrieren Neils Verharren in der Leblosigkeit, denn diese Menschen verharren »zwischen der Situation, die sie in ihrem Innern befürchten und der, vor der sie sich in der Außenwelt fürchten. Sie haben deshalb sowohl vor wirklicher Projektion wir vor wirklicher Introjektion Angst. Sie flüchten aus der äußeren wie aus ihrer inneren Welt« (Britton 2001, S. 85).

In einer Szene ist dieser Vorgang besonders auffällig: Ein Freier fällt schnell, hastig und hart-überwältigend über Neil her, der nur seinen Aufforderungen nachkommt, aber erstaunt ist, dass der Gay für ihn an das schützende Kondom denkt und ihm die Handhabung zeigt. Wir sehen Neil restlos verwirrt. An dieser Blindheit ist der latent suizidale, aber auch der Hilfe negierende Impuls Neils erkennbar. Neil ist blind dafür, dass der andere mitfühlt oder mitdenkt.

Wir sehen in Neil einen Jungen und Jugendlichen, der keine tieferen Bindungen eingeht. Die Familien der Protagonisten sind kranke Familien, blind für Empathie, die bei Adoleszenten und schwierigen Entwicklungen zum Erwachsenwerden nötig ist, und die Eltern stehen als Identifikationsfiguren nicht zur Verfügung. (– 3 –)

Wendungen und »end of story«

Die zweite dramaturgische Wende beginnt mit der Frage nach dem Ausgang der Geschichte: Kann Brian sein inneres Drama aufklären und die Blackouts mit Sinn füllen? Findet Neil aus seinem Hass auf die Menschen/Männer und aus den Selbstentwertungen heraus? Gibt es psychische Entwicklung, Wandlung und Veränderung oder erneut Regression?

Dadurch, dass sich Brian Schritt für Schritt aus seinem Status als Opfer herausbewegt, indem er sich wie in einer Selbstanalyse permanent mit seinen ungelösten Rätseln und Fragen beschäftigt – wohin gehört der Fremde mit den Turnschuhen in seinem Traum, wie geht er mit den Gefühlen um, die ihn neugierig und lebenshungrig machen? – entsteht ein immer deutlicher werdender Spannungsbogen. Wird seine Angst wirklich dadurch gestillt und gelöst, wenn er endlich seinem »Retter« begegnet? Alles entwickelt sich recht hoffnungsvoll. Brian holt sich aus der Defensive und der Naivität, indem er die guten Vorschläge Avalyns befolgt und McCormick nicht mehr unter den Aliens sucht, sondern Spuren folgt, die ihn schließlich in das Archiv des Clubs führen. Damit kommt er auch seinem im Inneren spukenden Alien auf die Spur, womit er die Projektion destruktiver Elemente zurücknimmt. Ebenso integriert er die Furcht vor der Feindseligkeit der Außenwelt, womit die Objekte ausschließlich feindselig und fremd geworden waren.

Brian ist voller Ängste, die spürbar und hörbar sind, über die er auch reflektieren kann, er interessiert sich für sein Innenleben, schreibt Träume in sein Tagebuch auf, unterhält sich darüber. Zaghaft gewinnen sein Schmerz und sein Hass an Stimme. Langsam und suchend entwickelt sich Brian aus seiner Angst heraus. Brian bewältigt Schmerz, weil ihn die Hoffnung durch alle Angst trägt, er hofft, jemanden zu finden, der ihm hilft, sich zu erinnern; Schmerz und die Verzweiflung werden in der letzten Szene in der Wohnung des Coach durch die Erzählungen und Erinnerungen aufgefangen und damit symbolisiert.

Im Unterschied zu Brian versteht sich Neil als »the god«, der wie ein Komet am Himmel auftaucht und wieder verschwindet, ohne dass der andere wüsste wohin. Die, die zurückbleiben (Wendy, Mutter), haben Angst um ihn. Angst, Verzweiflung und Ohnmacht sind abgespalten. Neil fühlt keinen Schmerz, in dem Moment, als sich Wendy von Eric und Neil verabschiedet, schaut Neil abwesend, unzugänglich, geistesabwesend, so als würde er nicht sehen und hören, dass seine Vertraute und Mitwisserin Wendy nach New York geht. Unberührt davon wendet sich Neil seinem Stricherdasein zu. Aber dazu kann er Wendy genausogut nach New York folgen. Wendys Warnungen, dass New York nicht Hutchinson ist, scheinen in der Unendlichkeit des schwarzen Lochs zu verschwinden: »Tue das falsche mit der falschen Person und du bist mausetot; end of story«. Oder nimmt er doch etwas von ihren Worten: »end of story« auf und erinnert sich später? (– 4 –)

Schließlich gibt es auch einen inneren Wendepunkt für Neil. Den sehe ich in der Szene, in der er den alten aidskranken homosexuellen Künstler trifft. Allerdings sucht er nicht nach der Ursache für sein Unglück, denn er kann es nicht fühlen. Der Künstler kommt auf ihn zu. Viele Sequenzen verlaufen bei diesem Zusammenkommen anders als in den vorherigen sexuellen Begegnungen zwischen den Gays und Neil. Der Künstler und Neil gehen in ein helles Schlafgemach, in dessen Mitte ein weiß gedecktes Bett steht. Rechts und links neben dem Bett befinden sich ebenso weiße Betttischchen, auf denen gläserne, sehr schlanke Kerzenhalter mit einer roten Kerze stehen. Über der ganzen Breite des Bettes hängt das Bild, das haargenau dem Bild von Vermeers »Mädchen mit dem Perlenohrring« gleicht. Sehr langsam ziehen sich beide Männer aus. Der Künstler spricht Neil mit persönlichen Worten an: »Ich bin Sigg und ich komme aus Los Angeles.« Er bemerkt Neils staunenden Blick über das Bild. »Oh, das ist ein Vermeer, na ja, so eine Art von Vermeer.« Womit er andeutet, dass er der Künstler ist. Er lächelt bescheiden mit dem vom Tod gezeichneten Gesicht. Es wird überhaupt mehr gesprochen, der Kontakt wird langsam entwickelt, es gibt Fragen und Antworten. Sigg riecht an den Haaren, zündet sich eine Pfeife an. Das bedeutet, es gibt überhaupt einen Raum, in dem ein Austausch zwischen innerer und äußerer Welt möglich wird. Die Haut scheint nun erstmals zum primären Medium zu werden, das archaische Gefühle entstehen und bewahren lässt. Der Künstler spricht über seinen Wunsch nach Berührung, fürchtet, dass Neil von den Aidswunden abgeschreckt sein könnte. Er interessiert sich offen für Neils Angst und beruhigt ihn. Beim Massieren blickt Neil nach oben, dort treffen sich seine Blicke mit denen der Magd auf dem Bild.

Neil blickt sehr kurz, aber versonnen in das wunderschöne Antlitz dieses jungen Mädchens, die für ihn Wendy sein könnte. Vielleicht ein Moment, in dem er ihre mütterliche Wärme und Fürsorge erkennt und anerkennt? Es ist, als habe ihn etwas erreicht, was nicht durch das schwarze Loch fällt oder wieder externalisiert werden muss. Der Blick Neils geht tief in beide Augen der »Griet« von Vermeer, ehe sich seine Augen nach oben drehen. Es ist, als gelinge erstmals eine echte Wahrnehmung, die Wahrnehmung der Schönheit eines einzigen kleinen

Augenblicks. Die Bedeutung dieses Augenblicks hat der Regisseur Araki unterstrichen, indem er auf ein altes Kunstwerk verweist, das dem Ideal von Schönheit und Vollkommenheit nahe kommt. Der Vermeer hinter dem Bild des Künstlers aus L. A., hinter dem wir uns verdichtet wiederum die beiden Autoren von »Mysterious Skin« (Araki und Scott Heim, der Buchautor) denken können, schafft eine besondere Tiefe und den vielschichtigen Gehalt dieser Szene. (– 5 –)

Ich verstehe den berührenden Blick und die »Dritte Anwesende« als triangulierende Situation, die einen Raum öffnet, womit etwas lebendig werden kann. Diese Blicke entsprechen dem Gefühl, erkannt zu werden. Dazu gehört die triangulierende Situation, in Gegenwart eines anderen zu denken und zu fühlen. Diese kleine Sequenz ist für mich eine Szene von hoher Bedeutung, weil sie mir Anlass zu vielen Einfällen und Verweisen gegeben hat. Einmal verweist sie auf den mit Vermeers »Mädchen mit dem Perlohrring« entstandenen Mythos. Das Bild zählt in der Kunstgeschichte zu einem Beispiel, das perfekte Symmetrie und Schönheit aufgrund absoluter Ausgewogenheit zwischen Licht und Schatten aufweist. Weiter markiert die Szene eine zentrale, bedeutsame Stelle im Film, sie bildet einen Wendepunkt, durch den vorstellbar wird, dass Neil mit Vergangenheit und Gegenwart eine neue Zukunft bilden könnte. Es entsteht erstmals Hoffnung in einer konsistenteren Form. Dafür spricht, dass der berührende Augenblick ein mehrfach determinierter Moment ist. Ein Moment von Präsenz, denn der Künstler selbst spricht aus dem Bild, so wie der Analytiker erst wirklich im Patienten spricht, wenn dieser die Antwort/Deutung introjiziert. Mir ist, als könne Neil für einen Moment den Schmerz der Sehnsucht fühlen, den er so höhnisch verlacht hat.

Er muß aber wohl auch realisieren, dass er die Zeit entleert zum Stillstand gebracht hat und seine Objekte bisher nicht nutzen konnte. Panisch, und so schnell ihn seine Beine tragen, rennt er zur Wendy. Vielleicht hat Neil in dem alten kranken Mann sich gesehen, einen jungen aber in der Seele kranken Mann, der auf dem Weg in den Tod ist. Dies hat ihn berührt und bewegt, sicher aber auch erschreckt. Für einen Moment kann er möglicherweise sehen, welche Art der Liebe er brauchen würde, um nicht in den Tod zu rennen. Wendy vertraut er an: »Zum ersten Mal macht es mir etwas aus«; er denkt an den Coach und sagt, dass er danach nie wieder jemanden so geliebt habe, er sei für den Coach immer sein auserwählter Stern gewesen. Möglicherweise setzt hier mit den Erinnerungen an die Zeit, als er im Mittelpunkt des Lebens mit dem Coach stand, eine noch nicht sichtbare Angst vor Fragmentierung ein. Die Neuausrichtung und ein wirklicher Wandel würden es mit sich bringen, dass er nicht der einzige leuchtende Stern am Himmel ist. Araki vermittelt die Angst vor Entwicklung, indem er Brian auf die Zuschauer zulaufen lässt, er läuft nach meinem Empfinden nicht in eine sich öffnende Zukunft. (– 5 –)

Aber dennoch gibt es Anzeichen für kleine Veränderungen: Neil versucht, auf das Bitten von Wendy einzugehen und einer weniger tödlichen Betätigung in einer Fastfoodkette nachzugehen. Er möchte nach Hutchinson fahren, seine Freunde und Mutter wiedersehen und den auf einer Karte von Eric angekündigten »Unbekannten«. Auf dem Weg zum Flughafen, scheinbar zufällig, fällt der Blick Neils beim Bücken nach seiner Kappe auf ein heranfahrendes Auto; wie er in das Auto dieses »fuck-face« steigt, scheint er unbewusst in den nächsten fast tödlichen Trip einzusteigen. Innerlich noch identifiziert mit den vorher guten Entwicklungen, möchte ich, Böses ahnend, fast verhindern, dass Neil einsteigt. Es erscheint mir wie eine unaufhaltsame Sucht, nicht aus der inneren wie äußeren Brutalfahrt aussteigen zu können. Bei dem Gay angelangt, beginnt eine Vergewaltigung, bei der Neil zum Opfer wird, eine Handlung, die wie eine unbewusste Selbstbestrafung zu verstehen ist. Ist dies sein einziges, inneres Bild, wie er dem Trauma entkommen kann? Bis dahin brauchte sich Neil, identifiziert mit der missbrauchenden, überwältigenden Komplizenschaft zum Trainer, nie mit Schuldgefühlen konfrontieren. Kann sich Neil mit Schuldgefühlen konfrontieren, indem er Brian sein Mittun gesteht?

In der Abschlussszene erklärt Brian Neil, wieso er ihn unbedingt finden musste: »Ich kann nicht mehr, ich würde gern mal etwas anderes träumen.« Neil nimmt sich des Wunsches von Brian – seine Erinnerungslücke zu füllen – brüderlich, fast auch väterlich an; fragt zwischendurch, ob er aufhören soll, wenn Brian unruhig wird und Angst ausdrückt. Haargenau schildert Neil die Vergewaltigungsszene, in der er dem Wunsch des Coach gefolgt ist, Brian und die anderen Jungen zu verführen, ihnen den Spaß dabei einzureden. Brian zittert, bebt, schreit, und das Blut läuft wieder aus seiner Nase, Neil beruhigt ihn. Neil bleibt zurück als derjenige, der nicht über seinen Verzweiflungsschmerz und seine Not sprechen kann. Als Sprecher im Off sagt er den Zuschauern, dass er Telepathie benötige, um Brian zu sagen, wie leid ihm alles tue und er Brian sagen wolle, dass er wünsche, er könne alles rückgängig machen. Er hat an Traurigkeit und das Schlimme gedacht. Daraus möchte er mit Brian »abhauen, und zwei Engeln gleich in den Himmel schweben«. (– 6 –)

In dieser Schlussszene, in der Neil Brian die gemeinsame sexuelle Verführung durch ihren Trainer erzählt, damit seine Erinnerunglücke schließt, scheint er auch über sein Trauma zu sprechen. Im Film bleibt der Ausgang offen, es gibt kein gutes Ende. Wir fühlen uns zerrissen und fragmentiert, Gefühle schwerer Lähmung und Apathie entstehen, die länger über das Ende des Films hinausreichen. Gibt es nicht vielmehr einige substanzielle Hinweise darauf, dass Neil, in Berührung gekommen mit einer guten Erfahrung, dieser wieder mit projektiv identifiziertem Hass begegnen muss? Diese Möglichkeit möchte ich mit zusammenfassenden Überlegungen diskutieren.

Diskussion und Zusammenfassung

Ich meine, mich fast noch erinnern zu können: Mit Beginn der ersten hoffnungsvollen Momente, die eindeutig mit der Szene aufkamen, als Brian seine Träume ins Tagebuch schreibt und sich neugierig für den Zusammenhang seiner angstmachenden Symptome mit den Erzählungen der UFO-Entführten im Fernsehen interessiert, konnte ich mich im »Kinosessel« merklich entspannen. Ich war froh, dass der düstere und verwirrende Anfang hinter mir lag und ich mich durch erste, dem Todestrieb entgegenarbeitende Entwicklungen aufrichten konnte. Dies scheint mir gar nicht so unähnlich der Entspannung in meinem »Analytikersessel«, wenn innerhalb eines Stundenprozesses die Gefahr tödlicher Projektionen für's erste erkannt und überstanden ist. Araki vermittelt »tödliche Projektionen« dadurch, dass er mit dem Blick der subjektiven Kamera verwirrende Ausschnitte liefert und uns so nah kommt, dass es schwer ist, noch eine objektive Position einzunehmen. Damit, so scheint es, will er uns seine »verlorenen«, der Gewalt ausgelieferten Kinderobjekte ans Herz legen. Seine Botschaften sollen unter die Haut gehen, denn dahinter steht die Angst, dass sie sonst vergessen werden und verloren gehen. Welche filmischen Mittel dazu zum Einsatz gelangen, habe ich versucht, an den inneren Wendungen aufzuzeigen, die die Filmfiguren Neil und Brian vollziehen. Weil dieser »Shift« die traumatische Bewegung »Vergessen-Wollen« und »nicht Erinnern-Können« verdeutlicht, was soviel bedeutet wie keinen inneren Raum für Trauer und Verlust herstellen zu können, müssen andere »Orte des Erinnerns« entstehen. Der Zuschauer, aber auch der Filmanalytiker, übernimmt solche Funktionen, die der Schauspieler des Brian (Brad Corbet) intuitiv erfasst hat, indem er über den Film sagt, er sei »like a song that gets stuck in your head«.

Um den eher verdeckt destruktiven Projektionen, die der Film vermittelt, einen Sinn geben zu können, habe ich als Arbeitshaltung dem Film gegenüber die Untersuchung von Gegenübertragungsgefühlen (vgl. dazu Plenker 2005; Weiß 2007; Britton 2006;) gewählt. Exemplarisch habe ich mein Vorgehen in besonders differenzierenden Schritten an der »Brian-Figur« entwickelt, dies entspricht der »inneren Arbeitsweise des Analytikers«. Meine These, dass der »Drive-Blind« »Brians« in den Anfangssequenzen des Films aus leiser, kalter Destruktion (Bild vom UFO-Objekt in gleißend blauem Licht) besteht, beinhaltet die Aussage, – die natürlich ebenso in anderen Szenen des Films eine Rolle spielt –, dass bedeutungsvolle Beziehungen angegriffen werden. Hinter der emotionalen wie gedanklichen inneren Haltung (z. B. nach dem »Unglück« geht alles unverändert weiter; was ich nicht sehe und anfassen kann, existiert nicht) steht eine Angst, sich aufzulösen, in der Leere, im Nichts zu verschwinden. Mit der UFO-Sequenz ist diese innere Verfassung sehr eindrucksvoll in Szene gesetzt, mit der, wie ich meine, auch der Regisseur eine wichtige Aussage vermitteln will: Die »abgekapselte verlorene Generation« leidet subtil an einer »unauffälligen« Beziehungslosigkeit. Ich würde hinzufügen, auch an einem nicht zu stillenden verfolgenden Hass auf kreative Verbindungen.

Es gibt eine zweite zentrale Filmpassage, mit der ich mich länger auseinandergesetzt habe, um die verdichteten Aussagen Arakis zu erschließen. Das ist die Szene mit dem Künstler Sigg aus Los Angeles, die ich als innere Wendung Neils hin zu einer bedeutungsvollen, berührenden Erfahrung interpretiert habe. Nach dieser Erfahrung rennt dieser zu Wendy, die er als die erkennen kann, deren Warnungen und Sorgen er erstmals ernstnehmen möchte. Sichtlich gerührt von der zärtlichen Umarmung sehen wir Neil lachen und hören ihn »Ja, will ich« sagen, als Wendy ihn mit dem Jobangebot überraschen will. Worin liegt die Auflösung der Filmgeschichte? Uns Analytikern würde vielleicht viel daran liegen, dass Neil erkennt, dass er sein abgewehrtes Trauma erst mit der Integration von Omnipotenz und manischer Träumerei verändern kann. Dann müsste er umgedreht auch Brian um Hilfe ersuchen und dann zu seiner Angst und seiner Verzweiflung finden. Dem Publikum der Filmdiskussion war es besonders daran gelegen, was an vehementen Äußerungen erkennbar wurde, dass beide, Brian *und* Neil, in eine bessere Zukunft blicken können. Ich denke, dass durch eine Untersuchungsperspektive, die Gegenübertragungsmanifestationen (vgl. Frank 2001) nutzt, das Erkennen verdeckter destruktiver Aussagen erleichtert wird; sie ermöglichte es mir, die innere Landschaft Brians und Neils zu beschreiben und im Schlussakt Neils Ausstieg aus der psychischen Realität und aus seiner Schuld und Angst zu erkennen.[10]

Dadurch bin ich zu folgendem Fazit gelangt: Brian kann nach der Entwicklung von guten Erfahrungen sein Trauma und seine böse Verzweiflung integrieren. Neil wünscht sich nichts anderes, als angesichts der Möglichkeit, sein Leid austauschen zu können und sich als traumatisch Verletzten zu sehen, mit Brian in den Himmel, jenseits von Verlust, Schmerz und Schuld zu fliehen.

Außerdem habe ich herausarbeiten können, dass sich die erneute Wendung Neils in seine Gegenwelt am Schluss meines Erachtens aus der Szene herleitet, als Neils Blick in die Augen der schönen Magd eines »fast Vermeers« mit guten und aufwühlenden Erfahrungen zu dem Künstler zusammentreffen. Von diesem besonderen Augenblick muss eine Wirkung ausgehen. Ich habe es als Sehen mit »leidenschaftlichen Augen« gedeutet, welches Beobachten, Aufnehmen und Betrachten beinhaltet, womit gleichzeitig ein innerer Konflikt verbunden ist. Ich vermute, dass die Schlussszene und auch die Wendung Neils nach den ihn berührenden Erfahrungen in Richtung »Brutalfahrt« Versuche sind, diesen Konflikten wiederum auszuweichen. Diese finstere und schwer aufzulösende Sehnsucht Neils kündigt sich wie ein »Bote schlechter Nachrichten« in einer wunderbar herzzerreißend-rührenden Szene bereits an: Neil und Wendy stehen nachts in einem ausgedienten Autokino vor einer leeren, riesigen Leinwand und sprechen über sich und ihre Zukunft so, als würden sie sie gerade als Film sehen. Sie setzen sich die toten Kopfhörer auf und schauen in den Himmel, in dem sie sich projektiv verschwinden sehen, von irreal-realen Schneeflocken umwirbelt, so als seien sie im Himmel und Tod noch miteinander sprechend verbunden. Sehr ähnlich scheint sich die Abschlussszene mit Brian und Neil zu entwickeln. Für Neil scheint der Moment des Gesehen-

[10] In der Literatur werden verschiedene, gleichberechtigt nebeneinander existierende analytische Zugangsweisen zum Film diskutiert (vgl. Gabbard 2002, Wolber 2005). G. Wolber hat in ihrer umfassenden Examensarbeit über »Film und Psychoanalyse. Psychoanalyse und Film?« die Ansätze dargestellt, die ich hier nur kurz erwähne: biographisch-pathographisch; zugrundeliegende gesellschaftliche, kulturelle Mythologie; morphologische Wirkungsanalyse; Charaktere der Filmerzählung; Aneignung psychoanalytischer Konstrukte; Ansätze, die das Verständnis des Unbewussten erweitern (vgl. Chasseguet-Smirgel 1988); Traumarbeit; formale Filminterpretation (vgl. Reiche 2001, Zeul 1994, 1997).

Werdens unaushaltbar, weil er dann anfangen müsste, sich selbst (auch mit seinem »Drive Blind«) zu sehen.

Zu der letzten Szene hat sich Gabbard (2006) folgende Gedanken gemacht: »Die letzte Szene ... zeigt die beiden Jungs, die so unterschiedlich wie Tag und Nacht sind, als Brüder unter ihrer mysteriösen Haut. Wie bei anderen Traumaopfern hörte ihr Leben zum Zeitpunkt des Traumas auf und sie kommen seitdem in ihrer Entwicklung nicht mehr weiter. Wie Neil sagt: »Ich habe das Gefühl, dass er uns beobachtet. Sein Geist beobachtet uns.« ... Das traumatisierende Objekt wird introjiziert und bleibt wie ein Fremdkörper, der nie ganz entfernt werden kann. Es gibt keine Flucht. Es gibt keine Erlösung von der Verfolgung der Geister.« Für einen wirklichen Kontakt Neils mit dem Trauma fehlen die unvermeidlich dazugehörenden Schmerzen und das Gefühl, etwas verloren zu haben.

Vielleicht kann Neil mit den aufkommenden Schuldgefühlen und dem Bedauern (diese Gefühle werden ihn auch schon seit der Begegnung mit dem Künstler geplagt haben) nicht anders verfahren, als sie durch die Wiederherstellung seines Stolzes zu ersetzen.

Wenn der Regisseur darauf hinweist, dass jeder von uns Brian oder Neil sein könnte, dann möchte er vielleicht sagen, unter uns sind möglicherweise auch sexuell missbrauchte Kinder.

Er will auf die potentielle Gefahr des Missbrauchs mit seinen emotionalen Katastrophen für die Kinder verweisen. Aber das scheint mir eher ein zu konkreter Hinweis zu sein. Viel anregender für meine Betrachtungen ist Arakis differenzierte Figurenentwicklung. Sie zeigt, dass das Trauma die gesamte Identitätssuche der Jugendlichen überschattet, aber nicht die einzige Erklärung für ihr Ringen mit der Destruktivität ist. Araki will darüber hinaus wohl auch andeuten, dass in jedem von uns unsymbolisierte Trauer und Verlust katastrophisches Erleben und zerstörerische Sichtweisen hervorbringen würden.

»Drive Blind« kündigt eine Verleugnungsbewegung in dem Moment an, als Neil in der New Yorker Underground sitzt und eine Karte von Eric liest. Der Song »Drive blind« ist als Soundtrack zu hören; in der nächsten Szene haben wir mit Neil Kopfhörer auf und hören »drive blind« hautnah. Mit dieser Sequenz wird filmisch und musikalisch ausgemalt, wie Neil von dem Wunsch getrieben scheint, Angst und Enttäuschungswut zu vergessen und auf diese Weise, ohne den anderen wirklich zu brauchen, zu starken, stolzen Gefühlen zu gelangen. Das Lied handelt von »crash-kids«, die bei illegalen Autorennen mit dem Tod spielen, als seien sie unsterblich. Ebenso gleicht die zufällig wirkende

Hinwendung Neils zur »Brutalfahrt dem »Kitzel Böses zu tun« (vgl. Frank 2003), von dem auch die »crash-kids« besessen scheinen, die den Tod provozieren und ihn durch Gefühle von Allmacht und Überlegenheit ersetzen. Auch in dem im letzten Bild dargestellten Wunsch Neils, über telepathische Kräfte zu verfügen, um nicht mit Brian über sich sprechen zu müssen, sondern Engeln gleich in den Himmel zu gelangen, sehe ich den blind machenden Narzissmus. Ist dieser mit dem Todestrieb zusammengeschweißt, übertönt er alle Gesetze von Vergänglichkeit, Zeit und Raum. Die Wendungen des Films und seiner Filmfiguren zwischen Entwicklung und Zerstörung zeigen, wie Brian und Neil unter die Herrschaft einer inneren Figur des »Drive Blind« geraten und wie Neil am Schluss erneut in dessen Sog gerät, um seine traurigen Bedingungen zu überfliegen:

Drive blind
Windows all open, chaos in my hair,
Driving me round and leaving me there.
Cover my eyes and we'll die driving blind.
Cover my trail and we'll leave this behind
Drive Blind.
(Ride: 2004)

Mein Dank für inspirierende Hilfen und wertvolle Anregungen gilt: Marie Carrière, Andreas Eggerling, Glen O. Gabbard, Marie Kamp-Kowerk, Walter Marggraf, Ursula Ostendorf, Ruth Stamm, Bettina Steinberger und Gudrun Wolber.

Literatur

Bion, W. R. ([1959] 1990): Angriffe auf Verbindungen. In: Bott Spillius, E. (Hg.): Melanie Klein Heute. Entwicklungen in Theorie und Praxis, Bd. 1. Beiträge zur Theorie. München/ Wien: Verlag Internationale Psychoanalyse, S. 110–129.

Britton, R. (2001): Glaube, Phantasie und psychische Realität. Stuttgart: Klett Cotta.

– (2006): Sexualität, Tod und Über-Ich. Psychoanalytische Erfahrungen. Stuttgart: Klett-Cotta.

Frank, C. (2001): Mains tenant le vide – Maintenant le vide. Überlegungen zu Giacomettis Skulpturen (von ca. 1947 bis ca. 1952) und zum psychoanalytischen Prozeß. In: Jb. Psychoanal. 44, Stuttgart: frommann-holzboog.

– (2003): »Ver-rückt« – Realisieren perverser Momente in Übertragung und Gegen-Übertragung. Jb. Psychoanal. 46, S. 91–111.

Gabbard, G. O. ([2000] 2002): Psychoanalyse und Film. London: Karnac.
– (2006): Diskussionspapier zur Filmdiskussion während der Jahrestagung der DPG in Hamburg 2006.
Plenker, F. P. (2005): Zum Konzept der Gegenübertragung – Kleinianische Weiterentwicklungen. In: Psyche 8, S. 685–717.
Reiche, R. (2001): Mutterseelenallein. Kunst, Form und Psychoanalyse, Frankfurt a. M.: Stroemfeld/Nexus.
Weiß, H. (2002): Über einige klinische Manifestationen des Todestriebes. Forum Psychoanal. 18, 1, S. 37–50.
– (2007): Ein mehrphasiges Modell der projektiven Identifizierung. Psyche 2, S. 151–173.
Wolber, G. (2005): Film und Psychoanalyse. Psychoanalyse und Film? Psychoanalytische Betrachtungen zum Film »Swimmingpool« von François Ozon. Examensarbeit zum Abschluss der Weiterbildung zur Psychoanalytikerin am DPG-Institut für Psychoanalyse und Psychotherapie Hamburg e.V.
Zeul, M. (1994): Bilder des Unbewußten. Zur Geschichte der Psychoanalytischen Film-Theorie. Psyche 48, S. 975–1003.
– (1997): Carmen & Co. Weiblichkeit und Sexualität im Film. VIP Stuttgart.
Zwiebel, R. (2005): Die doppelten Botschaften der Eltern. Überlegungen zum »Dekalog, 4« von K. Kieslowski. In: Wellendorf, F. und Werner, H. (Hg.): Das Ende des Ödipus. Entwertung und Idealisierung ödipaler Konzepte in der Psychoanalyse heute. Tübingen: edition diskord.
– (2007): Zwischen Abgrund und Falle. Filmpsychoanalytische Anmerkungen zu Alfred Hitchcock. In: Psyche 1, S. 65–73.

Autorinnen und Autoren

Bell, David, Lehranalytiker und Supervisor der Britischen Psychoanalytischen Gesellschaft, Vorsitzender des Wissenschaftsausschusses; leitender Psychiater der Abteilung für Erwachsene in der Tavistock-Klinik und dort Direktor einer Spezialabteilung für die psychotherapeutische Behandlung von schweren Störungen bzw. Persönlichkeitsstörungen. Er arbeitet an der Tavistock-Klinik über die Entwicklung psychoanalytischer Konzepte, lehrt und veröffentlicht umfassend zu Freud, Klein und Bion, zum psychoanalytischen Verständnis schwerer Störungen und zu interdisziplinären Studien (Psychoanalyse und Literatur, soziopolitische Theorie und Philosophie); Herausgeber und Mitautor zweier Bücher: »Psychoanalysis and Culture: a Kleinian Perspective« und »Reason and Passion«, sowie Autor von »Paranoia«.

Benjamin, Jessica, Psychoanalytikerin in eigener Praxis in New York. Vorträge und Supervisionen weltweit über Anerkennung, Intersubjektivität und Gender. Mitherausgeberin der »Psychoanalytic Dialogues«, Gründerin und Beirätin der »International Association for Relational Psychoanalysis and Psychotherapy«, Gründungsmitglied der »Psychotherapists for Social Responsibility« in New York. Veröffentlichungen u. a.: »Die Fesseln der Liebe. Psychoanalyse, Feminismus und das Problem der Macht (Frankfurt 1990); »Phantasie und Geschlecht. Psychoanalytische Studien über Idealisierung, Anerkennung und Differenz« (Frankfurt).

Bringmann, Alfred, Dr. med., Arzt für Nervenheilkunde, Psychosomatische Medizin und Psychotherapie, Psychoanalytiker, niedergelassen in eigener Praxis in Berlin. Mitglied der Deutschen Psychoanalytischen Gesellschaft (DPG) und der Internationalen Psychoanalytischen Vereinigung (IPV), stellvertretender Vorsitzender der DPG-AG und Dozent am Institut für Psychotherapie (IfP). Arbeitsschwerpunkte: Psychoanalytische Behandlungstechnik schwerer Persönlichkeitsstörungen, Schnittstellen von Psychoanalyse und Psychiatrie, die deutsch/jüdisch-israelische Geschichte in der Begegnung von jüdischen und deutschen Psychoanalytikern und Psychotherapeuten.

Brüggen, Wilhelm, Dr. med., Arzt für Psychiatrie und Psychotherapie. Psychoanalytiker und Lehranalytiker der DPG, Leiter des DPG-Instituts am Berliner Institut für Psychotherapie und Psychoanalyse (BIPP).

Dohrn-van Rossum, Mercedes, Diplompsychologin, Psychoanalytikerin in eigener Praxis in Hamburg. Lehr- und Kontrollanalytikerin (DPG/IPV). Dozentin am Institut für Psychoanalyse und Psychotherapie der DPG Hamburg. Co-Leiterin des Forschungsprojekts des Hamburger DPG-Instituts »Kriegskinder auf der Flucht – Zur transgenerationalen Weitergabe«.

Erlich, Shmuel, Prof. em., Prof. für Psychoanalyse und Direktor des Sigmund Freud Centers der Hebrew University of Jerusalem. Lehr- und Kontrollanalytiker der Israelischen Psychoanalytischen Gesellschaft.

Ferro, Antonino, Dr. med., Kinder- und Erwachsenenanalytiker; Mitglied der Internationalen Psychoanalytischen Vereinigung (IPV); Lehr- und Kontrollanalytiker der Italienischen Psychoanalytischen Gesellschaft; Supervisor am Zentrum für Kinderpsychotherapie der Universität Padua und Gastprofessor für Kinderpsychotherapie und Kinderpsychoanalyse an der Mailänder Universität. Zahlreiche Veröffentlichungen zur psychoanalytischen Behandlung von Kindern, Jugendlichen und Erwachsenen, zur Theorie der psychoanalytischen Technik und zu Bion.

Focke, Ingo, Dr. med., arbeitet als Psychoanalytiker in Stuttgart. Mitglied des Vorstandes der DPG, Leiter des Lehranalytikergremiums und der Arbeitsgemeinschaft für Internationale Psychoanalyse der DPG. Lehranalytiker der DPG und IPV. Veröffentlichungen zur Behandlungstechnik, zur Beendigung von Analysen und zur Geschichte der Psychoanalyse.

Gabbard, Glen O., M.D. ist Brown Foundation Chair of Psychoanalysis und Professor für Psychiatrie am Baylor College of Medicine. Lehr- und Kontrollanalytiker am psychoanalytischen Institut in Houston/Galveston. Von 2001 bis 2007 leitender Mitherausgeber des »International Journal of Psychoanalysis«. Autor oder Herausgeber von 21 Büchern, einschließlich »Boundaries and Boundary Violations in Psychoanalysis«, »Love and Hate in the Analytic Setting«, »Psychodynamic Psychiatry in Clinical Practice« und »The American Psychiatric Publishing Textbook of Psychoanalysis«. Empfänger zahlreicher Auszeichnungen, einschließlich des »2000 Mary Sigourney Award« für herausragende Beiträge auf dem Gebiet der Psychoanalyse.

Grabska, Klaus, Diplompsychologe, Psychoanalytiker in eigener Praxis; Mitglied der Deutschen Psychoanalytischen Gesellschaft (DPG) und der Internationalen Psychoanalytischen Vereinigung (IPV); Lehr- und Kontrollanalytiker (DPG); Vorsitzender des DPG-Instituts für Psychoanalyse und Psychotherapie Hamburg. Veröffentlichungen u. a. zur gleichschwebenden Aufmerksamkeit, zur Deutung und zur Behandlung schwerer Persönlichkeitsstörungen.

Haustein, Jochen, Dr. med., Nervenarzt, als Psychoanalytiker in eigener Praxis in Göttingen tätig. Mitglied und Lehranalytiker der DPG und IPV. Veröffentlichungen zu Fragen der psychoanalytischen Behandlungstechnik.

Hübner, Wulf, Dr. phil., Diplompsychologe, psychologischer Psychotherapeut und Psychoanalytiker, Lehranalytiker der DPG am Institut für Psychoanalyse und Psychotherapie Hamburg. Veröffentlichungen zur Sprachphilosophie und Psychoanalyse.

Koenig, Eckhard, Studium an der Kunsthochschule Berlin-Weißensee. Seit 1986 freischaffend. Lebt und arbeitet in Berlin; regelmäßige Ausstellungen mit Malerei, Skulpturen und Künstlerbüchern im In- und Ausland.

Kreuzer-Haustein, Ursula, Dr. disc.pol., Psychoanalytikerin in Göttingen; Analytische Paar- und Familientherapeutin, Lehranalytikerin der DPG und IPV; Studium der Soziologie und Germanistik; Dozentin und Lehranalytikerin am »Lou-Andreas-Salomé-Institut für Psychoanalyse und Psychotherapie (DPG)« Göttingen. Veröffentlichungen zur psychoanalytischen Behandlungstechnik, zur Bedeutung der Aggression im analytischen Prozess sowie über soziale und politische Bewegungen.

Leeser, Till, Studium an der Folkwangschule Essen bei O. Steinert und W. Fleckhaus bis 1977. Lebt und arbeitet als Fotograf in Hamburg und ist Dozent an der Miami AD School und der Design Factory International in Hamburg.

Marggraf, Walter, Diplom-Psychologe, Psychoanalytiker (DPG, DGPT), Gruppenanalytiker (IGAH, Sektion AG im DAGG), niedergelassen in eigener Praxis in Hamburg, Dozent am Institut für Psychoanalyse und Psychotherapie der AG Hamburg der DPG und am Institut für Gruppenanalyse in Heidelberg, Vorstandsmitglied des Instituts in Hamburg, beauftragt mit der Durchführung von Gruppenlehranalysen und Supervisionen durch die Sektion Analytische Gruppenpsychotherapie im DAGG. Letzte Veröffentlichung: Die Pervertierung des psychoanalytischen Prozesses als Widerstand gegen Veränderung. In: Rohde-Dachser, A., Wellendorf, F. (Hg.) (2004): Inszenierungen des Unmöglichen. Stuttgart: Klett-Cotta.

Maul, Torsten, Studium der Medizin, Facharztausbildung Psychiatrie, Mitglied der DPG. Dozent am Hamburger DPG-Institut. Lebt in Hamburg und arbeitet als Psychoanalytiker.

Müller, Martina, Diplompsychologin, Psychoanalytikerin (DPG, DGPT) in eigener Praxis in Hamburg. Tätigkeit in Klinischer Psychologie und Psychotherapie. Dozentin am DPG-Institut Hamburg.

Pflichthofer, Diana, Dr. med., Fachärztin für Psychotherapeutische Medizin. Psychoanalytische Weiterbildung am DPG-Institut in Hamburg, niedergelassene Psychoanalytikerin (DPG) in Hamburg. Gruppenanalytikerin. Gastdozentin am DPG-Institut Bielefeld. Co-Leiterin des Forschungsprojekts »Kriegskinder auf der Flucht. Zur transgenerationalen Weitergabe von Traumatisierungen« am DPG-Institut Hamburg. Interessenschwerpunkte im Bereich der Traumaforschung und Konsequenzen für die Behandlungstechnik; Performanz und Ästhetik in der Psychoanalyse.

Poettgen-Havekost, Gabriele, Diplompsychologin, Psychoanalytikerin (DPG-DGPT), Gruppenanalytikerin, Psychologische Psychotherapeutin, Dozentin und Lehranalytikerin am Institut für Psychoanalyse und Psychotherapie Hannover e.V.; niedergelassen in freier Praxis. Forschungsschwerpunkt: Integration körperlicher Interventionen in die analytische Behandlung. Veröffentlichungen u. a.: Die Bedeutung von Körperinszenierungen in der analytischen Psychotherapie. Überlegungen zur Modifikation des Settings. In: Psychoanalyse & Körper Nr. 5, 3. Jg., Heft II, Gießen 2004; »Traurigkeit wie Tinte im Wasser, sie überrollt mich wie eine wortlose Welle«. Entwicklungsschritte zur Mentalisierungsfähigkeit im Behandlungsprozess von Borderline-Störungen. In: Springer, A., Gerlach, A., Schlösser, A.-M. (Hg.): Störungen der Persönlichkeit. Gießen 2006.

Reitter, Thomas, Dr. med., Facharzt für psychotherapeutische Medizin, Psychoanalytiker (DPG/IPA, DGPT) und Gruppenanalytiker (DAGG) in eigener Praxis in Heidelberg, Lehranalytiker (DGPT) am Institut für Psychoanalyse und Psychotherapie Heidelberg-Mannheim e.V., Vorträge und Seminare zur negativen therapeutischen Reaktion und zur psychoanalytischen Behandlungstechnik.

Ruff, Wilfried, Dr. med., Dr. theol., gründete nach seiner psychoanalytischen Ausbildung in Göttingen 1987 das DPG-Institut Siegen-Wittgenstein. Von 1979 bis 2002 Ärztlicher Direktor der Klinik Wittgenstein in Bad Berleburg; seitdem in Privatpraxis tätig. Sprecher des Vertrauensanalytiker-Gremiums der DPG. Wissenschaftliche Schwerpunkte: Prozessqualität bei stationärer Psychotherapie, ethische Grundfragen und das Verhältnis zwischen Religion und Psychoanalyse. Letzte Buchveröffentlichungen: »Heilsame Begegnungen« (Göttingen 2000), »Religiöses Erleben verstehen« (Göttingen 2002).

Theweleit, Klaus, Professor für Kunst und Theorie an der Staatlichen Akademie der Bildenden Künste in Karlsruhe. Schriftsteller.

Wellendorf, Franz, Dr. phil., Prof. em. für Psychologie an der Universität Hannover. Schwerpunkte in Forschung und Lehre von Psychoanalyse, Sozialpsychologie, Beratung und Supervision; Tätigkeit als Institutionsberater und gruppendynamischer Trainer. Psychoanalytiker, Lehranalytiker und Supervisor. Mitglied der DPG, der IPV und der DGPT; aff. Mitglied der DPV; Guest Member der British Psycho-Analytical Society. Vorsitzender der DPG seit 2001.

Zwiebel Ralf, Prof. Dr. med., Psychoanalytiker (DPV) und Lehranalytiker am Alexander-Mitscherlich-Institut in Kassel, ehemals Professor für psychoanalytische Psychologie an der Universität Kassel.

VERÖFFENTLICHUNGEN DES KLEIN SEMINARS SALZBURG

Herausgegeben von Karl und Ruth Mätzler

Band 1:
Karl und Ruth Mätzler (Hg.)
Sexualität in der kleinianischen Psychoanalyse
2005. 191 Seiten · € 18,00
ISBN 3-89295-753-3

Band 2:
Frances Tustin
Autistische Barrieren bei Neurotikern
Mit einem Vorwort von Maria Rhode
Übersetzung aus dem Englischen von Kevin O'Keeffe, revidiert von Elisabeth Vorspohl
2005. 347 Seiten · € 24,00
ISBN 3-89295-755-X

Band 3:
Donald Meltzer
Das Claustrum
Eine Untersuchung klaustrophobischer Erscheinungen
Mit einem Essay von Meg Harris Williams
Aus dem Englischen von Horst Brühmann
2005. 223 Seiten · € 20,00
ISBN 3-89295-761-4

Band 4:
Silvia Fano Cassese
Einführung in das Werk von Donald Meltzer
Mit einem Vorwort von Donald Meltzer
Aus dem Englischen von Horst Brühmann
2005. 140 Seiten · € 16,00
ISBN 3-89295-756-8

Band 5:
Donald Meltzer und Meg Harris Williams
Die Wahrnehmung von Schönheit
Der ästhetische Konflikt in Entwicklung und Kunst
Aus dem Englischen von Elisabeth Vorspohl
2006. 316 Seiten · € 22,00
ISBN 3-89295-767-3

Band 6:
Wilfred R. Bion
Aufmerksamkeit und Deutung
Aus dem Englischen von Elisabeth Vorspohl
2006. 159 Seiten · € 18,00
ISBN 3-89295-765-7

Band 7:
Donald Meltzer
Sexualität und psychische Struktur
Aus dem Englischen von Elisabeth Vorspohl
2007. 252 Seiten · € 22,00
ISBN 978-3-89295-774-4

Band 8:
Wilfred R. Bion
Die Tavistock-Seminare
Aus dem Englischen von Elisabeth Vorspohl
2007. 144 Seiten · € 14,00
ISBN 978-3-89295-777-5

Band 9:
Wilfred R. Bion
Die italienischen Seminare
Aus dem Englischen von Elisabeth Vorspohl
2007. 143 Seiten · € 14,00
ISBN 978-3-89295-778-2

---

edition diskord · Schwärzlocher Str. 104 B · 72070 Tübingen
Tel.: 07071 / 4 01 02 · Fax: 07071 / 4 47 10
E-mail: ed.diskord@t-online.de · www.edition-diskord.de